Entscheidungen

des

Reichsgerichts.

Herausgegeben

von

den Mitgliedern des Gerichtshofes
und der Reichsanwaltschaft.

Entscheidungen in Zivilsachen.

107. Band.

Berlin und Leipzig 1924

Walter de Gruyter & Co.

vormals G. J. Göschen'sche Verlagshandlung - J. Guttentag, Verlags-
buchhandlung - Georg Reimer - Karl J. Trübner - Veit & Comp.

Entscheidungen

des

Reichsgerichts

in

Zivilsachen.

---

107. Band.

Mit Anhang: Entscheidungen des Staatsgerichtshofs.

Berlin und Leipzig 1924

Walter de Gruyter & Co.

vormals G. J. Göschen'sche Verlagshandlung - J. Guttentag, Verlagsbuchhandlung - Georg Reimer - Karl J. Trübner Veit & Comp.

Druck von Metzger & Wittig in Leipzig.

Inhalt.

I. Bürgerliches Recht.

a. Reichsrecht.

b. Landesrecht.

II. Öffentliches Recht.

III. Gerichtliches Verfahren.

IV. Anhang: Entscheidungen des Staatsgerichtshofs.

1. Das bremische Gesetz vom 9. Oktober 1919 betr. Wahl der Schulleiter (Nr. 79 des Gesetzblattes der freien Hansestadt Bremen) verstößt gegen Art. 129 RVerf., insoweit es sich auf die bei seinem Inkrafttreten im Amte befindlichen Schul-Direktoren und -Vorsteher bezieht.

VII. Zivilsenat. Beschl. v. 19. Januar 1923. VII B 2/22.

Vor dem Erlaß des oben bezeichneten Gesetzes lag in Bremen die Schulleitung der höheren Schulen, der Seminare und der Volksschulen in der Stadt Bremen und im Landgebiet in den Händen von Beamten, die auf Lebenszeit angestellt und vom Senat ernannt waren und ein höheres Gehalt bezogen, als die ihnen unterstellten Lehrer der Schule. Sie hatten bei den höheren Schulen und Seminaren die Amtsbezeichnung „Direktor", bei den Volksschulen die Amtsbezeichnung „Schulvorsteher". Die Ernennung zum Schulvorsteher einer Volksschule hatte das Bestehen einer besonderen Schulvorsteherprüfung zur Voraussetzung. Nach den Dienstanweisungen für die Direktoren der höheren Schulen (Gymnasien und Realanstalten) in Bremen und für die Vorsteher der Volksschulen der Stadt Bremen sowie des Landgebiets waren die Direktoren und Schulvorsteher die verantwortlichen Leiter der Schule und die nächsten Vorgesetzten der an ihr angestellten Lehrkräfte.

Durch das bezeichnete Gesetz wurden folgende Bestimmungen getroffen:

§ 1.

An den städtischen höheren Schulen, den Seminaren und den Volksschulen in Bremen ist eine Wahl der Schulleiter nach den Bestimmungen dieses Gesetzes herbeizuführen. ...

§ 2.

... Mit Bestätigung der Wahl durch die Senatskommission für das Unterrichtswesen treten die für die Ernennung und das Amt der Schulleiter und Lehrer geltenden Bestimmungen, soweit sie mit diesem Gesetz in Widerspruch stehen, bis zum 31. März 1922 außer Kraft.

§ 3.

Die Wahl geschieht durch den Lehrkörper der einzelnen Anstalt....

§ 6.

Soweit nicht die wegen Versetzung in den Ruhestand wegen Alters geltenden Bestimmungen des Beamtengesetzes in Frage kommen, bleibt den im Amte befindlichen Leitern freigestellt, ob sie sich einer Neuwahl unterziehen wollen oder nicht. Wollen sie sich einer Neuwahl nicht unterziehen, so können sie als Lehrer im Amte verbleiben oder einstweilig ausscheiden. Dieselben beiden Möglichkeiten stehen auch denjenigen Leitern offen, die sich zur Wiederwahl gestellt haben, aber nicht wieder gewählt worden sind.

Die seitherigen Leiter, auch wenn sie nicht als Leiter oder Lehrer im Amte bleiben, beziehen das in der Gehaltsordnung vom 1. April 1912 vorgesehene Schulleitergehalt weiter. Werden in späteren Gesetzen für Schulleiter oder Lehrer höhere Bezüge festgesetzt, als sie den Schulleitern nach der Gehaltsordnung vom 1. April 1912 zustehen, so erhalten sie die höheren Bezüge.

Beim Inkrafttreten des Gesetzes vom 9. Oktober 1919 waren 8 lebenslänglich ernannte Direktoren von höheren Schulen und Seminaren und 46 lebenslänglich ernannte Schulvorsteher von Volksschulen im Amte; die ersteren stellten sich sämtlich zur Wahl und wurden wiedergewählt, von den letzteren stellten sich 38 zur Wahl und wurden bis auf einen wiedergewählt; von den Schulvorstehern, die sich nicht zur Wiederwahl gestellt hatten oder nicht wiedergewählt wurden, ist ein Teil als Lehrer an den höheren Schulen oder an Volksschulen beschäftigt, ein anderer Teil blieb ohne amtliche Tätigkeit.

Schon vor Erlaß des Gesetzes erhoben die damals im Amte befindlichen Direktoren und Schulvorsteher Widerspruch mit der Begründung, daß ihnen durch das Gesetz ihre wohlerworbenen Rechte genommen werden würden. Diesen Widerspruch haben sie nach Inkrafttreten des Gesetzes durch Klage vor den ordentlichen Gerichten und durch Eingaben an den Senat und den Reichspräsidenten weiter verfolgt. Soweit die wirtschaftliche Seite in Frage kommt, ist gerichtlich anerkannt, übrigens auch vom Staate nicht bestritten worden, daß den Direktoren und Schulvorstehern nach wie vor das volle Direktoren- und Schulvorstehergehalt zustehe, auch über den 31. März 1922 hinaus. Dagegen ist die Frage, ob die Direktoren und Schulvorsteher ein wohlerworbenes Recht auf die Ausübung des Amtes hätten und durch das Schulleiterwahlgesetz in diesem Rechte verletzt seien, nicht entschieden und nach wie vor sowohl in Verhandlungen mit den Direktoren und Schulvorstehern als auch zwischen dem Senat und der Bürgerschaft streitig geblieben. Der mehrfach angegangene Reichsminister des Innern hat die Frage, ob durch das Schulleiterwahlgesetz ideelle Rechte der Direktoren und Schulvorsteher verletzt seien, als zweifelhaft bezeichnet, es aber wiederholt abgelehnt, gemäß Art. 13 Abs. 2 RVerf. eine Entscheidung des Reichsgerichts darüber herbeizuführen, vielmehr dem Senat anheimgestellt, dies seinerseits zu tun. Da auch beim Senat selbst in seiner gegenwärtigen Zusammensetzung Zweifel über die Frage bestehen, hat nunmehr die Senatskommission für Reichs- und auswärtige Angelegenheiten in Bremen mit Schreiben vom 17. Juli 1922 gemäß Art. 13 Abs. 2 RVerf. in Verbindung mit § 1 des Ausführungsgesetzes vom 8. April 1920 (RGBl. S. 510) die Entscheidung des Reichsgerichts angerufen und beantragt, eine Entscheidung darüber herbeizuführen, ob das Bremische Schulleiterwahlgesetz vom 9. Oktober 1919 die wohlerworbenen Rechte der Direktoren und Schulvorsteher verletzt und daher mit Art. 129 Abs. 1 Satz 3 der Reichsverfassung in Widerspruch steht. Der Präsident des Reichsgerichts hat die Entscheidung dem VII. Zivilsenat übertragen.

Sie hat sich nicht darauf zu beschränken, ob gerade die von der antragstellenden Landeszentralbehörde angeführte Bestimmung des Art. 129 Abs. 1 Satz 3 durch das Bremische Schulleiterwahlgesetz verletzt ist, sondern es ist zu entscheiden, ob das Gesetz mit irgendeiner Bestimmung des Reichsrechts, insbesondere der Reichsverfassung, nicht vereinbar ist. Das ist in mehrfacher Hinsicht der Fall.

Die im Dienste des Staates und der Stadtgemeinde Bremen vom Senate angestellten Schuldirektoren und Schulvorsteher waren nach Anl. I zum Bremischen Beamtengesetze vom 1. Februar 1894 Beamte und galten nach § 3 des Gesetzes als auf Lebenszeit angestellt. Änderungen ihrer Amtsstellung waren, abgesehen von den Fällen der endgültigen Versetzung in den Ruhestand (§ 44), der Disziplinarbestrafung wegen Dienstvergehen (Abschnitte V und VI des Gesetzes) und der vorläufigen Dienstenthebung (Amtssuspension; Abschnitt VII des Gesetzes), nur in den §§ 33 und 34 des Gesetzes vorgesehen. Das Gesetz vom 9. Oktober 1919 brachte eine Änderung der für die Berufung von Schulleitern geltenden Bestimmungen, indem der Senat auf sein Ernennungsrecht verzichtete und die Wählbarkeit der Schulleiter eingeführt wurde. Wie die Begründung des Gesetzes ergibt, die in der Mitteilung des Senats vom 15. Juli 1919 an die Bremische Nationalversammlung niedergelegt ist, sollte fortan, um einer starken Strömung aus den Kreisen der Volksschullehrer Rechnung zu tragen, an die Stelle der Ernennung der Schuldirektoren und Schulvorsteher auf Lebenszeit durch den Senat die Wahl von Schulleitern durch das Lehrerkollegium treten, und zwar zum Schutze gegen Mißgriffe und Fehlwahlen auf begrenzte Zeit; die Neueinrichtung wurde auf einen festen Zeitraum beschränkt, um zunächst Erfahrungen zu sammeln; die endgültige Regelung der Frage blieb einem später zu verabschiedenden

Unterrichtsgesetze vorbehalten; nach Ablauf der dreijährigen, später durch Gesetz vom 7. April 1922 um ein weiteres Jahr verlängerten Geltungsdauer des Gesetzes sollte ohne weiteres der frühere Rechtszustand wieder in Kraft treten, es sollten also auch die früheren Schulleiter wieder in ihr Amt eingesetzt werden, falls nicht bis dahin abweichende gesetzliche Bestimmungen getroffen sein würden. Indem nun das Gesetz seine Anwendung nicht auf die Besetzung freigewordener oder künftig freiwerdender Stellen von Schulleitern beschränkte, sondern seine Geltung auch auf die bei seinem Inkrafttreten im Amte befindlichen Schuldirektoren und Schulvorsteher erstreckte, bewirkte es zunächst, daß diese sämtlich ihres Amtes enthoben wurden, um so erst die Durchführung des Gesetzes zu ermöglichen und das Amt für den zu wählenden Schulleiter frei zu machen. Damit wurden sie in Wirklichkeit für die Geltungsdauer des Gesetzes in den einstweiligen Ruhestand versetzt. Es trifft nicht zu — wie der Senat zu Bremen es darzustellen versucht — daß nur ein vorläufiger Verzicht des Staates auf die aus dem Amte der Schulleiter folgende Pflicht zur Verwaltung ihres Amtes vorliege, die Schuldirektoren und Schulvorsteher sollen nicht in ihrem Amte bleiben und nur vorübergehend keine Dienste zu leisten brauchen, sie werden vielmehr genötigt, das bekleidete Amt selbst aufzugeben; das Amt soll anderweit besetzt, und die Amtsgeschäfte sollen in vollem Umfange von einem gewählten Schulleiter wahrgenommen werden. Die Enthebung vom Amte und das einstweilige Ausscheiden aus dem Amte stellen sich rechtlich als Versetzung in den einstweiligen Ruhestand dar. Wenn in § 6 Abs. 2 des Gesetzes die Bestimmung getroffen ist, daß die bisherigen Schulleiter das bisherige Gehalt und das künftige etwa gesetzlich festgesetzte höhere Gehalt der Schulleiter weiter beziehen, so ist damit die mit der Versetzung in den einstweiligen Ruhestand verbundene Härte nur in finanzieller Hinsicht gemildert, es bleibt eben bestehen, daß die Veränderung, die sie durch das Gesetz in ihrer Amtsstellung erfahren, ihrem ganzen Wesen nach als Versetzung in den einstweiligen Ruhestand anzusehen ist. Es bedarf hiernach keiner Entscheidung darüber, ob die vom Senate zu Bremen vertretene Ansicht richtig ist, daß Beamte kein Recht darauf hätten, ihre Pflichten zu erfüllen und demgemäß das ihnen übertragene Amt zu verwalten, oder ob nicht ein Recht des Beamten „am Amte" und auf Ausübung des verliehenen Amtes anzuerkennen ist. Es fragt sich nur, ob die Versetzung der Schuldirektoren und Schulvorsteher in den einstweiligen Ruhestand gerechtfertigt ist. Das ist nach Bremischem Beamtenrecht zu verneinen. Die Anwendung des § 33 des Bremischen Beamtengesetzes vom 1. Februar 1894 kommt dabei nicht in Betracht, da die dort vorgesehene Versetzung eines Beamten in ein anderes, seiner Berufsbildung und bisherigen Stellung entsprechendes Amt ersichtlich nur Versetzungen in eine gleichwertige Stelle, für Schulleiter also an eine andere Schule, nicht aber die Amtsenthebung und Versetzung des Beamten in den Zustand der Untätigkeit im Auge hat. Auch die Bestimmung des § 34 des Beamtengesetzes, die gerade die Versetzung von Beamten in den einstweiligen Ruhestand behandelt, greift nicht Platz, da die dort aufgestellte Voraussetzung nicht gegeben ist, daß das von dem Beamten verwaltete Amt entbehrlich wird. Es ist bezeichnend, daß der Senat zu Bremen selbst seine Auffassung, mit welcher er zunächst in der Mitteilung an die Nationalversammlung vom 15. Juli 1919 die Anwendung des Gesetzes auf die im Amte befindlichen Schulleiter unter Bezugnahme auf den § 34 des Bremischen Beamtengesetzes zu rechtfertigen versucht hat, als zweifelhaft bezeichnet und später ganz aufgegeben hat, indem er in der Mitteilung an die Schuldirektoren und Schulvorsteher vom 23. Februar 1920 erklärte, eine einstweilige Versetzung in den Ruhestand stehe nicht in Frage, es erübrige sich daher ein Eingehen auf die Bedenken, die dagegen erhoben seien, daß das bisherige Amt eines Schulleiters entbehrlich geworden sei. In der Tat ist das Amt nicht entbehrlich geworden. Der Hinweis auf § 7 des Schulleitergesetzes kann die Annahme, daß es entbehrlich geworden sei, nicht rechtfertigen. Durch die Bestimmungen des § 7, namentlich die Bestimmung, daß der Schulleiter künftig an die Beschlüsse der Lehrerkonferenzen gebunden sein soll, hat der Inhalt des Schulleiteramtes mit der Veränderung seiner Befugnisse zwar eine gewisse Veränderung erfahren, das Amt selbst ist aber dadurch nicht entbehrlich geworden. Mit dem Wechsel der Gesetzgebung erfahren vielfach die mit einem einzelnen Amte verbundenen Befugnisse im Laufe der Zeit eine gewisse Veränderung, sei es durch Erweiterung, sei es durch Einschränkung oder sonstige Abänderung der Befugnisse, ohne daß indes das Amt selbst dadurch in seinem Bestande berührt wird. Es bedarf keines Eingehens darauf, ob durch die Bestimmungen des § 7 des Gesetzes der Inhalt der Amtsbefugnisse des Schulleiters überhaupt erheblich verändert worden ist; der Unterschied betrifft jedenfalls nicht den Bestand des Amtes als solchen. Auch im übrigen läßt das Gesetz den Bestand des Amtes unberührt. Nur die Art der Ernennung der Schulleiter hat eine Änderung erfahren. Gerade auch die eingeführte Neuwahl zum Amt der Schulleiter setzt die Erhaltung des Amtes selbst voraus und beweist, daß das Amt nicht entbehrlich geworden ist, wie denn auch der Umstand, daß nach Ablauf der Geltungsdauer des Gesetzes ohne weiteres der frühere Rechtszustand wieder eintreten soll, die früheren Schuldirektoren und Schulvorsteher also auch in ihr Amt wieder eingesetzt werden sollen, das Bestehenbleiben des Amtes selbst voraussetzt.

Sind sonach die Voraussetzungen des Bremischen Beamtengesetzes für eine Versetzung der Schuldirektoren und Schulvorsteher in den einstweiligen Ruhestand nicht gegeben, so verstößt das Schulleiterwahlgesetz in Anwendung auf die bei seinem Inkrafttreten im Amte befindlichen Schuldirektoren und -vorsteher gegen die Bestimmung des Art. 129 Abs. 2 RVerf., wonach die Beamten nur unter den gesetzlich bestimmten Voraussetzungen und Formen einstweilen in den Ruhestand versetzt werden können. Es liegt aber zugleich eine Verletzung der wohlerworbenen Rechte der genannten Beamten und damit eine Verletzung des Abs. 1 Satz 3 des Art. 129 vor. Danach sind die wohlerworbenen Rechte der Beamten unverletzlich. Mag man den umstrittenen Begriff der wohlerworbenen Rechte noch so eng ziehen, so gehört zweifellos zu den Rechten der fest angestellten, namentlich der auf Lebenszeit angestellten Beamten der Anspruch darauf, nicht vorzeitig, und sei es auch nur einstweilig, aus dem Amte entfernt zu werden, sofern nicht gewisse, hier nicht in Frage kommende Ausnahmen gegeben sind, wie der Fall des Eintritts der Dienstunfähigkeit wegen körperlicher Gebrechen oder wegen Schwäche der körperlichen oder geistigen Kräfte, der entsprechend dem Wesen des Beamtenverhältnisses und der daraus folgenden Pflicht zur Dienstleistung das Dienstverhältnis beendet, oder der Fall der disziplinarischen Bestrafung wegen Dienstvergehens nach Maßgabe der gesetzlichen Bestimmungen. Der Anspruch darauf, nicht vorzeitig aus dem Amt entfernt zu werden, gehört, von den bezeichneten Ausnahmefällen abgesehen, zu den Grundrechten des fest angestellten Beamten und zu den allgemein anerkannten Grundlagen des Beamtentums. Das demgemäß wohlerworbene Recht ist von der Reichsverfassung gewährleistet und derart unter Schutz gestellt, daß es, soweit es beim Inkrafttreten der Reichsverfassung bestand, fernerhin nicht mehr durch Landesgesetz, sondern nur noch durch ein verfassungsänderndes Reichsgesetz gemäß Art. 76 RVerf. geschmälert werden kann. Daß es sich dabei um ein wohlerworbenes Recht handelt, das unter Gewähr der Reichsverfassung gestellt werden sollte, erhellt unmittelbar aus ihrem Art. 129 Abs. 2, wonach gerade die Sicherung der Beamten gegen die Versetzung in den einstweiligen Ruhestand unter den besonderen Schutz der Reichsverfassung gestellt und nur unter den gesetzlich bestimmten Voraussetzungen und Formen zugelassen ist. Das Bremische Beamtengesetz enthielt aber keine Bestimmungen, die die Versetzung in den einstweiligen Ruhestand für die beim Inkrafttreten des Schulleiterwahlgesetzes im Amte befindlichen Schuldirektoren und Schulvorsteher zu rechtfertigen vermöchte.

Die ihnen nach § 6 des letzteren Gesetzes offen gelassene Möglichkeit, als Lehrer im Amte zu verbleiben, also der Rücktritt in die Reihe der Lehrer, bedeutet gegenüber der Stellung, die sie vorher als Vorgesetzte der Lehrer einnahmen, und die durch ein höheres Gehalt über die Stellung der letzteren hinausgehoben war, eine offenbare Degradation, eine Versetzung in ein Amt von geringerem Range, die nach Art 129 Abs. 2 RVerf. weder im Wege des Disziplinarverfahrens noch sonst wider den Willen eines Beamten zulässig ist (RGZ. Bd. 105 S. 24). Die Bestimmung kann deshalb nicht herangezogen werden, um die Anwendung des Schulleiterwahlgesetzes auf die bei seinem Inkrafttreten im Amte befindlichen Schulleiter zu rechtfertigen.

Danach war auszusprechen, daß das Ges. v. 9. Oktober 1919 mit Art. 129 RVerf, nicht vereinbar ist, soweit es sich auf die bei seinem Inkrafttreten im Amte befindlichen Schuldirektoren und Schulvorsteher bezieht.

---

2. 1. Kann ein widerrufliches Akkreditiv noch widerrufen werden, wenn die Bank die von ihr übernommenen Leistungen bewirkt hat?
2. Kann die Bank gegenüber dem Begünstigten ungerechtfertigte Bereicherung einwenden, wenn sie wissentlich von ihrem Bestätigungsschreiben abgewichen ist?

VI. Zivilsenat. Urt. v. 5. März 1923 i. S. Allg. Deutsche Kr.-A. (Bekl.) w. B. (Kl.). VI 723/22.

I. Landgericht Leipzig. — II. Oberlandesgericht Dresden.

Der Kläger hat von einer Firma Kr. & B. in L. gelbe Kocherbsen zu 400 *M* den Zentner bezogen und sie im Januar 1920 an die Firma Gr. & Co. für 418 *M* den Zentner weiter verkauft. Am 2. Februar 1920 teilte ihm die Zweigstelle der Beklagten in Sch. mit, daß die Käuferin zu seinen Gunsten ein Akkreditiv von 167200 *M* eröffnet habe; auf Grund dessen akkreditiere sie die Firma Kr. & B. widerruflich mit 160000 *M*, zahlbar gegen Einlieferung von bahnamtlich abgestempelten Duplikatfrachtbriefen ohne Nachnahme über an die Firma Gr. & Co., Breslau und Parität Braunschweig, verladene 400 Zentner gelbe Erbsen, 1 Zentner zu 400 *M*. Der Zweigstelle in Sch. wurden am 10. Februar 1920 zwei bahnamtlich abgestempelte Duplikatfrachtbriefe über 191 und 100 Zentner Erbsen vorgelegt und übergeben, die an die Firma Gr. & Co., Breslau, und Arthur B. daselbst gerichtet waren. Infolgedessen schrieb die Zweigstelle am 11. Februar an den Kläger, daß sie ihn wegen dieser Sendungen auf Grund laufenden Akkreditivs mit 116400 *M* Kaufpreis und 325 *M* Spesen belaste, weiter aber auch mit 121308 *M* in laufender Rechnung erkenne. Der Unterschied von 4583 *M* bildet den Gegenstand des Rechtsstreits; die Beklagte steht auf dem Standpunkte, daß sie aus mehrfachen Gründen diesen Betrag dem Kläger nicht zu zahlen habe.

Das Landgericht verurteilte die Beklagte, das Oberlandesgericht wies ihre Berufung zurück. Auch die Revision der Beklagten blieb erfolglos.

Gründe:

Das Berufungsgericht hält es für zweifelhaft, ob sich die Beklagte, die sowohl der Firma Kr. & B. wie dem Kläger mitgeteilt haben will, daß das von Gr. & Co. gestellte Akkreditiv widerruflich sei, in ihrem Schreiben vom 2. Februar 1920 auch gegenüber dem Kläger ein Widerrufsrecht vorbehalten habe. Jedenfalls habe sie aber eine selbständige, von dem Verhältnis zwischen ihr und der Firma Gr. & Co, der Käuferin der Erbsen, sowie von dem Verhältnis zwischen Käufer und Verkäufer losgelöste Verpflichtung im Sinne des § 780 BGB. übernommen, dem Kläger unter den Bestätigungsbedingungen Zahlung oder Gutschrift zu leisten. Aber auch wenn sich die Beklagte den Widerruf der Bestätigung selbst habe vorbehalten wollen, so könne das doch nicht dahin ausgelegt werden, daß sie gegenüber dem Kläger überhaupt keine Verbindlichkeit habe übernehmen und sich den Widerruf selbst für den Fall habe ausbedingen wollen, daß der Kläger die Leistungsbedingungen erfülle. Auch bei widerruflich bestätigten Akkreditiven dürfe eine Bank nicht mehr widerrufen, wenn ihr vorher von dem Akkreditierten der Bestätigung entsprechende Dokumente vorgelegt würden. Ganz besonders treffe das zu, wenn die abstrakt versprochene Leistung durch Barzahlung oder Gutschrift bewirkt sei, hierdurch werde das Widerrufsrecht zeitlich begrenzt. Die Beklagte sei daher nicht berechtigt gewesen, am 19. Februar 1920 ihren Widerruf zu erklären und die frühere Buchung rückgängig zu machen.

Diese Ausführungen werden von der Revision bekämpft. Dem Ergebnis des Berufungsgerichts ist aber zuzustimmen.

Die Firma Gr. & Co. wollte den Preis der vom Kläger gekauften Erbsen in der Weise begleichen, daß dieser sein Geld durch die Zweigstelle der Beklagten in Sch. gegen Einlieferung von bahnamtlich abgestempelten Duplikatfrachtbriefen mit vorgeschriebener Adresse erhielt. Einen entsprechenden Auftrag hat sie mit der Akkreditierung der Beklagten erteilt und diese hat ihn angenommen, wie ihr späteres Verhalten zeigt; zwischen ihnen ist daher ein Werkvertrag im Sinne des § 675 BGB. zustande gekommen, aus dem für die Vertragsteile Rechte und Pflichten entstanden sind. Ob dieser Vorgang auch rechtliche Beziehungen zwischen der Beklagten und dem Kläger unmittelbar geschaffen hat, etwa in der Weise, daß er als Vertrag zugunsten eines Dritten anzusehen wäre, kann dahin gestellt bleiben. Jedenfalls sind aber solche Beziehungen durch das oben erwähnte Schreiben der Zweigstelle Sch. vom 2. Februar 1920 entstanden, in dem diese dem Kläger die zu seinen Gunsten erfolgte Akkreditierung seitens der Firma Gr. & Co. anzeigt und weiter mitteilt, daß sie die Firma Kr. & B. auf Grund des für den Kläger gestellten Akkreditivs unter den näher angegebenen Bedingungen widerruflich akkreditiere. Der Entstehung solcher Beziehungen steht es nicht entgegen, wenn das von Gr. & Co. gestellte Akkreditiv widerruflich war, wie Beklagte behauptet; auch nicht, wenn sich die Beklagte, wie das Berufungsgericht für möglich hält, den Widerruf der Bestätigung selbst vorbehalten wollte. Auch wenn man annimmt, daß der Kläger sich auf das Schreiben der Beklagten vom 2. Februar 1920 nur so lange berufen konnte, als nicht Gr. & Co. die Akkreditierung wirksam zurückzog (vgl. RGZ. Bd. 88 S. 136) oder die Beklagte ihre Bestätigung vom 2. Februar 1920 widerrief, ändert sich hieran so lange nichts, als nicht dieser Widerruf tatsächlich erfolgte. Bis dahin muß dem Kläger ein Anspruch auf die tatsächliche Ausführung der Akkreditierung nach Maßgabe des Bestätigungsschreibens der Beklagten zugestanden werden, das mit dem Berufungsgericht als ein Schuldversprechen gemäß § 780 BGB. aufgefaßt werden kann Komm. von RGR. Anm. 3 zu § 780 BGB.). In dem Bestätigungsschreiben mit der Revision nur eine völlig unverbindliche Mitteilung zu erblicken, geht nicht an, würde auch dem Sinn und Zweck der Akkreditierung widersprechen; so lange kein Widerruf erfolgt, muß sich der Begünstigte auch bei einem widerruflichen Akkreditiv darauf verlassen können, daß die Bank gemäß ihrer Bestätigung verfahren werde. Wie lange nun ein Widerruf zulässig ist, bedarf jetzt keiner grundsätzlichen Entscheidung; jedenfalls ist er dann nicht mehr möglich, wenn die Bank die übernommene Leistung bewirkt hat. Dieser Fall ist hier gegeben, denn die Beklagte hat, wie aus dem Schreiben ihrer Zweigstelle vom 11. Februar 1920 hervorgeht, die bahnamtlich abgestempelten Duplikatfrachtbriefe angenommen und an die Käuferin weiter gesandt, ferner die entsprechenden Belastungen und Gutschriften vorgenommen. Damit waren die durch die Akkreditierung geschaffenen rechtlichen Beziehungen der Streitteile als solche beendet, ein einseitiger Widerruf der Buchungen aber kann jedenfalls deswegen, weil das Akkreditiv widerruflich gewesen sei, nicht mehr in Frage kommen. Die am 19. Februar 1920 von der Beklagten vorgenommene Umbuchung ist daher mit der Widerruflichkeit des Akkreditivs allein nicht zu rechtfertigen.

Das Berufungsgericht hat ferner geprüft, ob die Beklagte ihre Leistungen wegen ungerechtfertigter Bereicherung des Klägers zurückfordern kann. Im Grundsatze wird diese Frage bejaht, aber ausgeführt, daß dies nicht dazu führen könne, zu prüfen, ob der Kläger vom Käufer zu viel erhalten habe. Es könne sich nur fragen, ob die Bank über ihre aus der Bestätigung sich ergebenden Verpflichtungen hinaus geleistet habe, wobei es aber auf die vom Käufer der Bank erteilten Weisungen nicht ankomme. Daß danach ein Zurückforderungsrecht der Beklagten gegeben sei, wird verneint und bemerkt, daß die

Beklagte, insoweit sie bei Vornahme der Gutschrift von den Bestimmungen des Schreibens vom 2. Februar 1920 abgewichen sei, in Kenntnis ihrer Nichtschuld gehandelt habe und deshalb nach § 814 BGB. die Gutschrift nicht rückgängig machen dürfe.

Auch hier ist dem Ergebnis des Berufungsgerichts zuzustimmen. Die Beklagte hat in dem Schreiben vom 2. Februar 1920 dem Kläger mitgeteilt, wie es mit der Akkreditierung stehe; an diese Erklärungen konnte sich der Kläger so lange halten, als die Bestätigung nicht widerrufen wurde. Ob die Mitteilung der Beklagten oder ihr späteres Verhalten den ihr von Gr. & Co. erteilten Anweisungen entsprach, war für das Verhältnis der Streitteile zueinander so lange ohne Bedeutung, als nicht die Beklagte dem Kläger gegenüber die Bestätigung widerrief. Nun hat sich allerdings die Beklagte insofern nicht streng an das Bestätigungsschreiben gehalten, als nach diesem die Duplikatfrachtbriefe über 400 Zentner gelbe Erbsen zu lauten hatten, während die Beklagte solche über nur 191 und 100 Zentner unter Gutschrift der diesen Mengen entsprechenden Beträge eingelöst hat, auch soll einer der beiden Wagen nach der Behauptung der Beklagten fälschlich nicht nach Dr., sondern an die Käuferin adressiert gewesen sein. Ob die Beklagte gegenüber dem Kläger verpflichtet und ihrer Auftraggeberin Gr. & Co. gegenüber berechtigt war, Frachtbriefe einzulösen, die ersichtlich nur über eine Teilleistung ausgestellt waren, mag zweifelhaft sein (vgl. RGZ. Bd. 97 S. 144); vorsichtiger hätte die Beklagte jedenfalls gehandelt, wenn sie sich vorher der Zustimmung der Käuferin versichert hätte. Soweit der Kläger aber durch die Gutschriften etwas erhalten hat, worauf er nach der Bestätigung kein Recht hatte, kommt in Betracht, daß das Berufungsgericht feststellt, die Beklagte habe bei der Vornahme der Gutschrift, die sie auch zur Erfüllung der ihr dem Kläger gegenüber nach dem Bestätigungsschreiben obliegenden Verbindlichkeiten bewirkt hat, zum mindesten gewußt, daß hierin ein Entgegenkommen ihrerseits enthalten sei. Sie habe daher in Kenntnis ihrer Nichtschuld geleistet und könne die Gutschrift nicht ändern. Eine Verletzung des § 814 BGB. ist hierin nicht zu finden. Die Revision macht geltend, es genüge nicht, daß die Abweichung von dem Bestätigungsschreiben für die Beklagte erkennbar gewesen sei, es müsse ein positives Wissen dargetan werden, das der Empfänger der Zahlung zu beweisen habe. Diesem Angriffe steht entgegen, daß das Berufungsgericht ersichtlich ein positives Wissen der Beklagten feststellt. Prozessuale Bedenken stehen dieser Feststellung nicht entgegen, in tatsächlicher Hinsicht kann sie aber in dieser Instanz nicht nachgeprüft werden. Ähnlich ist die Sachlage hinsichtlich der nach der Behauptung der Beklagten unrichtigen Adressierung eines Wagens. Das Berufungsgericht sagt, daß der Wagen an die Käuferin und nicht nach Dr. abgesandt worden sei, entspreche völlig den Bestimmungen des Schreibens vom 2. Februar 1920. ... Sollte aber, wie die Beklagte behauptet hatte und die Revision in der mündlichen Verhandlung geltend gemacht hat, noch ein zweites Schreiben der Zweigstelle Sch. vom 2. Februar 1920 vorhanden sein, und sollte in diesem oder sonstwie eine dem Kläger gegenüber wirksame Umdisponierung des einen Wagens stattgefunden haben, so würde auch hier die Erwägung des Berufungsgerichts zutreffen, daß die Beklagte wissentlich Entgegenkommen gezeigt und geleistet habe, obgleich sie gewußt habe, dazu nicht verpflichtet zu sein. Wie sich nach diesen Vorgängen das Verhältnis der Beklagten zu Gr. & Co. gestaltet, ferner ob diese Firma berechtigt war, dem Kläger Abzüge zu machen oder die Abnahme der Ware zunächst völlig zu verweigern, ist jetzt nicht zu entscheiden; dem Kläger gegenüber ist die Revision auch unter dem Gesichtspunkte der Bereicherung nicht begründet.

---

3. Kann der Verkäufer mit dem Einwand, der Käufer habe mit der gekauften Ware verbotenen Kettenhandel treiben wollen, noch gehört werden, wenn der Verkäufer die Erfüllung bereits endgültig verweigert und der Käufer Schadensersatz wegen Nichterfüllung zu fordern erklärt hatte, bevor der Verkäufer von den angeblich unlauteren Absichten des Käufers Kenntnis erlangte?

II. Zivilsenat. Urt. v. 13. April 1923 i. S. Verwertungsgesellschaft für Rohmaterialien m. b. H. (Bekl.) w. R. (Kl.). II 218/22.

I. Landgericht I Berlin. — II. Kammergericht daselbst.

Die Klägerin hat laut Schlußnote vom 18. August 1920 von der Beklagten durch Vermittlung der Maklerfirma R. & R. in Berlin „ca. 20 tons Oxalsäure ... zum Preise von 32 *M* für 1 kg netto, sofort ab Lager Leipzig, sofortige Nettokasse nach Besichtigung gegen Rechnung und Lagerschein“, gekauft. Auf die Mahnung der Klägerin zur sofortigen Lieferung hat die Beklagte am 23. August 1920 geantwortet: „Sie werden inzwischen wohl durch die Firma R. & R. erfahren haben, daß die 20 tons Oxalsäure nicht geliefert werden, aus welchem Grunde wir Ihnen auch nicht unseren Verkaufsbrief bisher gaben. Wir bedauern recht sehr, Ihnen einen anderen Bescheid nicht geben zu können.“

Die Klägerin, welche diese Erklärung als Erfüllungsweigerung aufgefaßt und sich anderweit eingedeckt haben will, hat auf Zahlung von Schadensersatz wegen Nichterfüllung geklagt. Die Beklagte machte, nachdem das LG. den Klaganspruch dem Grunde nach für gerechtfertigt erklärt hatte, im Berufungsverfahren den Einwand des Kettenhandels geltend. Das Kammergericht wies die Berufung der Beklagten zurück. Ihre Revision blieb erfolglos.

Aus den Gründen:

Der Revision ist zuzugeben, daß das Kammergericht bei der Zurückweisung des von der Beklagten erhobenen Einwandes des verbotenen Kettenhandels insofern fehlgeht, als es Oxalsäure nicht als Gegenstand des täglichen Bedarfs im Sinne der Preistreibereiverordnung vom 8. Mai 1918 angesehen wissen will, weil unter solchen Gegenständen in der Hauptsache nur Nahrungs-, Futter-, Feuerungs- und Beleuchtungsmittel und rohe Naturerzeugnisse zu verstehen seien, nicht aber chemische Fabrikationsmittel, wie die Oxalsäure, die in der Kattundruckerei, Gerberei, Fleischerei, Färberei usw. Verwendung findet. Diese Einschränkung des Begriffs, die gerade für Oxalsäure von dem erkennenden Senat bereits in seiner Entscheidung vom 8. Dezember 1922 II 4/22 mißbilligt worden ist, steht im Widerspruch mit der feststehenden Rechtsprechung des Reichsgerichts, wonach es genügt, wenn ein Gegenstand überhaupt zur Befriedigung eines Bedürfnisses weiterer Kreise dient. Dies kann auch bei Fabrikationsmitteln zutreffen, die in gewerblichen Betrieben verwendet werden.

Die Zurückweisung des Einwandes ist indes trotzdem zu Recht erfolgt. Zutreffend sind zunächst die weiteren Ausführungen des Kammergerichts, wonach das Kaufgeschäft zwischen den Parteien nicht als unerlaubter Kettenhandel angesehen werden kann. Da die Ware von der in Berlin ansässigen Beklagten ab Lager Leipzig an die in Frankfurt a. M. eingetragene klagende Firma verkauft worden ist, so spricht die Vermutung gegen das Vorliegen von Kettenhandel (RGZ. Bd. 101 S. 371). Wenn die vertragschließenden Großhändler, wie hier, an verschiedenen Orten wohnen und der Kaufvertrag das Verbringen der Ware in ein anderes Wirtschaftsgebiet bezweckt, so bedarf es der Darlegung besonderer Umstände, die es gleichwohl als unnötig und unwirtschaftlich erscheinen lassen, daß die Ware einem anderen Verbraucherkreise zugeleitet werden soll. An einer solchen Darlegung hat es aber die Beklagte, der sie oblag, vollständig fehlen lassen.

Der weitere Einwand der Beklagten, daß ihr die Lieferung der Ware nach Treu und Glauben mit Rücksicht auf die Verkehrssitte um deswillen nicht zugemutet werden könne (RGZ. Bd. 99 S. 156), weil die Käuferin mit der Ware Preiswucher und Kettenhandel habe treiben wollen, durfte zwar nicht wegen Fehlens ausreichender tatsächlicher Begründung zurückgewiesen werden angesichts der mit Beweisangebot versehenen Behauptung der Beklagten, daß das Gerbstoffwerk in Frankfurt a. M., für das die Ware nach Angabe der Klägerin bestimmt war, in Frankfurt a. M. die gleichen Großhandelsfunktionen wie die

Klägerin ausübe. Denn ist dies richtig und sind die weiter behaupteten Bestrafungen der Klägerin wegen früher begangener Verstöße gegen die Preistreibereiverordnung und ähnliche Vorschriften tatsächlich erfolgt, so spricht eine tatsächliche Vermutung für die Absicht der Klägerin, mit der Ware verbotenen Kettenhandel zu treiben (RGZ. Bd. 98 S. 62). Demgegenüber darf nicht einfach vermutet werden, daß die Klägerin und das Gerbstoffwerk wirtschaftlich verschieden geartete Aufgaben als Großhändler hatten (RGU. vom 19. Januar 1923 II 118/22). Der Rüge der Revision, daß das Kammergericht gegen die §§ 286, 139 ZPO. verstoßen habe, würde deshalb der Erfolg nicht zu versagen gewesen sein, wenn nicht der Einwand der Beklagten aus einem anderen rechtlichen Gesichtspunkte hinfällig wäre.

Die Beklagte bringt selbst vor, sie habe von den Tatsachen, aus denen sie den Willen der Klägerin, mit der Ware Kettenhandel zu treiben, folgert, und von den Bestrafungen der Klägerin erst Kenntnis erlangt, nachdem sie durch Schreiben vom 23. August 1920 die Lieferung mit anderer Begründung verweigert und die Klägerin Schadensersatz wegen Nichterfüllung fordern zu wollen erklärt hätte. Bei dieser Sachlage war die Beklagte, als sie dem Lieferungsverlangen der Klägerin nicht entsprach, der Gefahr einer Bestrafung wegen Beihilfe zum Kettenhandel schon wegen der von ihr selbst behaupteten Nichtkenntnis nicht ausgesetzt (RGU. vom 8. Dezember 1922 II 4/22). Auch gemäß § 242 BGB. konnte sie aus dem gleichen Grunde die Erfüllung ihrer Lieferungspflicht nicht verweigern. Der Beklagten wurde durch das ihrem Schreiben vom 23. August 1920 vorangegangene Lieferungsverlangen der Klägerin nicht zugemutet, bewußt der Klägerin die Begehung verbotener unlauterer Machenschaften zu ermöglichen. Das Lieferungsbegehren der Klägerin war bei Nichtkenntnis der Beklagten von der jetzt von ihr behaupteten Sachlage keine unerträgliche Zumutung für diese. Nachdem sich der Erfüllungsanspruch der Klägerin gemäß § 326 BGB. in einen Schadensersatzanspruch umgewandelt hat, kann die Beklagte mit ihrem Einwand nicht mehr gehört werden, weil ihre frühere Lieferungsweigerung nur dann berechtigt gewesen wäre, wenn sie die jetzt behauptete Sachlage damals gekannt und deshalb der Klägerin durch die Lieferung der Ware bewußt die Begehung verbotener unlauterer Machenschaften ermöglicht hätte. Dieser Auffassung steht die Entscheidung des I. Zivilsenats vom 1. Juni 1921 I 393/20 (JW. 1922 S. 91 Nr. 2), die einen anders gelagerten Fall betrifft, nicht entgegen; um die bloß nachträgliche Geltendmachung des von Anfang an begründeten Einwandes, der Käufer wolle mit der Ware Kettenhandel treiben, handelt es sich hier nicht....

4. Wird durch die Verlängerung der Schutzdauer von Patenten auch die Frist zur Erhebung der Nichtigkeitsklage entsprechend verlängert?

I. Zivilsenat. Urt. v. 5. Mai 1923 i. S. L. (Kl.) w. Bl. (Bekl.).
I 58/23.

I. Reichspatentamt.

Dem Beklagten ist das deutsche Reichspatent 265 261 mit Wirkung vom 5. November 1912 ab erteilt worden. Das Patent ist am 1. September 1920 verlängert worden. Die Klägerin hat beantragt, das Patent wegen mangelnder Neuheit für teilweise nichtig zu erklären. Die Klage ist am 1. September 1922 beim Reichspatentamt eingegangen, von diesem aber als unstatthaft verworfen worden, weil sie nicht innerhalb der im § 28 Abs. 3 PatG. bestimmten Frist von fünf Jahren vom Tage der Bekanntmachung des Patents an erhoben sei. Die Berufung der Klägerin hatte keinen Erfolg.

Gründe:

Der Art. 1 des Gesetzes vom 27. April 1920 betr. eine verlängerte Schutzdauer bei Patenten (RGBl. S. 675) bestimmt: wenn ein Patent während des Krieges nicht habe ausgenutzt werden können, so könne ... seine gesetzliche Dauer ... verlängert werden. Weiter wird in § 1 bestimmt: unter der bezeichneten Voraussetzung werde die Dauer eines Patents derart verlängert, daß der Zeitraum vom 1. August 1914 bis einschließlich 31. August 1919, soweit er in die gesetzliche Dauer falle, nicht auf sie angerechnet werde. Beide Bestimmungen sprechen also von einer Erstreckung der gesetzlichen Dauer. Die Schutzdauer soll verlängert werden, das ist der grundlegende Gedanke. Wie es mit der Frist des § 28 PatG. zu halten ist, kann deshalb aus jener grundlegenden Bestimmung jedenfalls nicht unmittelbar entnommen werden. Die Verlängerung sol nun in der Weise durchgeführt werden, daß die Kriegszeit nicht auf die Schutzdauer angerechnet wird. Auch daraus, daß die Berechnung der Verlängerung in dieser Art und Weise vorgenommen werden soll, ist kein weitergehender Schluß zu ziehen; denn das Gesetz sagt keineswegs, daß die Kriegszeit in jeder Beziehung als wirkungslos angesehen werden soll, sondern trifft in weit eingeschränkterer Weise eine solche Bestimmung nur hinsichtlich der Berechnung der gesetzlichen Dauer. Die Bestimmung kann auch nicht etwa auf die Berechnung der Ausschlußfrist für die Nichtigkeitsklage entsprechend ausgedehnt werden. Das ist unzulässig, da beide — Patentdauer und Ausschlußfrist — sowohl gesetzespolitisch wie wirtschaftlich von ganz verschiedenen Gesichtspunkten aus zu beurteilen sind. Keineswegs erfordern die Gründe, die die Verlängerung der Patentdauer geboten erscheinen ließen, auch ohne weiteres die Verlängerung der Ausschlußfrist.

Zu einer anderen Auffassung zwingen auch nicht die Vorarbeiten des Gesetzes. Der Regierungsentwurf (vgl. Gewerbl. Rechtsschutz 1920 S. 73) enthielt die Bestimmung, daß die Zeit vom Erlöschen eines Patents bis zum Inkrafttreten des Gesetzes nicht auf die Ausschlußfrist angerechnet werden solle (§ 2 Abs. 2). Für Patente, die überhaupt nicht erloschen waren, war eine gleiche Bestimmung nicht vorgesehen; bei solchen Patenten mußte also die Kriegszeit angerechnet werden. Der Antrag Grünewald wollte im § 3 bestimmen, daß die Ausschlußfrist für alle Patente bis zum 31. Dezember 1919 verlängert werden sollte, wenn sie nicht schon vor dem 1. August 1914 abgelaufen war oder sich ohnehin schon weiter als bis zum 31. Dezember 1919 erstreckte.

Der Ausschuß, der über den Antrag Grünewald beriet und einen neuen Entwurf fertigstellte, hatte also, wenn er auch die Ausschlußfrist weiter erstrecken wollte, nach den beiden Vorentwürfen allen Anlaß, sich über seine Willensmeinung auszusprechen und eine Bestimmung darüber ins Gesetz aufzunehmen. Statt dessen hat er (auch in der Begründung des Entwurfs) geschwiegen. Danach liegt kein Anhaltspunkt dafür vor, daß der Ausschuß weitergehende Absichten gehabt hat, als er in dem Entwurf, der schließlich mit einigen Abänderungen Gesetz geworden ist, zum Ausdruck gebracht hat.... Wenn die Klägerin sich darauf berufen hat, daß durch die Gesetzesauslegung des Patentamts der Patentinhaber in unbilliger Weise stark bevorzugt werde, weil die Industrie in der Kriegszeit bei der Umstellung des ganzen Betriebes auf Kriegsbedarf verhindert worden sei, auf Patente, die der Friedensfabrikation entgegenstanden, genügend zu achten, so ist auch dem keine entscheidende Bedeutung beizumessen. Denn einesteils trifft die Erwägung für solche Patente, die vor Kriegsausbruch bekannt gemacht und erteilt sind, überhaupt nicht zu; andernteils konnten die nach dem 1. August 1914 bekannt gemachten Patente noch nach Einstellung der Kriegsfabrikation rechtzeitig angegriffen werden.

---

5. 1. Kann noch auf Leistung erkannt werden, wenn ihre Unmöglichkeit zur Zeit der Urteilsfällung feststeht?

2. Kann sich der Schuldner gegenüber der Klage aus § 283 BGB. auf eine vor Erlaß des Leistungsurteils eingetretene, von ihm nicht zu vertretende Unmöglichkeit berufen, oder ist er gemäß § 767 ZPO. mit diesem Einwand ausgeschlossen?

I. Zivilsenat. Urt. v. 16. Mai 1923 i. S. B. & Sohn (Bekl.) w. B. (Kl.). I 441/22.

I. Landgericht Hamburg. — II. Oberlandesgericht daselbst.

Der Kaufmann W. in H. hatte gegen Lagerschein bei der Beklagten 2 Ballen Tabak eingelagert und trat im Frühjahr 1920 seine Rechte aus dem Schein an den Kläger ab; die Beklagte, hiervon benachrichtigt, stellte einen Lagerschein auf den Kläger aus und vermerkte ihn an Stelle des W. in ihren Büchern als Einlagerer. Als der Kläger später die Aushändigung der Ballen verlangte, erklärte die Beklagte, ihr Lagermeister Sch. habe die Ballen zwei Personen aushändigen lassen, welche die Ballen im Namen des Klägers abgefordert hätten. Dieser erhob gegen die Beklagte Klage auf Herausgabe der Ballen. Die Beklagte berief sich auf Unmöglichkeit der Erfüllung.

Das Landgericht wies die Klage ab. Das Oberlandesgericht gab ihr statt. Die Revision des Beklagten hatte Erfolg.

Gründe:

Der Berufungsrichter führt aus, zur Begründung der Herausgabepflicht auf Grund des zwischen den Parteien bestehenden Lagervertrags genüge der Beweis der Übergabe der Ballen an die Beklagte, dagegen bedürfe es nicht auch der Behauptung, daß sie sich noch im Besitz der Ballen befinde. Auf die Schadensersatzklage wegen Nichterfüllung sei der Kläger schon deshalb nicht beschränkt, weil er niemals zugegeben habe, sich davon überzeugt zu haben, daß die Beklagte die 2 Ballen nicht mehr hinter sich habe. Ob dem Anspruch auf Erfüllung der Boden entzogen sein würde, wenn die Unmöglichkeit der Erfüllung für den Kläger bereits feststünde, brauche nicht entschieden zu werden. Im § 283 BGB. habe das bürgerliche Recht für den Fall, daß sich die Zwangsvollstreckung aus dem Urteil durch ein Vorgehen gemäß § 883 ZPO. als nicht durchführbar herausstellen sollte, ein Verfahren vorgesehen, das dem Kläger die Vorteile des ihm günstigen Urteils auf Herausgabe dadurch bewahre, daß er sofort Schadensersatz wegen Nichterfüllung verlangen könne, gleichgültig, ob die Unmöglichkeit der Erfüllung schon bei der Klagerhebung vorhanden gewesen oder erst nachträglich eingetreten sei. Deshalb könne der Beklagten im gegenwärtigen Verfahren der Beweis der Unmöglichkeit der Leistung überhaupt nicht nachgelassen werden, und es habe der Klage auf Erfüllung stattgegeben werden müssen, obwohl durch die vom Landgericht zugelassene Beweiserhebung im Laufe des Rechtsstreits festgestellt sein möge, daß die Beklagte durch das von ihr zu vertretende Vorgehen ihres Lagermeisters zur Auslieferung der Ballen außerstande sei.

Diese Ausführungen des Berufungsrichters sind nicht frei von Rechtsirrtum und stehen mit der Rechtsprechung des Reichsgerichts (vgl. RGZ. Bd. 54 S. 28, Bd. 88 S. 78; Warneyer 1911 Nr. 412; JW. 1919 S. 98 Nr. 3) in Widerspruch.

Den Hauptzweck eines Leistungsurteils außer den Fällen des § 888 Abs. 2 ZPO. bildet die Vollstreckung; darum ist die Verurteilung zu einer festgestelltermaßen objektiv unmöglichen Leistung widersinnig. Deshalb läßt das Reichsgericht, wie in Bd. 54 S. 28 und Bd. 88 S. 78 klar ausgesprochen ist, eine Verurteilung zu einer Leistung nicht zu, falls die Erfüllungsunmöglichkeit feststeht. Der für das Feststehen der Unmöglichkeit maßgebende Zeitpunkt ist nicht der der Klagerhebung, sondern der des Urteils; denn die Entscheidung darf zu der Zeit, wo sie erlassen wird, nicht widersinnig sein. Eine Härte gegen den Gläubiger ist hierin nicht zu erblicken. Denn wenn sich erst während des Rechtsstreits die Unmöglichkeit ergibt, kann er, ohne der Einrede der Klagänderung ausgesetzt zu sein, seinen Antrag auf Erfüllung in einen Schadensersatzanspruch umwandeln. Weder im § 275 noch im § 280 BGB. wird zwischen objektiver Unmöglichkeit und subjektivem Unvermögen ein Unterschied gemacht. Allerdings ist es im letzteren Falle begrifflich nicht undenkbar, daß der Dritte, dem die Leistung möglich ist, solche für den Schuldner macht. Allein so lange mit dieser Möglichkeit nicht gerechnet werden kann, muß der Schuldner einer Verurteilung zu einer ihm unmöglichen Leistung, falls die Unmöglichkeit feststeht, entgehen können.

Im übrigen hat der Berufungsrichter bisher zu der Frage, ob objektive Unmöglichkeit oder subjektives Unvermögen der Beklagten anzunehmen ist, noch keine Stellung genommen. Das Landgericht hatte objektive Unmöglichkeit angenommen. Allein wenn die Beklagte, wie das Landgericht auf Grund der Aussage des Lagermeisters Sch. als erwiesen annimmt, die fraglichen Ballen einem Dritten ausgeantwortet hat und deshalb wegen nicht mehr vorhandenen Besitzes ihrer Herausgabepflicht nicht genügen kann, so liegt nur subjektive Unmöglichkeit auf seiten der Beklagten vor. Aber da die Tabakballen anscheinend zur Verarbeitung in eine Zigarrenfabrik gekommen sind und die Beklagte bereits im Jahre 1920 den Besitz der Ballen eingebüßt hat, scheinen die Ballen als solche, d. h. im unverarbeiteten Zustande, überhaupt nicht mehr vorhanden zu sein, und dann würde wohl mit dem ersten Richter die objektive Unmöglichkeit bejaht werden müssen.

Der Herausgabeanspruch läßt sich auch nicht auf § 280 BGB. in Verbindung mit § 249 BGB. stützen. Denn wenn bei nachfolgender Unmöglichkeit der Schuldner dem Gläubiger den durch die Nichterfüllung entstehenden Schaden zu ersetzen hat und dieser Ersatz in erster Linie in der Herstellung des Zustandes zu suchen ist, der bestehen würde, wenn der zum Ersatz verpflichtende Umstand nicht eingetreten wäre, so geht doch aus der Tatsache, daß sich die Beklagte eben auf die Unmöglichkeit der Erfüllung des Leistungsanspruchs beruft und diese Unmöglichkeit vom Gericht festgestellt wird, hervor, daß eine Naturalherstellung nicht mehr in Frage kommt und daß deshalb nicht der § 249, sondern § 251 BGB. zur Anwendung gelangt.

Rechtsirrig ist die Auffassung des Berufungsrichters, wonach die Überzeugung des Gläubigers oder eine diese Überzeugung enthaltende Erklärung, daß er die Leistung für unmöglich halte, maßgebend sein soll; vielmehr entscheidet für die Frage der Unmöglichkeit der vom Gericht festzustellende objektive Sachverhalt. Denn es ist ausgeschlossen, daß eine Partei das Gericht zu einer Entscheidung zwingen könnte, die vom Gericht selbst für unzulässig erachtet wird. Steht durch das Beweisergebnis die Unmöglichkeit fest, so darf das Gericht dem Eigensinn des Gläubigers, durch den Gerichtsvollzieher die Vollstreckung zu versuchen und das Offenbarungseidsverfahren durchzusetzen, nicht Vorschub leisten. Es kann daher, da der objektive Sachverhalt entscheidet, ganz auf sich beruhen, ob nicht der Kläger, worauf die Revision mit Recht hinweist, anfänglich selbst von der Auffassung ausgegangen ist, der Beklagten sei die Herausgabe der Ballen in der Tat dadurch unmöglich geworden, daß sie ihrem Lagermeister von dritter unbekannter Seite abgeschwindelt worden seien.

Der Berufungsrichter geht aber auch, wie seine Ausführungen erkennen lassen, von einer unrichtigen Auffassung über das Verhältnis des § 275 zu § 283 BGB. aus. Die Beklagte hat sich darauf berufen, daß ihr die Leistung durch einen von ihr nicht zu vertretenden Umstand nachträglich unmöglich geworden sei; an sich hat sie beides, Unmöglichkeit und Nichtvertretbarkeit, zu beweisen (§ 282 BGB.). Es ist durchaus folgerichtig, daß das Reichsgericht in Bd. 54 S. 28 den Beweis der Unmöglichkeit dann nicht mehr für erforderlich erachtet, wenn bereits jetzt feststeht, daß eine etwaige Unmöglichkeit vom Schuldner zu vertreten sein würde, weil in einem solchen Falle eben nicht § 275, sondern höchstens § 280 BGB. zur Anwendung kommt, also jedenfalls eine Schadensersatzpflicht des Schuldners bestehen bleibt. Im vorliegenden Falle beruft sich die Beklagte jedoch darauf, daß sie die Unmöglichkeit nicht zu vertreten habe und daß nach den Vertragsbedingungen der Kläger die Beweislast habe. Der Berufungsrichter erwähnt zwar, daß die Beklagte das Vorgehen ihres Lagermeisters zu vertreten habe; darüber aber, ob den Lagermeister ein Verschulden trifft, erhellt aus seinen Erörterungen nichts. So lange diese Frage aber nicht geklärt ist und nicht feststeht, ob nicht im Falle der Unmöglichkeit der § 275 BGB. angewendet werden muß, ist die getroffene Entscheidung jedenfalls ungerechtfertigt. Der Berufungsrichter verkennt die Bedeutung der Vorschrift des § 283 BGB., wenn er annimmt, daß die Beklagte auch der Schadensersatzklage aus § 283 BGB. den Einwand entgegenstellen könne, daß bereits vor Erhebung der Leistungsklage Unmöglichkeit der Erfüllung eingetreten sei. Dieser Annahme steht die Vorschrift des § 767 ZPO. entgegen. Der Einwand des Schuldners, gemäß § 275 BGB. von der Verpflichtung zur Leistung frei geworden zu sein, ist nach § 767 Abs. 2 ZPO. nur insoweit zulässig, als die Gründe für diesen Einwand nach dem Schlusse derjenigen mündlichen Verhandlung entstanden sind, in welcher Einwendungen in Gemäßheit der Bestimmungen der Zivilprozeßordnung spätestens hätten geltend gemacht werden müssen. Nach Rechtskraft des ergangenen Leistungsurteils kann also der Einwand, daß der Beklagten bereits vor Erlaß des Urteils eine von ihr nicht zu vertretende Unmöglichkeit zur Seite gestanden habe, nicht mehr geltend gemacht werden. Deshalb hebt auch der § 283 Abs. 1 Satz 3 die Verpflichtung zum Schadensersatz nur für den Fall auf, daß die Leistung infolge eines Umstandes unmöglich wird (d. h. nach Erlaß des Leistungsurteils unmöglich wird), den der Schuldner nicht zu vertreten hat.

Schließlich steht es aber auch mit der Rechtsprechung des Reichsgerichts in Widerspruch und erscheint als rechtsirrig, wenn der Berufungsrichter den — wie er anzunehmen scheint — erbrachten Beweis der Unmöglichkeit unberücksichtigt lassen zu dürfen glaubt, um zu einer Verurteilung zu kommen, deren Vollstreckungsunmöglichkeit bereits jetzt feststeht. Aus der Tatsache, daß in gewissen Fällen sich eine Beweisaufnahme über die Unmöglichkeit der Leistung erübrigt, folgt noch keineswegs, daß beim Feststehen der Unmöglichkeit die daraus sich ergebenden Folgerungen unberücksichtigt bleiben dürften.

Hiernach unterlag das angefochtene Urteil der Aufhebung. In der Sache selbst kann noch nicht erkannt werden. Denn wenn auch bei Bejahung der Unmöglichkeit der Rückgabe der Tabakballen die erfolgte Verurteilung der Beklagten nicht aufrechterhalten werden kann, so hat der Kläger doch in der Berufungsinstanz einen Hilfsantrag auf Schadensersatz gestellt, über den der Berufungsrichter noch zu erkennen haben wird.

---

6. 1. Ist der auf Lieferung der verkauften Ware gegen Zahlung des Vertragspreises verklagte Verkäufer, wenn er einen ausdrücklichen Einwand wegen der inzwischen eingetretenen Geldentwertung nicht erhoben hat, unter allen Umständen antragsgemäß zu verurteilen?

2. Geht der im Lieferungsverzuge befindliche Verkäufer durch seinen Verzug des Rechts, sich auf die seit dem Kaufabschluß eingetretene Markentwertung zu berufen, ohne weiteres verlustig?

II. Zivilsenat. Urt. v. 2. Oktober 1923 i. S. A. St. (Bekl.) w. K. v. G. (Kl.). II 165/23.

I. Landgericht Münster i. W. — II. Oberlandesgericht Hamm.

Laut Schlußschein vom 31. Oktober 1921 kaufte der Kläger vom Beklagten 200 bis 300 Zentner Industrie-Saatkartoffeln zum Preise von 95 *M* den Zentner ab westpreußischen Verladestationen mit der weiteren Abrede „Lieferungsmöglichkeit infolge Witterungsverhältnisse vorbehalten". Für den Abschluß sollten ferner die unter dem Schlußschein stehenden Verkaufsbedingungen maßgebend sein; sie enthalten die Bestimmung: „Unvorhergesehene Ereignisse wie gesetzliche Verordnungen, Streiks, Waggonmangel usw. entbinden mich von der Lieferung bzw. berechtigen mich, die Lieferung um die Zeit der Behinderung hinauszuschieben."

Am 5. November 1921 teilte der Beklagte dem Kläger mit, daß er an diesem Tage für ihn ab Station Münster einen Waggon Industriekartoffeln nach Station Altenrheine verladen habe. Die Kartoffeln wurden aber nicht abgesandt. Auf Anfrage des Klägers vom 29. November erwiderte der Beklagte am 1. Dezember 1921, der Waggon sei wegen des in Münster herrschenden Mangels an Speisekartoffeln auf Veranlassung der Stadtverwaltung dort zurückbehalten worden; die sofortige Benachrichtigung des Klägers sei versehentlich unterblieben, hoffentlich könne im Frühjahr eine Lieferung erfolgen, doch müsse sich der Beklagte eine neue Preisfestsetzung vorbehalten.

Der Kläger verlangt nunmehr Lieferung von 200 Zentnern Industrie-Saatkartoffeln zum Vertragspreise. Der Bekagte hat unter anderem eingewendet: Gegenstand des Vertrags seien Saatkartoffeln aus der Ernte von 1921 gewesen, Erfüllung aus der Ernte von 1922 werde nicht geschuldet; außerdem würde die Lieferung der im Oktober 1921 zu 95 *M* für den Zentner verkauften Kartoffeln jetzt wirtschaftlich eine ganz andere Leistung bedeuten. Das Landgericht wies die Klage ab. Das Oberlandesgericht gab ihr statt. Die Revision des Beklagten hatte Erfolg.

Aus den Gründen:

... Endlich ist auch der Einwand der Unmöglichkeit der Lieferung insofern einwandfrei beschieden worden, als das Berufungsgericht annimmt, nach dem Vertrage seien Saatkartoffeln schlechthin, ohne Beschränkung auf die Ernte von 1921 gekauft worden, so daß eine Befreiung des Beklagten von der Lieferungspflicht nicht eingetreten sei, wenn er bis zur Aussaat im Frühjahr 1922 Kartoffeln aus der Ernte von 1921 nicht geliefert habe.

Dagegen ist der Vorderrichter dem Vorbringen des Beklagten, daß die Lieferung der im Oktober 1921 für 95 *M* je Zentner verkauften Kartoffeln jetzt wirtschaftlich ein aliud bedeuten würde, nicht gerecht geworden. Der Beklagte wollte damit, wie insbesondere der Hinweis auf die schwankende Konjunktur erkennen läßt, offenbar auch geltend machen, daß ihm mit Rücksicht auf die fortschreitende Geldentwertung die Kartoffellieferung gegen Zahlung nur des Vertragspreises nicht mehr zugemutet werden könne. Schon in seinem Schreiben vom 1. Dezember 1921 teilt der Beklagte dem Kläger mit, daß er sich bei Lieferung der Kartoffeln im Frühjahr 1922 eine neue Preisfestsetzung vorbehalten müsse. Übrigens wird man auch für gewöhnlich davon ausgehen dürfen, daß, falls der auf Lieferung nur gegen Zahlung des Vertragspreises gerichtete Klagantrag nach dem Vorbringen der Parteien und der gerichtsbekannten Lage der wirtschaftlichen Verhältnisse, insbesondere im Hinblick auf das ständige Fortschreiten der Markentwertung, dem Beklagten offensichtlich etwas zumutet, was gemäß § 242 BGB. mit Treu und Glauben nicht ohne weiteres in Einklang zu bringen ist, der Richter dem Klagbegehren auch dann nicht schlechthin entsprechen darf, wenn ein ausdrücklicher Einwand wegen des Mißverhältnisses zwischen Leistung und Gegenleistung vom Beklagten nicht erhoben worden ist. Der Beklagte kann zwar, solange er nicht den Kläger wegen der eingetretenen Verschiebung des Wertverhältnisses zwischen Leistung und Gegenleistung zu einer Erhöhung der letzteren aufgefordert hat, jedenfalls nach der bisherigen Rechtsprechung des Reichsgerichts (RGZ. Bd. 103 S. 333), von dem Vertrage nicht zurücktreten oder diesen kündigen. Gibt aber anderseits der Kläger, wie hier, durch seinen auf Lieferung nur gegen Zahlung des Vertragspreises gerichteten Klagantrag zu erkennen, daß er an dem vereinbarten Kaufpreise festhält, obwohl das Wertverhältnis zwischen Leistung und Gegenleistung sich inzwischen erheblich verschoben hat, so verstößt ein solches, das Aufwertungsrecht des Beklagten nicht berücksichtigendes Verlangen gegen Treu und Glauben. Man kann nicht, jedenfalls nicht ohne weiteres sagen, daß der Beklagte, der das Klagbegehren nur aus anderen Gründen bekämpft, damit zum Ausdruck gebracht habe, daß er auf das ihm zustehende Aufwertungsrecht kein Gewicht lege. Deshalb mußte das Berufungsgericht im vorliegenden Falle den Einwand des Beklagten unter dem angegebenen Gesichtspunkte auch dann prüfen, wenn der Beklagte diesen Gesichtspunkt gar nicht hervorgekehrt haben sollte. Denn in der Zeit vom Abschluß des Kaufvertrags (31. Oktober 1921) bis zur Erlassung des Berufungsurteils (30. Januar 1923) ist die Markentwertung ganz erheblich fortgeschritten: der Kurs der Goldmark belief sich am 31. Oktober 1921 auf etwa 43 Papiermark, am 30. Januar 1923 dagegen auf etwa 9440 Papiermark (vgl. die Tabellen in JW. 1923 S. 804 flg.).

Der Einwand ist auch nicht ohne weiteres um deswillen hinfällig, weil der Beklagte sich spätestens seit der im April 1922 erfolgten Klagerhebung im Lieferungsverzuge befunden hat. Durch den Eintritt seines Lieferungsverzugs ging der Beklagte seines Rechts aus der eingetretenen Markentwertung keineswegs schlechthin verlustig, mag man es aus einer erheblichen Störung der beim Vertragsabschluß vorausgesetzten Äquivalenz (der ursprünglichen Proportionalität) von Leistung und Gegenleistung (RGZ. Bd. 103 S. 328) oder aus dem Wesen des Synallagma (RGZ. Bd. 103 S. 177) herleiten. Der § 287 BGB. bestimmt, daß der im Verzug befindliche Schuldner auch für die durch Zufall eintretende Unmöglichkeit der Leistung aufzukommen hat; indes gilt dies dann nicht, wenn der Schaden auch bei rechtzeitiger Lieferung eingetreten wäre. Der Gläubiger soll danach durch den Verzug des Schuldners zwar keinen Schaden erleiden, anderseits aber auch nicht durch ihn bereichert werden. Wenn der Kläger im vorliegenden Falle ziffermäßig jetzt mehr an Mark zur Abdeckung seiner Kaufschuld aufwenden soll, so ist das, wirtschaftlich betrachtet, nicht ohne weiteres ein ihm durch den Schuldnerverzug zugefügter Schaden. Das würde nur dann zutreffen, wenn die Mark vom Januar 1923 auch wirtschaftlich noch die Mark vom Oktober 1921 wäre. Diese Auffassung ist aber angesichts der wirtschaftlichen Entwicklung, wie wir sie namentlich im letzten Jahre durchgemacht haben, ebenso unhaltbar, wie die Annahme, daß die Vertragschließenden das aus dieser Entwicklung sich ergebende Risiko ohne weiteres auf sich genommen haben sollten (RGZ. Bd. 106 S. 422).

---

7. Kann der Differenzeinwand gegen ein Termingeschäft in Baumwolle erhoben werden, das der Käufer oder Verkäufer von Baumwolle lediglich deshalb abschließt, um für das Risiko eines effektiv auszuführenden Lieferungsgeschäfts Sicherung oder Deckung zu erlangen?

I. Zivilsenat. Urt. v. 28. März 1923 i. S. M., H. & Co. (Kl.) w. Sch. (Bekl.). I 420/17.

I. Landgericht Zwickau. — II. Oberlandesgericht Dresden.

Der Beklagte, der eine Baumwollspinnerei betreibt, hat in den Monaten Juni und Juli 1914 unter der Vermittlung der Firma M. in Chemnitz mit der in New York ansässigen Klägerin an der dortigen Börse mehrere Termingeschäfte in Baumwolle abgeschlossen, die einen rechnungsmäßigen Saldo von 1800,54 $ zugunsten der Klägerin ergeben. Die Klägerin hat den Saldo auf 7661,90 ℳ umgerechnet und auf Zahlung dieses Betrags Klage erhoben. Der Beklagte hat den Differenzeinwand erhoben. Die Klage wurde in beiden Rechtszügen abgewiesen. Die Revision der Klägerin hatte Erfolg.

Gründe:

Streitig ist, ob der dem Auslandstermingeschäft gegenüber zweifellos zulässige Differenzeinwand aus § 764 BGB. nach der gegebenen Sachlage begründet ist. Das Berufungsgericht hat angenommen, daß der Beklagte die Termingeschäfte in Baumwolle nicht in der Absicht tatsächlicher Erfüllung, sondern zur Erlangung eines Kursgewinns geschlossen habe, und daß der Klägerin oder der sie vertretenden Firma M. in Chemnitz diese Absicht erkennbar gewesen sei. Begründet ist diese Annahme wesentlich damit, daß die Schlußscheine hinsichtlich der Beschaffenheit der Ware nur die ganz allgemeine Bestimmung: „basis of middling nach den Bedingungen der New-Yorker Börse" enthalten hätten, daß derartige Bedingungen für Effektivgeschäfte durchaus ungebräuchlich seien und daß tatsächlich auch keins der Geschäfte effektiv erfüllt worden sei. Auf Grund dieser Annahme hat das Berufungsgericht den Differenzeinwand gemäß § 764 BGB. bejaht.

Nun hatte aber die Klägerin weiterhin folgendes ausgeführt: die Termingeschäfte seien, auch wenn sie an sich nicht effektiv hätten erfüllt werden sollen, dennoch wirtschaftlich berechtigte Geschäfte gewesen, die keineswegs der Spielabsicht des Beklagten gedient, die vielmehr als Sicherungs- und Deckungsgeschäfte im gesamten Geschäftsverkehr des Beklagten zweckmäßig und notwendig gewesen seien. Ein Baumwollspinner müsse einerseits zur gehörigen Aufrechterhaltung seines Betriebes stets Baumwolle vorrätig haben, könne aber anderseits das hergestellte Garn nicht immer an seine Kunden verkaufen, wenn diese wegen befürchteten Preisrückgangs oder aus anderen Gründen mit Einkäufen zögerten. Befürchte der Spinner selbst einen Preisrückgang, wodurch er an seinem Baumwollenvorrat verlieren würde, so verkaufe er auf Termin an der Börse, um so den an seinem Vorrat entstehenden Verlust möglichst auszugleichen. Umgekehrt liege der Fall, wenn der Spinner für seine auf lange Zeit hinaus — oft auf ein Jahr — bewirkten Garnverkäufe noch keine Waren vorrätig habe. Im Falle befürchteter Preissteigerungen kaufe er an der Börse Baumwolle auf Termin; er gewinne dadurch, wenn die Steigerung eintrete, und könne den Schaden aus den Garnverkäufen decken. Die in Frage stehenden Termingeschäfte seien derartige Sicherungsgeschäfte gewesen, und die Klägerin habe jedenfalls zunächst einen solchen wirtschaftlichen Charakter annehmen dürfen. Es handle sich also nicht um Spielgeschäfte, und die Anwendung des § 764 BGB. sei bei richtiger Auffassung dieser Vorschrift ausgeschlossen.

Das Berufungsgericht hat diese tatsächlichen Behauptungen nicht erörtert, sondern als richtig unterstellt. Es hat sie aber für unerheblich erklärt, weil nichts darauf ankomme, ob der Vertrag ausschließlich der Spielsucht diene oder ob ihm wirtschaftlich gerechtfertigte Beweggründe unterlägen. Lediglich die im § 764 BGB. seinem Wortlaut nach angeführten Voraussetzungen seien entscheidend; bei deren Vorhandensein sei der Vertrag als Spiel anzusehen, einerlei ob er unter den allgemeinen Spielbegriff falle oder nicht.

Gegen eine solche Unterwerfung wirtschaftlich berechtigter Sicherungsgeschäfte unter den Differenzeinwand sind im Schrifttum vielfach Bedenken erhoben worden (Düringer-Hachenburg HGB., 2. Aufl., Bd. III S. 361, 375/76; Nußbaum BörsenG. S. 221 Anm. 24, S. 326; Göppert, Börsentermingeschäft S. 20flg., Staub HGB. 10. Aufl., Anh. zu § 376 Anm. 163 Abs. 2; Hemptenmacher, BörsenG. S. 223flg.; Nußbaum in DJZ. 1908 S. 795 und im BankA. 1911 S. 326; Weber in DJZ. 1908 S. 614).

Das Reichsgericht hat in seinen Entscheidungen RGZ. Bd. 79 S. 234, Bd. 91 S. 45, Warn. 1916 Nr. 26 die Frage nur gestreift, dabei aber zum Ausdruck gebracht, daß auch im Terminhandel dem Differenzeinwand entzogene Sicherungs- oder Deckungsgeschäfte möglich seien, was nach der Gesamtheit der Umstände des einzelnen Falles zu prüfen sei. Eine ähnliche Auffassung kommt in den Motiven zu § 764 BGB. und zum BörsenG. zum Ausdruck (Mugdan, Materialien zu § 764 S. 1294/95; Materialien des BörsenG. Reichstagsprotok. S. 4748, 4760flg.).

In der Tat wird die rein wörtliche Anwendung der Vorschriften des § 764 BGB. ihrem Sinn und Zweck nicht gerecht und führt zu Ergebnissen, die mit den Bedürfnissen eines gesunden Geschäftsverkehrs unvereinbar sind. Dies gilt ganz besonders vom Baumwollhandel, bei welchem sich eine besondere Geschäftsform, das sog. Hedge-Geschäft, ausgebildet hat. Das Charakteristische dieser Geschäftsform ist die Verbindung eines auf tatsächliche Lieferung von Ware gerichteten Hauptgeschäftskaufs oder -verkaufs mit einem danebenlaufenden sog. Termingeschäft, welch letzteres grundsätzlich nur dazu dienen soll, das in dem Hauptgeschäft liegende und durch plötzliche und unvorhersehbare Kursschwankungen bedingte Risiko in geeigneter Weise auszugleichen. So setzt z. B. der Verkäufer (Importeur) seinen Verkaufspreis dem Käufer (Spinner) gegenüber fest unter Zugrundelegung des für den Lieferungstermin geltenden sog. Terminhandelspreises zuzüglich eines Überpreises, der den Verdienst des Verkäufers, seine Spesen usw., umfaßt. Ist auf dieser Grundlage das inländische Geschäft zustande gekommen, so deckt sich der Verkäufer im ausländischen Terminmarkt entsprechend dem Hauptgeschäft ein. Zur Abwicklung dieses Hauptgeschäfts hat der Verkäufer bis zum Lieferungstermin die Ware anzuschaffen. Ist nun seit dem Abschluß des Hauptgeschäftes der Baumwollpreis gestiegen, so muß der Verkäufer die von ihm zu liefernde Ware entsprechend teurer einkaufen, vielleicht teurer, als er seinerseits im Hauptgeschäft verkauft hat. Dieser Nachteil wird aber für ihn ausgeglichen durch eine entsprechende Preissteigerung im sog. Terminmarkt, die ihm in Form des Preisunterschieds zugute kommt. Ist umgekehrt der Baumwollpreis gefallen, so muß der Verkäufer des Hauptgeschäfts bei dem damit verkoppelten Termingeschäft durch Begleichung des Preisunterschieds Verlust erleiden. Dieser Verlust wird aber ausgeglichen dadurch, daß der Verkäufer des Hauptgeschäfts die von ihm zum Verkaufspreis des Hauptgeschäfts zu liefernde Ware infolge Preissenkung billiger einkaufen kann. In beiden Fällen bleibt der Gewinn (Überpreis), der dem Verkäufer aus dem Hauptgeschäft zufließt, derselbe und wird von den Preisschwankungen der Ware zwischen Verkauf und Lieferungstermin grundsätzlich nicht berührt. Es wird also auf diese Weise der Spekulationscharakter, der dem effektiven Kauf und Verkauf von Baumwolle wegen der unvermeidlichen Preisschwankungen innewohnt, gerade durch das mit dem Hauptgeschäft verkoppelte Termingeschäft ausgeschaltet. Dieses ist zwar regelmäßig auf Ausgleichung des Preisunterschieds gerichtet. Der Unterschied dient aber nicht zur Erzielung eines Gewinns für den Verkäufer des Hauptgeschäfts, sondern nur zur Ausgleichung des durch Kursschwankungen bedingten Verlustrisikos. Es ist aber auch die Abwicklung des Termingeschäftes durch Lieferung keineswegs ausgeschlossen und findet in besonderen Fällen auch tatsächlich statt. Demgemäß werden Effektiv- und sog. Termingeschäfte des Baumwollhandels nach den Bestimmungen der Bremer Baumwollbörse grundsätzlich gleich behandelt. In ähnlicher Weise pflegt sich der Käufer von effektiver Baumwolle durch ein mit dem Hauptgeschäft verbundenes Gegengeschäft im Terminmarkt gegen Kursverluste zu sichern. Und zwar trifft dies auch besonders für die Rohware einkaufenden Baumwollspinner zu, da die Garnpreise den Kursschwankungen des Rohstoffes zu folgen pflegen. Die Formen, in denen derartige Hedge-Geschäfte getätigt werden, sind entsprechend den Bedürfnissen des Verkehrs sehr mannigfaltig. Der auf Ausschaltung des mit den Kursschwankungen verbundenen Risikos und Beseitigung des Spekulationscharakters des Geschäftes gerichtete Grundgedanke ist aber überall derselbe.

Ob ein in dieser Weise mit einem effektiven Hauptgeschäft verbundenes sog. Termingeschäft vorliegt, oder ob es sich um ein reines Differenzgeschäft handelt, hängt von den jeweiligen Umständen des Einzelfalls ab. Die Angaben der Klägerin, wie sie nach dem Tatbestande des Berufungsurteils aus den dort in Bezug genommenen

Aktenstücken vorgetragen sind, weisen darauf hin, daß das Vorliegen derartiger Hedge-Geschäfte behauptet ist. Trifft diese Behauptung zu, so würde der vom Beklagten erhobene Differenzeinwand jedenfalls dann nicht durchschlagen, wenn es sich um Geschäfte handelt, die er als Kaufmann oder Fabrikant im Rahmen seines den Umsatz und die Verarbeitung derartiger Waren betreffenden Gewerbebetriebs abgeschlossen hat. Der Einwand würde aber in entsprechender Anwendung des § 764 Satz 2 BGB. auch dann hinfällig sein, wenn zwar in Wirklichkeit solche Hedge-Geschäfte nicht vorliegen sollten, die Klägerin aber die Geschäfte dafür zu der maßgeblichen Zeit gehalten hat und eine entgegenstehende Absicht des Beklagten weder kannte noch kennen mußte.

---

8. Mit welcher Genauigkeit sind im Eisenbahnfrachtbrief diejenigen Güter zu bezeichnen, deren Abfertigung nach einem Spezialtarif erfolgen soll?

I. Zivilsenat. Urt. v. 7. April 1923 i. S. Reichseisenbahnfiskus (Bekl.) w. S. & T. (Kl.). I 212/22.

I. Landgericht Hannover. — II. Oberlandesgericht Celle.

Die Klägerin hat in der Zeit vom 21. Dezember 1920 bis 30. Mai 1922 durch den Beklagten Holzversendungen vorgenommen. Diese bestanden aus Kiefernbrettchen bis zu 1,25 m Länge und 25 mm Stärke, durch Drahtstifte zu Kistenteilen verbunden, nicht gehobelt, nicht bearbeitet und unverpackt. In den Frachtbriefen wurden die Güter bezeichnet als „Kistenteile aus Nadelholz, nicht gehobelt, nicht bearbeitet, bis 1,25 m Länge, 12—25 mm stark".

Der Beklagte hat die Frachten nach der Tarifstelle Holzwaren Klasse C Nr. 13 des vom 1. Dezember 1920 an gültigen Deutschen Eisenbahn-Gütertarifs Teil I Abt. B berechnet, welche folgenden Wortlaut hat:

„Kisten, auch Fächereinsatz, Lattenkisten, Harasse, ferner Kistenteile, letztere auch gehobelt und zusammengefügt, soweit nicht in Ziffer 5 der Stelle Holz der Klasse D genannt".

Die Klägerin dagegen ist der Ansicht, daß die Frachten nach dem ermäßigten Satze der letztgenannten Tarifstelle hätten berechnet werden müssen. Diese Tarifstelle lautet:

„Stäbe und Brettchen bis zu 1,25 m Länge und 25 mm Stärke, auch durch Drahtstifte zu Kistenteilen oder Faßdeckeln verbunden, nicht gehobelt, unverpackt oder nur verschnürt oder in Säcken oder in rohen Kisten von mindestens 12 mm Brettstärke, Zigarrenkistchen und Bleistiftbrettchen, auch gedämpft und gefärbt von folgenden Arten: Aspe, Birke, Buche (Rotbuche und Weiß- oder Hainbuche), Erle, Fichte, Kiefer (Föhre, auch Zirbelkiefer oder Arve), Lärche, Linde, Pappel, Roßkastanie, Tanne, Weide."

Die Klägerin verlangt vom Beklagten Rückzahlung der auf 7 Sendungen zu viel gezahlten Frachten in Höhe von 4674,20 *M* nebst Zinsen.

Beide Vorinstanzen erkannten zugunsten der Klägerin. Die Revision des Beklagten wurde zurückgewiesen aus folgenden

Gründen:

Nach § 56 Abs. 1 der Eisenbahnverkehrsordnung kann die Eisenbahn bei Wagenladungen die Bezeichnung des Inhalts nach Art und Verpackungsart verlangen, wenn die Beschaffenheit der Ladung dies zuläßt. Wie genau dieser Inhalt zu bezeichnen ist, darüber enthielt die EVO. nur für die hier nicht in Frage kommenden, in der Anlage C aufgeführten Gegenstände (Sprengstoffe) die Bestimmung, daß sie mit der in der Anlage C gebrauchten Bezeichnung zu benennen sind.

Nach Ausführungsbestimmung IV zu § 56 EVO. „ist der Inhalt der Frachtstücke im Frachtbriefe genau zu bezeichnen. Für die in den allgemeinen Tarifvorschriften und in der Güterklassifikation (Teil I Abt. B) aufgeführten Güter sind die dort gebrauchten, für alle übrigen die handelsgebräuchlichen Benennungen anzuwenden. Frachtbriefe mit allgemeinen Bezeichnungen, wie ätherische Öle, Chemikalien, Effekten usw. werden zurückgewiesen".

Hierdurch hat der Wortfassung der Tarifvorschriften keine so weitgehende Bedeutung beigemessen werden sollen, daß die Spezialtarife nur dann Anwendung finden, wenn die Erklärung im Frachtbriefe mit der entsprechenden Tarifbestimmung wörtlich übereinstimmt; vielmehr muß sie nur so genau sein, daß sie dem Beamten bei sorgfältiger und pflichtmäßiger Prüfung eine genügende Unterlage für die Anwendung der entsprechenden Tarifstelle bietet und bei vernünftiger Auslegung Zweifel über die anzuwendende Tarifstelle ausschließt. Ob dies der Fall ist, kann auch noch in der Revisionsinstanz nachgeprüft und muß im vorliegenden Falle zugunsten der Klägerin entschieden werden, da alle von ihr im Frachtbriefe gemachten Angaben darauf hinweisen, daß die Tarifstelle Klasse D Nr. 5 und nicht Klasse C Nr. 3 oder 13 in Anspruch genommen werden sollte und konnte. Unter Tarifklasse C 13 fallen Kistenteile nur dann, wenn sie gehobelt sind und nicht Klasse D Nr. 5 in Frage kommt. Wären die Brettchen mittels Nut und Feder zu Kistenteilen zusammengesetzt gewesen, so wäre dies eine Bearbeitung im Sinne der Tarifklasse C 3 gewesen; da die Klägerin jedoch ausdrücklich hervorhebt, daß sie nicht bearbeitet seien, konnten die Brettchen, wie das bei diesen Gegenständen auch die Regel bildet, nur mit Drahtstiften zu Kistenteilen verbunden sein. Zudem wiesen der Zusatz „nicht gehobelt" und die von der Klägerin angegebenen Längen- und Stärkenmaße, die genau mit der Klasse D Nr. 5 übereinstimmen, mit Sicherheit auf diese Klasse hin; und hieran ändert auch der Umstand nichts, daß die Klägerin statt der bestimmten dort aufgeführten Holzart sich des allgemeinen Ausdrucks „Nadelholz" bedient hat; denn tatsächlich sind sämtliche zur Fabrikation von ungehobelten, also immerhin minderwertigen Kisten verwendbaren Nadelhölzer im einzelnen in Klasse D Nr. 5 aufgeführt; die Weymouthskiefer gehört ihrer botanischen Bestimmung nach zur Klasse der Kiefern, und amerikanisches Zedernholz kommt für Kisten in den hier fraglichen Größen und Stärkeverhältnissen überhaupt nicht in Betracht. Unter der Rubrik „Art der Verpackung" enthalten die Frachtbriefe die Bezeichnung „Waggon". Daraus konnte der Beamte entnehmen, daß eine weitere Verpackung nicht vorhanden sei; es war also insoweit der Vorschrift der Klasse D Nr. 5 genügt; trug er jedoch in dieser Beziehung Bedenken, so hätte er sich durch Rückfrage beim Absender oder durch Besichtigung des Frachtguts hierüber Klarheit verschaffen sollen.

Das Verhalten des Beklagten ist um so unverständlicher, als nach der unbestritten gebliebenen Behauptung der Klägerin die von ihr im Frachtbrief gebrauchte Formulierung im Holzhandel der betreffenden Art allgemein üblich ist und seit 15—20 Jahren tausende und abertausende Kistenteile mit derselben Inhaltsangabe nicht nur von der Klägerin, sondern von dem gesamten Holzhandel verfrachtet und niemals von der Eisenbahn beanstandet oder als unrichtig bezeichnet behandelt worden sind.

Sind hiernach die vom Absender in dem Frachtbrief aufgenommenen Angaben und Erklärungen weder unrichtig noch unvollständig gewesen, so findet weder § 57 noch § 60 der EVO. auf den vorliegenden Fall Anwendung, vielmehr hätte der Beklagte auf Grund der von der Klägerin gegebenen Unterlage die Frachten für die Sendungen nach Tarifstelle Klasse D Nr. 5 berechnen müssen. Nur in dieser Höhe ist ein Frachtanspruch des Beklagten entstanden, und dieser muß nach den Grundsätzen der ungerechtfertigten Bereicherung gemäß § 812 BGB. die zuviel erhobene Fracht der Klägerin erstatten.

---

9. Über den Begriff der Kenntnis, durch welche die Anfechtungsfrist des § 664 Abs. 3 ZPO in Lauf gesetzt wird.

IV. Zivilsenat. Urt v. 9. April 1923 i. S. S. (Kl.) w. Staatsanwalt (Bekl.). IV 364/22.

I. Landgericht Stettin. — II. Oberlandesgericht daselbst.

Der in einer Heilanstalt befindliche Kläger ist durch Beschluß des Amtsgerichts in Stettin vom 24. April 1921 wegen Geisteskrankheit entmündigt worden. Die Klage, mit der er den bezeichneten Beschluß gemäß § 664 ZPO. angefochten hat, wurde vom Landgericht ohne sachliche Prüfung wegen Fristversäumung abgewiesen, seine Berufung vom Oberlandesgericht aus dem gleichen Grunde zurückgewiesen. Seine Revision hatte Erfolg.

Gründe:

Das Berufungsgericht nimmt an, daß die Monatsfrist für die Erhebung der Anfechtungsklage (§ 664 Abs. 3 ZPO.) am 11. Juni 1921 zu laufen begonnen habe, also vor der am 29. Juli erfolgten Zustellung der Klage abgelaufen gewesen sei; am 11. Juni habe nämlich der Kläger, wie sich aus seinem Brief vom 27. dess. Mts. ergebe, Kenntnis von der Entmündigung erhalten.

Eine das Revisionsgericht bindende tatsächliche Feststellung kann in dieser Annahme des Berufungsgerichts nicht erblickt werden. Wenn auch die Erlangung der Kenntnis im letzten Grunde Tatfrage ist, wie in RGZ. Bd. 70 S. 362 gesagt wird, so spielen doch auch rechtliche Gesichtspunkte herein, namentlich wird in der Rechtsprechung betont, daß die im Gesetz vorgesehenen Wirkungen der erlangten Kenntnis nicht durch jede an die betreffende Person gelangende Mitteilung herbeigeführt werden, sondern daß dazu eine bestimmte und überzeugende Kenntnis erforderlich sei (JW. 1902 Beil. S. 232 Nr. 102 und öfter). Nach dieser Richtung gibt das Berufungsurteil Anlaß zu rechtlichen Bedenken.

Für die Annahme, daß die in § 664 ZPO. vorgesehene Kenntnis bei dem Entmündigten vorhanden gewesen sei, bedarf es einer besonders sorgfältigen Prüfung, wenn nicht die Benützung des ihm in jener Vorschrift gewährten Rechtsbehelfs in bedenklichster Weise gefährdet und beeinträchtigt werden soll. Seine Lage ist in dieser Beziehung ohnehin schon schwierig genug. Die Dauer der in § 664 gesetzten Frist ist nur die gleiche, wie sie auch sonst in der Zivilprozeßordnung für die Geltendmachung von Rechtsmitteln gewährt wird, obwohl der Entmündigte sich in den meisten Fällen in einer geschlossenen Anstalt befinden und ihm dadurch die Verfolgung seiner Angelegenheit — Besprechung mit Angehörigen oder Rechtskundigen — wesentlich erschwert sein wird. Dazu kommt, daß die hier in Rede stehende Frist nach der Rechtsprechung einschneidender wirkt, als dies sonst bei sachlichrechtlichen oder verfahrensrechtlichen Fristen der Fall ist, indem hier weder eine Hemmung des Fristenlaufs noch eine Wiedereinsetzung in den vorigen Stand noch eine Verlängerung mit Zustimmung des Gegners zugelassen wird (Warn. 1918 Nr. 91; RGZ. Bd. 40 S. 393). Diese ungünstige Lage des Entmündigten würde noch eine erhebliche Verschärfung erfahren, wenn die — im Gesetz keineswegs mit Klarheit geregelte — Frage des Fristbeginns in einem dem Entmündigten ungünstigen Sinne behandelt würde.

Daß die Vorschrift in § 664 ZPO., was den Fall der Geisteskrankheit anlangt, an dem Mangel eines bestimmten Zeitpunkts für den Beginn des Fristenlaufes leidet, ist bei der Beratung der Zivilprozeßordnung nicht verkannt worden; man hat aber geglaubt, von der den sonstigen Verfahrensgrundsätzen entsprechenden Regelung, nämlich der Zustellung des Entmündigungsbeschlusses an den Entmündigten und damit beginnendem Fristenlauf, absehen zu sollen, weil die durch eine solche Zustellung möglicherweise verursachte Erregung nachteilig auf den Zustand des Entmündigten einwirken könnte (Hahn, Materialien zur ZPO. Bd. 2 S. 897 flg.). Mit einer solchen Regelung der Sache wird aber der Entmündigte nicht rechnen; er wird vielmehr mit Bestimmtheit erwarten, daß er von dem Ergebnis des gegen ihn anhängigen Verfahrens durch Zustellung des ergehenden Beschlusses Kenntnis erhalten werde, wie das ja für den Fall der Entmündigung wegen Geistesschwäche auch im Gesetz vorgesehen ist. Es liegt nahe, daß er, während er auf diese Zustellung wartet, auf etwa an ihn gelangende Mitteilungen nichtamtlicher Art kein Gewicht legt, wenn sie ihm nicht mit aller Bestimmtheit und Deutlichkeit gemacht werden.

Das Berufungsgericht legt seinen Erörterungen den Inhalt eines Briefes zugrunde, den der Kläger unterm 27. Juni 1921 an das Amtsgericht in Stettin gerichtet hat und in dem es heißt: Herr Landesobersekretär F. hat mir unterm 11. d. Mts. berichtet, daß der Herr Landeshauptmann S. ihm am 1. d. Mts. mitgeteilt habe, daß ich entmündigt sei. Der hier erwähnte Landesobersekretär F. war, wie die Akten ausweisen, am 23. Mai als Vormund des Klägers verpflichtet worden; ob aber davon der Kläger etwas erfahren hat, ist nicht ersichtlich. Der Landeshauptmann S. war der dienstliche Vorgesetzte des Klägers, hatte jedoch mit dem Entmündigungsverfahren weiter nichts zu tun, als daß er beim Staatsanwalt die Stellung des Entmündigungsantrags angeregt hatte. Das fragliche Schreiben des Klägers gewährt also keinen Anhaltspunkt dafür, daß er die ihm zugekommene Mitteilung als eine auch nur mittelbar auf amtlicher Quelle beruhende hätte ansehen können, und der weitere Inhalt des Schreibens, sowie der seines Briefes vom 7. Juli ergibt, daß er sie nicht als maßgebend ansah, sondern auf eine Zustellung durch das Gericht rechnete. Eine Mitteilung von so wenig bestimmtem Inhalt kann nach dem oben Ausgeführten nicht als ausreichend anerkannt werden, um dem Entmündigten die hier zu verlangende bestimmte und überzeugende Kenntnis zu verschaffen. Das Amtsgericht, an welches das fragliche Schreiben des Klägers gerichtet ist, war denn auch anderer Auffassung über seine Bedeutung als die Prozeßgerichte, denn es hat noch unterm 11. Juli, dem Tag, an dem nach der Anschauung der letzteren die Anfechtungsfrist ablief, an den Kläger geschrieben, er solle sich zwecks Erhebung der Anfechtungsklage umgehend mit einem Rechtsanwalt in Verbindung setzen.

Die Frage, welche Bedeutung der Fähigkeit des Entmündigten zum Verständnis ihm zugehender Mitteilungen beizumessen sei (RGZ. Bd. 68 S. 402), bedarf im gegenwärtigen Falle keiner Erörterung, weil nichts dafür vorliegt, daß die geistigen Fähigkeiten des Klägers nach dieser Richtung beeinträchtigt wären.

---

10. Erlischt eine Gesellschaft mit beschränkter Haftung, wenn sie ihr Geschäft mit der Firma veräußert?

II. Zivilsenat. Beschl. v. 29. Mai 1923 in der Handelsregistersache betr. die Firma E. H., G. m. b. H. II B 1/23.

I. Amtsgericht Dresden. — II. Landgericht daselbst.

In das Handelsregister des Amtsgerichts Dresden wurde am 29. Februar 1904 die Firma „E. H., Gesellschaft mit beschränkter Haftung" in Dresden eingetragen. Gegenstand des Unternehmens war der Betrieb einer Schuhfabrik. Am 11. März 1922 faßte eine Gesellschafterversammlung folgende Beschlüsse:

1. Das von der Gesellschaft betriebene Schuhfabrikationsgeschäft wird mit allen Aktiven und Passiven und mit dem Rechte zur Weiterführung der Firma „E. H." in eine neu zu errichtende Aktiengesellschaft eingebracht. Die Gegenleistung beträgt 1500000 ℳ. Diese 1500000 ℳ werden der Gesellschaft in der Weise gewährt, daß sie diesen Betrag in Aktien der zu errichtenden Aktiengesellschaft zum Nennwert erhält.

2. Die Satzungen der „E. H., G. m. b. H." werden, wie folgt, geändert:

a) Der § 1 Abs. 1 erhält folgende Fassung: Die Gesellschaft führt die Firma „H. & Co., G. m. b. H." und hat den Sitz in Dresden.

b) Der § 2 erhält folgende Fassung: Gegenstand des Unternehmens ist die Übernahme von Vermögensverwaltungen, insbesondere die Verwaltung der Vermögen der bei der Errichtung der „E. H., Aktiengesellschaft" auftretenden Gründer und deren Familienangehörigen.

3. Die beschlossene Satzungsänderung soll von dem Zeitpunkt an in Kraft treten, in dem die „E. H., Aktiengesellschaft“ in das Handelsregister des Amtsgerichts Dresden eingetragen ist. Beim Handelsregister ist zu beantragen, daß die Eintragung und Veröffentlichung der Aktiengesellschaft und der oben beschlossenen Satzungsänderung gleichzeitig erfolgt.

Das Amtsgericht Dresden hat den Antrag auf Eintragung der Satzungsänderung abgelehnt, indem es ausführte: Eine Handelsgesellschaft erlösche, wenn sie ihr Geschäft mit der Firma veräußere, eine Gesellschaft mit beschränkter Haftung dürfe dann ihre Firma nicht mehr ändern; die E. H., G. m. b. H. habe ihr Geschäft mit den Aktiven und Passiven und mit dem Rechte der Fortführung der Firma in eine neu zu errichtende Aktiengesellschaft eingebracht, sie habe sich dadurch aufgelöst und sei nicht mehr berechtigt, ihre Firma zu ändern (RGZ. Bd. 85 S. 397); das gleiche gelte für die Änderung des Gegenstandes des Unternehmens; es könne dahingestellt bleiben, ob eine G. m. b. H. im Liquidationszustand ihren Gesellschaftsvertrag überhaupt noch ändern dürfe, keinesfalls sei sie berechtigt, den Gegenstand ihres Unternehmens zu ändern, weil sie nach der Auflösung nur noch insoweit Daseinsberechtigung habe, als ihre Tätigkeit auf die Abwicklung der schwebenden Geschäfte und darauf gerichtet sei, ihr Vermögen in Geld umzusetzen.

Die hiergegen eingelegte Beschwerde wurde vom Landgericht Dresden unter Hinweis auf die schon vom Amtsgericht angeführte reichsgerichtliche Entscheidung (Beschluß des erkennenden Senats vom 30. Oktober 1914, RGZ. Bd. 85 S. 397) zurückgewiesen.

Das Oberlandesgericht Dresden erachtet die eingelegte weitere Beschwerde für begründet, ist aber der Ansicht, daß es ihr nicht abhelfen könne, ohne sich mit dem erwähnten, ebenfalls in einer Registersache ergangenen Beschlusse des Reichsgerichts in Widerspruch zu setzen. Auf Grund von § 28 FrGG. hat es deshalb die weitere Beschwerde dem Reichsgerichte zur Entscheidung vorgelegt.

Zunächst ist dem Oberlandesgerichte darin beizutreten, daß ein Fall des § 28 FrGG. gegeben ist. Der reichsgerichtliche Beschluß vom 30. Oktober 1914 wurde dadurch veranlaßt, daß das Oberlandesgericht zu Naumburg von einer Beschwerdeentscheidung des Oberlandesgerichts Dresden abweichen wollte. Das letztere Gericht hat in einem Beschlusse vom 7. August 1906 (mitgeteilt im Recht 1907 Sp. 137) und ebenso in einem Beschlusse vom 15. Oktober 1906 (OLGRspr. Bd. 14 S. 370) angenommen, daß bei einer G. m. b. H. auch noch im Liquidationszustand eine Satzungsänderung möglich ist, die sich daraus ergibt, daß die Gesellschaft das von ihr betriebene Geschäft nebst ihrer Firma veräußert (§§ 69, 53 GmbHG.). Das Oberlandesgericht zu

Naumburg wollte der in Liquidation getretenen Gesellschaft das Recht zur Satzungsänderung überhaupt versagen. Das Reichsgericht stellte sich damals mit dem Oberlandesgerichte zu Naumburg auf den Standpunkt, daß die beantragten Eintragungen in das Handelsregister unzulässig seien. Als entscheidend sah es aber nicht die Tatsache an, daß die Gesellschaft schon in Liquidation getreten war, vielmehr hielt es die Eintragungen für unzulässig, weil eine Handelsgesellschaft ohne Firma weder entstehen noch fortbestehen könne und deshalb, wenn sie das Handelsgeschäft mit der Firma veräußere, erlösche (d. h. als Handelsgesellschaft völlig vernichtet werde, also nicht etwa nur aufgelöst und damit zur Liquidation gebracht werde). Diese Auffassung müßte auch im vorliegenden Falle dazu führen, daß die beantragten Eintragungen wegen der völligen Beendigung der G. m. b. H. nicht mehr stattfinden können.

Der Senat konnte bei wiederholter Prüfung der maßgebenden Rechtsfrage seine frühere Auffassung, die in der Literatur mehrfach angegriffen wurde, nicht aufrecht erhalten. Allerdings ist es richtig, daß eine Handelsgesellschaft eine Firma haben muß, denn ohne solche kann sie in Ermangelung eines bürgerlichen Namens im Rechtsverkehr überhaupt nicht auftreten. Für das Recht der G. m. b. H. kommt das auch in den Vorschriften der §§ 3 und 75 des Gesetzes zum Ausdruck, wonach der Gesellschaftsvertrag die Firma bestimmen muß und das Fehlen oder die Nichtigkeit dieser Bestimmung die Nichtigkeitsklage begründet. Daraus ist aber nicht zu folgern, daß die G. m. b. H. erlischt, wenn sie ihre Firma (mit dem Geschäfte) veräußert, und daß diese Wirkung selbst in Fällen eintritt, wo sie, wie hier und in der durch den Beschluß vom 30. Oktober 1914 erledigten Sache, gleichzeitig mit der Veräußerung der alten Firma eine neue annimmt. Wenn gemeinhin von der Veräußerung einer Firma gesprochen wird und auch das Handelsgesetzbuch sich in § 23 dieser Ausdrucksweise bedient, so ist das insofern ungenau, als nicht die Firma selbst übertragen, sondern das Recht zu ihrem Gebrauch unter Verzicht auf die eigene Weiterbenutzung einem anderen bewilligt wird. Die Einwirkung auf die Stellung des bisherigen Firmeninhabers ist dabei die gleiche, wie wenn ohne sog. Veräußerung einem anderen gegenüber auf die Weiterführung verzichtet wird oder wenn etwa ein anderer auf Grund von § 37 Abs. 2 HGB. oder wegen unlauteren Wettbewerbs ein Urteil auf Unterlassung des Gebrauchs oder auf Einwilligung in die Löschung erlangt. In Fällen dieser Art tritt aber, wenn eine Handelsgesellschaft in Frage steht, nicht die Folge ein, daß die Gesellschaft zu bestehen aufhört, sondern sie hat sich nur des Weitergebrauchs der bisherigen Firma zu enthalten und sich eine neue zu verschaffen. Mittelbar ergeben auch die Vorschriften der §§ 75, 76 GmbHG. die Unhaltbarkeit der in dem Beschlusse vom 30. Oktober 1914 vertretenen Auffassung. Wenn dort für den Fall, daß der Gesellschaftsvertrag nichts über die Firma enthält oder daß die getroffene Bestimmung nichtig ist, nicht allein die Geltendmachung des Mangels durch Nichtigkeitsklage vorgesehen, sondern überdies eine Heilung des Mangels durch einstimmigen Gesellschafterbeschluß zugelassen ist, so erhellt daraus als Standpunkt des Gesetzes, daß das Fehlen oder der Wegfall der Firma jedenfalls nicht ohne weiteres die Bedeutung eines Umstands hat, der es rechtfertigt, die Gesellschaft als nicht bestehend zu behandeln.

Das Amtsgericht war danach nicht in der Lage, mit der von ihm gegebenen Begründung die beantragte Eintragung abzulehnen.

---

11. Wann kann in der Prolongation eines Wechsels eine Novation gesehen werden und zu wessen Gunsten wirkt sie?

V. Zivilsenat. Urt. v. 30. Mai 1923 i. S. Bank für Handel und Gewerbe (Kl.) w. von H. (Bekl.). V 779/22.

I. Landgericht III Berlin. — II. Kammergericht daselbst.

Die Klägerin als Inhaberin und Indossatarin von dreizehn von Frau C. auf die Beklagte gezogenen, von dieser akzeptierten und bei der Klägerin domizilierten Wechseln über zusammen 112000 *M*, die an den Fälligkeitstagen nicht eingelöst worden sind, klagt im Wechselprozeß auf Zahlung der Wechselsumme nebst Zinsen. Die Beklagte wandte Nichtigkeit der Akzepte ein, da sie zur Zeit der Akzeptierung geisteskrank gewesen sei. Die Wechsel seien auch von der Ausstellerin bei Fälligkeit bezahlt und dieser zurückgegeben worden. Die Klägerin habe sich die Wechsel später von der Ausstellerin gegen Empfangsschein vom 11. November 1919 zu treuen Händen zu statistischen Zwecken zurückgeben lassen. Den Anspruch auf Rückgabe habe Frau C. der Beklagten abgetreten.

Die Klägerin hat bestritten, daß die Beklagte zur maßgebenden Zeit geisteskrank gewesen sei und daß die Ausstellerin die Wechsel bezahlt habe. Letztere habe ihr, der Klägerin, vielmehr Prolongationswechsel gegeben; diese seien von der Klägerin in einem anderen Rechtsstreit gegen die Beklagte eingeklagt worden, und da in jenem Rechtsstreit die Beklagte mit einiger Aussicht auf Erfolg die Einrede der Geisteskrankheit erhoben habe, habe sich die Klägerin die alten Wechsel von der Ausstellerin zurückgeben lassen, um ihre Rechte aus diesen gegen die Beklagte geltend zu machen.

Die Klägerin wurde mit ihrem Anspruch in beiden Rechtszügen abgewiesen. Auf ihre Revision ist das Berufungsurteil aufgehoben worden.

Aus den Gründen:

Das Berufungsgericht verkennt nicht, daß die Hingabe von Wechseln und auch von Prolongationswechseln in der Regel nur zahlungshalber, nicht an Zahlungsstatt, erfolgt, also das ursprüngliche Schuldverhältnis nicht zum Erlöschen bringt. Es findet aber hier eine Abweichung von der Regel darin, daß die Klägerin beim Empfange der Prolongationswechsel die ursprünglichen Wechsel nicht behalten, sondern vorbehaltlos der Ausstellerin zurückgegeben hat. In diesem Verhalten sieht es einen Verzicht auf den Anspruch aus den ursprünglichen Wechseln, da ja nach Art. 36 WO. der Anspruch an den Besitz der Wechsel geknüpft sei. Die Ausstellerin hätte die Wechsel nach dem Rückempfang vernichten können. Wenn sie es nicht getan und sie späterhin der Klägerin wieder ausgehändigt habe, so habe damit der einmal erloschene Anspruch der Klägerin aus den ursprünglichen Wechseln nicht von neuem erstehen können. Das ursprüngliche Schuldverhältnis sei infolge Novation erloschen und die Klägerin könne gegenüber der Beklagten nicht etwa deshalb wieder auf die Klagewechsel zurückgreifen, weil sie befürchten müsse, bei der Geltendmachung der Prolongationswechsel aus irgendwelchen Gründen zu unterliegen.

Der Revision kann nicht zugegeben werden, daß in der Hingabe der Prolongationswechsel eine Novation überhaupt nicht liege. Die Auffassung, daß in der Hingabe von Prolongationswechseln in der Regel keine Novation zu finden sei, die gemäß § 364 Abs. 1 BGB. das alte Schuldverhältnis zum Erlöschen bringe, entspricht der Rechtsprechung des Reichsoberhandelsgerichts und des Reichsgerichts (ROHG. Bd. 4 S. 371, Bd. 10 S. 48; Urt. d. I. ZS. v. 10. April 1909 in IW. 1909 S. 679 und bei Warn. 1909 S. 397). Aber bereits in letzterem Urteil ist für die Entscheidung der Frage, ob — der Regel entgegen — in der Hingabe und Annahme eines Prolongationswechsels eine das alte Schuldverhältnis zum Erlöschen bringende Novation gefunden werden kann, maßgebender Wert darauf gelegt worden, ob mit der Ausstellung der neuen Wechsel die Rückgabe der alten verbunden war. Ebenso erklärt ein Urteil des Oberlandesgerichts in Hamburg vom 16. November 1909 (ROLG. Bd. 20 S. 132), Prolongationswechsel würden im Handelsverkehr meist an Zahlungsstatt gegeben, da für die Erhaltung einer doppelten Wechselverbindlichkeit kein Bedürfnis bestehe; regelmäßig würden dann aber auch die alten Wechsel zurückgegeben, so daß, wenn dies nicht geschehe, im Zweifel anzunehmen sei, der Gläubiger habe die neuen Wechsel nur zahlungshalber annehmen und die alten in Kraft halten wollen. Hiernach kann es nicht beanstandet werden, wenn das Berufungsgericht die Tatsache der vorbehaltlosen Rückgabe der ursprünglichen Wechsel bei Empfang der Prolongationswechsel für seine Überzeugung verwertet, daß die Klägerin die Prolongationswechsel an Zahlungsstatt genommen hat. Dagegen muß es beanstandet werden, daß es ohne weitere Begründung ein Erlöschen des alten Schuldverhältnisses aus den eingeklagten Wechseln infolge dieser Novation nicht nur zugunsten der Ausstellerin, der die Klägerin die Wechsel zurückgegeben hat, sondern auch zugunsten der Beklagten, der Akzeptantin, angenommen hat. Die ein Erlöschen des Schuldverhältnisses herbeiführende Novation kann keine stärkere Wirkung haben als die Zahlung. Wie aber die Zahlung durch den Aussteller oder einen sonstigen Regreßpflichtigen den Akzeptanten nicht befreit (Staub, WO. Art. 82 Anm. 56; RGZ. Bd. 9 S. 64, Bd. 11 S. 21, Bd. 61 S. 7), so muß dies auch von der Novation gelten, die sich zwischen dem Wechselinhaber und dem Aussteller durch Hingabe von Prolongationswechseln gegen Ausantwortung der alten Wechsel an den Aussteller vollzieht. Denn die Novation ist kein einseitiger Rechtsakt, sondern geht im Wege der Vereinbarung vor sich (§ 305 BGB.); sie wirkt daher an sich nur zwischen den an der Vereinbarung Beteiligten. Beteiligt daran könnte die Beklagte nur sein, wenn sie in irgendeiner erheblichen Weise an der Novation mitgewirkt hätte, wenn sie z. B. die Akzepte nicht, wie die Klägerin behauptet, bündelweise, also gewissermaßen auf Vorrat, der Ausstellerin gegeben, sondern sie auf Verlangen der Klägerin, die dafür die Ausantwortung der Klagewechsel an die Ausstellerin auch ihr gegenüber versprochen hätte, zwecks Prolongierung gewährt hätte. Es wäre auch denkbar, daß sie sich auf das Erlöschen durch Novation berufen könnte, weil etwa die Novationsvereinbarung als ein Vertrag zugunsten Dritter aufzufassen wäre, wofür die nicht mit Entschiedenheit bestrittene Behauptung der Beklagten, daß sie der C. ihre Akzepte nicht auf Schuld, sondern aus Gefälligkeit gegeben habe, für den Fall von Erheblichkeit sein könnte, daß die Klägerin dies gewußt habe.

Da das Berufungsgericht die erlöschende Wirkung der Novation zugunsten der Beklagten ohne jegliche besondere Begründung angenommen hat, so war das Urteil aufzuheben und die Sache an das Berufungsgericht zurückzuverweisen zwecks Prüfung, ob etwa besondere Umstände ein derartiges, der Beklagten günstiges Ergebnis rechtfertigen. . . .

---

12. 1. Darf ein Bankier Wertpapiere, für die er von seinem Kunden volle Bezahlung erhalten hat, in einem für seine Verbindlichkeiten haftenden ausländischen Depot belassen, ohne dem ausländischen Bankier anzuzeigen, daß die Wertpapiere fremdes Eigentum sind?

2. Zur Anwendung des § 8 des Depotgesetzes.

I. Zivilsenat. Urt. v. 30. Mai 1923 i. S. A. (Kl.) w. G. (Bekl.). I 783/22.

I. Landgericht Hamburg, Kammer f. Handelssachen. — II. Oberlandesgericht daselbst.

Die beklagte Firma kaufte vor dem Kriege für den jetzt verstorbenen Ehemann der Klägerin 20 Steel Common shares und erhielt den Kaufpreis voll bezahlt. Die Stücke lagerten auf den Namen der Beklagten beim Bankhause Cr. & Co. in London. Von diesem wurden sie während des Krieges verkauft. Die Klägerin verlangt als Erbin ihres Ehemanns Herausgabe der shares. Sie führt aus, die beklagte Firma habe schuldhaft unterlassen, die Papiere als fremdes Eigentum zu bezeichnen; alsdann wären sie nicht für Schulden der Beklagten bei der englischen Bankfirma verkauft worden. Das Landgericht Hamburg gab der Klage statt; das Oberlandesgericht wies sie ab. Die Revision der Klägerin hatte Erfolg.

Aus den Gründen:

Die Revision rügt, das Berufungsgericht habe nicht beachtet, daß die beklagte Firma, nachdem die Klägerin den Kaufpreis der shares bezahlt habe, ein Stückeverzeichnis nicht übersandt habe. Daraus folge, daß die Beklagte nicht individuell bestimmte Stücke geschuldet habe, sondern Gattungsschuldnerin gewesen sei, und deshalb sei es gleichgültig, ob ihr Londoner Depot während des Krieges verkauft worden sei. Sie schulde nach wie vor die 20 shares, die sie jederzeit im offenen Markt kaufen könne. Diese Rüge geht fehl. Nach der Depotnote vom 26. Mai 1914 lagerten die shares bei der englischen Bankfirma in London. Hiergegen hat die Klägerin an sich keinen Widerspruch erhoben. Bei solcher Sachlage war, wie RGZ. Bd. 104 S. 223 ausgeführt ist, die Beklagte nicht reine Gattungsschuldnerin; das Schicksal ihres Depots war von Einfluß auf ihre Verpflichtung gegenüber ihrem Kommittenten. Wurde ihr das Depot durch Kriegsmaßnahmen ohne eigenes Verschulden entzogen, so brauchte sie nicht neue Stücke im offenen Markte zu kaufen, um diese dem Kommittenten auf dessen Verlangen auszuhändigen.

Die Revision erörtert weiter die Frage, ob nicht die beklagte Firma die Pflicht gehabt habe, kenntlich zu machen, daß die shares in fremdem — nicht in ihrem eigenen — Eigentume ständen, und ob dann nicht der Verkauf unterblieben wäre. Das Berufungsgericht läßt dahingestellt, ob jene Pflicht bestanden habe, nimmt aber an, daß ein Schutz gegen die Veräußerung auch dann nicht erzielt worden wäre, wenn die Beklagte der englischen Firma von dem fremden Eigentum Mitteilung gemacht hätte. Gegen diese Ausführungen erheben sich Bedenken. Der gerichtliche Sachverständige hat dargelegt, daß Exekutionsverkäufe während des Krieges im allgemeinen nur vorgenommen worden sind, falls der englische Bankier nicht ausdrücklich davon in Kenntnis gesetzt war, daß die hinterlegten Papiere Eigentum einer dritten Person waren. Nur in einem Falle ist festgestellt, daß ein Londoner Bankier anders verfahren ist. Mit dieser Auffassung stimmt das vom Berufungsgericht angezogene Gutachten eines Schweizer Rechtskundigen vollkommen überein. Danach hat das Berufungsgericht die einschlägigen Beweisregeln verletzt, wenn es auf Grund jenes einzigen festgestellten Falles angenommen hat, daß auch trotz Mitteilung des fremden Eigentums die hier in Frage stehenden shares verkauft worden wären. Vielmehr ist zugrunde zu legen, daß in der Regel beim Fehlen besonderer Umstände, von denen nichts festgestellt ist, die Sache auch hier denselben Verlauf genommen hätte, den sie im übrigen fast ausnahmslos genommen hat, und es ist deshalb davon auszugehen, daß jene Mitteilung die Veräußerung verhindert hätte. Danach fragt sich, ob der beklagten Firma die Verpflichtung oblag, dem englischen Bankier jene Mitteilung zu machen. Auf § 8 des Depotgesetzes kann eine derartige Verpflichtung nicht gestützt werden; denn § 8 findet beim Selbsteintritt des Kommissionärs keine Anwendung, wie die herrschende Meinung mit Recht annimmt (**Breit**, § 8, III, 2a; **Lusensky**, § 8, 4c). Ein Selbsteintritt ist durch die Erklärung in der Schlußnote rechtswirksam erfolgt; die daselbst angezogenen Londoner Handelsgebräuche, die einen Selbsteintritt nicht kennen, müssen insoweit zurückstehen. Aber es liegt nicht der normale Selbsteintritt vor, mit der normalen Rechtsfolge, daß der Verkäufer Gattungsschuldner wird, sondern die beklagte Firma brauchte nur zu liefern, soweit nicht das Depot ohne ihr Verschulden infolge des Krieges abhanden gekommen war. Mit Rücksicht hierauf (daß also die beklagte Firma insoweit erheblich günstiger stand, als der mit normaler Rechtsfolge eintretende Kommissionär) kann allerdings die Frage entstehen, ob ihr nicht als Ausgleich dafür die Pflicht oblag, nach Möglichkeit dafür zu sorgen, daß das Depot unberührt blieb, und zu dem Zwecke die mehrerwähnte Mitteilung zu machen. Diese Frage läßt sich nur im Zusammenhange mit der weiter von der Revision aufgeworfenen Frage beantworten, ob es der beklagten Firma überhaupt erlaubt war, die von der Klägerin bezahlten shares in einem Depot zu belassen, das für die Forderungen des englischen Bankiers gegen die Beklagte haftete.

Eine erschöpfende Beurteilung dieser Fragen ist auf Grund der tatsächlichen Feststellungen des Berufungsgerichts noch nicht möglich. Es werden — soweit die Behauptungen und Beweisantretungen der Parteien dazu die Möglichkeit geben — die Verhältnisse im einzelnen erörtert werden müssen, insbesondere ob das Depot der beklagten Firma bei Cr. & Co. dauernd durch Verpflichtungen und in welcher Höhe belastet war, ob es sogar überlastet war, wie anscheinend die Klägerin behaupten will, oder ob die Beklagte sich nur hin und wieder im Debet befand, was alles sich aus den ordnungsmäßig geführten Büchern der Beklagten ergeben muß. Erst wenn über das Rechnungsverhältnis zwischen letzterer und Cr. & Co. Klarheit geschaffen ist, wird sich beurteilen lassen, ob es nach Handelsbrauch zulässig war, voll bezahlte Wertpapiere in das Depot zu legen und, als die politische Lage gespannt wurde, darin zu belassen, trotzdem die Klägerin gebeten hatte, die Papiere in ihr eigenes Depot zu überführen, und ihr erwidert worden war, sie lägen in dem Depot der Beklagten ebenso sicher.

---

13. 1. Unwirksamkeit der in einem privatschriftlichen Vertrag eingegangenen Verpflichtung zur rechtsverbindlichen Einräumung eines Vorkaufsrechts an einem Grundstück und des mit dieser Verpflichtung verbundenen Strafversprechens.

2. Unter welchen Voraussetzungen kann angenommen werden, daß ein Rechtsgeschäft auch ohne den in ihm enthaltenen nichtigen Teil vorgenommen sein würde?

III. Zivilsenat. Urt. v. 1. Juni 1923 i. S. T. (Kl.) w. O. (Bekl.). III 391/22.

I. Landgericht I Berlin. — II. Kammergericht daselbst.

Die Klägerin mietete durch privatschriftlichen Vertrag vom 2. November 1912 vom Beklagten dessen Haus in E. auf die Dauer von 10 Jahren mit der Bestimmung, daß der Vertrag als um weitere 5 Jahre — bis zum 30. März 1928 — verlängert gelte, wenn ihn die Mieterin nicht ein Jahr vor Ablauf kündige. § 12 des Vertrags bestimmt: „Vermieter räumt der Mieterin auf Wunsch während der Dauer des Vertrags das Vorkaufsrecht ein. Weigert sich Vermieter, dieser Verpflichtung in rechtsverbindlicher Form nachzukommen, so hat der Vermieter ohne jede weitere Einrede eine sofort fällige Konventionalstrafe von 20000 ℳ an Mieterin zu zahlen. Die Kosten der Vorkaufsrecht-Anstellung trägt Mieterin." Der Beklagte erklärt den Mietvertrag mit Rücksicht auf den Formmangel der in § 12 niedergelegten Vereinbarung für nichtig. Die Klägerin hat deshalb auf Feststellung geklagt, daß der Vertrag erst am 30. März 1923 sein Ende erreiche, im Berufungsverfahren aber beantragt, festzustellen, daß der Vertrag erst am 30. März 1928 ablaufe. Beide Vorinstanzen haben die Klage abgewiesen. Die Revision hatte Erfolg.

Gründe:

Das Berufungsgericht nimmt an, daß der Vertrag vom 2. November 1912 nach der Regel des § 139 BGB. seinem ganzen Inhalt nach nichtig sei, weil die Bestimmung des § 12, durch die der Beklagte sich einer Vertragsstrafe für den Fall unterwarf, daß er sich weigere, der Klägerin ein Vorkaufsrecht an dem Mietgrundstück in rechtsverbindlicher Form einzuräumen, nach §§ 313, 344 BGB. nichtig sei. Diese Annahme ist an sich rechtlich nicht zu beanstanden. Denn da nach der Rechtsprechung des Reichsgerichts einerseits auch Verträge, durch welche ein Vorkaufsrecht für ein Grundstück begründet werden soll, der Formvorschrift des § 313 BGB. unterliegen, anderseits aber auch Vorverträge zu ihrer Rechtswirksamkeit der Einhaltung der für den eigentlichen Vertrag vorgeschriebenen Form bedürfen (vgl. RGZ. Bd. 106 S. 176), so entbehrte die nur privatschriftlich eingegangene Verpflichtung des Beklagten, der Klägerin ein Vorkaufsrecht einzuräumen, der Rechtswirksamkeit, und demgemäß nach § 344 BGB. auch die für den Fall der Nichterfüllung dieser Verbindlichkeit getroffene Vereinbarung einer Vertragsstrafe.

Die Anwendung der Regel des § 139 BGB. wird hier auch nicht dadurch ausgeschlossen, daß die Parteien sich der Unwirksamkeit dieses nichtigen Vertragsteils bewußt gewesen wären (vgl. RGZ. Bd. 79 S. 437). Denn das Berufungsgericht unterstellt zwar die Kenntnis der Parteien davon, daß durch diese Vertragsbestimmung ein rechtswirksames Vorkaufsrecht noch nicht begründet werde, verneint aber, daß die Parteien bei der Schließung des Vertrags sich bewußt gewesen wären, daß auch der Vorvertrag auf Einräumung eines Vorkaufsrechts und die daran geknüpfte Vereinbarung einer Vertragsstrafe nichtig seien.

Das Berufungsgericht geht jedoch bei der Prüfung der Frage, ob nicht anzunehmen ist, daß die Parteien den Mietvertrag auch ohne diese nichtige Bestimmung des § 12 geschlossen haben würden, von einer die Zulassung dieser Ausnahme von der Regel überaus erschwerenden, rechtsirrigen Auffassung aus. Es führt aus, die Klägerin habe nichts dafür vorgebracht, daß ihr die Gültigkeit des Strafversprechens ganz gleichgültig gewesen wäre und sie ohne Widerrede auf Verlangen des Beklagten diese Vereinbarung fortgelassen haben würde; darauf allein aber komme es nach § 139 BGB. an. Wäre dies richtig, so würde die Regel des § 139 BGB. nur ausgeschlossen sein bei Nichtigkeit völlig unwesentlicher, besonders formularmäßiger Vertragsbestandteile. Darauf aber beschränkt sich die Bedeutung der vom Gesetze vorgesehenen Ausnahme nicht. Die Anwendung der Regel des § 139 BGB. fällt vielmehr schon dann fort, wenn die Parteien dem nichtigen Teil des Vertrags nicht die Bedeutung beilegen wollten, daß davon das Zustandekommen des ganzen Vertrags abhänge. Dies kann sehr wohl auch dann der Fall sein, wenn die eine oder andere Partei dem nichtigen Teil des Vertrags eine gewisse, nicht unerhebliche, jedoch nicht entscheidende Bedeutung beilegte und sich demgemäß auch bemühte, die andere Vertragspartei zur Annahme dieses Vertragsteils zu bestimmen.

---

14. 1. Lassen sich Schadensersatzansprüche für Postsendungen, deren Verlust oder Beschädigung auf Dienstpflichtverletzungen von Postbeamten zurückzuführen ist, unabhängig von den Vorschriften des Reichspostgesetzes vom 28. Oktober 1871 aus Art. 131 der Reichsverfassung in Verbindung mit dem Reichshaftungsgesetze vom 22. Mai 1910 herleiten?

2. An welche Voraussetzungen knüpft Art. II des Gesetzes vom 11. März 1921 die Unzulässigkeit der Berufung?

III. Zivilsenat. Urt. v. 1. Juni 1923 i. S. M. (Kl.) w. Deutsches Reich (Bekl.). III 530/22.

I. Landgericht I Berlin. — II. Kammergericht daselbst.

Dem Kläger wurde am 31. März 1920 von der Post ein an ihn gerichtetes, am 11. desselben Monats in W. auf R. aufgegebenes Lebensmittelpaket zugestellt, dessen Inhalt völlig verdorben war und das er daher der Post zurückgab. Die Ursache des Verderbs soll in einer ungerechtfertigt langen Lagerung des Pakets auf dem Postamte des Ankunftsorts zu finden sein. Der Kläger behauptet nämlich, daß die Postbeamten während des Kapp-Putsches auf Anordnung oder doch unter Billigung ihrer Vorgesetzten gestreikt und ihm deshalb auch arglistig die Herausgabe des Pakets verweigert hätten, um die er persönlich auf dem Postamte Friedenau wiederholt gebeten habe. Er fordert deshalb vom Beklagten, daß er ihm den Inhalt des Pakets durch Lieferung gleichartiger und gleichwertiger Sachen ersetze. Das Landgericht wies die Klage ab. Das Kammergericht wies die Berufung des Klägers insoweit zurück, als sich der Klageanspruch auf Art. 131 der RVerf. und das Gesetz vom 22. Mai 1910 stütze, im übrigen verwarf es die Berufung als unzulässig. Die Revision des Klägers hatte teilweise Erfolg.

Gründe:

Das Kammergericht hat eine sachliche Entscheidung nur insoweit für zulässig erachtet und gefällt, als der Kläger die verzögerte Bestellung des Pakets und den Verderb seines Inhalts auf eine Verletzung von Amtspflichten der Postbeamten zurückführt und demgemäß seinen Schadensersatzanspruch aus Art. 131 der RVerf. in Verbindung mit dem Reichshaftungsgesetz vom 22. Mai 1910 herzuleiten versucht.

Es hat diesen Klagegrund für ungeeignet erklärt, die Klageforderung zu rechtfertigen. Diesem Ergebnis ist beizutreten, nicht aber den Erwägungen, mit denen der Berufungsrichter zu ihm gelangt. Sie liegen völlig neben der Sache.

Die Post ist eine staatliche Verkehrsanstalt, welche der Allgemeinheit durch Beförderung von Briefen, Zeitungen, Paketen und dergl., zugleich aber auch dem Reiche als Einnahmequelle dienen soll. Die Vereinigung dieser beiden Gesichtspunkte, namentlich die Notwendigkeit, die Leistungsfähigkeit der Post zu erhalten, und das Bestreben, ihre Gebühren im Interesse des Publikums so niedrig als möglich zu bemessen und kostspielige Überwachungs- und Versicherungsmaßnahmen zu vermeiden, veranlaßten den Gesetzgeber, die Ersatzpflicht des Reichs für Schäden, welche die der Post zur Beförderung übergebenen Gegenstände erleiden, gegenüber den Schadensersatzbestimmungen des Bürgerlichen Rechts erheblich einzuschränken und sie dementsprechend in den §§ 6 bis 12 des Reichspostgesetzes (PostG.) vom 28. Oktober 1871 ausschließlich und erschöpfend zu regeln. Nachdem er nämlich in den §§ 6 bis 11 das. die Fälle, in denen Ersatzansprüche ausgeschlossen, und diejenigen, in denen sie gegeben sein sollen, genau umschrieben und teilweise auch die Beträge der etwa zu zahlenden Vergütung begrenzt hat, heißt es im § 12: „Eine weitere als die in den §§ 8, 9, 10 und 11 ... bestimmte Entschädigung wird von der Postverwaltung nicht geleistet." Eine solche weitere Entschädigung wird also aus Anlaß des Verlustes oder der Beschädigung einer Postsendung unter keinen Umständen geleistet, und zwar weder an einen anderen als den nach dem Postgesetz Ersatzberechtigten, noch unter anderen als den in ihm geregelten Voraussetzungen oder in anderer als der sich aus ihm ergebenden Art und Höhe. Dementsprechend ist in den §§ 452 und 663 HGB. die Anwendung der Vorschriften des sechsten Abschnitts des dritten Buchs und des vierten Abschnitts des vierten Buchs das. über die Land- und Seefracht auf die Beförderung von Gütern durch die Postverwaltung ausdrücklich ausgeschlossen (vgl. auch Art. 421 und 449 ADHGB.).

Nun knüpfen aber die §§ 6 bis 11 PostG. die Ersatzpflicht der Postverwaltung, soweit sie eine solche überhaupt zulassen, lediglich an die Tatsache des Verlustes oder der Beschädigung der ihr anvertrauten Gegenstände, ohne hinsichtlich ihrer Entstehung oder ihres Umfangs einen Unterschied zu machen, ob der Verlust oder die Beschädigung auf eine Dienstpflichtverletzung ihrer Beamten zurückzuführen ist oder nicht. Ein Beamtenverschulden aber, das für die Haftung des Reichs im Rahmen des Postgesetzes rechtlich unerheblich ist, vermag sie auch nicht auf dem Umwege über Art. 131 RVerf. zu begründen. Dieser spricht in Abs. 1 allerdings den Grundsatz der Reichsverantwortlichkeit für vorsätzliche oder fahrlässige Amtspflichtverletzungen der Reichsbeamten aus, läßt aber, wie bereits im Urteil vom 19. April 1921 (RGZ. Bd. 102 S. 172) dargelegt ist, die rechtliche Möglichkeit zu, im Wege „näherer Regelung" für einzelne Beamtenklassen oder Schadensfälle ihrer Eigenart wegen von ihm abzuweichen. Eine solche Regelung konnte auch vor dem Inkrafttreten der neuen Reichsverfassung erfolgen und ist für das Reich in dem Gesetze vom 22. Mai 1910 erfolgt. Daher hat der § 6 das., der die Vorschriften anderer Reichsgesetze unberührt läßt, soweit sie die Haftung des Reiches über einen gewissen Umfang hinaus ausschließen, als mit dem Grundsatze des Art. 131 Abs. 1 a. a. O. nicht in Widerspruch stehend seine Geltung behalten. Ein die Haftung des Reichs einschränkendes Gesetz ist aber das Reichspostgesetz. An der rechtlichen Bedeutung seiner §§ 6 bis 12 ist daher durch Art. 131 RVerf. nichts geändert. Selbst wenn also das vom Kläger behauptete Verhalten der Postbeamten erweisbar wäre und den Tatbestand einer Amtspflichtverletzung enthielte, könnte diese nie einen von den Vorschriften des Postgesetzes unabhängigen, selbständigen Haftungsgrund für das Reich abgeben. In gleicher Richtung bewegen sich die Ausführungen des Reichsgerichts RGZ. Bd. 57 S. 150, Bd. 67 S. 182 und Bd. 70 S. 314 (vgl. auch Aschenborn, Postgesetz S. 93/94, 202 Anm. 1 zu § 6, Dambach-Grimm, Postgesetz S. 104, 130/31 Anm. 5 zu § 12).

Die Revision mußte daher, soweit sie eine Verletzung des Begriffs des Beamtenverschuldens, des Art. 131 RVerf., sowie überhaupt des materiellen Rechts rügt, zurückgewiesen werden. In eine Erörterung darüber einzutreten, ob im gegebenen Falle die tatsächlichen und rechtlichen Voraussetzungen für eine Inanspruchnahme des Reichs aus dem Postgesetze vorliegen oder nicht, war der Senat nicht in der Lage, weil das Kammergericht die Berufung des Klägers, soweit er seine Forderung auf andere Klagegründe als den einer Amtspflichtverletzung stützt, als unzulässig verworfen hat. Den gegen diesen Teil des angefochtenen Urteils gerichteten Angriffen der Revision konnte allerdings der Erfolg nicht versagt werden.

Das Kammergericht gründet seinen Ausspruch der Unzulässigkeit der Berufung auf die Geringfügigkeit des von ihm auf 200—300 *M* festgesetzten Streitwerts und auf die Verordnungen zur Entlastung der Gerichte vom 9. September 1915 und vom 18. Mai 1916, sowie auf das Gesetz vom 11. März 1921. Der § 20 Abs. 1 der BO. vom 9. September 1915 lautete: „In Rechtsstreitigkeiten über vermögensrechtliche Ansprüche ist die Zulässigkeit der Berufung durch einen den Betrag von 50 *M* übersteigenden Wert des Beschwerdegegenstands bedingt." Diese Bestimmung erhielt jedoch durch die BO. vom 18. Mai 1916 folgende Fassung:

„Die Zulässigkeit der Berufung ist, wenn die Berufung ausschließlich einen Anspruch betrifft, der die Zahlung einer Geldsumme zum Gegenstand hat, durch einen den Betrag von 50 ℳ übersteigenden Wert des Beschwerdegegenstandes bedingt."

Der Art. II des Gesetzes vom 11. März 1921 hat hieran nur insoweit etwas geändert, als er an Stelle der Zahl 50 die Zahl 300 ℳ setzte. Die Zulässigkeit der Berufung blieb also weiter nur für reine Geldansprüche beschränkt. Der Kläger verlangt aber Sachlieferung. Unter der Herrschaft des Gesetzes vom 11. März 1921 erging das landgerichtliche Urteil vom 13. Oktober 1921, legte der Kläger im November 1921 die Berufung ein, wurde auch das Berufungsurteil vom 13. Mai 1922 gesprochen. Das Kammergericht hat übersehen, daß der Kläger keinen Anspruch auf Zahlung einer Geldsumme erhoben hat. Inzwischen ist freilich das Gesetz zur weiteren Entlastung der Gerichte vom 8. Juli 1922 ergangen, das im Art. III die ursprüngliche Fassung des § 20 Abs. 1 BO. vom 9. September 1915 mit der Maßgabe wiederherstellte, daß es die Zulässigkeit der Berufung für alle vermögensrechtlichen Ansprüche an das Vorhandensein eines Beschwerdegegenstands von über 1000 ℳ knüpfte, während das neueste Gesetz vom 27. März 1923 in Art. III sogar einen solchen von mehr als 30000 ℳ verlangt. Die Zulässigkeit der Berufung richtet sich aber nach den zur Zeit des Erlasses der angefochtenen Entscheidung gültigen Vorschriften (Art. II Abs. 4 BO. vom 18. Mai 1916, Art. V Abs. 3 des Gesetzes vom 27. März 1923), so daß das Urteil des Kammergerichts, soweit es eine sachliche Entscheidung wegen Unzulässigkeit der Berufung ablehnt, aufzuheben war.

---

15. Stehen die Bestimmungen des Versailler Vertrags der Einklagung eines in Deutschland befindlichen, von der Londoner Zweigniederlassung einer deutschen Bank akzeptierten Wechsels durch den deutschen Gläubiger gegen die deutsche Hauptniederlassung der Bank entgegen?

V. Zivilsenat. Urt. v. 2. Juni 1923 i. S. B. & Söhne (Kl.) w. Dr. Bank. (Bekl.). V 755/22.

I. Landgericht I Berlin. — II. Kammergericht daselbst.

Ein von einer Bank in Santiago am 2. Juni 1914 auf die Dresdner Bank in London E. C. gezogener, von dieser am 8. Juli 1914 akzeptierter Wechsel, zahlbar 90 Tage nach Sicht, ist am 2. Juni 1914 an die Firma L. in Hamburg und von dieser an die Klägerin giriert worden. Als Wechselinhaberin klagt diese gegen die Dresdner

Bank, die für die Verbindlichkeiten ihrer Londoner Filiale hafte und vergeblich zur Zahlung aufgefordert sei, auf Entrichtung der Wechselsumme nebst Zinsen. Ihre Klage wurde abgewiesen, ihre Berufung zurückgewiesen. Die Revision hatte Erfolg.

Gründe:

Gegen die Zulässigkeit des Rechtswegs bestehen keine Bedenken. Namentlich ergeben sich solche nicht aus § 1 des AG. z. Friedensvertrage vom 31. August 1919 (RGZ. Bd. 98 S. 257) oder aus § 11 des Reichsausgleichsgesetzes vom 24. April 1920, da der Streit ausschließlich die Forderung einer deutschen offenen Handelsgesellschaft gegen eine deutsche Aktiengesellschaft, also keine Zahlung an einen Staatsangehörigen einer „gegnerischen Macht" (Art. 296 des Versailler Vertrages) zum Gegenstand hat (vgl. auch Lehmann Reichsausgleichsgesetz Anm. 41 zu § 9).

Das Kammergericht hat an der Hand der auf dem Wechsel befindlichen Indossamente festgestellt, daß die streitige Wechselforderung in der Zeit vom 2. Juni 1914 bis zum 24. August 1920, also namentlich im Zeitpunkte des Inkrafttretens des Versailler Vertrages, einem Angehörigen des Deutschen Reichs, nämlich der Firma L. und sodann der Klägerin, zugestanden hat. Es hat die Klage auf Grund des Art. 297 b des genannten Vertrags abgewiesen, weil die streitige Forderung ein „Recht" im Sinne dieser Vorschrift (auch § 14 der Anlage zu Art. 297, 298 das.) darstelle und sich innerhalb des englischen Gebiets befinde, da der Wechsel in London zahlbar gemacht, London also Erfüllungsort für die Verpflichtung der Akzeptantin sei, und nach einem Grundsatz des internationalen Privatrechts bei Forderungen der Erfüllungsort als ihr Sitz gelte. Die Klägerin hätte somit zur Verfügung über die Wechselforderung der Zustimmung des englischen Staates bedurft, die ihr nicht erteilt sei. Demnach sei die Klage abzuweisen, ohne daß es einer Entscheidung bedürfe, ob die Klageforderung von der winding up order erfaßt sei, ob die durch diese ausgesprochene Beschlagnahme noch bestehe und ob Aussicht auf Befriedigung der Klägerin aus dem Vermögen der Londoner Filiale der Beklagten vorhanden sei.

Diese Begründung kann die Entscheidung des Berufungsgerichts nicht tragen. Aus allgemeinen Grundsätzen, insbesondere des deutschen Rechts, ergibt sich allerdings gegen die Berechtigung des Klaganspruchs kein Bedenken daraus, daß der Wechsel von der Londoner Zweigniederlassung der Beklagten akzeptiert, die Klage aber gegen ihre Berliner Zweigniederlassung gerichtet ist. Denn die Zweigniederlassung ist nach deutschem Recht, wenn sie auch eine gewisse Selbständigkeit besitzt und im Verkehr als ein selbständiges Glied der Handlungsunternehmung aufgefaßt wird (RGZ. Bd. 77 S. 60, 63), kein von der Hauptniederlassung verschiedenes besonderes Rechtssubjekt; das Hauptgeschäft und das Zweiggeschäft bilden vielmehr einen einheitlichen Geschäftsbetrieb derselben Rechtspersönlichkeit. Träger der Rechte und Pflichten, die aus dem Betriebe der Zweigniederlassung erwachsen, ist hiernach der Inhaber der Hauptniederlassung (RGZ. Bd. 96 S. 161, 162; KGJ. Bd. 27 A. S. 210, 212; Staub, HGB. 10. Aufl. § 13 Anm. 6; vgl. auch Isay, Private Rechte und Interessen im Friedensvertrag S. 82; Nußbaum in JW. 1920 S. 939; Loewenthal das. S. 958; ferner Wolff das. S. 608 und 1921 S. 245). Bei einer Aktiengesellschaft, wie der Beklagten, gilt der durch die Satzung bestimmte Sitz der Gesellschaft als die Hauptniederlassung (Seuff. Arch. Bd. 63 Nr. 228). Die Hauptniederlassung der Beklagten befindet sich in Deutschland, und die Beklagte hat erklärt, daß sie für ihre Hauptniederlassung in Dr. eintrete. Mit Rücksicht hierauf bedarf es auch keiner Erörterung, inwieweit die Klage aus einer im Geschäftsbetrieb entstandenen Verbindlichkeit gegen eine Zweigniederlassung gerichtet werden kann (vgl. dazu JW. 1921 S. 245 Nr. 17).

Weiter ist richtig, daß für die Frage, nach welchem Rechte sachlich ein schuldrechtliches Verhältnis zu beurteilen ist, gemäß den in Deutschland anerkannten Grundsätzen des internationalen Privatrechts, soweit die Beteiligten darüber keine ausdrückliche oder stillschweigende Vereinbarung getroffen haben, der Erfüllungsort oder der Wohnsitz des Schuldners maßgebend ist (s. dazu RGRKomm. Anm. 11 vor § 104 BGB. sowie Urteil des erkennenden Senats in RGZ Bd. 103 S. 259); dementsprechend ist in dem vom Kammergericht angezogenen Urteile RGZ. Bd. 2 S. 13 dargelegt, daß hinsichtlich der Verjährung die Wechselforderung dem Rechte desjenigen Ortes unterliegt, an dem der Wechsel zahlbar gemacht ist. Davon verschieden ist aber die Frage zu beantworten, welches Recht im Hinblick auf das Verfahren, insbesondere auf die Wirksamkeit gerichtlicher oder sonst behördlicher Maßregeln ausschlaggebend ist, namentlich welcher Ort als derjenige zu erachten ist, an dem das Vermögen sich befindet, das von der Maßregel getroffen werden soll. Auch hier gilt nach deutschem und allgemeinem internationalem Privatrecht an sich der Grundsatz, daß eine Forderung sich dort befindet, wo der Schuldner seinen Wohnsitz hat (vgl. § 23 ZPO.; Stein, ZPO. 10. Aufl. Anm. II 2 zu § 23). Das Kammergericht hat aber nicht in Betracht gezogen, daß, wie gleichfalls in jener von ihm insoweit nicht verwerteten Bemerkung bei Stein ausgeführt und vom Reichsgericht wiederholt entschieden ist (RGZ. Bd. 58 S. 8; Seuff. Arch. Bd. 49 Nr. 112), nach der Auffassung des deutschen Rechts dieser allgemeine Grundsatz eine Ausnahme erleidet bei Forderungen, die in Wertpapieren verkörpert sind. Namentlich ist nach deutschem Rechte davon auszugehen, daß bei einer

Wechselforderung die Wechselurkunde der Träger des Rechts ist. Die Wechselforderung findet in der Urkunde ihre Verkörperung derart, daß sie ohne den Besitz der letzteren nicht geltend gemacht werden kann; das Recht aus dem Papier ist mit dem Recht am Papier untrennbar verbunden und teilt das rechtliche Schicksal desselben (ROHG. Bd. 11 S. 250; RGZ. Bd. 3 S. 329; Staub-Stranz, WO. Einleitung Anm. 11). Die Forderung aus einem Wechsel befindet sich sonach im Sinne des deutschen Rechts, auch nach der Auffassung des täglichen Lebens, da, wo die Wechselurkunde untergebracht ist. Nach den Feststellungen des Kammergerichts muß davon ausgegangen werden, daß der streitige Wechsel schon vor dem Ausbruch des Weltkrieges bis zum August 1920, also namentlich beim Inkrafttreten des Versailler Vertrags, sich in Deutschland befunden hat, wo er sich auch jetzt noch befindet. Wenn also nur die vorerwähnten Grundsätze des deutschen Rechts, die das Kammergericht seiner Entscheidung zugrunde gelegt hat, maßgebend wären, so würde die Anwendbarkeit des für sein Urteil herangezogenen Art. 297b des Versailler Vertrags entfallen, da die alliierten oder assoziierten Mächte danach nur befugt sind, deutsche Rechte usw. „innerhalb ihrer Gebiete usw." zurückzubehalten und zu liquidieren, der Art. 297 nach seinen Eingangsworten überhaupt nur die Frage der privaten Güter usw. „in Feindesland" betrifft.

Der Rechtsstreit ist aber nicht nur nach deutschem Rechte oder den allgemeinen Grundsätzen des internationalen Privatrechts zu entscheiden. Maßgebend muß vielmehr, auch für die Frage, wo die streitige Wechselforderung im Rechtssinne sich befindet, in erster Linie die besondere Regelung sein, die sich für die rechtlichen Beziehungen der Parteien aus den Bestimmungen des Versailler Vertrags ergibt, da dieser mit seiner Verkündung und Anordnung im Reichsgesetzblatt auch deutsches Reichsgesetz geworden ist und somit auch die im Gebiete des Deutschen Reichs Wohnenden bindet (RGZ. Bd. 98 S. 257). Von den Bestimmungen des genannten Vertrags hat das Kammergericht bloß diejenige des Art. 297b verwertet. Es muß aber rechtlichen Bedenken unterliegen, nur auf diese Vorschrift die Entscheidung zu gründen. Denn in ihrem Absatz 1 ist den alliierten und assoziierten Mächten nur das Recht vorbehalten, bestimmte Güter usw. innerhalb ihrer Gebiete zurückzubehalten und zu liquidieren. Wenn im Anschluß daran Absatz 2 besagt, daß die Liquidation nach den Gesetzen des beteiligten alliierten oder assoziierten Staates erfolge, ohne dessen Zustimmung der deutsche Eigentümer weder über diese Güter usw. verfügen noch sie belasten dürfe, so ist daraus allein noch nicht zu entnehmen, daß dieser Staat auch bezüglich des Umfangs der Liquidation über dasjenige Vermögen hinausgehen dürfe, das nach allgemeinen

Grundsätzen als innerhalb seines Gebiets befindlich anzusehen wäre (vgl. Isay a. a. O. S. 79flg.). Zur Ergänzung des Art. 297b ist vielmehr weiter der Inhalt des ihm unmittelbar folgenden Art. 297d und der Anlage zu Art. 297, 298 heranzuziehen.

In Art. 297d ist vorgeschrieben, daß im Verhältnis zu Deutschland und seinen Reichsangehörigen alle außerordentlichen Kriegsmaßnahmen oder kraft solcher vorgenommenen oder vorzunehmenden Handlungen, wie sie in den §§ 1 und 3 der Anlage näher bestimmt sind, als endgültig und für jedermann bindend anzusehen sind. Nach § 1 der Anlage ist die Gültigkeit aller Liquidationsanordnungen usw. gegen Unternehmungen oder Gesellschaften oder aller anderen Verfügungen usw. bestätigt, die von einem Gericht oder einer Verwaltungsbehörde eines der vertragschließenden Teile in Anwendung der Kriegsgesetzgebung über feindliche Güter, Rechte oder Interessen ausgegangen oder erlassen worden sind oder als ausgegangen oder erlassen gelten. Unter den Begriff der außerordentlichen Kriegsmaßnahmen fallen nach § 3 der Anlage Maßnahmen jeder Art, solche der Gesetzgebung, der Verwaltung usw., auch künftige, deren Zweck ist oder sein wird, dem Eigentümer die Verfügungsbefugnis zu entziehen, namentlich Maßnahmen mit dem Zwecke, die feindlichen Guthaben zu beschlagnahmen, zu verwerten oder zu sperren. Diese Bestimmungen finden nach § 14 das. weiter Anwendung auf Schulden, Guthaben usw. (vgl. Isay a. a. O. S. 66; Lehmann, Reichsausgleichsgesetz Anm. 2 vor § 9; Simon in „Der Friedensvertrag" Jahrgang 1 S. 152; Wolff, Privatrechtliche Beziehungen zwischen früheren Feinden S. 33). Endlich hat nach § 10 der Anlage Deutschland binnen bestimmter Frist jeder alliierten oder assoziierten Macht alle in Händen seiner Angehörigen befindlichen Urkunden usw., die sich auf Güter, Rechte oder Interessen im Gebiete der betreffenden Macht beziehen, zu übermitteln (vgl. § 1 des RGes. vom 31. August 1919 über Enteignungen usw. aus Anlaß des Friedensvertrags, RGBl. S. 1527, und Isay a. a. O. S. 74flg.).

Die Entscheidung des Rechtsstreits erfordert nach alledem Feststellungen darüber, welche Maßnahmen der vorbezeichneten Art England bezüglich der Wechselforderungen Deutscher gegen einen in England wohnhaften Schuldner getroffen hat, namentlich ob es Anordnungen erlassen hat, die ihre Einklagung in Deutschland hindern. Wenn solche Wechselforderungen von England tatsächlich beschlagnahmt sind, so muß diese Maßnahme (weil nicht ausgeschlossen ist, daß nach den für die Anwendung des Versailler Vertrags ausschlaggebenden Grundsätzen auch derartige Forderungen als in England befindlich erachtet werden können) als für die deutschen Reichsangehörigen gleichfalls bindend angesehen werden. Wenn sie nach englischem Kriegsrecht die Wirkung hat, daß die Beschlagnahme einen deutschen Gläubiger hindert, die Forderung in Deutschland einzuklagen (wodurch ja der Schuldner, da er in Deutschland nur gegen Rückgabe der Wechselurkunde zu zahlen hat, mit deren Rückempfang in die Lage käme, sie zu vernichten und so für den englischen Liquidator die Geltendmachung der an den Besitz der Urkunde geknüpften Rechte zu erschweren), so muß dies ebenfalls in Deutschland als maßgebend anerkannt werden.

In dieser Hinsicht war im ersten Rechtszuge unbestritten, daß die Wechselforderungen Deutscher gegen ihre in England wohnhaften Schuldner, auch gegen dortige Zweigniederlassungen deutscher Banken, in dem von der Beklagten behaupteten Umfange der Beschlagnahme verfallen waren. Im zweiten Rechtszuge war dies aber streitig geworden. Die Beklagte hatte vorgebracht: Infolge der englischen Kriegsmaßregeln sei, da die Londoner Zweigniederlassungen deutscher Gesellschaften abgetrennte Wesenseinheiten, separate entities, bildeten (vgl. Simon in „Der Friedensvertrag" Jahrgang 1 S. 153), die dem Einflusse der Hauptniederlassung völlig entzogen seien, das zu ihnen gehörige Vermögen völlig aus dem der deutschen Hauptniederlassung ausgeschieden; danach gälten Forderungen gegen solche Zweigniederlassungen als innerhalb des englischen Machtbereichs liegend, ohne daß zwischen Akzept- und anderen Gläubigern unterschieden werde; vielmehr würden auch Akzeptforderungen, falls sie in den Büchern der Londoner Zweigniederlassung gebucht seien, als Rechte innerhalb Englands angesehen (vgl. Lehmann, Reichsausgleichsgesetz S. 22 Anm. 2, S. 51 Anm. 43); die deutschen Guthaben, so auch Wechselforderungen der vorbezeichneten Art, seien durch die winding up order beschlagnahmt: demgemäß sei von seiten Englands die Auslieferung dieser Akzepte von der deutschen Regierung gefordert worden; diese Beschlagnahme habe die Wirkung einer Pfändung dergestalt, daß die Forderungen von deutschen Gläubigern, die (wie nach den Feststellungen des Kammergerichts die Klägerin) eine Genehmigung zu ihrer Einziehung von der englischen Regierung nicht erhalten haben, nicht mehr geltend gemacht werden dürften (vgl. Isay a. a. O. S. 79, 82 bis 84; derselbe im Bankarchiv 19. Jahrgang S. 194; Simon in „Der Friedensvertrag" Jahrgang 2 S. 529 flg.; Lehmann, Reichsausgleichsgesetz Anm. 2 im Exkurs zu § 44; derselbe in „Der Friedensvertrag" Jahrgang 1 S. 193 flg.; ferner die das. S. 454 mitgeteilte Entscheidung des Reichswirtschaftsgerichts, welches den, auch von Lehmann S. 195, 196 ebenda bekämpften Einspruch des Reichskommissariats für Auslandschäden — gestützt darauf, daß eine Beschlagnahme- oder Liquidationsmaßregel einer ausländischen Regierung nicht bewirken könne, daß eine nach deutschem Recht begründete Forderung untergehe oder dem deutschen Gläubiger verloren gehe — zurückgewiesen hat); sie, die Beklagte, habe zwar Verhandlungen mit England über die Aufhebung dieser Beschlagnahme gepflogen, die aber noch nicht zum Ziele geführt hätten. Die Klägerin hat diese Anführungen bestritten.

Die Entscheidung kann erst in voller Kenntnis der bestrittenen englischen Maßnahmen getroffen werden, die nach den obigen Ausführungen auch für Deutschland und seine Reichsangehörigen bindend sind, die aber zum Teil nicht vom Revisionsgericht, sondern nur vom Tatrichter aufgeklärt werden können. Das Kammergericht hat diese Fragen unentschieden gelassen, namentlich diejenige, ob die englische Regierung durch die winding up order (s. ferner die englische Friedensvertragsverordnung von 1919, Goldschmidt-Zander, Die Rechte Privater im deutschen Friedensvertrage S. 206flg.) auch Wechselforderungen, bei denen die Wechselurkunde sich in Deutschland befindet, beschlagnahmt und diese Beschlagnahme aufrecht erhalten hat. Daher mußte die Vorentscheidung aufgehoben und die Sache an das Berufungsgericht zurückverwiesen werden.

---

16. Ist durch den Friedensvertrag mit den Vereinigten Staaten von Amerika die Frist zur Erhebung der Patentnichtigkeitsklage für nordamerikanische Staatsangehörige ohne weiteres in der Weise verlängert, wie es der Art. 307 des Versailler Vertrags vorsieht?

I. Zivilsenat. Urt. v. 2. Juni 1923 i. S. C. C. C. (Kl.) w. B. & B. (Bekl.). I 471/22.

I. Reichspatentamt.

Die Beklagte ist Inhaberin des Patents Nr. 259398, veröffentlicht im Reichsanzeiger am 7. April 1913. Die Klägerin, die ihren Sitz in den Vereinigten Staaten von Amerika hat, beantragte mit einer am 2. März 1922 erhobenen Klage, das Patent wegen Mangels der Neuheit für nichtig zu erklären. Das Patentamt wies die Klage ab, da die fünfjährige Frist des § 28 Abs. 3 PatG. versäumt sei. Die Klägerin legte hiergegen Berufung ein, die aber keinen Erfolg hatte.

Gründe:

Da die im § 28 Abs. 3 PatG. für die Erhebung einer Nichtigkeitsklage wegen mangelnder Neuheit der geschützten Erfindung vorgeschriebene Frist von fünf Jahren von der Klägerin nicht eingehalten ist, erscheint die Klage nur dann berechtigt, wenn jene Frist für die Staatsangehörigen der Vereinigten Staaten von Amerika durch Gesetz oder Staatsverträge weiter erstreckt sein sollte. Das ist nicht der Fall.

In Betracht kommt zunächst die Verordnung vom 6. Juli 1921 betr. die Begründung, Erhaltung oder Wiederherstellung von gewerblichen Schutzrechten der Angehörigen der Vereinigten Staaten von Amerika. In ihrem § 3 ist bestimmt: die gesetzlichen Fristen für die Vornahme der zur Begründung oder Erhaltung gewerblicher Schutzrechte erforderlichen Handlungen werden, soweit sie nicht schon am 1. August 1914 abgelaufen sind, bis zum 3. März 1922 verlängert. Mit Recht hat das Patentamt angenommen, daß diese Bestimmung auf den vorliegenden Fall keine Anwendung findet; denn die Erhebung einer Nichtigkeitsklage gegen ein fremdes Patent ist nicht eine Handlung, die der Begründung oder Erhaltung eigener Schutzrechte dient. Eine entsprechende oder erweiternde Auslegung jener Bestimmung verbietet sich, da die Erhaltung eigener Schutzrechte und die Vernichtung fremder Schutzrechte gesetzespolitisch nicht gleich zu behandeln sind. Daß die Rechte aus den Patenten 123535 und 124195, welche nach der Behauptung der Klägerin in ihrem Mitbesitz stehen, durch das Patent der Beklagten in Frage gestellt würden und aus diesem Grunde die Nichtigkeitsklage zur Erhaltung eigener Schutzrechte diene, kann nicht angenommen werden.

Weiter kommen die Bestimmungen des deutsch-amerikanischen Friedensvertrags (RGBl. 1921 S. 1318) in Betracht. Der Artikel II bestimmt: In der Absicht, die Verpflichtung Deutschlands gemäß dem vorhergehenden Artikel mit Beziehung auf gewisse Bestimmungen des Vertrags von Versailles näher zu bestimmen, besteht Einverständnis und Einigung zwischen den hohen vertragschließenden Teilen darüber, 1. daß die Rechte und Vorteile, die in jenem Vertrag zugunsten der Vereinigten Staaten festgesetzt sind und die die Vereinigten Staaten besitzen und genießen sollen, diejenigen sind, die in Abschnitt 1 des Teiles IV und in den Teilen ... X ... aufgeführt sind. Wenn die Vereinigten Staaten die in den Bestimmungen jenes Vertrags festgesetzten und in diesem Paragraphen erwähnten Rechte und Vorteile für sich in Anspruch nehmen, werden sie dies in einer Weise tun, die mit den Deutschland nach diesen Bestimmungen zustehenden Rechten in Einklang steht ... Art. 307 des Versailler Vertrags, welcher sich in dessen Teil X befindet, ordnet in seinem Abs. 1 an, daß den Staatsangehörigen der vertragschließenden Teile zur Erhaltung oder zum Erwerb gewisser gewerblicher Schutzrechte eine Mindestfrist von einem Jahre nach Inkrafttreten des Vertrags gewährt wird. Dann wird fortgefahren: „Das gleiche gilt für die Geltendmachung eines Widerspruchs gegen solche Rechte." Nach der ständigen Rechtsprechung des Reichsgerichts ist die Erhebung einer Nichtigkeitsklage als die Geltendmachung eines solchen Widerspruchs anzusehen. Da nun die letzterwähnte einjährige Frist nach dem Inkrafttreten des Vertrags von der Klägerin eingehalten ist, so wäre die Klage rechtzeitig erhoben und deshalb an sich statthaft, wenn die Klägerin sich auf die Bestimmungen des deutsch-amerikanischen Friedensvertrags stützen könnte. Das ist jedoch nicht der Fall. Nach dem mitgeteilten Wortlaute des Vertrags sind nicht schon durch den Vertrag selbst den nordamerikanischen Staatsangehörigen die Rechte aus dem Versailler Vertrag beigelegt, vielmehr ist in klarer Weise gesagt, daß dies noch von einer Entschließung der Regierung der Vereinigten Staaten abhängt. Das ergibt sich aus den Worten: wenn die Vereinigten Staaten die ... erwähnten Rechte und Vorteile für sich in Anspruch nehmen, werden sie dies in einer Weise tun usw. Diese Fassung beruht nicht etwa auf einer nicht scharfen Ausdrucksweise, sondern es ist wirklich gewollt, daß der Regierung der Vereinigten Staaten das Recht vorbehalten bleibt, jene Rechte zu ergreifen oder nicht. Zwar läßt sich aus den Verhandlungen, die dem Abschluß des Vertrags voraufgegangen sind, nach der Auskunft, die das Auswärtige Amt auf Anfrage dem Reichsgericht erteilt hat, nichts darüber entnehmen, was der Sinn der angeführten Bestimmung sein sollte. Es kommen aber folgende Tatsachen in Betracht: In der Sitzung des amerikanischen Senats vom 18. Oktober 1921 war eine Meinungsverschiedenheit darüber entstanden, ob gewisse Bestimmungen des Versailler Vertrags ohne weiteres Bestandteile des deutsch-amerikanischen Vertrags geworden seien. Der Vorsitzende des auswärtigen Ausschusses Senator Lodge erklärte dabei, der zur Beratung stehende (deutsch-amerikanische) Vertrag wolle nichts weiter als Amerika eine „Option" geben. „Wenn wir von dieser Option Gebrauch machen, dann nehmen wir jene Klausel (des Versailler Vertrags) an; aber sie hat nichts mit dem deutsch-amerikanischen Vertrag zu tun. Dieser Vertrag gibt nur die Option. Wir können sie nicht zu einem Teile dieses Vertrags machen. Dieser Vertrag gibt uns das Recht, die Rechte und Vorteile aus Teil 8 und mehreren anderen Teilen des Versailler Vertrags zu beanspruchen. Bis diese Option ausgeübt ist, hat jenes nichts mit dem deutsch-amerikanischen Vertrag zu tun, vgl. Congressional record, vol. 61 Nr. 132 S. 7173. Besonders die letztere Äußerung ist kennzeichnend. Danach ist die amerikanische Auffassung klar, wenngleich es sich damals nicht um die Ausübung gewerblicher Schutzrechte handelte. Auf dem gleichen Standpunkt steht das amerikanische Patentamt. In dem Schreiben des Commissioners vom 20. Januar 1922 an Wh. ist zum Ausdruck gebracht, daß nach seiner Meinung der deutsch-amerikanische Vertrag den Deutschen kein Recht gibt, ausgedehntere Fristen für die Stellung von Anträgen zu beanspruchen, als in der Nolan act vorgesehen ist — was doch der Fall sein müßte, wenn der Art. 307 des Versailler Vertrags zwischen Deutschland und den Vereinigten Staaten rechtsgültig wäre. Gleiches ergibt sich endlich aus dem Schreiben des amerikanischen Staatssekretärs vom 7. Januar 1922 an Ha. L. Der Staatssekretär erklärt, es sei für Amerikaner nicht nötig, zur Wahrung ihrer Schutzrechte sich auf Art. 307 und 308 des Versailler Vertrags zu stützen. Es sei keine besondere Abmachung hinsichtlich dieser Bestimmung zwischen der amerikanischen Regierung und Deutschland getroffen. Aus allen diesen Äußerungen ergibt sich also, daß auch nach amerikanischer Auffassung der deutsch-amerikanische Vertrag entsprechend dem Wortlaute seiner Bestimmungen den Vereinigten Staaten nur die Option geben wollte, gewisse im Versailler Vertrag bezeichnete Rechte und Vorteile auch ihrerseits sich zunutze zu machen, daß aber die amerikanische Regierung bisher diese Option hinsichtlich der gewerblichen Schutzrechte nicht ausgeübt hat. Daß etwa der einzelne nordamerikanische Staatsbürger für seine Person die Option ausüben könnte, erscheint nach dem Zusammenhang der Vertragsbestimmungen ausgeschlossen.

Aus diesen Gründen kann sich die Klägerin nicht auf Art. 307 des Versailler Vertrags berufen. Die Nichtigkeitsklage ist mithin verspätet erhoben und deshalb vom Patentamt mit Recht abgewiesen worden.

---

17. Muß die Berufungssumme nach Maßgabe der Entlastungsverordnungen vom 9. September 1915 und 18. Mai 1916, sowie des Gesetzes vom 11. März 1921 noch zur Zeit der letzten mündlichen Verhandlung als Bedingung der Zulässigkeit der Berufung vorhanden sein?

VI. Zivilsenat. Urt. v. 4. Juni 1923 i. S. L. Elektrizitätswerke A.-G. (Kl.) w. C. Revisionsgesellschaft G. m. b. H. (Bekl.). VI 775/22.

I. Landgericht Augsburg. — II. Oberlandesgericht daselbst.

Die Klägerin hat gegen die Beklagte eine Klage auf Zahlung von 3153,74 ℳ nebst Zinsen und Provision erhoben. Das Landgericht wies die Klage ab. Dagegen legte die Klägerin am 27. September 1921 Berufung ein. In der mündlichen Verhandlung vom 11. Mai 1922 beantragte sie, unter Aufhebung des landgerichtlichen Urteils die Beklagte zur Zahlung von 71,94 ℳ Hauptschuldrest mit Zinsen zu verurteilen. Das Oberlandesgericht hat nach dem Antrage der Beklagten die Berufung als unzulässig verworfen. Die Revision blieb erfolglos.

Gründe:

Das Berufungsgericht führt aus: Nach § 20 der Entlastungsverordnung vom $\frac{\text{9. September 1915}}{\text{18. Mai 1916}}$ und Art. II des Gesetzes vom 11. März

1921 sei die Zulässigkeit der Berufung, wenn der streitige Anspruch auf Zahlung einer Geldsumme gehe, durch einen den Betrag von 300 *M* übersteigenden Wert des Beschwerdegegenstandes bedingt. Nach der Entscheidung des Reichsgerichts Bd. 76 S. 292 sei für das Rechtsmittel der Revision angenommen, daß für die Zulässigkeit der Umfang des Beschwerdegegenstandes zur Zeit der mündlichen Verhandlung, nicht der Einlegung der Revision maßgebend sei, weil die Revisionssumme bestimmt sei, das Reichsgericht vor zu starker Belastung zu bewahren. Die nämliche Erwägung treffe aber auch für die in der Entlastungsverordnung an eine bestimmte Mindestsumme gebundene Berufung zu, deren Bestimmungen sämtlich bezweckten, eine Verminderung der Geschäftslast der Gerichte herbeizuführen. Nach dem in der mündlichen Verhandlung gestellten Antrage sei von der Hauptschuld nur noch ein Betrag von 71,94 *M* in Streit, die Berufung danach unzulässig.

Die Revision gegen dieses Urteil war nicht für begründet zu erachten. Die Entscheidungen des Reichsgerichts RGZ. Bd. 74 S. 325 und namentlich mit eingehender Begründung Bd. 76 S. 292 haben für die Zulässigkeit der Revision in Ansehung des in § 546 ZPO. geforderten Betrages des Beschwerdegegenstandes den Zeitpunkt der mündlichen Verhandlung als maßgebend erklärt. Die letztgenannte Entscheidung unterscheidet den Beschwerdegegenstand selbst und seine Wertberechnung. Für diese gälten die Bestimmungen der §§ 3 bis 9, insbesondere § 4 ZPO., während der Umfang des Beschwerdegegenstandes sich durch die Anträge bestimme, die nicht mit der Einlegung des Rechtsmittels, sondern erst durch die mündliche Verhandlung festgelegt würden. Diese Auffassung entspreche auch dem Grunde und Zwecke der Vorschrift des § 546 ZPO., die durch das Erfordernis eines Mindestbetrages für die Zulässigkeit der Revision das Reichsgericht im öffentlichen Interesse vor einer zu starken Überlastung schützen wolle. Als Folge dieser Auffassung ergebe sich, daß eine Revision auch dann unzulässig werde, wenn nach ihrer Einlegung, sei es durch zufällige äußere Ereignisse, sei es durch außergerichtliche Handlungen der Parteien, der Beschwerdegegenstand sich derart verändert habe, daß sein Umfang in der mündlichen Verhandlung die Revisionssumme nicht mehr erreiche.

Diesen Entscheidungen ist in demselben Sinne eine Reihe anderer aus verschiedenen Senaten gefolgt: JW. 1911 S. 988 Nr. 26, 1920 S. 558 Nr. 13; Warn. 1916 Nr. 148, 1920 Nr. 121; Urt. vom 29. September 1911 II 2/11, vom 23. Dezember 1916 V 227/16, vom 17. Februar 1920 VII 399/19, vom 24. Juni 1921 II 54/21, vom 21. November 1922 III 67/22, sodaß die Rechtsprechung des Reichsgerichts nach Maßgabe jener Entscheidungen für festgelegt erachtet werden muß. Die anscheinend abweichenden Entscheidungen aus der

Zeit nach dem Erlasse des Urteils RGZ. Bd. 76 S. 292 befassen sich in Wirklichkeit überhaupt nicht mit der Frage, ob für die Zulässigkeit der Revision nach dem Umfange des Beschwerdegegenstandes der Zeitpunkt der Einlegung des Rechtsmittels oder endgültig erst derjenige der mündlichen Verhandlung maßgebend sei, sondern sie behandeln den damit verwandten, aber doch davon verschiedenen Fall des § 99 Abs. 1 ZPO. und die Frage, wann die Anfechtung einer Entscheidung über den Kostenpunkt zulässig sei; so die Urteile RGZ. Bd. 77 S. 14, Bd. 102 S. 290, JW. 1922 S. 1450 Nr. 7 und die von der Revisionsbegründung angezogene Entscheidung Leipz. Zeitschr. 1918 S. 1080 Nr. 27. Die Entscheidung Warn. 1912 Nr. 352 unterscheidet, vollständig im Sinne des Urteils RGZ. Bd. 76 S. 292, ob es sich um nachträgliche Minderungen des Beschwerdegegenstandes selbst durch äußere Ereignisse oder Parteihandlungen handelt — in welchem Falle die Revision unzulässig werde, wenn der Umfang des Beschwerdegegenstandes zur Zeit der mündlichen Verhandlung die Revisionssumme nicht mehr erreiche —, oder ob dieser Umfang und dementsprechend auch der Antrag unverändert geblieben sei, aber die Wertbemessung (§§ 3 bis 9 ZPO.) bis zur mündlichen Verhandlung sich geändert habe; hier bleibe die Revision zulässig. Aus dieser in RGZ. Bd. 76 S. 292 ausdrücklich hervorgehobenen Scheidung zwischen dem Beschwerdegegenstande in seinem Umfang und seiner Wertbemessung ergibt sich auch, daß die Änderung des § 4 ZPO. durch das Entlastungsgesetz vom 8. Juli 1922 die Grundsätze der Entscheidung RGZ. Bd. 76 S. 292 nicht berührt.

Wird nun von den Grundsätzen ausgegangen, die für die Revision in den Urteilen RGZ. Bd. 74 S. 325 und Bd. 76 S. 292 aufgestellt sind, so sind diese auch für die Berufungsinstanz anzuwenden, nachdem durch die Entlastungsverordnungen vom 9. September 1915 und vom 18. Mai 1916 und durch das Gesetz vom 11. März 1921 die Zulässigkeit der Berufung ebenfalls an das Vorhandensein eines Mindestbetrages für den Beschwerdegegenstand gebunden worden ist. Auch hier ist die Festlegung einer Berufungssumme zum Zwecke der Entlastung der Gerichte erfolgt, wie schon die Überschriften der Verordnungen und des Gesetzes ergeben, und die Bestimmungen der letzteren bedienen sich für die Festlegung der Berufungssumme derselben Worte, wie sie § 546 ZPO. für die Revisionsinstanz enthält. Auch in der Berufungsinstanz wird ferner der Umfang des Streites erst durch die Verlesung der Anträge in der mündlichen Verhandlung bestimmt (§ 525 ZPO.; RGZ. Bd. 8 S. 163); und aus dem Grundsatze der Einheitlichkeit der mündlichen Verhandlung erhellt, daß als maßgebend für die Entscheidung die in der letzten mündlichen Verhandlung verlesenen Anträge angesehen werden müssen. Dementsprechend haben auch die vom

Berufungsgericht angezogenen Bearbeiter der Entlastungsverordnungen [1], deren Bestimmungen über die Zulässigkeit der Berufung im Sinne der Reichsgerichtsentscheidungen RGZ. Bd. 74 S. 325 und Bd. 76 S. 292 aufgefaßt, und ebenso hat das Kammergericht in einem JW. 1922 S. 500 Nr. 8 wiedergegebenen Urteil entschieden. In gleichem Sinne ist die hier angefochtene Entscheidung des Berufungsgerichts ergangen, die nach den gegebenen Ausführungen für zutreffend zu erachten war. Wenn dagegen geltend gemacht wird, daß die Gegenpartei des Rechtsmittelklägers, falls dieser der Gläubiger ist, durch eine Teilzahlung das Rechtsmittel hinfällig machen könne, wenn diese zwischen der Einlegung des Rechtsmittels und der letzten mündlichen Verhandlung geleistet wird — was ebenso für die Revisionsinstanz zutreffen würde —, so ist dem entgegenzuhalten, daß der Gläubiger nach § 266 BGB. Teilzahlungen anzunehmen nicht verpflichtet ist; dann bleibt der Streitgegenstand unverändert; nur bei verschiedenen, in einer Klage nur äußerlich vereinigten Ansprüchen (§ 260 ZPO.) läßt sich eine nicht durch den Willen des Gläubigers zugelassene Veränderung des Streitgegenstandes durch Teilzahlungen denken. Ein Schluß gegen die Richtigkeit der vom Reichsgericht in den vorgedachten Entscheidungen und vom Berufungsgericht in dem angefochtenen Urteil vertretenen Auffassung kann aus dieser wie anderen ähnlichen Einwendungen nicht gezogen werden.

---

18. Ist gegen die Entscheidung auf den Antrag der Prozeßpartei, gemäß § 89 Satz 3 ZPO. den Prozeßvertreter des Gegners zum Ersatz von Prozeßkosten zu verurteilen, die Berufung oder die sofortige Beschwerde das gegebene Rechtsmittel?

II. Zivilsenat. Urt. v. 5. Juni 1923 i. S. W. (Bekl.) w. Reichsfleischstelle, Geschäftsabteilung G. m. b. H. (Kl.). II 475/22.

I. Landgericht I Berlin, Kammer f. Handelssachen. — II. Kammergericht daselbst.

Die Reichsfleischstelle, Geschäftsabteilung G. m. b. H., hat am 7. Juni 1920 von einer „Universal Trading Company in New York" 50000 Kisten Corned beef auf Lieferung gekauft. Am 16. Februar 1920 hat letztere, vertreten durch den Justizrat W., gegen die Reichsfleischstelle Klage auf Feststellung erhoben, daß sie nicht verpflichtet sei, ohne Sicherstellung wegen des Kaufpreises vorzuleisten. Der Klage lag eine Vollmacht auf Justizrat W. bei. Die Beklagte hat Wider-

---

[1] Seuffert, Warneyer, Wassermann.

klage auf Leistung angekündigt. In einer gemeinschaftlichen Eingabe vom 26. März 1920 haben, bevor es zu einer Verhandlung gekommen war, die Parteien dem Gericht angezeigt, daß man sich verglichen habe, und erklärt, daß Klage und Widerklage zurückgenommen würden. Als von der Klägerin Kosten eingezogen werden sollten, war sie nicht zu finden.

Die Beklagte lud die Klägerin, welche im Termin vom 16. November 1920 nicht erschien. Sie beantragte, dem Prozeßbevollmächtigten der Klägerin, Justizrat W., zur Beibringung einer beglaubigten Vollmacht eine Frist von 3 Monaten zu setzen, welchem Antrag das Landgericht durch Beschluß vom 23. November 1920 stattgab. Die Vollmacht ist nicht beigebracht worden.

Im Mai 1921 lud die Beklagte von neuem, nunmehr sowohl die Klägerin als auch Justizrat W. persönlich. Im Termin erschien die Klägerin nicht, dagegen, durch einen Anwalt vertreten, Justizrat W. Die Beklagte beantragte, die Klägerin mit der Klage abzuweisen und ihrem Vertreter Justizrat W. auf Grund des § 89 ZPO. die der Beklagten infolge seiner Zulassung entstandenen Kosten aufzuerlegen; sodann beantragte sie Vertagung der Verhandlung, um die Klägerin auch auf diplomatischem Wege laden zu lassen, und nachdem das abgelehnt war, Aussetzung der Entscheidung über den gegen die Klägerin gestellten Antrag.

Das Landgericht wies den Antrag der Beklagten, dem Prozeßvertreter der Klägerin Kosten aufzuerlegen, durch Urteil zurück; die von der Beklagten hiergegen eingelegte Berufung wurde vom Kammergericht als unzulässig verworfen. Ihre Revision wurde zurückgewiesen.

Gründe:

Das Landgericht hat den Antrag der Beklagten, auf Grund des § 89 Abs. 1 Satz 3 ZPO. den Anwalt der Klägerin zum Ersatz von Prozeßkosten zu verurteilen, nach streitiger Verhandlung zurückgewiesen. Es fragt sich, ob die Beklagte hiergegen Berufung einlegen kann. Der Vorderrichter verneint es. Eine Entscheidung in der Hauptsache sei nicht ergangen, weder gegen die Beklagte noch gegen den Anwalt der Klägerin, der nicht Prozeßpartei sei; gemäß § 99 Abs. 3 ZPO. komme nur die sofortige Beschwerde in Betracht, aber auch sie nicht, weil den Prozeßparteien gegen die auf Ablehnung der Verurteilung des Anwalts lautende Entscheidung kein Beschwerderecht zustehe. Dabei wird auf § 102 ZPO. und mehrere Entscheidungen verwiesen, die von dieser Vorschrift und von § 157 ZPO. handeln. Aber nicht der Fall des § 102, sondern der des § 89 steht hier in Frage, und zu § 89 übergehend sagt der Vorderrichter, aus ihm könne die Beklagte nichts zu ihren Gunsten herleiten, weil eine „einstweilige Zulassung" des Anwalts im Sinne des § 89 nicht vorliege. Mit dieser Begründung hätte der Vorderrichter zur Zurückweisung der Berufung als unbegründet, nicht zu ihrer Verwerfung gelangen müssen.

Vermag somit die Begründung die angefochtene Entscheidung nicht zu tragen, so war ihr doch im Ergebnis beizutreten.

Die Revision meint, daß die Berufung das gegebene Rechtsmittel sei, weil das Landgericht durch Urteil entschieden habe. Darauf kommt es nicht an. Daß über die Kosten des Prozesses durch Urteil entschieden wird, ist die Regel, und es wäre auch hier, falls das Landgericht zugleich in der Sache entschieden hätte, nichts dagegen einzuwenden gewesen, wenn es in einem und demselben Urteil beide Entscheidungen — über die Kosten wie in der Sache selbst — zusammengefaßt hätte. Das ist der Fall, von welchem Stein, Zivilprozeßordnung § 89 IV 1a annimmt, daß die Berufung das gegebene Rechtsmittel auch für den in Prozeßkosten verurteilten Prozeßbevollmächtigten sei. Im Streitfalle ist über die Kostenfrage vorab entschieden und es ist eben die Frage, ob es, da es sich nicht um eine zwischen den beiden Parteien ergehende Entscheidung handelte, nicht richtiger gewesen wäre, das in Form eines Beschlusses zu tun. Aber auf die Form kommt es für die gegenwärtige Frage nicht an, sondern auf den sachlichen Gehalt der Entscheidung. Und da ist für die Frage, ob Berufung oder Beschwerde, der durchschlagende Gesichtspunkt, daß es sich hier nicht um einen der Beklagten gegen den Bevollmächtigten des Gegners zustehenden materiellrechtlichen Anspruch handelt. Der Antrag der Beklagten ging dahin, dem einstweilen zur Prozeßführung zugelassenen Vertreter des Gegners die der Beklagten infolge seiner Zulassung entstandenen Kosten aufzuerlegen. Danach war lediglich im Rahmen des schwebenden Rechtsstreits über dessen Kosten — alle oder einen Teil — nach Maßgabe der prozeßrechtlichen Vorschrift zu entscheiden, aber nicht im Verhältnis der Parteien zueinander, sondern im Verhältnis der einen oder auch beider Parteien zu dem Prozeßbevollmächtigten der einen. In solchem Falle ist nicht die Berufung, sondern die (sofortige) Beschwerde am Platz. Gibt die Prozeßordnung schon den Parteien, wenn ausschließlich über die Prozeßkosten entschieden wird, als Rechtsmittel nicht die Berufung, sondern die Beschwerde an die Hand, so muß das vollends im Fall des § 89 ZPO. gelten, wo in der Person des Prozeßbevollmächtigten ein Dritter von der Entscheidung getroffen und zur Tragung von Prozeßkosten herangezogen wird. Der Fall deckt sich in dieser Beziehung vollkommen mit dem des § 102 ZPO., wo der Prozeßvertreter usw. zur Tragung von Kosten verurteilt wird, die er durch grobes Verschulden veranlaßt hat, und ähnlich ist auch die Lage von Zeugen, welche in Geldstrafen genommen werden, ZPO. §§ 380, 390. Ist in allen diesen Fällen die Beschwerde oder die sofortige Beschwerde das Rechtsmittel, so tut sich darin der innere

Aufbau und die Absicht der Prozeßordnung kund; dieser entspricht es, auch im gegenwärtigen Fall, für den eine ausdrückliche Bestimmung allerdings nicht getroffen ist, dasselbe anzunehmen (vgl. RGZ. Bd. 53 S. 65).

19. 1. Zum Begriff der durch den Krieg verursachten Personenschäden im Sinne des Personenschädengesetzes vom 15. Juli 1922.
2. Wird durch die Vorschriften der § 18 des vorbezeichneten Gesetzes in Verbindung mit denen des Reichsversorgungsgesetzes vom 12. Mai 1920 die Geltendmachung von Schadensersatzansprüchen gegen das Reich auf Grund des Art. 131 der Reichsverfassung ausgeschlossen, wenn die Voraussetzungen des § 1 des Reichstumultschadensgesetzes vom 12. Mai 1920 vorliegen?

III. Zivilsenat. Urt. v. 8. Juni 1923 i. S. Deutsches Reich (Bekl.) w. T. (Kl.). III 746/22.

I. Landgericht Münster. — II. Oberlandesgericht Hamm.

Die Kläger fordern Ersatz des Schadens, der ihnen durch den Tod ihres Ehemanns und Vaters entstanden ist. Dieser wurde am 6. Juli 1919, an dem es in Oberhausen zu Unruhen gekommen war und die Truppen von ihren Gewehren Gebrauch machten, durch eine Gewehrkugel tödlich verletzt, als er zusammen mit dem Vollziehungsbeamten J. im Toreingang seines Hauses stand. Die Kläger behaupten, daß der Schuß von einem Soldaten des Reichswehrjägerbataillons Nr. 7 abgegeben worden sei. Das Landgericht wies die Klage ab; das Berufungsgericht erklärte den Anspruch dem Grunde nach für gerechtfertigt. Die Revision des Beklagten hatte keinen Erfolg.

Aus den Gründen:

... Fehl geht aber auch die Berufung der Revision auf das Reichsgesetz über den Ersatz der durch den Krieg verursachten Personenschäden (Personenschädengesetz) vom 15. Juli 1922. Die Vorschriften dieses Gesetzes müßten allerdings gemäß den in den Urteilen des Reichsgerichts vom 18. und 22. Dezember 1920, RGZ. Bd. 101 S. 141 (147) und S. 162 (164), ausgesprochenen Grundsätzen auch noch in der Revisionsinstanz berücksichtigt werden, wenngleich das Gesetz zur Zeit der Fällung des angefochtenen Urteils noch nicht erlassen worden war. Denn das Gesetz legt sich rückwirkende Kraft vom 1. April 1920 ab bei. Die Vorschriften dieses Personenschädengesetzes können aber zu keiner Abänderung der angefochtenen Entscheidung führen. Es handelt sich hier um einen Personenschaden, der bei inneren Unruhen entstanden ist. Wenn diese Unruhen auch in einem gewissen ursächlichen Zusammenhang mit dem unglücklichen Ausgang des Krieges stehen, so kann doch die Verwendung von Militär zu ihrer Unterdrückung nicht als eine „kriegerische Unternehmung" des „letzten Krieges" im Sinne des § 2 Nr. 1, und der bei ihnen entstandene Schaden nicht als „durch den letzten Krieg erlitten" im Sinne des § 1 des Gesetzes erachtet werden. Eine so weite Ausdehnung des Begriffs der „durch den Krieg verursachten Personenschäden" kann auch nicht daraus hergeleitet werden, daß nach der Begründung des Gesetzentwurfs (Reichstag 1920/22 Nr. 3295 S. 8) auch die Operationen polnischer Banden während der Aufstandsbewegung im Osten des Reichs in den Wirkungskreis des Entwurfs einbezogen werden sollten. Denn dort handelte es sich um die Losreißung deutschen Gebiets behufs Einverleibung in Polen, das sich den uns feindlichen Mächten angeschlossen hatte und die aufständige Bewegung schürte und unterstützte; hier dagegen waren nur innere Unruhen zu unterdrücken.

Mit den durch innere Unruhen verursachten Personenschäden befaßt sich dagegen der § 18 des Gesetzes. Er erklärt die Vorschriften des Gesetzes für anwendbar auf die Ansprüche für Schäden an Leib und Leben der in § 1 des Gesetzes über die durch innere Unruhen verursachten Schäden vom 12. Mai 1920 bezeichneten Art. Er erfüllt damit — vgl. Begründung zu § 19 des Entwurfs des Personenschädengesetzes — das bei der Beratung des Tumultschädengesetzes von der Reichsregierung gegebene Versprechen, die Tumultpersonenschäden möglichst in gleicher Weise wie die durch den Krieg verursachten Militär- und Zivilpersonenschäden zu regeln. Aus der Vorschrift des § 18 in Verbindung mit § 1 des Personenschädengesetzes ergibt sich nun zwar, daß die Ansprüche aus dem Tumultschadengesetze, soweit sie Schäden an Leib und Leben betreffen, sich nach dem Reichsversorgungsgesetze bestimmen; nicht aber genügt diese allgemeine Verweisung auf die Vorschriften des Reichsversorgungsgesetzes, um auch die entsprechende Anwendung des § 86 Abs. 1 dieses Gesetzes auf die bei inneren Unruhen an Leib oder Leben geschädigten Personen zu rechtfertigen, ihnen also die nach dem bisherigen Rechte neben den Ansprüchen aus dem Tumultschadengesetz ihnen gegen das Reich zustehenden Ansprüche, insbesondere die Ansprüche aus dem Gesetze vom 22. Mai 1910 und Art. 131 RVerf., zu versagen. Das Reichsgericht hatte in den Urteilen RGZ. Bd. 101 S. 357, Bd. 102 S. 151 unter Bezugnahme auf die Entstehungsgeschichte des Tumultschädengesetzes dargelegt, daß dieses Gesetz die Geltendmachung weitergehender, auf besondere, von dem Tatbestand innerer Unruhen unabhängige Rechtsgründe gestützter Ansprüche nicht ausschließe. Hätte an diesem Rechtszustande durch das Personenschädengesetz etwas geändert werden sollen, so hätte dies des bestimmten Ausspruchs im Gesetze bedurft. Auch die Begründung des Entwurfs des Personenschädengesetzes gewährt keinen Anhalt für die

Annahme, daß das Gesetz die nach dem bisherigen Rechte gegebenen Ansprüche beseitigen wolle, vielmehr ergibt sich auch aus ihr, daß der Zweck des Gesetzes nur auf den Ausbau gegebener und die Schaffung neuer Versorgungsansprüche gerichtet war.

---

20. Sind für Ansprüche gegen Kommunalverbände wegen Amtspflichtverletzungen ihrer Beamten die Landgerichte ohne Rücksicht auf den Streitwert ausschließlich zuständig?

III. Zivilsenat. Beschl. v. 12. Juni 1923 i. S. D. (Kl.) w. Stadtgemeinde Canth (Bekl.). III 740/22.

I. Landgericht Breslau. — II. Oberlandesgericht daselbst.

Trotz der geringen Höhe der eingeklagten Summe (rund 27000 ℳ) ist die Weiterverfolgung der Revision nach Art. V Abs. 5 des Entlastungsgesetzes vom 27. März 1923 in Verbindung mit § 547 Nr. 2 ZPO., § 70 Abs. 3 GVG., § 39 Nr. 3 preuß. AG. z. GVG. zulässig, soweit die Klage auf Amtspflichtverletzungen der städtischen Beamten gestützt ist, für welche die Beklagte nach Art. 131 RVerf. haftet, der an die Stelle des preußischen Staatshaftungsgesetzes vom 1. August 1909 getreten ist (vgl. RGZ. Bd. 102 S. 166, Bd. 106 S. 34). Allerdings sind im § 70 Abs. 3 GVG., § 39 Nr. 2, 3 AG. z. GVG. ausdrücklich nur für Ansprüche gegen den Staat wegen Verschuldung von Staatsbeamten und für Ansprüche gegen öffentliche Beamte wegen Überschreitung ihrer amtlichen Befugnisse oder wegen pflichtwidriger Unterlassung von Amtshandlungen die Landgerichte ohne Rücksicht auf den Wert für ausschließlich zuständig erklärt, nicht auch für Ansprüche gegen Gemeinden wegen Amtspflichtverletzungen ihrer Beamten. Wenn auch für diese der der Vorschrift des § 70 Abs. 3 GVG. nach ihrer Begründung (Mot. zu § 50 Entw. des GVG.) zugrunde liegende Zweck, nämlich die öffentlichrechtlich bedeutsame Erzielung einer einheitlichen Rechtsprechung für die das Grenzgebiet des öffentlichen und des Privatrechts betreffenden Ansprüche, ebenfalls zutrifft, so steht doch der Wortlaut der obigen gesetzlichen Vorschriften ihrer allgemeinen Ausdehnung auf Ansprüche gegen Gemeinden wegen Amtspflichtverletzungen ihrer Beamten entgegen; diese Ausdehnung ist daher auch wiederholt vom Reichsgericht abgelehnt worden (JW. 1893 S. 341 Nr. 1, 1902 S. 133 Nr. 44; Beschl. des erkennenden Senats vom 1. Juli 1923 III 531/22). Hiervon gilt aber nach der Rechtsprechung des erkennenden Senats eine Ausnahme für die auf § 4 des preuß. Staatshaftungsgesetzes und auf Art. 131 RVerf. gestützten Ansprüche gegen

Gemeinden oder andere Kommunalverbände. Nach diesen gesetzlichen Bestimmungen tritt der Kommunalverband nur in die Haftung des Beamten aus § 839 BGB. an dessen Stelle ein; im übrigen behält es aber bei den materiellrechtlichen und prozeßrechtlichen Vorschriften über Ansprüche gegen die schuldigen Beamten sein Bewenden (vgl. z. B. RGZ. Bd. 87 S. 116), soweit nichts abweichendes bestimmt ist (wie z. B. durch Art. 131 Abs. 1 Satz 3 RVerf. bezüglich der Zulässigkeit des Rechtswegs; vgl. RGZ. Bd. 106 S. 34). Aus diesem Grunde ist für die genannten Ansprüche auch ohne eine ausdrückliche Vorschrift, wie sie im § 3 des Reichshaftungsgesetzes getroffen ist, die ausschließliche Zuständigkeit der Landgerichte ohne Rücksicht auf den Streitwert und folglich nach § 547 Nr. 2 ZPO. die Zulässigkeit der Revision ohne Revisionssumme anzunehmen.

---

21. Gewährt der Verfilmungsvertrag dem Verfasser des Filmmanuskripts einen Anspruch gegen den Filmhersteller auf Herstellung und Vertrieb des Films?

I. Zivilsenat. Urt. v. 16. Juni 1923 i. S. D. & Co. (Bekl.) w. W. (Kl.). I 185/22.

I. Landgericht I Berlin. — II. Kammergericht daselbst.

Der Kläger ist Verfasser des Filmmanuskripts „Nur eine Tänzerin"; die Beklagte hat es von ihm zur Verfilmung erworben, bislang aber nicht herausgebracht. Mit der Klage wird die Verurteilung der Beklagten zur Verfilmung, Vervielfältigung des ordnungsgemäß hergestellten Films und Vertreibung zur Vorführung unter Namensnennung des Verfassers verlangt. Beide Vorinstanzen gaben der Klage statt. Die Revision der Beklagten hatte Erfolg.

Gründe:

Das Kammergericht erwägt zu der streitigen Frage, ob eine Verfilmungspflicht der Beklagten vorliegt, daß die ausdrückliche Übernahme einer solchen Verpflichtung nicht nachgewiesen sei; die Angaben des Zeugen N. und der Inhalt des Bestätigungsschreibens ergäben hierüber nichts schlüssiges. Mangels ausdrücklichen Versprechens der Beklagten müsse also untersucht werden, ob auch ohne besondere Abrede eine solche Pflicht Rechtens sei. Eine gesetzliche Vorschrift mangele; Handelsbrauch könne nicht als erwiesen angenommen werden. Die Prüfung der rechtlichen Natur des Vertrags müsse aber zur Annahme einer solchen Verfilmungspflicht führen. Der Vertrag sei zwar kein Verlagsvertrag; es könne daher § 1 VerlG. nicht unmittelbar Anwendung finden. Doch müsse entsprechende Anwendung der für das

Verlagsrecht geltenden Pflicht zur Vervielfältigung und Verbreitung als geboten erscheinen. Diese Pflicht beruhe auf dem Gedanken, daß der Verleger für die Autoren nur das Mittel sei, um ihre Geisteserzeugnisse der Allgemeinheit mitzuteilen. Das Honorar stelle in der Regel nicht das vom Verfasser erstrebte Hauptziel dar, sondern sein Streben gehe in erster Linie auf Mitteilung des Werks an die Öffentlichkeit. Es sei kein Grund einzusehen, den Filmverfasser schlechter zu stellen, als den Verfasser anderer Geisteserzeugnisse. Die erhöhten Kosten des Filmfabrikanten gegenüber denen des Verlegers könnten keine ausschlaggebende Rolle spielen. Die Sache liege insofern nicht anders als bei der Erstaufführung eines Bühnenstücks. Im Einzelfalle könne das Mißverhältnis des aufzuwendenden Apparats zu einer Verneinung der Aufführungspflicht führen. Dafür habe aber die Beklagte hier keine entsprechenden Darlegungen gegeben. Was den Filmunternehmer vom Theaterunternehmer unterscheide, sei im wesentlichen nur, daß letzterer selbst die Darstellung vorführe, jener die Bildstreifen herstelle und vertreibe. Dieser Unterschied biete aber zu einer Verschiedenheit der Rechtslage in der streitigen Frage keinen Anlaß.

Diesen Ausführungen kann nicht beigetreten werden; sie beruhen mehr auf juristisch-konstruktiver Grundlage als auf Berücksichtigung der lebendigen Rechtstatsachen.

Der Vorderrichter hat zutreffend angenommen, daß der Verfilmungsvertrag kein Verlagsvertrag sei und die darüber in der Literatur zum Teil vertretene Ansicht (vgl. Goldbaum, Urheberrecht S. 93) fehl gehe. Es kann aber auch die analoge Anwendung des § 1 VerlG. nicht gebilligt werden. Gewisse Ähnlichkeiten zwischen einem Verlagsvertrag und einem Verfilmungsvertrag und zwischen diesem und dem vom Kammergericht noch weiter in Vergleich genommenen Bühnenaufführungsvertrag sind nicht so wesentlich, anderseits die Verschiedenheiten gegenüber diesen beiden Gebilden so erheblich, daß es nicht angeht, Grundsätze des Verlagsrechts auf das Filmrecht zu übertragen. Für das Verlagswesen hat das bereits in Übung gewesene Recht, wie es sich durch Rechtsprechung und Wissenschaft auf Grund der Gepflogenheiten des angesehenen deutschen Verlagsgewerbes ausgebildet hatte, gemäß den Bedürfnissen des Buch- und Musikalienhandels zur Regelung im Gesetz geführt. Daß die Bedürfnisse der Filmindustrie und des Filmmarktes ganz andere sind als diejenigen des Buchgewerbes, leuchtet ein; sie wirken sich demgemäß auch bei dem Rechtsverhältnis zwischen Filmverfasser und Filmfabrikant notgedrungen anders aus; veränderte wirtschaftliche Verhältnisse geben daher ohne weiteres zu besonders vorsichtiger Prüfung über die Rechtserfordernisse und die sinngemäße Anwendung von Rechtsgrundsätzen aus scheinbar mehr oder minder verwandten Gebieten Anlaß.

Hinsichtlich der Unterschiede auf tatsächlichem Gebiet ist im einzelnen von folgendem auszugehen:

1. Der Verlagsvertrag hat zum Gegenstand Schriftwerke und, da ein Kunstverlagsgesetz nicht vorhanden ist, in sinngemäßer Anwendung — im Wege des Gewohnheitsrechts — teilweise auch Erzeugnisse der bildenden Künste und der Photographie. Die Vervielfältigung der Urschrift erfolgt aber einerseits grundsätzlich ohne individuelle geistige Mitarbeit des Verlegers, mehr in mechanischer Form. Anderseits ist die Vervielfältigung auf dasselbe Kunstgebiet beschränkt. Hieran ändert es auch nichts, wenn man (vgl. Goldbaum Urheberrecht S. 93) darauf verweist, daß Übersetzungen von Büchern in eine andere Sprache nicht in den Rahmen einer mechanischen, sondern einer geistigen Leistung fallen, oder daß der Kupferstecher nicht mit dem Drucker auf einer Stufe stehe. Denn das Ausschlaggebende ist zunächst, daß es sich um ein Verbleiben auf dem gleichen Kunstgebiet (literarisches Werk oder Bildwerk) in beiden Fällen handelt, und trotz aller Aufwendungen einer bestimmten Art geistiger Tätigkeit doch dabei ein genaues Festhalten an der Urschrift bis in das einzelne hinein in Frage kommt. Die Dramatisierung eines Buches aber z. B. wird vom Verlagsrecht schon nicht mehr mitumfaßt. Charakteristisch ist weiter, daß der Verleger das vervielfältigte treue Abbild der Urschrift selbst als Ware in größerer oder kleinerer Menge nach der Absicht des Verlagsvertrags an die Öffentlichkeit bringen soll, um den Verfasser und sein Werk mit ihr bekannt zu machen.

2. Anders liegen die Verhältnisse beim sog. Bühnenaufführungsvertrag für dramatische Schriftwerke. Hier findet keine Vervielfältigung statt. Auch die Verbreitung ist eine andere. Sie ist, wenn das Werk bei einer Bühne eingerichtet ist, gemäß dem hierüber geschlossenen Aufführungsvertrag nur für diese eine Bühne gedacht und bestimmt. Die Verbreitung des Werks als Ware im Sinne des Verlagsvertrags entfällt. Die Zahl der Aufführungen ist meist vertragsgemäß begrenzt und bestimmt. Eine Umsetzung des Werks in ein anderes Kunstgebiet kommt beim Bühnendrama nicht in Betracht; denn dieses ist fix und fertig zum Gebrauch vom Verfasser hergestellt. Der Regisseur ist hier nur Gehilfe des Dichters. Letzterer kann und wird mehrfach selbst regieführend eingreifen.

Eine gewisse Veränderung des Gesichtspunktes ergibt sich bei den Bühnenaufführungsverträgen über Ballette, Pantomimen usw., die nur auf einem Szenarium beruhen. Denn hier muß erst Dramatisierung, d. h. Umsetzung der Wortsprache in die Gebärdensprache, erfolgen; hier muß Regisseur, Bühnenleiter oder Ballettmeister noch ein wesentliches dazu tun, um das Kunstgebilde lebendig erstehen zu lassen. Aber auch hier ist noch keine Verbreitung über den Rahmen des Theaters hinaus gegeben, das den Aufführungsvertrag geschlossen hat. Es findet kein Warenvertrieb statt. Ob hinsichtlich solcher Szenerien überhaupt bei Ankauf ohne weiteres eine Aufführungspflicht übernommen wird, kann hier unerörtert bleiben. Denn dem Bühnenaufführungsvertrag ist nach den jeweiligen Vertragsbestimmungen eigentümlich, daß die Aufführungspflicht eine besondere Umgrenzung (nach Zahl und Tagen usw.) erfährt und daher mit ausdrücklichen Worten Erwähnung findet.

3. Der Verfilmungsvertrag ist wiederum anders geartet. Er enthält einzelne Elemente aus dem Verlags- und Aufführungsvertrag und fügt weitere neue hinzu. Er ist ein Vertrag eigener Art, der auch seine besondere rechtliche Würdigung erheischt. Wie der Verlagsvertrag hat er eine Urschrift zum Gegenstand. Nicht diese wird aber Gegenstand der Vervielfältigung und Verbreitung, sondern etwas, was aus ihm erst noch entstehen soll. Zunächst findet, wie beim Szenarium des Balletts oder der Pantomime, Dramatisierung statt, d. h. die in der Urschrift bloß beschriebenen Vorgänge müssen in Handlung und Aufführung umgesetzt werden. An Stelle des Worts als Ausdrucksmittels muß die Gebärdensprache treten. Gleichzeitig findet aber die Umsetzung in eine andere Kunstgattung statt; das erst geschaffene dramatische Pantomimenwerk muß gleichzeitig in ein Bildwerk umgesetzt werden. Wenn das auch mittels Photographie, also auf mehr mechanischem Wege geschieht, so ist doch die Sache keineswegs so, als ob man einfach ein Ballett oder eine Pantomime, die auf der Dramenbühne zur Aufführung kommt, mechanisch photographiert. Der Film hat seine eigenen Gesetze, die nicht bloß optischer Art sind, sondern Wesen und Inhalt des Dargestellten ergreifen und bestimmen. Das Wesen ist das Auflösen des dramatischen Vorgangs in Einzelbilder, wie es sich aus dem Wegfall des Wortes und dem Zusammendrängen auf kurze einzelne Bildszenen ergibt. Deren Reihenfolge und Verbindung, Ausgestaltung und Glaubhaftmachung sind in der Filmurschrift nur im Keim enthalten. Sie folgen besonderen Grundsätzen, die verschieden von denen des Wortdramas sind und sich auch von der reinen Bühnenpantomime abheben. All das Erforderliche gewissermaßen in die Wirklichkeit umzusetzen, nicht bloß formell in Szene zu setzen, ist Sache des Filmregisseurs. Er ist nicht Gehilfe des Filmverfassers, sondern mindestens dessen Mitarbeiter; dies gilt auch für das sog. drehreife Buch; denn erst bei der Aufnahme des Films ergibt sich für denjenigen, der förmlich aus dem Objektiv des Kurblers heraus zu sehen genötigt ist, das, was sich als Erfordernis für einen guten Film darstellt. Daher auch die vielerlei Umänderungen sachlicher Art und die häufigen Meinungsverschiedenheiten zwischen Verfasser und Regisseur, bei denen aber nicht unbedingt der letztere wird weichen können und müssen. Denn er ist für die Gestaltung des Filmes als eines Bild-

werks eigener Art in vollem Umfange mit-, wenn nicht hauptverantwortlich. Erst der Bildstreifen wird dann vervielfältigt und als Ware im Mengenvertrieb verbreitet; aber auch regelmäßig nicht unmittelbar vom Filmfabrikanten, sondern unter Zwischenschaltung der Filmverleihgeschäfte: Was der Streifen enthält, ist aber nicht, wie beim Buch, allein das Geisteserzeugnis des Verfassers der Urschrift, sondern seine und des Regisseurs Gemeinschaftsarbeit. Letzterer spielt der Öffentlichkeit gegenüber auch eine Rolle, was sich vielfach in der Bedeutung und Bewertung der Firma auszudrücken pflegt, die den Regisseur fest angestellt und seiner geistigen Fähigkeiten sich versichert hat. Hiernach kann man nicht sagen, wie das angefochtene Urteil es tut, daß kein Grund einzusehen sei, den Filmschriftsteller anders oder schlechter zu stellen, als den Bühnendramenschriftsteller. Das drehreife Filmbuch ist nicht gleich oder ähnlich dem Bühnendrama. Der Filmunternehmer ist aber auch kein Theaterunternehmer. Letzterer führt an seiner Bühne ein oder mehrere Male zusagegemäß ein Stück auf. Ersterer ist Fabrikant einer Mengenware, die in alle Welt hinausgehen soll. Hierdurch und durch das so geschaffene geschäftliche Risiko fällt auf ihn ein größeres wirtschaftliches Schwergewicht; es sind dafür auch die finanziellen Aufwendungen anders zu bewerten. Ist ein einmal hergestellter Film nicht oder nicht gut brauchbar, dann ist die Abnahme der Ware durch den Filmverleiher und die Mengenverbreitung gehindert. Der Bühnenleiter dagegen stellt lediglich die nächste Aufführung an seiner Bühne ab, ohne daß damit ein allzu erheblicher Ausfall in seinem Geschäftsbetrieb einzutreten braucht. Es ist aber auch die ganze auf Herstellung einer Vertriebsware abzielende Geschäftsgebarung des Filmfabrikanten noch nach anderen Gesichtspunkten eine verschiedene. Er muß auf Vorrat arbeiten und hängt von der Zeit, dem Geschmack des Publikums, dem Aktuellen des Stoffs, dem Wettbewerb auf dem Weltmarkte viel mehr ab, als der Bühnenleiter in seiner Stadt. Denn schließlich ist es nicht damit getan, daß mit erheblichen Kosten Negative und Kopien des Films hergestellt sind; sie müssen auch als Ware abgehen. Hierauf hat der Filmfabrikant bei der Zwischenschaltung der Filmverleihgeschäfte keinen ausschließlichen, selbstbestimmenden Einfluß mehr. Bei der Verbreitung und besonders der Vorführung in den Filmtheatern entstehen auch noch neue Aufwendungen (wie Strom, Apparateabnutzung usw.), die der Abnehmer auf dem großen Filmmarkt nur aufwendet, wenn der Film anspricht. Es ist hiernach auch die Verbreitung wieder anders als bei dem einmal hergestellten und vom Verleger selbst vertriebenen Buch. Zum Schluß läßt sich auch nicht ohne weiteres die Güte einer brauchbaren Filmniederschrift so voraussehen, wie die eines Buchdramas; denn erstere ist immer noch — wie ausgeführt — im gewissen Sinn unfertig.

Ein verständiger Interessenausgleich — von dem das gesunde Wirtschaftsleben ausgeht — zwischen dem Filmverfasser und dem Filmfabrikanten kann demnach nicht in derselben Weise, wie zwischen Verfasser und Verleger oder Dichter und Theaterdirektor vorgenommen werden. Wenn auf der einen Seite der berechtigte Wunsch des Filmverfassers steht, nicht bloß die Vergütung zu erhalten, gegen welche er das ausschließliche Aufführungsrecht überträgt, sondern auch mit seinem geistigen Erzeugnis an die Öffentlichkeit und die Filmtheaterbesucher zu kommen, so steht dem auf der anderen Seite das Interesse des Fabrikanten gegenüber, der durch seinen Regisseur das Werk erst mitschafft und das große wirtschaftliche Risiko der Herstellung und ihrer Ausnutzung trägt. Schon im Verlagsrecht finden sich Anklänge daran, daß im Falle einer Mitarbeiterschaft ein Vervielfältigungszwang nicht besteht (§ 47 des VerlG.), ebenso wie § 6 LitUG. Bestimmungen besonderer Art für Gemeinschaftsarbeit vorsieht.

Hiernach ist zu sagen, daß eine sinngemäße Anwendung des § 1 VerlG. nicht gerechtfertigt ist. Die ganze rechtliche Natur des Verfilmungsvertrags als eines Vertrags eigener Art hat aber bislang gemäß der wirtschaftlichen Entwicklung nicht eine solche Verdichtung erfahren (wie beim Verlagsrecht vor seiner gesetzlichen Regelung), daß man es als angemessen und mit Treu und Glauben vereinbarlich halten könnte, stets dem Verfasser das klagbare Recht zu geben, auf Verfilmung zu bestehen, wenn solches vertraglich nicht besonders bedungen ist.

Ob den Interessen der Filmschriftsteller in der künftigen Entwicklung ihres Rechtsverhältnisses zu den Filmfabrikanten nicht auf andere Weise als durch den abzulehnenden Verfilmungszwang gedient werden kann, beispielsweise durch einen Anspruch auf Rückgabe der Urschrift, wenn das Werk binnen gemessener Zeit nicht verfilmt wird — sei es ohne, sei es mit Entschädigungsanspruch je nach Lage des Falls —, ist hier nicht zu untersuchen und zu entscheiden.

Hiernach ist die Klage als unbegründet abzuweisen.

---

22. Liegt ein Verstoß gegen § 252 Abs. 1 Satz 1 HGB. in dem Beschluß der Generalversammlung einer Aktiengesellschaft, wonach neu auszugebende Vorzugsaktien an einen Bankverein begeben werden sollen gegen dessen Verpflichtung, die Vorzugsaktien während einer Sperrfrist von 10 Jahren nicht an den Markt zu bringen und während dieser Zeit beim Vorliegen übereinstimmender Beschlüsse von Vorstand und Aufsichtsrat das Stimmrecht nur im Einklang mit diesen Beschlüssen auszuüben?

II. Zivilsenat. Urt. v. 19. Juni 1923 i. S. der Vereinigten Stahlwerke v. d. Z. (Bekl.) w. W. (Kl.). II 53/23.

I. Landgericht Köln, Kammer f. Handelssachen. — II. Oberlandesgericht daselbst.

Am 24. April 1920 fand eine außerordentliche Generalversammlung der Beklagten statt, in der Beschlüsse gefaßt wurden über die Ausgabe von Vorzugsaktien, die Übernahme der Tantiemesteuer auf die Gesellschaft sowie über die Ermächtigung des Aufsichtsrats zu allen zur Durchführung der ergangenen Beschlüsse notwendigen Maßnahmen. Nach dem aufgenommenen Protokoll führten die in der Generalversammlung anwesenden oder vertretenen Aktionäre mit Stammaktien zum Nennbetrage von 11530000 *M* und mit jungen Aktien zum Nennbetrage von 7122000 *M* 18652 Stimmen. In der Versammlung wurde zunächst von den Inhabern der alten Aktien außerhalb der angekündigten Tagesordnung einstimmig beschlossen, daß zur Ausübung des Stimmrechts hinsichtlich der jungen Aktien, die noch nicht ausgefertigt waren, diejenigen Personen legitimiert sein sollten, die nach der Bescheinigung einer Hinterlegungsstelle die Kassenquittung einer Bezugsstelle über die geleistete erste Einzahlung hinterlegt hätten oder aber eine solche Kassenquittung selbst vorlegen würden. Sodann wurde mit allen übrigen gegen 3718 Stimmen die Erhöhung des Grundkapitals um weitere 6000000 *M* durch Ausgabe von 6000 auf den Namen lautenden, nur mit Genehmigung des Aufsichtsrats übertragbaren Vorzugsaktien unter Ausschluß des Bezugsrechts der Aktionäre beschlossen. Nach dem Beschlusse gibt jede Vorzugsaktie 3 Stimmen und erhält von dem jährlichen Reingewinn vorab einen auf 6% für das Jahr beschränkten Gewinnanteil auf den Nominalbetrag und im Falle der Auflösung der Gesellschaft einen auf 115% ihres Nominalbetrages beschränkten Anteil am Gesellschaftsvermögen. Die Einziehung der Vorzugsaktien ist, wie es in dem Beschlusse ferner heißt, auch in Teilbeträgen und im Wege der Kündigung oder Auslosung, zu 115% ihres Nennbetrags zulässig. Der Beschluß lautet dann weiter:

„Die gesamten 6000 Stück neuer Vorzugsaktien werden an den A. Schaaffhausenschen Bankverein, Aktiengesellschaft in Köln, begeben, der sich verpflichtet, dieselben sofort, nachdem die Kapitalerhöhung von der Generalversammlung beschlossen und staatlich genehmigt ist, zum Kurse von 115% zu zeichnen und den Schlußstempel zu tragen, während die übrigen mit der Kapitalerhöhung verbundenen Kosten zu Lasten der Gesellschaft gehen. Voraussetzung der Begebung an das genannte Bankhaus ist, daß dieses sich verpflichtet, die Vorzugsaktien während einer Sperrzeit von 10 Jahren nicht an den Markt zu bringen und das Stimmrecht während dieser Zeit, falls übereinstimmende Beschlüsse von Vorstand und Aufsichtsrat der Gesellschaft erzielt werden, im Einklang mit diesen auszuüben, andernfalls aber sich der Abstimmung zu enthalten; diese Bestimmung gilt nicht für Beschlüsse, durch welche die Vorrechte der Vorzugsaktien beseitigt oder geändert werden sollen. Wenn Wahlen zum Aufsichtsrat zur Abstimmung kommen, hat sich der Vorstand der Mitwirkung bei der dahingehenden Beschlußfassung zu enthalten."

Der Kläger, welcher Aktionär der Beklagten ist, legte ausweislich des Protokolls sowohl gegen diesen Beschluß als auch gegen die sämtlichen übrigen Beschlüsse zu der Tagesordnung Widerspruch ein. Mit der rechtzeitig erhobenen Anfechtungsklage beantragt er, die sämtlichen Beschlüsse der außerordentlichen Generalversammlung vom 24. April 1920 für nichtig zu erklären. Er vertritt die Auffassung, daß der Beschluß betreffend das Stimmrecht der jungen Aktien gegen den Gesellschaftsvertrag und das Gesetz verstoße. Sämtliche Beschlüsse seien aber auch deshalb ungültig, weil sie unter Anwendung unerlaubter und unlauterer Mittel zustandegekommen seien. Im einzelnen macht der Kläger geltend, daß sogenannte Legitimationsaktionäre mitgestimmt hätten, daß der Beschluß, betreffend die Übernahme der Tantiemesteuer auf die Gesellschaft, gegen § 138 BGB. verstoße, und daß der Beschluß über die Ausgabe von 6000 Stück Vorzugsaktien nicht nur sittenwidrig sei, sondern auch eine nach § 317 HGB. strafbare Gesetzesverletzung darstelle.

Das Landgericht erklärte den Beschluß betreffend die Ausgabe von 6000 Vorzugsaktien für nichtig, wies dagegen im übrigen die Klage ab. Das Oberlandesgericht wies die Berufung der Beklagten und die Anschlußberufung des Klägers zurück, letztere indes mit der Maßgabe, daß der Beschluß der Generalversammlung zu Punkt 4 der Tagesordnung insoweit für nichtig erklärt wird, als er sich auf die durch den Beschluß zu Punkt 1 der Tagesordnung notwendig werdenden Änderungen und Ergänzungen des Gesellschaftsvertrags bezieht.

Die Revision der Beklagten hatte Erfolg. Die Klage wurde im ganzen Umfang abgewiesen.

Gründe:

Das Berufungsgericht erachtet in Übereinstimmung mit dem Landgericht durch den Beschluß betreffend die Ausgabe von 6000 Vorzugsaktien den § 252 HGB. als verletzt, wonach jede Aktie das Stimmrecht gewährt. Durch den oben wörtlich wiedergegebenen Teil des Beschlusses wird nach Auffassung des Berufungsgerichts der Aktionär in der Ausübung des Stimmrechts in einer Weise beschränkt, die dessen Aufhebung gleichkommt. Das Berufungsgericht führt weiter aus, es liege nicht eine bloße Mitteilung der Bedingungen für den abzuschließenden Begebungsvertrag über die neuen Aktien und die Entgegennahme dieser Mitteilung durch die Generalversammlung vor, diese selbst habe vielmehr die Beschränkung des Stimmrechts unzulässigerweise bestimmt; der Beschluß sei als ein einheitlicher in vollem Umfange für nichtig zu erklären.

Mit Recht bekämpft die Revision diese Auffassung als rechtsirrig. Die Begebung der Vorzugsaktien an den Schaaffhausenschen Bankverein sollte nach dem Beschlusse unter der Voraussetzung erfolgen, daß dieser sich schuldrechtlich verpflichte, die Vorzugsaktien während einer Sperrfrist von 10 Jahren nicht an den Markt zu bringen und das Stimmrecht während dieser Zeit nur in der im Beschlusse bezeichneten Weise beschränkt auszuüben. Die vom Schaaffhausenschen Bankverein in dem abzuschließenden Vertrage zu übernehmenden, von der Generalversammlung beschlossenen Vertragsbedingungen sind verschieden von den in die Satzung gehörigen Bestimmungen. Es handelt sich um einen neben der Satzung herlaufenden Sondervertrag zwischen Aktiengesellschaft und Aktionär. Die Zulässigkeit derartiger Sonderverträge an sich ist in Schrifttum und Rechtsprechung anerkannt; die Grundsätze des Aktienrechts gelten für sie nicht. Das den Vorzugsaktien unbedingt anhaftende Stimmrecht wird durch den Sondervertrag sachlich nicht berührt. Ein Verstoß des Bankvereins gegen die vertragsmäßig übernommene Verpflichtung der Stimmenthaltung würde die Stimmabgabe in der Generalversammlung nicht ungültig machen. Danach ist der Revision darin beizutreten, daß es aktienrechtlich nicht angängig ist zu sagen, die Generalversammlung habe durch ihren Beschluß das Stimmrecht der Vorzugsaktien vollständig beseitigt und damit gegen § 252 Abs. 1 Satz 1 HGB. verstoßen.

Gegen den ersten Teil des Beschlusses erhebt das Berufungsgericht vom Standpunkt des materiellen Aktienrechts kein Bedenken. Der Kläger hat hiergegen auch besondere Anfechtungsgründe nicht geltend gemacht, es sei denn, daß man annehmen wollte, er habe die Anfechtung auch auf den Ausschluß des Bezugsrechts und die Verleihung eines höheren Stimmrechts für die Vorzugsaktien gestützt.

Der Ausschluß des Bezugsrechts der alten Aktionäre vermag als solcher allein nach der Rechtsprechung des Reichsgerichts die Anfechtung des Kapitalerhöhungsbeschlusses nicht zu begründen (RGZ. Bd. 105 S. 373). Auch daß den Vorzugsaktien ein höheres Stimmrecht beigelegt wurde als den alten Aktien, ist an sich rechtlich bedenkenfrei, wenn es sich bei den neu zu schaffenden Vorzugsaktien um eine besondere „Aktiengattung“ im Sinne der §§ 252 Abs. 1 Satz 4 und 185 HGB. handelt. Das trifft aber hier zu. Ob „Aktiengattungen“ entgegen der herrschenden Auffassung allein durch Beilegung verschieden hohen Stimmrechts geschaffen werden können, braucht nicht entschieden zu werden, da tatsächlich hier noch andere rechtliche Unterschiede, namentlich bezüglich der Übertragung (hier Namensaktien, im übrigen Inhaberaktien), der Verteilung des Gewinnes sowie der Beständigkeit des Mitgliedschaftsrechts, vorhanden sind.

Der Auffassung des Klägers, daß der Beschluß der Generalversammlung über die Ausgabe von 6000 Stück Vorzugsaktien in seiner Gesamtheit oder doch in seinem zweiten Teile sittenwidrig sei, und in seinem zweiten Teile eine nach § 317 HGB. strafbare Gesetzesverletzung darstelle, kann nicht beigetreten werden.

Für die Annahme der Sittenwidrigkeit bietet das Vorbringen des Klägers keine genügenden Anhaltspunkte. Darüber, ob der Beschluß im Interesse der Gesellschaft liegt, hat allein die Generalversammlung zu befinden. Wenn die Mehrheit sich ihre Stellung planmäßig zu sichern bestrebt war, so enthält das, weil die Anwendung unzulässiger Mittel nicht dargelegt worden ist und in dieser Beziehung auch sonst nichts vorliegt, was zu Bedenken Anlaß geben könnte, keinen Verstoß gegen die guten Sitten. Ein solcher kann auch nicht darin allein gefunden werden, daß nach dem Begebungsvertrage der Bankverein die schuldrechtliche Verpflichtung übernehmen sollte, die neuen Aktien innerhalb einer Sperrfrist von 10 Jahren nicht an den Markt zu bringen und das Stimmrecht zugunsten von Vorstand und Aufsichtsrat nur in der näher angegebenen Weise auszuüben. Daß dadurch irgendwelche unlautere Machenschaften gefördert werden sollten, erhellt nicht.

Ein gemäß dem Beschlusse der Generalversammlung mit dem Schaaffhausenschen Bankverein abgeschlossener Begebungsvertrag erfüllt auch nicht die Voraussetzungen des § 317 HGB. (vgl. RG. bei Bauer, Zeitschrift für Aktiengesellschaften und Handelsgesellschaften, Bd. 21 S. 277). Der Begebungsvertrag sollte davon abhängig sein, daß der Bankverein sich schuldrechtlich verpflichtet, das Stimmrecht in der angegebenen Weise auszuüben. Es wird dem Bankverein als künftigem Aktionär, aber nicht, wie dies § 317 HGB. verlangt, neben seinen Aktienrechten ein besonderer Vorteil für die in der erwähnten Weise zu bewirkende Ausübung des Stimmrechts zugebilligt.

In formeller Hinsicht erachtet das Berufungsgericht den Beschluß für einwandfrei, wie aus den Ausführungen hervorgeht, mit denen es an anderer Stelle die vom Kläger auch gegen diesen Beschluß gerichteten Angriffe (wegen Mitstimmens gewisser Aktionäre) zurückweist. Diese Ausführungen lassen einen Rechtsirrtum nicht erkennen. Es ist rechtlich nicht zu beanstanden, wenn das Berufungsgericht die beiden Angriffe des Klägers als nicht geeignet zur Begründung der Anfechtung erachtet, einmal weil der Kläger gegen den Beschluß betreffend das Stimmrecht hinsichtlich der jungen Aktien keinen Widerspruch erhoben, ihm vielmehr zugestimmt habe, und ferner weil er, soweit das

Mitstimmen von sogenannten Legitimationsaktionären in Betracht kommt es an den erforderlichen Darlegungen dafür habe fehlen lassen, daß überhaupt Aktien durch andere Personen als ihre Eigentümer vertreten gewesen seien.

---

23. Unter welchen Umständen kann ein Verstoß gegen die guten Sitten in einem die Erhöhung des Grundkapitals aussprechenden Generalversammlungsbeschluß einer Aktiengesellschaft gefunden werden?

II. Zivilsenat. Urt. v. 22. Juni 1923 i. S. F. R. Nachf. A.-G. u. Gen. (Kl.) w. Brauerei E. B. A.-G. (Bekl.). II 888/22.

I. Landgericht Elbing. — II. Oberlandesgericht Marienwerder.

Am 28. Mai 1921 fand eine außerordentliche Generalversammlung der Beklagten statt. Anwesend waren laut Protokoll 11 Aktionäre mit 914000 *M* Stammaktien und 914 Stimmen und 8 Aktionäre mit 162000 *M* Vorzugsaktien und 162 Stimmen. Zur Zeit der Generalversammlung betrug das Grundkapital der Beklagten 1000000 *M* Stammaktien und 262000 *M* auf 6 % Gewinnanteil beschränkte Vorzugsaktien, jede Aktie zum Nennbetrag von 1000 *M*.

Ein Punkt der Tagesordnung für die bezeichnete Generalversammlung betraf die Beschlußfassung über die Erhöhung des Stammkapitals um 1000000 *M* durch Ausgabe von 1000 Stück Stammaktien über je 1000 *M* und die Festsetzung der Bedingungen über die Ausgabe der neuen Aktien und die dadurch bedingte Änderung der Satzung in gesonderter Abstimmung durch die Inhaber der Stammaktien und anderseits die Inhaber der Vorzugsaktien. Auf Antrag des Aufsichtsrats wurde hierzu mit 679 gegen 397 Stimmen beschlossen:

„a) Das Grundkapital der Beklagten wird um 1000000 *M* erhöht durch Ausgabe von 1000 Stück auf den Inhaber lautende Stammaktien über je 1000 *M* zum Parikurse zuzüglich 4 % Stückzinsen vom 1. April 1921 und mit Gewinnberechnung vom 1. April 1921 ab.

b) Auf die neuen Aktien sind zunächst 25 % einzuzahlen, unter Ausschluß des gesetzlichen Bezugsrechts der Aktionäre aus § 282 HGB.

c) Die weiteren näheren Bestimmungen über die Ausgabe werden dem Aufsichtsrat übertragen.

d) Die neuen auf Grund dieses Beschlusses auszugebenden Aktien sind mit den bisherigen Stammaktien gleichberechtigt.

e) Der § 4 Abs. 1 des Gesellschaftsvertrags erhält nach durchgeführter Erhöhung des Kapitals auf Grund dieses Beschlusses folgende Fassung:

»Das Grundkapital der Gesellschaft beträgt 2000000 *M* Stammaktien und 262000 *M* Vorzugsaktien.«

f) Der Vorsitzende des Aufsichtsrats wird unter Zuziehung von noch einem Mitgliede desselben ermächtigt, alle Zusätze und Änderungen des vorstehenden Beschlusses vorzunehmen und zum Handelsregister anzumelden, welche von dem Registerrichter zwecks Eintragung des Beschlusses ins Handelsregister, ebenso zwecks Eintragung der Durchführung der Erhöhung des Grundkapitals in Handelsregister erforderlich werden sollten.“

Gegen diesen Beschluß erhoben die 3 Kläger, welche Aktionäre der Beklagten sind, sowie zwei weitere Aktionäre Widerspruch zum notariellen Protokoll. In der gesonderten Abstimmung der Stamm- und Vorzugsaktionäre stimmten von ersteren 6 Aktionäre mit 557 Stimmen gegen 5 Aktionäre mit 357 Stimmen und von den Vorzugsaktionären 6 mit 122 Stimmen gegen 2 mit 40 Stimmen für den Antrag des Aufsichtsrats. Gegen diesen Beschluß erhoben die Kläger und die zwei weiteren Aktionäre ebenfalls Widerspruch.

Mit der rechtzeitig erhobenen Klage fechten die Kläger die beiden genannten Beschlüsse der Generalversammlung an mit dem Antrage, sie für nichtig zu erklären. Die Anfechtung ist in der Klagschrift, wie folgt, begründet:

1. Die Ankündigung der Tagesordnung sei nicht ordnungsmäßig erfolgt, sie enthalte nicht den beabsichtigten Ausschluß des Bezugsrechts der Aktionäre.
2. Es seien zur Generalversammlung und auch zur Beschlußfassung Stimmen von Aktionären zugelassen worden, deren Berechtigung aus verschiedenen Gründen zu beanstanden sei.
3. Der Ausschluß des Bezugsrechts, die Begebung, die Kursbestimmung und die Beschlußfassung verstießen gegen die guten Sitten, weil damit bezweckt sei, der von der Ostbank beherrschten Gruppe der Aktionäre, zu denen die Mitglieder des Vorstandes und Aufsichtsrats gehörten, die Vorherrschaft in der Gesellschaft zu sichern.
4. Der Vorsitzende des Aufsichtsrats habe das jedem Aktionär zustehende Recht auf Auskunfterteilung in der Generalversammlung verletzt.
5. Die Ostbank habe gemäß § 252 Abs. 3 HGB. nicht mitstimmen dürfen, weil die Beschlußfassung über die Zuteilung von Aktien an sie die Vornahme eines Rechtsgeschäfts mit einem Aktionär darstelle.

In beiden Vorinstanzen wurde die Klage abgewiesen. Die Revision der Kläger hatte Erfolg.

Gründe:

Der Hauptangriff der Revision richtet sich gegen die Ausführung des Berufungsurteils, die einen Widerstreit der Beschlüsse der Generalversammlung mit den guten Sitten verneint.

Das Berufungsgericht führt unter Hinweis auf RGZ. Bd. 68 S. 235 aus, es verstoße nicht gegen die guten Sitten, wenn die bisher führende Interessengruppe der Beklagten sich ihren beherrschenden Einfluß auch für die Zukunft habe sichern wollen. Auch dem Geist des Aktienrechts widerstreite ein solches Verhalten nicht. Die Mittel, deren sich die Mehrheit zu diesem Zwecke bedient habe, namentlich auch der Ausschluß des Bezugsrechts der alten Aktionäre, seien aktienrechtlich gestattet. Die Darlegungen der Kläger böten keinen Anhalt dafür, daß die angefochtenen Beschlüsse etwa in der Absicht gefaßt seien, der führenden Interessentengruppe eine mißbräuchliche Ausnutzung ihrer Vormachtstellung zu ermöglichen oder gar irgendwelche unlautere Machenschaften zu fördern. Über wirtschaftliche Zweckmäßigkeitsfragen habe die Aktienmehrheit in ihrem Sinne ohne Rechtsverstoß entscheiden dürfen.

Die Revision, die dem Berufungsgericht nicht erschöpfende Würdigung des Sachverhalts und Verkennung des Begriffs der Sittenwidrigkeit zum Vorwurf macht, ist begründet.

Das Berufungsgericht beachtet vor allem zu wenig den Inhalt der angefochtenen Beschlüsse. Ist der aus den verschiedenen Einzelbeschlüssen sich zusammensetzende Gesamtbeschluß auch nicht ohne weiteres bloß seines Inhalts halber wegen Verstoßes gegen die guten Sitten nichtig, so erscheint er doch im höchsten Grade bedenklich, wenn man die Behauptungen der Kläger über den Zweck und die Beweggründe der Mehrheit bei Fassung des Beschlusses hinzunimmt, und danach seinen aus der Zusammenfassung von Inhalt, Beweggrund und Zweck erhellenden Gesamtcharakter ins Auge faßt. Die mit der Anfechtungsklage zulässigerweise geltend gemachte Nichtigkeit des Beschlusses wird mit den knappen Gründen des Berufungsgerichts, die eine Würdigung des Inhalts des Beschlusses vollständig vermissen lassen, keineswegs bedenkenfrei verneint. Die Beklagte behauptet, der Beschluß sei ein Abwehrbeschluß, es habe sich darum gehandelt, die von den Klägern zur Erlangung einer Monopolstellung im Brauereigewerbe angeblich betätigten, auf den Anschluß der Gesellschaft an den R.-Konzern gerichteten Bestrebungen und die damit verbundene Bedrohung der Selbständigkeit der Beklagten abzuwehren.

Nach dem angefochtenen Beschlusse soll das bisher aus einer Million Mark Stammaktien und 262000 *M* Vorzugsaktien bestehende

Grundkapital um eine Million Mark durch Ausgabe von 1000 Stück auf den Inhaber lautende gleichberechtigte Stammaktien zum Parikurse unter Ausschluß des Bezugsrechts der Aktionäre erhöht, also abgesehen von den hinsichtlich der Gewinnbeteiligung beschränkten Vorzugsaktien verdoppelt und auf die neuen Aktien vorläufig nur eine Einzahlung von 25 % geleistet werden. Dadurch wurde zunächst das Dividendenrecht der alten Stammaktionäre um 50 % geschmälert. Wenn der Kurs der Aktien der Gesellschaft entsprechend der Behauptung der Kläger tatsächlich 330 % betrug, so wurden ferner nicht nur die alten Aktien erheblich entwertet, sondern es wurde auch der Gesellschaft der Agiogewinn entzogen, der bei Ausgabe der Aktien über den Parikurs erzielt worden wäre. Die Klägerin zu 1 berechnet den ihr infolge der Entwertung der Aktien entstandenen Schaden auf etwa 400000 ℳ. Ein dringender Geldbedarf der Gesellschaft bestand nicht, wie aus der Bestimmung über die Einzahlung von nur 25 % auf die neuen Aktien erhellt.

Angesichts eines Beschlusses von solcher Bedeutung und Tragweite erheben sich sofort die Fragen, ob derartige, das Aktienrecht der Minderheit erheblich beeinträchtigende Maßnahmen zur Erreichung der von der Mehrheit angeblich verfolgten Abwehr im Interesse der Gesellschaft wirklich erforderlich waren, ob sich der erstrebte Zweck nicht auch in anderer Weise, etwa durch Ausgabe von Vorzugsaktien erreichen ließ, die hinsichtlich des Gewinnanteils beschränkt waren, und ob mit dem Beschlusse von der Mehrheit nicht mindestens neben der gewollten Abwehr auch andere Zwecke verfolgt wurden. Der bloße Inhalt des Beschlusses erweckt ohne weiteres den Verdacht, als habe die Mehrheit nicht nur zum Zwecke dieser Abwehr, sondern mindestens darüber hinaus auch aus eigensüchtigen Interessen, unter bewußter Hintansetzung des Wohles der Gesellschaft gehandelt. Das verkennt das Berufungsgericht und geht deshalb auch auf das weitere Vorbringen der Kläger, das im Zusammenhalt mit dem Inhalt des Beschlusses erheblich an Bedeutung gewinnt, nicht näher ein. In dieser Richtung haben die Kläger behauptet, daß außer den Aktionären, die gegen den Beschluß Protest erhoben, lediglich Mitglieder der Verwaltung als Aktionäre in der Generalversammlung vom 28. Mai 1921 erschienen seien, und daß die Mitglieder der Verwaltung vollständig unter dem Einfluß der Ostbank ständen, welche die sämtlichen neuen Aktien zum Parikurse gezeichnet habe. Von den 6 Aufsichtsratsmitgliedern der Beklagten stelle die Ostbank drei aus dem Kreise ihrer Direktoren, während ein viertes Aufsichtsratsmitglied der beklagten Gesellschaft auch im Aufsichtsrat der Ostbank sitze. Schon vor der Generalversammlung seien zwischen der Ostbank und den Mitgliedern der Verwaltung feste Abmachungen getroffen worden. Die Ostbank und ihre den Aufsichtsrat der Beklagten beherrschenden Direktoren hätten durch die Ausfolgung des nunmehrigen halben Aktienkapitals die vollständige Herrschaft über die Gesellschaft erhalten; sie könnten jetzt ihren Einfluß benutzen, um ihre Interessen oder die der Bank zu fördern, unter Hintansetzung der Interessen der übrigen Stammaktionäre und der Gesellschaft.

Wie die Revision mit Recht geltend macht, hätte das Berufungsgericht dieses gesamte Vorbringen, nötigenfalls unter weiterer Aufklärung des Sachverhalts gemäß § 139 ZPO., im Zusammenhang mit dem Inhalt des angefochtenen Beschlusses eingehend würdigen müssen.

Auch die von den Klägern behaupteten formellen Verstöße, mögen sie auch einzeln für sich betrachtet nicht gesetzwidrig sein, mußten unter dem einheitlichen Gesichtspunkte der Sittenwidrigkeit geprüft werden. Das gilt zunächst von der Beanstandung in der Ankündigung der Tagesordnung, in der ein ausdrücklicher Hinweis darauf fehlt, daß auch über den Ausschluß des Bezugsrechts beschlossen werden sollte, ein Umstand, der namentlich dann an Bedeutung gewinnt, wenn es sich um ein abgekartetes Spiel zwischen der Verwaltung und der Ostbank gehandelt haben sollte. Das gilt ferner von den Beanstandungen betreffend die Auskunftsverweigerung des Vorsitzenden des Aufsichtsrats auf die Frage eines Aktionärs über die Art der Begebung der neuen Aktien, sowie in betreff des Mitstimmens der Ostbank in der Generalversammlung. . . .

---

24. Stellung des deutsch-polnischen Gemischten Schiedsgerichtshofs — Art. 304b des Versailler Vertrags — gegenüber den ordentlichen Gerichten. Zulässigkeit des Rechtswegs oder sachliche Zuständigkeit?

VI. Zivilsenat. Urt. v. 15. Juni 1923 i. S. B. (Bekl.) w. F. (Kl.). VI 394/22.

I. Landgericht I Berlin. — II. Kammergericht daselbst.

Die Klägerin, die der Beklagten ein Darlehn von 2300000 *M* gewährt hat, fordert mit der Klage die vertragsmäßigen Zinsen für die Zeit vom 1. Januar 1920 bis zum 31. März 1921 mit 165312,50 *M*. Die Beklagte, zur Zeit des Vertragsabschlusses deutsch, gehört nunmehr zum Staate Polen. Das Landgericht wies die Klage u. a. deshalb ab, weil sich aus Art. 304b des Versailler Vertrags die Unzulässigkeit des Rechtswegs ergebe. Das Kammergericht gab der Klage statt.

Die Beklagte hat Revision eingelegt; sie erachtet in erster Reihe auf Grund des Gesetzes vom 27. März 1923 die Weiterverfolgung der Revision für unzulässig, beantragt aber eventuell unter Aufhebung des angefochtenen Urteils die Berufung der Klägerin gegen das Urteil erster Instanz zurückzuweisen. Die Klägerin beantragt, die Revision für unzulässig zu erklären. Die Verhandlung ist auf die Frage beschränkt worden, ob die Weiterverfolgung der Revision zulässig ist, und diese Frage ist verneint worden.

Gründe:

Da die Klageforderung sich nur auf 165312,50 ℳ beziffert, ist nach Art. V Abs. 4 des zweiten Gesetzes zur weiteren Entlastung der Gerichte vom 27. März 1923 (RGBl. S. 217) die Revision nur zugelassen, wenn sie ohne Rücksicht auf den Wert des Streitgegenstandes zulässig ist, d. h. für den vorliegenden Fall, insoweit es sich nach § 547 Nr. 1 ZPO. um die Zulässigkeit des Rechtswegs handelt, die in jeder Lage des Verfahrens von Amts wegen zu prüfen ist. Bei der Prüfung dieser Frage ist, wie der Senat in seiner in RGZ. Bd. 106 S. 56 abgedruckten Entscheidung bereits ausgesprochen hat, davon auszugehen, daß nicht die deutschen Gerichte, sondern der Gemischte Schiedsgerichtshof für den vorliegenden Streitfall zuständig ist.

Von der Zulässigkeit des Rechtswegs spricht die ZPO. (§ 274 Abs. 2 Nr. 2, § 547 Nr. 1) in Übereinstimmung mit § 17 GVG. nur in dem Sinne, daß die Entscheidung des Rechtsstreits durch die ordentlichen Gerichte und nicht durch die Verwaltungsbehörden oder ein Verwaltungsgericht zu erfolgen hat (RGZ. Bd. 8 S. 349, Bd. 10 S. 367, Bd. 16 S. 317, Bd 28 S. 157, Bd. 46 S. 307; JW. 1899 S. 39). Und betreffs der Sondergerichte hat das Reichsgericht in RGZ. Bd. 76 S. 177 ausgesprochen, daß die Frage, ob sie oder die ordentlichen Gerichte zuständig sind, nicht eine solche der Zulässigkeit des Rechtswegs, sondern des Gerichtsstands, der sachlichen Zuständigkeit ist, während die Zulässigkeit des Rechtswegs nur im Verhältnis der Gerichte zu den Verwaltungsbehörden und Verwaltungsgerichten in Frage kommt.

Nun ist der Gemischte Schiedsgerichtshof ein durch den Versailler Vertrag, ein deutsches Gesetz, eingesetztes Gericht. Ob er zu den als Sondergerichten bezeichneten Gerichten gehört, bedarf keiner Untersuchung, jedenfalls rechnet er nicht zu den Verwaltungsbehörden und Verwaltungsgerichten. Im Verhältnis zwischen ihm und den ordentlichen Gerichten kann nicht die Frage der Zulässigkeit des Rechtswegs, sondern nur die der sachlichen Zuständigkeit der Gerichte aufgeworfen werden. Diesen Standpunkt vertritt auch die oben erwähnte Entscheidung des Senats (RGZ. Bd. 106 S. 56), die die Klage unter denselben Umständen wegen Unzuständigkeit der deutschen Gerichte abgewiesen hat.

Hiernach ist mangels der Voraussetzungen des § 547 Nr. 1 ZPO. die Weiterverfolgung der Revision auf Grund des vorgenannten Gesetzes vom 27. März 1923 unzulässig.

25. 1. Kann der Gläubiger einer Darlehenshypothek wegen der starken Entwertung des deutschen Papiergeldes die Aufwertung seiner Hypothekenforderung beanspruchen, insbesondere die Erteilung der Löschungsbewilligung und die Herausgabe des Hypothekenbriefs verweigern, wenn ihm nur der Nennwert seiner Forderung in Papiergeld angeboten wird?

2. Waren im ehemaligen Schutzgebiete Deutsch-Südwestafrika die Reichsbanknoten und die Reichskassenscheine gesetzliche Zahlungsmittel?

V. Zivilsenat. Urt. v. 28. November 1923 i. S. St. (Bekl.) w. R. (Kl.). V 31/23.

I. Landgericht I Berlin. — II. Kammergericht daselbst.

Der Kläger ist Eigentümer eines im Grundbuche des vormaligen deutschen Bezirksgerichts von Lüderitzbucht eingetragenen Grundstücks, der Beklagte ist seit dem Jahre 1913 als Gläubiger einer auf diesem vermerkten Hypothek von 13000 *M* eingetragen. Die Forderung ist am 1. April 1920 fällig geworden. Der Kläger hatte dem Beklagten für Hauptforderung und rückständige Zinsen einen Betrag von 18980 *M* durch eine Bank überwiesen. Er begehrt deshalb die Verurteilung des Beklagten zur Herausgabe des Hypothekenbriefs und zur Löschungsbewilligung. Der Beklagte verweigerte diese, da die Schuld in der im früheren deutschen Schutzgebiete Südwestafrika geltend gewesenen Hartgeldwährung oder in entsprechenden Kurswerten zu entrichten sei. Das Landgericht gab der Klage statt, das Kammergericht wies die Berufung des Beklagten zurück. Seine Revision hatte Erfolg.

Gründe:

Die angefochtene Entscheidung wird durch die ihr vom Kammergericht gegebene Begründung nicht getragen und kann nicht aufrechterhalten bleiben. Das Kammergericht geht davon aus, daß mangels einer ausdrücklichen Vereinbarung nach der Natur der Sache und dem zu vermutenden vernünftigen Willen der Parteien für das unter deutschen Reichsangehörigen in Berlin begründete Darlehen und die Bestellung der Hypothek mit dem im damaligen deutschen Schutzgebiete Südwestafrika belegenen Grundstück ein anderes als das deutsche Recht, insbesondere englisches Recht, nicht in Frage komme, sowie daß nicht ein besonderes deutsches Kolonialrecht, sondern deutsches Inlandsrecht zur Anwendung zu gelangen habe. Der Belegenheit des Pfandgrundstücks könne keine für die Rechtsbeziehungen der Parteien maßgebende

Bedeutung beigelegt, demnach nicht als Wille der Parteien unterstellt werden, sich dem am Ort des Pfandgrundstücks geltenden Rechte schlechthin zu unterwerfen. Denn das Schicksal der Hypothek hänge grundsätzlich von dem Bestande der persönlichen Forderung ab, die Pfandsicherung habe nur einen akzessorischen Charakter. Vorliegendenfalls habe aber zur Zeit der Hingabe des der Hypothek zugrunde liegenden Darlehens keiner der Vertragsteile seinen Wohnsitz im Schutzgebiete gehabt; vielmehr hätte der Kläger den seinigen nach Berlin zurückverlegt gehabt, und auch für den Beklagten sei Berlin einer der Mittelpunkte seiner weitverzweigten geschäftlichen Beziehungen gewesen. Im übrigen liege auch nicht der geringste Grund vor für die Annahme, daß die Parteien als Ort der Rückzahlung bei der Begründung der Forderung Lüderitzbucht in Aussicht genommen hätten; die Umstände des Falles sprächen vielmehr für ihre Vorstellung, daß die Schuld in Berlin beglichen werden würde. Danach sei die Annahme des Beklagten abzulehnen, daß der Wille der Parteien dahin gegangen sei, für die Frage, in welcher Währung die Rückzahlung zu erfolgen habe, die besonderen Währungsgesetze des Schutzgebiets Südwestafrika zur Anwendung kommen zu lassen. Die Entscheidung habe vielmehr nach dem für das engere Reichsgebiet maßgebenden materiellen Rechte zu erfolgen. Erfüllungsort sei danach Berlin als Wohnsitz des Schuldners bei Begründung des Schuldverhältnisses; dem geltenden deutschen Währungsgesetz habe, wie der Beklagte selbst nicht in Abrede stelle, die Zahlung in Papiermark entsprochen, und sie habe demnach die Tilgung der Darlehensschuld bewirkt.

Die Revision beschwert sich darüber, daß bei diesen Erwägungen der Inhalt des vom Kläger überreichten Hypothekenbriefs unvollständig und rechtlich unzutreffend gewürdigt sei. Aus diesem ergibt sich folgendes:

Die Hypothek ist nicht neu für die hier in Frage stehende Darlehensschuld eingetragen worden. Sie war vielmehr zunächst bestellt für einen Teil eines von der „W., de M. & Co. Minengesellschaft mit beschränkter Haftung" in Lüderitzbucht dem Kläger gegebenen Darlehens. Die der Eintragung zugrunde liegende Schuldurkunde vom 26. August 1911 ist ausgestellt in Lüderitzbucht von einem Generalbevollmächtigten des Klägers; als Wohnsitz des letzteren ist im Hypothekenbriefe gleichfalls Lüderitzbucht angegeben. Danach wohnten sowohl die Gläubigerin wie der Grundstückseigentümer zu jener Zeit in Lüderitzbucht, wo auch das verpfändete Grundstück liegt. Der im angefochtenen Urteil eingenommene Rechtsstandpunkt, daß mangels entgegenstehender Anhaltspunkte als Erfüllungsort der Wohnsitz des Schuldners bei der Begründung des Schuldverhältnisses anzusehen ist

(§ 269 BGB.), würde sonach dahin führen, daß für die der Hypothek ursprünglich zugrunde liegende Forderung Lüderitzbucht der Erfüllungsort war. Daran ist auch dadurch nichts geändert worden, daß nach der vom Kläger ausgestellten Abtretungsurkunde vom 7. Januar 1913 die Hypothek damals bezahlt und zur Eigentümergrundschuld geworden war; denn nach § 1177 Abs. 1 Satz 2 BGB. (dieser, nicht der von der Revision angezogene § 1194 BGB. enthält die für solche Fälle maßgebende Vorschrift; vgl. RGRKomm. Anm. 4 zu zu § 1177, Anm. 1 zu § 1194 BGB.) sind in Ansehung des Zahlungsortes die für die Forderung der ersten Gläubigerin getroffenen Bestimmungen maßgebend geblieben auch für das in eine Eigentümergrundschuld umgewandelte Recht. Des weiteren ist in der Urkunde vom 7. Januar 1913 zwar die Umwandlung der Grundschuld in eine Hypothek zugunsten des Beklagten erklärt, Bestimmungen über den Zahlungsort oder über den Zinssatz, der bisher mit 8 v. H. im Grundbuch eingetragen war, sind aber nicht darin getroffen; ebensowenig ist etwas davon gesagt, daß die Währung, in der die Schuld zu tilgen war, anders geregelt werden sollte. Ob etwa kraft Gesetzes der alte Zahlungsort weiter galt, oder ob der Zahlungsort (der auch im Jahre 1911 nicht ausdrücklich bestimmt, auch nicht im Grundbuch eingetragen, sondern nur aus den Umständen zu entnehmen war) nunmehr lediglich nach dem neuen Schuldverhältnis sich bestimmte (dazu Mot. z. BGB. Bd. 3 S. 795; Planck 4. Aufl. Anm. 3b zu § 1198 BGB.; RGRKomm. Anm. 1 a. E. zu § 1198 BGB.), kann hier dahinstehen, da in erster Linie maßgebend sein muß, was die Parteien bei der Begründung des neuen Schuldverhältnisses beabsichtigt haben. Es bedarf aber auch keiner Stellungnahme zu den Ausführungen des Kammergerichts über den damals von den Parteien in Aussicht genommenen Erfüllungsort. Denn das Berufungsurteil muß in jedem Falle der Aufhebung verfallen, mag nun Lüderitzbucht oder Berlin als Erfüllungsort zu gelten haben:

im ersteren Falle, weil nach dem im früheren Schutzgebiete Südwestafrika in Geltung gewesenen Rechte, wenigstens nach den Gesetzen und Reichskanzlerverordnungen, Papiergeld kein gesetzliches Zahlungsmittel darstellte, der Beklagte also zu dessen Annahme nicht verpflichtet wäre,

im zweiten Falle, weil das Kammergericht ohne weiteres davon ausgegangen ist, daß nach deutschem Rechte der Kläger trotz der inzwischen eingetretenen Entwertung des Papiergeldes befugt sei, den Beklagten mit solchem zum Nennbetrag der Darlehensforderung rechtswirksam zu befriedigen.

Im einzelnen ist dabei von folgendem auszugehen:

A. Falls Lüderitzbucht Erfüllungsort war:

Wie bereits in RGZ. Bd. 84 S. 259 (vgl. auch Bd. 77 S. 262 für die früheren Konsulargerichtsbarkeitsbezirke und § 26 des Gesetzes über die Konsulargerichtsbarkeit) ausgesprochen, ist es anerkannten Rechts, daß die deutschen Schutzgebiete, die zum Reichsgebiete im Sinne des Art. 1 der Reichsverfassung vom 16. April 1871 nicht gehörten, im staatsrechtlichen Sinne nicht ohne weiteres dem eigentlichen Reichsgebiete gleichzustellen waren. Es mußte vielmehr von Fall zu Fall, je nach Grund und Zweck des in Betracht kommenden Rechtsgebietes, entschieden werden, ob sie als Inland oder Ausland anzusehen waren. Daß sie in Ansehung des Geldwesens nicht als Inland galten, folgt schon daraus, daß dieses für sie besonders geregelt war, insbesondere für Südwestafrika durch die nach der Bekanntmachung vom 15. November 1905 (Deutsches Kolonialblatt 1906 S. 31) für dieses am 1. Januar 1906 in Kraft getretene Verordnung des Reichskanzlers, betr. das Geldwesen der Schutzgebiete außer Deutsch-Ostafrika und Kiautschou, vom 1. Februar 1905 (Deutsches Kolonialblatt 1905 S. 103). An der Rechtsgültigkeit dieser Verordnung kann ein begründeter Zweifel nicht obwalten. Sie ist ergangen auf Grund des § 15 des Schutzgebietsgesetzes, nach dessen Abs. 1 der Reichskanzler die zur Ausführung des Gesetzes erforderlichen Anordnungen zu erlassen hatte. Solche Anordnungen mußten als Ausführungsbestimmungen sich innerhalb der Grenzen, zum mindesten innerhalb der Zweckbestimmung des Schutzgebietsgesetzes halten; diese Grenzen waren aber bei der Lückenhaftigkeit und dem skizzenartigen Charakter dieses Gesetzes nicht zu eng zu ziehen; ebenso war der Abs. 1 a. a. O. nicht bloß auf Verwaltungsanordnungen, sondern auch auf Rechtsverordnungen zu beziehen (Gerstmeyer, Schutzgebietsgesetz Anm. 2 zu § 15). Daß nun die Regelung des Geldwesens, ohne welche ein geordnetes Wirtschaftsleben kaum durchführbar war, zur Ausübung der Schutzgewalt (§ 1 das.) erforderlich war, kann nicht zweifelhaft sein. Der Rechtsgültigkeit der Verordnung steht auch § 3 des Gesetzes nicht entgegen, nach welchem in den Schutzgebieten die in § 19 des Gesetzes über die Konsulargerichtsbarkeit bezeichneten Vorschriften der Reichsgesetze und preußischen Gesetze galten. Allerdings galten nach diesem § 19 in den Schutzgebieten u. a. die dem bürgerlichen Rechte angehörenden Vorschriften der Reichsgesetze. Richtig ist, daß dadurch nicht die in Betracht kommenden Reichsgesetze als Ganzes eingeführt sind, sondern nur ihre unter § 19 fallenden einzelnen Bestimmungen, sodaß es auf die Eigenart der einzelnen Gesetzesbestimmung ankommt, nicht darauf, ob das Gesetz, als Ganzes genommen, privatrechtlichen oder öffentlichrechtlichen Charakter hat (Gerstmeyer, Anm. 2 zu § 19 des Gesetzes über Konsulargerichtsbarkeit; Höpfner, Schutzgebietsgesetz

S. 26; Vorwerk, Reichsgesetz über die Konsulargerichtsbarkeit Anm. 3 zu § 19; Edler von Hoffmann, Deutsches Kolonialrecht S. 107; derselbe: „Einführung in das deutsche Kolonialrecht" S. 178, 179). Die Frage, ob die Währungsvorschriften dem öffentlichen oder dem bürgerlichen Recht angehören, ist unbedenklich im ersteren Sinne zu beantworten. Dem bürgerlichen Rechte gehören grundsätzlich diejenigen Rechtsvorschriften an, welche die den Personen als Privatpersonen zukommende rechtliche Stellung und die Verhältnisse, in denen die Personen als Privatpersonen untereinander stehen, zu regeln bestimmt sind (Mot. zu BGB. Bd. 1 S. 1; Meyer-Anschütz, Deutsches Staatsrecht 7. Aufl. S. 59). Dem öffentlichen Rechte gehören dagegen namentlich die staats- und verwaltungsrechtlichen Bestimmungen an, d. h. das Recht, das den Staat als Ganzes und die einzelnen Menschen und Personenverbände als Staatsglieder betrifft (Gierke, Deutsches Privatrecht Bd. 1 § 4 Nr. I). Zu den letzteren gehören auch die Vorschriften über die gesetzliche Währung, durch welche den einzelnen Staatsgliedern von der Staatsgewalt anbefohlen wird, welche Zahlungsmittel anzunehmen sie verpflichtet sind. Mittelbar werden dadurch gewiß auch die rechtlichen Beziehungen der einzelnen Staatsangehörigen untereinander betroffen, so die Art, wie sie ihre Verpflichtungen im Verhältnis zueinander zu regeln haben (vgl. u. a. § 244 BGB.). Gegeben werden aber die Währungsvorschriften als Gebote an die Staatsglieder im allgemeinen staatlichen Interesse zur Regelung und Aufrechterhaltung einer gesunden Volkswirtschaft. Damit stimmt es überein, daß in Art. 4 der Reichsverfassung vom 16. April 1871 bei der Bestimmung der Aufsichts- und Gesetzgebungsbefugnisse des Reichs die Ordnung des Münzwesens und die Festsetzung der Grundsätze über die Ausgabe von Papiergeld besonders unter Nr. 3 aufgeführt war, also getrennt von dem unter Nr. 13 behandelten Obligationen-, Handels- und Wechselrecht, später dem gesamten bürgerlichen Rechte; ebenso in der jetzigen Reichsverfassung einerseits Art. 6 Nr. 5 (Münzwesen) und Art. 7 Nr. 14 (Ausgabe von Papiergeld), anderseits Art. 7 Nr. 1 (bürgerliches Recht). Demgemäß wird bei Meyer-Anschütz S. 826 die Regelung des Geld- und Münzwesens zu den auf die wirtschaftlichen Verhältnisse gerichteten Verwaltungsaufgaben gezählt.

Nach § 1 der Reichskanzlerverordnung vom 1. Februar 1905 galt nun zwar in den Schutzgebieten die Reichsmarkrechnung, nicht aber allgemein auch die Reichswährung (vgl. die Denkschrift über das Geldwesen in den Schutzgebieten, außer Deutsch-Ostafrika und Kiautschou, vom 28. Februar 1905, Drucks. des Reichstags XI. Legislaturp. I. Sess. 1903/05 Nr. 665). Gesetzliches Zahlungsmittel waren nach § 2 die sämtlichen Münzen die auf Grund reichsgesetzlicher Bestimmungen im Reichsgebiete gesetzliches Zahlungsmittel waren, mit gewissen Einzelbestimmungen hinsichtlich der Silber-, Nickel- und Kupfermünzen. Als solche Münzen sind in der Anmerkung zu § 2 noch ausdrücklich nur die Gold-, Silber-, Nickel- und Kupfermünzen aufgeführt. Nach § 6 waren dagegen Reichskassenscheine bei allen amtlichen Kassen zu ihrem Nennwert in Zahlung zu nehmen; im Privatverkehr fand indessen ein Zwang zu ihrer Annahme nicht statt; und hinsichtlich der Reichsbanknoten ist im § 7 bestimmt, daß die amtlichen Kassen ermächtigt waren, sie in Zahlung zu nehmen. Hiernach waren Reichskassenscheine und Reichsbanknoten kein gesetzliches Zahlungsmittel im Schutzgebiete; für beide fand ein Annahmezwang im Privatverkehr nicht statt. Diese Regelung stand in Übereinstimmung mit den damaligen reichsgesetzlichen Vorschriften (vgl. die angeführte Denkschrift, ferner § 5 des Ges. betr. die Ausgabe von Reichskassenscheinen vom 30. April 1874, § 2 des Bankges. vom 14. März 1875). Aber sie war doch für die Schutzgebiete besonders getroffen; nicht waren für diese die jeweils im Reichsgebiete hinsichtlich der Kassenscheine und Banknoten geltenden Vorschriften für anwendbar erklärt. Daraus folgt, daß die Änderung des Bankgesetzes durch das Reichsges. vom 1. Juni 1909 (RGBl. S. 515), wonach u. a. die Noten der Reichsbank gesetzliches Zahlungsmittel wurden, nicht zugleich eine Abänderung der für die Schutzgebiete besonders gegebenen Vorschriften herbeiführte. Denn die Reichsgesetze galten, soweit nicht aus besonderen Bestimmungen oder allgemein aus dem (wie oben erörtert, für das Geldwesen nicht einschlagenden) § 19 des Gesetzes über die Konsulargerichtsbarkeit in Verbindung mit § 3 des Schutzgebietsgesetzes sich ein anderes ergab, nur für das eigentliche Reichsgebiet im Sinne des Art. 1 der früheren Reichsverfassung; für die ehemaligen Schutzgebiete waren sie nur maßgebend, soweit sie dort eingeführt oder für sie miterlassen waren oder nach Grund und Zweck des einzelnen Gesetzes das Schutzgebiet als zum Inland gehörig anzusehen war, was hier, wie oben gleichfalls dargelegt, zu verneinen ist. Inwieweit das Reichsmünzgesetz vom 1. Juni 1909 (RGBl. S. 507) und die dortigen Bestimmungen über das Ausprägen von Reichsmünzen auch für die Schutzgebiete von Bedeutung waren, bedarf hier keiner Prüfung, da für den vorliegenden Rechtsstreit nur in Frage kommt, inwieweit Zahlung in Papiergeld erfolgen darf.

Nun hat der Kläger behauptet, die Reichskassenscheine und Reichsbanknoten seien im früheren Schutzgebiete kraft Gewohnheitsrechts zu gesetzlichen Zahlungsmitteln geworden. Die Bildung eines solchen Gewohnheitsrechts mag rechtlich zulässig sein (RGRKomm. Anm. 2 vor § 1 BGB.). Ob es in Wirklichkeit sich gebildet hat, kann nur durch tatsächliche Erörterungen festgestellt werden, die vom Reichsgericht nicht veranstaltet werden können, vom Kammergericht bisher nicht vorgenommen sind. Immerhin mag es zweifelhaft sein, ob das, was der

Kläger in dieser Hinsicht angeführt hat, für die Annahme des Zustandekommens solchen Gewohnheitsrechts ausreichen kann. Inwieweit vor dem Inkrafttreten der RKVO. vom 1. Februar 1905 deutsche Kassenscheine oder Banknoten in Südwestafrika in Zahlung genommen wurden, kann hier dahinstehen. Denn mit deren Inkrafttreten waren sie jedenfalls kraft maßgebenden Verwaltungsaktes nicht mehr als gesetzliches Zahlungsmittel zugelassen. Wenn Edler von Hoffmann, Einführung in das deutsche Kolonialrecht S. 130, mitteilt, daß in den Schutzgebieten auch Banknoten als gesetzliches Zahlungsmittel vorkamen, so erläutert er dies doch sogleich dahin, daß nach § 7 der Verordnung alle amtlichen Kassen ermächtigt waren, die von der Reichsbank ausgegebenen Noten in Zahlung zu nehmen, sowie daß für Kiautschou und Deutsch-Ostafrika besondere Konzessionen zur Ausgabe von Banknoten erteilt waren. Daraus ist also nichts für die Annahme zu folgern, daß solche auch in Südwestafrika für Private gesetzlich oder gewohnheitsrechtlich anerkannte Zahlungsmittel gewesen seien. Es mag zutreffen, daß sie auch in Südwestafrika vielfach von Privatleuten in Zahlung genommen und daß die Beamten der Reichskolonialverwaltung mit ihnen bezahlt wurden. Eine Entgegennahme solcher Zahlungen kann im Anschluß an die Gewohnheiten der Heimat oder wegen Mangels an genügendem Hartgeld im Schutzgebiet, aus Entgegenkommen oder wegen der Bequemlichkeit, größere Beträge in Papiergeld aufzubewahren oder mit sich zu führen, geschehen sein; daraus ergibt sich aber nicht zwingend der Schluß, daß sie kraft allgemeiner Rechtsüberzeugung, in dem zur Bildung eines Gewohnheitsrechts erforderlichen Bewußtsein der rechtlichen Notwendigkeit der Annahme (Warn. 1912 Nr. 23) geschah. Daß die Reichskolonialverwaltung, wie der Kläger behauptet, der Auffassung gewesen ist, in Südwestafrika sei deutsches Papiergeld gesetzliches Zahlungsmittel gewesen, kann gegenüber der aus den gesetzlichen Bestimmungen sich ergebenden Rechtslage nicht von ausschlaggebender Bedeutung sein, und auch nicht ohne weiteres die Annahme eines dahingehenden Gewohnheitsrechts begründen.

An dieser Rechtslage ist für Südwestafrika ferner nichts geändert durch das Ges. betr. Änderung des Münzgesetzes vom 4. August 1914 (RGBl. S. 326), das Ges. betr. Reichskassenscheine und Banknoten vom gleichen Tage (RGBl. S. 347) oder die BRVO. vom 28. September 1914 (RGBl. S. 417). Die dort gegebene Befugnis, an Stelle von Goldmünzen Reichskassenscheine oder Reichsbanknoten als gesetzliches Zahlungsmittel zu geben, ist für das Schutzgebiet nicht erlassen, konnte dort auch infolge der Absperrung des Gebiets von Deutschland nicht eingeführt werden. Ob die Behauptung des Klägers zutrifft, daß der Gouverneur von Südwestafrika nach dem Kriegsausbruch in Ausübung der Schutzgewalt die Reichsbanknoten und Reichskassenscheine als gesetzliches Zahlungsmittel „anerkannt" und selbst Schuldverschreibungen der Regierung ausgegeben habe, die von der „Bevölkerung" stets als gesetzliches Zahlungsmittel „anerkannt" und erst später von den Engländern „beiseite geschoben" worden seien, ist vom Kammergericht bisher nicht festgestellt. Der Kläger hat indessen selbst nicht angegeben, daß der Gouverneur das deutsche Papiergeld oder die sogenannten Seitzscheine durch eine dahingehende Anordnung, etwa in Anwendung von § 15 des Schutzgebietsgesetzes, zu gesetzlichen Zahlungsmitteln erklärt hätte. Wenn sie also selbst unter dem Drucke der Verhältnisse, nach Art des in Deutschland vielfach üblich gewordenen Notgelds, als Zahlungsmittel tatsächlich gedient haben, so wäre daraus allein ihre Eigenschaft als gesetzliches Zahlungsmittel nicht herzuleiten. Auch könnte bei der kurzen Zeit bis zur Besetzung des Schutzgebiets durch den Feind von der Bildung eines dahingehenden Gewohnheitsrechts schwerlich die Rede sein. Im übrigen käme noch in Frage, ob sie ihre etwaige Eigenschaft als gesetzliches Zahlungsmittel nicht durch Anordnung der Protektoratsregierung von Südwestafrika, namentlich die Währungsproklamation des englischen Administrators vom 15. Dezember 1920, wieder verloren haben, nach welcher Vorokkupationsschulden nach dem Verhältnis von 20 ℳ = 1 Pfund Sterling zahlbar sein sollen, gegebenfalls weiter, ob nicht auch nach südwestafrikanischem Rechte eine Aufwertung von Hypothekenforderungen zulässig oder geboten wäre.

B. Falls Berlin Erfüllungsort war:

In diesem Falle, wenn also lediglich das im eigentlichen Reichsgebiete geltende Recht der Entscheidung zugrunde zu legen ist, war eine Stellungnahme zu der Frage geboten, ob nach diesem Rechte der Beklagte als Hypothekengläubiger mit Rücksicht auf die starke Entwertung des deutschen Papiergeldes eine Aufwertung seiner hypothekarisch gesicherten Forderung beanspruchen kann.

Mit ausdrücklichen Worten hatte der Beklagte im vorliegenden Falle in den Vorinstanzen die Frage der Hypothekenaufwertung allerdings nicht zur Entscheidung gestellt. Aber er hatte doch schon in der Klagebeantwortung darauf hingewiesen, es könne ihm nicht zugemutet werden, die Zahlung in minderwertigem deutschem Papiergelde anzunehmen, da er dadurch auf einen erheblichen Teil des Wertes seiner Forderung verzichten müßte. Weiter hatte er ausgeführt: es wäre der reine Hohn, wenn die Eigentümer südwestafrikanischer Grundstücke berechtigt wären, ihre Hypothekengläubiger in fast wertlos gewordener deutscher Papiermark abzufinden, und sich den aus der Umgestaltung der politischen Verhältnisse entstandenen Wertzuwachs allein zuführen wollten. Damit hatte er seinen Standpunkt hinreichend dentlich zum Ausdruck gebracht, daß er sich nach dem geltenden Rechte für befugt erachtete, bei Zahlung in Papiergeld die Entrichtung eines entsprechend höheren Betrags, als den Nennwert der Forderung, zu beanspruchen. Daraus entsprang die Verpflichtung des Gerichts, dieses Verlangen des Beklagten nach allen in Betracht kommenden rechtlichen Gesichtspunkten zu prüfen.

Aus der rein negativen Bemerkung des Kammergerichts am Ende seiner Urteilsgründe: der Beklagte selbst stelle nicht in Abrede, daß die Zahlung in Papiermark dem geltenden deutschen Münzgesetz entsprochen habe, ist nichts gegenteiliges zu entnehmen. Dem Wortlaute nach bezog sich diese Erklärung des Beklagten nur auf das deutsche Münzgesetz, also die Frage der Währung, nicht auf die Frage der Hypothekenaufwertung; mit diesem Vermerk ist also keinesfalls bestimmt zum Ausdruck gebracht, daß der Beklagte den Gesichtspunkt der Hypothekenaufwertung, der nach dem oben Ausgeführten ebenfalls zu prüfen war, von der gerichtlichen Entscheidung hätte ausnehmen, auf eine Prüfung nach dieser Richtung hätte verzichten wollen.

Es kann auch nicht angenommen werden, daß die Geldentwertung bei der Fälligkeit der Hypothek (am 1. April 1920) so gering gewesen wäre, daß die rechtliche Möglichkeit einer Aufwertung der Hypothekenforderung von vornherein ausscheiden müßte. Denn schon damals hatte der Lebenshaltungsindex sich auf rund 10 erhöht; die Goldmark ist (bei einem Stande des Dollar für den April 1920 von etwa 60 *M* — im Februar und März 1920 hatte er noch höher gestanden — und des Pfund Sterling von 270 *M*) für April 1920 auf rund 15 *M* berechnet. Die Kaufkraft des Papiergeldes war also am 1. April 1920 bereits in erheblichem Maße verringert. Immerhin wird es zunächst Sache des Berufungsgerichts sein, darüber zu entscheiden, ob die tatsächlichen Voraussetzungen für eine Aufwertung der Hypothekenforderung (über die weiter unten noch näher zu sprechen ist) zu jener Zeit vorlagen. Dabei wird es Gelegenheit haben, eine Unklarheit in seinem Tatbestande zu beheben, die die Revision nicht ohne Grund rügt. Dort ist nämlich als unstreitig mitgeteilt, daß das in Rede stehende Darlehen am 1. April 1920 „zurückgezahlt" sei; das stimmt nicht überein mit der Behauptung der — im selben Tatbestande in Bezug genommenen — Klagebeantwortung, der Kläger habe eine solche Rückzahlung in Papiergeld zwar versucht, der Beklagte die Annahme dieser Zahlung aber zurückgewiesen, und auch nicht mit dem Tatbestand eines früheren kammergerichtlichen Urteils, nach welchem die Verweigerung der Annahme unbestritten war.

Sollte das Berufungsgericht dabei zu dem Ergebnis gelangen, daß die tatsächlichen Voraussetzungen einer Aufwertung der Forderung im Frühjahr 1920 nach Lage der Verhältnisse noch nicht gegeben waren, und daß der Beklagte durch die Weigerung der Annahme des ihm angebotenen Papiergeldbetrags in Annahmeverzug geraten war, so wird es weiter zu untersuchen haben, ob der Beklagte dadurch schlechthin das Recht verloren hat, mit Rücksicht auf die später eingetretene, überaus große Entwertung der deutschen Währung die Aufwertung seiner Forderung zu verlangen (vgl. zu dieser Frage RGZ. Bd. 106 S. 422).

Die rechtliche Möglichkeit einer Aufwertung von Hypothekenforderungen ist nach dem geltenden deutschen Rechte, insbesondere nach § 242 BGB. anzuerkennen. Es kommt dafür gerade bei Hypothekenforderungen in Betracht, daß der Schuldner regelmäßig in dem — wenigstens, wenn man die Berechnung in Papiergeld zugrunde legt — erheblich gestiegenen Werte des Grundstücks einen entsprechenden Ausgleich erhalten hat. Ob eine solche Wertsteigerung auch bei dem hier in Rede stehenden, in Lüderitzbucht belegenen Grundstück eingetreten ist, wird gegebenenfalls vom Kammergericht festzustellen sein.

Unerheblich ist es, ob — wie der Kläger hervorhebt — die Zulässigkeit einer Hypothekenaufwertung bereits im Jahre 1920 in der Rechtswissenschaft erkannt war oder ob diese Erkenntnis erst später, unter dem Einfluß der immer mehr gesteigerten Geldentwertung, sich durchgesetzt hat. Unrichtige Rechtsauffassungen des Jahres 1920 können jetzt nicht mehr ausschlaggebend sein.

Nach § 242 BGB. ist zu berücksichtigen, was Treu und Glauben mit Rücksicht auf die Verkehrssitte im einzelnen Falle erfordern. Diese erfordern billige Rücksichtnahme auf die Interessen beider Teile. Daraus folgt, daß nicht schlechthin der Grundsatz aufgestellt werden kann, daß allgemein jede Hypothekenforderung ohne weiteres aufgewertet werden müsse, oder daß bei allen die Aufwertung in gleichem Maße, etwa gar im Wertverhältnis der Papiermark zur Goldmark, stattzufinden habe. Es werden vielmehr neben dem — bei Zugrundelegung der Papiermarkrechnung — gesteigerten Werte des Grundstücks, der hauptsächlich von Bedeutung sein wird, auch die anderen Umstände des Falles in Betracht kommen müssen, z. B. je nach der Sachlage die wirtschaftliche Leistungsfähigkeit des Schuldners, ferner der Umstand, ob es sich um landwirtschaftliche, industrielle oder städtische Grundstücke handelt; ebenso werden die Lasten, namentlich öffentlicher Art, die dem Grundbesitz auferlegt sind, bei Mietgrundstücken auch die Verminderung ihres Ertrages durch die zum Schutze der Mieter ergangenen Bestimmungen, Berücksichtigung verdienen.

Die Bestimmungen des deutschen Währungsrechts stehen der Zulässigkeit der Aufwertung nicht entgegen. Zwar sind nach dem Ges. über die Abänderung des Bankges. vom 1. Juni 1909 (RGBl. S. 515) die Noten der Reichsbank gesetzliches Zahlungsmittel. Das gleiche gilt bis auf weiteres für die Reichskassenscheine nach dem Ges. vom 4. August 1914 (RGBl. S. 347). Durch § 2 dieses Gesetzes ist ferner bis auf weiteres die Pflicht der Reichsbank zur Einlösung ihrer Noten aufgehoben; vgl. ferner das Ges. vom gleichen Tage im RGBl. S. 326 und die BRVO. vom 28. September 1914 (RGBl. S. 417). Aber alle diese Bestimmungen beruhten auf der zur Zeit ihres Erlasses bei dem gesunden Zustande der deutschen Volkswirtschaft durchaus begründeten Auffassung, daß die Banknoten und die Kassenscheine an Wert dem Metallgelde gleichstanden Noch die VO. vom 28. September 1914 ist damit begründet, daß der Verkehr die Vollwertigkeit der Noten unbeschränkt anerkenne und daß die vorübergehende Außerkraftsetzung der Goldklausel den Gläubiger in keiner Weise benachteilige (Denkschrift über wirtschaftliche Maßnahmen aus Anlaß des Krieges; Drucks. des Reichstages, 13. Legislaturp., II. Sess., Nr. 26 S. 7). An eine wesentliche Entwertung des Papiergeldes, noch dazu an eine derart hohe, wie sie nach dem unglücklichen Ausgange des Weltkriegs und nach dem Umsturz immer mehr und mehr Wirklichkeit geworden ist, hat also der Gesetzgeber beim Erlaß jener Vorschriften nicht gedacht. Nach dem Eintritte des Verfalls der Papiermark entstand nunmehr ein Widerstreit zwischen diesen Währungsvorschriften einerseits, auf der anderen Seite denjenigen sonstigen Gesetzesbestimmungen, die verhüten wollen, daß der Schuldner in der Lage sei, sich seiner Verbindlichkeiten in einer Weise zu entledigen, die mit den Anforderungen von Treu und Glauben und mit der Verkehrssitte nicht vereinbar ist, also namentlich mit der das Rechtsleben beherrschenden Vorschrift des § 242 BGB. Bei diesem Widerstreit muß die letztere Vorschrift den Vorrang haben und müssen die Währungsvorschriften zurücktreten, weil, wie dargetan, bei ihrem Erlaß die Möglichkeit eines derartigen Währungsverfalls, infolge dessen die aus den Währungsbestimmungen sich ergebenden Folgerungen mit den Grundsätzen von Treu und Glauben und mit der Billigkeit nicht mehr vereinbar sind, nicht in Betracht gezogen waren, ein starres Festhalten an ihnen für diesen Fall also nicht vorgesehen war. Tatsächlich hat denn auch die Reichsgesetzgebung in der letzten Zeit immer mehr und mehr gezeigt, daß sie den Grundsatz „Mark = Mark" nicht ohne Einschränkung aufrecht erhalte, weil eben gegenüber den Anforderungen des Wirtschaftslebens und dem Einfluß der Veränderung der wirtschaftlichen Verhältnisse an den Währungsgesetzen nicht mehr festgehalten werden kann, soweit sie die Papiermark der Goldmark gleichstellen. So bildet nach § 16 des Finanzausgleichsgesetzes vom 23. Juni 1923 (RGBl. Teil I S. 494) zur Feststellung des steuerbaren Wertzuwachses im Falle des Überganges von Grundstückseigentum bei dem Erwerbs- und dem Verkaufspreis die innere Kaufkraft der Mark an den beiden Zeitpunkten die Grundlage der Wertbemessung. Nach § 1 des Ges. über die anderweitige Festsetzung von Geldbezügen aus Altenteilsverträgen vom 18. August 1923 (RGBl. Teil I S. 815) können die obersten Landesbehörden bestimmen, daß solche Geldleistungen (ebenso die Versorgungsansprüche, welche einzelnen Familiengliedern gegenüber den Inhabern von bisherigen Stammgütern und Familienfideikommissen zustehen) entsprechend den veränderten Verhältnissen anderweit festgesetzt werden, soweit dies der Billigkeit entspricht; in § 4 daselbst ist auch die Erweiterung eines dinglichen Rechtes für solche Geldleistungen zugelassen, dabei im Abs. 2 die Erhöhung infolge der allgemeinen Geldentwertung berücksichtigt und in Abs. 3 eine Eintragung der Erweiterung an der nächstbereiten Stelle im Grundbuche vorgesehen. Die VO. des Reichspräsidenten über Steueraufwertung usw. vom 11. und 18. Oktober 1923 (RGBl. Teil I S. 939 und 979; vgl. auch die Durchführungsbestimmungen das. S. 951, S. 1032, S. 1089, S. 1098) schreibt in § 2 vor, daß bei gewissen Steuern die Zahlung auch dann nach dem Goldwert zu leisten ist, wenn die Steuer. selbst nicht in Gold berechnet wird, und läßt in § 10 für Nachforderungen von Steuern, bei denen die Schuld vor dem 1. September 1923 entstanden ist, eine Aufwertung des Steuerbetrags unter Berücksichtigung der seit der Entstehung der Steuerschuld eingetretenen Geldentwertung zu. Nach Art. IV des Ges. über Vermögensstrafen und Bußen vom 13. Oktober 1923 (RGBl. Teil I S. 943) ändert sich, falls nach der Verurteilung zu einer in einem bestimmten Geldbetrag ausgedrückten Vermögensstrafe oder nach der Festsetzung einer an den Verletzten zu zahlenden Buße eine Veränderung des Geldwertes eintritt, der zu zahlende Betrag in dem gleichen Verhältnis, in dem sich die vom Statistischen Reichsamt veröffentlichte Reichsrichtzahl für die Lebenshaltungskosten seit dem Erlaß der Entscheidung ändert, welche die Vermögensstrafe oder Buße festgesetzt hat. Ähnlich treten nach der Vierten VO. zur Erhöhung der Gerichtskosten vom 30. Oktober 1923 (RGBl. Teil I S. 1040, vgl. auch die entsprechende VO. über die Gebühren der Gerichtsvollzieher das. S. 1042, und die 3. VO. zur Entlastung der Gerichte vom gleichen Tage, das. S. 1041) an die Stelle der im Gerichtskostengesetze ziffermäßig bestimmten Gebührensätze und Wertgrenzen die Beträge, die sich durch Vervielfältigung der (näher bestimmten) Grundzahlen mit der jeweiligen Teuerungszahl ergeben. Die große Zahl dieser Anpassungsvorschriften (deren Aufführung unschwer noch erweitert werden könnte; vgl. § 2 der VO. über die Berechnung des Preises bei der Lieferung von elektrischer Arbeit usw. vom 24. Oktober 1923, RGBl. Teil I S. 997; § 1b des Tabaksteuerges. in der Fassung vom 30. Oktober 1923, RGBl. Teil I S. 1045 u. a. m.), zeigt deutlich, daß sie nicht für besondere Verhältnisse besondere, vom allgemeinen

Recht abweichende Anordnungen hat treffen wollen, aus denen sich ein Rückschluß darauf ergeben könnte, daß in anderen Fällen eine Aufwertung nicht zulässig sei; sie lassen vielmehr klar erkennen, daß der Gesetzgeber den Grundsatz, daß die Papiermark mit befreiender Wirkung zu ihrem Nennwert in Zahlung gegeben werden dürfe, durchbrochen hat, weil er ihn den tatsächlichen wirtschaftlichen Verhältnissen gegenüber aufgeben mußte.

In gleicher Richtung hat sich die Rechtsprechung des Reichsgerichts in immer steigendem Maße bewegt. So ist im Urteil RGZ. Bd. 104 S. 394 hinsichtlich der Rückgewähr von Pachtinventar ausgesprochen, daß die Goldmark, die der früheren Schätzung zugrunde lag, und die Papiermark, in der jetzt die Ausgleichung erfolgen muß, trotz ihrer gesetzlichen Gleichstellung wirtschaftlich nicht vergleichbar sind. Ähnlich ist für Ansprüche aus Unterhalts- und Altenteilsverträgen mehrfach entschieden, daß, falls der Stand des Geldwerts sich nachträglich derart geändert hat, daß es dem Berechtigten auch nicht annähernd mehr möglich ist, aus der ziffermäßig festgesetzten Rentensumme sich das bestimmte Maß des zum Lebensunterhalt Notwendigen zu verschaffen, durch Zahlung einer summenmäßig gleichbleibenden Rente nicht mehr das geleistet wird, was die Vertragschließenden gewollt haben, und daher der Berechtigte grundsätzlich einen Anspruch darauf hat, daß die vereinbarte Rente der verminderten Kaufkraft des Geldes entsprechend erhöht wird (Warn. 1921 Nr. 99, 1923 Nr. 3 und Nr. 36; Urteile des jetzt erkennenden Senats vom 22. September 1923 V 427/23 und vom 3. Oktober 1923 V 865/22[1]). In RGZ. Bd. 106 S. 7 ist für langfristige Grundstückskaufverträge anerkannt, daß eine infolge der Geldentwertung eingetretene erhebliche Verschiebung des Wertverhältnisses zwischen Leistung und Gegenleistung den Einwand der veränderten Umstände rechtfertigen kann, weil infolge des Sturzes der Mark die Geldleistungen wirtschaftlich nur noch einen geringen Bruchteil des Wertes darstellen, der vor Jahren bei ihrer Vereinbarung der Bemessung der Gegenleistung zugrunde gelegt wurde, und weil mit der grundstürzenden Verschlechterung der deutschen Währung die Geschäftsgrundlage, auf der die beiderseitigen Leistungen bestimmt worden sind, weggefallen ist (auch Warn. 1923 Nr. 29). Weiter ist im Urteil vom 16. März 1923 VII 156/22 (auszugsweise in JW. 1923 S. 919 wiedergegeben) für den Fall einer vor mehreren Jahren erfolgten Sicherungsübereignung der Standpunkt des Klägers (des Übereignenden), daß er die Aufwendungen des damaligen Beklagten nur zu dem von diesem aufgewendeten Nennbetrage zu erstatten brauche, für un-

[1] Ferner Bd. 106 S. 233. D. E.

gerechtfertigt erklärt mit der Begründung: der Kläger verstoße gegen Treu und Glauben, indem er den Beklagten, der seine Auslagen in vollwertigem Gelde gemacht habe, nunmehr mit einer Summe abfinden wolle, die nur einen kleinen Bruchteil des vom Beklagten aufgewendeten Vermögenswertes darstelle. Auch in der Rechtsprechung der Strafsenate des Reichsgerichts ist wiederholt der Unterschied zwischen Nennwert und Verkehrswert, Papiermark und Goldmark anerkannt worden (RGSt. Bd. 56 S. 309, Bd. 57 S. 35).

Die vorerwähnten Urteile der Zivilsenate des Reichsgerichts behandeln zwar Ansprüche aus gegenseitigen Verträgen, während hier ein Darlehen gegen Hypothekbestellung in Frage steht. Es kann aber nach dem oben Ausgeführten keinen begründeten Bedenken unterliegen, auf Grund des § 242 BGB. die in jenen Entscheidungen anerkannte Zulässigkeit der Aufwertung der Forderung auch bei hypothekarisch gesicherten Darlehensforderungen für gegeben zu erklären. Auch beim Darlehen besteht seinem Wesen nach die Voraussetzung einer Gleichwertigkeit zwischen Leistung und Gegenleistung; auch bei ihm soll die Substanz dem Gläubiger erhalten bleiben. Das tritt deutlich zutage in der Vorschrift des § 607 BGB., nach welcher der Darlehensempfänger verpflichtet ist, dem Darleiher das Empfangene in Sachen von gleicher Art, Güte und Menge zurückzugewähren. Auch bei Darlehensgeldschulden geht also die Verpflichtung des Schuldners (und regelmäßig auch der Vertragswille der Parteien) auf Rückzahlung des Geldes nicht nur in gleicher Menge, sondern weiter in gleicher Güte. Wenn die Beteiligten den zurückzuzahlenden Betrag in der Währung ihres Landes bezeichnen, so tun sie das in dem Vertrauen, daß diese Währung einen innerhalb der Grenzen gewisser normaler Schwankungen festen und beständigen Wertmesser darstellt. In gewissem Umfange wird allerdings der Grundsatz, daß der Empfänger eines Gelddarlehens das Empfangene in Sachen von gleicher Güte zurückzugewähren habe, durch die Währungsvorschriften durchbrochen. Denn der Gesetzgeber gibt dadurch, daß er den gesetzlichen Zahlungsmitteln einen Zwangskurs verleiht, seinen Willen kund, daß, wenigstens unter normalen wirtschaftlichen Verhältnissen, eine Zahlung mit ihnen als Zahlung in der in § 607 BGB. erforderten „Güte" zu gelten habe. Insoweit trifft es zu, daß der Gläubiger bei der Gewährung von Kredit die Gefahr einer Geldentwertung zu tragen hat. Aber dieser Grundsatz muß aus den schon oben dargelegten Erwägungen zurücktreten, falls er infolge einer außerordentlich starken, beim Erlaß der Währungsvorschriften nicht vorausgesehenen Entwertung der gesetzlichen Zahlungsmittel zu Ergebnissen führen würde, die mit § 242 BGB. nicht mehr vereinbar wären. Bei welchem Grade der Geldentwertung sich die Notwendigkeit einer Aufwertung der Forderung des Gläubigers als dem Gesetz entsprechend herausstellt, wird im einzelnen Falle nach den Grundsätzen von Treu und Glauben zu ermessen sein.

Zur Bejahung der Zulässigkeit der Aufwertung gelangt man übrigens auch in wesentlich gleicher Weise auf dem Wege der ergänzenden Auslegung des Vertrags, wenn nämlich vom Gericht geprüft wird, was die Parteien in Gemäßheit des gesamten Vertragszwecks vereinbart haben würden, wenn sie die Möglichkeit einer außergewöhnlich hohen Geldentwertung vorausgesehen, diesen Fall gleichfalls geregelt hätten und dabei dem Gebote von Treu und Glauben gefolgt wären (§ 157 BGB.), und wenn untersucht wird, ob nach diesem Parteiwillen beim Vertragsschluß der Gläubiger Befriedigung nur nach dem Nennwerte des damals festgesetzten Betrags zu beanspruchen haben sollte, ganz gleichgültig welchen wirtschaftlichen Wert das gesetzliche Zahlungsmittel jeweils haben würde, oder ob die Absicht dahin ging, daß bei außerordentlicher Entwertung der Anspruch des Gläubigers sich gegenüber der ziffermäßigen Festlegung der Geldsumme im Vertrag in angemessenem Umfange vergrößern sollte. Die Zulässigkeit einer Vereinbarung des letzteren Inhalts ist bereits in RGZ. Bd. 100 S. 79 anerkannt. Die Währungsvorschriften stehen keineswegs dem entgegen, daß die Geltung des Zwangskurses vertraglich wegbedungen wird und daß eine solche Wegbedingung stillschweigend erfolgt. Weder aus dem Wortlaute noch aus dem Zwecke der Gesetze vom 1. Juni 1909 oder vom 4. August 1914 kann entnommen werden, daß für Reichsbanknoten oder Reichskassenscheine ein Zwangskurs in dem Sinne eingeführt werden sollte, daß damit eine, ausdrückliche oder stillschweigende, abweichende Vereinbarung hinsichtlich der Höhe des vom Schuldner zu leistenden Betrags ausgeschlossen wurde.

Nach alledem muß die rechtliche Zulässigkeit einer Aufwertung hypothekarisch gesicherter Darlehensforderungen mit Rücksicht auf die starke Entwertung des deutschen Papiergeldes bejaht werden.

Nur eine solche bildet hier den Gegenstand des Rechtsstreits. Demgemäß bedarf es hier keiner Stellungnahme zu der Frage der Zulässigkeit einer Aufwertung bei anderen als Hypothekenforderungen, insbesondere bei Anleiheforderungen von Privatunternehmungen oder Körperschaften des öffentlichen Rechts, bei Sparkassenguthaben, Pfandbriefforderungen usw.

Weiter braucht im vorliegenden Urteile nicht entschieden zu werden, welche Folgerungen aus der Aufwertung der Hypothekenforderungen, deren Zulässigkeit nach der schuldrechtlichen Seite anzuerkennen ist, in bezug auf deren dingliche Sicherung sich ergeben; insbesondere kann von einer Erörterung der Frage abgesehen werden, ob dem Hypothekengläubiger für seine aufgewertete Forderung ein unmittelbares dingliches Recht an dem Grundstück, gegebenenfalls ob ihm ein solches dingliches Recht an derselben Rangstelle, wie für die bereits eingetragene Hypothek, also mit dem Vorrange vor den ihr nachstehenden dinglich Berechtigten zuzubilligen ist, oder ob dem die Bestimmungen des Liegenschaftsrechts, namentlich der Grundsatz der Spezialität, entgegenstehen würde. Ebensowenig braucht für den vorliegenden Rechtsstreit entschieden zu werden, welche Ansprüche etwa aus dem Gesichtspunkte der ungerechtfertigten Bereicherung hergeleitet werden können, und wie die Rechtslage sich gestaltet, wenn der Eigentümer und der persönliche Schuldner nicht oder nicht mehr dieselbe Person ist.

Im vorliegenden Falle verlangt nicht der Gläubiger Befriedigung aus dem Grundstück für seine aufgewertete Forderung oder dingliche Sicherstellung ihres aufgewerteten Teils; vielmehr klagt der Schuldner, der zugleich der Eigentümer des belasteten Grundstücks ist, gegen den Gläubiger auf Einwilligung in die Löschung der Hypothek und Zurückgabe des Hypothekenbriefs gegen Zahlung des Nennbetrags der Hypothekenforderung in der im Frühjahr 1920 in Deutschland geltenden gesetzlichen Währung. Dieses Klagebegehren ist, wenn — wie vom Berufungsgericht noch zu prüfen ist — auch die tatsächlichen Voraussetzungen einer Aufwertung der Hypothekenforderung gegeben sind, in jedem Falle ungerechtfertigt. Durch den schuldrechtlichen Vertrag der Parteien, der der Umwandlung der Eigentümergrundschuld von 13000 *M* in eine Hypothek für eine gleich hohe Darlehensforderung des Beklagten zugrunde lag, hatte der Kläger sich seinerzeit verpflichtet, für die ganze Forderung des Beklagten Sicherheit durch eine Hypothek zu gewähren. Wenn diese Forderung sich durch die notwendig werdende Aufwertung ziffermäßig erweitert hat, so ergeben die Gebote von Treu und Glauben die persönliche Verpflichtung des Schuldners, die hypothekarische Belastung seines Grundstücks für diese Forderung fortbestehen zu lassen, so lange, bis der Gläubiger wegen seiner ganzen Forderung befriedigt ist, und es würde mit diesen Geboten nicht vereinbar sein, wenn er die Löschung der Hypothek lediglich gegen Zahlung des Nennbetrags in der eingetragenen Höhe beansprucht. Unter allen Umständen ist aber auch dem Gläubiger das Recht zuzugestehen, wegen seiner aufgewerteten persönlichen Forderung, welche, sofern sie nicht bereits fällig war, durch die Kündigung der Hypothek durch den Schuldner fällig geworden ist und welche aus demselben rechtlichen Verhältnis — aus der Darlehenshingabe und dem ihr zugrunde liegenden Vertrage — hervorgegangen ist, die Löschungsbewilligung und die Herausgabe des Hypothekenbriefs in Ausübung des Zurückbehaltungsrechts gemäß § 273 BGB. zu verweigern. Richtig ist zwar, daß der Gläubiger wegen anderer Ansprüche gegen den Eigentümer die Aushändigung der in

§ 1144 BGB. bezeichneten Urkunden nicht versagen darf, weil ein solches Recht den tatsächlichen Erfolg hätte, daß der Gläubiger wegen der anderen Ansprüche ebenfalls durch die Hypothek gesichert wäre (RGRKomm. Anm. 2 a. E. zu § 1144 BGB.); hier steht aber gerade eine Forderung aus dem Darlehen, zu dessen Sicherheit die Hypothek bestellt war, in Frage.

---

26. Zur Frage des Fortbestehens deutscher Aktiengesellschaften, die bei Inkrafttreten des Versailler Vertrags in Elsaß-Lothringen ihren Sitz hatten und von Frankreich nicht als „elsaß-lothringisch" anerkannt wurden.

II. Zivilsenat. Urt. v. 29. Juni 1923 i. S. Süddeutsche Cementverkaufsstelle G. m. b. H. (Bekl.) w. Lothringer Portland Cement-Werke in Karlsruhe (Kl.). II 552/22.

I. Landgericht Mannheim, Kammer f. Handelss. — II. Oberlandesgericht Karlsruhe.

Die Beklagte verfolgt den Zweck, den in den Fabriken ihrer Mitglieder erzeugten Zement in möglichst großen Mengen und zu möglichst guten Preisen zu verkaufen. Zu ihren Mitgliedern gehörte auch die „Lothringer Portland-Cementwerke Aktiengesellschaft" mit dem Sitz in Straßburg i. E. und mit Zweigniederlassungen in D. (Lothr.) und H. (Lothr.), die seit dem 10. Mai 1905 im Handelsregister des Amtsgerichts in Straßburg eingetragen stand und deren sämtliche Werke in Lothringen lagen. Als nach Abschluß des Waffenstillstandes die Franzosen in die Reichslande eingerückt waren, wurde die Aktiengesellschaft als deutsche Gesellschaft von ihnen sequestriert. Der Ingenieur K. in Straßburg wurde zum Sequester (administrateur-séquestre de la société) ernannt und die Ernennung am 22. März 1919 zum Handelsregister des Amtsgerichts in Straßburg eingetragen. In der Folge wurde der bisherige Vorstand der Aktiengesellschaft, Eduard S., verhaftet und nach Deutschland abgeschoben. Der Sequester eröffnete ihm, daß er keine Funktion als Direktor der Aktiengesellschaft mehr ausüben könne. Auf Grund einer französischen Verordnung vom 17. April 1919 wurde am 1. Juni 1919 vom Präsidenten des „Tribunal régional de Strasbourg" der Advokat Sch. zum Liquidator des Vermögens der Gesellschaft ernannt. Sch. veröffentlichte auf Grund eines „arrêté du Commissaire général de la République du 11 septembre 1919" im November 1919 in elsaß-lothringischen Zeitungen Aufforderungen an die Aktionäre der Gesellschaft, ihre Aktien bis spätestens 20. Dezember 1919 anzumelden und zu hinterlegen. Der

Schlußsatz des deutschen Textes der Aufforderung lautete: „Sämtliche Aktien, welche nicht innerhalb der vorstehend bestimmten Frist angemeldet und hinterlegt sind, werden für kraftlos erklärt,“ während es im französischen Text hieß . . . „seront annulées d'office“. Auf Grund dieser Aufforderung wurden von elsaß-lothringischen, französischen und neutralen Aktionären im ganzen 1469 Aktien — das Aktienkapital bestand aus 5000 Aktien über je 1000 ℳ — eingereicht. Unter dem 15. Dezember 919 beantragte Eduard S. namens der Aktiengesellschaft beim Reichsgerichte die Bestimmung eines zuständigen Registergerichts an Stelle des an der Ausübung des Richteramts verhinderten Amtsgerichts in Straßburg, und das Reichsgericht gab durch Beschluß vom 23. Dezember 1919 dem Antrage dahin statt, daß es das Amtsgericht in Karlsruhe als zuständiges Registergericht bestimmte. In einer darauf zum 7. Januar 1920 nach Karlsruhe einberufenen außerordentlichen Generalversammlung wurde beschlossen, daß der Sitz der Gesellschaft von Straßburg nach Karlsruhe verlegt werde, und auf Grund dieses Beschlusses wurde am 3. Mai 1920 die Aktiengesellschaft „Lothringer Portland-Cement-Werke Karlsruhe mit Zweigniederlassungen in D. (Lothr.) und H. (Lothr.)“ im Handelsregister des Amtsgerichts Karlsruhe eingetragen. Eduard S. wurde als alleiniger Vorstand im Register vermerkt. Als solcher vertrat er den Standpunkt, daß die „Lothringer Portland-Cement-Werke Karlsruhe“ Mitglied der verklagten Gesellschaft m. b. H. seien. Da die Beklagte diesen Standpunkt nicht teilte, erhoben die Lothringer Portland-Cement-Werke in Karlsruhe gegen sie mehrere Klagen.

Das Landgericht wies die Klagen ab, indem es mit der Beklagten annahm, daß der Klägerin die Rechtspersönlichkeit fehle. Es führte aus: Eine deutsche Aktiengesellschaft könne keinen ausländischen Sitz haben, die Verlegung einer inländischen Gesellschaft ins Ausland habe deshalb mit Notwendigkeit deren Auflösung als inländischer Gesellschaft zur Folge. Einer derartigen Verlegung sei es aber gleichzuachten, wenn der Ort, an dem die Gesellschaft ihren Sitz habe, infolge völkerrechtlicher Verträge eine andere Nationalität erhalte, denn dadurch trete die Gesellschaft aus dem deutschen Rechtsgebiet und verliere ihre deutsche Rechtspersönlichkeit. Alle in Elsaß-Lothringen ansässigen deutschen Aktiengesellschaften seien also mit der Annexion dieses Landes durch Frankreich aufgelöst worden. Dieser Auflösung habe sich offensichtlich die Klägerin durch den Generalversammlungsbeschluß vom 7. Januar 1920 entziehen wollen. Das Landgericht sei indes der Meinung, daß die Klägerin einen solchen Beschluß nicht rechtsgültig habe fassen können. Die Straßburger Gesellschaft sei laut Eintrages zum Handelsregister in Straßburg vom 22. März 1919 unter Sequestration gestellt worden und aus der Überschrift des Eintrages ergebe sich, daß dem bestellten Sequester das Recht zur Vertretung der Gesellschaft zustehe. Diesem Vertretungsrechte widerspreche es, wenn hinter dem Rücken des Sequesters von den früheren Organen der Gesellschaft ein Beschluß gefaßt werde, der, wie der Verlegungsbeschluß vom 7. Januar 1920, die Gesellschaft rechtlich den Händen des Sequesters entziehe. Der Beschluß stehe aber auch deshalb, weil er den Rechten des Sequesters als des einzig vertretungsberechtigten Gesellschaftsorgans widerspreche, in Widerspruch mit zwingenden Vorschriften des Versailler Vertrags. In Art. 297d des letzteren sei bestimmt, daß im Verhältnis zwischen den vertragschließenden Mächten und ihren Staatsangehörigen unter sich alle außerordentlichen Kriegsmaßnahmen als endgültig und für jedermann bindend angesehen werden müßten, und § 3 der Anlage zu diesem Artikel besage ausdrücklich, daß als außerordentliche Kriegsmaßnahmen insbesondere Sequestrationsmaßnahmen anzusehen seien. Es könne aber keinen schärferen Eingriff in den Geschäftskreis und die Rechtsstellung des Sequesters geben, als den, daß man ihm die Gesellschaft einfach aus den Händen ziehe. Die Erwägung, daß das Reichsgericht durch seinen Beschluß vom 23. Dezember 1919 das Amtsgericht in Karlsruhe als zuständiges Registergericht bestimmt und dadurch eine rechtlich wirksame Grundlage für die Zulässigkeit des Verlegungsbeschlusses geschaffen habe, könne nicht durchgreifen, weil zur Zeit der Erlassung des reichsgerichtlichen Beschlusses der Versailler Vertrag noch keine Gesetzeskraft gehabt habe.

Die Klägerin legte Berufung ein, deren Zurückweisung die Beklagte verlangte. Als unstreitig wurde vorgetragen, daß der Liquidator Sch. auf den 3. September 1921 nach Straßburg eine außerordentliche Generalversammlung der Aktionäre der „Société Anonyme des Ciments Portland de Lorraine à Strasbourg“ einberufen habe, daß in dieser Generalversammlung beschlossen worden sei, an Stelle der 5000 Aktien über je 1000 ℳ der Lothringer Portland Cement-Werke 5000 Aktien über je 1250 Fr. auszustellen, daß dieser Beschluß laut Bekanntmachung des „Tribunal de bailliage“ vom 25. November 1921 zum „Registre de Commerce de Strasbourg“ eingetragen worden sei, sowie daß der Liquidator Sch. von den 5000 neuen Aktien 1469 Stück den Inhabern der auf seine Aufforderung vom 20. November 1919 hin eingereichten alten Aktien ausgehändigt und die übrigen 3531 Stück zum Preise von je 2800 Fr. an ein Konsortium (Groupe régional de l'Est) verkauft, den Erlös aber, als Liquidationserlös der Lothringer Portland Cement-Werke, zur Gutschrift auf Reparationskonto hinterlegt habe. Die Parteien waren ferner darüber einverstanden, daß sich in Deutschland Bankdepots und Bankguthaben der Lothringer Portland Cement-Werke befänden, die von den Franzosen nicht angetastet worden seien, sowie daß die alten Aktien der Gesellschaft nach wie vor an deutschen Börsen notiert würden.

Das Oberlandesgericht erkannte unter Aufhebung der landgerichtlichen Entscheidung auf Verwerfung der Einrede der mangelnden Parteifähigkeit der Klägerin und auf Zurückverweisung der Sache in die erste Instanz. Die Revision der Beklagten wurde zurückgewiesen.

Aus den Gründen:

... Nach § 292 Nr. 2 HGB. kann eine Aktiengesellschaft durch Beschluß der Generalversammlung aufgelöst werden, und da jede Aktiengesellschaft einen inländischen Sitz haben muß, so stellt sich auch ein auf Verlegung ihres Sitzes in das Ausland gehender Generalversammlungsbeschluß mit Notwendigkeit zugleich als auf Auflösung der Aktiengesellschaft gerichtet dar. (RGZ. Bd. 7 S. 68; Bd. 88 S. 53; JW. 1918 S. 510 Nr. 10.) Dem Falle der von der Generalversammlung beschlossenen Verlegung des Sitzes der Aktiengesellschaft in das Ausland darf aber, wie das Oberlandesgericht (gegen Staub-Pinner, 10. Aufl., zu § 292 HGB. Anm. 20 Abs. 2) mit Recht annimmt, nicht ohne weiteres der Fall gleichgestellt werden, daß der Ort, an dem sich der Sitz befindet, infolge völkerrechtlichen Vertrags seine Zugehörigkeit zum Deutschen Reiche verliert. Namentlich ist nicht zuzugeben, daß die deutschen Aktiengesellschaften, die ihren Sitz in Elsaß-Lothringen hatten, infolge der Annexion dieses Landes durch Frankreich, also mit dem Inkrafttreten des Versailler Vertrags oder sogar, nach dessen Art. 51, mit Rückwirkung auf den Zeitpunkt des Waffenstillstandes vom 11. November 1918, unabhängig von dem Willen der Gesellschaftsorgane zur Auflösung gelangt wären (vgl. Quassowski, Zur Frage der Rückverlegung des Sitzes elsaß-lothringischer Aktiengesellschaften ins deutsche Inland, bei Gruchot Bd. 65 S. 403). Vielmehr hat der Versailler Vertrag den Fortbestand der bei seinem Abschluß in Elsaß-Lothringen vorhanden gewesenen Aktiengesellschaften offenbar zur Voraussetzung. Nach Art. 54 Abs. 3 das. sollen unter den (in Elsaß-Lothringen angesessenen) juristischen Personen diejenigen als „elsaß-lothringisch" gelten, denen diese Eigenschaft von französischen Verwaltungsbehörden oder durch eine gerichtliche Entscheidung zuerkannt wird, und nach Art. 60 ist die deutsche Regierung verpflichtet, diese juristischen Personen unverzüglich wieder in den Besitz ihres gesamten, ihnen am 11. November 1918 gehörig gewesenen, auf deutschem Gebiete belegenen Gutes sowie aller Rechte und Interessen zu setzen, die ihnen in dem genannten Zeitpunkte zugestanden haben. In betreff der „von Deutschland abhängigen", also der von Frankreich nicht als „elsaß-lothringisch" anerkannten Gesellschaften ist zwar durch Art. 74 der französischen Regierung das Recht eingeräumt, alle Güter, Rechte und Interessen, die diese Gesellschaften am 11. November 1918 in Elsaß-Lothringen besaßen, unter den in Art. 53 Abs. 2 festgesetzten Bedingungen einzubehalten und zu liquidieren, während Deutschland die Verpflichtung auferlegt ist, seine durch die Liquidation enteigneten Angehörigen unmittelbar zu entschädigen. Allein gerade daraus, daß die französische Regierung nicht für berechtigt erklärt ist, das in Deutschland befindliche Vermögen dieser Gesellschaften gleichfalls in Beschlag zu nehmen und zu liquidieren, muß mit dem Oberlandesgerichte geschlossen werden, daß auch diese Gesellschaften trotz der Annexionen bestehen bleiben, sowie daß ihre Organe an der Wiedereinnahme eines in Deutschland belegenen Sitzes und an der Verfügung über ihr der Beschlagnahme und Liquidation durch Frankreich nicht unterliegendes Vermögen nicht gehindert sein sollten. Aus Art. 297 und aus der Anlage zu den Art. 297, 298 des Vertrags ist nichts anderes zu entnehmen. Unter b) des Art. 297 ist den alliierten und assoziierten Mächten nur das Recht vorbehalten, „alle den deutschen Reichsangehörigen oder den von ihnen abhängigen Gesellschaften bei Inkrafttreten des gegenwärtigen Vertrags gehörenden Güter, Rechte und Interessen innerhalb ihrer Gebiete, Kolonien, Besitzungen und Protektoratsländer, einschließlich der Gebiete, die ihnen durch den gegenwärtigen Vertrag abgetreten werden, zurückzubehalten und zu liquidieren," und dem deutschen Eigentümer lediglich verboten, ohne Zustimmung des beteiligten alliierten oder assoziierten Staates, nach dessen Gesetzen die Liquidation erfolge, über diese Güter, Rechte und Interessen zu verfügen oder sie zu belasten. Allerdings heißt es unter d) daselbst: „Im Verhältnis zwischen den alliierten oder assoziierten Mächten oder deren Staatsangehörigen einerseits und Deutschland oder seinen Reichsangehörigen anderseits werden alle außerordentlichen Kriegsmaßnahmen oder Übertragungsanordnungen oder kraft solcher Maßnahmen vorgenommenen oder vorzunehmenden Handlungen, so wie sie in den §§ 1 und 3 der beigefügten Anlage näher bestimmt sind, als endgültig und für jedermann bindend angesehen, soweit der gegenwärtige Vertrag nicht ein anderes bestimmt," und die Revision glaubt hieraus und aus den §§ 1 und 3 der Anlage zu den Art. 297, 298 folgern zu können, daß die Lothringer Portland Cement-Werke Aktiengesellschaft in Straßburg, der die Eigenschaft einer elsaß-lothringischen juristischen Person nicht zuerkannt worden, infolge der nach dem 11. November 1918 von der französischen Regierung getroffenen Maßnahmen ihre rechtliche Existenz derart verloren habe, daß nicht einmal eine (deutsche) Liquidationsgesellschaft übriggeblieben sei. Das Oberlandesgericht hat jedoch ohne Gesetzesverletzung festgestellt, daß die Sequestration und Liquidation, die über die Lothringer Portland Cement-Werke Aktiengesellschaft verhängt wurden, das in Deutschland befindliche Vermögen der Gesellschaft nicht ergriffen und hinsichtlich des Verwaltungsapparates der Gesellschaft nur die Wirkung gehabt habe, daß sie seine Befugnisse bezüglich der im entrissenen Gebiete liegenden Güter ausgeschlossen, aber seinen Bestand und den der Aktiengesellschaft nicht berührt habe. Die deutsche Aktiengesellschaft ist namentlich nicht dadurch zur Auflösung gelangt, daß französischerseits 5000 Aktien der Société Anonyme de Ciments Portland de Lorraine à Strasbourg zum Nennwerte von je 1250 *Fr* ausgestellt, hiervon 1469 Stück den elsaß-lothringischen, französischen und neutralen Aktionären der Lothringer Portland Cement Werke Aktiengesellschaft in Straßburg, gegen Hergabe ihrer 1469 über je 1000 *M* lautenden Aktien dieser Gesellschaft ausgehändigt und die übrigen 3531 *M*-Aktien, die sich in deutschem Besitz befinden, für kraftlos erklärt worden sind. Denn die 5000 französischen Aktien sollten nur in Ansehung des in Elsaß-Lothringen befindlichen und der genannten Société Anonyme übereigneten Vermögens der Lothringer Portland Cement-Werke Aktiengesellschaft an die Stelle der *M*-Aktien treten und die Inhaber der letzteren als solche nur noch an dem sonstigen Vermögen der deutschen Aktiengesellschaft teilhaben. Die deutsche Aktiengesellschaft hat also zwar einen Teil ihres Vermögens eingebüßt, und ihre Aktien haben infolgedessen an Tauschwert verloren, ihr rechtlicher Bestand hat aber dadurch keine Beeinträchtigung erlitten. Ihre Aktionäre konnten daher auch die zur Erhaltung ihrer deutschen Rechtspersönlichkeit erforderliche Zurückverlegung ihres Sitzes auf deutsches Gebiet beschließen, und ihr Vorstand war befugt, zu diesem Zweck eine Generalversammlung einzuberufen. Die französische Sequestration bildete kein Hindernis, da sie nur über das in Elsaß Lothringen befindliche Vermögen der Lothringer Portland Cement-Werke verhängt war. Ebensowenig kann davon die Rede sein, daß etwa der Beschluß der Generalversammlung vom 7. Januar 1920, den Sitz der deutschen Aktiengesellschaft aus dem von Frankreich annektierten Straßburg wieder auf deutsches Gebiet (nach Karlsruhe) zu verlegen, die Auflösung der Aktiengesellschaft herbeigeführt hätte. Denn wenngleich es sich hierbei um eine von den Aktionären gewollte Verlegung des Sitzes „in das Ausland" handelte, so war doch dieses „Ausland" dasselbe Rechtsgebiet, nach dessen Gesetzen die Aktiengesellschaft gegründet worden war, und der Wille der Aktionäre war gerade darauf gerichtet, der Gesellschaft die deutsche Rechtspersönlichkeit zu erhalten. Im übrigen war in Elsaß Lothringen das deutsche Handelsgesetzbuch als loi locale in Kraft geblieben (Quassowski a. a. O. S. 406, 414ff.), so daß auch insoweit gegen die Zulässigkeit der Zurückverlegung des Sitzes der Gesellschaft auf deutsches Gebiet kein Bedenken besteht.

---

27. Unterschied zwischen Gebrauchsmuster und Geschmacksmuster, insbesondere bei Reklamegegenständen. Muß bei der Anmeldung eines Gebrauchsmusters der Gebrauchszweck ausdrücklich angegeben werden?

I. Zivilsenat. Urt. v. 30. Juni 1923 i. S. B. (Bekl.) w. M. (Kl.). I 457/22.

I. Landgericht Dresden. — II. Oberlandesgericht daselbst.

Für die Beklagte ist am 21. September 1920 unter Nr. 752151 der Gebrauchsmusterrolle ein Gebrauchsmuster für einen ovalen Rahmen eingetragen. Die Klägerin hat auf Löschung des Gebrauchsmusters geklagt. Beide Vorinstanzen gaben der Klage statt. Die Revision der Beklagten hatte Erfolg.

Gründe:

Das umstrittene Gebrauchsmuster hat zum Gegenstand einen ovalen Bilderrahmen. Er liegt, wie üblich, mit der Rückseite flach an der Wand an, während die massive Vorderseite gewölbt ist nach Art eines Flach- oder Halbrundstabs. Da, wo der äußere Rand der Vorderseite an der Wand aufschließt, bildet die Kontur eine Wellenlinie in Form gleichmäßiger Bogen. Diese wellenmäßige Form erstreckt sich aber nicht bloß auf die äußere Randlinie, sondern auch auf die vordere Oberfläche des Rahmens selbst, und zwar so, daß die Wellungen etwa bis zur Hälfte der Rahmenbreite gegen den inneren, an das Bild anschließenden Rand hineinreichen und auf diese Weise abwechselnd Vertiefungen und Erhöhungen auf der Vorderseite des Rahmens ergeben. Diese wellige Form ist gefräst, d. h. durch einen Fräser hergestellt, der nicht bloß am äußeren Rahmenrand angesetzt, sondern so über die vordere Rahmenrundung hereingebracht wird, daß er auch auf der Oberfläche Wellen erzeugt. Die Form des Rahmens ergibt sich aus der der Anmeldung beigelegten Zeichnung und besonders deren Schattenstrichen. In der Beschreibung ist angeführt: „Durch die Anordnung dieser Neuerung erhält man einen in der Form besonders gefällig und reich wirkenden Rahmen auf einfache Weise".

Das Oberlandesgericht lehnt mit dem Landgericht die Schutzfähigkeit des Rahmens als Gebrauchsmuster ab und gibt hierfür zwei Gründe.

Zunächst sei in dem angemeldeten Muster im Vergleich zu dem bis dahin Bekannten kein den Gebrauchszweck fördernder Fortschritt zu erblicken. Ovale Rahmen seien vorbekannt gewesen, auch solche mit bogigen Konturen am äußeren Rand, die mittels Fräsers hergestellt seien. Der der Beklagten unterscheide sich hiervon nur dadurch, daß er eine Verbindung von seitlichen mit Oberflächenwellen aufweise. In der Verbindung dieser beiden Wellenarten, die durch eine ihrem Herstellungsverfahren eigentümliche Art der Fräserführung erreicht werde, erblicke jetzt die Beklagte auch nur noch allein die gebrauchsmusterschutzfähige Neuerung. Es könne nun zwar eine in die äußere Erscheinung tretende neue Gestaltung eines Gebrauchsgegenstandes, die ihren Grund in einem bisher nicht bekannten Herstellungsverfahren habe, als Modell Schutz genießen, während das Herstellungsverfahren vielleicht dem Patentschutz unterstehe. Voraussetzung der Schutzfähigkeit des Modells bleibe aber immer, daß die neue Gestaltung den Gebrauchszweck fördere. Das sei hier nicht der Fall. Wie das Landgericht bereits ausgeführt habe, sei weder die Haltbarkeit größer noch die Verletzbarkeit des Rahmens geringer. Auch die Verbilligung könne hier keine Rolle spielen. Denn daß gerade die Art und Weise der Führung des Fräsers beim Herstellungsverfahren einen billigeren und im Gebrauche vorteilhafteren Gegenstand hervorbringe, habe Beklagte selbst nicht behauptet. Es könne unterstellt werden, daß — wie Beklagte behaupte — der Rahmen für Werbezwecke bei Einrahmung von Plakaten als „Blickfänger“ wirke. Das würde aber nur eine Folge der ästhetischen Wirkung auf das Auge sein, die gegebenenfalls dem Schutze des Geschmackmusters, nicht aber dem des Gebrauchsmusters unterstellt werden könnte.

Selbst wenn man aber auch in der Verbindung der Seiten- mit den Oberflächenwellen eine neue, den Gebrauchsmusterzweck fördernde Gestaltung im Sinne von § 1 GebrMG. erblicken wolle, so sei die Löschungsklage gemäß § 4 Abs. 1 gleichwohl gerechtfertigt. Denn die Eintragung erzeuge dann keine materielle Rechtswirkung, wenn die Anmeldung nicht erkennen lasse, in welcher Weise das angemeldete Modell dem Arbeits- oder Gebrauchszwecke durch eine neue Gestaltung usw. dienen solle. Daran mangele es hier. Die Anmeldung lasse nicht erkennen, daß der Schutz des Gesetzes für die Verbindung der durch Fräsen hervorgebrachten seitlichen und Oberflächenwellen als neue Raumgestaltung beansprucht werde. Auch für den Fachmann sei das nicht zum erkennbaren Ausdruck gebracht. Der Anspruch umfasse, wie er angemeldet sei, vielmehr alle ovalen und durch Fräsungen mit bogigen Konturen versehenen Rahmen; dieser allgemeine Anspruch sei aber nicht schutzfähig.

Dieser Art der Betrachtung und Würdigung des Sachverhalts kann nicht beigepflichtet werden; sie ist nicht frei von Rechtsirrtum. Ob dem Modell der Beklagten der gesetzliche Schutz eines Gebrauchsmusters zuteil werden kann, hängt nur davon ab, ob es neu ist, ob es Gebrauchszwecken dient und einen hinreichenden Fortschritt, eine Bereicherung des Standes der Technik darstellt.

Darüber, ob das Modell neu sei, läßt sich das angefochtene Urteil nicht deutlich aus. Äußerlich erscheint die Neuheit zunächst gegeben. Ob etwa der Unterschied zwischen einem ovalen Rahmen mit bogigen Randkonturen und einem solchen auch noch mit Oberflächenwellung so geringfügig ist, daß es sich nur um eine für den Gebrauchszweck belanglose und unwesentliche Abweichung handelt, mußte sich der Vorderrichter klar machen, bevor er auf die Frage einging, ob nicht etwa auf dem Wege über das Herstellungsverfahren nach den von ihm angeführten Rechtsgrundsätzen ein neues Modell geschaffen war. Alle diese Fragen stehen aber im unmittelbaren Zusammenhang mit jener, ob und inwieweit es sich um einen Gebrauchsgegenstand handelt, dem die neue Gestaltung dienen soll, oder ob nur ein Geschmacksmuster vorliegt. Der Unterschied liegt darin, daß das Gebrauchsmuster dem Nützlichkeitsgedanken entspricht, das Geschmacksmuster dem des Gefälligen. Beide schließen einander bei einem und demselben Gegenstand aber keineswegs notwendigerweise aus. Es handelt sich hier um einen Rahmen. Seine Bestimmung ist zunächst, den eingerahmten Gegenstand — Bild oder Text — räumlich nach außen abzuschließen und vor nachteiligen Einflüssen zu schützen. Das hiermit im Zusammenhang stehende Erfordernis der Dauerhaftigkeit und geeigneter Gestaltung des Rahmens ist zweifellos beherrscht vom Nützlichkeitsgedanken. Neben dieser rein sachlichen Beziehung zwischen Rahmen und Bild besteht aber noch gewissermaßen eine ideelle. Diese wird, insoweit es sich um eine geeignete Übereinstimmung zwischen Bild und Rahmen handelt, vielfach eine ästhetische sein und daher dem Bereich des Geschmackmusters angehören. Diese ideelle Beziehung — und hierin irrt der Vorderrichter — muß sich aber keineswegs ausschließlich in der ästhetischen Wirkung erschöpfen. Auch hier kann der Nützlichkeitsgedanke zum Vorschein und sogar zum Vorherrschen gelangen. Diesen letzteren Gesichtspunkt nimmt die Beklagte hier in Anspruch, indem sie behauptet, die Rahmengestaltung diene der Verwendung als Reklamemittel. Reklame ist Nützlichkeitszweck. Sie braucht sich nicht bloß einer ästhetisch und gefällig wirkenden Geschmacksform zu bedienen. Die Gesetze der Reklame sind andere, selbständige. Sie bevorzugen das Auffallende, Merkwürdige, Eigenartige. Dies braucht mit dem ästhetisch Gefälligen nicht zusammenzufallen, kann ihm vielmehr nach Umständen geradezu widersprechen. Es ist deshalb rechtlich verfehlt, wenn das Oberlandesgericht meint, es könne unterstellt werden, daß die Rahmen bei Einrahmung von Plakaten für Werbezwecke als „Blickfänger“ wirken; denn dies sei nur eine Folge der ästhetischen Wirkung, die nur dem Geschmacksmusterschutze, nicht dem des Gebrauchsmusters unterstehe. Handelt es sich wirklich um einen zum Gebrauch als Reklamemittel geeigneten, neu gestalteten Gegenstand, so genoß er auch den Schutz des Gebrauchsmusters. Ob die tatsächlichen Voraussetzungen vorliegen, mußte — gegebenenfalls an der Hand des angebotenen Sachverständigenbeweises — geprüft und festgestellt werden.

Rechtlich bedenklich erscheint aber auch der zweite Ablehnungsgrund, daß die Anmeldung die neue Gestaltung nicht ersehen lasse, die dem Gebrauchszwecke dienen solle. Zieht man den Text und die Zeichnung der Anmeldung gleichermaßen heran, so kann sich zunächst im Grunde genommen kein ernstlicher Zweifel darüber ergeben, worin der Erfinder die neue Gestaltung erblickt hat: nämlich in einem ovalen Rahmen mit Seiten- und Oberflächenwellen, die durch Fräsung hergestellt sind. Maßgebend ist dabei in erster Linie die Zeichnung die an Stelle des Modells tritt. Einer Anspruchsformulierung bedurfte es an sich nicht. War sie — wie das Oberlandesgericht annimmt — hier zu weit gefaßt, so entfiel deshalb nicht die Gebrauchsmusterschutzfähigkeit, wenn sich nur aus der Zeichnung das richtig Gewollte ergab. Bestanden hierüber aber Zweifel, so mußte durch Einholung eines Sachverständigengutachtens festgestellt werden, was der Fachmann als den Inhalt der Anmeldung ansah. Es wäre endlich aber auch ein zu weit gehendes Verlangen, wenn das angefochtene Urteil das Erfordernis der Gebrauchszweckangabe dahin verstehen wollte, daß die Anmeldung den Gebrauchszweck — hier die Eignung für Reklamezwecke — wörtlich aufführen mußte. Es handelt sich um eine Mengenware; in der Anmeldung war gesagt, daß man einen reichwirkenden Rahmen auf einfache Weise erhalte. Daß Rahmen auch zur Aufnahme von Plakaten dienen und, wenn sie nach Grundsätzen der Reklamewirkung gearbeitet werden, hierfür auch geeignet erscheinen, liegt nicht so außerhalb der allgemeinen Zweckbestimmung eines Rahmens, daß hierfür eine besondere Darlegung nötig erscheint. Auch in dieser Richtung konnten bestehende Zweifel durch einen Sachverständigen aufgeklärt werden.

---

28. Ist das Reichsgesetz vom 28. April 1920, betreffend die Grundschulen und Aufhebung der Vorschulen, nur ein Grundsatz- und Richtliniengesetz oder gewährt es einen Rechtsanspruch?

III. Zivilsenat. Urt. v. 3. Juli 1923 i. S. F. (Kl.) w. Gebiet Gera-Greiz und Land Thüringen (Bekl.). III 481/22.

I. Landgericht Gera. — II. Oberlandesgericht Jena.

Auf Anordnung der Landesregierung zu Gera mußte die Klägerin von Ostern 1920 ab die drei untersten Klassen ihrer zehnklassigen höheren Mädchenprivatschule abbauen. Sie fordert Ersatz ihres

Schadens und leitet diesen Anspruch ab aus schuldhafter Amtspflichtverletzung der beteiligten Beamten der beiden Beklagten, sowie aus § 2 Abs. 2 Satz 3 des Reichsgesetzes vom 28. April 1920, betreffend die Grundschulen und Aufhebung der Vorschulen. Das Landgericht erklärte den Anspruch gegenüber dem Lande Thüringen dem Grunde nach für gerechtfertigt. Das Berufungsgericht wies die Klage völlig ab. Die Revision der Klägerin blieb erfolglos.

Gründe:

1. Soweit die Klage auf Beamtenverschulden gestützt ist, muß sie schon darum für hinfällig erachtet werden, weil beide Instanzen die Gesetze, auf Grund deren der Abbaubefehl an die Klägerin erging, namentlich das thüringische Gesetz vom 17. Februar 1920, für rechtsgültig und folgeweise den Abbaubefehl für gesetzmäßig erachten. Denn gegenüber dieser Rechtsauffassung der Gerichtsinstanzen kann von einem Verschulden der in eben dieser Rechtsanschauung handelnden Beamten keinesfalls die Rede sein.

2. Den auf § 2 Abs. 2 Satz 3 des Gesetzes vom 28. April 1920 gestützten Anspruch hat der Berufungsrichter gegen beide Beklagte wegen Unzulässigkeit des Rechtswegs abgewiesen, weil in diesem Satze keine feste Norm über Voraussetzungen, Umfang und Art der neben dem Ausgleich durch sonstige öffentliche Maßnahmen zur Wahl gelassenen Entschädigung gegeben sei, und nach dem Sinne des Gesetzes diese Wahl nicht dem Gericht anheimstehe, sondern der Entscheidung durch die Verwaltungsbehörden überlassen worden sei.

Die Revision meint dagegen, daß nicht nur der Rechtsweg offen stehe, sondern ein zivilrechtlicher Anspruch gewährt werde.

Der Streit um die Zulässigkeit des Rechtswegs ist gegenstandslos. Das ganze Gesetz vom 28. April 1920, insbesondere also auch der § 2 Abs. 2 Satz 3, ist nur ein Grundsatz- und Richtliniengesetz für die demnächstige Landesgesetzgebung, gewährt also Ansprüche irgendwelcher Art überhaupt noch nicht: Die Frage nach Zulässigkeit des Rechtswegs für irgendwelche Ansprüche aus diesem Gesetz kann demnach gar nicht aufgeworfen werden, solche Ansprüche bestehen nicht.

Schon die Begründung zu dem am 4. März 1920 eingebrachten, den Satz 3 in § 2 Abs. 2 noch nicht enthaltenden Entwurf des Gesetzes vom 28. April 1920 bemerkt, es handle sich um gesetzliche Festlegung in Umrissen, um den Ländern und Gemeinden für die rechtzeitige Einstellung ihres Schulwesens auf die kommende Neuordnung die Unterlagen zu geben. Bei der ersten Beratung in der Nationalversammlung am 8. März 1920 erklärten der den Entwurf einführende Minister und der zuständige Unterstaatssekretär, das Gesetz solle sich auf die Festlegung einheitlicher Richtlinien und Grundsätze beschränken;

wenn die dem Reich obliegende Pflicht, Grundsätze aufzustellen, nicht schnellstens erfüllt werde, würde ein Durcheinander kommen; und ein Abgeordneter drückte eben dies mit den Worten aus: „Es dreht sich hier um die Schaffung einer Arbeitsgrundlage für die Länder und Gemeinden". In der Kommission (Kommissionsbericht vom 14. April 1920) wurde die Beifügung des Satzes 3 zu § 2 Abs. 2 beantragt und vom Antragsteller dazu vorgetragen, „es müßte in den Landesgesetzen bestimmt werden, wer die Entschädigung zu leisten habe". Die weiter gehenden zwei Anträge auf die Beisätze: „Entschädigungsforderungen sind an die Landeszentralbehörde zu richten; der Rückgriff auf andere öffentliche Verbände bleibt vorbehalten" und „Im Falle von Schädigungen sind Reich, Länder oder Gemeinde ersatzpflichtig", wurden abgelehnt, nachdem ein Regierungsvertreter entgegengehalten hatte, „daß die Reichsgesetzgebung eine Grundsatzgesetzgebung sei und daß infolgedessen Bestimmungen über Einzelheiten, die der Landesgesetzgebung vorbehalten seien, nicht aufgenommen werden könnten". Darauf kam der Satz 3 zur Annahme. In der Plenarberatung vom 16. April 1920 befürwortete der Kommissionsberichterstatter die dann auch sofort beschlossene Ablehnung des am selben Tage eingelaufenen Antrags Arnstadt und Genossen. Dieser Antrag wollte dem Satz 3 beifügen: „Entschädigungsforderungen sind an den Reichsfiskus zu richten, dem Rückgriff auf andere öffentliche Verbände vorbehalten bleibt". Der Kommissionsberichterstatter betonte dagegen: „Wir haben ausdrücklich festgestellt, daß — wie der Unterstaatssekretär ebenfalls ausgeführt habe — die Reichsschulgesetzgebung eine Grundsatzgesetzgebung ist und dort infolgedessen Bestimmungen über Einzelheiten, die der Landesgesetzgebung vorbehalten bleiben müßten, nicht aufgenommen werden können". Ein weiterer Abgeordneter bemerkte dazu: „Wir können eine solche Einzelheit in dieses Gesetz nicht hineinbringen, und außerdem handelt es sich hier um eine Sache, die nach meiner Überzeugung in die Kompetenz der Länder fällt. Wir wünschen und bitten aber, daß die Reichsregierung ihren Einfluß auf die Regierungen der einzelnen Länder energisch dahin geltend macht, daß recht bald dort gesetzliche Bestimmungen getroffen werden, durch die diese Entschädigungspflicht der Länder geregelt wird, damit diese Frage entschieden ist, ehe der Abbau der Unterstufe der Privatschulen beginnt."

Dieser hiernach im Entwurf, in der Kommission und in beiden Beratungen der Nationalversammlung übereinstimmend, klar und entschieden verfolgte Zweck, daß nur ein Grundsatzgesetz mit Richtlinien für die Landesgesetzgebung geschaffen werden solle, ist durch das Gesetz selbst deutlich erreicht: Die Imperative „ist einzurichten", „sollen gewährleisten", „sind aufzuheben", „muß abgeschlossen sein", „ist dafür zu sorgen", „ist eine Entschädigung zu gewähren" oder „ein Ausgleich zu schaffen" richten sich ebenso wie die Einräumungen „kann", „können", „darf" nach Wortlaut, Inhalt und Zusammenhang ausschließlich an die künftige Gesetzgebung der Länder.

---

29. 1. In welcher Frist muß der Werklieferer die für den Fall der Steigerung der Herstellungskosten vorbehaltene Preiserhöhung anfordern?

2. Was ist unter „übernommenen Zahlungsverpflichtungen" zu verstehen?

3. Steht dem Werklieferer, der sich den Rücktritt vom Vertrag ausbedungen hat, falls der Besteller gewisse Vertragsbestimmungen nicht einhalte, das Recht zum Rücktritt nach dem Eintritt solcher Vertragswidrigkeiten zeitlich uneingeschränkt zu?

4. Einfluß von Teilvorauszahlungen bei vertraglicher Preiserhöhung, die durch die Geldentwertung verursacht wurde.

VI. Zivilsenat. Urt. v. 5. Juli 1923 i. S. H. (Kl.) w. W. (Bekl.). VI 1137/22.

I. Landgericht Köln, Kammer f. Handelssachen. — II. Oberlandesgericht daselbst.

Der Kläger bestellte Anfang Dezember 1919 bei der Beklagten eine Kugelfallmühle, die spätestens am 1. März 1920 geliefert werden sollte, zum Preise von 12500 *M*, zahlbar 1/3 bei Bestellung, 1/3 bei Anzeige der Versandbereitschaft, der Rest 30 Tage später. Er zahlte am 5. Januar 1920 und 19. März 1920 je 5000 *M* an. Am 8. Mai 1920 teilte die Beklagte dem Kläger mit, daß die Mühle versandbereit sei, und forderte Zahlung von weiteren 5200 *M*, indem sie auf Grund des § 17 ihrer Lieferungsbedingungen wegen gesteigerter Löhne und Materialpreise statt 12500 *M* einen Kaufpreis von 22750 *M* in Rechnung stellte.

Der Kläger entgegnete u. a., die Beklagte müsse wegen Verspätung der Lieferung die Mehrkosten selbst tragen. Er erhob Mitte Juni 1920 Klage auf Lieferung der Mühle zum Vertragspreis, änderte aber im Februar 1922 seinen Antrag dahin, daß er Lieferung zum Preis von 22750 *M* unter Berücksichtigung seiner Vorauszahlungen forderte. Mit Schreiben vom 6. Februar 1922 trat die Beklagte vom Kauf zurück, weil der Kläger den vertraglichen Verpflichtungen nicht nachgekommen sei und beharrlich ihre Erfüllung verweigert habe.

Das Landgericht verurteilte die Beklagte, die Mühle zum Preis von 22750 *M* zu liefern. Das Oberlandesgericht wies die Klage ab. Die Revision des Klägers hatte Erfolg.

Gründe:

Die Beklagte war nach § 17 ihrer Lieferungsbedingungen berechtigt, höhere Preise in Rechnung zu stellen, wenn nach dem Offerttermin bis zum Lieferungstag Preiserhöhungen für Materialien, Löhne usw. erfolgten. Nach § 6 durfte sie von der Ausführung des Auftrags zurücktreten, wenn der Besteller den übernommenen Zahlungsverpflichtungen nicht vereinbarungsgemäß und pünktlich nachkomme. Das Oberlandesgericht hat der erst in der zweiten Instanz erfolgten Berufung der Beklagten auf die Bestimmung in § 6 stattgegeben. Die Lieferungsbedingungen seien Vertragsinhalt geworden und durch besonderes Abkommen der Parteien nur insoweit abgeändert worden, als die Beklagte sich verpflichtete, bis spätestens 1. März 1920 zu liefern; im übrigen sei es bei den Bedingungen geblieben. Somit greife § 6 Platz. Der Kläger sei im Verzug gewesen, weil er sich mit Unrecht geweigert habe, die Erhöhung des Kaufpreises auf 22750 *M* anzuerkennen und das geschuldete zweite Drittel hiervon zu bezahlen. Zu der Erhöhung sei die Beklagte nach § 17 der Bedingungen berechtigt gewesen, da Löhne und Materialpreise seit Dezember 1919 fortgesetzt gestiegen seien. Der angemessene Preis der Mühle habe im März 1920 zum mindesten mehr als 15000 *M* betragen; der Sachverständige beziffere ihn auf über 23000 *M*. Danach hätte der Kläger der Aufforderung der Beklagten vom 8. Mai 1920, außer den gezahlten 10000 *M* noch weitere 5200 *M* zur Erfüllung des zweiten Kaufpreisdrittels zu entrichten, wenigstens zu einem Teil entsprechen müssen. Er könne sich nicht darauf berufen, daß die Angemessenheit der Erhöhung erst vom Gericht habe nachgeprüft werden müssen. Diese Nachprüfung sei auf seine Gefahr gegangen und gegen ihn ausgefallen. Er habe aber auch grundsätzlich jede Mehrzahlung abgelehnt und sei mindestens mit einem Teil der von ihm geschuldeten Zahlung in Verzug geraten. Der Rücktritt sei auch rechtzeitig gewesen, da das den Rücktritt erklärende Schreiben vom 6. Februar 1922 dem Kläger zugegangen sei, bevor er sich bereit erklärt hatte, die Mühle zu dem von der Beklagten geforderten höheren Preis abzunehmen. Sei aber der Vertrag durch den Rücktritt aufgehoben worden, so entfalle der Anspruch des Klägers auf Lieferung der Mühle.

Das Urteil konnte nicht aufrecht erhalten werden.

Mit Brief vom 4. Dezember 1919 hat der Kläger nachdrücklich von der Beklagten die Garantie verlangt, daß sie die Mühle bestimmt bis 1. März 1920 zum Versand bringe, widrigenfalls er den Auftrag als annulliert betrachte. Die Beklagte erwiderte, daß sie die Mühle am 1. März 1920 liefern könne. An diesem Tag ist danach die Lieferung fällig geworden und die Beklagte, da sie in der nach dem

Kalendertag bestimmten Zeit nicht geleistet hat, in Verzug geraten, § 284 Abs. 2 BGB.

Treu und Glauben erfordern, daß der Unternehmer, der — berechtigterweise — den Werkpreis wegen Steigerung der Herstellungskosten erhöhen will, hiervon unverzüglich, sobald er diese Steigerung wahrnimmt oder bei ordnungsmäßiger Geschäftsführung wahrnehmen kann, den Besteller in Kenntnis setzt, damit dieser sich mit seinen geschäftlichen Berechnungen und Maßnahmen danach einrichten kann. Hier kommt die Steigerung der Gestehungskosten nur für die Zeit bis 1. März 1920 in Betracht. Die Beklagte war gehalten, im Laufe dieser Zeit dem Kläger die Preiserhöhung mindestens anzukündigen und spätestens sofort nach dem 1. März 1920, als sie ihr Ausmaß übersehen konnte, den Mehrpreis zu fordern. Die Absperrung des ausländischen Wettbewerbs vom deutschen Markt infolge des Verfalls unserer Währung und das Fernhalten des inländischen Wettbewerbs durch Vereinigungen und Preisvereinbarungen der Erzeuger und Verkäufer haben diesen Gruppen eine außerordentliche wirtschaftliche Überlegenheit über die Käufer und Verbraucher verschafft. Diese Übermacht darf nicht, wozu vielfach die Neigung besteht, mißbraucht, sondern nur in verständigen Schranken, unter Achtung und Schonung auch der Interessen des Vertragsgegners, angewendet werden. Diese Schranken scheint die Beklagte nicht eingehalten zu haben. Sie hat noch am 19. März 1920 die weitere Anzahlung des Klägers von 5000 ℳ entgegengenommen und ihn nicht einmal jetzt auf die notwendige Erhöhung aufmerksam gemacht. Erst mehr als zwei Monate nach Eintritt des Verzugs, und zwar zu einer Zeit, wo die Mark sich von ihrem Herabsinken im verflossenen Winter erheblich erholt hatte, stellte sie an den Kläger die Forderung eines fast verdoppelten Preises. Ein solches Verfahren ließe sich nur mit triftigen Gründen rechtfertigen. Ist die Beklagte dazu nicht imstande, so ist ihr Recht auf Erhöhung des Vertragspreises verwirkt. Ihr Schweigen muß als Verzicht angesehen werden.

Mit Fug wird von der Revision die Auffassung des Berufungsgerichts beanstandet, daß zu den „übernommenen Zahlungsverpflichtungen" im Sinne des § 6 der Lieferungsbedingungen, deren Nichterfüllung die Beklagte zum Rücktritt vom Vertrag berechtigten, auch die Verpflichtung zur Zahlung des Mehrpreises gehöre, den die Beklagte gemäß § 17 gefordert, der Besteller aber bestritten hat. Diese Auffassung widerspricht den Auslegungsregeln der §§ 133, 157 BGB. Eine „übernommene" Verpflichtung ist in aller Regel erst die, welcher der Verpflichtete zugestimmt hat. Ohne den Begriff „übernommen" ins Uferlose auszudehnen, läßt sich nicht sagen, daß der Besteller, weil er sich dem § 17 unterworfen habe, auch mit der Folge des § 6 die

Verpflichtung übernommen habe, den Mehrpreis „vereinbarungsgemäß und pünktlich" zu zahlen, den der Richter nachmals im Streitfall festsetzen werde. Derartige Bedingungen sind so auszulegen, wie sie der unbefangene Leser verstehen muß, und nicht, wie sie übertriebene Spitzfindigkeit noch ausklügeln könnte. Dürfte der Unternehmer, wenn sich der Besteller der nachträglichen Preiserhöhung nicht sofort fügt, vom Vertrag zurücktreten, ohne daß er sich dieses Recht klar und deutlich ausbedungen hatte, oder ohne daß es durch außergewöhnliche wirtschaftliche Umwälzungen seit dem Vertragsschluß begründet wäre, so würde die seit dem Kriege herrschende geschäftliche und rechtliche Unsicherheit in den Beziehungen zwischen Verkäufer und Käufer ohne Not noch vermehrt werden. Auch hier ist dem Bestreben des Unternehmers entgegenzutreten, seine wirtschaftliche Macht über Gebühr zum Schaden des Gegners auszunutzen. Unter den „übernommenen Zahlungsverpflichtungen" des § 6 sind daher nur diejenigen zu verstehen, die der Besteller beim Vertragsschluß nach Ziffer und Zahlungstermin übernommen, oder die er später anerkannt hat. Bezeichnend ist, daß in dem sich zwei Jahre hinziehenden landgerichtlichen Verfahren weder die Beklagte noch ihre Rechtsbeistände noch das Gericht auf die Auslegung verfallen sind, die nunmehr das Berufungsurteil trägt. . . .

(Es wird dargelegt, daß vom eigenen rechnerischen Standpunkt des Berufungsgerichts der Kläger dem § 6 Genüge getan habe, und fortgefahren:)

Bedenklich ist sodann die Meinung des Berufungsgerichts, daß die Beklagte insolange am Rücktritt nicht gehindert war, als der Kläger sich nicht zu dem Mehrpreis verstanden habe, daß deshalb ihr Rücktritt am 6. Februar 1922 — 1 Jahr und 8 Monate nach dem Eintritt der Berechtigung dazu — noch rechtzeitig gewesen sei. . . .

(Nach Hinweis auf prozessuale Verstöße des Berufungsgerichts:)

. . . Abgesehen von Vorstehendem ist die Ansicht, daß der Beklagten ein etwaiges vertragliches Rücktrittsrecht zeitlich ungemessen zustand, nicht zu billigen. Das Gesetz hat weder für die Fälle der §§ 325, 326 noch im allgemeinen für den vertraglichen Rücktritt (§§ 346 flg. BGB.) eine Frist bestimmt, binnen welcher das Recht zum Rücktritt ausgeübt werden müsse. Allein Treu und Glauben wie die Verkehrsauffassung fordern jedenfalls im kaufmännischen Geschäftsleben, daß für den Regelfall von dem Recht in angemessener Frist Gebrauch gemacht werde. Der Berechtigte darf den Gegner nicht allzu lange im ungewissen lassen, ob er ihn am Vertrag festhalten will oder nicht, und ihn dadurch hindern, sich anderweit zu versorgen, was ihm späterhin vielleicht nicht oder nur unter viel drückenderen Aufwendungen möglich sein würde. Dies gilt ganz besonders in den Zeiten so gewaltiger Schwankungen und Steigerungen der Preise, wie die Nachkriegszeit sie gezeitigt hat. Hierzu tritt bei Vorauszahlungen in verhältnismäßig gutem oder besserem Geld die ungeklärte Rechtslage, in welchem Nennbetrag sie nach längerer Zeit und vorgeschrittener Geldentwertung gemäß § 346 BGB. zurückzuerstatten seien. Wartet der Berechtigte Jahr und Tag mit der Rücktrittserklärung, so wird sein Verhalten in der Regel als Verzicht auf das vertragliche Rücktrittsrecht zu gelten haben (vgl. RGZ. Bd. 88 S. 143; Bd. 91 S. 108). Diese Gesichtspunkte hat das Berufungsgericht nicht beachtet.

An dem Gutachten des Sachverständigen ist mit der Revision auszustellen, daß die Vorauszahlung vom 5. Januar 1920 mit 5000 M, d. i. mit $^2/_5$ des Kaufpreises, nicht berücksichtigt ist. Die Steigerung der Materialpreise und der Löhne in den ersten drei Monaten des Jahres 1920 scheint hauptsächlich auf der damaligen starken Geldentwertung beruht zu haben. Nach Sinn und Zweck des § 17 der Lieferungsbedingungen kann der Preis aber insoweit nicht erhöht werden, als die Steigerung der Herstellungskosten durch die Geldentwertung verursacht wurde, und der Besteller vorausbezahlt hat, also die Folgen der Geldentwertung nicht zu tragen braucht.

Hiernach war das Urteil aufzuheben. In der erneuten Verhandlung wird das Berufungsgericht, wenn es zu einer Verurteilung der Beklagten gelangen sollte, zu prüfen haben, ob im Hinblick auf die Entwertung der Mark die Zahlung des Nennbetrags des erhöhten Preises von 22750 M oder welcher Summe die dem Wert der Mühle entsprechende Vertragsleistung des Klägers sei, von der die Parteien beim Abschluß ausgegangen sind und die sie gewollt haben; wie gegebenenfalls der Verzugsschäden des Klägers abzurechnen und seine Vorauszahlungen bei der Bemessung des von ihm zu entrichtenden Preises zu bewerten seien."

---

30. Wann ist im Sinne von § 244 Abs. 1 BGB. Zahlung in ausländischer Währung „ausdrücklich bedungen"?

III. Zivilsenat. Urt. v. 6. Juli 1923 i. S. H. (Kl.) w. W (Bekl.). III 596/22.

I. Landgericht Mainz — II. Oberlandesgericht Darmstadt

Aus den Gründen:

Mit dem Vorderrichter ist anzunehmen, daß die Beklagte sich gemäß § 244 Abs. 1 BGB. von der den Gegenstand des Rechtsstreits bildenden Restschuld durch Zahlung in deutschem Gelde befreien kann. Die Revision bekämpft diese Ansicht, weil nach ihrer Meinung eine ausdrückliche Vereinbarung von den Beteiligten getroffen ist, daß in

Franken zu zahlen sei. Dieser Auffassung ist nicht beizupflichten. Daraus, daß das Vertragsanerbieten der Klägerin, der Abschluß und die unwidersprochen gebliebene Rechnung auf Franken lauten, ist eine ausdrückliche Abrede im Sinne des § 244 nicht zu entnehmen. Indem das Gesetz dem Schuldner das Recht einräumt, eine in ausländischer Währung „ausgedrückte" Geldschuld in deutschem Gelde zu tilgen, gibt es deutlich zu erkennen, daß in der vertraglichen Festsetzung der Schuld in der bezeichneten Währung allein noch kein zur Beseitigung dieser Befugnis ausreichendes Übereinkommen erblickt werden soll. Nun darf allerdings das Wort „ausdrücklich" nicht in dem Sinne verstanden werden, daß der Wille der Parteien einen Ausdruck gefunden haben müsse, der die Verpflichtung des Schuldners zur Leistung in ausländischer Währung unmittelbar wiedergibt Wo sich das Bürgerliche Gesetzbuch jenes Wortes in bezug auf Willenskundgebungen bedient, entscheidet über dessen Bedeutung nicht die Ansicht über das Wesen der ausdrücklichen im Gegensatz zur stillschweigenden Willenserklärung, sondern es ist für die begriffliche Abgrenzung der Sinn und Zweck der einzelnen Vorschrift maßgebend (RGZ. Bd. 63 S. 30, JW. 1911 S. 594 Nr. 46.) Der § 244 Abs. 1 will mit dem Erfordernis der Ausdrücklichkeit die bei der bloßen Bestimmung der Schuld in ausländischer Valuta noch möglichen Zweifel über das Bestehen des Vertragswillens ausschließen, daß in ausländischer Währung gezahlt werden solle. Erfordert wird also vom Gesetz eine in besonderem Maße unzweideutige Offenbarung dieser Willensabsicht, die ebenso durch Worte wie durch Tatsachen von sich aufdrängender Schlüssigkeit erfolgen kann. An einer derartigen Kundgebung fehlt es im vorliegenden Falle. . . .

---

31. Was hat eine deutsche Lebensversicherungsgesellschaft auf Grund von Verträgen zu zahlen, welche sie in fremder Währung abgeschlossen hat?

VII. Zivilsenat. Urt. v. 6. Juli 1923 i. S. H. (Kl.) w. Fr. W., Lebensversicherungsaktiengesellschaft (Bekl.). VII 464/22.

I. Landgericht I Berlin. — II. Kammergericht daselbst.

Der Kläger ist deutscher Reichsangehöriger, war aber früher in Brüssel ansässig. Er hat bei der Beklagten im Jahre 1909 sein Leben mit 20000 belgischen Franken versichert. Der Versicherungsschein ist ausgestellt Berlin, den 18. Januar 1909. Die Zahlung der versicherten Summe sollte nach § 8 der allgemeinen Bedingungen an der Hauptkasse in Berlin erfolgen. Für alle Streitigkeiten aus dem Vertrag — ausgenommen Klagen auf Prämienzahlung — ist das Gericht des Domizils der Gesellschaft ausschließlich zuständig, § 10 a. a. O. Wegen des Rückkaufs heißt es in § 4 Abs. 3 das.: „Auch gewährt die „Fr. W." — wie in nachstehender Tabelle angegeben — nach dreijährigem Bestehen der Versicherung auf Antrag des Berechtigten 90% der Prämienreserve abzüglich 2% der Versicherungssumme als Rückkaufspreis zurück; hat aber die Reserve 75% der Versicherungssumme erreicht, dann wird die volle Prämienreserve zurückvergütet." Nach der Tabelle beträgt der Rückkaufswert nach 3, 4, 5 und 10 Jahren 2348, 3341, 4374, 10228 Franken. Die jährlich am 1. Februar mit 444 Franken zahlbare Prämie hat der Kläger regelmäßig bezahlt, zuletzt die am 1. Februar 1919 fällig gewesene. Mit Schreiben vom 21. März 1919 bestand die Beklagte auch hier auf Zahlung in Franken oder in Markwährung zum Tageskurse der Franken. Der Kläger zahlte in Franken und auf ein Schreiben der Beklagten vom 14. April 1919 auch noch Verzugszinsen in Franken. Am 22. April 1919 schrieb der Kläger an die Beklagte u. a.: „Gleichzeitig teile ich Ihnen mit, daß ich den Überbringer dieses ... beauftragt habe, Ihnen meine Police zum Rückkauf vorzulegen. In der Police ist nur der Rückkaufswert nach zehnjähriger Gültigkeitsdauer angegeben, ich bitte den heutigen Wert zu ermitteln usw." Die Beklagte antwortete am 19. Mai 1919: „Auf Grund der ... Kündigung ... haben wir Ihre Versicherung ... gelöscht. Der bedingungsmäßige Rückkaufswert von 11271,60 Franken kann aber erst gezahlt werden, wenn uns der belgische Sequester (Zwangsverwalter der Deutschen Bank in Brüssel) belgische Franken, die wir uns auf andere Weise nicht verschaffen können, zur Verfügung stellt." Abschrift eines Schreibens an den Zwangsverwalter vom gleichen Tage wurde beigefügt. Er wurde um Bereitstellung von 11271,60 Franken gebeten mit der Begründung: „Da die Versicherung des Herrn H in Franken abgeschlossen ist, und da er die Prämien stets in belgischen Franken entrichtete, so hat er auch Anspruch auf Auszahlung des Rückkaufswerts in Franken." Durch Schreiben seines Anwalts vom 23. Mai 1919 lehnte der Kläger jede Stundung ab und verlangte binnen acht Tagen Zahlung in Franken oder in Mark zum Tageskurse. Die Beklagte bat in ihrer Antwort vom 5. Juni 1919 um eine angemessene Frist zur Beschaffung des Frankenbetrags und bestritt ausdrücklich nicht, „daß Herr H. an sich berechtigt ist, Auszahlung in Frankenwährung zu verlangen". Nunmehr erhob der Kläger die gegenwärtige Klage auf Zahlung von 11271,60 Franken nebst 4 v. H. Zinsen seit Klagezustellung. Hilfsweise verlangte er Zahlung in Mark zum Tageskurse. In ihrer Klagebeantwortung vom 4. Juli 1919 bestritt die Beklagte noch nicht ihre Pflicht, in Franken zu zahlen, sie wies nur auf die Schwierigkeit und die Kosten der Beschaffung hin. Sie kündigte auch keinen Abweisungs-, nur einen Vertagungsantrag an. Im Termin vom 5. November 1919 beantragte die Beklagte jedoch Abweisung der Klage und erklärte nunmehr, daß sie nicht in Franken zu zahlen brauche. In der Verhandlung vom 7. Februar 1920 erkannte die Beklagte den Anspruch in Höhe von 10500,30 *M* nebst Zinsen an. Sie stellte sich dabei auf den Standpunkt, daß sie den Rückkaufwert berechnen könne unter Zugrundelegung des Markkurses der gezahlten Prämien am Zahlungstage. Das Landgericht verurteilte, dem zuletzt gestellten Klagantrag entsprechend, die Beklagte nur zur Zahlung von 11271,60 Franken nebst Zinsen. Auf die Berufung der Beklagten erließ das Kammergericht zunächst ein Zwischenurteil dahin, daß der auf Schuldanerkenntnis der Beklagten gestützte Klagegrund unbegründet sei. Demnächst verurteilte es die Beklagte zur Zahlung des anerkannten Betrages, wies aber die Klage im übrigen ab. Die Revision des Klägers hatte Erfolg.

Gründe:

... Der Kläger klagt auf Grund des Versicherungsvertrags. Er hat den Vertrag gekündigt und verlangt den vertragsmäßigen Rückkaufpreis. Er fordert grundsätzlich die Auszahlung in belgischen Franken und hat dabei den Wortlaut der allgemeinen Versicherungsbedingungen für sich. Die Rückkaufpreise sind dort für bestimmte Zeitpunkte berechnet und sie sind sämtlich in belgischen Franken angegeben. Gewiß sind das nur Beispiele, die dem Kläger vorgeführt wurden, aber da bei allen Beispielen das Ergebnis in belgischen Franken ausgedrückt ist, muß jeder unbefangene Leser annehmen, daß sich überhaupt alle Rückkaufpreise auf belgische Franken berechnen. Damit stimmt der sonstige Wortlaut der allgemeinen Versicherungsbedingungen überein. Sie bemessen im Falle des Klägers den Rückkaufpreis auf 90 v. H. der Prämienreserve, vermindert um 2 v. H. der Versicherungssumme.

Die Prämienreserve ist eine eigenartige Einrichtung der Lebensversicherung. Sie beruht darauf, daß das Risiko des Versicherers bei der Lebensversicherung anfangs gering ist und erst allmählich steigt, daß deshalb eigentlich anfangs geringe und allmählich sich steigernde Prämien gefordert werden müßten, daß man aber aus verschiedenen Gründen dazu gelangt ist, stets von vornherein eine gleichbleibende Durchschnittsprämie zu verlangen. So zahlt der Versicherte im Anfang mehr, als er eigentlich zahlen müßte, und er zahlt in den späteren Jahren zu geringe Prämien. Was hier fehlt, muß aus den Überschüssen der Anfangsprämien, samt Zinsen und Zinseszinsen, gedeckt werden. Wie hoch die Überschüsse sind, ergibt sich aus dem Geschäftsplan des Versicherers, der nach § 11 des Gesetzes über die privaten Versicherungsunternehmnngen (VAG.) die angenommenen Tarife sowie die Grundsätze für die Berechnung der Prämien und Prämienreserven vollständig darzustellen hat. Aus der gezahlten Prämie die Prämienreserve zu ermitteln, ist reine Rechnungssache. Ist die Prämie in Mark gezahlt, so stellt sich auch die in der Prämie enthaltene Reserve auf Mark. Ist die Prämie in Franken bezahlt, so stellt sich die Reserve auf Franken, ist die Prämie in einer andern Einheit, z. B. Kohlen oder Roggen, bezahlt, so stellt sich auch die Reserve auf diese andere Einheit. Die Umrechnung in eine andere Währung ist bei der Berechnung der reinen Prämienreserve weder notwendig noch überhaupt zulässig. Der Kläger hat seine Prämien in Franken bezahlt, also stellt sich die Summe der in den einzelnen Prämien enthaltenen Prämienreserven auf Franken. Davon sind 2 v. H. der ebenfalls in Franken ausgedrückten Versicherungssumme abzuziehen, das Schlußergebnis ist dann wieder ein Betrag in Franken. So sind auch die Beispielsrechnungen der Police ausgeführt, und sie mußten deshalb mit Notwendigkeit Frankenbeträge ergeben.

Auf dem Standpunkt, daß dem Versicherten der Rückkaufswert in Franken zugesagt ist, hat auch die Beklagte selbst gestanden. Bei den Verhandlungen vor dem Beginn des Rechtsstreits und noch in der Klagebeantwortung ist sie bereit, in Franken zu zahlen. Sie erbittet sich nur einen Zahlungsaufschub. Erst später, als sie bei der zunehmenden Markverschlechterung vor den wirtschaftlichen Folgen ihrer Ansicht zurückschreckte, stellte sie sich auf einen anderen Standpunkt. Ein Anerkenntnis, das als selbständiger Schuldgrund gewertet werden könnte, liegt in dem Verhalten der Beklagten nicht. Das hat das Kammergericht richtig erkannt. Aber die im Anfang von der Beklagten vertretene Meinung zeigt doch deutlich, wie ein unbefangener Leser die allgemeinen Versicherungsbedingungen auslegt und auslegen muß. Die Beklagte hat jetzt geltend gemacht, daß ihre Erklärungen im Frühjahr und im Sommer 1919 zu einer Zeit abgegeben worden seien, als die politische und wirtschaftliche Lage Deutschlands völlig ungeklärt gewesen sei. Das mag richtig sein, es beweist aber nur, daß die Beklagte sich damals ihre Meinung über den Vertragswillen der Parteien vom Jahre 1909 noch unbeeinflußt und frei von Erwägungen gebildet hat, welche durch die sich verschlechternde politische und wirtschaftliche Lage Deutschlands ausgelöst sind. Auf den Vertragswillen von 1909 kommt es aber an, nicht auf das, was die Beklagte bei Anwendung aller möglichen Vorsicht damals hätte wollen müssen.

Die spätere Stellung der Beklagten und die ihr folgende Meinung des Kammergerichts beruhen auf den Vorschriften des VAG. über die Prämienreserve, die daraus zu bildenden Fonds und deren Anlage.

Es heißt dort in § 56, daß die Prämienreserve jeder Lebensversicherung nach den Rechnungsgrundlagen des § 11 für den Schluß jedes Jahres zu berechnen und zu buchen ist, in § 57, daß die berechneten Beträge dem Prämienreservefonds zuzuführen, vorschriftsmäßig anzulegen und zu verwalten sind, in § 59, daß die Fonds in guten deutschen — also Markwerten — anzulegen sind, endlich in § 61, daß dem Prämienreservefonds nur die Beträge entnommen werden dürfen, die durch den Eintritt des Versicherungsfalls oder durch Rückkauf usw. frei werden. Die Vorschriften sind zugunsten der Versicherten erlassen worden, es wäre auffällig wenn sie zu ihrem Nachteil ausschlügen. Es ist richtig, daß die Beklagte verpflichtet war, auch die Prämienreserven, die sich bei der Versicherung des Klägers ergaben, dem Prämienreservefonds zuzuführen und in Markwerten anzulegen. Es ist auch richtig, daß die Beklagte, wenn sie jetzt die durch den Rückkauf des Klägers frei werdenden Markwerte aus dem Prämienreservefonds entnimmt, damit allein die Forderung des Klägers, wenn diese in Franken berechnet wird, nicht decken kann. Aber die Beklagte haftet für den Rückkaufpreis nicht nur mit dem entsprechenden Anteil an dem Prämienreservefonds, sie haftet vielmehr persönlich und unbeschränkt. Die fehlenden Beträge muß sie aus ihrem freien Vermögen zuschießen. Diese Notwendigkeit ist, wie vieles andere, eine Folge der Markverschlechterung. Trifft der Schaden bei Markforderungen regelmäßig den Gläubiger, so trifft er bei Valutaforderungen den Schuldner.

Das Kammergericht meint, der Kläger habe sich durch den Vertragsschluß der deutschen Versicherungsgesetzgebung unterworfen, auch wenn sie ihm in ihren Einzelbestimmungen unbekannt gewesen sei. Das mag richtig sein, daraus folgt aber nichts zugunsten der Ansicht des Kammergerichts. Wenn der Kläger im Jahre 1909 beim Vertragsschluß die deutsche Gesetzgebung kannte, so wird er die Fürsorge gewürdigt haben, welche die Versicherten erfahren, er wird die ihm daraus erwachsenden Rechte dankbar hingenommen, aber er wird doch keinesfalls auf ein Recht verzichtet haben, das ihm die deutsche Gesetzgebung zubilligte, nämlich auf unbeschränkte Haftbarkeit der ihm gegenüberstehenden Versicherungsgesellschaft. Wenn der Kläger die deutsche Gesetzgebung nicht kannte, wird ein solcher Verzicht noch weniger festgestellt werden können.

Noch nicht erwähnt ist das Konkursvorrecht, das § 61 VAG. den Versicherten an dem Prämienreservefonds gewährt. Auch das ist eine Wohltat, welche das Gesetz den Versicherten angedeihen läßt. Reicht der Prämienreservefonds nicht zu ihrer Befriedigung aus, so müssen sie sich an die Konkursmasse halten. Sie dürfen das aber auch. So wird auch hierdurch nur bewiesen, daß das freie Vermögen der Versicherer den Rückkaufberechtigten ebenfalls haftet.

Der Standpunkt des Kammergerichts leidet endlich an einem inneren Zwiespalt. Bei dem Anspruch des Versicherten auf Zahlung der Versicherungssumme will es die Forderung in der vereinbarten fremden Valuta zusprechen, bei dem Anspruch auf Zahlung des Rückkaufwertes aber nicht. Ein sachlicher Unterschied ist hier nicht anzuerkennen. Bei regelrechtem und ungestörtem Ablauf der Angelegenheit soll auch die Versicherungssumme — mindestens überwiegend — aus dem Prämienreservefonds entnommen werden. Wenn die Bedenken des Kammergerichts berechtigt wären, so würden sie auch gegenüber einer Klage auf Zahlung der Versicherungssumme durchgreifen müssen. Verteidigen ließe sich eine unterschiedliche Behandlung nur, wenn es sich bei dem Anspruch auf Zahlung des Rückkaufwertes nicht wie bei dem Anspruch auf Zahlung der Versicherungssumme um einen Vertragsanspruch, vielmehr um einen Bereicherungsanspruch handelte. Bereichert wäre die Beklagte zur Zeit vielleicht nur noch um den im Prämienreservefonds eingelegten Markbetrag. Der Klaganspruch ist aber kein Bereicherungsanspruch. Der Kläger hat die an sich zu hohen Prämien, aus denen die Prämienreserve für ihn angesammelt ist, nicht ohne rechtlichen Grund gezahlt, sondern zufolge des Versicherungsvertrags. Er hätte keinen Anspruch auf Zurückzahlung, wenn ihm der Versicherungsvertrag nicht diesen Anspruch einräumte. Beide Abreden stehen in engem Zusammenhang. Der Kläger verstand sich zu der Zahlung der anfangs zu hohen Beträge, weil er die Mehrbeträge gegebenenfalls zurückerhalten sollte. Das sind Vertragsabreden; die Bereicherung steht nur als wirtschaftlicher Gesichtspunkt hinter den Abmachungen.

Das Ergebnis aller dieser Erwägungen ist, daß der vom Kläger verfolgte Anspruch durch den Versicherungsvertrag klar und eindeutig gerechtfertigt wird. Zu Zweifeln gibt die Vertragsurkunde keinen Anlaß. Auch etwaige Zweifel würden aber das Ergebnis nicht ändern können. Es müßte dann der vom Senat in langer Rechtsprechung festgehaltene Grundsatz eingreifen, daß Unklarheiten der Versicherungsbedingungen zu Lasten des Versicherers gehen, der diese Bedingungen festgestellt hat.

Die Beklagte hat in der Revisionsinstanz noch einige neue Gesichtspunkte zu ihren Gunsten anzuführen versucht. Sie hat gemeint, daß in der Ausübung des Rückkaufsrechts eine Valutaspekulation liegen könne und daß diese gegen die guten Sitten verstoße. Aus dieser allgemeinen Erwägung ist nichts zugunsten der Beklagten herzuleiten. Erheblich wäre nur die Behauptung, daß der Kläger wider die guten Sitten handelte, als er im April 1919 die Versicherung kündigte. Das aber ist eine wesentlich auch tatsächliche Behauptung. Sie ist in den Vorinstanzen nicht aufgestellt worden — konnte es wohl angesichts der ganzen Sachlage auch nicht —, sie kann in der Revisionsinstanz nicht nachgebracht werden. Die Beklagte hat sich weiter auf veränderte Umstände, die sogenannte clausula rebus sic stantibus, berufen zu können geglaubt. Auch dafür fehlen indessen die Unterlagen. Es handelt sich nicht darum, daß sich innerhalb eines bestehenden gegenseitigen Vertrags das Verhältnis von Leistung und Gegenleistung zuungunsten des einen Teiles so verschoben hat, daß ihm die ihn treffende Leistung nicht mehr zugemutet werden kann. Der Kläger hat vielmehr das bestehende Vertragsverhältnis gekündigt, und er fordert jetzt einen Teil der von ihm selbst gemachten Leistungen zurück, wie der Vertrag ihm das gestattet. Wollte die Beklagte auf Grund der veränderten Umstände von dem ganzen Vertrage zurücktreten, so müßte sie dem Kläger die von ihm gemachten Leistungen in vollem Umfange zurückerstatten, sie würde dadurch also noch schlechter gestellt werden.

Eine Unmöglichkeit der Leistung im Sinne des § 275 Abs. 1 BGB. ist nicht eingetreten. Auf ein Unvermögen im Sinne des Abs. 2 das. hat sich die Beklagte nicht berufen, kann sie sich auch nicht berufen, denn es werden Gattungssachen gefordert und die Leistung aus der Gattung ist möglich geblieben (§ 279 BGB.).

Eine „Interessengemeinschaft" zwischen dem Kläger und der Beklagten besteht in dem Maße, wie jeder Gläubiger an dem wirtschaftlichen Wohlergehen seines Schuldners interessiert ist. Juristische Folgen ergeben sich daraus nicht. Namentlich gehört nicht etwa das Vermögen der Beklagten oder ein Teil davon — z. B. der Prämienreservefonds — der Beklagten und den von ihr versicherten Personen gemeinschaftlich. Rechtlich stehen die Versicherten nur als Gläubiger ihrem Schuldner, dem Versicherer, gegenüber.

Ähnliche Fälle wie der gegenwärtige haben den Senat schon früher beschäftigt. Die Entscheidungen der Oberlandesgerichte beruhten damals aber auf der Anwendung ausländischen Rechts. Eine eigene Prüfung der von den Oberlandesgerichten entschiedenen Rechtsfragen war hier dem Reichsgericht versagt. Im vorliegenden Falle ist deutsches Recht anzuwenden und vom Kammergericht auch angewendet worden.

Über die Höhe der dem Kläger zustehenden Frankenforderung herrscht kein Streit. Die Sache ist deshalb zur Endentscheidung reif. Unter Aufhebung des angefochtenen Urteils war die Berufung der Beklagten gegen das landgerichtliche Urteil zurückzuweisen. Dabei war die vom Kläger erbetene, auf § 244 BGB. beruhende, Maßgabe hinzuzufügen, vgl. RGZ. Bd. 101 S. 312 flg.

32. 1. Mit welchem Zeitpunkt ist die auf Grund des Art. 48 RVerf. erlassene Verordnung des Reichspräsidenten vom 29. August 1921 in Kraft getreten?

2. Kann das Verbot einer periodischen Druckschrift nach § 1 der vorbezeichneten Verordnung auf den Inhalt der vor dem Erlasse der Verordnung erschienenen Nummern gegründet werden?

3. Amtspflicht und Verschulden der mit der Ausführung der Verordnung betrauten Behörden.

III. Zivilsenat. Urt. v. 11. Juli 1923 i. S. Neub. Verlags- usw. Ges. (Kl.) w. Deutsches Reich (Bekl.). III 645/22.

I. Landgericht I Berlin. — II. Kammergericht daselbst.

Am 30. August 1921 erließ der Reichsminister des Innern auf Grund der an demselben Tage im Reichsgesetzblatt veröffentlichten Verordnung des Reichspräsidenten vom 29. August 1921 ein Verbot der im Verlage der Klägerin erscheinenden „Deutschen Zeitung" auf die Dauer von vierzehn Tagen. Das Verbot wurde auf Beschwerde der Klägerin von dem gemäß § 6 der VO. gebildeten Ausschuß des Reichsrats aufgehoben. Die Klägerin fordert nun Ersatz des ihr durch das Verbot entstandenen Schadens, weil das Verbot gesetzwidrig und unter schuldhafter Verletzung der den beteiligten Beamten der Klägerin gegenüber obliegenden Amtspflicht erlassen worden sei. Das Landgericht erklärte den Klaganspruch dem Grunde nach für gerechtfertigt; das Berufungsgericht wies die Klage ab. Die Revision der Klägerin hatte keinen Erfolg.

Aus den Gründen:

1. Die Verordnung des Reichspräsidenten vom 29. August 1921, auf die sich das am 30. desselben Monats erlassene Verbot der Deutschen Zeitung stützt, enthält in § 7 die Bestimmung, daß die Verordnung „mit dem Tage der Verkündung" in Kraft tritt. Das Berufungsgericht legt diese Bestimmung dahin aus, daß die VO. in Kraft getreten sei mit dem Beginn des Tages der Verkündung, und bezieht sich hierfür auf das Urteil des Reichsgerichts vom 7. Dezember 1917, RGZ. Bd. 91 S. 339. Dieser Auslegung ist beizutreten. Wie in dem vorbezeichneten Urteil ausgeführt ist, kann der Tag in einer solchen Vorschrift nur als Zeitpunkt verstanden werden und spricht der Wortlaut dafür, daß „mit dem Tage" nicht dessen Ende, wie die Klägerin will, sondern dessen Anfang gemeint ist. Die gleiche Auffassung liegt auch dem in jenem Urteil erwähnten Beschlusse des Reichsgerichts vom 2. Oktober 1905 VI 459/05 zugrunde, und auch der jetzt erkennende Senat hat sich ihr im Urteil vom 21. Januar 1921, RGZ. Bd. 94 S. 284, wenn auch nur in einer beiläufigen

Erwägung, angeschlossen. Es liegt kein Anlaß vor, diese Bestimmung hier anders auszulegen, als in jenen Fällen geschehen ist. Auch in dem durch das Urteil RGZ. Bd. 91 S. 339 entschiedenen Falle, der den § 17 der VO. über Öle und Fette vom 8. November 1915 betraf, handelte es sich nicht, wie die Revision meint, um rein zivilrechtliche Vorschriften, sondern um solche, die im Interesse der Kriegführung Eingriffe in das Privateigentum gestatteten. Wenn die VO. vom 8. November 1915 für die in ihrem § 16 enthaltenen Strafbestimmungen einen besonderen Zeitpunkt des Inkrafttretens festsetzte — um einen Tag später, als für die sonstigen in ihr enthaltenen Vorschriften —, so bedurfte es bei der hier in Betracht kommenden VO. vom 29. August 1921 einer solchen Sonderbestimmung nicht. Denn die Strafvorschriften dieser letzteren VO. treffen nur Zuwiderhandlungen gegen die auf Grund der VO. erlassenen Verbote. Damit aber, daß eine solche Zuwiderhandlung noch an demselben Tage erfolgt, an dem die VO. verkündet und das Verbot erlassen ist, und zwar noch vor der Stunde der Verkündung der VO., brauchte nicht gerechnet zu werden. Die Vorschriften der VO., die sich auf den Erlaß des Verbots selbst beziehen (§§ 1, 2, 4), sind, wenn sie auch ähnlich nachteilige Wirkungen für die Betroffenen erzeugen können, wie Strafvorschriften, nicht den letzteren gleichzustellen. Die Verbote kennzeichnen sich als Verwaltungsmaßregeln vorbeugender Art, nicht als repressive Strafmaßnahmen. Die Vorschrift des Art. 116 RVerf. steht also dem nicht entgegen, daß ein solches Verbot noch vor dem Augenblick der — an demselben Tage erfolgenden — Ausgabe des Gesetzblatts erlassen wird, in dem die zum Erlaß des Verbots ermächtigende VO. abgedruckt ist.

2. Das Verbot der Deutschen Zeitung erfolgte wegen ihrer Haltung in der Zeit vor dem Inkrafttreten der VO. vom 29. August 1921, nach der der Klägerin zugestellten Begründung des Verbots, weil die Zeitung „im Laufe der letzten Wochen in ihrem politischen Teile zur gewaltsamen Beseitigung der Verfassung und verfassungsmäßiger Einrichtungen des Reichs angereizt" habe. Mit Recht nimmt das Berufungsgericht an, daß das Verbot nicht, wie es hiernach geschehen ist, lediglich auf den Inhalt vor dem Erlasse der VO. erschienener Nummern der Zeitung gegründet werden konnte. Allerdings kann dem Berufungsgericht darin nicht beigetreten werden, daß es wegen der einer Strafe ähnlichen Natur des Verbots nach Art. 116 RVerf. unzulässig gewesen wäre, der VO. rückwirkende Kraft zu verleihen. Denn das Verbot stellt sich, wie oben angeführt, nicht als eine Strafe, sondern als eine sicherheitspolizeiliche Vorbeugungsmaßregel dar. Es war also verfassungsrechtlich statthaft, unter den Voraussetzungen des Art. 48 Abs. 2 RVerf. im Verordnungswege zuzulassen, daß ein Verbot von periodisch

erscheinenden Druckschriften wegen ihres Verhaltens vor Erlassung der VO. verhängt werde. Die VO. vom 29. August 1921 aber hat eine solche Befugnis nicht verliehen. Sie läßt das Verbot von Druckschriften nur zu, wenn ihr Inhalt zur gewaltsamen Änderung oder Beseitigung der Verfassung usw. auffordert oder anreizt, eine Billigung oder Verherrlichung solcher Handlungen darstellt oder die verfassungsmäßigen Organe oder Einrichtungen des Staates in einer den inneren Frieden des Staates gefährdenden Weise verächtlich macht. Sie macht also zur Voraussetzung des Verbots einen gegenwärtigen staatsgefährdenden Inhalt der Druckschrift. Daß sie früher, und insbesondere vor Erlassung der VO., einen solchen Inhalt hatte, genügt nicht. Für die Beurteilung der Frage, ob der jetzige Inhalt der Druckschrift den Erlaß ihres Verbots rechtfertigt, kann zwar auf deren frühere Haltung, auch soweit sie vor Verkündung der VO. zum Ausdruck gelangt ist, zurückgegangen werden, immer aber bedurfte es der Feststellung, daß die in der VO. gekennzeichnete aufreizende Haltung der Druckschrift auch noch in den nach der Verkündung der VO. erschienenen Nummern zum Ausdruck gelangt ist.

3. Objektiv war deshalb das am 30. August 1921 erlassene Verbot der Deutschen Zeitung nicht gerechtfertigt. Es muß auch, entgegen der Meinung des Beklagten, mit dem Berufungsgericht anerkannt werden, daß die Amtspflicht der mit der Ausführung der VO. betrauten Behörden, das Vorliegen der gesetzlichen Voraussetzungen eines von ihnen beabsichtigten Verbots zu prüfen, eine solche ist, welche ihnen den von dem Verbote Betroffenen gegenüber im Sinne des § 839 BGB. obliegt. Dafür spricht entscheidend, daß § 6 der VO. den von dem Verbot Betroffenen ein Beschwerderecht gibt. Ebenso ist aber dem Berufungsgericht auch darin beizutreten, daß nach dem festgestellten Sachverhalt der Beweis eines — vorsätzlichen oder fahrlässigen — Verschuldens der beteiligten Beamten nicht geführt ist. Die der Klägerin mitgeteilte Begründung des Verbots ergibt, daß die Behörde von der Auffassung ausgegangen ist, auch das frühere Verhalten der Zeitung könne zur Rechtfertigung des Verbots genügen. Muß diese Auffassung auch nach dem Wortlaut der VO. als unzutreffend angesehen werden, so fehlt doch jeder Anhalt dafür, daß die Behörde nicht in dem guten Glauben von der Richtigkeit ihrer Auffassung handelte. Es kann ihr auch nicht der Vorwurf der Fahrlässigkeit gemacht werden, wenn sie der VO. eine weitere Bedeutung beimaß, als der Wortlaut rechtfertigte. Denn nicht immer entscheidet der Wortlaut über den Sinn und die Tragweite eines Gesetzes. Unrichtig ist die Meinung der Revision, daß schon bloße Zweifel wegen der Auslegung der VO. und des Vorliegens der gesetzlichen Voraussetzungen für ein Verbot die Behörde hätten zurückhalten müssen. Die Behörde

war nach den Verhältnissen, die zu der VO. führten, und nach dem Zwecke, den sie verfolgte, gehalten, mit aller Entschiedenheit für die Aufrechterhaltung der öffentlichen Ordnung und der Staatssicherheit einzutreten, und durfte sich dabei durch irgendwelche Bedenken, welche möglicherweise gegen ihre Auffassung der VO. erhoben werden könnten, nicht hemmen lassen, sofern sie nicht selbst diese Bedenken für begründet erachtete oder notwendig für begründet erachten mußte.

---

33. 1. Ist eine deutsche Bank, die eine Niederlassung in Deutsch-Ostafrika hatte, verpflichtet, ihre dort ausgegebenen Rupiennoten in Silber oder wenigstens nach dem Kurswert von Silberrupien einzulösen?

2. Ist das Recht des Erfüllungsortes für die Beurteilung vertraglicher Rechtsverhältnisse auch dann maßgebend, wenn das dort geltende Recht infolge Wegfalls der deutschen Staatshoheit gewechselt hat?

I. Zivilsenat. Urt. v. 19. September 1923 i. S. W. (Kl.) w. Deutsch-Ostafrik. Bank (Bekl.). I 164/22.

I. Landgericht I Berlin. — II. Kammergericht daselbst.

Der Pflanzer W. hatte bei der in Daressalam befindlichen Niederlassung der beklagten Bank vor längerer Zeit einen Betrag von mehr als 1000 Rupien in Noten der Bank eingezahlt. Über den Nachlaß des W. wurde der Konkurs eröffnet. Der Konkursverwalter verlangt mit der Klage Zahlung eines Teilbetrags von 400 Rupien in Silber. Die Beklagte hat Klagabweisung beantragt. Sie hat sich auf den Standpunkt gestellt, daß die eingezahlte Rupie nach dem festen Wertverhältnis von 1 Rupie zu $1^1/_3$ ℳ zurückzuzahlen sei. In den Vorinstanzen wurde die Klage abgewiesen. Die Revision des Klägers hatte keinen Erfolg.

Gründe:

Das Berufungsgericht ist nicht auf die von den Parteien erörterte Frage eingegangen, welche Währung in Deutsch-Ostafrika geherrscht hat, vielmehr zur Abweisung der Klage auf Grund folgender Erwägungen gelangt: Die Noten seien nach ihrem Wortlaute bei der Kasse der Beklagten in Daressalam einzulösen gewesen. Da die dortige Niederlassung nicht mehr bestehe, sei an sich die Hauptniederlassung in Berlin zur Einlösung verpflichtet; jedoch sei diese Verpflichtung durch die beiden Verordnungen des Gouverneurs von Deutsch-Ostafrika vom 15. November 1915 und vom 29. August 1916 aufgehoben. Beide Verordnungen seien gesetzmäßig erlassen und seien noch heute in Kraft. Ob die Engländer nach Besetzung des Schutzgebiets die Verordnungen aufgehoben hätten, sei gleichgültig, da die englischen Behörden nicht befugt seien, die Rechtsverhältnisse zwischen den beiden streitenden Parteien zu regeln. Die Bestimmungen des Versailler Vertrags seien gleichfalls ohne Belang.

Die Revision erhebt folgende Bedenken: Mit welchen Zahlungsmitteln die in Deutsch-Ostafrika entstandenen Schulden zu tilgen seien, richte sich nach dem dort herrschenden Recht. Das sei dasjenige Recht, das von den Engländern dort eingeführt worden sei. Mit Zahlungsmitteln der jetzt dort herrschenden Währung seien die Noten einzulösen. Es müsse also das jetzt dort gültige Recht festgestellt und sodann nach deutschem Recht (§ 244 BGB.) der Umrechnungskurs bestimmt werden.

Diese Rügen vermögen das Berufungsurteil nicht zu erschüttern.

Zwei Punkte sind vorweg zu erörtern. Einmal ist nicht ganz klar, wie der Tatbestand, der der Klage zugrunde liegt, im einzelnen gestaltet ist. Nach dem Wortlaut der Klage hatte W. bei der Beklagten über 1000 Rupien als Depot eingezahlt. Nach dem angegriffenen Urteil hat der eingezahlte Betrag in Rupiennoten bestanden. Es ist zweifelhaft, ob es sich dabei um ein offenes Depot handelte oder um eine Einzahlung zur Gutschrift in laufender Rechnung. Der Unterschied könnte für die Art der Forderung des Klägers von Bedeutung sein. Nach Lage des Rechtsstreits braucht jedoch hierauf nicht eingegangen zu werden. Denn die Parteien wollen übereinstimmend die im Hauptantrage verkörperte Frage zur Entscheidung bringen, ob die Beklagte verpflichtet ist, eine gegen sie bestehende Rupienforderung in Silberrupien (oder deren Wert in deutscher Mark) auszuzahlen.

Der zweite vorweg zu erledigende Punkt betrifft die Behauptung, daß die beklagte Bank überhaupt nicht verpflichtet sei, die von ihr ausgegebenen Rupiennoten einzulösen. Diese Behauptung wird darauf gestützt, daß der Text der Noten lautet: „Die ... Bank zahlt bei ihrer Kasse zu Daressalam dem Einlieferer dieser Banknote ... Rupien", daß aber eine Kasse in Daressalam nicht mehr bestehe, so daß die eingegangene Verpflichtung nichtig sei. Ersichtlich ist diese Schlußfolgerung unrichtig. Der Wegfall der Möglichkeit, an dem vereinbarten Erfüllungsorte zu zahlen, führt keineswegs die Nichtigkeit der ganzen Verpflichtung herbei, sondern bewirkt nur, daß die Verpflichtung an einem anderen, der Sachlage angemessenen Orte zu erfüllen ist.

Die streitige Hauptfrage anlangend bemängelt die Revision, daß das Berufungsgericht nicht das am Erfüllungsorte herrschende Recht — das ist jetzt das von den Engländern dort eingeführte Recht — seiner Entscheidung zugrunde gelegt habe. Es sei in den Instanzen behauptet worden, daß nach diesem Recht die Einlösung der Noten in Silberrupien zu erfolgen habe. Dieser Revisionsrüge ist jedoch nicht stattzugeben. Allerdings geht das Reichsgericht in ständiger Rechtsprechung davon aus, daß im Zweifel ein schuldrechtliches Verhältnis nach dem Rechte des Erfüllungsortes zu beurteilen ist, weil dies mutmaßlich dem Willen der Vertragsteile entspricht. Allein dieser Grundsatz wird durchaus nicht ausnahmslos angewendet, sondern eben nur, soweit der mutmaßliche Parteiwille nicht entgegensteht (vgl. RGZ. Bd. 61 S. 393 und besonders Bd. 68 S. 205). Die Besonderheit des streitigen Falles liegt nun außerdem darin, daß das Recht am Erfüllungsorte gewechselt hat. Bei einer solchen Sachlage mag es sein, daß die Rechtsverhältnisse derjenigen Parteien, die sich an Ort und Stelle befinden, sich nach dem neu eingeführten Rechte einer fremden Macht regeln. Aber keineswegs entspricht es dem mutmaßlichen beiderseitigen Vertragswillen, noch ist aus anderen Gründen anzunehmen, daß das neu eingeführte Recht auch für die Verpflichtungen derjenigen Vertragspartei maßgebend ist, die sich nicht unter der örtlichen Herrschaft jenes neuen fremden Rechts befindet. Für eine solche Annahme fehlt es an genügendem Grunde. Ist ein Vertragsverhältnis unter der Herrschaft eines bestimmten Rechts einmal entstanden, so bleibt dieses Recht maßgebend, wofern nicht der gemeinsame Wille beider Vertragsteile dahin geht, sich dem am Erfüllungsort neu eingeführten Recht zu unterwerfen, oder wofern die Parteien nicht örtlich unter der Herrschaft des neuen Rechts stehen. Aus diesen Gründen ist das streitige Rechtsverhältnis nicht nach dem jetzt in Daressalam eingeführten Recht zu beurteilen.

Nach deutschem Recht aber ist die Klage unbegründet. Eine etwa bestehende Verpflichtung der Beklagten, ihre Noten in Silberrupien einzulösen, ist durch die Verordnungen des Gouverneurs von Deutsch-Ostafrika vom 15. November 1915 und vom 29. August 1916 bis auf weiteres aufgehoben. Die zweite Verordnung ist jedenfalls rechtsgültig, da sie auf Grund der Ermächtigung des Deutschen Kaisers erlassen worden ist. Die Verordnung setzt die Verpflichtung der Beklagten, ihre Noten gegen Münzen einzulösen, bis zu einem noch zu bestimmenden Termin außer Kraft. Die Verordnung, die bis heute nicht aufgehoben worden ist, ist noch heute in Geltung. Sie ist zwar aus Anlaß der Notwendigkeiten des Krieges erlassen, aber sie hat nicht etwa mit dem Ende des Krieges ihre Geltung von selbst eingebüßt, sondern sie besteht weiter, wie viele andere Verordnungen, die im Kriege erlassen worden sind.

Danach besteht heute keine Verpflichtung der Beklagten, ihre Rupiennoten in Silberrupien einzulösen oder für die Noten den Kurswert der Silberrupien oder deren Silberwert in deutscher Reichsmark zu zahlen.

34. In welchen Grenzen ist wegen eingetretener Geldentwertung dem Schuldner, auch dem säumigen, das Recht zuzusprechen, die Aufwertung der in Geld bestehenden Gegenleistung zu fordern und, falls der Gläubiger sie ablehnt, seine Sachleistung zu verweigern?

VI. Zivilsenat. Urt. v. 29. Oktober 1923 i. S. L. (Bekl.) w. M. (Kl.). VI 1269/22.

I. Landgericht Dortmund. — II. Oberlandesgericht Hamm.

Auf Grund einer Bestellung vom März 1917 forderte der Kläger von der verklagten Firma Lieferung eines Büffets in bestimmter Größe und Herstellungsart gegen Zahlung des vereinbarten Preises von 1850 *M*. Das Landgericht erkannte nach seinem Antrag; die Berufung der Beklagten wurde zurückgewiesen. Ihre Revision führte zur Aufhebung des Berufungsurteils.

Gründe:

Die Verteidigung der Beklagten geht dahin: Die Parteien hätten von Anfang an damit gerechnet, daß eine völlige Erfüllung des Vertrags, der ursprünglich mit der Schwiegermutter des Klägers, Witwe Sch., abgeschlossen worden sei und eine ganze Möbeleinrichtung für seinen zukünftigen Haushalt zum Gegenstand gehabt habe, nicht mit Sicherheit zu erwarten sei. Infolgedessen habe die Genannte auch einige zunächst bei der Beklagten bestellte Möbel (Schlafzimmer und Küche) später anderweit in Auftrag gegeben. Während des Krieges habe wegen des bestehenden Verbots eine Lieferung nicht erfolgen können, auch sei kein bestimmter Lieferungstermin vereinbart gewesen. Nach der Revolution habe eine allgemeine Arbeitsaufnahme zunächst auch noch nicht stattgefunden. Die Verhältnisse seien aber durch die Revolution derart geändert worden, daß der Beklagten späterhin die Lieferung des Büffets nicht mehr zuzumuten gewesen sei.

Das Berufungsgericht erachtet sie jedoch für hierzu verpflichtet aus folgenden Erwägungen: Ob zwischen den Vertragsparteien im März 1917 ein Termin für die Lieferung der Möbel verabredet worden sei oder nicht, möge dahinstehen. Das bis zum November 1918 in Kraft gewesene Möbel-Herstellungsverbot habe der Beklagten das Recht gegeben, die Herstellung des Büffets bis dahin hinauszuschieben. Jenes Verbot begründe aber nicht die Ansicht der Beklagten, daß die Parteien von vornherein damit hätten rechnen können, der Vertrag werde nicht zur vollen Ausführung kommen. Die anderweitige Bestellung einzelner Stücke, vielleicht auch einer ganzen Zimmereinrichtung durch Frau Sch. bedeute eine spätere Abänderung des Vertrags mit der Beklagten, mit der sich diese, wie sie selbst vortrage, einverstanden erklärt habe. Soweit aber eine derartige Abänderung später nicht vereinbart sei, habe zunächst die Herstellungs- und Lieferungspflicht hinsichtlich aller bestellten Möbel fortbestanden.

Wegen der Zeitumstände müsse der Beklagten nach Treu und Glauben noch eine gewisse Frist über den November 1918 hinaus zugebilligt werden, bevor sie mit der Herstellung des Büffets habe beginnen müssen. Am 2. Januar 1919 habe sie aber den vollen Betrieb für die ordentliche Möbelfabrikation wieder aufgenommen. Dem Briefwechsel der Parteien sei zu entnehmen, daß sich die Beklagte spätestens Ende Mai 1919 in der Fertigstellung des Büffets nicht mehr behindert gesehen habe, daß dann auch die Beschaffung der vorher fehlenden Gläser, die benötigt wurden, möglich gewesen sei. In diesem Zeitpunkt sei also die Pflicht zur Lieferung des Büffets fällig geworden, und spätestens durch das Schreiben des Klägers vom 17. Juni 1919, in dem er erneut die Lieferung des Büffets zum Vertragspreis unter Setzung einer Frist bis zum 1. August verlangt habe, sei die Beklagte in Leistungsverzug gekommen. Für die Frage, ob ihr mit Rücksicht auf die veränderten Verhältnisse die Lieferung des Büffets noch zuzumuten war, kämen sonach nur diejenigen Änderungen in der Wirtschaftslage in Betracht, die bis Ende Mai 1919 eingetreten seien. Habe die Beklagte die Leistung weiter hinausgezögert, so gehe eine weitere Verschlechterung der wirtschaftlichen Verhältnisse zu ihren Lasten. Die Frage, ob sich die Geschäftsgrundlage vom März 1917 bis Ende Mai 1919 derart verschoben habe, daß der Beklagten die Lieferung damals bereits nicht mehr zuzumuten gewesen wäre, sei jedoch zu verneinen. Bei Unterstellung ihrer Behauptung, daß die Herstellung des Büffets im Frühjahr 1919 7000 bis 7500 ℳ gekostet haben würde, als wahr, sei nicht anzunehmen, daß es Treu und und Glauben widerspreche, wenn der Kläger trotzdem die Lieferung zum Vertragspreise verlangt habe. Das Holz habe die Beklagte liegen gehabt, so daß hier eine Mehrausgabe nicht entstanden wäre. Auch sei auf den Gesamtabschluß Rücksicht zu nehmen, bei dem sie jedenfalls entsprechende Gewinne in ihre Rechnung einkalkuliert habe.

Den hiergegen gerichteten Angriffen der Revision ist teilweise Berechtigung zuzuerkennen. Zu Unrecht beanstandet sie freilich die Ausführung, dadurch, daß die Bestellerin eine Anzahl ursprünglich bei der Beklagten bestellter Möbelstücke anderweit in Auftrag gegeben habe, sei die Beklagte von der Pflicht, die übrigen, namentlich das Büffet, zu liefern, nicht frei geworden. Auch wenn die Bestellerin dies getan haben sollte, ohne die Beklagte vorher zu fragen, würde sie und ihr Rechtsnachfolger das Recht nicht verloren haben, die Lieferung des Büffets zu fordern. Ob die Beklagte aus dem etwaigen vertragswidrigen Verhalten der Witwe Sch. Schadensersatzansprüche herleiten und derentwegen ein Zurückbehaltungsrecht ausüben könnte steht hier nicht zur Entscheidung, denn in dieser Richtung hat die Beklagte nichts vorgetragen.

Zutreffend macht jedoch die Revision geltend, daß bei der Erörterung, ob Treu und Glauben im Verkehr den Kläger berechtigten, das von der Beklagten in ihrem Briefe vom 28. Mai 1919 geäußerte Verlangen nach Erhöhung des Preises für das Büffet abzulehnen, vom Berufungsrichter wesentliche Gesichtspunkte nicht oder nicht hinreichend gewürdigt worden sind.

Der durch den unglücklichen Kriegsausgang, die Staatsumwälzung und die ihr folgenden sozialen Erschütterungen bedingte Entwicklungsgang der wirtschaftlichen Verhältnisse war für die Beklagte beim Vertragsschluß im März 1917 durchaus unvorhersehbar; es ist jedoch aus dem Berufungsurteil nicht ersichtlich, daß dieser wichtige Gesichtspunkt Beachtung gefunden hätte. Die Einwirkung der Revolution und ihrer Folgen auf das Wirtschaftsleben ist im allgemeinen ebenso zu werten wie die des Krieges (vgl. RGZ. Bd. 98 S. 21, Bd. 99 S. 116, JW. 1920 S. 434). Die Geschäftsgrundlage eines in der Annahme der Möglichkeit normaler Abwicklung geschlossenen Vertrags wird demnach in der Regel sowohl durch den Krieg wie auch durch die Staatsumwälzung als wesentlich verändert erscheinen (vgl. RGZ. Bd. 99 S. 115).

Nun ist freilich die Gestaltung des Einzelfalls für die Beantwortung der Zumutungsfrage stets von ausschlaggebender Bedeutung. Die Würdigung der besonderen Tatumstände durch den Vorderrichter läßt aber jede Berücksichtigung der seit dem Kriegsende eingetretenen Entwertung der deutschen Währung vermissen, obgleich sich diese — und mit ihr die verminderte Kaufkraft des Geldes — bereits im Jahre 1919 erheblich bemerkbar machte. Wie die Revision mit Recht hervorhebt, erscheint infolgedessen der Umstand, daß die Beklagte das Holz zur Herstellung des Büffets zu ihrer Verfügung hatte, einseitig gewürdigt. Es konnte ihr nicht angesonnen werden, das offenbar für vollwertiges oder nahezu vollwertiges Geld angeschaffte Holz ohne weiteres zum Nutzen des Klägers zu verwenden, damit dieser, der ihr keine Anzahlung geleistet hatte, es später mit entwertetem Gelde bezahlte. Wenn diese wirtschaftliche Lage neben der ziemlich beträchtlichen Erhöhung der Arbeitslöhne gewürdigt wird, erscheint es nicht ausgeschlossen, daß der Tatrichter zu einem anderen Ergebnis gelangen könnte.

Das Berufungsgericht sieht die Erhöhung der Herstellungskosten für das Büffet auf etwa das Vierfache des Vertragspreises deshalb als weniger ins Gewicht fallend an, weil die Beklagte an den übrigen dem Kläger gelieferten Möbelstücken ihren Verdienst gehabt habe. Hier wäre indes vorweg zu untersuchen, ob ihr die Preise für jene noch in so vollwertigem Gelde, wie es in der Kalkulation beim Vertragsschluß vorausgesetzt wurde, bezahlt worden sind oder nicht. Im letzteren Falle würde dieser Tatumstand an seinem Gewicht zugunsten des Klägers wesentlich verlieren. Nach den Briefen der Beklagten vom 19. Oktober, 22. Dezember 1918 und 10. März 1919 hat es den Anschein, als ob bis dahin eine vollständige Bezahlung des Gelieferten noch nicht erfolgt war. Hier wäre gegebenenfalls das richterliche Fragerecht auszuüben. Nach Klarstellung des Sachverhalts in dieser Richtung wäre dann abzuwägen, ob wirklich der von der Beklagten vorher bei der Möbellieferung erzielte Gewinn den ihr bei der Lieferung des Büffets für 1850 *M* drohenden Verlust aufzuwiegen vermag.

Der Sach- und Streitstand bedarf sonach in mehrfacher Hinsicht noch der Aufklärung und der erschöpfenden Würdigung. Hierbei wird auch der im Sinne von § 242 BGB. nicht unwichtige Umstand zu beachten sein, daß die Beklagte nicht etwa sich vom Vertrage losgesagt, sondern zunächst einen Interessenausgleich durch mäßige Erhöhung des vertraglichen Preises angestrebt hat (vgl. RGZ. Bd. 103 S. 333).

Einer Verurteilung der Beklagten nach dem Klagantrage würden aber auch in dem Falle gewichtige Bedenken entgegenstehen, daß nach abermaliger Prüfung der Tatrichter doch zu dem Ergebnis gelangen sollte, sie hätte dem Lieferungsverlangen des Klägers entsprechen müssen und sei durch ihre Weigerung in Leistungsverzug gekommen.

Das Urteil des Berufungsgerichts ist auf eine mündliche Verhandlung vom 2. Oktober 1922 ergangen; der Stand der Dinge an diesem Tage hat auch der Beurteilung des Revisionsrichters als Grundlage zu dienen. Noch damals hat der Kläger Lieferung des streitigen Büffets für einen Preis von 1850 *M* gefordert. Zu jener Zeit hatte aber die Entwertung der Mark, die seit dem August 1922 in verstärktem Maße eingesetzt hatte, bereits derartige Fortschritte gemacht, daß man zweifeln kann, ob die der Beklagten gebotene Summe noch einen ernsthaft zu nehmenden Vermögenswert darstellte.

Das Reichsgericht hat bereits mehrfach darauf hingewiesen, daß beim Abschluß gegenseitiger Verträge, soweit nicht ein spekulativer Einschlag der Abmachungen eine andere Beurteilung erheischt, Leistung und Gegenleistung von den Vertragschließenden als gleichwertig oder doch in einem bestimmten Verhältnis zueinander stehend angesehen und dementsprechend festgesetzt zu werden pflegen, daß aber an Stelle dieses vorausgesetzten Gleichgewichts infolge der Geldentwertung, die hauptsächlich durch den Weltkrieg, die Staatsumwälzung und die im Vertrage von Versailles Deutschland auferlegten Lasten hervorgerufen ist und, mit geringen Unterbrechungen fortschreitend, immer gewaltigere Ausmaße angenommen hat, ein so erhebliches Mißverhältnis zwischen Sachleistung und Geldleistung getreten ist, daß dem Schuldner der ersteren nicht mehr zugemutet werden kann, schlechthin den wirtschaftlich völlig überholten Vertragsbedingungen zu genügen (vgl. RGZ. Bd. 103 S. 328, Bd. 106 S. 7, Warneyer 1923 Nr. 29). In Übereinstimmung mit dieser Rechtsprechung muß es als dem Wesen des gegenseitigen Vertrags widerstrebend erachtet werden, einen Schuldner zu einer Sachleistung zu verurteilen, sobald der innere Wert der ihm als Gegenleistung gebührenden Geldsumme derartig gesunken ist, daß sie im Verhältnis zum Werte der Sachleistung nach allgemeiner Auffassung des Wirtschaftslebens überhaupt nicht mehr in Betracht kommt. Aus der Vorschrift des § 242 BGB. ist die Berechtigung der Meinung zu entnehmen, daß die Verpflichtung des Schuldners, die Sachleistung zu bewirken, mit dem Zeitpunkt aufhört, da ihm dafür nur ein derart geringwertiges Entgelt geboten wird. Nach Treu und Glauben kann dieses dann nicht mehr als Gegenleistung im Sinne der §§ 320 flg. BGB. anerkannt werden. Diese Folgerungen, denen der rein objektive Umstand der Währungsverschlechterung zugrunde liegt, sind ohne Rücksicht darauf zu ziehen, ob sich der Schuldner vertragstreu verhalten hat oder nicht. Insbesondere ist auch einem Schuldner, der in Leistungsverzug gekommen ist, trotzdem nicht zuzumuten, nunmehr seine Leistung für ein völlig entwertetes Entgelt zu bewirken; unbeschadet seiner Schadensersatzpflicht nach den §§ 286 flg. BGB., die unabhängig von der Leistungsverbindlichkeit besteht. Auch ein solcher Schuldner darf die angemessene Aufwertung der zu einem wirtschaftlichen Unwert gewordenen Gegenleistung verlangen und, falls der Vertragsgegner diese ablehnt, seine Leistung verweigern. Selbstverständlich soll ihm dem vertragstreuen Teile gegenüber keinerlei Begünstigung widerfahren; was von ihm nicht verlangt werden darf, ist nur das Einstehen für den von außen her auf die Gestaltung des Schuldverhältnisses einwirkenden Währungsverfall, der sich aus der zeitweilig für das Reich obwaltenden Unmöglichkeit erklärt, wertbeständiges Geld als zuverlässigen Wertmesser im Geschäftsverkehr zu schaffen. In Fällen solcher Art wird der Tatrichter zwischen den Interessen des Gläubigers und des Schuldners unter Berücksichtigung aller Umstände, namentlich auch der zunächst vielleicht unentschuldigten Säumnis des letzteren, für deren etwaige besondere Schadensfolgen er verantwortlich bleiben würde, einen billigen Ausgleich zu suchen haben.

Der erkennende Senat weicht mit seiner Meinung von der Grundauffassung, mit der das Reichsgericht den Einwand aus der sogenannten clausula rebus sic stantibus bisher behandelt hat, keineswegs ab. Wenn diese darin gipfelte, daß die Lage des Einzelfalls daraufhin zu prüfen sei, ob dem vertragsmäßig Verpflichteten nach Treu und Glauben noch zugemutet werden könne, den Anspruch des Gegners zu erfüllen und die damit verbundene wirtschaftliche Schädigung auf sich zu nehmen (vgl. RGZ. Bd. 101 S. 79, Bd. 102 S. 98, Bd. 103

S. 177 und S. 328, JW. 1921 S. 833 Nr. 7), so soll hier nichts anderes vom Tatrichter verlangt werden. Nur handelte es sich bei der bisherigen Beurteilung in der Regel um die Erschwerung der Leistung des Verkäufers oder Werkunternehmers, während der Gesichtspunkt der Geldentwertung dazu führt, die Gegenleistung des Käufers oder Bestellers für derart wirtschaftlich erleichtert anzusehen, daß diese Erleichterung die gleiche Wirkung, nämlich die Verneinung der Zumutbarkeit der Leistung, hervorbringen muß.

Die Grenzen des hiernach anzuerkennenden Rechts des Schuldners, die Aufwertung der in Geld bestehenden Gegenleistung zu fordern und gegebenenfalls seine Sachleistung zu verweigern, lassen sich nicht mit rechnerisch festgelegten Ziffern abstecken. Sicherlich ist dieses Recht nicht bei jeder Einbuße an Kaufkraft zuzusprechen, die das Geld nach dem Vertragsschluß erfährt. Wenn jedoch infolge fortdauernden Anwachsens jener Einbuße das Geld nur noch einen so geringen Bruchteil des beim Vertragsschluß vorhandenen und vorausgesetzten Verkehrswerts besitzt, daß die vereinbarte Summe im Verhältnis zu der Sachleistung, deren Entgelt sie darstellen soll, keine Bedeutung mehr hat, dann verlangt es, wie gezeigt, die Rücksicht auf Treu und Glauben im Verkehr, daß die Rechtsordnung dem Schuldner der Sachleistung, auch dem säumigen, Schutz gewährt. Er kann nicht gezwungen werden, seine Ware oder seine sonstige Leistung für ein nichts hinzugeben. Ausschlaggebend ist dabei der Zeitpunkt der Zahlung des Preises; hat der Käufer oder Besteller in einer Zeit besseren Währungsstandes vorgeleistet, so muß die Beurteilung wesentlich anders sein.

Ob und wann die Geldentwertung die gekennzeichnete Grenze überschritten hat, ist Tatfrage. Zur Zeit der Schlußverhandlung vor dem Berufungsrichter hatte sie jedoch unzweifelhaft schon einen so hohen Grad erreicht, daß von ihm eine Prüfung der Frage zu fordern war. Dazu bedurfte es nicht unbedingt eines Einwandes der Beklagten, der dahin gefaßt ist, daß schon allein die eingetretene Geldentwertung sie zur Preiserhöhung und gegebenenfalls zur Leistungsverweigerung berechtige. Wenn sie — wie es hier geschehen — geltend gemacht hat, wegen der Veränderung der wirtschaftlichen Verhältnisse sei ihr die Lieferung des bestellten Möbelstücks zu den Vertragsbedingungen nicht mehr zuzumuten, so gab dies dem Berufungsrichter ausreichende Veranlassung, auch die Wirkung der Geldentwertung in den Kreis seiner Erörterungen zu ziehen.

---

35. 1. Findet das Preuß. Tumultschadengesetz vom 11. März 1850 auf selbständige Gutsbezirke Anwendung?

2. Ist eine Haftung der Gemeinde, in deren Gebiete die

Ansammlung oder von deren Bezirk aus der Überfall stattgefunden hat, dann gegeben, wenn der Schaden in einem selbständigen Gutsbezirk angerichtet worden ist?

VI. Zivilsenat. Urt. v. 5. März 1923 i. S. G. (Kl.) w. Gutsbezirk D. und Landgemeinde D. (Bekl.). VI 530/22.

I. Landgericht Beuthen. — II. Oberlandesgericht Breslau.

Der Kläger behauptet, er sei Pächter der Dominialmühle in Gut D. gewesen. Diese Mühle sei in der Nacht vom 22. zum 23. August 1920 von einer Menschenmenge, die sich im Bezirke der beklagten Gemeinde zusammengerottet habe und mit offener Gewalt in den Gutsbezirk eingedrungen sei, in Brand gesteckt und geplündert worden, er selbst sei festgenommen und nur gegen ein Lösegeld von 2000 ℳ nach zwei Tagen entlassen worden. Abgesehen von diesen 2000 ℳ sei ihm noch ein Schaden von 34470 ℳ zugefügt worden. Der Kläger glaubt, aus diesen Vorgängen Ansprüche auf Grund des Preußischen Tumultschadengesetzes vom 11. März 1850 herleiten zu können, und hat daher sowohl den Gutsbezirk wie die Landgemeinde D. auf Zahlung der 34470 ℳ als Gesamtschuldner verklagt. Die Klage gegen den Gutsbezirk hat das Landgericht durch Teilurteil abgewiesen. Berufung ist vom Kläger gegen diese Entscheidung nicht eingelegt. Durch das Endurteil wurde die Klage auch gegen die beklagte Gemeinde abgewiesen. Die Berufung des Klägers wurde zurückgewiesen. Seine Revision blieb erfolglos.

Gründe:

... Das Berufungsgericht vertritt die Ansicht, daß sich das Preußische Tumultschadengesetz vom 11. März 1850 nur auf Gemeinden und nicht auch auf Gutsbezirke beziehe, daß also für letztere eine Haftpflicht für Tumultschäden aus dem angeführten Gesetze nicht herzuleiten sei. Fehle aber eine solche Haftung der Gutsbezirke, so könne es auch keine auf § 3 a. a. O. gestützte Haftung einer Gemeinde geben, auf deren Gebiete sich eine Ansammlung gebildet oder von deren Bezirk aus ein Überfall auf einen Gutsbezirk stattgefunden habe; es sei unrichtig, anzunehmen, daß eine Haftung der Gemeinde, in welcher der Tumult seinen Ursprung gehabt habe — der Ursprungsgemeinde — ohne Rücksicht darauf stattfinde, ob überhaupt eine Tatgemeinde im Sinne des Tumultschadengesetzes vorhanden sei.

Gegen diese Ausführungen wendet sich die Revision. Ihre Bedenken können aber nicht durchgreifen, vielmehr ist dem Berufungsgericht im Ergebnis zuzustimmen.

Für diese Instanz ist zu unterstellen, daß sich in dem Bezirke der Landgemeinde D. eine Menschenmenge zusammengerottet hat, daß sie von da aus in den Gutsbezirk eingedrungen ist und die dort belegene Mühle in Brand gesteckt und geplündert hat. Daß dieser Fall im Gesetze nicht besonders vorgesehen ist, unterliegt keinem Zweifel; es spricht vielmehr stets von Gemeinden. Im § 1 wird der grundlegende Gedanke dahin ausgedrückt, daß für Tumultschäden in dem dort umschriebenen Sinne die Gemeinde haftet, in deren Bezirk solche Schäden angerichtet sind; von dieser Haftung der Tatgemeinde setzt der § 2 eine Ausnahme fest, und dann wird im § 3 noch die Haftung der Ursprungsgemeinde geregelt. Auch die weiteren Vorschriften des Gesetzes über die vorläufige Ermittlung des Schadens (§ 4), über seine Anmeldung und gerichtliche Geltendmachung (§ 5), ferner über die Regreßrechte der Gemeinden und die Errichtung von Sicherheitsvereinen (§§ 6, 7), beziehen sich auf Gemeinden und deren Bezirke. Anhaltspunkte dafür, daß das Gesetz selbständige Gutsbezirke wie Gemeinden hätte behandeln wollen, sind weder aus seinem Wortlaute noch aus den eingehenden Verhandlungen über das Gesetz in der Ersten preußischen Kammer zu entnehmen (Stenographische Berichte über die Verhandlungen der durch Patent vom 5. Dezember 1848 einberufenen Kammern; Erste Kammer Bd. V S. 2426 flg.). In dieser Beschränkung des Gesetzes auf Gemeinden findet die Revision eine Lücke, die sie damit erklärt, daß nur der Regelfall, die Organisation der Bevölkerung nach Gemeinden, erwähnt werde; wo aber an Stelle der politischen Gemeinde ein selbständiger Gutsbezirk getreten sei, habe er auch deren Pflichten übernommen. Zu ihrer Erfüllung sei er mit Geldmitteln oft besser ausgestattet als kleine Gemeinden. Das letztere mag oft zutreffen, dieser Umstand kann aber nicht dazu führen, das Gesetz auf Gutsbezirke anzuwenden. Weiter ist zwar nach § 122 der Landgemeindeordnung für die sieben östlichen Provinzen Preußens vom 3. Juli 1891 für den Bereich eines selbständigen Gutsbezirks der Besitzer des Guts nach näherer Maßgabe der verschiedenen Gesetze zu den Pflichten und Leistungen verbunden, die den Gemeinden für den Bereich ihres Bezirks im öffentlichen Interesse gesetzlich obliegen; zu diesen Leistungen können aber privatrechtliche Ansprüche, wie sie aus dem Tumultschadengesetz entspringen, nicht gerechnet werden. Mit Recht weist das Berufungsgericht auch darauf hin, daß man von dem Erlasse des Gesetzes den Erfolg erwartete, seine Bestimmungen über die Schadenshaftung würden die wohlgesinnten Einwohner zum kräftigen Zusammenwirken behufs Unterdrückung eines jeden Aufstands veranlassen, daß dieser Gesichtspunkt aber für Gutsbezirke, für deren Verpflichtungen regelmäßig der Gutsbesitzer einsteht, seine Bedeutung verliert. Hiernach fehlen ausreichende Gründe dafür, das Gesetz über seinen Wortlaut hinaus auf selbständige Gutsbezirke anzuwenden (vgl. auch Liebrecht, Preuß. Tumultschadengesetz S. 28), und einen solchen

Bezirk, wenn in ihm ein Tumultschaden vorkommt, in bezug auf die Entschädigungspflicht wie eine Gemeinde zu behandeln

Der Kläger vertritt aber weiter die Ansicht, daß es für die Haftung der Landgemeinde D. als der Ursprungsgemeinde ohne Bedeutung sei, ob es überhaupt eine Tatgemeinde gebe oder geben könne. Dieser Auffassung kann nicht zugestimmt werden. Allerdings setzt der § 3 Abs. 1 des Gesetzes die Entschädigungspflicht der Ursprungsgemeinde ausdrücklich für den Fall des § 2 fest; in § 2 wird aber der Fall behandelt, daß die Verantwortlichkeit der Tatgemeinde nicht eintritt, wenn die Beschädigung durch eine von außen her in den Gemeindebezirk eingedrungene Menschenmenge verursacht worden ist und die Einwohner des letzteren zur Abwehr erweislich außerstande waren. Danach ist allerdings eine Haftung der Ursprungsgemeinde ohne gleichzeitige Haftung einer Tatgemeinde möglich; hieraus folgt aber nicht, daß eine Haftung der Ursprungsgemeinde auch dann vorhanden ist, wenn es rechtlich überhaupt keine Tatgemeinde gibt. Gegen diese Annahme spricht der nahe Zusammenhang der Vorschriften in den §§ 1 bis 3. In den §§ 2 und 3 wird das Vorhandensein eines dem § 1 entsprechenden objektiven Tatbestands vorausgesetzt, nur hinsichtlich der Haftung für den Schaden werden bei Vorliegen der in § 2 festgesetzten tatsächlichen Bedingungen des Eindringens einer Menschenmenge von außen her und der Unmöglichkeit der Abwehr durch die Einwohner der Gemeinde besondere Bestimmungen über die Befreiung der Tatgemeinde und die Haftung der Ursprungsgemeinde getroffen. Daß das Gesetz eine Haftung der Ursprungsgemeinde auch dann hätte eintreten lassen wollen, wenn es eine Tatgemeinde, der die Abwehr eines Schadens zunächst obgelegen hätte, überhaupt nicht geben kann, ist nicht ersichtlich. Ebenso geht es nicht an, mit der Revision eine dem Gutsbezirke benachbarte, aber hinsichtlich der Verwaltungsorganisation von ihm getrennte politische Gemeinde als haftpflichtig besonders dann zu betrachten, wenn die Täter aus ihr herstammen.

---

36. 1. Kommt im Falle der Abtretung zur Einziehung für die Frage, ob der neue Gläubiger durch den Verzug des Schuldners Schaden erlitten hat, das innere Verhältnis des ersteren zu dem ursprünglichen Gläubiger in Betracht?

2. Kann, wenn der Schuldner einer auf die Zahlung von französischen Franken gerichteten Forderung in Verzug geraten und zwischen Verzugseintritt und Zahlung der Frankenkurs in Deutschland gesunken ist, als Verzugsschaden ohne weiteres der Kursunterschied in deutscher Mark gefordert werden?

III. Zivilsenat. Urt. v. 10. April 1923 i. S. Sch., Fr. & Co. (Kl.) w. E. (Bekl.). III 342/22.

I. Landgericht Frankfurt a. M. — II. Oberlandesgericht daselbst.

Im Oktober 1919 kaufte der Beklagte von der Firma M. in Colmar ein Faß Mirabellensprit. Den Kaufpreis mit 956 Fr. sollte er am 20. Dezember 1919 in Colmar zahlen. Wegen des ungünstigen Standes der Mark gewährte ihm die Gläubigerin Stundung bis zum 20. Februar 1920, wogegen er sich verpflichtete, seine Schuld vom 20. Dezember 1919 an mit 5% zu verzinsen. Im Februar 1920 vor Fälligkeit der Forderung trat die Firma M. ihren Anspruch gegen den Beklagten an die Klägerin ab. Sie vereinbarte dabei mit der Klägerin, daß diese die Forderung am 20. Februar 1920 bei dem Beklagten einziehen und den Frankenbetrag in deutsche Währung umwechseln sollte. Den Markbetrag sollte dann die Klägerin in ihrem Geschäft nutzbringend verwenden, bis die Firma M. anderweit darüber verfüge.

Als der Beklagte am 20. Februar 1920 trotz Aufforderung nicht zahlte, erwirkte die Klägerin gegen ihn einen Zahlungsbefehl in Höhe von 6892,60 ℳ, welcher Markbetrag nach dem Kurse vom 20. Februar 1920 den 956 Fr. entsprach. Der Beklagte erhob gegen den Zahlungsbefehl Widerspruch, zahlte dann aber am 31. Mai 1920 an die Klägerin 956 Fr. nebst 20 Fr. als Zinsen. Die Klägerin will für diesen Betrag nach dem inzwischen gestiegenen Kurse der Mark nur 2732,80 erlöst haben. Den Unterschied zwischen den 6892,60 ℳ, die sie am 20. Februar 1920 für die 956 Fr. hätte erhalten können, und dem am 31. Mai 1920 wirklich erzielten geringeren Betrage verlangt sie von dem Beklagten als Verzugsschaden ersetzt.

Die Vorinstanzen wiesen die Klage ab. Die Revision der Klägerin hatte Erfolg.

Gründe:

Den eingeklagten Schadensersatzanspruch wegen verspäteter Erfüllung sucht die Klägerin zu rechtfertigen sowohl aus ihrer eigenen Person als auch aus der Person der ursprünglichen Gläubigerin.

1. Soweit die Klägerin selbst Schaden erlitten haben will, erklärt das Oberlandesgericht die Klage deshalb für unbegründet, weil die Klägerin den von ihr einzuziehenden Betrag nicht dauernd habe behalten, ihn vielmehr nur so lange in ihrem Geschäft habe verwenden dürfen, bis die frühere Gläubigerin, die Firma M., anderweit darüber verfügte. Einen Schaden, der ihr dadurch entstanden sei, daß sie das Geld innerhalb dieses Zeitraums nicht nutzbringend habe verwerten können, habe sie nicht geltend gemacht. Gegen diese Darlegung sind rechtliche Bedenken nicht zu erheben.

Eine Abtretung zur Einziehung (Inkassozession) hat der Vorderrichter zutreffend als vorliegend angesehen. Die Klägerin hatte den vom Beklagten zu zahlenden Betrag an die erste Gläubigerin abzuliefern. Daß sie das nicht sofort, sondern erst zu einem noch von der Firma M. zu bestimmenden Zeitpunkt tun mußte, ändert an der Beurteilung ihrer Rechtsstellung nichts. Freilich war sie dieses Innenverhältnisses unerachtet nach außen zur Einziehung der Schuld voll berechtigt. Sie war mit der Abtretung der Forderung trotz der dieser innewohnenden Zweckbestimmung Gläubigerin der Forderung geworden (RGZ. Bd. 99 S. 143). Für die Frage, welchen Schaden der Verzug des Beklagten der Klägerin zugefügt hat, kommt aber ihre gesamte wirtschaftliche Stellung in Betracht, auch ihre Beziehung zu der ursprünglichen Gläubigerin, da der Beklagte nur den Zustand wiederherzustellen hat, der ohne seinen Verzug eingetreten wäre. Auch ohne diesen würde die Klägerin die Schuldsumme nicht dauernd behalten haben, da sie sie der Firma M. auf deren Verlangen hätte ausantworten müssen. Sie kann also durch die verzögerte Auszahlung nur für den Zeitraum geschädigt sein, während dessen sie den Betrag zur Verfügung gehabt hätte. Mit Recht legt der Vorderrichter hierauf das entscheidende Gewicht.

Der Umstand allein, daß für die geschuldeten 956 Fr. am 20. Februar 1920, dem Fälligkeitstage, 6892,60 *M*, am 31. Mai 1920, dem Zahlungstage, nur 2732,80 *M* (einschließlich 20 Fr. Zinsen) erlöst werden konnten, gibt der Klägerin kein Recht, den Unterschied als Schadensersatz zu verlangen. Es kann zwar angenommen werden, daß sie, der Vereinbarung mit der Firma M. entsprechend, bei Zahlung am 20. Februar 1920 damals schon die Umwechslung vorgenommen haben würde. Aber auch dann hätte sie den erzielten höheren Betrag an die Zedentin abliefern müssen. Ihr Schaden würde immer nur in der Unmöglichkeit bestanden haben, den eingewechselten Markbetrag eine Zeitlang zu nutzen. So hat sie ihren Schaden aber nicht tatsächlich begründet.

2. Soweit die Klägerin den Schaden ersetzt verlangt, der der ursprünglichen Gläubigerin durch den Verzug des Beklagten zugefügt sei, vermißt das Oberlandesgericht eine Abtretung dieses Anspruchs an die Klägerin. Diese Erwägung trifft den entscheidenden Punkt nicht. Die Abtretung der Kaufpreisforderung an die Klägerin ist vor Eintritt der Fälligkeit erfolgt. Der Verzugsschaden, um den sich der Streit dreht, kann erst entstanden sein, als die Klägerin schon Gläubigerin war. Nur ihr kann also nach § 288 Abs. 1 BGB. ein Anspruch auf Ersatz dieses Verzugsschadens erwachsen sein, nicht aber der Firma M., die in dem entscheidenden Zeitpunkt nicht mehr Gläubigerin gewesen ist. Ihr hat der streitige Anspruch niemals zu-

gestanden. Sie kann ihn überhaupt nicht an die Klägerin abgetreten haben.

Es kommt vielmehr darauf an, ob die Klägerin, trotzdem bei Verzugseintritt schon sie Gläubigerin war, vom Beklagten den Schaden erstattet verlangen kann, der durch seinen Verzug der ersten Gläubigerin zugefügt worden ist. Zu entscheiden ist also, ob hier die Schadensbegründung aus der Person eines Dritten zuzulassen ist. Die Frage ist zu bejahen. Die Rechtsprechung hat in zahlreichen Fällen (vgl. RGZ. Bd. 97 S. 87 und die dort angeführten Entscheidungen) gestattet, daß der Schaden eines Dritten in Rechnung gestellt wird, wenn der Dritte der wirklich und endgültig Geschädigte ist, während ein anderer, der im eigenen Namen, aber für Rechnung des Dritten gehandelt hat oder zu handeln hatte, nur nach außen hin zur Klage berufen ist. Diese Voraussetzungen sind gegeben. Bei der Abtretung zur Einziehung hat der neue Gläubiger zwar nach außen die volle Gläubigerstellung. Im Innenverhältnis bleibt aber dem alten Gläubiger sein Forderungsrecht gewahrt. Der Zessionar hat im eigenen Namen, jedoch für Rechnung des Zedenten, eines Dritten, aufzutreten. Zahlt der Schuldner nicht oder nicht rechtzeitig, so ist der Zedent der wirklich Geschädigte, da er die Summe, die er, wenn auch erst durch Vermittlung des Zessionars, erhalten soll, nicht oder — im Fall des Verzugs — nicht rechtzeitig bekommt. Dem nach außen mit der Gläubigerstellung bekleideten Zessionar entsteht kein Schaden, da er nur das, was der Schuldner zahlt, seinem Auftraggeber ausantworten muß. Der Schuldner würde überhaupt nicht schadensersatzpflichtig werden können, wenn der Schaden des ursprünglichen Gläubigers unberücksichtigt bleiben müßte. Die Unannehmbarkeit eines solchen Ergebnisses liegt auf der Hand.

Der vorliegende Fall ist freilich insofern besonders geartet, als die Klägerin die vom Beklagten zu zahlende Summe nicht sofort an ihre Rechtsvorgängerin weiterzugeben hatte, sondern sie zunächst im eigenen Interesse verwenden durfte. Sie kann also durch den Verzug des Beklagten selbst Schaden erlitten haben, wenn sie auch, wie oben dargelegt worden ist, in diesem Prozeß einen derartigen Schaden nicht behauptet hat. Indessen kann ihr immer nur ein vorübergehender, zeitlich begrenzter Nachteil zugefügt worden sein. Den den Gegenstand des gegenwärtigen Rechtsstreits bildenden Schaden dagegen soll die zwischen Fälligkeit und Zahlung eingetretene Wertverminderung des geschuldeten Geldbetrags endgültig hervorgerufen haben. Er trifft nur die frühere Gläubigerin. Die Klägerin darf ihn jedoch auf Grund der zwischen ihr und ihrer Zedentin bestehenden Interessenverknüpfung dem Beklagten in Rechnung stellen.

Auch als Schaden der Firma M. kann freilich nicht ohne weiteres der Kursunterschied zwischen Fälligkeit und Zahlung des geschuldeten Frankenbetrags gefordert werden. Es ist zwar verschiedentlich ausgesprochen worden (RGZ. Bd. 98 S. 164; JW. 1920 S. 704 Nr. 2, 1921 S. 1311 Nr. 5), daß von einem ausländischen Gläubiger, der einen Markbetrag empfange, anzunehmen sei, daß er ihn alsbald in heimatlichen Werten anlege. Diese Vermutung greift im vorliegenden Fall aber nicht Platz. Denn hier hat ein in Frankreich wohnender Gläubiger einen Frankenbetrag zu fordern gehabt. Daß er diesen zum Erwerbe von deutscher Mark benutzt haben würde, ist nicht ohne weiteres zu vermuten. Der Gläubiger muß vielmehr dartun, daß er gerade diesen Frankenbetrag sofort zur Anschaffung von Mark verwendet haben würde. Das ergibt sich indessen aus dem unstreitigen Sachverhalt. Die Firma M. hatte mit der Klägerin die Vereinbarung getroffen, daß diese die Forderung am 20. Februar 1920 beim Beklagten einkassieren und die Franken in deutsche Währung umwechseln sollte. Hätte der Beklagte rechtzeitig gezahlt und die Klägerin den Auftrag alsbald ausgeführt, so würde nach dem damaligen Kurse ein höherer Markbetrag erlöst worden sein und der Firma M. zur Verfügung gestanden haben, als dies bei der wirklichen Zahlung im Mai 1920 möglich war. Daß die Klägerin den Umwechslungsauftrag bei pünktlicher Zahlung durch den Beklagten auch tatsächlich sofort erledigt hätte, braucht nicht einmal bewiesen zu werden. Hätte sie das unterlassen, so würde sie der Firma M. wegen Nichterfüllung ihrer Verpflichtung auf den höheren Markbetrag haften. Dieser wäre der Firma M. also auf alle Fälle zugeflossen, wenn nur der Beklagte nicht in Verzug geraten wäre.

Somit kommt es nur noch auf die bestrittene Tatsache des Verzugs des Beklagten an. Hat er sich, wie Klägerin behauptet, am 20. Februar 1920 in Verzug befunden, so ist der Klaganspruch an sich begründet.

---

37. Rechtliche Bedeutung des „Auszahlungsgeschäfts" im Bankverkehr, wenn die Auszahlung an einem ausländischen Orte erfolgen soll. Welche Pflichten entstehen für die beauftragte Bank bei Widerruf des Auszahlungsauftrags?

I. Zivilsenat. Urt. v. 11. April 1923 i. S. K. (Kl.) w. Br. Bank (Bekl.) I 180/22.

I. Landgericht Hamburg, Kammer f. Handelssachen. — II. Oberlandesgericht das.

Der Kläger beauftragte am 14. Februar 1917 die Niederlassung der Beklagten in Bahia, an die Kreditanstalt für Handel und Gewerbe in Wien 9500 österreichische Kronen für das dortige Konto des Klägers zu zahlen. Gleichzeitig vergütete er ihr den Gegenwert in Milreis brasilianischer Währung. Der schriftliche Auftrag enthielt die Klausel, daß die Beklagte für Verzögerung oder Schäden, die durch Verlust oder Zurückhaltung der Post u. dgl. entstehen, nicht aufzukommen hat. Die Niederlassung in Bahia erteilte am 20. Februar 1917 der Norddeutschen Bank in Hamburg brieflich den Auftrag, den Betrag dem Konto des Klägers bei der Wiener Bank zu vergüten. Dieser Brief wurde jedoch von den Feinden zurückgehalten. Die Sache blieb danach in der Schwebe, bis der Kläger am 1. Juli 1919 seinen Auftrag widerrief. Der Widerruf wurde von der Niederlassung in Bahia am 25. Juli zurückgewiesen. Ihr Brief an die Norddeutsche Bank gelangte erst im Oktober oder November 1919 in deren Hände. Die Norddeutsche Bank nahm von der Überweisung des Betrags nach Wien wegen der inzwischen verflossenen langen Zeit Abstand und fragte bei der Beklagten an, ob die Ausführung des Auftrags jetzt noch gewünscht werde. Schließlich unterblieb die Ausführung. Der Kläger verlangt den seinerzeit gezahlten Betrag in brasilianischer Währung zurück. Die Beklagte ist nur bereit, ihm 9500 österreichische Kronen zu zahlen.

Das Landgericht gab der Klage statt. Das Oberlandesgericht wies sie ab. Die Revision des Klägers hatte Erfolg.

Gründe:

Das im Bank- und Börsenverkehr als „Auszahlung" bezeichnete Geschäft ist eine Art des Devisenhandels; es soll die Zahlung einer bestimmten Geldsumme an einem ausländischen Platze in der dortigen ausländischen Währung bewirkt werden. Die Auszahlung dient also wesentlich demselben Zwecke, wie der Kauf eines Wechsels oder eines Schecks auf einen ausländischen Platz, bietet technisch aber gewisse Vorteile, da sie telegraphisch übermittelt werden kann, Zinsverlust vermieden wird, Auszahlungen auch von Orten aus veranlaßt werden können, an denen Wechsel oder Schecks auf gewisse ausländische Plätze nicht zu haben sind u. dgl.

Die Parteien streiten darüber, ob eine Auszahlung als Kauf oder als Auftrag oder als Geschäftsbesorgung anzusehen ist. Das Berufungsgericht hat ausgeführt: Das zwischen den Parteien abgeschlossene Rechtsgeschäft werde im täglichen Leben als Auftrag bezeichnet. Es handle sich jedoch nicht um einen Auftrag im rechtlichen Sinne. Es liege einerseits nicht das gesetzliche Merkmal der Unentgeltlichkeit vor, anderseits würde eine kaum erträgliche Unsicherheit des Bankverkehrs herbeigeführt werden, wenn ein derartiges Geschäft, wie für einen richtigen „Auftrag" im Gesetz bestimmt, bis zur Ausführung frei widerruflich sein sollte. Das Geschäft sei entweder ein kaufähnliches Geschäft oder eine entgeltliche Geschäftsbesorgung. Nach keinem dieser beiden Gesichtspunkte könne es mit der Wirkung widerrufen werden, daß die gezahlte ausländische Valuta zurückgezahlt werden müsse. Der Kläger könne sich auch nicht darauf berufen, daß die Ausführung des Geschäfts jetzt unmöglich sei. Österreichische Kronen gebe es nach wie vor. Daß deren Kaufkraft gemindert sei, sei rechtlich bedeutungslos, die Identität der staatlich gewährleisteten Währung sei nicht aufgehoben. Deshalb sei ein Widerruf des Geschäfts unzulässig.

Die Revision wendet ein: Der Kläger habe nicht etwa, wie das Berufungsgericht anzunehmen scheine, den Wunsch gehabt, Kronen zu erwerben, sondern er habe der Beklagten den Auftrag erteilt, Kronen zu zahlen. Wenn dieser Auftrag nach dem Sinne des Vertrags jetzt noch auszuführen sein sollte, so dürfe die Beklagte aus dem zur Deckung seinerzeit überwiesenen Milreisbetrage nur so viel entnehmen, wie jetzt zur Anschaffung der 9500 Kronen nötig sei, der Rest sei zurückzuzahlen. In Wahrheit könne aber eine Erfüllung heute nicht mehr in Frage kommen. Der Widerruf vom Juli 1919 sei vielmehr berechtigt gewesen. Ein kaufähnlicher Vertrag liege nicht vor. Welche Buchungen die Beklagte vorgenommen habe, sei rechtlich bedeutungslos. Wenn ein Werkvertrag anzunehmen sei, so sei es unverständlich, wie das Berufungsgericht zu dem Schlusse gelangen könne, daß die Beklagte durch die unterbliebene Ausführung Kronen oder Mark erspart habe; vielmehr habe sie die überwiesenen Milreis erspart, diese müsse sie also zurückliefern. Die Ausführungen über die Identität der österreichischen Währung vor und nach dem Kriege seien unzutreffend; sie könnten höchstens für den inländischen Zahlungsverkehr Bedeutung haben.

Die Ausführungen der Revision erscheinen zum Teil begründet.

Wäre der streitige Vertrag als ein kaufähnliches Geschäft aufzufassen, so daß also der Kläger im Februar 1917 van der Beklagten Kronen gekauft hätte, dann könnte, wie zutage liegt, von einem Widerruf des Geschäfts und von einer Rückforderung der gezahlten Milreis an sich keine Rede sein — einerlei, ob sich die Beklagte die Kronen damals verschafft hatte oder nicht. Es könnte dann aber allerdings in Frage kommen, ob nach dem maßgebenden Rechte der Käufer befugt war, den Kaufvertrag aufzuheben, wenn die gekaufte Sache auf Jahre hinaus nicht geliefert werden konnte. Hierauf braucht jedoch nicht eingegangen zu werden, weil in Wahrheit ein kaufähnliches Geschäft nicht vorliegt. Der Sinn des Geschäfts war nicht der, daß die Beklagte dem Kläger Münzen (Sorten) oder irgendeinen anderen Kaufgegenstand zu liefern hatte, sondern der Sinn war, daß die Beklagte einen „Erfolg", nämlich die Überweisung an die österreichische Bank, herbeizuführen hatte. Es fehlt also an den Merkmalen eines Kaufs oder eines kaufähnlichen Geschäfts. Allerdings spricht der Verkehr nicht selten von dem „Kauf einer Auszahlung". Das wird daher rühren, daß die Auszahlung vielfach an die Stelle des Kaufs eines Schecks oder eines Wechsels auf den ausländischen Platz getreten ist; es vermag aber an der rechtlichen Charakterisierung des Auszahlungsgeschäfts nichts zu ändern. Übrigens herrscht der Sprachgebrauch nicht einmal allgemein, wie denn gerade die zu den Akten gegebenen Bestätigungen derartiger Geschäfte nicht von „Kauf" sprechen. Auch in dem schriftlichen Auftrag, den der Kläger der Beklagten erteilt hat, ist nicht von Kauf die Rede.

Es liegt also ein Zahlungsauftrag vor. Ein solcher kennzeichnet sich als eine „Geschäftsbesorgung" im Sinne des § 675 BGB. Bei einer Geschäftsbesorgung kann der Auftraggeber nach der sinngemäß hier anzuwendenden Bestimmung des § 649 BGB. den Vertrag bis zur Ausführung des Auftrags jederzeit kündigen; dann kann jedoch der Beauftragte Zahlung der vereinbarten Vergütung abzüglich der ersparten Aufwendungen verlangen. Diese grundsätzlichen Bestimmungen sind freilich der Abänderung durch Parteivereinbarungen zugängig, welch letztere auch stillschweigend getroffen werden können (RGZ. Bd. 86 S. 110, Bd. 93 S. 170). Geht man von diesen Gesichtspunkten aus, so ergibt sich zunächst, daß ein Widerruf dann nicht mehr zulässig ist, wenn die Ausführung des Auftrags bereits erfolgt ist, oder wenn wenigstens solche Handlungen vorgenommen sind, die schon zur Ausführung gehören und die bewirken, daß nicht mehr res integra vorliegt. Das wird der Fall sein, wenn die beauftragte Bank bereits mit einer anderen Bank behufs Ausführung des Auftrags in vertragliche Beziehungen getreten ist; es wird auch dann vorliegen, wenn die Beauftragte sich auf Grund des Auftrags bereits die zu zahlende Valuta ihrerseits selbst beschafft hat, und auch dann, wenn sie mit Rücksicht auf den Auftrag bereits andere Anordnungen getroffen hat, als sie ohne ihn getroffen haben würde. In allen derartigen Fällen ist die Sachlage nicht mehr in dem vorigen Stande, und es kann deshalb in diesen Fällen der Regel nach nicht die Rede davon sein, daß der Auftraggeber widerrufen und sein Geld zurückverlangen könne. In dem zur Entscheidung stehenden Falle ist nun aber über derartiges nichts festgestellt. Es liegt nur vor, daß die Beklagte den Auftrag schriftlich weitergeben wollte, daß aber der Auftragsbrief zunächst längere Zeit von den Feinden zurückgehalten und daß, nachdem er nach Jahren angekommen war, der Auftrag doch nicht ausgeführt worden ist. Nach diesem teils erwiesenen, teils zu unterstellenden Sachverhalt war also vollkommen res integra. Es fragt sich, ob in solchem besonderen Falle der Widerruf zulässig ist. Die Sicherheit des Bankverkehrs kann durch die Zulassung nicht in Frage gestellt werden, denn einmal ereignen sich derartige Fälle in gewöhnlichen Zeiten kaum je, und anderseits ist, wie mehrfach betont, wenn die beauftragte Bank bereits wirksam verfügt hat und die Verfügung nicht rückgängig machen kann, von einem Widerruf keine Rede mehr. Der entscheidende Punkt, der in solchem Falle für die Möglichkeit eines Widerrufs spricht, ist in der Erwägung zu finden, daß andernfalls der Auftraggeber entgegen seinen berechtigten Interessen in ein unabsehbares Risiko gestürzt würde, ohne daß doch eine gebotene Rücksicht auf schutzwürdige Interessen der Beklagten zu einem solchen Ergebnis nötigte. Die Sachlage würde sonst, wie folgt, sein: Die Beklagte kann den Auftrag nicht ausführen, der Kläger kann also über die Kronen nicht verfügen; braucht die Beklagte die Milreis nicht herauszugeben, so muß mithin der Kläger ohne eine Möglichkeit, sich dagegen zu schützen, zusehen, wie sein Geld von Jahr zu Jahr entwertet wird, falls er nicht ein Gegengeschäft macht, wozu aber wieder die Festlegung weiterer Kapitalien auf Jahre hinaus gehörte, sofern ein solches Gegengeschäft derzeit in Bahia überhaupt möglich war. Ein solches Ergebnis widerspricht dem Rechtsbewußtsein, es widerspricht den Grundsätzen, die über die Behandlung von Verträgen, deren Erfüllung durch den Krieg unmöglich geworden ist, sich herausgebildet haben, und es widerspricht schließlich auch den Grundsätzen über die zeitweilige Unmöglichkeit. Dies Ergebnis könnte also nicht gebilligt werden. Vielmehr sind die Grundsätze des § 649 BGB. entsprechend anzuwenden. Die Beklagte kann die bedungene Vergütung verlangen, jedoch nur abzüglich dessen, was sie an Aufwendungen infolge des Widerrufs erspart hat. Erspart hat sie nicht — wie das Berufungsgericht annimmt — Mark oder Kronen, sondern vielmehr in sinngemäßer Ausdeutung des Gesetzeswillens die Verausgabung der vom Kläger erhaltenen Milreis. Denn diese Milreis hat sie — immer nach dem teils zugestandenen, teils zu unterstellenden Sachverhalt — nicht für Zwecke des zwischen den Parteien geschlossenen Vertrags ausgegeben....

---

38. Kann der Unternehmer, der für die Güte des hergestellten Werkes Garantie übernommen hat, die Beseitigung später eingetretener Mängel wegen der veränderten Wirtschaftslage verweigern?

VII. Zivilsenat. Urt. v. 4. Mai 1923 i. S. AG. R. (Bekl.) w. Gewerkschaft C. (Kl.). VII 102/22.

I. Landgericht Hamburg. — II. Oberlandesgericht daselbst.

Im Jahre 1913 errichtete die Klägerin einen Schuppen. Das Dach wurde von der Beklagten eingedeckt. Für die Dichtigkeit der mit Ruberoid eingedeckten Dachfläche übernahm die Beklagte schriftlich eine Garantie von 10 Jahren und verpflichtete sich, etwaige während der Garantiezeit sich einstellende Undichtigkeiten in kürzester Zeit nach erfolgter Mitteilung auf ihre Kosten zu beseitigen, ausgenommen Beschädigungen infolge höherer Gewalt oder gewaltsamer mechanischer Einwirkungen.

Die Klägerin verlangt Beseitigung der Undichtigkeiten, die an den Nähten des Daches entstanden sind. Die Beklagte wurde vom Landgericht verurteilt, das Dach des Schuppens in einen der übernommenen Garantie entsprechenden Zustand zu versetzen und die dazu nötigen Ausbesserungen auf ihre Kosten auszuführen. Ihre Berufung wurde zurückgewiesen, ebenso ihre Revision.

Gründe:

Der Unternehmer, der verspricht, für die Güte des hergestellten Werkes einzustehen, und sich verpflichtet, innerhalb bestimmter Frist auftretende Mängel des Werkes auf seine Kosten zu beseitigen, verstößt gegen Treu und Glauben, wenn er versucht, den Schaden, den das Werk infolge seiner, von ihm zu vertretenden mangelhaften Ausführung erleidet, entgegen seiner Garantiezusage auf den Besteller abzuwälzen, der nur im Vertrauen auf die zugesagte Garantie das Werk bestellt und abgenommen hat. Das Wesen des Garantievertrags würde geradezu verleugnet, wollte man zulassen, daß die Beklagte sich unter Berufung auf die Umwälzung der wirtschaftlichen Verhältnisse einseitig von der übernommenen Garantie lossagen könnte, obwohl doch die Klägerin durch die Garantiezusage der Beklagten unbedingt gegen die Schäden, welche infolge mangelhafter Ausführung der Dacheindeckung eintreten könnten, gesichert werden wollte und sollte. Deshalb kann die Beklagte, da sie die Beseitigung der Mängel ihres Werkes nach Maßgabe ihrer Garantiezusage schlechthin auf ihre Kosten übernommen hat, nicht mit dem Einwande gehört werden, ihr könne nicht zugemutet werden, wegen der späteren Umgestaltung der wirtschaftlichen Verhältnisse ungeahnt höhere Kosten aufzuwenden, als sie im Zeitpunkt der Garantiezusage habe veranschlagen können.

Höchstens könnte in Frage kommen, ob nicht die Beklagte, wenn sie auch die Ausbesserung des Daches nach dem Garantieabkommen nicht ablehnen darf, wenigstens mit Rücksicht auf die veränderte Wirtschaftslage und die eingetretene Geldentwertung verlangen kann, daß die Klägerin zu den Kosten der Beseitigung der Undichtigkeit des Daches mit beitrage, widrigenfalls der Beklagten die Mängelbeseitigung nicht zuzumuten sei. Unter diesem Gesichtspunkte kommt allerdings in Betracht, daß die Beklagte für das mit der Garantie übernommene Risiko ein besonderes Entgelt in ihre Forderung für die gesamte Dacheindeckung eingerechnet hat. Aber auf diese Tatsache kann die Beklagte sich nicht berufen. Denn es stehen sich hier insoweit nicht etwa noch unausgeglichene beiderseitige Leistungen und Gegenleistungen gegenüber, die kraft der Einwirkung der veränderten Verhältnisse unter Umständen einer besonderen Beurteilung unterliegen könnten. Vielmehr hat die Klägerin im Jahre 1913 nach Fertigstellung des Werkes der Beklagten alles, was diese zu fordern hatte, in dem damals noch geltenden Goldwerte des deutschen Geldes bezahlt, einschließlich des Betrags, den die Beklagte für das garantierte Risiko berechnet hatte. In solchen Fällen, wo eine Vertragspartei, wie hier die Klägerin, ihrerseits den Vertrag vollständig und vollwertig erfüllt hat, ist es aber, wie in der Rechtsprechung des Senats anerkannt ist, der Gegenpartei regelmäßig verwehrt, sich auf die später eingetretenen Änderungen der Wirtschaftslage zu berufen, um ihre Gegenleistung, sei es überhaupt zu verweigern oder auch nur von weiteren Leistungen der Klägerin abhängig zu machen. Alles, was die Revision vorbringt, um die sogenannte clausula rebus sic stantibus zugunsten der Beklagten zu verwerten, ist daher nicht beachtlich.

Die Fälle, die das Reichsgericht bisher unter dem Gesichtspunkte dieser Klausel beschäftigten, betrafen Verträge, bei denen die Leistung oder die Gegenleistung oder beide ganz oder zum Teil noch ausstanden. Hier aber handelt es sich um einen beiderseits in der Hauptsache erfüllten Vertrag, bei dem nur noch die Erfüllung einer Zusage des Unternehmers für einen nicht erwarteten Fall aussteht. Hat er sich zu dieser Zusage entschlossen, so ist er auch an ihr festzuhalten, selbst wenn ihm ihre Verwirklichung nicht vorhergesehene Schwierigkeiten bereitet: denn diese Gefahr hat er übernommen. Die Erwägungen, die das Reichsgericht bestimmt haben, den Grundsatz von der Wahrung der Verträge einzuschränken, treffen hier nicht zu, wo nur die Ausführung von Nachbesserungsarbeiten an einem längst fertig gestellten Werke in Frage steht.

---

39. Kann die Feststellung im Sitzungsprotokoll, wonach ein Beschluß verkündet wurde: es solle eine Entscheidung in einem späteren Termin verkündet werden, durch den Nachweis entkräftet werden, daß der Beschluß dahin gelautet habe: die Sache werde zur weiteren Verhandlung auf jenen Termin vertagt, daß also das Protokoll unrichtig sei?

VI. Zivilsenat. Urt. v. 31. Mai 1923 i. S. S. (Kl.) w. W. & S. (Bekl.). VI 197/22.

I. Landgericht Köln. — II. Oberlandesgericht daselbst.

In der Verhandlung vor dem Reichsgericht vom 19. Februar 1923 rügte die Revision, daß das Berufungsgericht dem Kläger das rechtliche Gehör nicht gewährt habe. Wie aus dem Vermerk des Vorsitzenden vom 17. März 1922 hervorgehe, sei am 1. Dezember 1921 der Beschluß verkündet worden, daß die Sache zur weiteren Verhandlung auf den 15. Dezember 1921 vertagt werde, während das Sitzungsprotokoll dahin laute, daß eine Entscheidung am 15. Dezember 1921 verkündet werden solle. In diesem Termin sei in der Tat sofort das angefochtene Urteil verkündet worden, ohne daß die Parteien nochmals zu Wort gekommen seien.

Das Reichsgericht beschloß darauf, das Berufungsgericht um eine Erklärung, wie das Protokoll vom 1. Dezember 1921 zu lauten habe, und gegebenenfalls um dessen vorschriftsmäßige Berichtigung zu ersuchen.

Die Mitglieder des Berufungssenats und der Gerichtsschreiber erklärten nunmehr, daß das Protokoll vom 1. Dezember 1921 den Gang der Verhandlung und die Verkündung richtig wiedergebe.

In der erneuerten Verhandlung über die Revision wiederholten die Parteien ihre früheren Anträge. Der Kläger trat ferner Beweis durch Zeugen und Urkunden an, daß das Berufungsgericht am 1. Dezember 1921 die Sache zur weiteren Verhandlung und nicht zur Verkündung einer Entscheidung auf den 15. Dezember 1921 vertagt habe, daß also das Protokoll unrichtig sei. Die Beklagte widersprach dem Antrag.

Gründe:

Nach der eingeholten Äußerung des Berufungsgerichts und des Gerichtsschreibers ist von der aufrechterhaltenen Beurkundung in dem Protokoll vom 1. Dezember 1921 auszugehen, daß am 15. Dezember 1921 eine Entscheidung verkündet und nicht die Verhandlung fortgesetzt werden sollte.

Der Beweisantrag des Klägers, daß das Protokoll unrichtig sei, ist unzulässig. Gemäß § 164 ZPO. kann die Beobachtung der für die mündliche Verhandlung vorgeschriebenen Förmlichkeiten nur durch das Protokoll bewiesen werden. Gegen den diese Förmlichkeit betreffenden Inhalt des Protokolls ist nur der Nachweis der Fälschung, d. i. der vorsätzlichen falschen Beurkundung zulässig, nicht aber der Nachweis, daß das Protokoll unrichtig sei.

Nach der ständigen Rechtsprechung des Reichsgerichts (Bd. 16 S. 331, Bd. 17 S. 422; Warn. 1915 Nr. 308; Urteil vom 9. November 1921 I 193/21) gehört zu den Förmlichkeiten, die für die mündliche Verhandlung vorgeschrieben sind, die Verkündung. Der Kläger bestreitet nicht, daß eine Entscheidung verkündet wurde; er behauptet nur, daß sie einen anderen Inhalt hatte, als das Protokoll besage. Nun bilden zwar die Förmlichkeiten des Verfahrens den Gegensatz zum Inhalt der Prozeßhandlungen, und der Beweis dieses Inhalts ist nicht an die strenge Schranke des § 164 gebunden. Allein um einen solchen Inhalt handelt es sich nicht bei der Verkündung in der engen Bedeutung, die hier in Frage steht. Bei der Verkündung einer gerichtlichen Entscheidung lassen sich regelmäßig Form und Inhalt insoweit nicht trennen, als eine Verkündung ohne Angabe, von welcher Art und Wesenheit die Entscheidung sei, begrifflich unmöglich und gesetzlich unstatthaft sein würde. Denn durch die Verkündung soll den Parteien gerade kundgemacht werden, was das Gericht beschlossen hat. Das kann nicht geschehen durch die Verkündung: Das Gericht hat eine Entscheidung erlassen, ohne daß den Parteien das Wesen der Entscheidung kenntlich gemacht würde, sondern nur durch die Beifügung, daß ein bestimmtes Urteil oder ein bestimmter Beschluß erlassen wurde (§§ 160 Abs. 1 Nr. 6, 311, 329 ZPO.).

Hieraus folgt, daß die Vorschrift des § 164 sich nur auf die Verkündung einer konkreten Entscheidung beziehen kann. So hat bereits der I. Zivilsenat in dem angeführten Urteil I 193/21 erkannt, daß von § 164 die Feststellung im Protokoll erfaßt werde, daß ein Urteil verkündet wurde, während die Parteien behaupteten, es sei in Wahrheit ein Beweisbeschluß verkündet worden.

Ferner ist das Gehör der Parteien eine für die mündliche Verhandlung vorgeschriebene Förmlichkeit im Sinne des § 164. Der Kläger führt Beschwerde, daß ihm das rechtliche Gehör versagt worden sei, auf das er durch die Vertagung zu weiterer Verhandlung Anspruch gehabt habe. Lautet das Protokoll auf Vertagung zur Verkündung einer Entscheidung, so kann er die Beschwerde wegen Entziehung des Gehörs, also, daß jene Förmlichkeit nicht beobachtet wurde, nur mit dem Nachweis der Fälschung des Protokolls begründen....

---

40. Ist ein Anwaltsverein eine Vereinigung von Arbeitgebern im Sinne von § 1 der Verordnung vom 23. Dezember 1918 über Tarifverträge?

IV. Zivilsenat. Urt. v. 1. Oktober 1923 i. S. Hamburgischer Anwaltsverein (Bekl.) w. Dr. B. (Kl.). IV 789/22.

I. Landgericht Hamburg. — II. Oberlandesgericht daselbst.

In der Mitgliederversammlung des beklagten Vereins vom 15. Juni 1922 wurde ein Beschluß gefaßt, wonach der Vorstand des

Vereins mit der Abschließung eines Tarifvertrags mit dem Zentralverband der Angestellten für den Fall beauftragt wurde, daß bei einer schriftlichen Abstimmung die Mehrheit der Mitglieder für den Abschluß eines Tarifvertrags sei. Der Kläger, der Mitglied des Vereins ist und dem Abschluß des Tarifvertrags widerstrebt, hat eine Klage auf Feststellung erhoben, daß der bezeichnete Beschluß vom 15. Juni 1922 ungültig sei. Das Landgericht wies die Klage ab; das Berufungsgericht gab ihr statt. Die Revision des Beklagten hatte keinen Erfolg.

Gründe:

Der Kläger bestreitet die Gültigkeit des Vereinsbeschlusses vom 15. Juni 1922, weil der beklagte Verein dem Inhalt seiner Satzung nach nicht zu denjenigen Vereinigungen von Arbeitgebern zu zählen sei, die nach § 1 der Verordnung vom 23. Dezember 1918 über Tarifverträge usw. (RGBl. 1918 S. 1456) zum Abschluß von Tarifverträgen berufen seien. Das Berufungsgericht billigt diese Anschauung des Klägers. Es faßt die Satzung des Vereins, die als Ziel die Wahrung der beruflichen Interessen der Hamburger Anwälte bezeichnet, dahin auf, daß zwar bei der Gründung des Vereins die Stellung der Mitglieder zu den Angestellten noch gänzlich außerhalb seines Gesichtskreises gelegen habe, daß aber, wie sich in der letzten Zeit die Verhältnisse gestaltet hätten, auch bei den freien Berufen das wirtschaftliche Moment in den Vordergrund getreten sei, und es daher heute als Aufgabe eines Vereins der in Rede stehenden Art angesehen werden müsse, auch zu den wirtschaftlichen Angelegenheiten seiner Mitglieder Stellung zu nehmen; daß es ihm auch nicht verwehrt sein könne, die Frage der Entlohnung der Angestellten und was damit zusammenhänge, zu erörtern und Vorschläge zu machen, ja selbst dazu Beschlüsse zu fassen. Gleichwohl kommt das Berufungsgericht zu dem Ergebnis, daß der Abschluß eines Tarifvertrags nicht unter die Aufgaben falle, mit denen der beklagte Verein sich nach der Satzung beschäftigen dürfe. Es erwägt hierzu, daß es dem Verein, bei welchem Eintritt und Austritt jederzeit ohne Förmlichkeit erfolgen könne, an der für einen Arbeitgeberverband im Sinne der Tarifvertragsverordnung erforderlichen festen Organisation mangle, daß namentlich jede Bestimmung in der Satzung fehle, die zu der Annahme berechtigen könnte, der beklagte Verein sei als Arbeitgeberverband gewollt und geeignet, um mit wohlorganisierten Arbeitnehmerverbänden Tarifverträge abschließen zu können; daß endlich dem beklagten Verein auch solche Anwälte als Mitglieder angehörten, die keine eigene Kanzlei hätten, ja zum Teil ihrerseits im Abhängigkeitsverhältnis zu Berufskollegen stünden, und daß auf diese Weise in der Frage des Tarifvertrags auch solche Mitglieder mitstimmen und vielleicht den Ausschlag geben könnten, die an der Angelegenheit kein eigenes Interesse hätten.

Die Verordnung vom 23. Dezember 1918 enthält keine Angaben darüber, wie die von ihr erwähnten Vereinigungen von Arbeitgebern beschaffen sein müssen, damit die Verordnung auf sie Anwendung finden kann. Schon seit Erlaß der Verordnung besteht in dieser Hinsicht Meinungsverschiedenheit, gerade auch über die Frage, ob Anwaltsvereine als derartige Vereinigungen von Arbeitgebern anzusehen sind. Entscheidungen von Schlichtungsausschüssen liegen sowohl in bejahendem Sinne vor (Schlichtungsausschuß in Dortmund, 29. September 1921, erwähnt in „Schlichtungswesen" vom Januar 1922 S. 9), als in verneinendem Sinne (Schlichtungsausschuß München-Stadt, 22. November 1921 und 28. April 1923, abgedruckt in „Schlichtungswesen" vom Januar 1922 S. 9 und vom Juli 1923 S. 128). Im Schrifttum hat sich namentlich Baum in der JW. 1919 S. 73 im bejahenden Sinne ausgesprochen, jedoch vielfach Widerspruch gefunden, z. B. Giesberts und Sitzler, Erläuterungen zur Tarifvertragsverordnung A. 2c zu § 1, Dannehl in der Sozialen Praxis Bd. 29 S. 597.

Bei Beurteilung der Frage muß man davon ausgehen, daß ein Rechtsanwalt seiner Stellung und seinen beruflichen Aufgaben nach keineswegs mit Notwendigkeit Arbeitgeber ist. Bekanntermaßen kommt es häufig vor, daß jemand, der sich dem Anwaltsberuf widmen will, nicht sofort eine eigene Kanzlei mit Hilfspersonal errichtet, sondern vorerst als Hilfsarbeiter in eine schon bestehende Kanzlei eintritt, dort aber alle in den Anwaltsberuf einschlägigen Geschäfte besorgt. Auch kommt es unter den schwierigen Verhältnissen der heutigen Zeit vor, daß ein selbständiger Anwalt seine Geschäfte ohne Kanzleipersonal, mit Hilfe seiner Familienangehörigen, führt. Daraus geht hervor, daß die Beschäftigung von Kanzleipersonal, wenn sie auch in der überwiegenden Mehrzahl der Fälle stattfindet, doch etwas mit dem Anwaltsberuf nur äußerlich verbundenes ist, das ohne Beeinträchtigung der eigentlichen Tätigkeit des Anwalts auch fehlen kann.

Ist aber der einzelne Anwalt nicht notwendig ein Arbeitgeber, so kann auch das Zusammenschließen von Anwälten zu einem Verein, dessen Zwecke mit der Beschäftigung von Angestellten nichts zu tun haben, nicht zur notwendigen Folge haben, daß daraus eine Arbeitgebervereinigung im Sinne der Tarifvertragsverordnung entstünde.

Auf der anderen Seite schließen es aber die erwähnten Umstände keineswegs grundsätzlich aus, daß ein Anwaltsverein in der Eigenschaft eines Arbeitgeberverbandes tätig wird. Wenn der Verein es sich zur Aufgabe setzt, die Verhältnisse zwischen seinen tatsächlich arbeitgebenden Mitgliedern und ihren Angestellten durch Tarifvertrag zu regeln, dann erhält er eben durch diese Aufgabe die Eigenschaft eines Arbeitgeberverbandes, ohne daß dem die Zugehörigkeit nicht arbeitgebender Mitglieder zum Verband im Wege stünde. Davon, daß etwa letztere Mitglieder zu denjenigen Personen zu rechnen wären, deren Vereinigung die andere Partei des Tarifvertrags bildet, kann keine Rede sein.

Nach alledem muß für die streitige Frage ausschlaggebend sein, ob in der Satzung vorgesehen ist, daß die Regelung der Arbeitsverhältnisse von Angestellten und namentlich der Abschluß von Tarifverträgen zu den Aufgaben des Vereins gehört.

Diesen Standpunkt nimmt auch der Entwurf eines Tarifvertragsgesetzes ein, der im Jahre 1921 von einem nicht amtlichen Ausschuß eingereicht und im Reichsarbeitsblatt 1921 S. 491 abgedruckt ist; dort heißt es in § 4: Tariffähig sind Vereinigungen von Arbeitgebern oder Arbeitnehmern, deren Satzung den Abschluß von Tarifverträgen vorsieht und Bestimmungen darüber enthält: 1. von welchen Organen und in welcher Weise Beschlüsse in Tarifangelegenheiten gefaßt und beurkundet werden; 2. welche Organe die Vereinigungen vertreten und wie sie berufen werden. Das Erfordernis einer ausdrücklichen Satzungsbestimmung wird hier also ganz allgemein und auch für solche Vereinigungen aufgestellt, die ausschließlich aus wirklichen Arbeitgebern bestehen.

Auch im Schrifttum findet dieser Standpunkt Billigung, namentlich auch hinsichtlich der Anwaltsvereine, vgl. z. B. Erdel in „Schlichtungswesen" 1921 S. 117, Hueck in der JW. 1921 S. 613. Auf einem ähnlichen Standpunkt steht die Entscheidung des Reichsarbeitsministers vom 16. Oktober 1922, abgedruckt in „Schlichtungswesen" vom Januar 1923 S. 7. Es heißt darin: „Ein Anwaltsverein wird dann als tariffähig anzusehen sein, wenn zu seinen Aufgaben die Wahrnehmung der wirtschaftlichen Arbeitgeberinteressen der Mitglieder gehört — die Vertretung sonstiger wirtschaftlicher Interessen, z. B. in Gebührenfragen und ähnl., genügt nicht — und sich die Ermächtigung des Vereins zum Abschluß von Tarifverträgen aus seiner Satzung oder tatsächlichen Übung ergibt."

Das Berufungsgericht ist deshalb richtig verfahren, indem es die Satzung des beklagten Vereins nach der Richtung geprüft hat, ob aus ihr entnommen werden kann, daß der Abschluß von Tarifverträgen zu den Aufgaben des Vereins gehören soll, und hiervon die Entscheidung abhängig gemacht hat. Seine Verneinung der Frage begegnet keinem rechtlichen Bedenken. Die Revision bekämpft die eingangs angeführten Erwägungen des Berufungsurteils zu diesem Punkt nach zwei Richtungen. Gegenüber dem Hinweis des Urteils auf die jederzeit offenstehende Möglichkeit des Austritts aus dem Verein beruft sich die Revision auf das Urteil RGZ. Bd. 104 S. 327, in dem ausgeführt sei, daß der Austritt aus einem beim Tarifvertrag beteiligten Verband nicht ungebührlich erschwert werden dürfe, und will daraus folgern, daß die Leichtigkeit des Austritts nicht gegen die Tariffähigkeit des Vereins verwertet werden könne. Ferner will die Revision die Erwägung nicht gelten lassen, daß das Vorhandensein und das Stimmrecht solcher Mitglieder, die keine Angestellten und deshalb kein Interesse an der Sache hätten, von Bedeutung für die Frage der Tariffähigkeit sei. Diesen beiden Angriffen braucht jedoch nicht weiter nachgegangen zu werden, weil das Berufungsgericht die angegriffenen Erwägungen nicht als selbständige Gründe für die Entscheidung verwertet hat, sondern nur als Auslegungsbehelfe für die Frage, ob aus der Satzung entnommen werden könne, daß der Abschluß von Tarifverträgen unter die Aufgaben des Vereins falle. Die Verneinung dieser Frage ist aber auch dann als gerechtfertigt anzuerkennen, wenn man die angegriffenen Auslegungsbehelfe ganz beiseite läßt.

---

41. Ist die Geldentwertung auch bei solchen Ansprüchen zu berücksichtigen, die nicht aus zweiseitigen Verträgen herrühren?

VI. Zivilsenat. Urt. v. 8. November 1923 i. S. E. (Bekl.) w. E. u. Gen. (Kl.). VI 12/23.

I. Landgericht Weimar. — II. Oberlandesgericht Jena.

Die Mutter der Kläger hatte einem Weinhändler R. für eine Forderung eine Anzahl ihr und ihren Söhnen gehöriger Möbel und Wirtschaftsgegenstände übereignet mit der Abrede, daß sie sie gegen einen Mietzins weiter benutzen und zurückkaufen könne. Da sie ihren Verpflichtungen nicht nachkam, erwirkte R. ein Urteil auf Herausgabe der Sachen; der Beklagte befriedigte den R., ließ sich in dessen Rechte einsetzen und nahm die Sachen an sich. Die Kläger behaupten, der Beklagte habe die Gegenstände für sie erworben und sei ihnen zur Herausgabe gegen Zahlung seiner Auslagen verpflichtet. Die Revision des Beklagten gegen das der Klage stattgebende Urteil des Oberlandesgerichts hatte Erfolg.

Aus den Gründen:

... Die Annahme des Berufungsrichters, daß der Beklagte als Geschäftsführer ohne Auftrag gehandelt habe und aus diesem Gesichtspunkte zur Herausgabe der geforderten Gegenstände verpflichtet sei, begegnet keinem rechtlichen Bedenken. Trotzdem mußte das Urteil aufgehoben werden, da es der Geldentwertung nicht Rechnung trägt, die auch bei Vertragsverhältnissen der vorliegenden Art ebenso zu berücksichtigen ist, wie bei zweiseitigen Verträgen, und auf die der Beklagte bereits in den Vorinstanzen hingewiesen hatte. Nach dem

Urteil soll der Beklagte die Gegenstände gegen Zahlung von 755 ℳ nebst 5 % Zinsen seit dem 22. Juni 1914 herausgeben. Er soll also an Stelle des im Jahre 1914 in vollwertigem Gelde hingegebenen Betrags nur den gleichen Nennbetrag in Papiermark erhalten, was nach dem Stande der Geldentwertung zur Zeit des angefochtenen Urteils einer Versagung der Erstattung seiner Aufwendungen gleichkäme. Ein solches Ansinnen würde gegen Treu und Glauben im Sinne des § 242 BGB. verstoßen, um so mehr, als die Absicht der Beteiligten nur dahin gegangen sein kann, daß der Beklagte durch sein Eintreten für die Kläger keinen Nachteil erleiden sollte. Einem dahingehenden Antrage der Kläger hätte das Berufungsgericht nicht stattgeben dürfen.

Dies würde selbst dann zu gelten haben, wenn der Beklagte sich in Verzug befunden hätte; denn auch dann kann ihm nicht zugemutet werden, die Herausgabe gegen ein völlig entwertetes Entgelt seiner Aufwendungen zu bewirken. Auch in diesem Falle wäre er berechtigt, die angemessene Aufwertung des Entgeltes zu verlangen und, falls der andere Teil sie ablehnt, die eigene Leistung zu verweigern. Allerdings soll er damit dem vertragstreuen Teile gegenüber keinerlei Begünstigung erfahren. Nur darf nicht von ihm verlangt werden, daß er für den von außen her auf die Gestaltung des Schuldverhältnisses einwirkenden Währungsverfall einsteht. In solchen Fällen ist es Sache des Tatrichters, die Interessen der beiden Parteien unter Berücksichtigung ihres gesamten Verhaltens und ihrer Verhältnisse gegeneinander abzuwägen und einen gerechten und billigen Ausgleich zu finden. (Urteil des Senats vom 29. Oktober, oben S. 124.)

---

42. 1. Kann der Aufwertungseinwand noch in der Revisionsinstanz mit Erfolg erhoben werden?
2. Schließt Lieferungsverzug des Verkäufers dessen Aufwertungseinwand aus?

III. Zivilsenat. Urt. v. 10. November 1923 i. S. K. (Bekl.) w. C. (Kl.). III 54/23.

I. Landgericht Mainz. — II. Oberlandesgericht Darmstadt.

Der Kläger kaufte im Oktober 1921 von der Beklagten einen Probewaggon Buchenscheitholz zum Preise von 3100 ℳ für 10000 kg zur alsbaldigen Lieferung. Nach verschiedenen Mahnungen sandte die Beklagte am 24. Februar 1922 einen Waggon Buchenholz, den der Kläger am folgenden Tage als völlig minderwertig zur Verfügung stellte, und den die Beklagte auch vorbehaltlos zurücknahm. Eine Ersatzlieferung lehnte sie jedoch ab. Der Kläger klagte deshalb auf Lieferung eines Waggons Buchenscheitholz zum Vertragspreise. Die Vorinstanzen gaben der Klage statt. Die Revision der Beklagten hatte Erfolg.

Aus den Gründen:

... Die Revision hat weiter auf die Geldentwertung hingewiesen, die bewirke, daß das Wertverhältnis zwischen Geld- und Sachleistung, das zur Zeit des Vertragsschlusses bestand, sich inzwischen in unerträglicher Weise zuungunsten der letzteren verschoben habe. Vor dem Tatrichter hatte die Beklagte auf diesen Gesichtspunkt nicht hingewiesen, er ist deshalb von ihm auch nicht erörtert und gewürdigt worden. Nun läßt sich zwar nicht verkennen, daß der Aufwertungseinwand in der Revisionsinstanz nicht mehr mit Erfolg erhoben werden kann, wenn er sich auf neue Tatsachen stützt, deren Vorbringen im zweiten Rechtszuge versäumt worden ist und im dritten Rechtszuge nicht nachgeholt werden darf (§ 561 ZPO.). Er fällt aber lediglich in das rechtliche Gebiet und rügt eine Verletzung des materiellen Rechts, wenn die Sache so liegt, daß der Käufer — für jeden erkennbar — die Folgen der nach dem Vertragsschluß eingetretenen Geldentwertung allein auf den Verkäufer abwälzen will und die Sachleistung für einen Preis verlangt, der zu dieser infolge der Wirtschaftsumwälzung in einem auffallenden Mißverhältnis steht. Ein solches Verlangen verstößt gegen Treu und Glauben und damit gegen die Vorschrift des § 242 BGB. Dieser verpflichtet jeden Schuldner, auch den Geldschuldner, seine Leistung so anzubieten und zu bewirken, wie es Treu und Glauben mit Rücksicht auf die Verkehrssitte erfordern, und dieser Schuldnerpflicht entspricht die selbstverständliche Pflicht des Gläubigers, seinen Erfüllungsanspruch gleichfalls dem Gesetze von Treu und Glauben unterzuordnen und von dem Schuldner nichts zu verlangen, was über die durch § 242 BGB. gesteckten Grenzen seiner Erfüllungspflicht hinausgeht. Der Geldschuldner und Sachgläubiger kann sich auch der Geldaufwertung nicht schlechthin durch Berufung auf den Verzug des Sachschuldners entziehen. Der Verzug macht diesen zwar schadensersatzpflichtig (§§ 286 Abs. 1, 287 BGB.). Sind aber die dem Gläubiger günstigen Verzugsfolgen aus dem Gesichtspunkte des Schadensersatzes zu beurteilen, so finden auch die §§ 249 flg. insbes. § 252 BGB. auf sie Anwendung. Der Sachgläubiger hat danach zwar Anspruch auf Ersatz des entgangenen Gewinnes, aber nur desjenigen Gewinnes, der nach dem gewöhnlichen Laufe der Dinge oder den besonderen Umständen des Falles mit Wahrscheinlichkeit zu erwarten war. Er darf daher über einen nach § 252 BGB. zu berechnenden Gewinn die Preisaufwertung nicht verweigern, wenn er auf Sachleistung besteht, anderenfalls verstößt er gegen Treu und

Glauben; und liegt es nach den allbekannten Wirtschaftsverhältnissen offen zutage, daß er es tut, so darf der Tatrichter auch ohne ausdrückliche Rüge diesen Verstoß gegen § 242 BGB. nicht zulassen. Zur Zeit des Berufungsurteils vom 1. Dezember 1922 wurden nun, wie gerichtsbekannt, für eine Goldmark etwa 40 mal mehr Papiermark gezahlt als Ende Oktober 1921, zur Zeit des Vertragsschlusses. Daß dem Kläger ein so ungeheurer Gewinn auf Kosten der Beklagten zufällt, steht mit der Rechtsordnung in Widerspruch. Selbstverständlich darf auch der Sachgläubiger — worauf schon das Urteil des Feriensenats vom 6. August 1923 (RGZ. Bd. 106 S. 422) hinweist — keinen Schaden erleiden. Zur Abwägung und zum Ausgleiche der beiderseitigen Interessen muß daher das Urteil aufgehoben und die Sache an das Berufungsgericht zurückverwiesen werden.

---

43. Kann der Verpächter die Lösung des Pachtverhältnisses wegen Veränderung der wirtschaftlichen Verhältnisse verlangen, solange noch ein billiger Ausgleich der beiderseitigen Interessen im Wege der Erhöhung des Pachtzinses durch Pachteinigungsamt oder Gericht möglich ist?

III. Zivilsenat. Urt. v. 10. November 1923 i. S. v. C. (Kl.) w. H. u. Gen. (Bekl.). III 261/23.

I. Landgericht Chemnitz. — II. Oberlandesgericht Dresden.

Der Kläger, Besitzer der Familienanwartschaft O. (Freistaat Sachsen), verpachtete im Jahre 1914 das hierzu gehörige etwa 70 ha große Rittergut B. für die Zeit vom 1. Juli 1914 bis zum 30. Juni 1926 an die Beklagten. Der Pachtzins betrug 6300 *M* jährlich und wurde später auf 6252 *M* herabgesetzt. Um eine Erhöhung zu erwirken, wandte sich der Kläger im Jahre 1921 an das zuständige Pachteinigungsamt, und in dem dadurch veranlaßten Verfahren setzte das Oberpachteinigungsamt durch Beschluß vom 4. November 1921 den Pachtzins für die Zeit vom 1. Juli 1920 bis zum 30. Juni 1921 auf 16000 *M* und für die Zeit vom 1. Juli 1921 bis zum 30. Juni 1922 auf 26000 *M* fest. Eine weitere Erhöhung des Pachtzinses fand bis zur Verkündung des Berufungsurteils nicht statt. Der Kläger war mit jener Festsetzung nicht zufrieden und verlangte für die Zeit seit dem 1. Juli 1922 Bemessung des Pachtzinses auf Grund der sog. Roggenskala in der Weise, daß der Pachtzins nach dem Roggenpreis am letzten Tage vor Beginn eines jeden Kalendervierteljahrs und zwar als das arithmetische Produkt dieses Preises und der Roggenmenge von 731,23 Zentnern, die nach den Preisen vor dem Kriege dem ursprünglichen Pachtzins entsprochen habe, geteilt durch 4, für jedes einzelne Kalendervierteljahr zu bestimmen sei. Die Beklagten lehnten nicht jede Erhöhung des Pachtzinses, wohl aber seine Bemessung nach der Roggenskala ab. Der Kläger verlangte daher Aufhebung des Pachtverhältnisses und beantragte klagend, festzustellen, daß der Pachtvertrag seine Wirksamkeit vom 1. Juli 1922 oder doch vom 1. Januar 1923 an verloren habe. Die Klagebegründung ging, soweit sie für die Revisionsinstanz allein noch von Bedeutung ist, dahin, daß dem Kläger die Erfüllung des Vertrags nicht mehr zuzumuten sei, weil die Gegenleistung der Beklagten infolge der Geldentwertung in einem unbilligen Verhältnis zu seinen, des Klägers, Leistungen stehe. Die Klage wurde abgewiesen, die Berufung des Klägers zurückgewiesen. Auch seine Revision blieb ohne Erfolg.

Gründe:

Das Berufungsgericht führt im wesentlichen folgendes aus: Allerdings könne die Aufhebung eines auf bestimmte Zeit abgeschlossenen Pachtvertrags vor Ablauf der Vertragsdauer gefordert werden, wenn sich die Verhältnisse infolge wirtschaftlicher Umwälzungen derart änderten, daß die Aufrechterhaltung des Vertrags dem einen Vertragsteil nach Treu und Glauben mit Rücksicht auf die Verkehrssitte nicht mehr zuzumuten sei. Die Berechtigung zur Aufhebung könne unter Umständen auch daraus abgeleitet werden, daß der Pachtzins in einem schlechthin unerträglichen Mißverhältnis zu der Leistung stehen würde, die der Verpächter durch Überlassung des Pachtgutes gewähre. Dies lasse sich aber hier zurzeit nicht feststellen. Das Oberpachteinigungsamt habe bei der Festsetzung eines erhöhten Pachtzinses, wie die Begründung seines Beschlusses ergebe, die Interessen beider Parteien sorgfältig gegeneinander abgewogen und die Steuerlast, die Steigerung aller Ausbesserungs- und Verwaltungskosten, die Bodenbeschaffenheit, die normalen Bodenerträgnisse und die Lage des Pachtgrundstückes, sowie die immer weiter fortschreitende Geldentwertung berücksichtigt. Es könne nicht anerkannt werden, daß die bisher festgesetzten Erhöhungen so gering seien, daß dem Kläger die Fortsetzung des Pachtverhältnisses schon für die vom 1. Juli 1920 und 1. Juli 1921 an laufenden beiden Pachtjahre nicht habe zugemutet werden können, und darum ebensowenig, daß der Kläger vom Pachteinigungsamt eine seine Interessen gerecht berücksichtigende Festsetzung für die Zeit vom 1. Juli 1922 an von vornherein nicht zu erwarten habe. Eine Bemessung des Pachtzinses nach der Roggenskala könne der Kläger gemäß § 1 des Reichsgesetzes vom 29. Juni 1922 zur Verlängerung der Pachtschutzordnung und § 2 der entsprechenden sächsischen Landespachtschutzordnung vom 9. Dezember 1922 mangels Zustimmung der beklagten Pächter nicht verlangen, er könne also auch nichts daraus herleiten, daß die Beklagten dieses Verlangen abgelehnt hätten. Übrigens ließen, wie dem Berufungsgericht bekannt sei, die Pachteinigungsämter bei der Bemessung eines billigen Pachtzinses die Roggenskala keineswegs außer Betracht. Solange demnach der Kläger es unterlasse, für die Zeit vom 1. Juli 1922 ab wegen Festsetzung des Pachtzinses das Pachteinigungsamt anzurufen, oder, sofern dies zulässig sein sollte, auf Erhöhung des Pachtzinses vor dem ordentlichen Gericht zu klagen, sei nicht dargelegt, daß er für diese Zeit den Beklagten das Pachtgrundstück zu einem so geringen Pachtpreise zu überlassen gezwungen sei, daß ihm die Fortsetzung des Pachtverhältnisses nach Treu und Glauben mit Rücksicht auf die Verkehrssitte nicht zugemutet werden könne. Dieser Auffassung des Berufungsgerichts ist im Ergebnis beizutreten.

Für die Entscheidung, ob veränderte Verhältnisse eine Aufhebung oder Abänderung bestehender Verträge auch gegen den Willen des einen Vertragsteils rechtfertigen, ist immer von dem Grundsatze von Treu und Glauben auszugehen, der nebst der Rücksicht auf die Verkehrssitte für die Auslegung und Erfüllung von Verträgen maßgebend ist (BGB. §§ 157, 242). Von diesem Grundsatz aus liegt es aber durchaus nahe, die schärfere Folge einer Vertragsaufhebung nur da als geboten und gerechtfertigt anzusehen, wo eine Ausgleichung der beiderseitigen Interessen nicht durch das mildere Mittel einer Änderung der Vertragsleistungen bei Fortbestand des Vertragsverhältnisses im übrigen zu erwarten ist. Zu der gleichen Beurteilung führt aber auch der Inhalt der den Pachtschutz regelnden Vorschriften, insofern sie, auch die Interessen der Verpächter berücksichtigend, den Zweck haben, eine Regelung streitiger Fragen möglichst unter Aufrechterhaltung des Pachtverhältnisses derart herbeizuführen, daß den Interessen beider Vertragsteile ausreichend Rechnung getragen wird. Der erkennende Senat hat in einem Urteil vom 26. Juni 1923 III 816/22 mit Rücksicht auf die durch die Mieterschutzvorschriften gegebene Möglichkeit einer Ausgleichung der beiderseitigen Interessen dem Vermieter schon für die Zeit vor dem Inkrafttreten des Reichsmietengesetzes eine Lösung des Mietverhältnisses aus dem Gesichtspunkt der clausula rebus sic stantibus versagt. In der Begründung ist die Möglichkeit einer Einführung von Höchst- und Richtmieten auf Grund des § 5a der Mieterschutzverordnung hervorgehoben, die einen Ausgleich der Interessen des Vermieters und des Mieters zulassen, und weiter ausgeführt: die Gesetzgebung habe also zur Zeit der Klagerhebung bereits eine Entwicklung genommen, die darauf hinweise, daß damit der Weg vorgezeichnet werden sollte, auf dem auch das Bedürfnis des Vermieters nach Erlangung einer angemessenen Gegenleistung zu befriedigen sei; mit diesem Rechtszustand sei die Annahme, daß eine freie Kündigungsbefugnis aus dem Gesichtspunkt der clausula rebus sic stantibus daneben noch fortbestanden habe, nicht zu vereinbaren. Ähnliche Erwägungen ergeben sich auch aus dem Inhalt der Pachtschutzvorschriften. Nach § 1 der Reichspachtschutzordnung vom 9. Juni 1920 können die von den Landesbehörden errichteten Pachteinigungsämter unter Ausschluß des Rechtswegs bestimmen, daß Leistungen, die unter den veränderten wirtschaftlichen Verhältnissen nicht oder nicht mehr gerechtfertigt sind, anderweit festgesetzt werden. Nach dieser für Grundstücke jeder Größe geltenden, mit einzelnen Änderungen auch im Reichsgesetz zur Verlängerung der Pachtschutzordnung vom 29. Juni 1922 aufrechterhaltenen Bestimmung ist für Pachtverhältnisse ein Weg gegeben, auf dem das Bedürfnis des Verpächters nach Erlangung einer angemessenen Gegenleistung zu befriedigen ist. Auch hier erscheint daher die Folgerung geboten, daß eine freie Kündigungsbefugnis aus dem Gesichtspunkt der clausula rebus sic stantibus daneben nicht zuzulassen ist. Dem Kläger muß deshalb die Lösung des Pachtverhältnisses versagt und seine Fortsetzung zugemutet werden, solange noch ein billiger Ausgleich durch Erhöhung des Pachtzinses nach den bestehenden Vorschriften möglich ist. Das Berufungsgericht hat daher mit Recht den Kläger auf eine Anrufung des Pachteinigungsamtes oder auch des ordentlichen Gerichtes verwiesen und die Abweisung der Klage bestätigt. Die hier gebilligte Entscheidung steht, entgegen der Annahme der Revision, mit den in RGZ. Bd. 100 S. 129 und Bd. 104 S. 218 veröffentlichten Urteilen des erkennenden Senats nicht im Widerspruch. Wenn in Bd. 104 S. 218 dargelegt ist, daß bezüglich einer Erhöhung des Pachtzinses die Befugnisse des Pachteinigungsamts und die Zuständigkeit des Gerichts zu scheiden und voneinander unabhängig seien, so folgt daraus für die Frage einer Aufhebung des Pachtverhältnisses nichts weiter, als daß auch in diesem Punkte, soweit hier das Pachteinigungsamt überhaupt angerufen werden kann, die beiderseitigen Zuständigkeiten selbständig nebeneinander laufen. Eine andere, in Bd. 104 S. 218 nicht entschiedene Frage aber ist, ob nicht die sachliche Berechtigung des Aufhebungsverlangens durch die Möglichkeit eines anderweitigen Interessenausgleiches berührt wird. Nur um diese Frage aber handelt es sich hier. Aus RGZ. Bd. 100 S. 129 folgt nur, daß der Verpächter eine Erhöhung des Pachtzinses nicht verlangen kann, also gegebenenfalls auf das Aufhebungsverlangen beschränkt ist, wenn der Pächter das Pachtverhältnis nicht fortsetzen will. Dieser Fall liegt aber hier unzweifelhaft nicht vor. Die Pächter wollen das Pachtverhältnis fortsetzen, und der klagende Verpächter braucht nur seinerseits zu wollen, um eine Entscheidung, sei es des Pachteinigungsamts oder des Gerichts, über eine den wirtschaftlichen Veränderungen entsprechende Erhöhung des Pachtzinses herbeizuführen.

Der Revision ist zuzugeben, daß nach den hier anerkannten Grundsätzen eine Aufhebung des Pachtverhältnisses wegen Veränderung der Wert- und Preisverhältnisse, wenn nicht ausgeschlossen, so doch auf Ausnahmefälle, wie etwa den vom Berufungsgericht erwähnten Fall einer offenbar unbilligen Pachtzinsfestsetzung durch das Pachteinigungsamt, beschränkt wird. Dies liegt aber sowohl im Sinne der Pachtschutzvorschriften, wie des in erster Linie entscheidenden Grundsatzes von Treu und Glauben, und kann deshalb auch nicht als unbillig erachtet werden. Auch aus dem von der Revision hervorgehobenen Umstande, daß die Pachtschutzvorschriften bei kleineren Grundstücken eine Aufhebung des Pachtverhältnisses durch das Pachteinigungsamt vorsehen, ist nichts gegen die hier gebilligte Rechtsauffassung zu entnehmen. Die in Frage stehende Vorschrift in § 1a 3 der Reichspachtschutzordnung befaßt sich überhaupt nicht mit dem hier vorliegenden Fall des Einflusses veränderter wirtschaftlicher Verhältnisse und schließt jedenfalls nicht aus, daß im allgemeinen eine Lösung des Pachtverhältnisses gegen den Willen des anderen Teiles so lange nicht verlangt werden kann, als eine anderweitige Ausgleichung der beiderseitigen Interessen noch möglich ist. Auf die von der Revision weiter erörterte Frage der Angemessenheit des für die Zeit vor dem 1. Juli 1922 bestimmten Pachtzinses braucht hier nicht eingegangen zu werden. Daß er nicht derart gering war, daß dem Kläger deshalb schon damals eine Fortsetzung des Pachtverhältnisses nicht hätte zugemutet werden können, sagt das Berufungsgericht ausdrücklich, und diese tatsächliche Feststellung ist für die Revisionsinstanz maßgebend. Unbegründet ist endlich die Meinung der Revision, das Berufungsurteil sei schon deshalb nicht haltbar, weil mangels Feststellung eines höheren Pachtzinses durch das Pachteinigungsamt seit dem 1. Juli 1922 der auch nach der Auffassung des Berufungsgerichts unangemessene ursprüngliche Vertragspachtzins zu entrichten sei. Es stand und steht im Belieben des Klägers, auch für diese spätere Zeit eine Festsetzung herbeizuführen. Der Kläger will aber, wie sich aus seinen Darlegungen ergibt, die Festsetzungen des Pachteinigungsamtes nicht anerkennen und die Beklagten zur Bewilligung von Pachtzinsbeträgen nach der Roggenskala zwingen. Darauf aber hat er, wie auch das Berufungsgericht zutreffend annimmt, kein Recht. Daß die Pachteinigungsämter nach den bestehenden Vorschriften gar nicht in der Lage seien, eine der fortlaufenden Geldentwertung von vornherein Rechnung tragende Bestimmung über den Pachtzins zu treffen, ist nicht richtig. Wenn auch eine Umwandlung der Geldpacht in eine Naturalwertpacht nur mit Zustimmung beider Vertragsteile stattfinden darf, so ist doch nicht abzusehen, weshalb das

Pachteinigungsamt nicht in anderer Weise, z. B. durch Festsetzung in Goldmark, einen der Geldentwertung selbsttätig folgenden Pachtzins sollte bestimmen können. Zudem bleibt dem Kläger in jedem Falle gemäß RGZ. Bd. 104 S. 218 die Möglichkeit einer Anrufung des Gerichts.

---

44. 1. Wann liegt Unmöglichkeit der Leistung vor?
2. Kann der Schuldner einer Sachleistung die Aufwertung seiner Geldgegenforderung auch dann verlangen, wenn er selbst in Leistungsverzug geraten ist?

VI. Zivilsenat. Urt. v. 12. November 1923 i. S. R. u. B. (Bekl.) w. S. u. H. (Kl.). VI 1286/22.

I. Landgericht Dresden, Kammer f. Handelssachen. — II. Oberlandesgericht daselbst.

Die Klägerin verlangt von der Beklagten auf Grund eines Anfang Dezember 1919 abgeschlossenen Vertrags Lieferung von vier verschiedenen Posten Holzschrauben zu bestimmten Preisen. Die Beklagte verweigert die Leistung und macht u. a. geltend, die Lieferung sei ihr wegen Warenmangels unmöglich gewesen; außerdem seien unter dem Drucke der allgemeinen Veränderung der wirtschaftlichen Verhältnisse und der Geldentwertung die Schraubenpreise derart gestiegen, daß die vereinbarten Geldbeträge entfernt nicht mehr als das vertragsmäßige Entgelt angesehen werden könnten; es verstoße gegen Treu und Glauben, wenn die Klägerin, um einen völlig ungerechtfertigten und ganz übermäßigen Gewinn zu machen, auf der Leistung bestehe. Das Berufungsgericht hat diese beiden Einwendungen zurückgewiesen. Die Revision hatte Erfolg.

Aus den Gründen:

1. Die Beklagte hat unter Benennung von Zeugen und Hinweis auf Sachverständigengutachten geltend gemacht, daß infolge Mangels an Eisen und Eisendraht die in Frage stehenden Schrauben — zu ergänzen ist anscheinend: zur Zeit des Abschlusses und der Fälligkeit der Lieferung — von den sie herstellenden Fabriken nicht hätten geliefert werden können; ebenso wie bei dem Verband deutscher Holzschrauben-Fabriken habe die Beklagte bei mehreren von ihr angegangenen Großhandlungen abschlägigen Bescheid erhalten, auch in anderen Schrauben ihre Kundschaft rationieren müssen, weil sie nicht genug geliefert bekommen habe.

Demgegenüber hat das Berufungsgericht darauf hingewiesen, daß damals die Holzwarenindustrie keineswegs stillgelegen habe, Holzschrauben deshalb bei ihr vorhanden gewesen sein müßten, und zwar in viel größeren Mengen, als sie hier in Betracht kämen. Dem würde es — sagt das Berufungsgericht — auch nicht entgegenstehen, wenn die von der Beklagten beantragten Beweiserhebungen das erwartete Ergebnis haben würden. Diese Beweisanträge beträfen gar nicht die Frage, ob Werke, die Holzschrauben in ihrem Betriebe verbrauchten, noch Vorräte in ihnen hatten und deshalb auch in der Lage waren, an die Klägerin Holzschrauben abzugeben, sondern nur die Frage, ob die Beklagte die Möglichkeit hatte, sich solche zu verschaffen. Soweit aber die Beklagte behaupten wolle, es sei nur für sie unmöglich gewesen, die Ware zu liefern, stehe diese Behauptung dem Erfüllungsanspruch des Klägers nicht entgegen. Da es sich um ein von Anfang an vorhandenes Unvermögen handeln würde, erscheine die Klage auf Lieferung ohne weiteres zulässig, um so mehr als die Beklagte dafür einstehen müsse, daß die von ihr verkaufte Ware lieferbar gewesen sei, und das Unvermögen überdies auch noch nicht feststehe.

Das Berufungsgericht hält also den Einwand der Unmöglichkeit der Leistung für unbegründet, weil die Beklagte sich Schrauben der benötigten Art bei Verbrauchern (Käufern) solcher, in den Kreisen der damit versehenen Holzwarenindustrie, hätte verschaffen können. Hierin tritt, wie auch die Revision zutreffend gerügt hat, eine rechtliche Verkennung der an den Nachweis der Unmöglichkeit der Leistung zu stellenden Anforderungen zutage. Es steht die Möglichkeit einer Gattungsschuld (§ 279 BGB.), vielleicht einer auf den Lagerbestand der Beklagten beschränkten Gattungsschuld (RGZ. Bd. 84 S. 125, JW. 1918 S. 130, 180; RGU. v. 10. Mai 1918 III 7/18) in Frage. Diese Unmöglichkeit ist grundsätzlich in wirtschaftlichem Sinn zu denken; Unmöglichkeit wird schon dann angenommen, wenn die Möglichkeit der Abwicklung des Kaufgeschäfts erst in einem Zeitpunkt eintreten kann, wo wirtschaftlich für beide Teile die ursprünglichen Vertragspflichten, wenn sie dann noch erfüllt werden müßten, in wesentlicher Weise verändert sein würden (RGZ. Bd. 42 S. 114, JW. 1916 S. 487 Nr. 6, 1917 S. 595 Nr. 4 und S. 899 Nr. 2, RGU. v. 28. Nov. 1917 I 100/17). Auch im Sinne des § 279 BGB. kommt es grundsätzlich (vgl. RGZ. Bd. 88 S. 174, JW. 1919 S. 499 Nr. 3) entscheidend darauf an, ob die Ware durch Mittel beschafft werden kann, mit deren Anwendung nach Treu und Glauben zu rechnen ist. Regelmäßig wird es geschehen und vorausgesetzt sein, daß der Verkäufer die verkaufte Ware, wenn er sie nicht schon beim Vertragsschluß besitzt, am Markte ankauft. Dabei ist immer vorausgesetzt, daß die Ware am Markte vorhanden ist, gehandelt wird, ihren Marktpreis hat. Eine Ware, die sich bereits in den Händen der Verbraucher befindet — hier der Holzwarenfabrikanten, die die Schrauben zu verwenden haben —, ist nicht mehr am Markte. Daß die Beklagte die Schrauben etwa ohne alle Rücksicht auf den Preis aus dem Ausland hätte beziehen können und müssen, hat die Klägerin selbst nicht aufgestellt (vgl. RGZ. Bd. 57 S. 116, RGU. v. 12. April 1919 I 9/19). Das hier in Rede stehende Vorbringen der Beklagten würde daher, wenn bewiesen, ausreichen, den Tatbestand einer allgemeinen, objektiven Unmöglichkeit der Lieferung, nicht nur den eines subjektiven Unvermögens zu begründen.

Diese Unmöglichkeit, wenn bewiesen, kommt aber der Beklagten nur dann zustatten, wenn sie sie nicht etwa unter einem besonderen Gesichtspunkt zu vertreten hat (§§ 279, 275, 307 BGB.). Der Inhaber der beklagten Firma ist nicht Fabrikant (vgl. über solche Fälle bes. RGZ. Bd. 95 S. 264 und Warn. 1920 Nr. 66), sondern Händler. Aber auch als solcher muß er regelmäßig Kenntnis von der Marktlage haben, also auch wissen, ob für Ware, die er verkauft, Aussicht besteht, daß er sie erlange. Übernimmt er die Lieferung, so übernimmt er möglicherweise auch das Risiko der Lieferbarkeit (vgl. Warn. 1918 Nr. 220, RGU. v. 17. Sept. 1918 III 105/18). Ob dies im Einzelfall anzunehmen ist, ist nach dessen Umständen zu beurteilen (RGZ. Bd. 93 S. 17, JW. 1919 S. 570 Nr. 3, vgl. auch RGZ. Bd. 95 S. 267 oben), wofür hier die Umstände, wie sie Anfang Dezember 1919 lagen, ins Auge zu fassen wären. Dieser Gesichtspunkt ist bislang nicht erwogen worden; nach dem — hier rechtlich mißbilligten — Standpunkt des Berufungsgerichts war dies allerdings auch nicht geboten....

2. Der Fabrikatmangel, wie hier geltend gemacht, ist in der Regel nur eine zeitweilige Erscheinung, wie auch für den vorliegenden Fall unterstellt werden darf. Es kann sich daher in rechtlicher Beziehung die Frage erheben, ob eine solche zeitweilige Unmöglichkeit überhaupt ohne weiteres einer dauernden gleichgestellt und ihr die Beachtung nicht etwa schon deshalb versagt werden kann, weil in der Folge das Fabrikat wieder zu haben gewesen wäre. Vorgetragen ist darüber nichts, auf den Einwand der Unmöglichkeit gerade in dieser Richtung nicht geantwortet worden; dies darf dahin gedeutet werden, daß hinsichtlich dieses Punktes unter den Parteien Einverständnis bestanden hat. Es kann daher genügen, hier grundsätzlich beizufügen: Der Handel, namentlich auch der Warenhandel, ist nicht auf zeitlich unbegrenzte Lieferpflichten eingestellt. Der Käufer bestellt in der Regel nur, wenn er die Ware nötig hat, und er deckt sich anderweit ein, wenn er sie nicht sogleich erhalten kann. Der Verkäufer kann

sich nicht in seinen Dispositionen für unbestimmte Zeit binden lassen, sondern muß von solcher Bindung überhaupt absehen, wenn er ihr nicht im Zeitpunkt des Kaufantrags gewachsen ist. Deshalb darf eine solche Unmöglichkeit, wie sie hier in Frage steht, auch wenn ihr eine zeitliche Beschränkung innewohnt, als eine dauernde und endgültige bewertet werden, solange die Parteien nicht aus der Willensrichtung des gegebenen Vertragsverhältnisses heraus Abweichendes geltend machen. Vgl. im allgem. RGZ. Bd. 89 S. 206 (Miete), Bd. 105 S. 388 (Dienstvertrag). Auch in der Rechtsprechung über die Folgen militärischer und behördlicher Eingriffe ist stets daran festgehalten worden, daß solche zeitweilige Unmöglichkeit der dauernden gleichzustellen ist, wenn die Fortsetzung des Vertrags dem Gegner nicht zugemutet werden kann. Soweit der bisher festgestellte Sachverhalt erkennen läßt, scheint dies auch der Lage des hier gegebenen Falles zu entsprechen.

3. Die Beklagte hat mit ausführlicher Begründung auf die seit dem Vertragsschluß eingetretene starke Erhöhung der Schraubenpreise hingewiesen und auch hierauf ihre Leistungsverweigerung gestützt. Grundsätzlich ist eine Preissteigerung noch kein Grund, die Beklagte von der Lieferpflicht zu befreien (RGZ. Bd. 95 S. 41, Warn. 1922 Nr. 88); wie aber auch das Berufungsgericht nicht verkennt, handelt es sich hier nicht um Preissteigerung im eigentlichen Sinne, sondern um den Einwand der Veränderung der wirtschaftlichen Verhältnisse im allgemeinen, insbesondere um die Erscheinungen der allgemeinen Geldwertzerstörung und deren Einwirkung auf eine Pflicht zur Lieferung, deren Gegenwert in dem entwerteten Gelde ausgedrückt ist. Daß grundsätzlich das Vorliegen einer Gattungsschuld den Schuldner nicht hindert geltend zu machen, daß ihm die Leistung nicht zuzumuten sei, wird schon in RGZ. Bd. 99 S. 1 ausgeführt. Unter dem maßgebenden Gesichtspunkt des § 242 BGB. hatte das Berufungsgericht auf Grund der gegebenen Sachlage die Interessenabwägung vorzunehmen, wie sie in der Rechtsprechung des Reichsgerichts schon wiederholt (RGZ. Bd. 101 S. 83, Bd. 103 S. 332, Warneyer 1922 Nr. 35 S. 38 in Abs. 1, vgl. auch RGZ. Bd. 98 S. 18, Bd. 106 S. 8, Warneyer 1923 Nr. 29) gekennzeichnet ist. Die in dieser Hinsicht vom Berufungsgericht angestellten Erwägungen können aber weder in rechtlicher noch in tatsächlicher Hinsicht als erschöpfend gelten. Das Berufungsgericht spricht ein doppeltes aus: beklagterseits müsse man die Schwierigkeit der Beschaffung der Ware auf sich nehmen, weil man im Verzug sei, d. h. sich nicht rechtzeitig (sofort) eingedeckt habe; die Klägerin ihrerseits verstoße nicht gegen Treu und Glauben, wenn sie nur den vertragsmäßigen Geldbetrag zahlen wolle. In der ersteren Richtung erhellt ohne weiteres, daß es auch insoweit auf die Tat-

sachen wird ankommen können, womit beklagterseits die Unmöglichkeit dargetan werden soll, die Schrauben zu beschaffen. Bestanden dafür erhebliche Erschwernisse, so wird nicht wohl gesagt werden können, daß die Beklagte „ohne gerechtfertigten Grund" (RGZ. Bd. 103 S. 5 u. öfter) in diese Schwierigkeiten geraten sei. Im übrigen ist darauf hinzuweisen, daß die Ausführungen der Beklagten auch die Preislage von „heute" einbezogen haben und das Berufungsgericht danach in der Lage und verpflichtet war, die gesamte bis zur letzten mündlichen Verhandlung vorliegende Entwicklung zu berücksichtigen. Gerade seit Anfang August 1922 aber hatte die Geldentwertung Ausmaße angenommen, die eine erhöhte Berücksichtigung erfordern, und das Berufungsgericht wird noch zu erwägen haben, ob nicht wenigstens die seit diesem Zeitpunkt fortgeschrittene, alles bisherige weit hinter sich lassende Geldentwertung für die Beklagte sachdienliche Behelfe ergeben kann. Und dies auch dann, wenn das Berufungsgericht wiederum zum Ergebnis gelangen sollte, daß ihre Lieferungsweigerung oder -verzögerung nicht völlig gerechtfertigt sei. Wie der erkennende Senat jüngst (in seinem Urteil vom 29. Oktober 1923, oben S. 124) ausgesprochen hat, kann die Frage, ob die Geldgegenleistung im Verhältnis zum Werte der Sachleistung nach allgemeiner Auffassung des Wirtschaftslebens noch als ernsthaft zu nehmendes Entgelt anzusehen ist, gegebenenfalls unabhängig davon sein, ob sich der Schuldner vertragstreu verhalten hat oder nicht. Namentlich ist einem Schuldner, der in Leistungsverzug geraten ist, nicht deshalb schon zuzumuten, seine Leistung gegen ein völlig entwertetes Entgelt zu bewirken; unbeschadet seiner Schadensersatzpflicht nach §§ 286 flg. BGB. kann er einen Ausgleich durch Aufwertung des Geldbetrags, in dem das Entgelt ausgedrückt ist, wenn auch nicht immer im vollen Ausmaß der eingetretenen Entwertung, so doch nach einem alle Umstände des Einzelfalls billig berücksichtigenden Ermessen verlangen und im Falle der Versagung seine Leistung verweigern.

Eine ausreichende Würdigung dieser Gesichtspunkte läßt das angefochtene Urteil vermissen.... Auch bezüglich der Folgen der allgemeinen Veränderung der wirtschaftlichen Verhältnisse, so auch der Geldentwertung, kann übrigens nach Umständen eine Risikoübernahme durch die Beklagte in Frage kommen; eine solche wird aber immerhin nur als Ausnahme anzusehen sein (RGZ. Bd. 94 S. 47 unten) und der Darlegung besonderer Umstände bedürfen....

45. 1. Ist eine Ersatzzustellung gemäß § 184 Abs. 1 ZPO. gültig, die nicht an einen Beamten oder Bediensteten, sondern an eine zur Entgegennahme der Zustellung vorher rechtswirksam bevollmächtigte Person erfolgt?

2. Schließen die §§ 213, 215 HGB. jeden vermögensrechtlichen Anspruch des Aktionärs auf etwas anderes als den bilanzmäßigen Gewinn des verflossenen Geschäftsjahres für die Zeit des Bestehens der Aktiengesellschaft aus?

3. Zur Frage der Zulässigkeit der Gewährung sog. Gratisaktien.

II. Zivilsenat. Urt. v. 20. Februar 1923 i. S. Deutsch-Böhmische Kohlen- u. Brikett-Werke, A.-G. (Bekl.) w. P. u. Gen. (Kl.). II 36/22.

I. Landgericht Dresden. — II. Oberlandesgericht daselbst.

Die verklagte Aktiengesellschaft ist im Jahre 1906 mit einem Grundkapital von 3 Millionen Mark gegründet worden. Der Kläger Ignaz P. in Aussig (Tschechoslowake) übernahm Aktien im Betrage von 710000 ℳ, der Kläger Karl Ch. in Berlin (Deutscher) Aktien im Betrage von 90000 ℳ. Die Beklagte besaß die sämtlichen Anteile der Bodener Kohlenwerke G. m. b. H. in Boden und der Königsberger Kohlen- und Brikettwerke G. m. b. H. in Königsberg und die sämtlichen Kuxe der Sylvester-Gewerkschaft in Theussau. Die beiden Gesellschaften m. b. H. besitzen und betreiben Bergwerke in Böhmen; die Gewerkschaft besitzt daselbst Kohlenfelder. Das Aktivguthaben der Beklagten bestand nach der Behauptung der Kläger nur aus den genannten Geschäftsanteilen und Kuxen im Werte von 5,3 Millionen Mark; das vorhandene Bankguthaben der Beklagten soll nur zur Deckung der vorhandenen Schulden ausgereicht haben.

Auf den 27. Juni 1919 war die ordentliche Generalversammlung der Beklagten anberaumt. Sie wurde vertagt, weil die Befürchtung ausgesprochen worden war, daß auf Grund des Art. 297b des Versailler Vertrags, dessen Unterzeichnung für den 28. Juni nachmittags 3 Uhr erwartet wurde, der Bergwerks- und Kohlenfelderbesitz von der tschecho-slowakischen Regierung für die Entente liquidiert werden könnte. Diese Befürchtung gab den Anlaß zum Abschluß zweier notarieller Verträge vom 28. Juni 1919 zwischen der durch das Vorstandsmitglied Rudolf St. in Dresden vertretenen Beklagten und dem Advokaten Dr. K. in Prag. Nach dem ersten Vertrag übertrug die Beklagte die ihr gehörigen sämtlichen Geschäftsanteile der beiden vorgenannten Gesellschaften m. b. H. und nach dem zweiten Vertrage die ihr gehörigen sämtlichen Kuxe der Sylvester-Gewerkschaft an Dr. P. mit Rückwirkung vom 1. Januar 1919. Beide Verträge enthalten die Bestimmung, daß

Dr. K. berechtigt sei, binnen 2 Monaten zu erklären, daß er die Geschäftsanteile und Kuxe nicht für sich, sondern für die Kohlengewerkschaft Viktoria Tiefbau in Brüx oder für eine andere Gesellschaft erworben habe. Dr. K. verpflichtete sich im ersten Vertrage, den Aktionären der Beklagten nach Verhältnis ihres Aktienbesitzes als Entgelt für die Übertragung den Nennwert des Stammkapitals der beiden G. m. b. H., also die auf ihren Aktienbesitz verhältnismäßig entfallende Quote von 1298200 und 1184293,18 Kronen zu zahlen. In gleicher Weise sollte nach dem zweiten Vertrage der für die verkauften Kuxe der Sylvester-Gewerkschaft vereinbarte Kaufpreis von 1400000 Kronen von Dr. K. an die Aktionäre entrichtet werden. Beide Verträge enthalten dazu die weitere Bestimmung: „Die einzelnen Aktionäre sollen jedoch berechtigt sein, statt dieser Zahlung ein für allemal unter Nachweis ihres Aktienbesitzes und nach Maßgabe desselben bis 31. Dezember 1919 zu fordern, daß ihnen bzw. ihren Rechtsnachfolgern im Aktienbesitze die vom 1. Januar 1919 den Geschäftsanteilen der beiden Gesellschaften mit beschränkter Haftung zufließenden Gewinn- und Kapitalauszahlungen — die vom 1. Januar 1919 den Kuxinhabern etwa zufließenden Erträgnisse, Ausbeuten und Kapitalauszahlungen — abzüglich aller Unkosten, Steuern und öffentlichen Abgaben des Erwerbers oder der von ihm zu benennenden Gesellschaft vom Gesamtbetrieb und der Verwaltung der letzteren gewährt werden. Soweit vorstehend den Aktionären der veräußernden Gesellschaft Rechte eingeräumt worden sind, sollen diese Rechte durch gegenwärtigen Notariatsakt — Vertrag — unmittelbar entstehen (§ 328 BGB.)."

Beide Verträge geben der Beklagten endlich das Recht, „durch notariell beurkundete Erklärung gegenüber dem Erwerber (Käufer) bis 30. November 1919" von dem Vertrage „zurückzutreten, falls in einer einzuberufenden Generalversammlung der Aktiengesellschaft dem vorstehenden Notariatsakt die Genehmigung verweigert werden sollte".

Am 22. August 1919 übertrug Dr. K. trotz des inzwischen erfolgten Widerspruchs des Klägers P. sämtliche Geschäftsanteile und Kuxe auf die Gewerkschaft Viktoria Tiefbau in Brüx. Am 29. November 1919 fand in Dresden eine Generalversammlung der Beklagten statt. Punkt 1 der Tagesordnung lautete: „Anträge mehrerer Aktionäre: Beschlußfassung über Ausübung des Rücktrittsrechts, betreffend die beiden der Generalversammlung vom 13. September 1919 vorgelegten notariellen Verträge bzw. über die Genehmigung derselben." Hierzu beantragte Dr. St.: „Die Generalversammlung beschließt anzuerkennen, daß es einer Genehmigung der Verträge nicht bedarf, erklärt übrigens die Verträge anzuerkennen und ferner das Rücktrittsrecht nicht auszuüben." Der für Dr. Ernst P. in Berlin mit 200 Aktien erschienene Rechtsanwalt Dr. J. in Berlin stellte den Gegenantrag: „1. auszusprechen, daß die Verträge nichtig sind, 2. evtl. die Genehmigung zu verweigern." Der erste Antrag des Dr. J. wurde abgelehnt, der des Dr. St. dagegen angenommen. Beides geschah mit 1814 gegen 1180 Stimmen bei 6 Stimmenthaltungen. Die in der Minderheit verbliebenen Aktionäre widersprachen. Ihr Widerspruch wurde im Protokoll vermerkt. Über den zweiten Antrag des Dr. J. fand im Einverständnis aller Erschienenen keine Abstimmung statt.

Die Kläger haben beantragt, die erwähnten Beschlüsse für nichtig zu erklären. Sie haben ausgeführt, die Verträge vom 28. Juni 1919 seien wegen Verstoßes gegen die §§ 213, 215 HGB. gemäß § 134 BGB. schlechthin nichtig. Die Generalversammlung habe die Gültigkeit der nichtigen Verträge nicht, jedenfalls nicht mit einfacher Mehrheit, anerkennen und durch ihre Beschlüsse den Rücktritt von den Verträgen und deren Rückgängigmachung nicht verhindern dürfen. Die sich hierauf beziehenden Beschlüsse der Generalversammlung müßten deshalb gemäß §§ 271, 273 HGB. für nichtig erklärt werden. Die Klage werde indes nicht bloß auf § 271 HGB., sondern auch auf § 134 BGB. gestützt. Außerdem haben die Kläger die Klage auch mit Verletzung des § 4 des Gesellschaftsvertrags begründet. Endlich haben sie geltend gemacht, daß auch § 826 BGB. anzuwenden sei, weil in den Beschlüssen eine bewußte und gewollte Schädigung der Minderheit der Aktionäre durch die Mehrheit liege.

Die Beklagte hat die Zulässigkeit der Klage bestritten, da die in § 271 Abs. 2 HGB. vorgeschriebene Frist versäumt sei; im übrigen hat sie in Abrede gestellt, daß die Verträge vom 28. Juni 1919 gegen §§ 213, 215 HGB. verstießen und nichtig seien, sowie daß der § 826 BGB. Anwendung finden könne; die angefochtenen Beschlüsse enthielten auch, wenn die beiden Verträge nichtig sein sollten, keine Gesetzesverletzung. Die Nichtigkeit der Verträge bleibe von den Beschlüssen der Generalversammlung unberührt. Durch einen Beschluß, der es ablehne, die Nichtigkeit der Verträge anzuerkennen, und ebenso durch einen Beschluß, der die Genehmigung zu einer Veräußerung von Vermögenswerten verweigere, werde die Rechtslage in keiner Weise geändert. Endlich hat die Beklagte den Klägern entgegengehalten, sie verstießen gegen Treu und Glauben, wenn sie Verträge für nichtig erklärt haben wollten, an deren Abschluß sie selbst beteiligt gewesen seien und die sie auch hinterher ausdrücklich genehmigt hätten; die Kläger beabsichtigten, sich durch die Geltendmachung der Nichtigkeit der Verträge und die Anfechtung der Beschlüsse der Generalversammlung ungerechtfertigte Vermögensvorteile zu verschaffen; der Klage stehe die exceptio doli generalis entgegen.

Das Landgericht und das Oberlandesgericht haben dem Klagantrag entsprochen. Die Revision der Beklagten blieb ohne Erfolg.

Gründe:

Ohne Rechtsirrtum hat das Berufungsgericht angenommen, daß die einmonatige Anfechtungsfrist des § 271 Abs. 2 HGB. gewahrt ist. Gemäß § 171 Abs. 3 ZPO. genügt die ordnungsmäßige Zustellung der Klageschrift an je ein Mitglied des Vorstandes und Aufsichtsrats zur Erhebung der Anfechtungsklage. Nach den bedenkenfreien Feststellungen des Berufungsgerichts liegt eine ordnungsmäßige Zustellung der Klageschrift sowohl an ein Mitglied des Vorstandes als auch an zwei Mitglieder des Aufsichtsrats vor.

Zu Unrecht rügt die Revision Verletzung des § 191 Nr. 2 ZPO. Der Vermerk in den sämtlichen Zustellungsurkunden: „im Auftrage des Kaufmanns Ignaz P. und 1 Genosse Aussig" genügt den Erfordernissen der bezeichneten Vorschrift. Das Berufungsgericht stellt fest, daß die Zustellungsempfänger darüber völlig im klaren waren, von wem die Zustellung ausging. Aus den zum Zweck der Zustellung übergebenen beglaubigten Abschriften der Klageschrift war zweifelsfrei zu ersehen, wer neben P. die Zustellung betrieb. Das reicht aus, da eine bestimmte Ausdrucksweise im Gesetz nicht vorgeschrieben ist.

Daß Ch. überhaupt keinen Auftrag zur Zustellung erteilt habe, ist von der Beklagten nicht behauptet. Die Revision meint auch nur, es sei nicht berücksichtigt worden, daß die Beklagte die Erteilung eines Zustellungsauftrags durch Ch. nicht zugegeben habe. Wenn aber die Bemerkung in der Zustellungsurkunde: „im Auftrage des Kaufmanns Ignaz P. und 1 Genosse Aussig" dahin zu verstehen ist, daß mit dem „1 Genosse" Ch. gemeint ist, dann hat er nach dem Inhalt der Urkunde auch den Auftrag erteilt. Einer besonderen Feststellung, daß die Auftragserteilung wirklich erfolgt sei, bedurfte es angesichts des Inhalts der Urkunde nicht (§ 418 ZPO.). Einen Beweis dafür, daß Ch. den Auftrag nicht erteilt habe, hat die Beklagte nicht angetreten, nicht einmal eine dahingehende Behauptung aufgestellt. Sollte aber P. wirklich, und zwar ohne Vollmacht, den Auftrag für Ch. erteilt haben, so wäre das belanglos, weil Ch. die Erteilung des Auftrags durch P. durch sein ganzes Verhalten im Prozeß genehmigt haben würde. Die Angabe der Person, die den Gerichtsvollzieher unmittelbar mit der Zustellung beauftragt hat, erfordert das Gesetz nicht (RGZ Bd. 17 S. 401; Rosenberg, Stellvertretung im Prozeß, S. 530 Note 1).

Auf die Ortsbezeichnung „Aussig" in dem Vermerk auf den Zustellungsurkunden kommt es bei dem Inhalt der Klagschrift nicht wesentlich an, ebensowenig darauf, ob das Wort „Aussig" schon zur Zeit der Zustellung eingeklammert war.

Daß als Zustellungsempfänger in der über die Zustellung an die Aktiengesellschaft (den Vorstand) aufgenommenen Urkunde die Beklagte selbst und nicht ein Vertreter (Vorstandsmitglied) bezeichnet worden ist, macht die Zustellung nicht unwirksam (Rosenberg a. a. O. S. 531). Die hiermit übereinstimmende Annahme des Landgerichts wird auch von der Revision nicht besonders bekämpft.

In der Urkunde heißt es: „da in dem Geschäftsraum während der gewöhnlichen Geschäftsstunden ein Vorsteher nicht anwesend war, dort dem beim Empfänger angestellten und zur Annahme berechtigten Herrn Bankvorsteher G. übergeben". Das Berufungsgericht entnimmt aus diesem Wortlaut, daß damit entsprechend den Vorschriften der §§ 191 Nr. 4, 184 ZPO. eine Ersatzzustellung beurkundet worden ist. Die Gültigkeit einer Ersatzzustellung setzt voraus, daß sie in dem Geschäftslokal der Beklagten an einen dort Angestellten oder Bediensteten erfolgt ist. Das Berufungsgericht hat die Räume der Depositenkasse der Deutschen Bank in Blasewitz auf Grund der von ihm getroffenen Feststellungen als Geschäftsraum der Beklagten im Sinne des § 184 (vgl. §§ 180, 183) ZPO. angesehen. Das ist um so weniger zu beanstanden, als die Beklagte an der Außenseite des Hauses, in welchem sich die Geschäftsräume der Depositenkasse befinden, ein Firmenschild hatte anbringen lassen, wodurch sie Dritten gegenüber ausdrücklich kund gegeben hat, daß hier ihre Geschäftsräume seien. Deshalb muß sie Dritten, also auch dem die Zustellung bewirkenden Gerichtsvollzieher gegenüber, die Räume der Deutschen Bank als ihr Geschäftslokal gelten lassen, zumal da sie ihren Sitz in Blasewitz hatte, dort ein anderes Geschäftslokal nicht besaß und alle diejenigen in Blasewitz sich abspielenden Handlungen, die sich auf ihren Geschäftsbetrieb bezogen, in den fraglichen Räumen vorgenommen hat. Auf den Umfang der tatsächlich in den Räumen der Deutschen Bank erledigten Geschäfte kann es hiernach ebensowenig ausschlaggebend ankommen wie auf die Behauptung der Beklagten, daß den Klägern die Verhältnisse bezüglich des Blasewitzer Geschäftslokals der Beklagten bekannt gewesen seien.

Das Berufungsgericht stellt in Übereinstimmung mit dem Landgericht ferner fest, daß G. von der Beklagten ermächtigt war, Briefsendungen usw. und auch die Zustellung von Klagen für sie entgegenzunehmen. Diese Feststellung beanstandet die Revision nicht. Ist sie zutreffend, dann ist es gleichgültig, ob G. Beamter oder Bediensteter der Beklagten im Sinne des § 184 ZPO. war. Ebenso wie an den Generalbevollmächtigten mit Wirksamkeit für die Partei zugestellt werden kann, gilt auch die Zustellung an den Spezialbevollmächtigten als wirksam an die Partei erfolgt (Stein Anm. II zu § 173 ZPO.). Der Umstand, daß G. nicht als Zustellungsempfänger in der Zustellungsurkunde bezeichnet worden, sondern eine Ersatzzustellung an ihn erfolgt ist, nimmt der Zustellung nicht ihre Wirksamkeit für die Beklagte. Wenn eine Ersatzzustellung, die an eine gesetzlich nicht als Ersatzzustellungsempfänger bezeichnete Person erfolgt ist, von dem Zustellungsempfänger nachträglich genehmigt werden kann (Rosenberg a. a. O. S. 625, 626), so ist auch eine Ersatzzustellung der Klage an eine zur Entgegennahme der Zustellung ausdrücklich vorher rechtswirksam bevollmächtigte Person nicht zu beanstanden.

Die Rechtswirksamkeit der Zustellung der Anfechtungsklage wird auch nicht dadurch in Frage gestellt, daß St. am 30. November 1919 brieflich dem Vorsitzenden des Aufsichtsrats gegenüber seine Stellung fristlos gekündigt hatte. Gewiß ist die Kündigung, obwohl sie eine einseitige empfangsbedürftige Willenserklärung ist, trotzdem nicht einseitig widerruflich (JW. 1911 S. 39 Nr. 21). Nimmt jedoch der Kündigende die Kündigung mit Zustimmung des anderen Teils zurück oder schränkt er sie ein, so liegt darin in der Regel nicht der Abschluß eines neuen Vertrags und namentlich dann nicht, wenn die Kündigung, wie hier, nicht angenommen war (vgl. KommRGR. Anm. 4 zu § 553 BGB.). War aber der Vorsitzende des Aufsichtsrats zur Entgegennahme der Kündigung berechtigt, so muß angenommen werden, daß er auch der nachträglichen Einschränkung der Kündigung mit Wirkung für und gegen die Beklagte zustimmen konnte. War anderseits der Vorsitzende des Aufsichtsrats nicht ermächtigt, die empfangsbedürftige Erklärung der Kündigung durch St. entgegenzunehmen, dann hatte die Kündigung St.'s vom 30. November 1919 gegenüber der Beklagten überhaupt keine Wirkung. Sollte endlich G. Zustellungsbevollmächtigter der Beklagten, d. h. der sämtlichen Vorstandsmitglieder und nicht nur des Vorstandsmitglieds St. gewesen sein, so wäre die an ihn erfolgte Zustellung trotz der am 30. November 1919 bewirkten fristlosen Kündigung des St. für die Beklagte unter allen Umständen rechtswirksam. Denn die vom gesetzlichen Vertreter erteilte Vollmacht erlischt nicht mit dem Aufhören des Vertretungsrechts (RGZ. Bd. 41 S. 265 für preußisches Recht; KommRGR. Anm. 2 am Schluß zu § 168 BGB.; Planck Anm. 1 fβ zu § 168 BGB.). Das muß vorliegend um so mehr gelten, als das zweite Vorstandsmitglied Dr. Otto P. den Maßnahmen von St., insbesondere der Bevollmächtigung des G. für die Beklagte, mindestens zugestimmt hat.

Das Berufungsgericht erachtet die Anfechtungsklage gemäß § 271 HGB. für begründet, weil die §§ 213, 215 HGB. folgerichtig einen vermögensrechtlichen Anspruch der Aktionäre auf etwas anderes als den bilanzmäßigen Reingewinn für die Zeit des Bestehens der Aktiengesellschaft als Erwerbsvereins ausschlössen. Nicht nur Verfügungen zugunsten der Aktionäre über Vermögensgegenstände der Aktiengesellschaft, sondern auch Vertragsbestimmungen, die eine mit den Grundsätzen der §§ 213, 215 HGB. unvereinbare Verpflichtung der Aktiengesellschaft gegenüber den Aktionären zum Gegenstand hätten, seien gemäß § 134 BGB. nichtig. Der Verteilung des Vermögens einer

Aktiengesellschaft an die Aktionäre stehe gleich die Veräußerung eines Aktivums der Aktiengesellschaft an einen Dritten mit der Bestimmung, daß er den Kaufpreis unmittelbar an die Aktionäre zahle. Das verkenne die Beklagte selbst nicht, sie bestreite aber die Ernstlichkeit der Bestimmungen in den beiden Verträgen vom 28. Juni 1919, wonach sich Dr. K. verpflichtet hat, den Gegenwert der ihm von der Aktiengesellschaft übertragenen Geschäftsanteile und Kuxe den Aktionären nach Verhältnis ihres Aktienbesitzes zu bezahlen. Die Frage der Ernstlichkeit dieser Vertragsbestimmungen könne auf sich beruhen bleiben, weil nach den weiteren Bestimmungen der beiden Verträge den Aktionären das nach § 328 Abs. 2 BGB. sofort und unmittelbar zustehende Recht eingeräumt sei, statt der zunächst bedungenen Zahlung ein für allemal nach Maßgabe ihres Aktienbesitzes bis 31. Dezember 1919 zu fordern, daß ihnen oder ihren Rechtsnachfolgern im Aktienbesitz die vom 1. Januar 1919 den beiden Gesellschaften m. b. H. oder den Kuxinhabern etwa zufließenden Erträgnisse, Ausbeuten und Kapitalzahlungen abzüglich aller Kosten, Steuern und Abgaben gewährt würden. Was hiernach den Aktionären zukommen sollte, sei wirtschaftlich völlig wesensgleich mit dem, was die Beklagte auf Grund ihres Besitzes an den Anteilen und Kuxen ohne die Veräußerungsverträge erhalten haben würde. Zwar sei durch die genannten Vertragsbestimmungen nicht unmittelbar Gesellschaftsvermögen unter die Aktionäre verteilt, aber ein einer solchen Verteilung gleichwertiges Ergebnis gewollt und erreicht worden. Der damit unter Umgehung der Vorschriften der §§ 213, 215 begangene Verstoß gegen das Gesetz genüge zwar für sich allein nicht, um die Verträge nach § 134 BGB. als nichtig erscheinen zu lassen. Erforderlich sei dazu, daß nicht nur die Vertreter der Beklagten, sondern auch Dr. K., der als Vertreter (§ 166 BGB.) für die Kohlengewerkschaft Viktoria Tiefbau tätig gewesen sei, die Sachlage gekannt hätten. Das sei zu bejahen. Dr. K. sei über Sinn, Zweck und Inhalt der Vertragsbestimmungen zugunsten der Aktionäre völlig im klaren gewesen. Die Verträge seien daher gemäß §§ 134, 139 BGB. in vollem Umfange nichtig. Bedeutungslos sei, ob nach den Verträgen vom 28. Juni 1919 die Zuwendungen den gegenwärtigen oder zukünftigen Aktionären zugute kommen sollten. Auch komme es darauf nicht an, ob die Veräußerungen für die Gesellschaft und ihre Gläubiger im Ergebnis nachteilig gewesen seien oder nicht. Unbegründet sei die Verteidigung der Beklagten, die den Aktionären in den mehrgenannten Verträgen eingeräumten Rechte hätten erst bei der Liquidation der Beklagten in Wirksamkeit treten sollen. Einer solchen Auffassung stehe der klare Wortlaut der Verträge vom 28. Juni 1919 entgegen.

Diese Ausführungen lassen einen wesentlichen Rechtsirrtum, der zur Aufhebung des angefochtenen Urteils führen müßte, nicht erkennen.

Die Revision bestreitet, daß die Verträge vom 28. Juni 1919 einen Verstoß gegen die §§ 213, 215 HGB. enthalten. Zu Unrecht. Der von ihr vertretene Standpunkt, daß die den Aktionären zugewendeten Vermögensvorteile tatsächlich ein bilanzmäßiger Gewinn gewesen und es deshalb nicht von ausschlaggebender Bedeutung sei, daß zur Zeit der Ausschüttung eine entsprechende Bilanz nicht vorgelegen habe, schließt die Gesetzwidrigkeit der Verträge nicht aus. Selbst wenn man das Vorliegen einer Gewinnverteilung unterstellt und annimmt, daß das Ergebnis der nachfolgenden Bilanz nicht nur auf dem Steigen der tschechischen Krone und dem dadurch bewirkten Steigen des Bankguthabens der Beklagten beruht haben sollte, so hat doch der Aktionär nach der zwingenden Norm des § 215 HGB. nur Anspruch auf den durch die Bilanz des verflossenen Geschäftsjahres ausgewiesenen Reingewinn. Eine Vorauszahlung auf die erhoffte Dividende während des betreffenden Geschäftsjahres ist schlechthin unzulässig. Nicht von entscheidender Bedeutung ist es, ob es sich im vorliegenden Falle wirklich um eine Gewinnverteilung, wie die Revision meint, oder vielmehr um die Zuwendung von Vermögenswerten der Beklagten oder die Rückzahlung von Einlagen an die Aktionäre gehandelt hat. Denn die Begrenzung der Ansprüche der Aktionäre aus dem Gesellschaftsverhältnis gemäß §§ 213, 215 HGB., der jeder Aktionär kraft seiner Beteiligung an der Gesellschaft ipso jure unterworfen ist, und die allerdings sowohl zum Schutze des mit der Aktiengesellschaft kontrahierenden Publikums, als auch im Interesse der Gesamtheit der Aktionäre getroffen ist (RGZ. Bd. 54 S. 132), schließt jeden vermögensrechtlichen Anspruch des Aktionärs als solchen auf etwas anderes als den bilanzmäßigen Gewinn des verflossenen Geschäftsjahres für die Zeit des Bestehens der Aktiengesellschaft als Erwerbsvereins aus (vgl. RGZ. Bd. 77 S. 13).

Wenn die Revision demgegenüber darauf hinweist, daß eine Zusicherung von Rechten auf den Bezug neu auszugebender Aktien zulässig erscheine, und daß auch die seit dem Kriege vielfach übliche Gewährung sog. „Gratisaktien" nicht zu beanstanden sei, so ist mit diesem Hinweis eine Durchlöcherung des vorstehend gekennzeichneten Grundsatzes nicht dargetan.

Die Rechtswirksamkeit der Zusicherung von Bezugsrechten neu auszugebender Aktien ist in den §§ 282, 283 HGB. gesetzlich geregelt worden. Diese Regelung berührt den genannten Grundsatz an sich nicht. Die Bezeichnung „Gratisaktien" ist irreführend. Freiaktien im Sinne von „Mitgliedschaften ohne Leistungspflicht" sind mit dem Wesen des Aktienrechts nicht vereinbar (§ 278 HGB.). Will man aber, wie es jetzt üblich ist, von „Gratisaktien“ in solchen Fällen sprechen, in denen die Aktiengesellschaft den Aktionären die zur Einzahlung auf die durch Kapitalerhöhungsbeschluß neu geschaffenen Aktien erforderlichen Beträge aus den vom bilanzmäßigen Reingewinn der früheren Jahre zurückgestellten Reserven oder aus dem Gewinnvortrag des Vorjahres oder in ähnlicher Weise zur Verfügung stellt, so bedarf es hier nicht der Entscheidung, ob und inwieweit ein solches Verfahren zulässig ist (vgl. Staub Anm. 3a zu § 215 und Anm. 2 zu § 279 HGB.). Denn die aus den §§ 213, 215 HGB. hergeleitete Nichtigkeit der Verträge vom 28. Juni 1919 wird durch die Zulässigkeit eines solchen Verfahrens nicht in Frage gestellt. Zulässig wäre dieses Verfahren nur, weil die den Aktionären von der Aktiengesellschaft zur Verfügung gestellten Summen bereits durch die Bilanz der früheren Jahre als Reingewinn festgestellt und ausgeschieden und nur die Verteilung verschoben war.

Ob durch die fraglichen Verträge im einzelnen Falle das Interesse der Gläubiger der Aktiengesellschaft oder der jetzigen oder zukünftigen Aktionäre oder einzelner von ihnen tatsächlich beeinträchtigt wurde, ist gleichgültig. Die Verträge sind auch nicht um deswillen rechtsgültig, weil sie angeblich durch eine wirtschaftliche Notwendigkeit geboten waren. Verstöße gegen zwingende gesetzliche Vorschriften können nicht mit Erwägungen wirtschaftlicher Art gerechtfertigt werden. Was gesetzwidrig ist, kann nicht dadurch zulässig werden, daß es wirtschaftlich nützlich oder geboten erscheint (vgl. RGZ. Bd. 40 S. 35, Staub Anm. 2 Abs. 2 zu § 271 HGB.). Nicht richtig ist auch die Auffassung der Revision, daß die Aktionäre das erhalten hätten, was der Gesellschaft sonst im Zwangswege weggenommen worden wäre. Während die Beklagte gesellschaftsrechtlich an den beiden G. m. b. H. und der Gewerkschaft beteiligt war, haben die Aktionäre lediglich schuldrechtliche Ansprüche gegenüber der Viktoria Tiefbau erhalten.

Das Berufungsgericht führt weiter aus, die angefochtenen Beschlüsse wären, wie der Beklagten zuzugeben sei, nur dann bedeutungslos und der Anfechtung entzogen, wenn sie nur den Sinn und die Bedeutung hätten, die nichtigen Verträge als zu Recht bestehend anzuerkennen. Das sei aber nicht der Fall. Durch die angefochtenen Beschlüsse habe die Generalversammlung nicht nur selbst ihre Mitwirkung zur Zurückforderung der dem Gesellschaftsvermögen ohne rechtlichen Grund entfremdeten Vermögenswerte versagt, sondern auch dem Vorstand und Aufsichtsrat die Erfüllung dieser Verpflichtung verboten. Vorstand und Aufsichtsrat seien infolge der Beschlüsse, die eine den gesetzlichen Vorschriften nicht entsprechende Vermögensverschiebung zu Lasten der Beklagten und damit einen gesetzwidrigen Zustand billigten, an der Erfüllung ihrer gesetzlichen Verpflichtungen behindert. Das stelle einen Verstoß gegen die §§ 246, 231 flg., 241 Abs. 3 Nr. 1, 5 HGB. dar und begründe die Anfechtung nach § 271 HGB.

Der gegen diese Ausführungen sich richtende Revisionsangriff geht fehl. Die streitige Frage, ob die Ablehnung eines Antrags an sich einen Beschluß der Generalversammlung im Sinne des § 271 HGB. darstellt, kann auf sich beruhen bleiben. Denn in der Ablehnung des zunächst zur Abstimmung gelangten Gegenantrags des Dr. J.: auszusprechen, daß die Verträge nichtig seien, liegt positiv die Verweigerung der Anerkennung ihrer Nichtigkeit und damit die Untersagung an Vorstand und Aufsichtsrat, ihre gesetzlichen Verpflichtungen wegen der gesetzwidrigen Vermögensverschiebung zu erfüllen. Das ergibt sich ganz klar aus der unmittelbar hinterher erfolgten Annahme des Antrags des Dr. St., die Generalversammlung möge erklären, daß die Verträge anerkannt und das Rücktrittsrecht nicht ausgeübt werde (vgl. RGZ. Bd. 76 S. 248). Im übrigen stellt das Berufungsgericht seine Entscheidung zu diesem Punkte nicht darauf ab, daß der Vorstand an der Ausübung eines ihm wegen der Nichtigkeit der Verträge gar nicht zustehenden Rücktrittsrechts behindert sei, sondern darauf, daß dem Vorstand und Aufsichtsrat untersagt worden sei, die dem Gesellschaftsvermögen ohne rechtlichen Grund entfremdeten Vermögenswerte zurückzufordern. Das ist nicht zu beanstanden.

Die Einrede der Arglist ist vom Berufungsgericht in bedenkenfreier Weise verworfen worden. Wenn die Kläger bei Abschluß der nichtigen Verträge vom 28. Juni 1919 mitgewirkt haben, so kann ihnen deshalb nicht entgegengehalten werden, daß die Anfechtung der auf diese Verträge bezüglichen Beschlüsse gegen Treu und Glauben verstoße. Die absolute Wirkung der Nichtigkeit eines Rechtsgeschäfts kann an sich von jedem Beteiligten gegen jeden geltend gemacht werden. Wenn auf Grund eines nichtigen Rechtsgeschäfts gemachte Leistungen zurückgefordert werden (RGZ. Bd. 71 S. 435), oder in ähnlich gelagerten Fällen (RGZ. Bd. 76 S. 354) mag unter Umständen die exceptio oder replica doli durchschlagen. Etwas derartiges trifft jedoch hier, wo es sich um die Erhaltung des Vermögens der verklagten Aktiengesellschaft handelt, nicht zu (RGZ. Bd. 78 S. 354). Daß die Erhaltung des Vermögens schlechthin unmöglich gewesen sei, steht nach dem eigenen Vorbringen der Beklagten nicht fest.

Bedenkenfrei sind auch die Ausführungen des Berufungsgerichts, wonach der Kläger Ignaz P. das Anfechtungsrecht durch sein späteres Verhalten, namentlich durch sein Schreiben vom 24. Dezember 1919 nicht verloren hat. Diese Ausführungen treffen auch für den Kläger Ch. zu, bezüglich dessen im Berufungsurteil ganz allgemein gesagt ist, daß er ebenso wie der Kläger Ignaz P. das Recht zu Punkt 2 Abs. 2

der Verträge vom Juni 1919 ausgeübt habe. Was die Revision hiergegen die Gründe des Berufungsgerichts vorbringt, besteht im wesentlichen in der Wiederholung des früheren Vorbringens der Beklagten. Ihre Berufung auf RGZ. Bd. 33 S. 91 ist verfehlt; diese Entscheidung betrifft einen ganz anders liegenden Fall.

---

46. Rechte der einzelnen Gesellschafter an den Fabrik- und Geschäftsgeheimnissen der offenen Handelsgesellschaft.

II. Zivilsenat. Urt. v. 27. März 1923 i. S. P. (Bekl.) w. Dr. A. (Kl.). II 72/22.

I. Landgericht I Berlin, Kammer f. Handelssachen. — II. Kammergericht daselbst.

Die Parteien waren die alleinigen Gesellschafter der offenen Handelsgesellschaft Dr. A. & P. in Cöpenick, deren Zweck die Herstellung und der Vertrieb chemischer Erzeugnisse war. Soweit sich ihr Streit darum drehte, daß jeder von ihnen die Auflösung der Gesellschaft und die Zuerkennung des Rechtes verlangte, das Geschäft ohne Liquidation zu übernehmen, ist er durch eine im Laufe des Rechtsstreits erfolgte Auseinandersetzung erledigt, bei welcher der Beklagte das Geschäft mit Aktiven, Passiven und Firma erhielt. Streit besteht nur noch über das Verlangen des Beklagten und Widerklägers, daß der Kläger verurteilt werden soll, alle in seinem Besitz befindlichen Aufzeichnungen, Niederschriften und Kopien der in der Fabrik der Parteien angewendeten Verfahren, Rezepte, Apparate, Einrichtungen und Erfahrungen, sowie alle sonstigen auf den Fabrik- und Geschäftsbetrieb bezüglichen Aufzeichnungen, gleichviel, ob sie vom Kläger selbst oder auf seine Veranlassung von anderen Personen hergestellt sind, an den Beklagten herauszugeben.

Das Landgericht gab der Widerklage statt, das Kammergericht wies sie ab. Die Revision des Beklagten hatte Erfolg.

Gründe:

Die Feststellung des Kammergerichts, daß die den Gegenstand des Widerklagantrags bildenden Zeichnungen und Aufzeichnungen, die sich der Kläger als Mitglied der offenen Handelsgesellschaft gemacht habe, Fabrik- und Geschäftsgeheimnisse dieser offenen Handelsgesellschaft betroffen hätten, ist rechtlich nicht zu beanstanden. Dagegen unterliegt die Ansicht, daß die in Rede stehenden Fabrik- und Geschäftsgeheimnisse „Persönlichkeitsrechte an der geistigen Schöpfung" und daß Träger derartiger Rechte nicht die Gesellschaft, sondern die einzelnen

Gesellschafter seien, die durch ihre gemeinsame, wenn auch vielleicht verschieden große Tätigkeit das geistige Eigentum für jeden von ihnen erworben hätten und es deshalb nach Auflösung der Gesellschaft ein jeder für sich beliebig verwerten dürften, erheblichen rechtlichen Bedenken. Fabrik- und Geschäftsgeheimnisse sind wirtschaftliche Güter, die werterhöhende Bestandteile eines gewerblichen Unternehmens sein und gleich diesem ebensogut einer Gesellschaft, insbesondere einer offenen Handelsgesellschaft, oder einer juristischen Person, wie einem einzelnen Menschen gehören, auch grundsätzlich frei veräußert werden können. Die offene Handelsgesellschaft ist allerdings nach der herrschenden Meinung nicht als solche Inhaberin des Gesellschaftsvermögens, Inhaber sind vielmehr die in einer Gemeinschaft zur gesamten Hand stehenden Gesellschafter. Daraus folgt jedoch, daß die Gesellschafter, wenn sie wie hier durch ihre gemeinschaftliche Tätigkeit im Interesse des gemeinschaftlichen Unternehmens Fabrik- und Geschäftsgeheimnisse erdacht und geschaffen haben, in Ermangelung einer abweichenden Vereinbarung nur in ihrer Gesamtheit Inhaber dieser Geheimnisse geworden und kraft Gesellschaftsrechts wechselseitig verpflichtet sind, die Geheimnisse zu bewahren und ausschließlich im gemeinschaftlichen Interesse zu verwerten. Demgemäß war das vom Beklagten ursprünglich gestellte Verlangen, daß der Kläger die ohne seine, des Beklagten, Zustimmung angefertigten und in Alleinbesitz genommenen Abschriften und Abzeichnungen an die offene Handelsgesellschaft herausgebe, während des Bestehens der letzteren schon wegen der durch den Alleinbesitz des Klägers an den Abschriften und Abzeichnungen bedingten Gefahr einer dem gemeinschaftlichen Interesse zuwiderlaufenden Benutzung oder Verbreitung der Geheimnisse unter allen Umständen gerechtfertigt.

Nun haben aber die Parteien im Laufe der Berufungsinstanz das Vermögen der offenen Handelsgesellschaft als Ganzes unter sich versteigert, und der Beklagte hat, nachdem er als Meistbietender das Vermögen für sich erstanden, seinen Widerklagantrag dahin geändert, daß die Herausgabe der vom Kläger gefertigten Abschriften usw. an ihn allein zu erfolgen habe. Es fragt sich daher weiter, ob auch dieses Verlangen des Beklagten als berechtigt anzuerkennen ist. Die Frage würde zu verneinen sein, wenn die Parteien, was an sich zulässig gewesen wäre, die Fabrik- und Geschäftsgeheimnisse von der Versteigerung des Vermögens ausgeschlossen hätten. Denn alsdann würde der Beklagte die Herausgabe der Abschriften und Abzeichnungen an ihn allein keinesfalls beanspruchen können. Nach den Feststellungen des Kammergerichts ist jedoch die Ausschließung der Geheimnisse von der Versteigerung nicht vereinbart worden. Das Kammergericht hat für dargetan erachtet, daß beim Vertragsschluß ausdrücklich die Rede davon gewesen sei, die Ansprüche des gegenwärtigen Prozesses sollten durch den Vertrag nicht berührt werden, wie das übrigens im notariellen Vertrag besonders hervorgehoben ist. Hiernach liegt die Sache so, daß der übereinstimmende Wille der Parteien dahin gegangen ist, das Vermögen der offenen Handelsgesellschaft als Ganzes zum Gegenstande der Versteigerung zu machen und die Frage der Zugehörigkeit der Fabrik- und Geschäftsgeheimnisse sowie des Anspruches auf Herausgabe der vom Kläger gefertigten Abschriften und Abzeichnungen zum Gesellschaftsvermögen der Entscheidung des Rechtsstreits vorzubehalten. Da aber, wie ausgeführt, die Zugehörigkeit zum Gesellschaftsvermögen außer Zweifel steht, so hat der Beklagte mit dem Gesellschaftsvermögen auch die Fabrik- und Geschäftsgeheimnisse und den Herausgabeanspruch erworben (vgl. RGZ. Bd. 65 S. 227, Bd. 68 S. 410). Ob und inwieweit der Kläger durch die Mitveräußerung der Fabrik- und Geschäftsgeheimnisse an den Beklagten gehindert ist, von seiner persönlichen, während der Dauer der Gesellschaft befugterweise erlangten Kenntnis der Geheimnisse im eigenen Interesse Gebrauch zu machen, ist hier nicht zu entscheiden; zur Entnahme von Abschriften und Abzeichnungen war er jedenfalls nicht befugt. . . .

---

47. Ist ein Rechtsgeschäft nichtig, das gegen ein für das besetzte Gebiet von der Besatzungsmacht erlassenes Verbot verstößt? Kommt der Schuldner in Verzug, wenn er die Leistung verweigert, weil sie gegen ein solches Verbot verstoßen würde?

III. Zivilsenat. Urt. v. 2. Mai 1923 i. S. Sch. (Kl.) w. W. (Bekl.). III 323/22.

I. Landgericht Landau. — II. Oberlandesgericht Zweibrücken.

Laut Schlußschein, datiert Coblenz den 10. Juli 1919, kaufte der Beklagte von der Klägerin 30 Faß Weindestillat, lieferbar gegen den 27. Juli 1919 frei Rhens bei Coblenz. Der Beklagte verkaufte die Ware weiter an einen Kunden im unbesetzten Gebiet; dieser widerrief aber kurz vor dem Liefertermin die Bestellung, weil das Weindestillat ohne Genehmigung der Reichsbranntweinstelle nicht in das unbesetzte Gebiet eingeführt werden dürfe. Der Beklagte wollte darauf die Klägerin ersuchen, mit der Lieferung noch zu warten; sein Telegramm erreichte jedoch die Klägerin nicht und diese sandte die Ware nach Coblenz. Der Beklagte lehnte die Annahme der Ware ab. Die Klägerin fordert deshalb Schadensersatz wegen Nichterfüllung.

Das Landgericht gab der Klage zum Teile statt, das Berufungsgericht wies sie ab. Die Revision der Klägerin hatte keinen Erfolg.

Gründe:

Das Berufungsgericht weist die Klage ab, weil der zwischen den Parteien geschlossene Vertrag vom 10. Juli 1919 wegen Verstoßes gegen die Verordnung des Kommandierenden der amerikanischen Besatzungstruppen vom 9. Dezember 1918, durch die der Verkauf von alkoholischen Getränken mit Ausnahme von Bier und schwachen Weinen im amerikanischen Besatzungsgebiete verboten worden war, nach § 134 BGB. nichtig sei. Dem kann nicht beigetreten werden. Unter den gesetzlichen Verboten im Sinne des § 134 BGB. können, so weit es sich um Rechtsgeschäfte handelt, die auf deutschem Boden wurzeln und deutschem Rechte unterstehen, nur solche gesetzliche Anordnungen — Gesetze im Sinne des Art. 2 EG. z. BGB. — verstanden werden, die vom Reiche oder innerhalb der sachlichen und örtlichen Zuständigkeitsgrenze von den Ländern erlassen worden sind. Anordnungen, die von fremden Besatzungsbehörden für das von ihnen besetzte deutsche Gebiet erlassen worden sind, können, auch wenn diesen Besatzungsbehörden nach allgemeinen völkerrechtlichen Grundsätzen oder nach besonderen mit dem deutschen Reiche geschlossenen Verträgen die gesetzgebende Gewalt für das besetzte Gebiet in gewissen Grenzen zusteht und die Anordnungen sich in diesen Grenzen halten, nicht als gesetzliche Verbote nach § 134 gelten. Selbstverständlich hat der Gesetzgeber bei der Regelung des § 134 BGB. an Fälle dieser Art nicht gedacht. Nur Verbote, die von einer deutschen gesetzgebenden Gewalt, von deutschen Behörden erlassen worden sind, die hervorgegangen sind aus deutschem sittlichen Empfinden und deutschem Rechtsbewußtsein und die den deutschen wirtschaftlichen — allgemeinen oder örtlichen — Bedürfnissen Rechnung tragen, konnte er im Auge haben. Nur ihnen konnte er die tief in das Privatrecht und in das wirtschaftliche Leben einschneidende Bedeutung beilegen, daß gegen die Verbote verstoßende Verträge nichtig seien, nicht Anordnungen fremder Besatzungsbehörden, die die Interessen dieser fremden Mächte, ihrer Truppen und Organe zu wahren bestimmt sind, aus fremden Rechtsanschauungen erwachsen und ohne Rücksicht auf deutsches Rechtsempfinden und die deutschen wirtschaftlichen Verhältnisse erlassen werden. Liegt eine solche Einwirkung der von fremden Behörden für das besetzte deutsche Gebiet erlassenen Anordnungen auf die privatrechtliche Gültigkeit der dagegen verstoßenden Verträge grundsätzlich schon außerhalb der durch das Völkerrecht den Befugnissen der besetzenden Fremdmacht gezogenen Grenzen, so ist es vollends ausgeschlossen, daß der deutsche Gesetzgeber die Anordnungen von Fremdmächten auf deutschem Gebiete den deutschen Gesetzen in jeder Beziehung, namentlich in der hier fraglichen, gleichstellen wollte.

Gleichwohl kann die Revision keinen Erfolg haben. Denn wenn das der Klage zugrunde liegende Rechtsgeschäft auch nicht nichtig war, so war seine Erfüllung doch dem Beklagten nicht zuzumuten. Nach der Feststellung des Berufungsgerichts fiel der Ankauf unter das Verbot der amerikanischen Besatzungsbehörde, dessen Übertretung mit Bestrafung, Beschlagnahme des Bestandes des Übertreters und Schließung seines Geschäfts bedroht war. Die Auslegung dieses Verbots durch das Berufungsgericht kann nach § 549 ZPO. mit der Revision nicht angefochten werden, da es sich um eine Rechtsnorm handelt, welche nur für beschränkte Teile der Oberlandesgerichtsbezirke Köln und Frankfurt a. M. erlassen worden war und für den Bezirk des Berufungsgerichts, das hier entschieden hat, überhaupt nicht galt. Der Beklagte hätte sich hiernach einer Bestrafung und weiteren nachteiligen Folgen ausgesetzt, wenn er den Vertrag, wie die Klägerin es forderte, durch Abnahme des gekauften Weindestillats innerhalb des Geltungsgebiets des Verbots erfüllte. Diesen Folgen sich auszusetzen, konnte ihm nicht zugemutet werden. Es handelte sich nicht um ein willkürlich erlassenes Verbot der amerikanischen Besatzungsbehörde, dem den Gehorsam zu verweigern eine rechtliche oder eine sittliche, vaterländische, Pflicht erfordert hätte, sondern um eine Anordnung, die nach den Bestimmungen des Waffenstillstandsabkommens und nach Art. 43 der Anlage zum Haager Abkommen, betreffend die Gesetze und Gebräuche des Landkriegs, vom 18. Oktober 1907 nicht für unzulässig erachtet werden konnte.

Der Beklagte war deshalb zur Erfüllung in der im Vertrage vorgesehenen Weise nicht verpflichtet, er hatte das Unterbleiben der Vertragsleistung nicht zu vertreten, er handelte nicht schuldhaft und war nicht in Verzug geraten (§ 285 BGB.). Eine Verpflichtung zum Schadensersatz bestand daher für ihn aus dem Vertrage vom 10. Juli 1919 nicht. Die Voraussetzungen insbesondere des Schadensersatzanspruchs aus § 326 BGB. waren nicht gegeben.

---

48. Ist die Anfechtung eines nach § 1718 BGB. erklärten Anerkenntnisses der Vaterschaft wegen arglistiger Täuschung zulässig, wenn die uneheliche Kindesmutter dem Anfechtenden die unwahre Versicherung abgegeben hat, daß ihr innerhalb der Empfängniszeit kein anderer beigewohnt habe?

IV. Zivilsenat. Urt v. 7. Mai 1923 i. S. G. (Kl.) w. W. (Bekl.). IV 315/22.

I. Landgericht Augsburg. — II. Oberlandesgericht daselbst.

Der Kläger hat am 28. Juni 1920 zu Protokoll des Vormundschaftsrichters die Vaterschaft der Beklagten, eines von der Christine W. am 30. Mai 1920 unehelich geborenen Kindes, anerkannt und sich zur Zahlung von Unterhalt verpflichtet. Er hat am 21. Oktober 1920 diese Erklärung wegen arglistiger Täuschung angefochten und Klage auf Feststellung ihrer Nichtigkeit erhoben. Zur Begründung führt er an, die Mutter des Kindes habe nicht nur in dem Termin vor dem Vormundschaftsgericht, sondern auch schon vorher ihm wiederholt versichert, sie habe nur mit ihm den Beischlaf vollzogen und werde dies allenfalls beschwören; hierdurch sei er zur Anerkennung der Vaterschaft bestimmt worden; in Wahrheit habe die Kindesmutter, wie er im Oktober 1920 in Erfahrung gebracht habe, während der Empfängniszeit außer mit ihm noch mit seinem Bruder mehrmals geschlechtlich verkehrt.

Die Klage wurde von den Vorinstanzen abgewiesen. Die Revision des Klägers hatte Erfolg.

Gründe:

Der Berufungsrichter hält zwar die Anfechtung eines nach § 1718 BGB. abgegebenen Anerkenntnisses der unehelichen Vaterschaft wegen arglistiger Täuschung auch dann für zulässig, wenn die Irrtumserregung von der Kindesmutter ausging, da es sich um ein einseitiges, nicht empfangsbedürftiges Rechtsgeschäft handle. Er verneint aber im Streitfall das Vorhandensein der arglistigen Täuschung, weil nur ein — wenn auch besonders nachdrückliches — Bestreiten des Einwands der mehreren Zuhälter durch die Mutter vorliege. Damit schließt sich der Berufungsrichter der bisherigen Rechtsprechung des Reichsgerichts an, wie sie in den von ihm in Bezug genommenen Urteilen des erkennenden Senats vom 30. Juni 1904 (RGZ. Bd. 58 S. 348) und 12. März 1914 (Warn. 1914 Nr. 207, auch in Seuff. Arch. Bd. 69 Nr. 138, Gruchot Bd. 58 S. 888) niedergelegt ist. Von der Revision wird diese Rechtsauffassung, soweit es sich um die Frage der arglistigen Täuschung handelt, unter Hinweis auf die im Schrifttum und in der Rechtsprechung einzelner Oberlandesgerichte[1] zutage getretenen Bedenken als unrichtig bekämpft.

Das Reichsgericht hat in den vorerwähnten Urteilen ausgeführt: In der Versicherung der Kindesmutter gegenüber dem als unehelichen

---

[1] Vgl. Josef im Arch. für bürg. Recht Bd. 34 S. 287; OLG. Stuttgart in OLGRechtspr. Bd. 24 S. 56; OLG. Bamberg in Seuff. Arch. Bd. 70 Nr. 128; OLG. München in Jur. Woch. 1917 S. 744 Nr. 11, Leipz. Z. 1919 Sp. 1151. OLGRechtspr. Bd. 40 S. 91.

Vater in Anspruch genommenen Beischläfer, daß sie in der Empfängniszeit mit keinem anderen als ihm geschlechtlich verkehrt habe, könne eine arglistige Täuschung noch nicht gefunden werden. Das gemäß § 1718 BGB. abgegebene Anerkenntnis enthalte keinen rechtsbegründenden Verpflichtungsakt, sondern nur einen Verzicht auf die Einrede der mehreren Zuhälter. Der uneheliche Erzeuger habe keinen Rechtsanspruch darauf, daß die Kindesmutter ihm zur Verfolgung jenes Einwands und zur Ablehnung seiner Verpflichtung behilflich sei; es sei seine Sache, die Einrede zu beweisen. Im Rechtsstreit der Mutter gegen den Zuhälter begehe sie keinesfalls eine arglistige Täuschung, wenn sie die Behauptung, daß sie sich noch mit einem andern eingelassen habe, in Abrede stelle. Nicht anders sei ihre außergerichtliche Versicherung zu beurteilen. Es bestehe keine allgemeine Rechtspflicht, die Wahrheit von Tatsachen zuzugeben, aus denen ein Dritter gegen jemand privatrechtliche Ansprüche oder die Befreiung von Verbindlichkeiten herleiten wolle, namentlich dann nicht, wenn dadurch wie hier die Geständige in ihrer Frauenehre bloßgestellt werde. Zudem werde der Zweck der Vorschrift des § 1718 BGB., die Einrede der mehreren Beischläfer für die Zukunft abzuschneiden, vereitelt, wenn man in Fällen der vorliegenden Art die Anfechtung wegen arglistiger Täuschung zulassen wollte, da in Gestalt dieser Anfechtung der Einwand wohl regelmäßig erhoben werden könne.

Diese Rechtsansicht kann bei nochmaliger Prüfung nicht aufrecht erhalten werden.

Die Kindesmutter hat durch die in Rede stehende Versicherung dem Kläger die falsche Tatsache vorgespiegelt, daß sie in der Empfängniszeit mit ihm allein geschlechtlich verkehrt habe, und zugleich die wahre Tatsache des mit einem anderen in dieser Zeit gepflogenen Verkehrs unterdrückt. Sie hat sich nicht etwa darauf beschränkt, den anderweitigen Geschlechtsverkehr zu verschweigen, sondern ist, indem sie auf Vorhalt das Gegenteil versicherte und sich zum Eide hierüber erbot, in einer zur Irreführung des Klägers objektiv geeigneten Weise tätig geworden. Darauf, daß der Kläger keinen Rechtsanspruch auf Offenbarung der Wahrheit hatte, kommt es bei dieser Sachlage nicht an. Eine arglistige Täuschung kann auch begehen, wer eine unwahre Tatsache behauptet, ohne daß er zur Abgabe einer Erklärung über diese Tatsache rechtlich verpflichtet ist. Denn zum Begriff der Arglist im Sinne des § 123 BGB. wird nicht mehr gefordert, als daß der Täuschende vorsätzlich durch Hervorrufung oder Benutzung eines Irrtums die Willensentschließung eines andern beeinflußt. Nur im Fall bloßen Verschweigens ist zu fragen, ob nach den im Rechtsverkehr herrschenden Grundsätzen von Treu und Glauben oder aus besonderen Rechtsgründen in einem bestimmten Fall eine Aufklärungspflicht bestand. Hat aber der Täuschende wissentlich eine falsche Tatsache ausdrücklich behauptet oder eine wahre abgeleugnet, und solchergestalt durch positives Handeln in dem Gegner eine irrige Vorstellung hervorgerufen, so hängt die Anfechtung nicht davon ab, ob er überhaupt zur Abgabe einer Erklärung verpflichtet war. Im Streitfall ist es daher rechtlich belanglos, ob der Kläger — wovon die angeführten Urteile ausgehen — keinen Rechtsanspruch darauf hatte, daß die Kindesmutter ihm bei der Geltendmachung seines Einwands und bei der Ablehnung seiner Verpflichtung durch Offenbarung der Wahrheit behilflich war. Sie konnte die Beantwortung der an sie gestellten Frage ablehnen; ließ sie sich aber zu einer Antwort herbei, so durfte sie nicht eine unwahre Tatsache versichern und diese Versicherung durch Eideserbieten verstärken. Daß sich der Kläger seinerseits nicht darauf verlassen durfte, schon diese Versicherung der Kindesmutter erbringe den Beweis der Unrichtigkeit seiner Annahme über ihren anderweitigen Geschlechtsverkehr, kann nicht entscheidend sein. Denn er war nicht gehindert, ihrer Antwort eine solche Beweiskraft trotzdem beizulegen, und unterlag in diesem Fall der Täuschung, wenn die Versicherung wahrheitswidrig war. Auch der Umstand, daß sich die Kindesmutter in einem Gewissenskonflikt befand und durch eine wahrheitsgemäße Antwort ihre eigenen Interessen und die des Kindes geschädigt hätte, enthob sie nicht der Pflicht, in Beantwortung der an sie gestellten Frage die Wahrheit zu sagen und jede Irreführung des Klägers zu unterlassen.

Eines Eingehens auf die Frage, ob und inwieweit im Prozeß die allgemeine und unbedingte Wahrheitspflicht der Parteien besteht, ob also die Kindesmutter in einem von ihr selbst gegen den Kläger geführten Rechtsstreit den Geschlechtsverkehr mit einem anderen Manne in Abrede stellen durfte, ohne sich dem Vorwurf der arglistigen Täuschung auszusetzen, bedarf es hier nicht. Denn von dem — im allgemeinen für zulässig erachteten — Bestreiten einer wahren Prozeßbehauptung, das den Gegner zwingt, sich nach Beweisen umzusehen, ist der Fall, daß jemand durch Täuschung zum Abschluß eines Rechtsgeschäfts bestimmt wird, nicht nur in seinen Rechtsfolgen, sondern auch in seiner materiellrechtlichen Gestaltung wesentlich verschieden, mögen auch, wie hier, die tatsächlichen Verhältnisse zu einer Vergleichung Anlaß bieten.

Das Reichsgericht weist in dem vorerwähnten Urteil vom 30. Juni 1904 darauf hin, daß durch die Zulassung der Anfechtung wegen arglistiger Täuschung der gesetzgeberische Zweck des § 1718 BGB., der das nachträgliche Vorbringen der Einrede der mehreren Zuhälter verhindern wolle, gefährdet werde. Dies mag zutreffen. Nach der Ansicht des jetzt erkennenden Senats hätte es aber angesichts der allgemeinen Vorschrift des § 123 BGB. einer besonderen und zweifelfreien Bestimmung bedurft, um die Möglichkeit einer Täuschungsanfechtung im Fall des § 1718 BGB. auszuschließen.

Wenn gleichwohl die bloße Versicherung der Kindesmutter, mit anderen Männern in der Empfängniszeit nicht verkehrt zu haben, die Anfechtung wegen arglistiger Täuschung nur ausnahmsweise begründen wird, so sind hierfür in der Regel andere Erwägungen und zwar solche tatsächlicher Natur maßgebend. Zum inneren Tatbestand des § 123 BGB. wird gefordert, daß der Getäuschte durch das arglistige Verhalten des anderen zur Abgabe seiner Willenserklärung bestimmt wurde, und daß der Täuschende sich dessen bewußt war oder doch mit einer solchen Möglichkeit rechnete. In dieser Richtung wird es bei einer Anfechtung des nach § 1718 BGB. abgegebenen Anerkenntnisses jedesmal einer besonders eingehenden Würdigung der Umstände des Einzelfalls bedürfen. Liegt nichts weiter vor, als daß die Kindesmutter die vorerwähnte Versicherung mehr oder minder nachdrücklich abgegeben hat, so wird der Beweis des ursächlichen Zusammenhangs vom Anfechtungskläger nicht leicht zu erbringen sein. Denn mit der Ableugnung anderweitigen Geschlechtsverkehrs muß er im Regelfall schon im Hinblick darauf rechnen, daß eine wahrheitsgemäße Antwort der Kindesmutter zur Unehre gereichen und ihr und dem Kinde Nachteil bringen würde. Treten aber zu dem bloßen Ableugnen noch weitere Umstände hinzu, die den Kläger bestimmen können, das Bestreiten für wahr zu halten, so darf ihm der Beweis der dadurch bewirkten arglistigen Täuschung nicht abgeschnitten werden. Ein solcher Sachverhalt kann aber nicht nur dann vorliegen, wenn, wie in dem Urteil des Reichsgerichts vom 12. März 1914 angenommen ist, die Kindesmutter bestimmte unwahre Einzelbehauptungen aufstellt oder sie gar durch falsche Beweismittel glaubhaft macht, sich also hinterlistiger Täuschungsmittel bedient, sondern z. B. auch schon dann, wenn die dem Kläger sonst als wahrheitsliebend bekannte Kindesmutter die Richtigkeit ihrer Versicherung in besonders eindringlicher Weise beteuert. Hierher kann namentlich auch der Fall gehören, daß sie sich zum Eid über ihre unwahre Behauptung erbietet. Ein solches Eideserbieten regelmäßig nur als ein zwar nachdrückliches, aber für die Entschließung des als Vater in Anspruch Genommenen nicht erhebliches Leugnen anzusehen, wäre verfehlt. Vielmehr läßt sich die Möglichkeit einer gerade dadurch hervorgerufenen Täuschung nicht von der Hand weisen, schon weil der Beischläfer befürchten muß, in einem Rechtsstreit mit dem Kind auf Grund der gegebenenfalls nach § 393 Abs. 2 ZPO. beeideten Zeugenaussage der Mutter zu unterliegen.

Im Streitfall hat der Kläger behauptet, er sei durch die wiederholt, zuletzt vor dem Vormundschaftsrichter, abgegebene Versicherung der Kindesmutter, in der Empfängniszeit nicht mit einem anderen

Mann verkehrt zu haben, und durch ihr Erbieten zum Eid hierüber zur Anerkennung der Vaterschaft bestimmt worden. In dieser Hinsicht ist zunächst das Sachverhältnis vom Berufungsrichter näher aufzuklären.

---

49. 1. Einrede der allgemeinen Arglist gegenüber der Berufung auf Formvorschriften.

2. Kann der Käufer, der das ihm verkaufte und übergebene Grundstück wegen Nichtigkeit des Kaufvertrags zurückgeben muß, Aufwertung der von ihm geleisteten, vom Verkäufer zurückzugewährenden Anzahlung beanspruchen?

V. Zivilsenat. Urt. v. 14. November 1923 i. S. T. u. Gen. (Bekl.) w. D. (Kl.). V 207/23.

I. Landgericht Köslin. — II. Oberlandesgericht Stettin.

Durch Vertrag vom 16. September 1919 hat der Kläger ein Grundstück an die Beklagten verkauft und ihnen übergeben, dann aber die Auflassung verweigert. Die von diesen angestrengte Klage auf Auflassung ist rechtskräftig abgewiesen. Jetzt klagt der Kläger auf Rückgabe des Grundstücks gegen Rückzahlung der geleisteten Anzahlung von 60000 *M*. Das Landgericht verurteilte die Beklagten zur Rückgabe des Grundstücks Zug um Zug gegen Zahlung von 61542 *M* und Aushändigung eines Schuldscheins über 3000 *M*. Die Beklagten legten Berufung ein; sie wiederholten ihren Antrag auf Abweisung der Klage, beantragten aber hilfsweise die Erhöhung der ihnen zukommenden Zahlung auf 2 Millionen Mark, indem sie Schadensersatz wegen arglistigen Verhaltens des Klägers und Geldentwertung geltend machten.

Das Oberlandesgericht wies die Berufung zurück. Die Revision der Beklagten hatte Erfolg.

Gründe:

Zutreffend geht das Berufungsgericht davon aus, daß die Beklagten, da sie mit ihrem Anspruch auf Erteilung der Auflassung rechtskräftig abgewiesen sind, mit ihren Einwendungen im gegenwärtigen Rechtsstreit nicht erreichen können, daß sie das Grundstück endgültig behalten dürfen, vielmehr nur in Frage kommen könne, ob sie die Rückgabe von der Befriedigung höherer als der ihnen vom Landgericht zugebilligten Gegenansprüche abhängig machen dürfen. Diese Frage wird vom Berufungsgericht verneint und zwar, soweit die Gegenansprüche auf ein arglistiges Verhalten des Klägers gestützt werden, mit Recht.

... In zweiter Linie hatten die Beklagten dem Kläger den Vorwurf der sog. allgemeinen Arglist gemacht. Da er bei den Kaufverhandlungen das Zustandekommen des Vertrags von der Zahlung von 30000 *M*, die im Vertrag als Kaufpreis nicht erscheinen dürften (Schwarzgeld), abhängig gemacht habe, so handle er arglistig, wenn er jetzt aus der so von ihm verschuldeten Nichtigkeit des Vertrags Vorteile für sich herzuleiten suche. Das Berufungsgericht hat diesen Einwand abgelehnt, da bisher nicht erwiesen sei, daß der Kläger geradezu den Vertragsschluß von dieser Zahlung von Schwarzgeld abhängig gemacht habe, da aber auch, wenn solches der Fall gewesen sein sollte, dies unerheblich sei, weil die Beklagten ohne Widerstand darauf eingegangen seien, endlich aber auch mit Rücksicht darauf, daß die Gestaltung des Sachverhalts sich wesentlich von den Fällen unterscheide, in denen das Reichsgericht in den von den Beklagten angeführten Entscheidungen eine derartige allgemeine Arglist angenommen hat. Dem ist, entgegen der Meinung der Revision, beizupflichten. Abgesehen von dem Falle, daß jemand die Abfassung eines formgerechten Vertrags verhindert, um sich später darauf berufen zu können, hat das Reichsgericht die Berufung auf Arglist, und zwar auf die sog. allgemeine Arglist, zugelassen, wenn eine Partei, die der anderen gegenüber beim Vertragsschluß die Beobachtung der Form für unnötig erklärt hat, daraus Vorteil ziehen will, daß die andere Partei dieser Erklärung Glauben geschenkt hat. Insofern die Bedeutung der Einwirkung auf den Irrtum des Gegners in dem Urteile des III. Zivilsenats vom 15. November 1907 (Warn. 1908 Nr. 38 und Gruchot Bd. 52 S. 1044) etwa nicht klar zum Ausdrucke gekommen ist, ist dies nachgeholt worden in dem Urteile desselben Senats vom 10. Oktober 1919 (RGZ. Bd. 96 S. 313), wobei auch auf ein anderes Urteil dieses Senats vom 5. Mai 1917 (Warn. 1917 Nr. 174) verwiesen werden mag. Einer Stellungnahme zu dieser Auffassung bedarf es hier nicht. Denn im vorliegenden Falle kann, wie das Berufungsurteil mit Recht hervorhebt, von einer derartigen Sachlage keine Rede sein. Nach dem eigenen Vortrage der Beklagten haben sie nicht etwa in die Aufnahme eines zu niedrigen Preises in die Vertragsurkunde gewilligt, weil der Kläger sie in den Glauben versetzt habe, die Aufnahme des richtigen Preises in die Urkunde sei unnötig, sondern weil er ihnen zu erkennen gegeben habe, daß er ohne Zubilligung des Schwarzgeldes ihnen überhaupt nicht verkaufen wolle.

(Nach Zurückweisung einiger weiterer Angriffe fährt das Urteil fort:)

Dagegen muß der Revision beigetreten werden, soweit sie sich gegen die Ausführungen des Urteils wendet, die dahin gehen, die Beklagten hätten Anspruch nur auf den Nennbetrag ihrer Anzahlung ohne Rücksicht auf die Minderung der Kaufkraft des Geldes seit der Hingabe der 60000 *M*. Diese Auffassung des Berufungsgerichts wird damit begründet, daß das Verlangen der Beklagten nach Aufwertung im Widerspruch stehen würde mit der zurzeit geltenden Rechtsordnung, die keinen Unterschied zwischen Goldmark und Papiermark mache und die gesunkene Kaufkraft der letzteren unberücksichtigt lasse.

Das Reichsgericht hat in einer Reihe von Entscheidungen, die seit Anfang 1922 ergangen sind, der Einrede der veränderten Umstände in Berücksichtigung des § 242 BGB. in gewissem Umfange Rechnung getragen. In diesen Fällen handelte es sich um die Frage, ob veränderte Umstände den Rücktritt vom Vertrage zu rechtfertigen vermögen. Im Anschluß an das Urteil des II. Zivilsenats vom 3. Februar 1922 (RGZ. Bd. 103 S. 329) ist als Ergebnis festgelegt worden, daß der Rücktritt nur dann zulässig ist, wenn der Versuch des sich auf die veränderten Umstände Berufenden, den Vertrag mit entsprechender Änderung aufrecht zu erhalten, vergeblich gewesen ist, der andere Teil also abgelehnt hat, der Aufforderung nachzukommen, daß die veränderte wirtschaftliche Lage in billiger Weise berücksichtigt werde. Wenn es sich auch im vorliegenden Falle überhaupt nicht um die Möglichkeit für die Beklagten handelt, den Rücktritt von ihrer rechtskräftig ausgesprochenen Verpflichtung zur Herausgabe des Grundstücks zu erlangen, so müssen doch die für jene Entscheidungen wesentlich gewesenen Erwägungen auch hier maßgebend sein. Ob der Verkäufer infolge einschneidender Veränderung der wirtschaftlichen Lage einen höheren als den vereinbarten Kaufpreis beanspruchen darf, oder ob der Käufer, der einen Anspruch auf Rückzahlung des Kaufgeldes oder der geleisteten Anzahlung hat, infolge des gesunkenen Geldwertes eine Aufwertung des seinerzeit von ihm hingegebenen Betrags verlangen darf, kann in dieser Hinsicht an sich keinen Unterschied machen. Es handelt sich hier um eine im Herbst 1919 geleistete Anzahlung von 60000 *M*, die der Verkäufer Zug um Zug gegen Rückempfang des Grundstücks zurückzugeben hat. Wie bereits das erwähnte Urteil des II. Zivilsenats als gerichtsbekannt feststellt, setzte die Geldentwertung mit dem Herbst 1919 ein und ließ die Preise der Grundstücke usw. um ein Vielfaches in die Höhe schnellen. Wenn man bereits damals (Februar 1922) dieser Geldentwertung glaubte Rechnung tragen zu müssen, so ist diese Notwendigkeit infolge der seitdem, namentlich seit August 1922 von Tag zu Tag immer stärker anwachsenden, kaum noch Grenzen kennenden Geldentwertung in einem völlig unvorhergesehenen Maße gestiegen. Bei einem in Wirklichkeit auf 125000 *M* vereinbarten Kaufpreis, der, wie vorerst zu unterstellen ist, dem damaligen Werte der Besitzung entsprach, stellte die Anzahlung von 60000 *M* beinahe die Hälfte des Wertes der Besitzung dar. Dieser Betrag reichte damals aus, um damit unter Übernahme von Hypotheken und wohl auch Bestellung einer Restkaufgeldhypothek eine Besitzung wie vorstehende zu erwerben. Daß die Beklagten, wenn sie jetzt diesen Betrag zurückerhalten, damit nicht nur keine Besitzung von ähnlichem Werte wie die zurückzugebende, ja überhaupt nichts, nicht ein Pfund Brot, erwerben können, bedarf keiner Ausführung.

Muß aus diesen Gründen das Urteil aufgehoben werden, so muß die Zurückverweisung an das Berufungsgericht erfolgen, da die tatsächlichen Unterlagen für die Höhe der Aufwertung erst noch zu beschaffen sind, wobei die Behauptungen des Klägers über die die Beklagten treffende Pflicht zum Schadensersatz infolge mangelhafter Bewirtschaftung als den Aufhöhungsanspruch der Beklagten mindernd oder etwa gar beseitigend in Betracht kommen werden. Dabei wird das Berufungsgericht ferner zu prüfen haben, ob und welchen Einfluß ein etwaiger Verzug der Beklagten mit der Rückgabe des Grundstücks auf die Aufwertung der Anzahlung haben würde, und ob es hierfür von Bedeutung sein könnte, daß der Kläger nach seiner eigenen Darstellung seit dem Verkauf an die Beklagten verschiedene Grundstücke gekauft, also möglicherweise mit dem von den Beklagten erhaltenen Gelde gearbeitet und sich dadurch gegen dessen Entwertung gesichert hat.

---

50. Einwand der veränderten wirtschaftlichen Verhältnisse beim Grundstückskauf. Wie hat die Aufwertung des Kaufpreises zu erfolgen, wenn der Kaufpreis teils durch Übernahme von Hypotheken, teils in bar zu begleichen war?

V. Zivilsenat. Urt. v. 17. November 1923 i. S. F. S. (Bekl.) w. Commerz- und Privatbank Akt.-Ges. (Kl). V 554/22.

I. Landgericht Magdeburg. — II. Oberlandesgericht Naumburg a. S.

Durch notariellen Vertrag vom 9. Mai 1912 vermietete der Beklagte an die Klägerin mehrere Räume in seinem in W. gelegenen Wohnhause auf die Zeit vom 1. Juli 1912 bis zum 30. Juni 1922. Dabei räumte er der Klägerin das Recht ein, das Grundstück für 38000 *M* käuflich zu erwerben; der Kaufpreis sollte, soweit er die eingetragenen Hypotheken überstiege, bei der Auflassung bar gezahlt werden. Die Klägerin hat das Kaufangebot in notarieller Verhandlung vom 21. Dezember 1920 angenommen. Da der Beklagte die Erfüllung des Vertrages verweigerte, hat die Klägerin auf Auflassung des Grundstücks geklagt. Das Landgericht verurteilte den Beklagten zur Auflassung. Der Beklagte legte Berufung ein und beantragte in erster Reihe Abweisung der Klage, hilfsweise stellte er den Antrag, ihn zur Auflassung nur Zug um Zug gegen Zahlung eines angemessenen Betrages, schlimmstenfalls gegen 150000 ℳ in bar und Übernahme von 28000 ℳ Hypotheken zu verurteilen. Das Oberlandesgericht verurteilte den Beklagten nur gegen Zahlung von 108000 ℳ einschließlich zu übernehmender Hypotheken im Betrage von 28000 ℳ zur Auflassung. Seine Revision hatte keinen Erfolg.

Gründe:

Das Berufungsgericht hält den vom Beklagten erhobenen Einwand der völlig veränderten Umstände für gerechtfertigt. Nach seiner Annahme ist hier zwischen Leistung und Gegenleistung eine Wertverschiebung von solchem Ausmaß eingetreten, daß ihre Folgen nach § 242 BGB. nicht einseitig dem Beklagten aufgebürdet werden könnten. Die Erfüllung des Vertrags nach seinem ursprünglichen Inhalt könnte daher dem Beklagten nicht zugemutet werden. Ebensowenig könnte aber die Klage ganz abgewiesen werden, zumal da die 28000 ℳ Hypotheken zu übernehmen waren, der Beklagte also nur 10000 ℳ bar in die Hände bekommen hätte. Das Berufungsgericht erachtet sich für befugt, den Kaufpreis durch Gestaltungsurteil entsprechend zu erhöhen. Da 28000 ℳ Hypotheken zu übernehmen seien, wären nur $^{10}/_{38}$ des Kaufpreises bar ausgezahlt worden. Der Beklagte dürfte daher nur $^{10}/_{38}$ des gegenwärtigen Grundstückswertes der Klägerin gegenüber in Anspruch nehmen. Den Grundstückswert zur Zeit der Schlußverhandlung vor dem Berufungsgericht nimmt der Vorderrichter auf 304000 M an. Hiernach kämen dem Beklagten $^{10}/_{38}$ von 304000 ℳ also 80000 ℳ zu, wogegen die Klägerin aber noch 28000 ℳ eingetragene Hypotheken zu übernehmen habe.

Die Revision stellt zunächst die grundsätzliche Zulässigkeit des Gestaltungsurteils zur Nachprüfung. Die Bedingungen, unter denen sich der Beklagte am Schluß der Berufungsbegründung mit dem Erlaß eines derartigen Gestaltungsurteils im vorliegenden Fall einverstanden erklärt habe, seien nicht erfüllt, insbesondere sei nicht ein Sachverständiger über den Wert vernommen, auch habe sich der Beklagte dem richterlichen Ermessen bezüglich der Festsetzung des angemessenen Kaufpreises nur für den Fall unterworfen, daß der Zeitpunkt der Erfüllung bei Bestimmung dieses Preises zugrunde gelegt würde.

Nach dieser Richtung gibt die Begründung des angefochtenen Urteils jedoch keinen Anlaß zu rechtlichen Bedenken. Es handelt sich hier um kein Gestaltungsurteil im eigentlichen Sinne; vielmehr liegt nur eine beschränkte Verurteilung des Beklagten vor, von welcher die Klägerin Gebrauch zu machen nicht gezwungen war, wenn sie mit der vom Gericht für angemessen erachteten Erhöhung des Kaufpreises nicht einverstanden war. Es bedarf deshalb keines Eingehens auf die von der Revision angeregte Frage der Zulässigkeit von Gestaltungsurteilen im allgemeinen. Jedenfalls war das Berufungsgericht berechtigt, in der Weise, wie geschehen, zu erkennen, nachdem der Beklagte den Hilfsantrag gestellt hatte, ihn nur Zug um Zug gegen Zahlung eines angemessenen Betrages, schlimmstenfalls nur gegen Zahlung von 150000 ℳ in bar und Übernahme von 28000 ℳ Hypotheken zu verurteilen. Allerdings hatte der Beklagte ausgeführt, er habe nichts dagegen, daß das Berufungsgericht, wenn er am Vertrage festgehalten werden solle, nach Anhörung eines Gutachters an Stelle des Vertragspreises den für den Tag der Erfüllung angemessenen Preis setzen wolle, und sich zur Stellung eines entsprechenden Hilfsantrages bereit erklärt. Allein darüber, nach welchen rechtlichen Gesichtspunkten über seine Anträge zu entscheiden war, konnte der Beklagte dem Gericht keine Vorschriften machen. Bei Stellung der Anträge hat er den in der Berufungsrechtfertigung eingenommenen Standpunkt auch nicht festgehalten, wie schon daraus hervorgeht, daß der zweite Hilfsantrag selbst eine bestimmte Summe als Gegenleistung verlangt, also auch nicht auf den Tag der Erfüllung, der noch ganz ungewiß war, abstellt. Darin, daß das Berufungsgericht bei der Bestimmung des angemessenen Preises den Tag der letzten mündlichen Verhandlung vor dem Berufungsgericht zugrunde legte, ist kein Rechtsverstoß zu finden. Auch wenn man den Tag der Zahlung für die Höhe der zu zahlenden baren Kaufsumme schließlich maßgebend sein lassen wollte, so war doch bei der Schlußverhandlung in der Berufungsinstanz noch gar nicht abzusehen, ob und in welchem Umfange die Geldentwertung weiter fortschreiten würde. Keinesfalls war aber das Berufungsgericht durch die vom Beklagten gestellten Anträge genötigt, schon auf die nach Erlaß des Urteils etwa fortschreitende Geldentwertung Rücksicht zu nehmen, vielmehr konnte es dem Beklagten überlassen, etwaige weitere Einwendungen nach dieser Richtung im Wege des § 767 ZPO. geltend zu machen. Es erübrigt sich daher hier darauf einzugehen, inwieweit der Erlaß sog. wertbeständiger Urteile zurzeit überhaupt möglich ist.

Endlich beanstandet die Revision auch noch, daß der Berufungsrichter unter Rückfall in die jetzt allgemein verworfene Wertparzellentheorie dem Beklagten nur $^{10}/_{38}$ des Grundstückswertes zugesprochen habe; dieser Wert hätte vielmehr dem Beklagten ganz gebührt, abzüglich des Nennbetrages der zu übernehmenden Hypothek. Letztere würde ja nur in Papiermark ausbezahlt. Auch dieser Angriff konnte indes keinen Erfolg haben. Es handelt sich hier nicht, wie die Revision meint, um eine Anwendung der falschen, das Verhältnis von Grundstück und Hypothek betreffenden Wertparzellentheorie, sondern um die Frage, ob der Beklagte gemäß § 242 BGB. nach Billigkeitsgrundsätzen Anspruch darauf hat, daß bei der Aufwertung auch derjenige

Teil des Kaufpreises zu berücksichtigen ist, der nach dem Inhalt des Vertrags gar nicht bar auszuzahlen war, sondern durch Übernahme von Hypotheken belegt wurde. Diese Frage ist aber vom Vorderrichter ohne Rechtsirrtum verneint worden. Die neuere Rechtsprechung des Reichsgerichts erkennt an, daß bei gegenseitigen Verträgen nach eingetretener wesentlicher Verschiebung des Verhältnisses zwischen Leistung und Gegenleistung dem Schuldner unter Umständen die Erfüllung zu den vereinbarten Bedingungen nicht mehr zuzumuten ist, und daß auch ein durch die Geldentwertung entstandenes Mißverhältnis zwischen den beiderseitigen Leistungen hierzu ausreichen kann. Diese Rechtsprechung beruht auf dem Gedanken, daß der Schuldner keinen entsprechenden Gegenwert mehr für seine Leistung erhalte, daß ihm insbesondere mit einer Geldsumme von gleichem Nennwert, wie sie im Vertrage vereinbart war, infolge Sinkens des Geldwertes nicht mehr eine Leistung von solchem wirtschaftlichen Werte zuteil werde, wie sie beim Vertragsschluß von den Parteien vorausgesetzt war. Die fortschreitende Entwertung der Papiermark, nicht die Wertsteigerung der Kaufsache, ist also der Grund für die Aufwertung des Kaufpreises. Daraus ergibt sich, daß in einem Falle, wie er hier vorliegt, wo der Kaufpreis für ein Grundstück teils in bar, teils durch die Übernahme von Hypotheken zu decken ist, die Aufwertung sich nur auf den bar zu zahlenden Teil des Kaufpreises zu beschränken hat. Denn nur hinsichtlich dieses Teiles des Kaufpreises besteht das Bedürfnis, die in Papiermark zu zahlende Summe so zu erhöhen, daß der Verkäufer den gleichen wirtschaftlichen Wert erhält, den die im Kaufvertrag angegebene Summe des bar zu zahlenden Kaufpreises darstellte. Anders verhält es sich mit dem Teil des Kaufpreises, der durch Übernahme von Hypotheken belegt werden sollte. Hier hat der Verkäufer gegenüber dem Käufer nur Anspruch darauf, daß dieser ihn von den übernommenen Hypothekenschulden befreit. Er selbst bekommt von diesem Teil des Kaufpreises nichts in die Hände, büßt also hier infolge der Markentwertung nicht das geringste ein. Es wäre unbillig, wenn der Verkäufer auch hinsichtlich dieses Teiles des Kaufpreises eine Aufwertung durchsetzen könnte; er würde dann besser dastehen, als es nach den ursprünglichen Vereinbarungen im Kaufvertrag in Aussicht genommen war, insofern als er nicht nur von der Hypothek befreit würde, sondern auch hier noch einen Überschuß über den Betrag der Hypothek hinaus erhielte. Die Auseinandersetzung mit dem Hypothekengläubiger ist Sache des Käufers, der die Hypothek übernommen hat. Wird seine Leistung an den Hypothekengläubiger infolge der Geldentwertung eine geringere und gelingt es ihm, den Gläubiger damit abzufinden, so kommt ihm dieser Vorteil zugute. Sollte ein Anspruch des Hypothekengläubigers auf Aufwertung der Hypothek von diesem mit Erfolg geltend gemacht werden können, so müßte der Käufer hierfür aufkommen, wofür er seinen Ausgleich in dem ziffermäßigen Mehrwert des Grundstücks fände, den es nach dem jetzigen Stande der Papiermark erlangt hat. Bei dieser Regelung erhält der Beklagte seinen vollen im Vertrage vorausgesetzten Gegenwert; er hat also keine Ursache sich beschwert zu fühlen.

---

51. Kann der Zessionar einen besonderen, nach der Abtretung des Anspruchs in seiner Person entstandenen Verzugsschaden geltend machen?

I. Zivilsenat. Urt. v. 12. Dezember 1923 i. S. Reichseisenbahnfiskus (Bekl.) w. L. W. (Kl.). I 98/23.

I. Landgericht Köln. — II. Oberlandesgericht daselbst.

Am 31. Januar 1920 übergab die A.-Aktiengesellschaft der Eisenbahngüterabfertigung Köln-Bonntor 3 Ballen Gewebe zur Beförderung an die Firma A. H. in München-Gladbach. Weder die Güter noch der Frachtbrief sind am Bestimmungsort angekommen. Die Absenderin hat ihre Ansprüche aus dem Frachtvertrag an den Kläger übertragen; dieser beansprucht als Schadensersatz den gemeinen Handelswert, den die Güter am Orte der Absendung zur Zeit ihrer Annahme zur Beförderung hatten, mit der Behauptung, daß dieser Wert dem Fakturenpreise von 6444,60 französischen Franken entspreche, die am 31. Januar 1920 einen Kurswert von 42212,13 *M* gehabt hätten; der Beklagte sei spätestens am 1. Juli 1920 in Zahlungsverzug geraten. Demgemäß klagte der Kläger zunächst auf Zahlung von 42212,13 *M* nebst Verzugszinsen. Diesem Antrag wurde in der ersten Instanz stattgegeben. In der Berufungsinstanz verlangte der Kläger im Wege der Anschlußberufung die Zahlung von 6444,60 französischen Franken oder desjenigen Betrages, der am Tage der Zahlung zur Anschaffung des genannten Frankenbetrages erforderlich ist. Diesem Klagbegehren hat das Berufungsgericht im wesentlichen entsprochen. Die Revision des Beklagten hatte Erfolg.

Aus den Gründen:

Das Berufungsgericht hat festgestellt: Die 3 Ballen Gewebe hätten unbestritten im Zeitpunkt ihrer Annahme zur Beförderung und am Ort ihrer Absendung einen Wert von 6444,60 französischen Franken gehabt. Diesen Betrag, umgerechnet in Markwährung nach dem Kurse vom 31. Januar 1920 als dem Aufgabetage, habe der Beklagte als Schadensersatz dem Kläger zu erstatten. Mit Zahlung dieses Betrages sei der Beklagte seit dem 1. Juli 1920 in Verzug. Wegen dieses

Verzugs habe der Beklagte dem Kläger außer Verzugszinsen im Hinblick auf die während der Verzugszeit eingetretene Entwertung des deutschen Geldes einen Geldbetrag in Markwährung zu bezahlen, welcher am Tage der Zahlung zur Anschaffung von 6444,60 französischen Franken nebst Verzugszinsen erforderlich sei.

Die Revision wendet sich gegen diese Bewertung der Verzugsfolgen. Diese wird auch in der Tat durch die Begründung des Berufungsurteils nicht getragen. Das Berufungsgericht geht davon aus, daß der Betrag von 6444,60 französischen Franken als der Fakturenpreis der verlorenen Ware hier nur ein Rechnungsfaktor ist, um ihren gemeinen Handelswert am Ort der Absendung und zur Zeit der Annahme zur Beförderung in Reichsmark festzustellen. Dementsprechend hat der Kläger laut Klageschrift unter Zugrundelegung des Frankenkurses vom 31. Januar 1920 seine Hauptforderung auf 42212,13 ℳ berechnet. Mit Zahlung dieser Summe und nicht etwa von 6444,60 französischen Franken kam der Beklagte nach den eigenen Feststellungen des Berufungsgerichts am 1. Juli 1920 in Verzug. Wollte man auch im übrigen dem Berufungsgericht folgen, so würde der Beklagte wegen seines Zahlungsverzugs doch nur denjenigen Markbetrag als Hauptschuld zu bezahlen haben, welcher erforderlich ist, um soviel französische Franken am Zahlungstage anzuschaffen, als bei Verzugsbeginn am 1. Juli 1920 für 42212,13 ℳ zu erhalten waren. Die Rechnung des Berufungsgerichts, wonach der Beklagte einen Markbetrag zahlen soll, der am Zahlungstage zur Anschaffung von 6444,60 französischen Franken erforderlich ist, würde also höchstens dann stimmen, wenn der Kurs es Franken am 31. Januar 1920 derselbe war wie am 1. Juli 1920.

Es kommt folgendes hinzu:

Aus dem Frachtvertrage hat der Beklagte zunächst nur seiner Vertragsgegnerin, der A.-Aktiengesellschaft, auf Schadensersatz für den Verlust der Güter einzustehen. Soweit der Kläger als Zessionar dieser Firma klagt, kann er grundsätzlich nur solche Schadensersatzansprüche geltend machen, welche bei seiner Rechtsvorgängerin entstanden sind oder ohne die Forderungsübertragung entstanden wären. Will er darüber hinaus Schadensersatzansprüche geltend machen, die nach der Forderungsübertragung in seiner Person entstanden sind, etwa weil er als Ausländer bei rechtzeitiger Bezahlung der Schuld durch den Beklagten das deutsche Geld sofort in fremde Währung umgesetzt hätte und dadurch von dem späteren Sinken des deutschen Geldes nicht berührt worden wäre, so muß er unter anderem darlegen, daß und wann der Beklagte von dem Gläubigerwechsel Kenntnis erlangt hat. Denn dieser Gläubigerwechsel und seine Wirkungen gehören nicht zu den dem regelmäßigen Verlauf entsprechenden Folgen des Zahlungsverzugs des Beklagten. Anderseits hat es sich der Schuldner selbst zuzuschreiben, wenn er nach Kenntnis des Gläubigerwechsels in seinem Verzuge beharrt. Es sind dem Schuldner dann auch diejenigen Verzugsfolgen zuzurechnen, welche in der Person des neuen Gläubigers entstanden und von dem Schuldner vorausgesehen sind oder bei der im Verkehr erforderlichen Sorgfalt vorausgesehen werden konnten. In dieser Beziehung geben die Feststellungen des Berufungsgerichts keine ausreichende Unterlage. So fehlt es z. B. nicht nur an einer Klarstellung der Verhältnisse zu der Zeit, als die Übertragung der Forderung durch die A.-Aktiengesellschaft auf den Kläger dem Beklagten bekannt wurde, sondern auch zu der Zeit, als diese Abtretung am 28. April 1921 erfolgte. Vor dieser Forderungsübertragung war aber der Kläger ohnehin nicht in der Lage, der Entwertung der deutschen Reichsmark hinsichtlich des fraglichen Anspruchs durch Umwechselung in französische Währung zu begegnen. Ebenso ist eine Prüfung der von der Revision erwähnten Frage unterlassen, ob beim Kläger, der seine Handelsniederlassung im Elsaß hat und angeblich mit Deutschland in engen Geschäftsverbindungen steht, ohne weiteres zu vermuten ist, daß er den Schuldbetrag bei etwaiger früherer Zahlung sofort in französische Währung umgewechselt hätte.

---

52. Ist ein Beamter (Richter), der auf seinen Antrag im Laufe eines Kalendervierteljahrs aus dem Dienste ausscheidet, verpflichtet, von seinem am Vierteljahrsbeginn empfangenen Gehalt den Teil zurückzuzahlen, der auf die Zeit nach seinem Ausscheiden entfällt?

III. Zivilsenat. Urt. v. 12. Juni 1923 i. S. Z. (Bekl.) w. Preuß. Staat (Kl.). III 641/22.

I. Landgericht Guben. — II. Kammergericht Berlin.

Der Beklagte, der Amtsgerichtsrat in F. war, wurde durch Verfügung des Preußischen Justizministers vom 5. Oktober 1920 unter Entlassung aus dem Justizdienste vom 16. Oktober 1920 ab zur Rechtsanwaltschaft bei dem Amtsgericht dort zugelassen. Von dem ihm am 1. Oktober 1920 ausgezahlten Vierteljahrsgehalt fordert der Kläger den Teil zurück, der auf die Zeit vom 16. Oktober bis zum 31. Dezember 1920 entfällt. Der Beklagte glaubt zu dieser Zurückzahlung rechtlich nicht verpflichtet zu sein.

Die Vorinstanzen haben zugunsten des Klägers erkannt. Die Revision des Beklagten wurde zurückgewiesen.

Gründe:

Das Beamtenverhältnis ist ein öffentlichrechtliches Verhältnis, das auch in Ansehung der daraus erwachsenden vermögensrechtlichen

Folgen ausschließlich nach öffentlichem Recht zu beurteilen ist. Privatrechtlichen Grundsätzen und Auffassungen unterliegt es nicht. Vorschriften des Privatrechts können auf das Beamtenverhältnis auch keine entsprechende Anwendung finden. Sie lassen sich nur insofern dafür verwerten, als sie einen allgemeinen Rechtsgedanken zum Ausdruck bringen, der für das öffentliche Recht gleichfalls gilt und der deshalb in Ausfüllung einer Lücke des positiven Rechts als ein Bestandteil des öffentlichen Beamtenrechts anzuerkennen ist (RGZ. Bd. 95 S. 146, Bd. 97 S. 44, Bd. 104 S. 60). Die Revision des Beklagten wendet sich daher mit Recht gegen die Annahme der Vorinstanzen, daß der Klaganspruch in § 628 Abs. 1 Satz 3 BGB. seine Rechtfertigung finde. Ebensowenig ergibt sich freilich seine Unbegründetheit unmittelbar aus der vom Beklagten angerufenen Vorschrift des § 760 Abs. 3 BGB. in Verb. mit § 1361 Abs. 1 Satz 1, § 1580 Abs. Satz 1, § 1612 Abs. 3, § 1710 Abs. 3 daselbst. Vielmehr ist die Entscheidung dem öffentlichen Beamtenrecht zu entnehmen.

Nach diesem ist das Gehalt des Beamten keine Entlohnung für die einzelnen von ihm geleisteten Dienste, sondern eine ihm für die Dauer seines Amtes zugebilligte, für den standesmäßigen Unterhalt bestimmte Rente (RGZ. Bd. 96 S. 87). In der Form des Gehalts gewährt der Staat dem Beamten den erforderlichen Unterhalt als Entgelt dafür, daß er grundsätzlich seine ganze Persönlichkeit in den staatlichen Dienst zu stellen hat (RGZ. Bd. 53 S. 429, Bd. 84 S. 406, Bd. 89 S. 106). Dieser öffentlichrechtlichen Gegenleistung geht der Beamte noch nicht dadurch verlustig, daß er zeitweise keine Dienste leistet, wohl aber dann, wenn seine Verpflichtung, sich dem öffentlichen Dienste zu widmen, überhaupt aufhört. Nur für die Dauer des Beamtenverhältnisses besteht die Unterhaltspflicht des Staates, hat der Beamte Anspruch auf Gehalt. An diesem Grundsatz wird dadurch nichts geändert, daß das Gehalt, seinem Unterhaltscharakter entsprechend, für eine gewisse Zeit im voraus gezahlt wird. Endet das Beamtenverhältnis während eines Zeitabschnitts, für den das Gehalt im voraus gezahlt worden ist, so erlischt zugleich, der Gehaltsvorauszahlung unerachtet, die aus dem Beamtenverhältnis entspringende Unterhaltsverpflichtung des Staates. Es entfällt damit für den Rest des Vorauszahlungsabschnitts der Rechtsgrund, aus dem die Zahlung erfolgt ist. Dem Staate erwächst ein im öffentlichen Recht wurzelnder Rückforderungsanspruch auf den entsprechenden Teil der im voraus entrichteten Besoldung.

Unentschieden kann im vorliegenden Falle bleiben, ob dieses Rückforderungsrecht des Staates dann nicht entsteht, wenn das Beamtenverhältnis während des Zeitraums, für den der Beamte sein Gehalt bereits empfangen hat, dadurch erlischt, daß der Beamte stirbt. Die preußische Verwaltungsübung beläßt im Falle des Todes des Beamten seinen Erben das im voraus erhobene Gehalt auch dann, wenn er keine Hinterbliebenen zurückläßt, die auf das sog. Gnadenvierteljahr Anspruch haben (Nr. IV a. E. der GemVerf. des Finanzministers und des Ministers des Innern vom 11. April 1908 [MBfdiV. 1908 S. 92]; für die Justizverwaltung vgl. Müller, Die Preußische Justizverwaltung, 6. Aufl. Bd. I S. 884). Als Beleg dafür, daß diese Übung allgemeinen Rechtsgrundsätzen entspricht, könnte man anführen, daß nach den oben genannten Bestimmungen des Bürgerlichen Gesetzbuchs auch eine privatrechtliche Unterhaltsrente für den ganzen Zeitabschnitt geschuldet wird, für den sie im voraus zu entrichten ist, sofern der Gläubiger nur den Beginn des Zeitabschnitts erlebt. Daraus ist aber auch für das bürgerliche Recht nicht mehr zu folgern, als daß die Rentenforderung für den Zeitabschnitt, in dem der Gläubiger stirbt, durch seinen Tod nicht berührt wird. Daß auch, wenn andere in diesen Zeitraum fallende Ereignisse den Unterhaltsanspruch zum Erlöschen bringen, dem Unterhaltsberechtigten trotzdem die Rente für die ganze Zeitspanne gebührt, ist in den angeführten Vorschriften nicht ausgesprochen worden. Für das Beamtenrecht kann jedenfalls eine Gleichstellung des Todes des Beamten mit anderen Gründen der Beendigung des Beamtenverhältnisses in der hier erörterten Hinsicht nicht anerkannt werden. Ganz besonders gilt das, wenn wie im vorliegenden Falle der Beamte seine Entlassung aus dem Staatsdienste selbst beantragt hat, und zwar nicht wegen Dienstunfähigkeit, sondern um sich einem anderen Berufe, hier dem des Rechtsanwalts, zuzuwenden. Es fehlt an jedem inneren Grunde, die Unterhaltspflicht des Staates dem ausscheidenden Beamten gegenüber auf eine Zeit zu erstrecken, für die das ihn mit dem Staate verknüpfende Band auf seinen Wunsch und in seinem Interesse bereits gelöst worden ist und für die ihm seine dem Staate nicht mehr zur Verfügung zu stellende Arbeitskraft eine andere Erwerbsquelle eröffnet hat.

§ 1 des Gesetzes, betr. die Zahlung der Beamtenbesoldung und des Gnadenvierteljahrs, vom 7. März 1908 besagt nichts zugunsten des vom Beklagten vertretenen Standpunktes. Er bestimmt, daß die unmittelbaren Staatsbeamten ihre Besoldung vierteljährlich im voraus erhalten. Damit zieht er nur eine Folgerung aus dem Unterhaltscharakter des Beamtengehalts, der, wie bereits hervorgehoben, seine Vorauszahlung für einen gewissen Zeitraum notwendig macht. Die Frage, inwieweit die im voraus gezahlte Besoldung zurückzuzahlen ist, falls der Beamte innerhalb des Vierteljahrs in anderer Weise als durch den Tod, beispielsweise durch Entlassung, aus dem Amte scheidet, läßt die Vorschrift unberührt, wie in der Begründung des Gesetzes (Drucks. des Herrenhauses Session 1907/08 Nr. 17, S. 7 zu § 1) ausdrücklich ausgesprochen ist (vgl. § 48 Abs. 4 Satz 2 der Etatsvorschriften für die preußische Justizverwaltung vom 8. Januar 1914 JMBl. S. 15). Im übrigen beschäftigt sich das Gesetz nur mit den Gnadenbezügen der Beamtenhinterbliebenen, betrifft also nur die Folgen des Todes des Beamten.

Unrichtig ist demnach die Auffassung der Revision, der Beklagte habe sein Gehalt für das letzte Vierteljahr 1920 bereits am 1. Oktober 1920 voll verdient gehabt. An diesem Tage stand ihm zwar ein Anspruch auf Vorauszahlung eines Vierteljahrsgehalts zu. Sie erfolgte aber nur unter der Voraussetzung, daß er bis zum Schlusse des Vierteljahrs Beamter bliebe. Diese Voraussetzung ist nicht eingetroffen. Seit dem 16. Oktober 1920 hat der Beklagte nicht etwa nur zeitweise keine Dienste geleistet. Er konnte vielmehr von diesem Tage, von dem Erlöschen seiner Beamteneigenschaft an, überhaupt keine Beamtendienste mehr leisten. Seitdem stellte er seine Persönlichkeit dem Staate nicht mehr zur Verfügung und konnte deshalb auch keinen Unterhalt in der Form von Gehalt mehr verlangen.

Dies Ergebnis stimmt mit älteren Erkenntnissen des Reichsgerichts (Urt. vom 22. Dezember 1881, auszugsweise abgedruckt MBlfdiV. 1888 S. 148; Urt. vom 13. Dezember 1892 III 205/92, Bolze, Praxis des Reichsgerichts Bd. 14 S. 376 Nr. 576a) überein. In ihnen ist bereits anerkannt, daß der Beamte im Falle seines Ausscheidens aus dem Amte das im voraus gezahlte Gehalt insoweit zurückzahlen muß, als es auf die Zeit nach seinem Ausscheiden entfällt. Diese Rechtsanschauung trifft auch gegenwärtig noch zu. . . .

---

53. Läuft die Frist des § 2082 BGB., solange der Pflichtteilsberechtigte, der in einer letztwilligen Verfügung übergangen ist (§ 2079), letztere für ungültig hält?

IV. Zivilsenat. Urt. v. 20. September 1923 i. S. K. (Bekl.) w. K. (Kl.). IV 520/22.

I. Landgericht Aachen. — II. Oberlandesgericht Köln.

Der Gießereibesitzer Franz Jakob K. in A. errichtete am 7. Februar 1916 in zwei Exemplaren ein eigenhändiges Testament, in dem er seine vier Kinder aus der Ehe mit seiner ersten, im Jahre 1912 verstorbenen Frau — die Beklagten — zu Erben einsetzte. Am 21. Dezember 1917 heiratete er die jetzige Klägerin. Er starb am 30. April 1919; am 30. Mai 1919 wurde das Testament vom Nachlaßgericht eröffnet. Die Klägerin hat das Testament, weil sie darin übergangen ist, auf Grund des § 2079 BGB. am 15. Mai 1920 durch Erklärung gegenüber dem Nachlaßgericht angefochten. Die Beklagten wollen der Klägerin nur das Pflichtteilsrecht zubilligen, während die Klägerin der Ansicht ist, daß sie zu 1/4 gesetzliche Miterbin ihres verstorbenen Mannes geworden ist. Auf Feststellung dieses Erbrechts hat sie Klage erhoben. Das Landgericht wies die Klage ab, das Oberlandesgericht gab ihr statt. Die Revision der Beklagten hatte keinen Erfolg.

Gründe:

In dieser Instanz dreht sich der Streit der Parteien lediglich um die Frage, ob die Klägerin das Testament ihres Mannes rechtzeitig angefochten hat. Das Berufungsgericht hat die Frage mit folgender Begründung bejaht: Nach § 2082 BGB. beginne die Jahresfrist, innerhalb deren die Anfechtung erfolgen müsse, mit dem Zeitpunkt, in welchem der Anfechtungsberechtigte von dem Anfechtungsgrunde Kenntnis erlangt habe. Wolle man diese Frist mit dem Tage beginnen lassen, an welchem die Klägerin nach dem Tode ihres Mannes erfuhr, daß dessen Testament noch vorhanden sei, so würde die Frist verstrichen sein. Denn die Klägerin habe zur Zeit des Todes, also am 30. April 1919 gewußt, daß das eine Testamentsexemplar noch im Schrank gelegen habe. Zur Kenntnis des Anfechtungsgrundes sei aber das Wissen vom Tode des Erlassers und vom Vorliegen eines Testaments nicht immer genügend. Im vorliegenden Falle sei bewiesen, daß Franz Jakob K. sein Testament wegen seiner Wiederverheiratung für hinfällig gehalten, daß er dies der Klägerin erklärt und sie beauftragt habe, die Testamentsurkunden zu vernichten. Auf Grund dieser Tatsachen habe die Klägerin zu der irrigen Rechtsansicht gelangen müssen, daß das Testament nichtig sei und gar nicht mehr angefochten zu werden brauche, und in dieser Ansicht sei sie offenbar durch ihren Rechtsbeistand Justizrat X. erhalten worden. Darauf, daß möglicherweise noch eine Anfechtung des Testaments durch Erklärung gegenüber dem Nachlaßgericht nötig sei, sei die Klägerin unstreitig erst im April 1920 durch den damaligen Vertreter von X., Referendar Y., hingewiesen worden. Frühestens mit der Empfangnahme dieses Hinweises könne daher von einer Kenntnis des Anfechtungsgrundes gesprochen werden, sodaß die Anfechtungsfrist am 15. Mai 1920 noch lange nicht abgelaufen sei. . . .

Dieser von der Revision bekämpften Auffassung ist im Ergebnis beizutreten. Den Anfechtungsgrund im Sinne des § 2082 bilden die das Anfechtungsrecht begründenden Tatsachen. Letzterer Ausdruck findet sich im § 1785 des I. Entwurfs. Ein Antrag, statt dessen „Anfechtungsgrund" zu setzen, wurde von der II. Kommission abgelehnt, die Fassung des Entwurfs wurde ausdrücklich gebilligt (Prot. Bd. 5

S. 68 III, A). Wie trotzdem § 2082 Abs. 2 seine jetzige Fassung erlangt hat, ist aus den Protokollen nicht ersichtlich. Wahrscheinlich ist die Änderung erfolgt, um die Vorschrift mit dem von der Kommission eingefügten jetzigen § 121 in Einklang zu bringen. Jedenfalls ist sachlich an der Begriffsbestimmung, wie sie der Entwurf I enthielt, nichts geändert. Im Falle des § 2079 BGB wird das Anfechtungsrecht des Pflichtteilsberechtigten begründet durch das Vorhandensein eines gültigen Testaments, in dem er nicht bedacht ist. Solange er also der Auffassung ist, die letztwillige Verfügung sei ungültig, fehlt ihm die Kenntnis des Anfechtungsgrundes. Eine andere Frage ist es, ob die Frist erst dann zu laufen beginnt, wenn der Pflichtteilsberechtigte von seinem Anfechtungsrecht Kenntnis erlangt, wenn er also erfährt, daß er, um das Testament zu beseitigen, die Anfechtung dem Gericht gegenüber erklären muß. Diese beiden Fragen hält die Revision nicht auseinander. Die letztere Frage ist zu verneinen. Das Anfechtungsrecht liegt außerhalb des Bereichs des Anfechtungsgrundes, der Anfechtungsgrund bringt das Anfechtungsrecht zur Entstehung. Inwiefern diese Rechtsauffassung, wie die Revision meint, zu unerträglichen Folgerungen führen soll, ist nicht einzusehen. Sie sagt, es komme dann allemal darauf an, ob eine Partei es für notwendig befunden habe, Rechtsbelehrung einzuholen und ob sie dabei auch richtig belehrt worden sei. In der Tat kann es darauf ankommen. Das Gesetz setzt hier für den Fristbeginn „Kenntnis", d. h. zuverlässiges Erfahren der in Betracht kommenden Umstände voraus (RG. bei Gruchot Bd. 59 S. 481). Der Umstand, daß die Partei infolge Fahrlässigkeit Kenntnis nicht erlangt hat, schadet ihr nach § 2082 nicht (anders in den Fällen der §§ 122 Abs. 2, 123 Abs. 2, 142 Abs. 2 u. a.). . . .

---

54. Setzt § 777 BGB. voraus, daß die Zeit, auf welche der Bürge sich verbürgt hat, kalendermäßig bestimmt ist?

V. Zivilsenat. Urt. v. 26. September 1923 i. S. R. (Kl.) w. H. (Bekl.). V 918/22.

I. Landgericht Leipzig, Kammer f. Handelssachen. — II. Oberlandesgericht Dresden.

Der Beklagte hatte als Agent der Klägerin für eine Warenlieferung nach Südamerika das Delkredere übernommen. Der Kunde bezahlte alsbald nach Empfang der Ware den Betrag der ihm von der Klägerin übersandten Rechnung, in der irrtümlich nur der halbe Kaufpreis angegeben war; die Zahlung des mehrere Monate später von der Klägerin nachgeforderten Restes verweigerte er. Die Klägerin nahm hierfür den Beklagten in Anspruch, wurde aber in den Vorinstanzen abgewiesen. Auch ihre Revision blieb erfolglos.

Aus den Gründen:

Das Berufungsgericht führt aus, daß das Klageverlangen gegenüber dem Beklagten an der Vorschrift des § 777 BGB. scheitere. Denn nach den besonderen Umständen des Falles habe dieser sich nur für eine bestimmte Zeit verbürgt, nämlich nur so lange, bis der Eingang des Kaufpreises bei ordnungsmäßiger Abwicklung des Geschäfts erwartet werden mußte. Beide Parteien seien bei der Vereinbarung des Delkredere davon ausgegangen, daß die Klägerin das Geschäft ordnungsmäßig abwickeln und daher der sofort fällige Kaufpreis sofort von der Käuferin bezahlt werde; eine Haftung auf längere oder unbestimmte Zeit könnte dem Beklagten nicht angesonnen sein, schon weil der Preis in Schweizer Franken zu entrichten war, deren Kurs in Deutschland bereits seit Monaten den größten Schwankungen unterworfen und bei denen mit fortgesetzten Wertsteigerungen bei sinkender Kaufkraft der Papiermark zu rechnen war. Die Klägerin hätte daraus erkennen müssen, daß der Beklagte eine Haftung bis zum Ablauf der Verjährungsfrist nicht übernehmen wollte, weil er dann unter Umständen für das Vielfache des verbürgten Betrags einstehen müßte; eine derartige Haftung würde weit über den der Übernahme des Delkredere durch einen Agenten regelmäßig zugrunde liegenden Zweck hinausgehen, zumal bei einem Exportgeschäft nach Südamerika, bei welchem der Rückgriff auf den Käufer nach längerer Zeit für den Agenten besonders erschwert sei. Nach dem übereinstimmenden Willen der Parteien sei daher die Haftung des Beklagten auf die vorbezeichnete Zeit beschränkt worden. Die Klägerin habe es unterlassen, nach deren Ablauf unverzüglich die in § 777 Abs. 1 Satz 2 BGB. vorgeschriebene Anzeige zu machen....

Ein Rechtsirrtum tritt bei diesen Erwägungen nicht zutage. Insbesondere kann der Revision nicht zugegeben werden, daß eine Bürgschaft „auf bestimmte Zeit" im Sinne des § 777 BGB. nur vorliegt, wenn ein Kalendertag als Ende dieser Zeit angegeben ist. Aus dem Wortlaut des Gesetzes folgt die Notwendigkeit einer kalendermäßigen Bestimmung nicht. Der Hinweis auf § 284 Abs. 2 BGB. versagt; denn dort ist ausdrücklich vorausgesetzt, daß für die Leistung eine Zeit „nach dem Kalender" bestimmt ist, während diese Worte in § 777 BGB. gerade fehlen. Aus den Motiven z. BGB. (Bd. 2 S. 681) ist für die von der Revision erstrebte Auslegung nichts zu entnehmen, da der erste Entwurf des Bürgerlichen Gesetzbuchs aus den dort erörterten Gründen sich einer Bestimmung über die zeitliche Beschränkung der Bürgschaft enthalten hat (RGZ. Bd. 82 S. 382); ebensowenig ergeben die Protokolle der Kommission für die 2. Lesung dieses Entwurfs (Bd. 2 S. 483 bis 485 und Bd. 6 S. 198) einen Anhalt für die Notwendigkeit einer kalendermäßigen Bestimmung der Zeitdauer der Bürgschaft. Weder der Wortlaut noch die Entstehungsgeschichte des § 777 BGB. stehen also der rechtlichen Möglichkeit entgegen, eine zeitliche Begrenzung der Bürgschaft aus den Umständen des Falles, auch solchen, die außerhalb der Urkunde liegen, zu folgern (Staub 10. Aufl. Anm. 26 zu § 349 HGB.; OLG. Augsburg in Seuff. Arch. Bd. 66 S. 10), wie dies für die ähnlichen Bestimmungen des § 564 BGB. (Miete auf bestimmte Zeit) und des § 723 BGB. (Gesellschaft für eine bestimmte Zeit) in der Rechtsprechung bereits anerkannt ist (RGRKomm. Anm. 2 zu § 564, Anm. 3 zu § 723 BGB.). Die vom Oberlandesgericht hier aus den Umständen entnommene Begrenzung auf den Zeitraum, in dem bei ordnungsmäßiger Erledigung des Geschäfts durch die Klägerin die Zahlung zu erwarten war, ist eine solche, die nach objektiven, aus der kaufmännischen Erfahrung sich ergebenden Umständen mit hinlänglicher Sicherheit festgestellt werden kann. Die Annahme einer Bürgschaft „auf bestimmte Zeit" ist hiernach rechtlich bedenkenfrei begründet.

Das gleiche gilt für die Sachwürdigung, daß die Klägerin die in § 777 Abs. 1 Satz 2 BGB. vorgeschriebene Anzeige nicht unverzüglich d. h. ohne schuldhaftes Zögern (§ 121 BGB.) gemacht habe. . . .

---

55. Was ist unter vorübergehender Beschäftigung gegen Tagegelder oder eine andere Entschädigung im § 25 Abs. 2 des Offizierspensionsgesetzes (§ 60 Abs. 2 des Reichsbeamtengesetzes, § 29 Abs. 2 des preuß. Beamtenpensionsgesetzes) zu verstehen?

III. Zivilsenat. Urt. v. 2. Oktober 1923 i. S. L. (Kl.) w. Deutsches Reich (Bekl.). III 868/22.

I. Landgericht I Berlin. — II. Kammergericht daselbst.

Der Kläger, der bis zum 31. Dezember 1919 aktiver Hauptmann war und nach seiner Verabschiedung auf Grund des Offiziersentschädigungsgesetzes vom 13. September 1919 Pension und Übergangszulage erhielt, trat am 4. Oktober 1920 als Hauptmann in die Sicherheitspolizei ein und bezog seitdem die Gebührnisse eines solchen nach der preußischen Besoldungsordnung vom 7. Mai 1920. Da diese Gebührnisse das frühere pensionsfähige Diensteinkommen des Klägers überstiegen, wurden ihm auf Verfügung des Hauptversorgungsamts vom 12. Januar 1921 auf Grund des § 24 Abs. 1 Nr. 3 des Offizierspensionsgesetzes und des § 8 Nr. 2 des Offiziersentschädigungsgesetzes für die Zeit vom

1. November 1920 ab Pension und Übergangszulage nicht weitergezahlt und die bereits für die Monate November, Dezember 1920 und Januar 1921 gezahlten Beträge von einer ihm zukommenden Teuerungszulage in Abzug gebracht. Der Einspruch des Klägers gegen diese Verfügung wurde durch Bescheid des Reichsministers des Innern vom 22. Februar 1921 zurückgewiesen. Der Kläger hat darauf im Juni 1921 Klage auf Zahlung der Pension nebst Übergangszulage für die sechs Monate vom November 1920 bis April 1921 erhoben.

Das Landgericht entsprach der Klage, das Kammergericht wies sie ab. Die Revision des Klägers hatte keinen Erfolg.

Gründe:

Die Klage ist auf die inhaltlich übereinstimmenden Vorschriften des § 25 Abs. 2 OffPensG. und des § 9 Abs. 2 des Offiziersentschädigungsgesetzes gestützt, nach denen „bei vorübergehender Beschäftigung gegen Tagegelder oder eine andere Entschädigung" das Ruhen des Rechtes auf Bezug der Pension und der Übergangszulage ausnahmsweise erst mit dem Ablauf von sechs Monaten, vom ersten Tage des Monats der Beschäftigung ab gerechnet, beginnt. Der Kläger behauptet, daß seine Beschäftigung bei der Sicherheitspolizei zunächst nur eine vorübergehende gewesen sei; nach den allgemeinen Anstellungsbedingungen habe er zuerst eine Prüfungszeit von acht Wochen, während deren er jederzeit habe entlassen werden können, und nach bestandener Prüfung eine einjährige Probedienstzeit, bei welcher Kündigung mit vierwöchiger Frist zulässig gewesen sei, durchmachen müssen; außerdem sei die endgültige Einstellung von der Etatisierung der Sicherheitspolizei abhängig gemacht worden, und infolge der fortgesetzten, durch die feindlichen Mächte veranlaßten Umbildung der Schutzpolizei und der zahlreichen Entlassungen und Kündigungen sei die Lage der ehemaligen Offiziere höchst unsicher gewesen.

Diese Tatsachen reichen nicht aus, die Anwendung der angeführten Gesetzesvorschriften zu rechtfertigen. Diese sind in das Offizierspensionsgesetz aus älteren Gesetzen übernommen. Schon das Militärpensionsgesetz vom 27. Juni 1871 enthält im § 37 Abs. 2 die gleiche Bestimmung, ebenso das Reichsbeamtengesetz vom 31. März 1873 § 60 Abs. 2 und das preußische Beamtenpensionsgesetz vom 27. März 1872 § 29 Abs. 2. Diese älteren Bestimmungen sind nun in der Praxis der Verwaltung ständig dahin ausgelegt worden, daß nur eine von vornherein als bloß vorübergehend beabsichtigte, eine entweder auf eine bestimmte Zeit beschränkte oder zur Befriedigung vorübergehender Bedürfnisse bestimmte Beschäftigung unter die Ausnahmebestimmung fällt, nicht dagegen eine zwar probeweise angetretene, aber als dauernd in Aussicht genommene; vgl. den Runderlaß vom 19. August 1880 im preuß. Ministerialblatt für die gesamte innere Verwaltung 1880

S. 261 flg., den preuß. Ministerialerlaß vom 9. April/4. Mai 1895, JMBl. 1895 S. 151, und aus der neueren Zeit die von den preuß. Ministern im Einverständnis mit der Reichsverwaltung aufgestellten Ausführungsbestimmungen über die Einziehung oder Kürzung der Zivilpensionen vom 22. Januar/5. April 1909, JMBl. 1909 S. 82. Wenn nun der Gesetzgeber im Offizierspensionsgesetz und im Offiziersentschädigungsgesetz den Wortlaut der älteren Bestimmung beibehalten hat, der in mehr als zwanzigjähriger Verwaltungspraxis eine bestimmte Auslegung erfahren hatte, so hat er damit diese Auslegung auch für jene Gesetze gebilligt. Damit steht es im Einklang, wenn in der Reichstagskommission bei der Beratung des Offizierspensionsgesetzes von dem Regierungsvertreter zu Protokoll erklärt worden ist, in der Verwaltungspraxis würden unter der „anderen Entschädigung" alle diejenigen Vergütungen verstanden, welche außer den allgemein üblichen Tagegeldern gewährt werden, z. B. Remunerationen, Kopialiengebühren, stückweise Vergütungen, Stellenzulagen usw. (Komm. Bericht Drucks. Nr. 433 Session 1905/06 S. 67, abgedruckt bei Romen, OffPensG. § 25 Anm. 2). Hierdurch wird bestätigt, daß mit der Vorschrift des § 25 Abs. 2 eine Änderung der bisherigen Verwaltungspraxis nicht bezweckt war. Für die obige enge Auslegung spricht auch die Hinzufügung der Worte „gegen Tagegelder oder eine andere Entschädigung". Wären diese mit dem Kläger dahin zu verstehen, daß jedes Entgelt darunter fiele, so wären sie überflüssig, da eine unentgeltliche Beschäftigung das Ruhen der Pension nicht herbeiführt. Die Hervorhebung der Tagegelder rechtfertigt vielmehr den Schluß, daß es sich um eine von vornherein als vorübergehend gedachte Beschäftigung handeln muß, für die kein festes Gehalt, sondern eben nur Tagegelder oder ähnliches Entgelt gewährt werden.

---

56. Zum Wesen und zur Wirkung einer sog. Deckungszusage bei einer Feuerversicherung.

VII. Zivilsenat. Urt. v. 16. Oktober 1923 i. S. Elektrotechn. Fabrik O. (Kl.) w. Rh. Feuerversicherungsaktiengesellschaft in K. (Bekl.). VII 18/23.

I. Landgericht Frankfurt a. M. — II. Oberlandesgericht daselbst.

Seit dem 1. Dezember 1913 war die Klägerin für den Inhalt ihres Fabrikanwesens in O. bei der Beklagten gegen Feuersgefahr versichert. Neben der Beklagten stand die Nebenintervenientin, W. Privatfeuerversicherungsgesellschaft, jetzt A. G., im Risiko, und zwar der Beklagten gegenüber als „führende" Gesellschaft. Das Versicherungsverhältnis zwischen den Streitteilen lief je vom 1. Dezember bis 1. Dezember. Es ist bis zum 1. Dezember 1919 jeweils ausdrücklich verlängert worden. Eine Vertragsbestimmung über stillschweigende Verlängerung findet sich im Versicherungsschein nicht. Im September 1919 wurde die Gesamtversicherungssumme um 40%, auf 1263360 *M* erhöht. Bei diesem Anlaß hat die W. Privatfeuerversicherungsgesellschaft der Klägerin eine sog. Deckungszusage erteilt. Wegen eines am 10. Dezember 1920 ausgebrochenen Brandes verlangt die Klägerin von der Beklagten die Bezahlung des auf diese entfallenden Anteils am Schaden mit 572520 *M*. Die Beklagte ist dem Klagantrag entgegengetreten, da nach ihrer Auffassung das Versicherungsverhältnis mit dem 1. Dezember 1919 abgelaufen war. Demgegenüber beruft sich die Klägerin auf stillschweigende Verlängerung sowie auf die erteilte Deckungszusage.

Das Landgericht erklärte nach Anhörung eines gerichtlich bestellten Sachverständigen den Klaganspruch dem Grunde nach für gerechtfertigt, das Oberlandesgericht wies die Klage ab. Die Revision hatte Erfolg.

Aus den Gründen:

... Am wenigsten ist der Berufungsrichter dem Vorbringen der Klägerin insoweit gerecht geworden, als diese sich zur Begründung ihres Anspruchs auf die Deckungszusage vom September 1919 beruft. Das Berufungsurteil verwertet an mehreren Stellen den Begriff der stillschweigenden Deckungszusage, und zwar jeweils in einem Zusammenhang, in dem die Streitteile selbst sich auf eine stillschweigende Deckungszusage in keiner Weise berufen hatten. Mit der ausdrücklichen Zusage dagegen, die die W. Privatfeuerversicherungsgesellschaft in ihrem Schreiben vom 29. September 1919, und zwar zugestandenermaßen mit Wissen und im Einvernehmen mit der Beklagten, zugleich in deren Namen über die gesamte nunmehr erhöhte Versicherungssumme erteilt hatte, befaßt sich das Berufungsurteil nur an einer Stelle, indem es sagt, die Zusage dürfe nicht in eine Verlängerung umgedeutet werden. Ob und welche positive Bedeutung der Deckungszusage vom 29. September 1919 für das Vertragsverhältnis unter den Streitteilen zukomme, unterläßt der Berufungsrichter zu untersuchen.

Eine solche Bedeutung kommt ihr in der Tat zu. Hierüber haben sich die von der Nebenintervenientin vorgelegten, außergerichtlich erstatteten Gutachten der Professoren K. und M. — Gutachten, über deren Bedeutung für den Rechtsstreit sich das Berufungsurteil in einer durchaus zutreffenden Weise geäußert hat — eingehend ausgesprochen. Namentlich den Darlegungen des Gutachtens K. war im wesentlichen beizutreten, zumal sie mit den Ergebnissen der Rechtslehre und Rechtsprechung im Einklang stehen.

Eine Deckungszusage erteilt der Versicherer, wenn zwischen ihm und dem Versicherungsnehmer über den Abschluß eines Versicherungsvertrags oder die Abänderung eines bestehenden Versicherungsvertrags soweit Einigung erzielt ist, daß der künftige Abschluß in Aussicht genommen werden kann, während der endgültige Abschluß, namentlich die Ausfertigung der Versicherungspapiere, vielleicht auch die Besprechung minder wesentlicher Einzelheiten, mutmaßlich noch eine gewisse Zeit in Anspruch nehmen werden. Für diese Zwischenzeit bis zum endgültigen Abschluß will und soll der Versicherte nicht ohne den Versicherungsschutz bleiben. Zu dem Ende gewährt ihm der Versicherer mittels der Deckungszusage vorläufigen Schutz, d. h. das Versprechen, bei etwaigem Eintritt des Versicherungsfalles die vorgesehene Entschädigung in gleicher Weise auszubezahlen, wie wenn der Vertrag jetzt schon fertig abgeschlossen wäre. Der auf der Deckungszusage beruhende Schutz dauert, wenn nicht die Zusage von vornherein befristet ist, so lange, bis entweder der Versicherungsvertrag durch Ausstellung der Papiere seinen endgültigen, auch formellen Abschluß findet, oder der Versicherer zurücktritt oder die Verhandlungen endgültig scheitern. In dem erwähnten Schreiben vom 29. September 1919 hatte die W. Gesellschaft der Klägerin geschrieben nicht bloß, daß die Versicherungsgesellschaften die Nachversicherung von 40% an der Gesamtversicherungssumme vom 25. d. Mts. an rechtsverbindlich in Deckung genommen haben, sondern sie hatte noch angefügt: „Sie" (die Klägerin) „sind daher mit 1263360 ℳ für den Inhalt Ihrer Fabrik gegen Feuersgefahr versichert. Die Ausfertigung des Nachtrags und Verlängerungsscheines werden wir veranlassen." Die W. Gesellschaft hat ferner in der Folge der Klägerin eine Neudeklaration zugefertigt, worin erwähnt ist, daß die Beklagte mit 763360 ℳ (ihrem Anteil an der Gesamtsumme) im Risiko sei. Die Deckungszusage der W. Gesellschaft war für die Beklagte, wie sie nicht bestreitet, verbindlich. Die nicht befristete Deckungszusage wirkte so lange, bis die Beklagte der Klägerin neue Versicherungspapiere ausfertigte. Dies zu tun, war ganz Sache der Beklagten, die ja selbst stets Gewicht darauf gelegt hat, daß sie unmittelbar mit der Klägerin verhandelt, nicht etwa zu ihren Verhandlungen mit der Klägerin sich der Vermittlung der W. Privatfeuerversicherungsgesellschaft bedient habe (abgesehen von den eine Ausnahme bildenden Verhandlungen über die Erhöhung der Versicherungssumme). Unter allen Umständen durfte die Klägerin angesichts des Schreibens vom 29. September 1919 sich darauf verlassen, daß die Beklagte ihr die neuen Papiere zufertigen würde; solange bis dies geschah, durfte die Klägerin sich nach Treu und Glauben auch im Verhältnis zu der Beklagten als versichert betrachten. Die Verzögerung in der Ausfertigung des Verlängerungsscheins und der Erhöhungspapiere geht zu Lasten der Beklagten, einerlei worin die Verzögerung ihren Grund gehabt haben mag, sei es in Geschäftsüberlastung oder in einem Übersehen; ja es müßte selbst dann gelten, wenn, was die Beklagte gelegentlich andeuten zu wollen scheint, aber nirgends bestimmt und schlüssig behauptet hat, das etwaige Versehen zu einem Teile auf Verschulden der W. Gesellschaft beruhte.

Aus der zeitlichen Begrenzung, die nach dem Dargelegten der Wirkung der Deckungszusage zukommt, erhellt unmittelbar, daß sich die Beklagte gegenüber der Deckungszusage nicht darauf berufen kann, daß nach ihrer Behauptung der Hauptvertrag mit dem 1. Dezember 1919 durch Zeitablauf sein Ende erreicht habe. Die Deckungszusage ist am 29. September 1919 mit Wirkung vom 25. desselben Monats an erteilt. Daß sei es die Klägerin, sei es die Beklagte irgendwie die Absicht gehabt und kundgegeben haben, das Versicherungsverhältnis mit dem 1. Dezember 1919 endigen zu lassen, wird von der Beklagten selbst nicht behauptet und ist in keiner Weise angezeigt. Vielmehr durfte und mußte die Klägerin annehmen, daß das erst Ende September auf einen wesentlich erhöhten Betrag abgestellte Versicherungsverhältnis so lange weiter dauern werde, bis ihr die Beklagte entweder die neuen Papiere zufertigte oder ihren anders gerichteten Willen zu erkennen gab. Die Frage ist nicht dahin zu stellen, ob die gegen Ende September vereinbarte Erhöhung der Versicherungssumme in Verbindung mit der Deckungszusage von Rechtswegen imstande war, eine Verlängerung des an sich (nach der Behauptung der Beklagten) mit dem 1. Dezember 1919 ablaufenden Versicherungsverhältnisses zu bewirken; selbst wenn diese Frage verneint werden müßte, würde es doch dabei bewenden, daß jedenfalls unter den besonderen Umständen des Falles die Klägerin nach den das Versicherungsverhältnis in besonderem Maße beherrschenden Grundsätzen von Treu und Glauben auf die Wirkung der Deckungszusage so lange zählen und vertrauen durfte, bis die endgültigen neuen Versicherungspapiere ausgestellt waren oder Beklagte etwa ihren abweichenden Willen erklärt haben würde.

Ganz dieselben Erwägungen greifen gegenüber dem Einwand der Beklagten durch, die Wirkung der Deckungszusage habe sich nicht auf die Gesamtversicherungssumme, sondern nur auf die 40%ige Erhöhung erstreckt. Die von der W. Privatfeuerversicherungsgesellschaft erteilte Zusage lautete wörtlich auf die Gesamtversicherungssumme. Dieser Umstand, sowie übrigens auch die gesamte Sachlage, berechtigten die Klägerin nach Treu und Glauben, sich in Höhe der Gesamtversicherungssumme, nicht etwa bloß in Höhe der neu hinzugekommenen 40%, für versichert zu halten, wie ja eine Zerreißung der im September 1919 getroffenen Vereinbarungen nicht bloß von den Sachverständigen K.

und M., sondern auch in anderem Zusammenhang von der Beklagten selbst entschieden mißbilligt wird, weil es sich um eine einheitliche, nur hinsichtlich des Betrags erhöhte Versicherung handelte.

---

57. Kann ein Verstoß gegen die guten Sitten darin liegen, daß die Mehrheit einer Gewerkenversammlung bei der Beschlußfassung über die Auflösung der Gewerkschaft und den Verkauf des Unternehmens zu einem unverhältnismäßig niedrigen Preise sich von eigensüchtigen Interessen leiten läßt, die aus ihrer Beteiligung auf der Käuferseite hervorgehen?

V. Zivilsenat. Urt. v. 20. Oktober 1923 i. S. B. u. Gen. (Kl.) w. Oe. Bergbaugewerkschaft (Bekl.). V 830/22.

I. Landgericht Chemnitz. — II. Oberlandesgericht Dresden.

In der Gewerkenversammlung der Beklagten vom 12. Januar 1920 wurde beschlossen, das Vermögen der Beklagten im ganzen an die Gewerkschaft D. gegen eine Gegenleistung von 3903200 *M* zu übertragen und die beklagte Gewerkschaft aufzulösen. Die Kläger machen geltend, dieser Beschluß habe gegen die guten Sitten verstoßen, der Kaufpreis sei viel zu niedrig. Das Vermögen der Beklagten habe schon zu Friedenszeiten einen Wert von 10 Millionen Mark gehabt; Anfang Januar 1920 habe der Zeitwert der Gruben der Beklagten etwa 70 Millionen Mark betragen. Die Stadt L., welche von den im Umlauf befindlichen 4879 Kuxen der Beklagten 3663 Kuxe und von den 6000 Kuxen der Gewerkschaft D. 3200 Kuxe besitze, sei darauf ausgegangen, die Gruben der Beklagten zu einem außergewöhnlich billigen Preise an sich zu bringen. Sie hätte den Gewerken ihren Kuxenbesitz verleidet; in den letzten beiden Jahren sei keine Ausbeute gewährt und eine Zubuße ausgeschrieben worden. Die Stadt L. habe ihr formelles Recht in schrankenloser und eigennütziger Weise ausgenutzt, um die Minderheit ihrer wohlerworbenen Rechte zu berauben. Die Kläger haben deshalb Klage auf Ungültigkeitserklärung des Beschlusses der Gewerkenversammlung vom 12. Januar 1920 erhoben, durch welchen dem notariellen Angebot der Gewerkschaft D. zugestimmt ist. Das Landgericht wies die Klage ab, die Berufung der Kläger wurde zurückgewiesen. Die Revision der Kläger hatte Erfolg.

Gründe:

Das Berufungsgericht führt aus, in der Gewerkschaftsversammlung entscheide die Mehrheit der Kuxe, die Minderheit müsse sich die Mehrheitsbeschlüsse gefallen lassen, solange sie auf gesetzlichem Boden blieben. Die Kläger könnten daher die Sittenwidrigkeit des Beschlusses nicht lediglich daraus herleiten, daß sie als Minderheit von der Stadtgemeinde L. vergewaltigt seien. Letztere habe sich innerhalb der gesetzlichen Grenzen gehalten, wenn sie bei der Abstimmung nur ihre Interessen im Auge gehabt habe; für den einzelnen Gewerken bestehe keine Verpflichtung, das Gesamtinteresse der Gewerkschaft bei der Abstimmung zu wahren. Daß die Stadt L. den Gewerken ihren Kuxenbesitz hätte verleiden wollen, sei nicht schlüssig behauptet und unter Beweis gestellt. Aus dem Geschäftsbericht der Beklagten für das Jahr 1919 ergebe sich, daß die wirtschaftliche Lage der Gewerkschaft keineswegs so glänzend gewesen sei, wie die Kläger glauben machen wollten, und daß bereits im Jahre 1912 ein Zusammenschluß der Gewerkschaft mit den Nachbarwerken erwogen worden sei. Die wirtschaftliche Entwicklung vollends unter den jetzigen schwierigen Verhältnissen habe gebieterisch nach einem solchen Zusammenschluß gedrängt. Möge die Stadt L. auch durch den Verkauf des Vermögens der beklagten Gewerkschaft an die Gewerkschaft D. einen wirtschaftlichen Vorteil erlangt haben, wenn sich auch die Behauptungen der Kläger über den Wert des Vermögens der Beklagten offensichtlich als Übertreibungen kennzeichneten, so liege darin an sich noch keine Sittenwidrigkeit, um so weniger, als der Zusammenschluß der Werke eine Steigerung der Erträgnisse bezweckt und ermöglicht habe, die an sich schon dem Gemeinwohl zugute gekommen sei, überdies der erzielte Gewinn hier aber nicht einer einzelnen Privatwirtschaft, sondern einer öffentlichrechtlichen Körperschaft zugeflossen und damit dem Gemeinwohl dienstbar gemacht sei. Die Revision rügt Verletzung des § 138 BGB. und der §§ 139, 286 ZPO. Sie macht geltend, es hätte für die Frage der Sittenwidrigkeit in erster Reihe untersucht werden müssen, ob der die Abstimmung beherrschende Teil der Gewerken in der Absicht oder wenigstens in dem Bewußtsein gehandelt habe, dem anderen Teil wirtschaftlichen Nachteil zuzufügen. Die Annahme des Berufungsgerichts, daß die Angaben der Kläger über den Wert des Gewerkschaftsvermögens offenbar übertrieben seien, schließe das behauptete Mißverhältnis zum Kaufpreise nicht aus. Es hätte ein Sachverständiger, auf dessen Gutachten Bezug genommen war, über den Wert der Gruben der Beklagten, den die Kläger auf etwa 70 Millionen Mark angegeben hätten, vernommen werden müssen. Hätte sich herausgestellt, daß der Verkauf an die Gewerkschaft D. eine Verschleuderung des Vermögens der Beklagten bedeutete, so hätte sich gefragt, ob dies der Stadt L. erkennbar gewesen sei. Sei diese Frage zu bejahen gewesen, so hätte auf den Grund ihres Verhaltens eingegangen werden müssen. Das Berufungsgericht hätte sich alsdann mit der Behauptung der Kläger abfinden müssen, daß die Stadt L. an dem Vermögen der Käuferin überwiegend beteiligt gewesen sei und das weggegebene Vermögen auf diese Weise wieder erhielt, und zwar nicht nur den Teil, den sie schon vorher besaß, sondern auch den der Minderheit gehörigen Anteil. Darin sei die Sittenwidrigkeit zu erblicken. Der Umstand, daß der Vorteil einer öffentlichen Körperschaft zugute gekommen wäre, sei ohne Bedeutung, da auch das Gemeinwohl nicht auf Kosten einzelner durch rücksichtslose Vergewaltigung gefördert werden dürfe. Die Notwendigkeit eines Zusammenschlusses der Gewerkschaft mit den Nachbarwerken hätte noch nicht die Festsetzung eines so geringen Kaufpreises bedingt. Die Mehrzahl der Gewerken hätte aber gerade an der Einhaltung eines mäßigen Kaufpreises ein Interesse gehabt.

Der Revision war der Erfolg nicht zu versagen.

Das Berufungsgericht geht davon aus, daß die Stadtgemeinde L. sich innerhalb der gesetzlichen Grenzen gehalten habe, wenn sie bei der Abstimmung nur ihre Interessen im Auge gehabt habe; für den einzelnen Gewerken bestehe keine Verpflichtung, das Gesamtinteresse der Gewerkschaft als solcher zu wahren. Dieser Satz geht jedenfalls in dieser Allgemeinheit zu weit. Wenn auch in einer Reihe von Entscheidungen des Reichsgerichts auf dem Gebiete der Handelsgesellschaften die Auffassung vertreten ist, daß die Mehrheit des Aktienbesitzes oder der Geschäftsanteile darüber zu bestimmen hat, was im Interesse der Gesellschaft liegt, und daß die Minderheit sich dem Willen der Mehrheit unterwerfen muß (RGZ. Bd. 68 S. 235, 245, 314, Bd. 81 S. 37, Bd. 85 S. 170; Holdheims Monatsschr. Bd. 23 S. 66), so ist damit noch keineswegs zugleich ausgesprochen, daß die Mehrheit die Macht schrankenlos ausbeuten und vorsätzlich zum Nachteil der Gesellschaft handeln dürfte; vielmehr ist in diesen und anderen Entscheidungen (RGZ. Bd. 68 S. 314, 317; JW. 1916 S. 575 Nr. 3; RGU. vom 22. Juni 1923 S. 72 dieses Bandes) anerkannt, daß eine Ausbeutung der Mehrheitsrechte gegenüber der Minderheit und die Verfolgung eigensüchtiger Interessen hierbei unter bewußter Hintansetzung des Wohles der Gesellschaft einen Verstoß gegen die guten Sitten enthalten kann (vgl. auch Pinner, JW. 1916 S. 988; Hachenburg, Leipz. Zeitschr. 1907 S. 460; Bondi, DJZ. 1908 Sp. 1007; Jacobi, Bankarch. Jahrg. 10 S. 83; Staub, HGB. § 271 Anm. 2b; Ehrenberg, Handbuch des ges. HR. III 1 § 38 S. 198). Der Gesellschafter leitet seine Rechte aus dem Gesellschaftsvertrag her; seine Befugnisse sind ihm in seiner Eigenschaft als Gesellschafter verliehen; bei Ausübung dieser Rechte hat er sich daher grundsätzlich von dem Interesse der Gesellschaft und nicht von seinen privaten außerhalb der Gesellschaft liegenden Sonderinteressen leiten zu lassen. Entsteht ein Widerstreit zwischen den eigenen Interessen und dem Gesellschaftsinteresse, z. B. bei Beschlußfassung über die Vornahme eines Rechtsgeschäfts mit einem Aktionär, so wird diesem durch das Gesetz das Stimmrecht entzogen,

§ 252 Abs. 3 HGB. (vgl. auch § 34 BGB.) Diese Grundsätze müssen auch bei Gewerkschaften Anwendung finden. Auch § 9 Sächs. Allg. Berggeſ. und § 32 der Satzungen der Beklagten enthalten eine solche Bestimmung über den Ausschluß des Stimmrechts bei Vornahme eines Rechtsgeschäfts mit einem Gewerken. Derartige Bestimmungen für den Fall von Interessenkollisionen deuten aber auf den Willen des Gesetzgebers hin, daß die Abstimmungen nicht durch Wahrnehmung von Sonderinteressen beeinflußt werden sollen. Steht nun das Vereinsmitglied, der Aktionär oder Gewerke dem Verein, der Gesellschaft oder Gewerkschaft zwar nicht selbst als Gegenkontrahent gegenüber, ist er aber an dem Geschäft wirtschaftlich erheblich beteiligt, z. B. als Gesellschafter einer als Vertragsgegner in Betracht kommenden Gesellschaft, so mag zwar kein rechtliches Hindernis für die Teilnahme an der Abstimmung bestehen, aber es wird immerhin eine moralische Pflicht für den beteiligten Gesellschafter vorliegen, seine privaten Sonderinteressen bei der Abstimmung dem Wohl der Gesellschaft unterzuordnen, als deren Mitglied er stimmt. Handelt ein Gesellschafter oder Gewerke in einem solchen Falle so, daß er sich lediglich von seinen privaten außerhalb der Gesellschaft oder Gewerkschaft bestehenden Vorteilen leiten läßt und die klar zutage liegenden Interessen der letzteren oder der Gesellschaft hintansetzt, so kann ein derartiges Verhalten unter Umständen wohl einen Verstoß gegen die guten Sitten enthalten. Es wird hierbei stets auf die Verhältnisse des einzelnen Falles ankommen. Es beruht aber auf Rechtsirrtum, wenn das Berufungsgericht annimmt, daß der Gewerke bei einer solchen Interessenkollision sich grundsätzlich nur von seinen eigenen Interessen leiten zu lassen und auf die Interessen der Gewerkschaft keine Rücksicht zu nehmen brauche.

Ist hiernach schon der rechtliche Ausgangspunkt des Berufungsgerichts unrichtig, so kann auch die weitere Begründung, mit der das Vorhandensein eines Verstoßes gegen die guten Sitten im vorliegenden Fall verneint wird, nicht für ausreichend erachtet werden. Das Berufungsgericht hält den Zusammenschluß der beklagten Gewerkschaft mit der benachbarten Gewerkschaft D. für eine wirtschaftlich gebotene Maßnahme, die infolge der Entwicklung der Verhältnisse nach dem Kriege besonders dringlich geworden sei. Dieser Umstand rechtfertigt es aber nicht, daß sich dieser Zusammenschluß in einer Weise vollzog, bei der, wie die Kläger behauptet hatten, die Gewerkschaft D. einen ungewöhnlich großen Gewinn erzielte und die Beklagte einen unverhältnismäßig großen Schaden erlitt. Da die letztere an dem zusammengelegten Unternehmen überhaupt nicht beteiligt blieb, sondern sich auflöste und die Übertragung ihres Unternehmens an die Gewerkschaft D. in der Form des Verkaufs stattfand, so bestand ihr Interesse, wie anzunehmen, in der Erzielung eines möglichst hohen Kaufpreises.

Die Behauptung der Kläger ging aber dahin, daß der Verkauf zu einem unverhältnismäßig niedrigen Preise stattgefunden habe, daß das Vermögen der Beklagten dadurch geradezu verschleudert worden sei und daß dies nur aus dem Grunde geschehen sei, weil der Hauptgewerke der Beklagten, die Stadt L., auch auf der Käuferseite überwiegend beteiligt war und deshalb ein großes Interesse an dem möglichst billigen Erwerbe des Unternehmens hatte. Auf diese Behauptungen, die unter Umständen ausreichen konnten, die Annahme eines Verstoßes gegen die guten Sitten zu rechtfertigen, ist das Berufungsgericht aber nicht näher eingegangen. Es hat sich damit begnügt, die Behauptungen der Kläger als offensichtlich übertrieben zu bezeichnen. Wenn damit auch die Wertangabe der Kläger mit 70 Millionen Mark als zu weitgehend gekennzeichnet ist, so schließt diese allgemeine Bemerkung des Berufungsgerichts nicht aus, daß doch noch ein krasses Mißverhältnis zwischen dem Kaufpreis von 3903200 ℳ und dem wirklichen Wert des Unternehmens bestand. Ausschlaggebend konnte allerdings auch der Wert des Unternehmens nicht sein. Es war keineswegs erforderlich, um einen Verstoß gegen die guten Sitten auszuschließen, daß der Verkauf zu angemessenem Preise erfolgte; es finden alltäglich im Verkehr auch Verkäufe zu einem billigen und zu einem weit unter dem Wert der Sache liegenden Kaufpreise statt. Angesichts der Behauptungen der Kläger über die Beweggründe der Beklagten hätte es aber eines Eingehens darauf bedurft, ob die Verhältnisse der Gewerkschaft die Abstoßung des Unternehmens zu einem so billigen Preise rechtfertigen oder wenigstens erklären konnten. Auch nach dieser Richtung begnügt sich das Berufungsgericht mit der ganz allgemeinen Bemerkung, daß die Lage der Gewerkschaft keineswegs so glänzend gewesen sei, wie die Kläger behauptet hätten. Diese summarische Feststellung bot keine genügende Unterlage, um zu beurteilen, ob sachliche Gründe die Veräußerung des Unternehmens zu jedem Preise rechtfertigten. Wäre die Lage der Gewerkschaft so schwierig gewesen, wie die Beklagte behauptet hatte, so mochte dies anzunehmen sein. Die Kläger hatten aber bestritten, daß die Einforderung einer Zubuße erforderlich gewesen sei, und behauptet, daß die Beklagte auch in den letzten Jahren eine Ausbeute hätte verteilen können, daß die Stadt L. dies aber hintertrieben habe, um den anderen Gewerken ihren Kurenbesitz zu verleiden. Wenn die Behauptungen der Kläger in dieser Hinsicht nicht schlüssig unter Beweis gestellt waren, hätte, wie die Revision mit Recht rügt, das Fragerecht gemäß § 139 ZPO. ausgeübt werden müssen. Auch die Ausführung des Berufungsgerichts, daß der Vorteil, den die Stadt L. vielleicht gehabt habe, hier dem Gemeinwohl und nicht einer einzelnen Privatwirtschaft zugute gekommen sei, erübrigte nicht ein näheres Eingehen auf die vorerwähnten Streitpunkte. Denn darin ist der Revision beizupflichten, daß auch eine öffentliche Körperschaft, wenn sie sich an derartigen privaten Unternehmungen beteiligt, nicht das Recht hat, die Interessen ihres Gemeinwesens durch rücksichtslose Vergewaltigung und die vorsätzliche Schädigung anderer Beteiligter oder des Privatunternehmens selbst zu fördern. Ganz besonders gilt dies, wenn, wie hier behauptet war, die Mehrheit sich unlauterer Mittel bedient, insbesondere die Minderheit überrascht hat, wofür hier trotz der Feststellung, daß die Verhandlungen seit 1919 schwebten, die Tatsache von Bedeutung sein konnte, daß das Angebot der Gewerkschaft D., das in der Generalversammlung vorgelegt wurde, erst an demselben Tage, dem 20. Januar 1920, zu notariellem Protokoll erklärt war.

Hiernach sind die rechtlichen Ausführungen des angefochtenen Urteils und die bisherigen tatsächlichen Feststellungen nicht geeignet, die Annahme eines Verstoßes gegen die guten Sitten schon jetzt mit Sicherheit auszuschließen. Die Sache bedarf vielmehr noch näherer Aufklärung.

---

58. Zur Auslegung des Art. 297 des Versailler Vertrags.

VII. Zivilsenat. Urt. v. 26. Oktober 1923 i. S. Polska Kasa Krajowa Pozyczkowa (Bekl.) w. L. (Kl.). VII 21/23.

I. Landgericht I Berlin. — II. Kammergericht daselbst.

Der Kläger verlangt von der Beklagten Zahlung von 9543387,50 deutschen Reichsmark mit folgender Behauptung: Er habe auf Grund Vertrags vom 18. September 1917 im Jahre 1918 für den Polnischen Staat Wege-, Chaussee- und Brückenarbeiten ausgeführt und die dazu erforderlichen Materialien geliefert. Aus diesem Vertrage schulde der Polnische Staat noch die eingeklagte Summe. Die vom deutschen Generalgouverneur errichtete Polnische Landesdarlehnskasse habe durch Vertrag vom 12. Oktober 1917 für die Forderung des Klägers aus dem Vertrage mit dem Polnischen Staat sich gesamtschuldnerisch verpflichtet. Die Beklagte sei die Rechtsnachfolgerin der Polnischen Landesdarlehnskasse und hafte deshalb vertraglich für die Klageforderung. Die Beklagte hat u. a. geltend gemacht, daß der Klage die Bestimmungen des Versailler Vertrags (Art. 297) entgegenständen.

Das Landgericht gab der Klage statt, das Kammergericht wies die Berufung der Beklagten zurück. Die Revision hatte keinen Erfolg.

Aus den Gründen:

... Der Einwand der Beklagten aus Artikel 297 des Versailler Vertrags ist vom Berufungsgericht mit zutreffenden Gründen zurückgewiesen worden. Richtig ist zwar, daß durch jenen Vertrag auch

Polen das Liquidationsrecht eingeräumt worden ist. Aber dieses Recht beschränkt sich gemäß Art. 297b VV. auf solche einem Deutschen gehörigen „Güter, Rechte und Interessen", die sich beim Inkrafttreten des Vertrags im Gebiete einer der alliierten und assoziierten Mächte befinden. Nun ergibt sich aus Art. 252 VV., daß es für das Liquidationsrecht hinsichtlich einer Forderung entscheidend ist, ob sich das Guthaben im Bereiche der Gerichtsbarkeit einer der alliierten und assoziierten Mächte oder Deutschlands befindet. Maßgebend ist also der Gerichtsstand für den Anspruch. Vgl. Rucker, Die Rechtsstellung der Deutschen in Polen S. 47 (insb. Anm. 2); Isay, Die privaten Rechte und Interessen im Friedensvertrage S. 51; auch Kaufmann, Deutsche Hypothekenforderungen in Polen S. 14 unter C. Da der hier geltend gemachte Anspruch vertragsmäßig in Deutschland zu erfüllen ist, so befindet er sich im Bereiche der deutschen Gerichtsbarkeit und ist deshalb dem Verfügungsrechte des Polnischen Staates entzogen.

Außerdem ist auch daran festzuhalten, wie der Senat bereits in dem Urteil vom 6. Juli 1923 VII 462/22 ausgesprochen hat, daß die Verfügungsbeschränkung und das Zahlungsverbot, welche in Art. 297b VV. und im polnischen Gesetze vom 4. März 1920 ausgesprochen sind, nur für diejenigen Vermögensrechte gelten, hinsichtlich deren die Liquidation tatsächlich und konkret angeordnet ist. Daß dies geschehen sei, hat die Beklagte aber, wie das Berufungsgericht ausdrücklich feststellt, bezüglich der eingeklagten Forderung nicht einmal behauptet. Es fehlt auch für den Polnischen Staat an jedem Interesse, deutsche Geldforderungen zu liquidieren, da er ja doch nach Art. 297h Abs. 2 VV. verpflichtet wäre, den Erlös unmittelbar an den deutschen Forderungsberechtigten zu zahlen....

---

59. Welchen Einfluß hat die Bestechung kaufmännischer Angestellter auf die Gültigkeit eines Kaufvertrags?

II. Zivilsenat. Urt. v. 26. Oktober 1923 i. S. K. R. Aktiengesellschaft (Bekl.) w. M. (Kl.). II 67/23.

I. Landgericht Hamburg, Kammer f. Handelssachen. — II. Oberlandesgericht daselbst.

Die Beklagte hat nach der Demobilmachung eine bedeutende Menge von Sachen aus ihren damaligen Beständen veräußert. Auch mit dem Kläger hat sie mehrere Kaufverträge geschlossen, so über Muffenrohre und Formstücke, die teilweise nicht geliefert sind. Der Kläger verlangte Schadensersatz wegen Nichterfüllung. Die Beklagte wendete ein, daß der streitige Kaufvertrag wegen Verstoßes gegen die guten Sitten nichtig sei; eventuell focht sie den Vertrag wegen Irrtums und arglistiger Täuschung an. Sie behauptete, daß der Kläger durch sog. Schmiergelder den Abschluß des Vertrags herbeigeführt und auch sonst ihre Angestellten bestochen habe.

Beide Vorinstanzen gaben der Klage statt. Auf die Revision der Beklagten wurde das Berufungsurteil aufgehoben.

Gründe:

Das Berufungsgericht unterstellt, daß der Kläger vor Abschluß des streitigen Geschäfts mit dem Zeugen W. oder anderen damaligen Angestellten der Beklagten Vereinbarungen dahin getroffen hat, daß diese ihn gegen persönliche Vergünstigungen bei dem Ankaufe von Waren der Beklagten, die zu den aus Anlaß der Umstellung des Betriebs verfügbaren Beständen gehörten, zum Schaden der Beklagten bevorzugten. Trotzdem verneint es die Anwendbarkeit der §§ 138, 119 und 123 BGB., indem es ausführt: Die Bestechung von Angestellten zur Erlangung günstiger Kaufbedingungen falle zwar unter §§ 12 und 1 UnlWG. und sei auch eine gegen das Anstandsgefühl aller billig und gerecht Denkenden verstoßende Handlungsweise; damit sei aber noch nicht gesagt, daß die einzelnen auf dieser Grundlage geschlossenen Geschäfte nach § 138 BGB. nichtig seien; hierzu sei ein noch näherer Zusammenhang des Kaufgeschäfts mit der Bestechung erforderlich; es gebe Geschäfte, bei denen die sittliche Qualität des Käufers für den Verkäufer gleichgültig sei, im vorliegenden Falle stehe auch der bedungene Preis, der mit den von Berlin aufgegebenen Richtlinien übereingestimmt habe, nicht, wie es nach RGZ. Bd. 86 S. 146 zur Annahme der Sittenwidrigkeit eines auf Bestechung beruhenden Kaufgeschäfts erforderlich wäre, in auffälligem Mißverhältnis zur vereinbarten Leistung; selbst wenn daher W., der den geschäftsführenden Direktoren der Beklagten den Tatbestand — Ware und Preis — unterbreitet habe, in ungetreuer Weise andere Reflektanten ferngehalten und dadurch bessere Gebote verhindert haben sollte, so bleibe es doch dabei, daß die Ware nicht verschleudert, sondern zu Preisen fortgegeben worden sei, die die Zentralleitung der Beklagten genehmigt habe; die etwa getroffene allgemeine oder spezielle Abrede des Klägers mit Angestellten der Beklagten habe den Inhalt dieses Kaufgeschäfts nicht oder wenigstens nicht erheblich oder nicht bis zu einem auffälligen Mißverhältnis beeinflußt, und daran müsse die Einrede der Nichtigkeit scheitern. Die Anfechtung wegen Irrtums sei ungerechtfertigt, weil der Irrtum im Gebiete des Beweggrundes gelegen und den Inhalt des Geschäfts nicht berührt habe. Der Anfechtung wegen arglistiger Täuschung stehe entgegen, daß W. nicht getäuscht habe, weil ihm nicht zuzumuten gewesen sei, die den Abschluß bestätigenden Direktoren über seine unlauteren Beziehungen zum Kläger aufzuklären; die Grundlagen für den Entschluß, das Angebot des Klägers anzunehmen oder abzulehnen, hätten offen vor den Augen der Direktoren gelegen; daß W. bessere Angebote für die Muffenrohre und Formstücke erhalten und unterschlagen habe, sei nicht behauptet; die Direktoren seien daher selbst dann nicht arglistig getäuscht, wenn W., der nach der Behauptung der Beklagten das Geschäft maßgebend bearbeitet habe, ihnen verschwiegen habe, daß er vom Kläger „geschmiert" sei; auch der Kläger selbst habe sich keiner arglistigen Täuschung schuldig gemacht; zwar möge durch den andauernden Warenbezug des Klägers eine Geschäftsverbindung zwischen den Parteien begründet gewesen sein, die die gegenseitige Treupflicht noch gesteigert habe, aber soweit könne die Treupflicht nicht gehen, daß der Kläger sein etwaiges unlauteres Einvernehmen mit den Angestellten habe offenbaren müssen; allerdings hafte er für die Folgen dieser gegen die guten Sitten verstoßenden Handlung, für das einzelne Geschäft komme aber dieser Gesichtspunkt nur insoweit in Betracht, als es zum Schaden der Beklagten durch die Handlung beeinflußt sei, was für das vorliegende Geschäft verneint werden müsse.

Diese Beurteilung ist insoweit nicht zu beanstanden, als das Berufungsgericht die Anwendung von § 138 BGB. abgelehnt hat. Für die Anwendung dieser Vorschrift wäre nur Raum, wenn das Geschäft selbst nach seinem Zweck und Inhalt objektive Momente aufweisen würde, die mit den guten Sitten unvereinbar sind. Das ist aber nach dem festgestellten und zu unterstellenden Sachverhalt nicht der Fall. Denn danach handelt es sich hier nur darum, daß beim Zustandekommen des Geschäfts der Wille des einen Vertragsteils — der durch ihre Direktoren vertretenen Beklagten — in unzulässiger, gegen die guten Sitten verstoßender Weise beeinflußt worden ist. Ob bei einer im übrigen gleichen Sachlage eine andere Auffassung mit dem Berufungsgerichte schon dann als gerechtfertigt anzusehen wäre, wenn ein auffälliges Mißverhältnis zwischen den beiderseitigen Leistungen bestünde, bedarf nicht der Prüfung, da dieser Fall nicht vorliegt. Übrigens ist auch in dem vom Berufungsgericht angeführten Urteil RGZ. Bd. 86 S. 146 nicht schlechthin ausgesprochen, daß ein durch Bestechung zustande gebrachter Vertrag im Sinne des § 138 BGB. sittenwidrig sei, wenn ein solches Mißverhältnis bestehe, sondern es ist nur gesagt, daß höchstens in diesem Fall — in der damals entschiedenen Sache — Sittenwidrigkeit angenommen werden könnte. Dieses Ergebnis kann auch nicht geändert werden durch das Vorbringen der Revision, daß die Beklagte gegen den Kläger noch weitere Vorwürfe erhoben habe, auf die das Berufungsgericht nicht eingegangen sei, daß sie nämlich behauptet habe, der Kläger habe sie „mit einem Netze von Spionen umgeben", auch „Schiebungen" mit ihren Angestellten vorgenommen und es durch seine Machenschaften ermöglicht, in kurzer Zeit Millionen zu verdienen. Denn auch hierbei handelt es sich immer nur um Behauptungen, die das Geschäft selbst, seinen Zweck und Inhalt unberührt lassen. Ebensowenig geht es an, die längere Zeit hindurch fortgesetzte Geschäftsverbindung der Parteien mit der Revision dahin zu verwerten, daß es das Anstandsgefühl eines ehrbaren Kaufmanns verletze, wenn der Kläger nach der Entdeckung seines unlauteren Verhaltens sich dem Abbruche der Beziehungen nicht gefügt, sondern Weiterlieferung verlangt habe, und daß deshalb seinem Verlangen die Einrede der Arglist entgegenstehe. Die Weiterverfolgung des Anspruchs, den der Kläger durch den Vertragsabschluß erlangt hat, kann nicht schon deshalb als unzulässig angesehen werden, weil sie unanständig ist — das war schon das vom Berufungsgericht unterstellte frühere Verhalten des Klägers —, sondern entscheidend ist nur, ob das Vertragsverhältnis trotz des unanständigen früheren Verhaltens des Klägers als zu Recht bestehend anzuerkennen ist.

Im weiteren muß aber der Revision darin beigetreten werden, daß der Anfechtung wegen arglistiger Täuschung mit rechtsirrigen Erwägungen der Erfolg versagt ist. Wenn das Berufungsgericht entscheidendes Gewicht darauf legt, ob dem Angestellten W. zuzumuten gewesen sei, den Direktoren mitzuteilen, daß er „geschmiert" sei, oder ob für den Kläger die Verpflichtung bestanden habe, sein unlauteres Treiben zu offenbaren, so liegt diese Betrachtungsweise neben der Sache. W. war Bediensteter der Beklagten und als solcher verpflichtet, die ihm übertragenen Arbeiten, wozu die Vorbereitung des streitigen Kaufvertrags und die Weiterleitung an die zum Abschluß berufenen Direktoren gehörte, ordnungsmäßig und namentlich ohne Verstoß gegen das Gebot der Ehrlichkeit und der Wahrhaftigkeit zu erledigen. Handelte er dem zuwider, so verletzte er seine Vertragspflicht. Darum kommt es nicht erst darauf an, ob ihm zuzumuten war, die Bestechung den Direktoren zu offenbaren, vielmehr konnte er den wirklichen Sachverhalt überhaupt nicht unterdrücken, ohne eine Rechtspflicht zu verletzen und damit im Sinne des Gesetzes arglistig zu täuschen. Diese von W. verübte Täuschung gibt aber — immer bei Unterstellung des Sachverhalts, von dem in der Revisionsinstanz auszugehen ist — der Beklagten das Recht, den Vertrag dem Kläger gegenüber anzufechten, weil dieser, wie aus seinen Beziehungen zu W. und dem Zwecke seines Treibens ohne weiteres folgt, die Täuschung gekannt hat (§ 123 Abs. 2 Satz 1 BGB.). Dabei ist nach dem Sachverhalte, von dem das Revisionsgericht auszugehen hat, der Anfechtung der Erfolg auch nicht etwa deshalb zu versagen, weil das Berufungsgericht einwandfrei festgestellt hat, daß der ursächliche Zusammenhang zwischen der Täuschung und dem Vertragsabschluß fehlt. Nach der Richtung, ob die Organe der Beklagten, wenn ihnen die unlauteren Beziehungen des Klägers zu W. bekannt geworden wären, sich auf den Vertragsabschluß eingelassen oder nicht vielmehr die Geschäftsverbindung mit dem Kläger abgebrochen hätten, hat das Berufungsgericht die Sache überhaupt nicht geprüft.

Neben der Anfechtung aus § 123 ist die auf Irrtum gestützte Anfechtungserklärung von untergeordneter Bedeutung. Nach der Meinung der Revision ist sie ebenfalls unter Verletzung des Gesetzes zurückgewiesen und zwar deshalb, weil die Beklagte sich über eine verkehrswesentliche Eigenschaft des Klägers, nämlich über dessen Zuverlässigkeit gegen verwerfliche geschäftliche Machenschaften, wie Bestechung u. dgl., geirrt habe, weil also § 119 Abs. 2 BGB. zutreffe. Die Auffassung des Berufungsgerichts ist jedoch in diesem Punkte nicht zu beanstanden. Allerdings weist das Verhalten des Klägers auf einen bedenklichen sittlichen Mangel hin, allein es handelt sich hier um einen reinen Kaufvertrag, und bei einem solchen sind, wie in der Rechtsprechung des Reichsgerichts anerkannt ist, Mängel in der Person des Käufers regelmäßig nur dann als verkehrswesentlich im Sinne des Gesetzes anzusehen, wenn durch sie die Sicherheit der Vertragserfüllung ernstlich gefährdet ist. Dafür liegt aber hier nichts vor....

---

60. 1. Umfaßt der Verzugsschaden auch den durch die Entwertung des deutschen Geldes herbeigeführten Verlust?
2. Kann der gemeine Handelswert nach § 611 HGB. auch in ausländischer Währung ausgedrückt sein?

I. Zivilsenat. Urt. v. 22. November 1923 i. S. G. B. & Co. (Kl.) w. G. H. & Co. (Bekl.). I 102/23.

I. Landgericht Hamburg, Kammer f. Handelssachen. — II. Oberlandesgericht daselbst.

Für die Klägerin wurden mit einem Seedampfer 385 Ballen indische Baumwolle von Antwerpen nach Hamburg befördert. Beim Beginn der Löschung fehlten von der Sendung 25 Ballen im Gesamtgewicht von 4398 kg. Die Klägerin erhob auf Grund des Frachtvertrags und der Konnossemente Ansprüche gegen die Beklagte, die an die Stelle der Reederei getreten ist. Sie verlangte Herausgabe der nicht ausgelieferten Ballen und im Unvermögensfalle Schadensersatz in Höhe des gemeinen Handelswerts. Diesen berechnete sie nach den Fakturen, in denen die Preise teils in englischer teils in deutscher Währung angegeben waren.

Das Landgericht gab der Klage statt. Das Oberlandesgericht

wies die Klage ab, nachdem die Beklagte auf die Klageforderung 93989,70 ℳ gezahlt hatte. Die Revision der Klägerin hatte Erfolg.

Aus den Gründen:

Der Streit dreht sich nur noch darum, ob die Beklagte der Verpflichtung, gemäß § 611 HGB. für die verlorenen 25 Ballen Baumwolle Ersatz zu leisten, mit der von ihr an die Klägerin gezahlten Summe von 93989,70 ℳ genügt hat. Diese Summe entspricht dem Fakturenpreis der Ware unter Umrechnung des Preises, soweit er in englischer Währung angegeben ist, in deutsche Währung zum Kurse vom 27. November 1920 als dem Tage des Beginns der Löschung des Dampfers in Hamburg, und unter Hinzurechnung von Zinsen. Daß dieser Fakturenpreis mit dem gemeinen Handelswert übereinstimmt, welchen Güter derselben Art und Beschaffenheit am Bestimmungsort der Güter bei Beginn der Löschung des Schiffes hatten, § 611 HGB., ist von keiner Seite bemängelt worden. Es fragt sich nur, ob die Klägerin die nach dem Kurs vom 27. November 1920 berechnete Marksumme unter den obwaltenden Umständen derart gegen sich gelten lassen muß, daß mit Begleichung der auf diesem Wege gefundenen Gesamtsumme ihre aus § 611 hergeleiteten Ansprüche erledigt sind....

Das Berufungsgericht nimmt an, daß am 27. November 1920, dem Tage des Beginns der Löschung, die Beklagte der Klägerin gegenüber eine Markschuld gehabt habe, da sich der gemeine Handelswert der fehlenden Baumwollballen in Hamburg, auch wenn solche Ware nur in englischer Währung erhältlich gewesen sein sollte, doch in Mark habe berechnen lassen. Gesetzt dies wäre richtig, so ist die Beklagte jedenfalls mit der Zahlung ihrer so berechneten Schuld in Verzug gekommen, da die Leistung am 27. November 1920 fällig war und die Beklagte vor der am 27. Juni 1922 erfolgten Begleichung der Schuld wiederholt von der Klägerin gemahnt worden ist. Die Folge dieses Verzugs ist, daß die Beklagte auch einen über die Verzugszinsen hinausgehenden Schaden der Klägerin gemäß § 288 Abs. 2 BGB. zu vertreten hat. Zu diesem Schaden gehört aber unter Umständen auch die während der Verzugszeit eingetretene Entwertung der deutschen Währung. Insbesondere ist dies dann der Fall, wenn nach der gesamten Sachlage anzunehmen ist, daß die Klägerin die rechtzeitig in deutscher Währung erhaltene Entschädigungssumme in einer Weise verwandt hätte, durch welche diese dem Einfluß der Entwertung der Reichswährung ganz oder teilweise entzogen worden wäre (RGZ. Bd. 102 S. 60; RGU. v. 8. November 1921 II 320/21). Die Annahme, daß die Klägerin, eine im Baumwollhandel tätige Firma, dies getan hätte, ist nicht von der Hand zu weisen und liegt jedenfalls sehr nahe, wenn es richtig sein sollte, daß zu der maßgeblichen Zeit indische Baumwolle in Hamburg ausschließlich oder in erheblichem Maße in englischer

Währung gehandelt wurde, und daß die Klägerin wegen ihrer gesamten Baumwollbestände damals nur auf der Grundlage ausländischer Währung handelte. Das Vorbringen der Beklagten vor dem Berufungsgericht gab diesem eine genügende Unterlage, um nach der angegebenen Richtung hin, nötigenfalls unter Ausübung des Fragerechts nach § 139 ZPO., geeignete Feststellungen zu treffen. Das Berufungsgericht hat aber die Frage des Verzugsschadens überhaupt nicht in den Kreis seiner Erwägungen gezogen.

Es kommt folgendes hinzu. Bereits in der Berufungsinstanz hat die Klägerin behauptet, daß sie, wie die gesamten übrigen deutschen Baumwollhändler, ihr Lager ausschließlich in Goldwährung oder englischer oder amerikanischer Währung halte, und daß nach § 12 der für den gesamten deutschen Baumwollhandel maßgeblichen Bedingungen der Bremer Baumwollbörse bei Geschäften in fremder Währung alle Vergütungen in dieser Währung abzurechnen seien. Diese Angaben sind in der Revisionsinstanz dahin ergänzt worden, daß nach dem Kriege Baumwolle in Hamburg ausschließlich in englischer Währung gehandelt worden sei. Dies letztere scheint allerdings insofern nicht zuzutreffen, als die in der Klagrechnung aufgeführten 4 Ballen Scinde inhalts dieser Rechnung sowie der Klageschrift in Reichsmark gehandelt worden sind. Indessen würde es für den Rechtsstandpunkt der Klägerin schon von Bedeutung sein können, wenn zu der maßgeblichen Zeit in Hamburg auch nur regelmäßig handelsüblich derartige Baumwollgeschäfte in englischer Währung getätigt worden sein sollten. Denn es handelt sich hier nicht, wie in dem in RGZ. Bd. 102 S. 62 erörterten Falle, um einen aus § 326 BGB. folgenden Anspruch auf Schadensersatz wegen Nichterfüllung, sondern um die Erstattung des gemeinen Handelswertes, welchen Güter derselben Art und Beschaffenheit in Hamburg am 27. November 1920 hatten. Wird dieser gemeine Handelswert, welcher dem durch die tatsächlichen Verhältnisse bedingten objektiven Wert entspricht, verkehrsüblich in englischer Währung ausgedrückt, so ist trotz des Zwangskurses der Reichswährung der nach § 614 HGB. maßgebliche handelsübliche Wertmesser für derartige Ware die englische Währung. Unter Umständen kann auch aus dem einschlägigen Vertragsverhältnis zwischen dem Konnossementsinhaber und der Reederei zu schließen sein, daß vereinbarungsgemäß ein etwaiger Ersatz nach § 611 HGB. in englischer Währung zu erfolgen hat. Dabei ist zu beachten, daß die Haftung der Reederei auf Grund des Konnossements von ihren Verpflichtungen aus dem Frachtvertrag verschieden ist, und daß der wegen verlorener Güter aus dem Konnossement hergeleitete Anspruch über die Erstattung des bloßen Sachwertes nach § 611 HGB. hinausgehen kann (Schaps, Seerecht 2. Aufl. § 606 Anm. 3, § 642 Anm. 3, § 651 Anm. 7).

Die Frage, ob für die Bemessung des gemeinen Handelswertes, welchen Güter derselben Art und Beschaffenheit am maßgeblichen Ort und zur maßgeblichen Zeit hatten, auch der Gesichtspunkt der Beschaffung von Ersatzware durch den Entschädigungsberechtigten herangezogen werden kann, ist für § 457 HGB., § 88 EVO. wiederholt vom erkennenden Senat verneint worden (RGZ. Bd. 100 S. 104; Urt. v. 30. Mai 1923 I 339/22). Den dort niedergelegten Grundsätzen folgend wird man diese Frage auch für den Fall des § 611 HGB. zu verneinen haben....

---

61. Zur Frage der Zulässigkeit der Aufwertung einer Unterhaltsrente gegenüber dem Erwerber eines Grundstücks.

V. Zivilsenat. Urt. v. 19. Dezember 1923 i. S. D. (Kl.) w. D. (Bekl.). V 750/22.

I. Landgericht Magdeburg. — II. Oberlandesgericht Naumburg a. S.

Für die verwitwete Klägerin war im Jahre 1910 bei der Übereignung eines Grundstücks an ihren Sohn ein Wohnungsrecht und Altenteil bestellt und im Grundbuch vermerkt worden. Nach dem Tode des Sohnes veräußerte dessen Erbin im Jahre 1917 den Grundbesitz an den Kaufmann B.; dieser übernahm die für die Klägerin eingetragenen Rechte und vereinbarte mit ihr, daß er ihr an deren Stelle auf Lebenszeit eine Rente von 500 ℳ jährlich zahle. Demgemäß erfolgte die Löschung des Wohnungsrechts und Altenteils. B. übereignete einen Teil des Grundbesitzes weiter an den Beklagten, der neben dem Kaufpreis als Alleinschuldner die Verpflichtung zur Entrichtung der Rente übernahm.

Die Klägerin hat mit Rücksicht auf die Entwertung des Geldes eine Erhöhung der Rente, hilfsweise Gewährung der ursprünglichen Altenteilsleistungen verlangt. In den Vorinstanzen wurde sie abgewiesen. Ihre Revision hatte Erfolg.

Gründe:

Das Reichsgesetz vom 18. August 1923 über die anderweitige Festsetzung von Geldbezügen aus Altenteilsverträgen (RGBl. Teil I S. 815) und die auf seiner Grundlage ergangenen preußischen Bestimmungen (Pr. GS. 1923 S. 433) kommen für die hier zu treffende Entscheidung nicht in Betracht, weil das angefochtene Urteil bereits im Juli 1922 ergangen ist. Aber auch bei Zugrundelegung des damals geltenden Rechts kann die Vorentscheidung nicht aufrecht erhalten werden.

Das Oberlandesgericht geht davon aus, daß der Beklagte die für die Übereignung des Grundbesitzes mit B. vereinbarten Leistungen durch Barzahlung, Hypothekenübernahme und Übernahme der von B. der Klägerin versprochenen Rente voll erfüllt, auch keineswegs mit der Übernahme der Rente sich habe verpflichten wollen, der Klägerin den Wert ihres Wohnrechts und Altenteils zu gewähren. Da er somit seiner Vertragspflichten durch Erfüllung ledig geworden sei, so könne die nachträgliche Erhöhung der Rente von ihm nicht verlangt werden. Die Klägerin könne eine solche Erhöhung aber auch um deswillen von ihm nicht beanspruchen, weil zwischen ihnen beiden ein auf Leistung und Gegenleistung abgestelltes Vertragsverhältnis nicht zustande gekommen sei, möge sie gegen ihn aus der Rentenübernahme auch gemäß §§ 328, 330 BGB. ein unmittelbares Recht erlangt haben.

Die Erwägungen können die angefochtene Entscheidung nicht tragen.

Es mag zutreffen, daß der Beklagte dem B. gegenüber allen seinen Verpflichtungen nachgekommen ist und B. weitere Ansprüche gegen ihn nicht mehr erheben kann. Solche Ansprüche stehen hier aber auch nicht in Frage. Die Klägerin macht keine Ansprüche aus dem Rechte des B. geltend, sondern eigene. Das Oberlandesgericht unterstellt selbst, daß sie ein solches unmittelbares Recht gemäß §§ 328, 330 BGB. erlangt habe. Die Klägerin hatte zur Begründung ihres eigenen Anspruchs weiter in der Berufungsbegründung darauf hingewiesen, daß sie dem Abkommen zwischen B. und dem Beklagten, wonach dieser die Rentenpflicht als Alleinschuldner übernahm, zugestimmt habe. Die rechtliche Möglichkeit einer solchen Schuldübernahme durch — auch stillschweigend erfolgenden — Vertrag zwischen dem Dritten und dem Gläubiger ist nach § 414 BGB. nicht zu bezweifeln, ebenso wie im Falle des § 415 BGB. die Genehmigung des Gläubigers auch stillschweigend erklärt werden kann (RGRKomm. Anm. 2 zu § 414, Anm. 2 zu § 415 BGB.). In Betracht kam hierfür außer dem Verhalten der Klägerin bei den Verträgen vom Jahre 1917 die Tatsache, daß sie seitdem bis zur Klagerhebung unstreitig die Rentenbeträge vom Beklagten erhalten und angenommen, letzterer sie sogar freiwillig erhöht hat; auch in der Erhebung der Klage kann möglicherweise eine Genehmigung im Sinne des § 415 BGB. erblickt werden.

Die Annahme des Berufungsgerichts, auch ein unmittelbares Recht der Klägerin gegen den Beklagten könne ihr Klageverlangen nicht rechtfertigen, weil eine Verpflichtung zu Leistung und Gegenleistung unter ihnen nicht bestehe, geht fehl. Für den in erster Linie gestellten Antrag auf Zahlung eines erhöhten Rentenbetrags (dessen Erweiterung im Laufe des Rechtsstreits nach § 268 Nr. 2 ZPO. zulässig wäre) war dies keinesfalls erforderlich. Dazu würde es schon ausreichen, wenn der Beklagte sich zur Gewährung einer Unterhaltsrente an die

Klägerin verpflichtet hat. In dieser Hinsicht ist nun aber zu berücksichtigen, daß im Eingang des zwischen ihm und B. am 21. Februar 1917 geschlossenen Kaufvertrags ihm ausdrücklich eröffnet ist, daß die Rente an Stelle der bisher eingetragenen Naturalleistungen einschließlich des Wohnungsrechts zu zahlen sei, daß es sich bei ihr also um einen Ersatz des bisher in Natur gewährten Unterhalts handelte; weiter war in der Berufungsbegründung unter Beweis gestellt, daß die Höhe der Rente derart bemessen sei, daß sie in Verbindung mit den sonstigen Einnahmen der Klägerin für ihren Lebensunterhalt ausreichte.

Eine solche Unterhaltsrente bezweckt, wie das Reichsgericht schon mehrfach für Unterhaltsverträge nicht nur unter geschiedenen Ehegatten (Warn. 1921 Nr. 99, 1923 Nr. 36), sondern auch für solche unter anderen Personen (Warn. 1923 Nr. 3; RGZ. Bd. 106 S. 233) und namentlich bei Altenteilsverträgen (Urteile des erkennenden Senats vom 22. September 1923, V 427/23, und vom 3. Oktober 1923, V 865/22) ausgesprochen hat, dem Rentenberechtigten die Möglichkeit zu gewähren, sich aus den Rentenbezügen ein gewisses, dem Geldwert entsprechendes Maß des zum Lebensunterhalt Erforderlichen zu verschaffen; von diesem, stillschweigend jeden Unterhaltsvertrag beherrschenden Willen der Beteiligten aus erfolgt die vertragliche Festlegung des Geldbetrags der Rente. Bei der Festsetzung solcher Renten bildet den Gegenstand der Vereinbarung im Grunde genommen nicht der anzusetzende Betrag, sondern die für den Berechtigten zu schaffende Möglichkeit, sich eine gewisse Menge von Dingen, die er zur Fristung des Lebens notwendig hat, zu beschaffen. Welcher Betrag hierfür nötig ist, richtet sich nach dem jeweiligen Stande des Geldwertes. Ändert sich dieser nachträglich derart, daß es dem Rentenberechtigten auch nicht annähernd mehr möglich ist, aus der festgesetzten Rentensumme sich das bestimmte Maß des zum Unterhalt Notwendigen zu verschaffen, so wird durch Zahlung einer summenmäßig gleich bleibenden Rente nicht mehr das geleistet, was die Beteiligten gewollt haben. Der Berechtigte hat dann grundsätzlich einen Anspruch darauf, daß die vereinbarte Rente der verminderten Kaufkraft des Geldes entsprechend erhöht wird, es sei denn, daß sich durch Vertragsauslegung feststellen läßt, es solle nach dem Willen der Beteiligten der Rentenbetrag stets der gleiche bleiben, wie sich auch die Umstände später ändern möchten. Anderseits ist nach den Grundsätzen von Treu und Glauben, deren Befolgung die Erhöhung der Rente angesichts der außerordentlichen Geldentwertung rechtfertigt, nicht nur einseitig das Interesse des Berechtigten in Betracht zu ziehen, sondern auch auf die wirtschaftliche Lage und die Leistungsfähigkeit des Verpflichteten billige Rücksicht zu nehmen.

Da die Sachlage nach diesen Richtungen hin noch nicht geprüft ist, muß das angefochtene Urteil aufgehoben und die Sache an das

Berufungsgericht zurückverwiesen werden. Dieses wird bei der erneuten Verhandlung, auch wegen des Hilfsantrags auf Gewährung von Naturalleistungen, die Vorschriften des oben erwähnten Gesetzes vom 18. August 1923 und der preußischen Bestimmungen dazu in Erwägung zu ziehen haben....

---

62. 1. Wann ist der Vertrag erfüllt, durch den sich jemand in ein Altersheim einkauft?
2. Zur Frage der Einwirkung veränderter Umstände.

VII. Zivilsenat. Urt. v. 21. Dezember 1923 i. S. Stiftung M. (Bekl.) w. v. B. (Kl.). VII 283/23.

I. Landgericht Bremen. — II. Oberlandesgericht Hamburg.

Der jetzt etwa 76 Jahre alte Kläger hat sich im Jahre 1914 bei der Beklagten für 6000 *M* eingekauft. Er sollte von ihr bis an sein Lebensende Wohnung, Kost und Heizung erhalten. Im August 1921 hat die Beklagte von ihren Insassen mit Rücksicht auf die veränderten wirtschaftlichen Verhältnisse einen täglichen Zuschuß von 6,75 *M* verlangt und gegebenenfalls Aufhebung des Vertrags angedroht. Der Kläger hat die Bezahlung des Zuschusses abgelehnt, weil er gänzlich ohne Mittel sei. Im März 1922 hat der Kläger die gegenwärtige Klage erhoben. Er verlangte Erfüllung für die Zukunft, zunächst bis 1. September 1922, und Schadensersatz für die Vergangenheit vom 1. September 1921 ab. Später verlangte er die Zurückgewährung der hingegebenen 6000 *M* und Zahlung einer jährlichen Rente im Betrage von 3500 *M* vom 1. September 1921 ab. Das Landgericht wies die Klage ab. In der von ihm beschrittenen Berufungsinstanz verlangte der Kläger Verurteilung nach seinen Schlußanträgen erster Instanz und hilfsweise die Feststellung, daß der Vertrag noch in Kraft ist. Das Oberlandesgericht gab dem — irrtümlich für den Hauptantrag gehaltenen — Hilfsantrag statt. Die Revision der Beklagten blieb ohne Erfolg.

Gründe:

... Für die Entscheidung maßgebend sind die in dem Urteil des Senats vom 23. März 1923 (RGZ. Bd. 106 S. 396) entwickelten Grundsätze. Wie dort ein uneheliches Kind durch den Abfindungsvertrag mit seinem Erzeuger das Stammrecht aufgegeben hat, aus dem seine einzelnen Unterhaltsforderungen flossen, so hat hier der Kläger durch den Vertrag vom Jahre 1914 und dessen Ausführung ein Stammrecht erworben, kraft dessen er die einzelnen Leistungen von der Beklagten zu fordern befugt ist. Der Vertrag vom Jahre 1914 ist beiderseits und vollständig erfüllt, vom Kläger durch Zahlung der vereinbarten Geldsumme, von der Beklagten durch die Einräumung des soeben näher bezeichneten Stammrechts. Schon aus diesem Grunde sind die Ausführungen der Beklagten hinfällig, daß sie den Vertrag vom Jahre 1914 nicht mehr zu erfüllen brauche, weil ihre Leistungen durch die einmalige Gegenleistung des Klägers nicht hinreichend aufgewogen seien. Der Vertrag ist erfüllt, braucht nicht mehr erfüllt zu werden und kann gar nicht mehr erfüllt werden. Deshalb versagt auch der vom Landgericht gezogene Vergleich mit einem langfristigen Pensionsvertrage.

Das gesamte Vorbringen der Beklagten ist daher nur unter dem Gesichtspunkt zu prüfen, ob sie befugt ist, die Erfüllung der aus dem Stammrecht sich ergebenden Einzelforderungen des Klägers abzulehnen. Diese Frage ist zu verneinen. Der Kläger hat, bereits hochbetagt, im Jahre 1914 eine für damalige Verhältnisse recht beträchtliche Summe hingegeben, um sich für den Rest seines Lebens den Unterhalt zu sichern. Die Beklagte hat das Geld genommen, dem Kläger den Unterhaltsanspruch eingeräumt. Das so begründete Rechtsverhältnis ist in hervorragendem Maße nach Treu und Glauben zu beurteilen. Dabei sind aber nicht, wie die Revision es tut, einseitig die Verhältnisse der Beklagten zu betonen, es muß vielmehr die Lage beider Parteien im ganzen ins Auge gefaßt werden (RGZ. Bd. 101 S. 79). Der Kläger hat sein gutes Geld im Jahre 1914 hingegeben. Was die Beklagte damit gemacht hat, steht nicht fest. Vielleicht hat sie es alsbald und nach seinem vollen Werte noch zur Bezahlung laufender Ausgaben verwendet. Aber wenn sie es auch aufbewahrt und angelegt haben, wenn es auch von der inzwischen eingetretenen Geldentwertung erfaßt sein sollte, dann ist es doch immer das Geld der Beklagten gewesen, das von diesem Geschick ergriffen worden ist, und zufällige Schäden muß der Eigentümer tragen. Es kommt hinzu, daß gewisse Gewinn- und Verlustmöglichkeiten für die Beklagte von vornherein in dem Geschäft lagen. Der Kläger konnte bereits nach kurzer Zeit sterben, dann behielt die Beklagte die ganze eingezahlte Summe und hatte einen Vorteil, der Kläger konnte aber auch die wahrscheinliche Dauer seines Lebens überschreiten, dann drohten der Beklagten Nachteile von vielleicht beträchtlichem Umfange. Es liegt im Rahmen eines solchen Geschäfts, wenn auch andere Zufälligkeiten in erster Linie der Beklagten aufgebürdet werden. Die Revision glaubt das ablehnen zu sollen, weil beim Abschluß des Vertrags nicht nach kaufmännischen Gesichtspunkten verfahren worden sei, keine Gewinnabsicht obgewaltet habe. Immerhin blieb der Vertrag ein Geschäft, bei dem sich Leistung und Gegenleistung nach menschlichem Ermessen gleichwertig gegenüberstanden. Die Gegenleistung des Klägers war, wie die Beklagte selbst vorgetragen hat, nach versicherungstechnischen Grundsätzen errechnet worden. Irgendwelchen Einschlag von Wohltätigkeit zeigte das Geschäft also nicht, es müssen deshalb die allgemeinen, oben entwickelten Grundsätze angewendet werden, zu einer Begünstigung der Beklagten ist kein Anlaß. Auf die Hilfsausführungen der Revision, daß die Beklagte schlimmstenfalls zwar die Folgen der Geldentwertung tragen müsse, nicht aber die Folgen der allgemeinen auf dem Weltmarkt eingetretenen Teuerung, braucht hiernach nicht eingegangen zu werden. Bei der geschilderten Sachlage würde es in der Tat, wie das Oberlandesgericht ausgeführt hat, den Regeln von Treu und Glauben widersprechen, wenn die Beklagte, um ihr eigenes Fortbestehen zu sichern, den Kläger einfach auf die Straße setzen würde.

Die von der Revisionsbeantwortung noch herangezogenen Umstände, daß nämlich die Beklagte laufend Zuwendungen aus wohltätiger Hand erhalte, und daß es ihr so möglich sein müsse, neben ihren sonstigen Insassen auch dem Kläger noch Kost und Heizung zu verabfolgen, konnten nicht beachtet werden, da der Berufungsrichter insoweit tatsächliche Feststellungen nicht getroffen hat.

---

63. Gibt § 5a der Mieterschutzverordnung den zuständigen Behörden die Ermächtigung, über den Rahmen des § 6 hinaus die Rechtswirksamkeit der Kündigung anderer Mieträume als Wohnräume, Läden und Werkstätten, von der vorherigen Zustimmung des Mieteinigungsamts abhängig zu machen?

III. Zivilsenat. Urt. v. 11. Januar 1924 i. S. B. (Bekl.) w. St. & J. (Kl.). III 175/23.

I. Landgericht Cottbus. — II. Kammergericht Berlin.

Durch Vertrag vom 1. Oktober 1921 hatte die Beklagte an die Klägerin mehrere leere Fabrikräume und die Kraft für den darin auszuübenden Fabrikationsbetrieb vermietet. Am 31. März 1922 kündigte sie den Vertrag zum 30. September 1922, ohne die vorherige Zustimmung des Mieteinigungsamts (MEA.) einzuholen.

Die Klägerin erhob Klage auf Feststellung der Unwirksamkeit der Kündigung. Die Beklagte verlangte widerklagend Räumung zum 1. Oktober 1922. Das Landgericht gab der Klage statt und wies die Widerklage ab. Die Berufung der Beklagten wurde zurückgewiesen. Auch ihre Revision hatte keinen Erfolg.

Aus den Gründen:

... In der Verhandlung vor dem Revisionsgericht hat die Beklagte noch geltend gemacht, eine Zustimmung des MEA. zur Kündigung oder Räumung sei im vorliegenden Falle überhaupt nicht erforderlich gewesen, da es sich um Fabrikräume handle. Wenn sie durch die Anordnung des Magistrates, die sich nur auf die MSchV. stütze, angeordnet worden sei, so liege darin ein Verstoß gegen § 5a der MSchV., insofern die dort gewährte Ermächtigung eine solche Anordnung nicht decke. Nur für Wohnräume, Läden und Werkstätten sei aus § 6 a. a. O. eine solche Anordnung zulässig, eine weitergehende, auf Grund der Mieterschutzgesetzgebung erlassene sei rechtsungültig.

Die Rüge ist nicht begründet. Allerdings läßt § 6 MSchV. eine Anordnung der vorherigen Zustimmung zur Kündigung nur zu, wenn es sich um Wohnräume, Läden oder Werkstätten handelt. Daraus kann aber nicht gefolgert werden, daß eine solche Anordnung auf Grund des § 5a nicht auch für andere Mieträume erlassen werden könne. § 6 setzt nur voraus, daß ein „besonders starker Mangel an Mieträumen" sich geltend macht. Dagegen verlangt § 5a, daß „infolge besonders starken Mangels an Mieträumen außergewöhnliche Mißstände" auftreten. Er setzt also einen andern, weitergehenden und weitergehende Maßnahmen erfordernden Tatbestand voraus und erteilt der zuständigen Behörde allgemein die Ermächtigung, alle nach ihrem Ermessen zur Beseitigung der außergewöhnlichen Mißstände notwendigen Anordnungen zu treffen. Darin liegt aber auch die Ermächtigung, über den Rahmen des § 6 hinaus die Rechtswirksamkeit der Kündigung anderer Mieträume als Wohnräume, Läden oder Werkstätten von der vorherigen Zustimmung des MEA. abhängig zu machen. Damit im Einklange stehen auch die Ausführungen des Urteils RGZ. Bd. 103 S. 309, wo der erkennende Senat bereits ausgesprochen hat, daß gerade auf Grund des § 5a die zuständigen Behörden in der Wahl der Mieterschutzmaßnahmen nicht beschränkt seien: „soweit das Mieterschutzbedürfnis — über das nicht die Gerichte, sondern allein die Landeszentralbehörden und der Reichsarbeitsminister zu befinden hätten — reicht, reicht auch ihr Verordnungsrecht".

---

64. Inwieweit haben die Satzungen einer Aktiengesellschaft bei Regelung der Geschäftsführung des Aufsichtsrats der Vorschrift des § 70 des Betriebsrätegesetzes vom 4. Februar 1920 Rechnung zu tragen?

II. Zivilsenat. Urt. v. 11. Januar 1924 i. S. P. (Kl.) w. Bayerische Hypotheken- u. Wechselbank A.-G. (Bekl.). II 274/23.

I. Landgericht München I, Kammer f. Handelssachen. — II. Oberlandesgericht das.

In der Generalversammlung der verklagten A.-G. vom 24. Juni 1922 sind u. a. folgende Satzungsänderungen beschlossen worden:

I. Der § 15 der alten Satzung schrieb vor, daß der Aufsichtsrat jährlich seinen Vorsitzenden sowie einen Stellvertreter für ihn wähle, daß er sich nach Einladung seines Vorsitzenden oder dessen Stellvertreters, so oft die Geschäfte es erheischten, monatlich mindestens einmal versammle, und daß der Vorsitzende eine außerordentliche Berufung vornehmen müsse, wenn ein entsprechendes Verlangen von drei Aufsichtsräten ... gestellt werde.

Dieser § 15 wurde dahin geändert: Außer dem Vorsitzenden und dessen Stellvertreter sollte der Aufsichtsrat alljährlich einen Ersatzmann für letzteren wählen dürfen. Der Stellvertreter des Vorsitzenden und sein Ersatzmann sollten zur Ausübung der dem Vorsitzenden zustehenden Rechte im Falle seiner Verhinderung berufen sein, die Gültigkeit der Handlungen der Stellvertreter sollte aber von anderer Seite nicht deshalb beanstandet werden können, weil ein Fall der Verhinderung nicht vorgelegen habe. Sodann ist die Vorschrift, daß sich der Aufsichtsrat mindestens einmal monatlich zu versammeln habe, aufgehoben und nur die Voraussetzung aufrecht erhalten worden, daß die Geschäfte die Einberufung der Versammlung erheischten oder daß von drei Aufsichtsratsmitgliedern oder vom Vorstand das Einberufungsverlangen gestellt würde. Neu aufgenommen wurde die Bestimmung, daß der Aufsichtsrat berechtigt sein solle, durch Mehrheitsbeschluß Ausschüsse zu bilden oder einem Mitgliede bestimmte Obliegenheiten zuzuweisen, soweit dies gesetzlich zulässig sei.

II. Nach dem bisherigen § 16 der Satzung war zur Fassung eines gültigen Beschlusses die Ladung aller und die Anwesenheit und Abstimmung von mindestens drei Mitgliedern einschließlich des Vorsitzenden oder seines Stellvertreters erforderlich. Der Vorsitzende und die übrigen anwesenden Mitglieder des Aufsichtsrats hatten das Sitzungsprotokoll zu unterzeichnen.

Nach § 16 in seiner neuen Fassung faßt der Aufsichtsrat seine Beschlüsse entweder in Sitzungen oder nach Entscheidung des Vorsitzenden auf schriftlichem, telegraphischem oder telephonischem Wege; zur Fassung eines gültigen Beschlusses soll nunmehr die Ladung aller und die Abstimmung von mindestens vier Mitgliedern einschließlich des Vorsitzenden und seines Stellvertreters erforderlich sein. Das Sitzungsprotokoll ist nur noch von dem Vorsitzenden oder seinem Stellvertreter zu unterzeichnen.

III. § 17 in seiner alten Fassung wies dem Aufsichtsrat gewisse Aufgaben zu, nämlich

1. die Reglements für die einzelnen Geschäftszweige, soweit sie nicht einen Bestandteil der Satzung bilden, ferner die Dienstanweisungen für den Bankvorstand und die Vorstände der Zweigniederlassungen festzustellen und die etwa notwendigen Abänderungen an den bestehenden Reglements und Anweisungen zu treffen,
2. über die vom Vorstand vorgeschlagene Aufnahme, Suspension, Entlassung und Besoldung der Beamten der Bank, welche einen Jahresgehalt über 25000 ℳ beziehen, sowie über die Frage zu beschließen, ob die Pensionierung eines Beamten oder Bediensteten bei der Pensions- und Sterbekasse durch die Bank zu beantragen ist ...,
3. die Errichtung oder Aufhebung von Zweigniederlassungen, Kommanditen oder Filialen zu genehmigen,
4. über die den Generalversammlungen vorzulegenden Geschäftsgegenstände Vorberatung zu pflegen und Beschluß zu fassen.

Im § 17 neuer Fassung werden diese Aufgaben dem Vorsitzenden zusammen mit seinem Stellvertreter überwiesen; doch steht es dem Gesamtvorstand frei, über alle diese Fragen die Beschlußfassung des Aufsichtsrats herbeizuführen. In Nr. 2 sind an Stelle der Beamten mit einem Jahresgehalt über 25000 ℳ die Beamten mit außertariflichen Bezügen getreten.

IV. Nach § 21 letzter Absatz war bisher die Entscheidung über die Legitimation eines Aktionärs in der Generalversammlung durch den Aufsichtsrat vorbehältlich Rekurses an die Generalversammlung zu treffen. Jetzt soll diese Entscheidung dem Vorsitzenden des Aufsichtsrats, jedoch wiederum vorbehältlich des angeführten Rekurses zustehen.

Der Kläger ist Geschäftsführer des deutschen Bankbeamtenvereins, Gau München, und seit dem 17. Juni 1922 Eigentümer einer Aktie der Beklagten. Er hat in der Generalversammlung gegen obige Beschlüsse zum notariellen Protokoll Widerspruch eingelegt und ficht sie nunmehr gemäß § 271 HGB. an. Als verletzt bezeichnet er die §§ 246, 249 HGB., § 70 des Betriebsrätegesetzes vom 4. Februar 1920 (RGBl. S. 147), § 3 des Reichsgesetzes über die Entsendung von Betriebsratsmitgliedern in den Aufsichtsrat vom 15. Februar 1922 (RGBl. I S. 209) und § 826 BGB. Die Vorinstanzen haben die Klage abgewiesen. Die Revision hatte teilweise Erfolg.

Aus den Gründen:

Soweit die Anfechtung der Beschlüsse der Generalversammlung auf Verletzung der §§ 246, 249 HGB. gestützt wird, ist den Ausführungen des Berufungsgerichts lediglich beizutreten. Keine der bezüglich der §§ 15, 16, 17, 21 der Satzungen getroffenen Änderungen verstößt gegen die Normen des Aktienrechts (wird näher dargelegt).

Bestehen sonach hinsichtlich der Satzungsänderungen keinerlei aktienrechtliche Bedenken, so bleibt doch die Kernfrage, wegen deren der Rechtsstreit offensichtlich geführt wird: ob die Änderungen auch den Geboten des § 70 des Betriebsrätegesetzes vom 4. Februar 1920 und des § 3 des Gesetzes über die Entsendung von Betriebsratsmitgliedern in den Aufsichtsrat vom 15. Februar 1922 standhalten. Das Berufungsgericht hat diese Frage im wesentlichen um deswillen bejaht, weil die neuen Bestimmungen der §§ 15, 16, 17, 21 der Satzung durch die beiden angeführten Gesetze nicht verboten würden. Die Einrichtung der Betriebsratsmitglieder dürfe nicht eine Verbesserung und Vereinfachung des Geschäftsganges des Aufsichtsrats — soweit das Gesetz nicht im Wege stehe — hindern, denn auch sie hätten die Interessen des Betriebes und damit der Gesellschaft zu fördern; ein Recht auf fortgesetzte Beteiligung an den Arbeiten des Aufsichtsrats und auf Erledigung aller seiner Aufgaben in Sitzungen hätten die Betriebsratsmitglieder nicht; das Gegenteil würde nicht nur den Geschäftsgang erheblich lähmen, sondern auch eine Bevorzugung der Betriebsratsmitglieder bedeuten; es genüge, daß ihnen die gleichen Rechte mit den übrigen Aufsichtsratsmitgliedern eingeräumt seien; auch sie könnten in einen Ausschuß gewählt werden und zusammen mit einem dritten Mitgliede die Einberufung einer Versammlung erzwingen.

Diese Begründung wird einem unbefangenen Verständnis der beiden oben gedachten Gesetzesvorschriften nicht durchweg gerecht. § 70 BRG. schreibt vor, daß in Unternehmungen, für die ein Aufsichtsrat besteht, ein oder zwei Betriebsratsmitglieder in diesen entsandt werden, um die Interessen und Forderungen der Arbeitnehmer, sowie deren Ansichten und Wünsche hinsichtlich der Organisation des Betriebes zu vertreten, und daß die Vertreter in allen Sitzungen des Aufsichtsrats Sitz und Stimme haben, Tantieme jedoch nicht erhalten. § 3 des Gesetzes vom 15. Februar 1922 besagt, daß im übrigen auf die in den Aufsichtsrat entsandten Betriebsratsmitglieder die für die andern Aufsichtsratsmitglieder geltenden gesetzlichen Bestimmungen Anwendung finden. In der Begründung zu § 70 heißt es:

„... Die Verleihung einer so weitgehenden Befugnis, welche das im allgemeinen gewährte Mitberatungsrecht in ein Mitbestimmungsrecht verwandelt, wird in der Überzeugung vorgeschlagen, daß nichts so sehr die Arbeitsfreudigkeit, das Verantwortlichkeitsgefühl und das Interesse an der Hebung der Betriebsleistungen und des Ertrages zu steigern geeignet ist, als die verantwortliche Mitwirkung an der obersten Leitung des Unternehmens, daß solche jeder äußerlichen Kontrolle bei weitem überlegen ist, daß sie aber auch nur da möglich ist, wo wegen der gesellschaftlichen Form des Unternehmens bereits ein kollegialer Aufsichtsrat besteht, dem die Arbeitnehmervertretung leicht eingefügt werden kann. Denn nur hier ist eine Beteiligung an der Betriebsleitung möglich, ohne den bereits verworfenen Weg der Schaffung zweier gleichgeordneter, einander lähmender Organe zu gehen."

Ob der Zweck des Gesetzes dadurch, daß die Betriebsratsmitglieder gerade in den Aufsichtsrat entsandt werden, voll erfüllt wird, mag Zweifeln begegnen, da die Auffassung der Begründung, daß im Aufsichtsrat die oberste Leitung des Betriebes verkörpert ist, normalerweise nicht zutrifft, diesem Organe vielmehr im allgemeinen und in der Hauptsache nur eine Überwachungstätigkeit obliegt. Allein diese Frage zu entscheiden, ist nicht Aufgabe des Gerichts. Für dieses kommt es nur darauf an, wie sich die Dinge an der Hand der bestehenden Gesetzesvorschriften zu gestalten haben.

Wesentlich ins Gewicht fällt hier zunächst die Tatsache, daß sich die beiden Gesetze an eine fertig bestehende, vom Gesetz in allen wesentlichen Richtungen geregelte Rechtseinrichtung, den Aufsichtsrat — hier denjenigen der Aktiengesellschaft —, anschließen. Sie enthalten sich durchaus, diese Einrichtung selbst irgendwie zu verändern oder gar umzugestalten, setzen vielmehr den Aufsichtsrat als etwas gegebenes und gesetzlich geordnetes voraus. Daraus folgt, daß das Unternehmen nicht genötigt ist, die seinen Aufsichtsrat betreffenden Satzungsvorschriften so zu schaffen, zu belassen oder zu ändern, daß sie anderen als den aktienrechtlichen Bestimmungen Genüge leisten. Es ist namentlich nicht verpflichtet, dem Aufsichtsrat solche Aufgaben zuzuweisen, welche die Interessen und Forderungen der Arbeitnehmer (Beamten) sowie deren Ansichten und Wünsche hinsichtlich der Organisation des Betriebes betreffen. Ja es ist nicht gehindert, dem Aufsichtsrat, wenn er bisher derartige Gegenstände zu erledigen hatte, diese wieder zu entziehen und sie anderen Organen zu überweisen, auch wenn das in der Absicht geschieht, eine Mitwirkung der Betriebsratsmitglieder bei diesen Angelegenheiten möglichst zu unterbinden; vgl. hierzu den Kommentar zum BRG. von Kieschke, Syrup und Billerbeck, 5. Aufl., S. 265 unter II Abs. 2. Die Betriebsrätegesetze haben es unterlassen, den Unternehmungen eine solche Anpassung an ihre Zwecke vorzuschreiben. Diese stehen daher lediglich unter den eigenen Gesetzen und haben auf fremde Vorschriften nur insoweit Rücksicht zu nehmen, als dies ausdrücklich von ihnen verlangt wird. Die Neufassung des § 17 der Satzung verstößt daher nicht gegen § 70 BRG. und § 3 des Ges. vom 15. Februar 1922. Das Handelsgesetzbuch hat die dort aufgeführten Geschäfte dem Aufsichtsrat nicht auferlegt. Es stand und steht völlig im freien Ermessen der Gesellschaft, ob sie diese Angelegenheiten dem Aufsichtsrat zuweisen, belassen oder anderen Organen übertragen will. Daß darunter auch die für die Bankbeamten so wichtige

Feststellung der Diensteinrichtungen (Betriebsreglements) fällt, kann grundsätzlich nicht von Belang sein. Denn die Bank ist, wie gesagt, nicht verpflichtet, diese Dinge den Angestellten zuliebe dem Aufsichtsrat zu überweisen.

Aber anderseits schreibt § 70 BRG., obgleich er die Einrichtung des Aufsichtsrats rechtlich unberührt läßt, doch vor, daß die in den Aufsichtsrat zu entsendenden Betriebsratsmitglieder die Interessen und Forderungen der Arbeitnehmer sowie ihre Ansichten und Wünsche hinsichtlich der Organisation des Betriebes vertreten sollen. Diese Vorschrift kann sinngemäß nicht einseitig und nur theoretisch dahin verstanden werden, daß die Betriebsratsmitglieder das Recht haben, diese Vertretung vorzunehmen. Es ist vielmehr gleichzeitig dem Aufsichtsrat oder der Gesellschaft die Verpflichtung auferlegt, den Betriebsratsmitgliedern die volle Möglichkeit zur Ausübung dieses Rechtes zu gewähren, soweit damit nicht der Gesellschaft Opfer aufgebürdet werden, die ihr nach dem Gesetz oder mit Rücksicht auf die Notwendigkeit eines zweckentsprechenden Betriebes nicht zugemutet werden dürfen. In dieser Weise ist immerhin der Zweck des Gesetzes zu erreichen, wenn auch, wie oben angedeutet, vielleicht nicht so vollkommen, wie geplant war. Dem Aufsichtsrat liegt, wenn auch nicht die oberste Leitung, so doch die Überwachung aller Zweige der Verwaltung ob, und diese Aufsicht erstreckt sich auch auf die Zweckmäßigkeit und Richtigkeit der Geschäftsführung (vgl. Stier-Somlo, Zeitschr. f. Handelsr. Bd. 53 S. 50). Es gehört daher zum Pflichtenkreis des Aufsichtsrats, sich auch mit den Diensteinrichtungen und den Anstellungs- und Pensionsverhältnissen der Bankbeamten zu befassen und, soweit ihm auf diesem Gebiet Anregungen, berechtigte Wünsche und Forderungen der Beteiligten zugehen, auf eine Besserung der Verhältnisse hinzuwirken. Um diese vom Gesetze vorgeschriebene Wirkung zu erzielen, muß aber den Betriebsratsmitgliedern die Möglichkeit gegeben werden, sich vor versammeltem Aufsichtsrat aussprechen zu können. Mit Recht hat der Kläger darauf hingewiesen, daß, um eine schriftliche Eingabe zu ermöglichen, das BRG. nicht erst hätte erlassen zu werden brauchen. Es fragt sich daher, ob die zu §§ 15 u. 16 beschlossenen Satzungsänderungen den Betriebsratsmitgliedern diese Möglichkeit nicht unzulässig verbauen. Die Frage muß im Gegensatz zum Berufungsgericht bejaht werden. Zwar ist es sicher richtig, daß die neuen Bestimmungen die Betriebsratsmitglieder nicht ausdrücklich von der ihnen durch das Gesetz zugestandenen Betätigung ausschließen. Allein sie sind so beschaffen, daß bei entsprechender Gesinnung der übrigen Aufsichtsratsmitglieder die Möglichkeit solcher Ausschließung praktisch besteht. Der Vorsitzende oder sein Stellvertreter kann jede Sitzung des Aufsichtsrats verhindern (§ 16 Abs. 1) und auch im übrigen nach seinem Ermessen entscheiden, wann der Fall vorliegt, daß die Geschäfte eine Beschlußfassung des versammelten Aufsichtsrats erheischen. Die Möglichkeit, die Einberufung des Aufsichtsrats zu erzwingen, besteht für die Betriebsratsmitglieder nicht, wenn sich die übrigen Aufsichtsratsmitglieder ihr entgegensetzen. Denn es müssen drei Mitglieder das entsprechende Verlangen stellen, und ihre Zahl beträgt nur zwei. Es ist zu erwägen, daß es sich um tiefgehende Interessengegensätze handelt, und daß das Gesetz den Arbeitnehmern Rechte einräumt, welche die Arbeitgeber ihnen bisher mit Entschiedenheit bestritten haben. Unter solchen Umständen darf es nicht genügen, daß bei wohlwollender Gesinnung der Arbeitgeber im Einzelfalle den gesetzlichen Rechten der Arbeitnehmer Folge gegeben werden kann, sondern es muß bei gerechtem Verständnis des Gesetzes die Gewähr dafür verlangt werden, daß nach der Satzung der Gesellschaft es unmöglich ist, die Ausübung dieser Rechte zu vereiteln. Es ist aber auch namentlich nach dem Wortlaut des § 70 BRG. der Gesellschaft oder dem Aufsichtsrate zuzumuten, den Betriebsratsmitgliedern zur Vertretung der ihnen anvertrauten Interessen in einer oder der anderen Sitzung des Aufsichtsrats Gelegenheit zu geben. Das Gesetz sagt, daß die Vertreter in allen Sitzungen des Aufsichtsrats Sitz und Stimme haben. Dabei setzt es als normal voraus, daß der Aufsichtsrat Sitzungen abhält, und das trifft zu. Es muß daher die Geschäftsordnung des Aufsichtsrats, mag sie durch die Satzung oder durch ihn selbst festgesetzt sein, eine Bestimmung enthalten, welche die Abhaltung von Sitzungen vorschreibt. Dabei ist natürlich nicht zu verlangen, daß die Satzungsvorschrift, wonach sich der Aufsichtsrat monatlich mindestens einmal zu versammeln hat, aufrechterhalten bleibe. Es ist durchaus der Vermehrung seiner Mitglieder und dem Bedürfnis schneller und vereinfachter Geschäftserledigung Rechnung zu tragen, wie denn überhaupt die Anforderungen einer modernen und zweckentsprechenden Regelung der Tätigkeit des Aufsichtsrats die Grenzen für die Rechte der Betriebsratsmitglieder zu bilden haben. Das schließt jedoch nicht aus, daß ihnen in angemessenem Umfange die Ausübung ihrer Rechte ermöglicht und gewährleistet wird. Wie das einzurichten ist, wird Sache erneuter Erörterung und Beschlußfassung durch die Generalversammlung sein. Im übrigen ist dem Berufungsgericht darin beizutreten, daß das Verlangen der Betriebsräte nach fortgesetzter Beteiligung an den Arbeiten des Aufsichtsrats und die Auffassung, der Aufsichtsrat habe seine Geschäfte ausnahmslos in Sitzungen zu erledigen, zurückzuweisen ist, weil damit letzten Endes die Bildung von Ausschüssen unmöglich gemacht würde; ferner aber auch darin, daß das BRG. den Betriebsratsmitgliedern ein Recht auf Bevorzugung gegenüber den übrigen Aufsichtsratsmitgliedern nicht einräumt.

Unter diesen Umständen braucht auf die Behauptung des Klägers, die Generalversammlung habe die gesetzlichen Rechte der Betriebsratsmitglieder durch ihre die Satzung ändernden Beschlüsse absichtlich vereiteln wollen, nicht eingegangen zu werden. Soweit diese Änderungen dem BRG. nicht zuwiderlaufen, kommt es nicht darauf an, ob die Generalversammlung eine dahingehende Absicht gehabt hat, und soweit dies nach den obigen Ausführungen tatsächlich der Fall ist, versteht sich die Aufhebung der Beschlüsse auch ohne Berufung auf § 826 BGB.

Eine Notwendigkeit, die sämtlichen auf Satzungsänderungen gehenden Beschlüsse der Generalversammlung aufzuheben, bestände nur, wenn sie inhaltlich unlösbar miteinander zusammenhingen. Das trifft aber offensichtlich nur betreffs der §§ 15 und 16 zu. Obwohl diese beiden Paragraphen in ihrer neuen Fassung nicht ihrem gesamten Inhalt nach, sondern nur zum Teil zu beanstanden sind, erscheint es doch angemessen, ihre Änderung im ganzen für ungültig zu erklären, weil sich nicht übersehen läßt, ob nicht andernfalls Unklarheiten oder Unstimmigkeiten entstehen würden. Nach Streichung beider Paragraphen wird es für die Beklagte leichter sein, unter Berücksichtigung der vom Revisionsgericht aufgestellten Grundsätze Ersatz zu schaffen.

---

65. Ist die Geldentwertung auch bei der Bemessung der Enteignungsentschädigung zu berücksichtigen?

VII. Zivilsenat. Urt. v. 15. Januar 1924 i. S. B. (Kl.) w. Deutsches Reich (Bekl.). VII 407/23.

I. Landgericht Münster. — II. Oberlandesgericht Hamm.

Durch Enteignungsbeschluß vom 13. Dezember 1915 ist dem Kläger zur Herstellung einer Eisenbahnanlage seine Fabrikbesitzung enteignet worden. Dafür war ihm im Entschädigungsfeststellungsverfahren durch Beschluß vom 22. November 1915 eine Entschädigung von 92794,80 *M* bewilligt worden. Er hat im Rechtsweg Erhöhung dieser Entschädigung verlangt und in der Berufungsinstanz auch um Berücksichtigung der Geldentwertung gebeten. Das Berufungsgericht hat letzteres abgelehnt. Die Revision hatte Erfolg.

Gründe:

Das Berufungsgericht hält den Kläger zur Geltendmachung des Geldentwertungsschadens nicht für berechtigt, weil er als Entschädigung nach § 8 preuß. EnteignG. lediglich den vollen Wert der enteigneten Sache zur Zeit der Zustellung des Entschädigungsfeststellungsbeschlusses verlangen könne und auch kein ursächlicher Zusammenhang zwischen der Enteignung und der Geldentwertung bestehe. Beide Sätze sind richtig, aber die daraus gezogene Folgerung trifft nicht zu. Der Grundsatz, daß dem Enteigneten der Wert zur Zeit der Zustellung des Entschädigungsfestsetzungsbeschlusses zu ersetzen ist, hat nicht die Bedeutung, daß dieser Wert auch in der Ziffer auszudrücken ist, in der er nach dem Geldstande von damals zum Ausdruck kam. Vielmehr kommt, wie bei allen Entschädigungsansprüchen, so auch für die Berechnung der Enteignungsentschädigung die innere Kaufkraft des Geldes zur Zeit des Urteils in Betracht, ohne daß dazu erst auf die Frage der eigentlichen Aufwertung zurückgegriffen zu werden braucht (Rabel im „Recht" 1923 S. 139). Die gesetzliche Bestimmung, daß der Wert zur Zeit der Zustellung des Entschädigungsfeststellungsbeschlusses zu ersetzen ist, wird damit nicht verletzt. Denn tatsächlich wird auch bei der angegebenen Berechnungsart nur dieser Wert zur Erstattung gebracht (JW. 1921 S. 829, 1923 S. 174). Auf die Berechnung des Werts nach dem Geldstande zur Zeit des Urteils hat der Enteignete ein Recht, weil er nur auf diese Weise die Entschädigung erhält, die ihm zugeflossen wäre, wenn er den vollen Wert der enteigneten Sache schon am 27. November 1915, dem Tage der Zustellung des Entschädigungsfeststellungsbeschlusses, erhalten hätte. Es liegt in diesem Falle nicht anders als bei Schadensersatzansprüchen und besonders Wertersatzansprüchen wegen Entziehung oder Zerstörung einer Sache, wo auch der Wert der Sache zur Zeit des Schadensfalles nach dem Geldstande zur Zeit des Urteils (ungenau spricht man von dem Wert zur Zeit des Urteils) zu ersetzen ist, weil der Ersatzberechtigte zur Abgeltung seines Schadens denjenigen Geldbetrag erhalten muß, für den er sich ein gleichwertiges Ersatzmittel anschaffen kann (RGZ. Bd. 101 S. 420). Er muß so stehen, als wenn er den Besitz der Sache nicht verloren hätte (RGZ. Bd. 102 S. 384). Auf den ursächlichen Zusammenhang zwischen der Enteignung und der Geldentwertung kommt es nicht an. Dieser muß schon darum außer Betracht bleiben, weil der Entschädigungsanspruch des Enteigneten zwar ein Wertersatzanspruch, aber kein Anspruch auf Schadensersatz ist. Auf ihn ist aber auch darum nicht abzustellen, weil die Geldentwertung nur als Rechnungsfaktor bei der ziffermäßigen Bemessung des zu ersetzenden Wertes eine Rolle spielt.

---

66. Zulässigkeit von Übernahmekonnossementen. Umfang der Prüfungspflicht einer Bank, die beauftragt worden ist, die Verschiffungsurkunden gegen Zahlung des Kaufpreises aufzunehmen.

I. Zivilsenat. Urt. v. 2. Mai 1923 i. S. Brasilianische Bank (Kl.) w. Orientbank (Bekl.). I 778/22.

I. Landgericht Hamburg, Kammer f. Handelssachen. — II. Oberlandesgericht das.

Die Firma Richard H. in Hamburg hatte von der Firma P. S. & Co. in Santos eine Partie Reis gekauft und mit der Abwicklung des Geschäfts die Beklagte beauftragt. Diese ersuchte die Klägerin durch deren Zweigniederlassung in Santos, eine Sichttratte der Firma P. S. & Co. in Santos auf die Beklagte über 1290000 *M* einzulösen gegen Übergabe von Konnossementen und Beschaffenheitszeugnissen über 1000 Sack Reis, Abladung März/April. Die Klägerin nahm den Auftrag an und löste durch ihre Zweigniederlassung in Santos eine am 28. April 1920 ausgestellte Tratte auf die Beklagte über 1290000 *M* auf 3 Tage Sicht ein. Übergeben wurden ihr hierbei die Faktura, ein voller Satz der Konnossemente für den norwegischen Dampfer „Louise Nilsen“ über verschiffte oder zur Verschiffung übernommene 1000 Sack Reis mit Datum vom 9. März 1920 und Beschaffenheitszeugnisse über die Ware. Unter Andienung dieser Urkunden legte die Klägerin die Tratte der Beklagten in Hamburg zur Annahme und späterhin zur Zahlung vor. Die Beklagte verweigerte jedoch Annahme und Zahlung. Die Klägerin erhob daher gegen sie Klage auf Erstattung ihrer Aufwendungen.

Das Landgericht gab der Klage statt. Das Berufungsgericht wies sie ab. Die Revision der Klägerin hatte Erfolg.

Gründe:

Das Konnossement vom 9. März 1920 enthält den Vermerk: „shipped or received for shipment“ und besagt, daß die Güter verschifft werden sollen mit dem Dampfer „Louise Nilsen“ oder „any other steamship substituted or following or loading for Hamburg“. Es liegt also ein sogenanntes Übernahmekonnossement mit Substitutionsklausel hinsichtlich des Schiffes vor. Daß derartige Konnossemente nach deutschem Recht zulässig sind und zu der maßgeblichen Zeit auch dann zulässig waren, wenn, wie hier, eine auf bestimmte Monate (März/April 1920) beschränkte Verschiffung (Abladung, shipment) in Frage kommt, ist in der Revisionsinstanz nicht beanstandet und nach der Entwicklung, welche der Verkehr genommen hat, kaum noch zu bezweifeln (Schaps, Seerecht, 2. Aufl., Vorbem. z. Abschn. IV, Anm. 13 S. 303; § 565 Anm. 1 und 9, § 642 Anm. 2, 2a; Hans. Gerichtsz. 1920 Hauptbl. S. 158 flg., 162, 266; Gutschow in Hans. Rechtszeitschr. 1920 S. 537 flg.; ferner ebenda S. 458). Außerdem hat das Landgericht in rechtlich einwandfreier und vom Berufungsgericht gebilligter Weise festgestellt, daß derartige Konnossemente im Handel mit Brasilien üblich und nach den in den betreffenden Handelskreisen herrschenden Anschauungen in Fällen der fraglichen Art vom Käufer der Ladung nicht zu beanstanden sind. Es ist daher die Frage, ob für die in Santos ausgestellten Konnossemente deutsches Recht anwendbar ist, von keiner entscheidenden Bedeutung.

Zutreffend hat das Berufungsgericht unter Bezugnahme auf die Darlegungen des landgerichtlichen Urteils angenommen, daß die Klägerin oder ihre damalige Zweigniederlassung in Santos bei Aufnahme der Konnossemente die nach Sachlage erforderliche Sorgfalt nicht verletzt habe. Die von der Beklagten erwähnte Prüfung der damaligen Maßnahmen des Dampfers „Louise Nilsen“ scheidet schon um deswillen aus, weil im Hinblick auf die erwähnte Substitutionsklausel sehr wohl auch ein anderer Dampfer für die Beförderung in Frage kommen konnte. Des weiteren hat das Berufungsgericht zutreffend angenommen, daß die Klägerin auch das Beschaffenheitszeugnis prüfen und mit den Konnossementen und dem Inhalt ihres Remboursauftrags vergleichen mußte, daß sich aber auch diese Prüfung nur auf die äußere Ordnungsmäßigkeit der Urkunden zu erstrecken hatte. Nur in diesem Sinne war der der Klägerin erteilte Auftrag betr. die Aufnahme von „ordnungsmäßigen“ Urkunden zu verstehen, wie denn auch in dem von der Beklagten entworfenen und mit ihrer Billigung der Filiale der Klägerin übermittelten Auftragstelegramm schlechthin von „Bill of Lading“ und „certifikate of quality“ ohne besondere Betonung ihrer Ordnungsmäßigkeit die Rede ist.

Nach den Ausführungen des Berufungsgerichts ist davon auszugehen, daß die Datierung der Konnossemente auf den 9. März auf einem Schreibfehler beruht und die Ausstellung der Urkunden erst am 9. April 1920 erfolgt ist. Das Berufungsgericht meint, daß der Unterschied zwischen dem danach für die Konnossementszeichnung einzusetzenden Datum und dem für die Ausstellung des Beschaffenheitszeugnisses angegebenen Datum vom 14. April 1920 die Klägerin hätte bedenklich machen und zu einer genaueren Prüfung des Zeugnisses veranlassen müssen, wobei sie erkannt haben würde, daß zur Zeit der Konnossementszeichnung die Waren noch in Santos im Hause Rua General Camara 356 lagerten. Dies war in der Tat auch ohne besondere Mühe und Bedenklichkeit für die ortsansässige Zweigstelle der Klägerin aus dem Zeugnis zu entnehmen. (Wird näher ausgeführt.) Dagegen reichen die Feststellungen des Berufungsgerichts nicht aus, um die Annahme zu rechtfertigen, daß eine Lagerung der Güter in der Rua General Camara 356 zur Zeit der Konnossementszeichnung die Zweigstelle der Klägerin im Rahmen des Vertragsverhältnisses der Parteien stutzig machen und von einer vorbehaltlosen Aufnahme der Urkunden für Rechnung der Beklagten abhalten mußte (RGZ. Bd. 96 S. 250, Bd. 97 S. 147). Allerdings bedeutete, wie das Berufungsgericht zutreffend ausführt, die Beschränkung der Verpflichtung auf eine Prüfung der äußeren Ordnungsmäßigkeit der Urkunden nicht, daß eine rein formale Erledigung des der Klägerin und ihrer Zweigstelle gewordenen Auftrags genügt. Vielmehr muß der betreffende Bankier die ihm innewohnenden oder zuzumutenden Kenntnisse im Interesse seines Auftraggebers mit der Sorgfalt eines ordentlichen Kaufmanns verwerten. Weiß er z. B. oder muß er bei gehöriger Sorgfalt wissen, daß die im Konnossement aufgeführten Güter zur Zeit der Unterzeichnung der Konnossemente sich nicht in der rechtlichen und tatsächlichen Verfügungsgewalt des Schiffsvertreters befinden und daß daher die Konnossementsbescheinigung, die Güter seien „received for shipment“, der derzeitigen Sachlage nicht mehr entspricht, so darf er die Urkunden nicht ohne weiteres aufnehmen. Eine derartige Feststellung ist aber vom Berufungsgericht nicht getroffen. Insbesondere läßt es das Berufungsgericht ausdrücklich dahingestellt, ob die Klägerin oder ihre Zweigniederlassung darüber im klaren war, was rechtlich zur Übernahme der Ware zur Verschiffung im Sinne eines derartigen Übernahmekonnossements gehört. Die Feststellungen des Berufungsgerichts gehen nur dahin, daß die Rua General Camara außerhalb der Hafen- und Dockanlagen von diesen durch einige Häuserblocks getrennt gelegen ist und daß dies der Zweigstelle der Klägerin bekannt sein mußte. Dies genügt aber nicht, um die Annahme des Berufungsgerichts zu begründen, daß um deswillen die Zweigstelle der Klägerin über die Ordnungsmäßigkeit der Konnossemente hätte Bedenken hegen und von der Aufnahme der Urkunden absehen müssen. Insbesondere schließt die Lagerung der Ware auf einem nicht zu den eigentlichen Hafenanlagen gehörigen Lagerplatz keineswegs aus, daß die Vertretung des Schiffes sowohl die rechtliche als auch die tatsächliche Verfügung über das Gut zum Zwecke seiner Verschiffung erlangt hatte, wie solches in den Konnossementen von dem zuständigen Schiffsagenten bescheinigt ist. Bei dieser Bescheinigung konnte sich die Klägerin auch in Kenntnis der örtlichen Verhältnisse des Lagerplatzes um so mehr beruhigen, als sie aus dem Zeugnis entnehmen durfte, daß auf eben diesem Lagerplatze die der Ausfuhr der Ware grundsätzlich unmittelbar vorhergehende amtliche Probeziehung stattgefunden hatte. Diese amtliche Probeziehung hatte nach den Feststellungen des Berufungsgerichts laut Art. 5 der Verordnung der Brasilianischen Regierung vom 24. April 1918 und der dazu gehörigen Ausführungsverordnung in den Hafenmagazinen zu erfolgen, von wo aus die Waren an Bord befördert werden sollen. Danach konnte die Vertretung der Klägerin ohne Verletzung ihrer Pflichten annehmen, daß der in der Nähe des Hafens befindliche Lagerplatz, auch wenn er nicht zu den eigentlichen Hafen- und Dockanlagen gehörte, doch ein Magazin war, von welchem aus die Ware an Bord befördert werden sollte. Nach alledem ergeben die tatsächlichen Feststellungen des Berufungsgerichts keinen Anhalt dafür, daß die Zweigstelle, die, wie erwähnt, grundsätzlich nur die äußere Ordnungsmäßigkeit der Urkunden zu prüfen hatte, bei deren Aufnahme ein von der Klägerin zu vertretendes Versehen begangen hat. Demgemäß ist die Annahme des Landgerichts berechtigt, daß die Beklagte verpflichtet war, die ihr von der Klägerin unter Andienung der Urkunden vorgelegte Tratte anzunehmen und zu bezahlen.

---

67. Sind gegenüber dem Schadensersatzanspruch wegen Nichterfüllung aus § 283 BGB. Einwendungen zulässig, die den urteilsmäßig festgestellten Anspruch selbst betreffen und sich auf einen erst nach der Verurteilung des Schuldners im Vorprozeß eingetretenen Tatbestand oder darauf gründen, daß der die Rechtsbeziehungen der Parteien regelnde Vertrag die Geltendmachung eines Schadensersatzanspruchs irgendwelcher Art für den Fall des Unterbleibens der schuldnerischen Leistung ausschließe?

II. Zivilsenat. Urt. v. 8. Juni 1923 i. S. B. (Bekl.) w. B. van D. (Kl.). II 351/22.

I. Landgericht I Berlin. — II. Kammergericht daselbst.

Am 9. September 1919 verkaufte die Beklagte an den Kläger ein gebrauchtes, von der Verkäuferin fahrfertig herzustellendes Fafnir-Automobil um 23400 *M*. Der Kläger leistete sofort die vereinbarte Anzahlung von 2500 *M*, erhielt aber in der Folge das Automobil nicht geliefert, obwohl er Anfang November 1919 auch den Kaufpreisrest von 20900 *M* bezahlt hatte. Er erhob daher im Mai 1920 Klage auf Lieferung und erwirkte ein seinem Antrage stattgebendes, rechtskräftig gewordenes Urteil des Landgerichts vom 7. Oktober 1920. Am 20. Januar 1921 teilte die Beklagte dem Kläger mit, daß seit dem 5. Januar 1921 in Berlin ein allgemeiner Streik sämtlicher in der Automobilbranche beschäftigten Karosseriearbeiter herrsche, dessen Beendigung sich nicht absehen lasse; sie könne infolgedessen nicht übersehen, wann die Arbeiten an dem verkauften Wagen sich vollends erledigen ließen, und trete daher gemäß den dem Abschlusse zugrunde gelegten Bedingungen des „Verbandes Deutscher Motorfahrzeug-Industrieller" von dem Kaufvertrage zurück. Daraufhin setzte der Anwalt des Klägers der Beklagten mit Schreiben vom 26. Januar 1921 zur Bewirkung der nach dem rechtskräftigen Urteil vom 7. Oktober 1920 ihr obliegenden Leistungen eine Frist von einer Woche mit dem Anfügen, daß nach deren fruchtlosem Ablauf die Annahme der Leistung abgelehnt und Schadensersatz wegen Nichterfüllung verlangt werde.

Diesen Schadensersatzanspruch verfolgt der Kläger mit der gegenwärtigen Klage, und zwar verlangt er den Betrag von 4085 holländ. Gulden oder den gleichen Betrag in deutscher Währung nach dem Kurse zur Zeit der Klagzustellung oder, nach seiner Wahl, zur Zeit der Zahlung. Die 4085 holländ. Gulden setzen sich aus 1500 Gulden Gewinnentgang und 2585 Gulden valutamäßigem Gegenwert der von der Beklagten zurückzuerstattenden Kaufpreissumme von 23400 *M* zusammen.

Das Landgericht erklärte den Klaganspruch dem Grunde nach für gerechtfertigt. Die Berufung der Beklagten war erfolglos. Ihre Revision wurde zurückgewiesen.

Aus den Gründen:

Dem Einwande der Beklagten, sie sei nach den Vertragsbedingungen wegen des Anfang Januar 1921 ausgebrochenen Streiks der Berliner Karosseriearbeiter zum Rücktritt von dem Kaufgeschäfte befugt gewesen, versagt das Berufungsgericht die Berechtigung, weil die Beklagte durch ihr am 20. Januar 1921, also noch vor der Fristsetzung des Klägers vom 26. desselben Monats, erklärtes Abgehen vom Vertrage das Vorprozeßurteil vom 7. Oktober 1920 mit seinen Wirkungen nicht habe beseitigen können, namentlich also auch nicht das Recht des Klägers, den urteilsmäßigen Leistungsanspruch nach Rechtskraft des Urteils gemäß § 283 BGB. in einen Schadensersatzanspruch umzuwandeln. Die Revision meint, das Zurückgreifen auf einen nach Erlassung des Vorprozeßurteils eingetretenen vertragsmäßigen Rücktrittsgrund hätte der Beklagten nicht verwehrt werden dürfen; der Einwand habe im Vorprozeß nicht vorgebracht werden können und sei nach § 767 Abs. 2 ZPO. zulässig, denn das Urteil vom 7. Oktober 1920 bedeute nur, daß der Erfüllungsanspruch zur Zeit der Urteilsverkündung bestanden habe, entscheide aber nicht die Frage, ob dieser Anspruch zufolge späterer Umstände weggefallen sei oder nicht.

Die Rüge geht fehl. Es kann ganz davon abgesehen werden, daß eine Einwendung gegen den durch das Urteil vom 7. Oktober 1920 festgestellten Anspruch nach § 767 ZPO., auf welche Vorschrift sich die Beklagte selbst beruft, im Wege der Klage bei dem Prozeßgericht erster Instanz geltend zu machen gewesen wäre. Denn der Standpunkt des Vorderrichters zu diesem Punkte ist durchaus zutreffend. Der Umstand, daß die Beklagte nach ihrer unangefochten gebliebenen Verurteilung im Vorprozeß, vermutlich sogar erst nach Eintritt der Rechtskraft jenes Urteils, durch einen Ausstand der Karosseriearbeiter zeitweilig verhindert gewesen sein sollte, den verkauften Kraftwagen vollends in Stand zu setzen und dem Kläger zu liefern, vermag eine Einwendung gegen den Rechtsbestand des urteilsmäßig festgestellten Lieferungsanspruchs nicht zu begründen, um so weniger als die Beklagte nach der einwandfreien Feststellung des Vorprozeßrichters seit dem 5. November 1919 im Lieferungsverzuge und daher von da an auch für eine durch Zufall eintretende Unmöglichkeit der Leistung verantwortlich war. Nach den Vertragsbedingungen soll allerdings die Beklagte, wie sie vorträgt, im Falle eines Ausstandes und anderer ähnlicher Störungen des regelmäßigen Geschäftsbetriebs die Wahl gehabt haben, entweder (gegen Rückerstattung der etwa schon erhaltenen Zahlung) von der Lieferung ganz abzusehen oder sie bis zum Wiedereintritt normaler Zustände hinauszuschieben. Auf diese Vertragsbedingungen kann aber die Beklagte im jetzigen Rechtsstreit nicht mehr zurückkommen, denn der Kläger macht nicht Rechte aus dem ursprünglichen Vertragsverhältnis der Parteien geltend, sondern den an die rechtskräftige Verurteilung des Schuldners zur Leistung anknüpfenden gesetzlichen Schadensersatzanspruch des § 283 BGB. Den Eintritt nachträglicher Unmöglichkeit im Sinne des § 283 Abs. 1 Satz 3 hat die Beklagte selbst nicht behauptet; mehr als eine vorübergehende Arbeits- und Lieferungsbehinderung (auf die Dauer des erwähnten Ausstandes) lag nach ihrer eigenen Darstellung nicht vor.

Aus dem gleichen Grunde muß auch die weitere Rüge ohne Erfolg bleiben: das Berufungsgericht habe das Vorbringen der Beklagten übergangen, daß nach den Vertragsbedingungen der Kläger bei Nichtlieferung nur Rückzahlung des Kaufpreises, nicht aber Schadensersatz beanspruchen könne. Die Revision hat hierbei die an die oben mitgeteilte Vertragsbedingung sich unmittelbar anschließende Klausel im Auge, daß die Beklagte in allen Fällen, wo sie aus irgendwelchen Gründen zur Lieferung nicht in der Lage sei, nur zur einfachen Rückzahlung der Anzahlung ohne Zinsen verpflichtet sei „unter Ausschluß eines jeglichen sonstigen Anspruchs". Es mag sein, daß die Beklagte auf Grund dieser Vereinbarung einem unmittelbar aus dem Vertragsverhältnis heraus erhobenen Schadensersatzanspruch des Klägers wirksam hätte entgegentreten können. Dem § 283 gegenüber, der in Ergänzung des § 893 ZPO. zur Erleichterung für den Gläubiger die Umgestaltung des Erfüllungsanspruchs in einen Schadensersatzanspruch ermöglicht, muß die Berufung auf den vertragsmäßigen Ausschluß der Geltendmachung eines Schadensersatzanspruchs versagen, wofern nicht eine zweifelsfreie Parteiabrede dahin vorliegt, daß der Ausschluß über die Verurteilung des Schuldners zur Leistung hinaus auch für die im § 283 BGB. zugelassene Schadensersatzforderung Wirkung haben soll. Für eine Ausschaltung des Schadensersatzanspruchs des § 283 durch Vereinbarung der Parteien liegt aber im gegenwärtigen Falle nichts vor. Die Beklagte selbst hat nicht behauptet, daß der Ausschluß des Schadensersatzanspruchs aus § 283 vereinbart worden sei.

Die Meinung der Revision geht nur dahin, daß der für das Vertragsverhältnis als solches bedungene Ausschluß ohne weiteres auch den Rechtsbehelf aus § 283 ergreife; diese Auffassung ist aber nicht haltbar....

---

68. Zum Begriff der Anerkennung der Ehelichkeit eines Kindes und zur Frage, in welcher Form die Anerkennung zu erklären ist.

IV. Zivilsenat. Urt. v. 5. Juli 1923 i. S. D. (Kl.) w. D. (Bekl.). IV 660/23.

I. Landgericht Braunschweig. — II. Oberlandesgericht daselbst.

Otto D., ein unehelicher Sohn der Klägerin, schloß, aus dem Felde in die Heimat beurlaubt, am 20. Juli 1917 die Ehe mit Agnes geb. W. Schon am zweiten Tage nach der Eheschließung gebar diese ein Kind, die Beklagte. Am 16. Oktober 1918 fiel Otto D. Mit der vorliegenden Klage begehrt die Klägerin die Feststellung, daß die Beklagte unehelich sei. Das Landgericht wies die Klage ab, und die Berufung der Klägerin wurde zurückgewiesen. Auch ihre Revision hatte keinen Erfolg.

Gründe:

In Übereinstimmung mit dem Landgericht ist das Berufungsgericht der Ansicht, die Klägerin könne die angebliche Unehelichkeit der Beklagten um deswillen nicht geltend machen, weil Otto D. das Kind nach der Geburt als das seinige anerkannt habe (§§ 1593, 1598 BGB.). Dabei geht es davon aus, daß die Anerkennung der Ehelichkeit zwar keine ausdrückliche Erklärung erfordere, vielmehr auch durch schlüssige Handlungen erklärt werden könne, daß sie aber ein auf Herbeiführung eines rechtlichen Erfolges gerichtetes Rechtsgeschäft sei und deshalb nicht lediglich einen auf ein tatsächliches Verhalten gerichteten Willen des Ehemanns erkennen lassen dürfe, sondern den Willen zum Ausdruck bringen müsse, eine rechtliche Wirkung des Inhalts herbeizuführen, daß das Kind dem Manne gegenüber die rechtliche Stellung eines ehelichen Kindes auf die Dauer haben solle. Den unzweideutigen Ausdruck eines derartigen Willens findet es in dem Briefe vom 28. Juli 1918, den Otto D. aus dem Felde an seine Frau geschrieben hat. Es berücksichtigt, daß nach den Bekundungen einzelner Zeugen Otto D. gelegentlich seines letzten, im August und September 1918 zu Hause verlebten Urlaubs Äußerungen getan haben soll, die auf einen andern Willen schließen lassen könnten. Aber auch bei Zurückstellung von Bedenken gegen die Glaubwürdigkeit dieser Zeugen erscheint es ihm fraglich, ob Otto D. ihnen seine wahre Meinung offenbart habe. Auf alle Fälle jedoch erblickt es in seinen noch nach dem letzten Urlaub geschriebenen Briefen eine Wiederholung des Standpunkts vom 28. Juli 1918, sodaß von einer innerlichen Sinnesänderung keine Rede sein könne. In letzter Linie weist es darauf hin, daß schon die Anerkennung vom 28. Juli 1818 endgültig gewollt und erklärt gewesen sei und deshalb nachträglich gar nicht mehr habe widerrufen werden können.

Die Revision wendet zunächst ein, die Anerkennung der Ehelichkeit sei zwar an keine Form gebunden, sie müsse aber dem Berechtigten gegenüber erklärt werden; der Berechtigte sei das Kind, und dem Kinde gegenüber habe Otto D. keinerlei Erklärung abgegeben. Dieser Einwand schlägt nicht durch. In § 1472 des I. Entwurfs, der noch Anerkennung durch „ausdrückliche" Willenserklärung erforderte (Satz 1), war (Satz 2) besonders gesagt, die Wirksamkeit der Anerkennung sei nicht davon abhängig, daß sie gegenüber dem Kinde erfolge, und in den Motiven (Bd. 4 S. 666) war besprochen, warum es nicht zweckmäßig sei, Anerkennung gegenüber dem Kinde vorzuschreiben. Bei der zweiten Lesung wurde § 1472 Satz 2 des I. Entwurfs gestrichen, aber, wie sich aus den Protokollen (Bd. 4 S. 462 letzter Abs.) ergibt, nur deshalb, weil Einverständnis darüber herrschte, daß er seine Bedeutung verloren habe, nachdem beschlossen worden war, von dem Erfordernis einer ausdrücklichen Willenserklärung bei der Anerkennung Abstand zu nehmen. Die Anerkennung braucht danach weder gegenüber dem Kinde, noch (vgl. Prot. Bd. 4 S. 472 Abs. 4) gegenüber einer anderen bestimmten Person abgegeben zu werden; sie ist zwar eine Willenserklärung, aber keine empfangsbedürftige Willenserklärung. Darüber besteht in der Rechtslehre, soweit ersichtlich, Einverständnis, und auch der Senat hat sich, allerdings nur ganz gelegentlich (RGZ. Bd. 58 S. 353), bereits einmal in diesem Sinne ausgesprochen.

In zweiter Reihe wirft die Revision dem Berufungsgericht Verkennung des Rechtsbegriffs der Anerkennung vor. Auch dieser Vorwurf ist unbegründet. Was das Berufungsgericht zur Anerkennung der Ehelichkeit rechtlich ausführt, stimmt durchweg mit dem überein, was der Senat in seinem Urteil vom 9. Dezember 1915 IV 246/15 (Warn. 1917 Nr. 57) rechtsgrundsätzlich ausgesprochen hat, einem Urteil, das das Berufungsgericht anführt und an das es sich, größtenteils sogar wörtlich, anschließt. An der dort vertretenen Rechtsauffassung ist festzuhalten. Fragen kann sich nur, ob das Berufungsgericht, wenn es in dem von ihm erörterten Verhalten des Otto D. einen unzweideutigen Ausdruck seines Willens findet, die Beklagte in dem im Urteil vom 9. Dezember 1915 bezeichneten Sinne als sein Kind anzuerkennen, damit gegen das Gesetz verstößt, und diese Frage muß verneint werden. Alle Erwägungen, die das Berufungsgericht insoweit anstellt, liegen auf tatsächlichem Gebiet und beruhen letzten Endes auf einer Auslegung des von Otto D. beobachteten Verhaltens, insbesondere seines Briefes vom 28. Juli 1918, die möglich ist und darum im dritten Rechtszuge nicht nachgeprüft werden kann....

---

69. Ist bei bestehender Erbengemeinschaft der einzelne Miterbe befugt, einen vom Erblasser geschlossenen Kaufvertrag wegen Irrtums des Erblassers anzufechten oder von ihm wegen veränderter Umstände zurückzutreten?

IV. Zivilsenat. Urt. v. 5. Juli 1923 i. S. K. (Bekl.) w. K. u. Gen. (Kl.). IV 292/22.

I. Landgericht Bremen. — II. Oberlandesgericht Hamburg.

Die Parteien sind Kinder des am 24. November 1919 gestorbenen Landwirts L. K. und seiner im November 1893 verstorbenen Ehefrau, die miteinander in bremisch-rechtlicher Gütergemeinschaft gelebt haben. Am 18. Oktober 1919 hat L. K., der mit dem Tode seiner Ehefrau Alleineigentümer des ehelichen Gesamtguts geworden und in der Verfügung darüber nur durch das Kopfteilsrecht der acht Kinder gemäß den Vorschriften des Bremischen Rechts beschränkt war, einen Teil des zum Samtgut gehörenden Grundbesitzes an seinen jüngsten Sohn Bernhard, den Kläger zu 5, durch notariellen Vertrag für 140700 *M* mit sämtlichem lebenden und toten Inventar, den gesamten Erntevorräten und allem Zubehör verkauft. In dem Vertrag ist bestimmt, daß die Lieferung sofort nach dem Tode des Verkäufers erfolgen und vom Lieferungstag an alle Lasten und Abgaben auf den Käufer übergehen, daß der Kaufpreis innerhalb neun Monaten nach der Lieferung bar bezahlt werden, bis zur Zahlung dem Verkäufer oder seinen Erben das Eigentumsrecht an dem verkauften Grundbesitz vorbehalten bleiben und der Käufer berechtigt sein solle, innerhalb drei Monaten vom Tage der Lieferung an ohne Angabe von Gründen vom Vertrage zurückzutreten. Am gleichen Tage errichtete L. K. ebenfalls zu notariellem Protokoll ein Testament, in dem er zunächst vorausschickt, daß hinsichtlich des gesamten seiner Verfügung unterstehenden Vermögens die Beerbung nach Kopfteilen eintrete und er über seinen Kopfteil letztwillig verfügen könne. Sodann ist im § 2 des Testaments bestimmt, daß der Sohn Bernhard Erbe des Kopfteils des Erblassers sein soll, wobei bemerkt wird, daß diese Anordnung getroffen werde, damit der Sohn Bernhard in die Lage gesetzt werde, die ihm verkaufte Hofstelle zu übernehmen.

Der Beklagte hat aus verschiedenen Gründen den Kaufvertrag und das Testament seines Vaters als nichtig angefochten, unter anderem auch wegen Irrtums des Erblassers, weil der verkaufte Grundbesitz mit Inventar einen Wert von 1309000 *M* darstelle. Die Kläger sind darauf auf Feststellung der Rechtsgültigkeit des Testaments und des Kaufvertrags sowie auf Abgabe der Auflassungserklärung bezüglich der verkauften Hofstelle klagbar geworden. Landgericht und Oberlandesgericht verurteilten den Beklagten zur Abgabe der Auflassungserklärung. Die Revision des Beklagten wurde zurückgewiesen.

Aus den Gründen:

... Die Anfechtung des Kaufvertrags wegen Irrtums hat der Beklagte darauf gestützt, daß sich der Erblasser über den Wert des verkauften Grundbesitzes im Irrtum befunden habe. Mit Recht hat das Berufungsgericht angenommen, daß diese Anfechtung den Bestimmungen der §§ 119flg. und nicht den Vorschriften des § 2078 BGB. unterliege und daß danach ein Irrtum im Beweggrund eine Anfechtung nicht begründen könne. Die Anfechtung des Kaufvertrags muß aber auch schon aus dem Grunde versagen, weil die Ausübung eines zum Nachlasse gehörenden Anfechtungsrechtes auf Grund der §§ 119flg. BGB. nur der Erbengemeinschaft, nicht dem einzelnen Miterben zusteht. Das Anfechtungsrecht wegen Irrtums ist kein Anspruch im Sinne des Bürgerlichen Gesetzbuchs, da sein Inhalt nicht darin besteht, von einem andern ein Tun oder Unterlassen zu verlangen (§ 194 BGB.). Die Vorschrift des § 2039 BGB., die einen zum Nachlasse gehörenden Anspruch auf eine zu bewirkende Leistung voraussetzt, kann daher auf das Anfechtungsrecht keine Anwendung finden. Nach dem in §§ 2032 Abs. 1, 2038 Abs. 1 Satz 1, 2040 Abs. 1 ausgesprochenen Grundsatze kann dieses Recht vielmehr nur von den Miterben gemeinschaftlich ausgeübt werden, zumal die Anfechtung bei einem noch nicht erfüllten gegenseitigen Vertrage durch Herbeiführung seiner Nichtigkeit auch die der Erbengemeinschaft zustehenden Vertragsrechte beseitigt und sich insofern als eine Verfügung über einen Nachlaßgegenstand darstellt. Selbst wenn also der Kaufvertrag vom 18. Oktober 1919 wegen Irrtums des Erblassers anfechtbar wäre, würde der Beklagte allein zur Ausübung des Anfechtungsrechts nicht berechtigt sein (RGRKomm. Anm. 1 zu § 2039 BGB.; Planck Anm. 7 zu § 2039; Staudinger Anm. 2 zu § 2039).

Die Revision rügt, daß der vom Beklagten erhobene Einwand der veränderten Umstände gegenüber dem Kaufvertrage vom Berufungsgericht übergangen sei. Der in der Übergehung dieses Einwandes liegende Mangel nötigt jedoch nicht zur Aufhebung des angefochtenen Urteils, weil sich der Einwand aus Rechtsgründen als unbegründet erweist. Denn auch wenn unterstellt wird, daß die Voraussetzungen erfüllt seien, unter denen nach der Rechtsprechung des Reichsgerichts (RGZ. Bd. 103 S. 328, Bd. 106 S. 7; Warn. 1923 Nr. 29, 33) dem Schuldner das Recht zusteht, die Erfüllung gegen Angebot der vertragsmäßigen Gegenleistung zu verweigern, weil der vereinbarte Kaufpreis infolge der inzwischen eingetretenen Geldentwertung nach Treu und Glauben unter Berücksichtigung der Verkehrssitte nicht mehr als eine dem verkauften Grundstück entsprechende Gegenleistung anzusehen ist, so ist durch die eingetretene Geldentwertung allein der Vertrag noch nicht hinfällig geworden, vielmehr nur ein bedingtes Rücktrittsrecht des Schuldners begründet. Der Schuldner kann den Gläubiger zur Erhöhung der Gegenleistung auffordern, und erst bei dessen Weigerung vom Vertrage zurücktreten. Schuldner der mit dem Klagantrage auf die Grundstücksübertragung begehrten Leistung ist aber nicht nur der Beklagte, sondern die Gemeinschaft der Erben des verstorbenen Grundstücksverkäufers. Nach § 23 Abs. 1 des Bremischen Gesetzes, betreffend den Güterstand der vor dem Inkrafttreten des Bürgerlichen Gesetzbuchs geschlossenen Ehen, vom 18. Juli 1899 (Gesetzblatt für Bremen S. 82) richtet sich die Erbfolge in das Samtgut des beerbten Witwers nach den allgemeinen erbrechtlichen Vorschriften, soweit sich nicht aus dem Güterstandsgesetz etwas anderes ergibt. Mangels entgegenstehender Vorschriften des Güterstandsgesetzes finden daher auf das Rechtsverhältnis zwischen den Erben des verstorbenen L. K. die Vorschriften des Bürgerlichen Gesetzbuchs über die Erbengemeinschaft Anwendung. Danach ist aus denselben Gründen, aus denen oben die Berechtigung zur Ausübung eines auf die §§ 119 flg. BGB. gestützten Anfechtungsrechts dem einzelnen Miterben abgesprochen ist, auch die Berechtigung zum Rücktritt vom Vertrage wegen veränderter Umstände nur der Erbengemeinschaft zuzusprechen. Denn es handelt sich bei dem bedingten Rücktrittsrecht wie bei dem Anfechtungsrecht aus § 119 BGB. nicht um einen Anspruch auf eine Leistung, sondern um ein Gestaltungsrecht, und auf ein solches findet § 2039 BGB. seinem klaren Wortlaut nach keine Anwendung...

---

70. 1. Zur Anwendung des § 278 BGB. auf die Vorverhandlungen eines Vertrags.
2. Vertragsabschluß durch Quittung über den Empfang einer Anzahlung auf den festgesetzten Vertragspreis.
3. Berufung auf die allgemeine clausula rebus sic stantibus.

VI. Zivilsenat. Urt. v. 12. Juli 1923 i. S. Nationale Automobilgesellschaft A.-G. (Bekl.) w. W. (Kl.). VI 5/23.

I. Landgericht II Berlin. — II. Kammergericht daselbst.

Der Kläger bestellte am 14. Mai 1919 bei der Beklagten einen Lastkraftwagen zum Preise von 31000 *M*. Er zahlte 10000 *M* auf den Kaufpreis an; die restlichen 21000 *M* sind von ihm Ende Dezember 1919 gezahlt worden. Der Wagen ist nicht geliefert worden, vielmehr verlangte die Beklagte mit Schreiben vom 12. Februar 1920 einen erhöhten Preis von 98000 *M* mit Rücksicht auf die erhebliche Steigerung der Gestehungskosten; für die Berechtigung der Nachforderung stützt sie sich auf einen auf dem Auftragsvordruck in Maschinenschrift enthaltenen Vermerk, der ihr die Berechnung von Teuerungszuschlägen nach Maßgabe der Festsetzungen der Lastwagenkonvention gestatte. Der Kläger bestreitet, daß zur Zeit des Vertragsabschlusses der Vermerk auf dem Vordruck gestanden habe. Der Kläger hat auf Lieferung des Kraftwagens geklagt.

Das Landgericht gab der Klage statt, das Oberlandesgericht wies die Berufung des Beklagten zurück. Die Revision hatte keinen Erfolg.

Aus den Gründen:

Nach den Feststellungen des Berufungsgerichts gab der Kläger am 14. Mai 1919 in der Filiale der Beklagten zu Berlin bei dem Vertreter der Filiale die Bestellung auf einen Lastkraftwagen auf, für den ein Preis von 31000 *M* festgesetzt wurde. Der Vertreter der Filiale war nach dem Vortrage der Beklagten zu Geschäftsabschlüssen nicht ermächtigt; er hatte nur mit den Bestellern die Einzelheiten der Lieferung zu bereden und darauf die Aufträge entgegenzunehmen, die nach bestimmtem Formular in schriftlicher Fassung erteilt wurden. Auch der Kläger unterzeichnete ein solches Formular, nachdem die Einzelheiten der Bestellung darin festgelegt waren. In dem von der Beklagten im Prozeß vorgelegten Auftragstexte befindet sich unter der Rubrik „besondere Vorschriften" eine Klausel in Maschinenschrift, wonach zu den im Kostenanschlag angegebenen Preisen die Teuerungszuschläge treten, welche die Lastwagenkonvention in der Zeit zwischen Abgabe des Angebots und Ablieferung des Fahrzeugs festsetzt. Diese Klausel befand sich auf dem vom Kläger unterschriebenen Auftragsformular zur Zeit der Abgabe der Unterschrift nicht; sie ist auch nicht bei der Verhandlung mit dem Vertreter der Beklagten besprochen und inhaltlich dem Kläger mitgeteilt worden. Der Zentralverwaltung der Beklagten in O., an die der Vertreter den Vertragsantrag einzureichen hatte, ist der unterschriebene Auftrag des Klägers jedoch mit jener Klausel zugegangen, die ohne Wissen und Willen des Klägers in der Berliner Filiale der Beklagten nachträglich in den Auftrag eingefügt wurde.

Nach den auf der Rückseite des Auftragsvordrucks wiedergegebenen allgemeinen Lieferungsbedingungen sollte die Verpflichtung der Beklagten zur Lieferung erst mit der schriftlichen Bestätigung des Auftrags durch die Zentralverwaltung in O. beginnen. Diese Auftragsbestätigung behauptet die Beklagte mittels Schreibens vom 19. Mai 1919 dem Kläger unter Beifügung einer mit der vorgedachten Preiserhöhungsklausel versehenen Abschrift des Auftrags, wieder durch Vermittelung ihrer Berliner Filiale, zugesandt zu haben. Es ist aber festgestellt, daß der Kläger sie nicht erhalten hat; sie ist von der Filiale aus an den Kläger nicht weiter gesandt worden. Dieser hat vielmehr nur mit Schreiben der Beklagten vom 26. Mai 1919 eine Quittung über die auf den Preis angezahlten 10000 ℳ erhalten, „welche wir als Anzahlung auf den uns von Ihnen bestellten Lastwagen Ihrem werten Konto gutbrachten".

Das Berufungsgericht nimmt an, daß hierdurch und durch die vorbehaltlose Annahme der Restzahlung im Dezember 1919, durch die weiteren Schreiben der Beklagten über die Fertigstellung und die Ankündigung der Übersendung des Wagens der Vertrag über die Lieferung zwischen den Parteien, und zwar ohne die Preiserhöhungsklausel, auch ohne das eigentliche Bestätigungsschreiben zustande gekommen sei. Die Revision greift diese Annahme an, da die beiderseitigen Vertragswillen, eben in bezug auf die Preiserhöhungsklausel, von der die Beklagte nachher in ihrem Schreiben vom 11. Februar 1920 Gebrauch machte, auseinander gegangen seien.

Dem Berufungsgericht war jedoch im Ergebnis zuzustimmen.

Der Kläger mußte der Meinung sein und durfte darauf vertrauen, daß sein Auftrag, so wie er abgegeben und unterschrieben war, ohne eigenmächtige Änderung durch Dritte der Zentralverwaltung der Beklagten vorgelegt werden würde. Die Beklagte wiederum muß es sich gefallen lassen, daß ihre Erklärungen so verstanden werden, wie sie der andere Vertragsteil nach Treu und Glauben auffassen mußte. Ihre Sache war es, dafür zu sorgen, daß ihr die bei ihrem zur Entgegennahme von Lieferungsaufträgen bestellten Vertreter abgegebenen Anträge richtig und unverfälscht zugingen, sowie ferner, daß auch ihre Bestätigungsschreiben, die den Vertrag zum Abschluß bringen sollten, richtig dem anderen Vertragsteil übermittelt wurden. Auch die Vorverhandlungen eines Vertrags stehen unter dem Grundsatze von Treu und Glauben im Verkehr (§§ 157, 242 BGB.). Der Antrag bindet den Antragenden (§ 146 BGB.) und löst deshalb auch bei dem Antragsempfänger gewisse Sorgfaltspflichten für die Behandlung des Antrags und ein gegenseitiges vertragsähnliches Vertrauensverhältnis wenigstens dann aus, wenn der Antragsempfänger, wie im gegebenen Falle die Beklagte, besondere Vorkehrungen für die Entgegennahme und Weiterbeförderung der Vertragsanträge in der Einrichtung einer besonderen Zweigstelle dafür und in der Bestellung von Hilfspersonen für die Annahme der Aufträge und die Vorverhandlungen mit den Antragstellern getroffen hat. Wenn im gegebenen Falle die Beklagte selbst über den Inhalt der vom Kläger aufgegebenen Bestellung und ihre Bedingungen durch die rechtswidrige Handlungsweise eines ihrer Angestellten getäuscht und dann wiederum dem Kläger durch Verschulden eines Angestellten die von der Beklagten gewollte Vertragserklärung nicht übermittelt worden ist, so hat sie dem Kläger gegenüber für diese Handlungen ihrer Gehilfen einzustehen, die hinsichtlich der Sorgfaltspflichten bei den Vorverhandlungen als ihre Erfüllungsgehilfen anzusehen sind (RGZ. Bd. 78 S. 239, JW. 1915 S. 240 Nr. 3) und deren Handlungen und Unterlassungen sie zu vertreten hat, als wenn es ihre eigenen wären. Die Erklärungen der Beklagten, die dem Kläger zugegangen sind, mußten diesen in den Glauben versetzen, daß von der Beklagten sein Auftrag, so wie er abgegeben worden war, also ohne die Preiserhöhungsklausel, angenommen worden sei. Ist auch eine eigentliche Auftragsbestätigung genau nach Maßgabe der allgemeinen Vertragsbedingungen nicht erfolgt, so enthält doch das Quittungsschreiben über den Empfang der Anzahlung alle wesentlichen Merkmale einer solchen, indem die Beklagte darin die Zahlung als Leistung des Klägers auf den Preis des von ihm bestellten Lastwagens angenommen zu haben erklärte. Der Kläger konnte und mußte diese Erklärung als Annahme seines Antrags auffassen. Damit ist aber der Vertrag zustande gekommen, und zwar so, wie der Auftrag abgegeben wurde, also ohne die Preiserhöhungsklausel, von der der Kläger nichts wußte (vgl. RGZ. Bd. 58 S. 234, Bd. 106 S. 125). Die Einigung erstreckt sich auch auf den Preis, der in dem Antrag auf die bestimmte Summe von 31000 ℳ bestimmt worden war. Die Beklagte muß deshalb als vertraglich gebunden angesehen werden zu den Bedingungen, die der Kläger in dem Vertragsantrage vom 14. Mai 1919 unterschrieben hatte.

Auch die übrigen Angriffe der Revision können dieser nicht zum Erfolge verhelfen. Die Anführung, daß die Preiserhöhungsklausel mit Rücksicht auf die wirtschaftlichen Umwälzungen der Zeit als vertraglich bedungen angesehen werden müsse, auch wenn ein besonderer Vorbehalt nicht ausdrücklich erklärt sei, läuft auf die Geltendmachung der allgemeinen Veränderung der wirtschaftlichen Verhältnisse (clausula rebus sic stantibus) hinaus, über die noch zu handeln ist. Die Behauptung, daß Lastkraftwagen zu festem Preis damals überhaupt nicht erhältlich gewesen seien und dies auch dem Kläger bekannt gewesen sei, kann gegenüber dem Umstande, daß tatsächlich bei der Verhandlung zwischen dem Vertreter der Beklagten und dem Kläger ein fester Preis ausgemacht wurde, nicht ins Gewicht fallen. Die Berufung der Beklagten aber auf die allgemeine Klausel' der veränderten wirtschaftlichen Verhältnisse, die den Schuldner von der Verpflichtung zur Leistung nach Treu und Glauben dann entbinde, wenn ihm die Durchhaltung des Vertrags nicht mehr zugemutet werden könne, muß im gegebenen Falle versagen, nachdem der Preis vollständig bezahlt und der Wagen bereits fertiggestellt war, ehe noch eine Preiserhöhung nach den Anführungen der Beklagten selbst von der Lastwagenkonvention festgesetzt wurde, die die Interessen der Erzeuger gegenüber den wirtschaftlichen Veränderungen der Zeit vertrat....

---

71. Ist nach einer Entscheidung des Bezirkswirtschaftsrats, welche das Recht der Arbeiter eines Betriebs auf Wahl einer Betriebsvertretung anerkennt, der Rechtsweg zulässig für eine Klage der Arbeiter gegen den Arbeitgeber auf Duldung der Wahl und Anerkennung des zu wählenden Betriebsrats?

III. Zivilsenat. Urt. v. 25. September 1923 i. S. B. u. Gen. (Kl. u. Widerbekl.) w. E. Schiff.-A.-G. (Bekl. u. Widerkl.). III 768/22.

I. Landgericht Hamburg. — II. Oberlandesgericht daselbst.

Der Schiffahrtsbetrieb der beklagten Gesellschaft erstreckt sich auf der Elbe von der Tschecho-Slowakei über Sachsen und Preußen bis Hamburg. Dort sind ihm ein Schuppen-, ein Ewerführer-, ein Bugsier- und ein Werkstättenbetrieb angegliedert. Die Arbeiter dieser vier Betriebe beabsichtigen, nach Maßgabe des Betriebsrätegesetzes (BRG.) vom 4. Februar 1920 einen Betriebsrat zu wählen. Da die Beklagte sich dem widersetzte, riefen die Kläger den Schlichtungsausschuß in Hamburg in seiner Eigenschaft als stellvertretenden Bezirkswirtschaftsrat (BezWR.) an. Dieser erkannte dahin, daß die Arbeitnehmer der beklagten Gesellschaft mit Ausnahme der Besatzungen der am Ober-Elbischen Schiffsverkehr beteiligten Fahrzeuge befugt seien, eine Betriebsvertretung nach dem BRG. zu wählen. Da die Beklagte sich dem Spruche nicht fügte, klagten die Kläger auf Duldung der Wahl und Anerkennung der demnächst zu wählenden Betriebsvertretung, während die Beklagte Widerklage auf Feststellung der Rechtsungültigkeit des erwähnten Spruchs des Schlichtungsausschusses erhob. Das Landgericht gab dem Widerklagebegehren statt und wies die Klage ab. Die Berufung der Kläger blieb erfolglos; beide Instanzen nahmen an, daß nicht der BezWR., sondern der Reichswirtschaftsrat für die Entscheidung der streitigen Frage zuständig sei. Auf die Revision der Kläger wurden Klage und Widerklage wegen Unzulässigkeit des Rechtswegs abgewiesen.

Gründe:

Dem Verlangen der Revision auf sachliche Nachprüfung des angefochtenen Urteils kann nicht stattgegeben werden, weil weder für die

Klagansprüche noch für das Feststellungsbegehren der Widerklage der Rechtsweg offen steht. Das folgt aus der Rechtsstellung der Betriebsräte und der Wirtschaftsräte und aus der Rechtsnatur ihrer Aufgaben und Entscheidungen.

Mit der Entwickelung des Deutschen Reiches zum Industriestaate ging das immer stärker hervortretende Streben der Arbeiter Hand in Hand, allmählich Einfluß auf die Leitung der Betriebe zu gewinnen, aus lebendigen Werkzeugen der Unternehmer organische Glieder der Gewerbe- und Fabrikbetriebe zu werden und den Arbeitgebern im Wirtschaftsleben als gleichberechtigte Faktoren gegenüberzutreten. Die aus diesem Streben und den mit ihm zusammenhängenden sozialen und wirtschaftlichen Kämpfen der letzten Jahrzehnte geborenen neuen Rechtsgedanken der Arbeitsgemeinschaft von Unternehmern und Arbeitern und des Mitbestimmungsrechts der letzteren in gemeinsamen Betriebsangelegenheiten fanden schließlich in der Reichsverfassung weitgehende gesetzliche Anerkennung. Art. 165 das. enthält die Grundlinien einer neuen Wirtschaftsverfassung und gewissermaßen die Grundrechte der Volksgenossen in ihrer Eigenschaft als Arbeitgeber und Arbeitnehmer.

Gleichberechtigt und in Gemeinschaft sollen sie nicht nur an der Regelung der Arbeits- und Lohnbedingungen, sondern auch an der gesamten wirtschaftlichen Entwickelung der produktiven Kräfte mitwirken (Abs. 1). Zur Durchführung dieser Aufgaben innerhalb der einzelnen Betriebe, der Betriebe bestimmter Wirtschaftsgebiete und schließlich des ganzen Reichs sollen auf seiten der Arbeitnehmer Arbeiterräte und aus Unternehmern, Arbeitern und Mitgliedern anderer beteiligter Kreise gemeinschaftliche Wirtschaftsräte gebildet werden. Dem RWR. sollen nicht nur sozial- und wirtschaftspolitische Gesetzentwürfe zur Begutachtung vorgelegt werden, sondern ihm ist auch das Recht verliehen worden, solche Gesetze von sich aus und auch gegen den Willen der Reichsregierung vor den Reichstag zu bringen und vor ihm zu vertreten (Abs. 2 bis 4). Den A.- und WR.en können auf den ihnen überwiesenen Gebieten Verwaltungsbefugnisse übertragen werden (Abs. 5). Aufbau und Aufgaben der A.- und WR.e sowie ihr Verhältnis zu anderen sozialen Selbstverwaltungskörpern sollen ausschließlich vom Reiche geregelt werden (Abs. 6).

Der weitere Ausbau der Wirtschaftsverfassung und die Neuordnung des deutschen Wirtschaftslebens sollen also — unbeschadet der durch den Arbeitsvertrag begründeten privatrechtlichen Beziehungen zwischen Arbeitgebern und Arbeitnehmern — auf dem Boden des öffentlichen Rechts teils durch das Reich selbst, teils durch die von ihm geschaffenen Selbstverwaltungskörper erfolgen. „Die A.- und WR.e bilden", wie es in der amtlichen Begründung zu Art. 34a des Verfassungsentwurfs (jetzt Art. 165 RVerf.) S. 7 heißt, „den organischen Ausdruck für die

Arbeits und Wirtschaftsgemeinschaft des Volkes, die innerhalb des Staates ihre Angelegenheiten selbst verwalten will". Auf sie sollen deshalb „der allgemeinen Verwaltung entzogene Verwaltungsaufgaben, insbesondere sozialpolitischer Natur übertragen werden".

In diesem Sinne ist als erstes Ausführungsgesetz zu Art. 165 a. a. O. das BRG. ergangen. Es hat neben den Arbeiterräten als gemeinsames Organ der Arbeiter und Angestellten eines Betriebs nicht nur zur Wahrnehmung ihrer gemeinschaftlichen Interessen (§§ 1 und 6), sondern darüber hinaus auch zur Unterstützung des Arbeitgebers in der Erfüllung der Betriebszwecke (§ 1) die Betriebsräte geschaffen. Die „Räte" werden sowohl in Art. 165 RVerf. als auch im BRG. als gesetzliche Vertretung oder Betriebsvertretungen bezeichnet (vgl. z. B. §§ 18 Abs. 2 und 3, 37, 64, 93, 95, 99 Abs. 3 und 5, 100 Abs. 1 und die Überschrift des III. Abschnitts des BRG.). Darüber herrscht nun kein Streit, daß sie Vertreter in privatrechtlichem Sinne nicht sind, daß sie in ihrer Eigenschaft als „Räte" weder einzelne Arbeiter noch die Arbeiterschaft als Gesamtheit privatrechtlich berechtigen oder verpflichten können. Schon daraus folgt, daß sie Vertreter im Sinne des öffentlichen Rechts sind. Die BetrR.e bekleiden, wie es in § 35 BRG. heißt, ein Amt, und die mit diesem Amte verbundenen Rechte und Pflichten, das Recht und die Pflicht, nach Maßgabe der §§ 66 Nr. 1 und 2, 70 bis 73 a. a. O. an der Betriebsleitung und Betriebsführung sich zu beteiligen und zur Wirtschaftlichkeit des Betriebes mitzuwirken, das Recht und die Pflicht, bei allen die Arbeiter und Angestellten gemeinsam berührenden Angelegenheiten sozialer und wirtschaftlicher Natur beratend und vermittelnd einzugreifen (§§ 66 Nr. 3 bis 8, 74 bis 76), das Recht und die Pflicht, in gewissen Fällen den Schlichtungsausschuß anzurufen (§ 66 Nr. 3), gehören dem öffentlichen Rechte an. Ebenso wie den Betriebsräten sind den Wirtschaftsräten, soweit ihre Stellung im BRG. mitgeregelt ist, in den §§ 93 und 94 lediglich öffentlichrechtliche Aufgaben zugewiesen. Sie haben unter anderem nach Nr. 1 des § 93 bei Streitigkeiten über die Notwendigkeit der Errichtung, die Bildung und Zusammensetzung einer Betriebsvertretung im Sinne des BRG. zu entscheiden. Die Betriebsvertretungen sind vom Gesetzgeber als von der Willkür der Beteiligten unabhängige Zwangseinrichtungen gewollt (§ 1 a. a. O.), ein Zwangsmittel zu ihrer Bildung aber hat er nicht geschaffen. Denn die Entscheidungen, durch welche ein WR. die Errichtung einer Betriebsvertretung anordnet, sind rein verwaltungsrechtliche Entscheidungen und zur Zeit nicht vollstreckbar. Ihre Durchführung mit Hilfe der ordentlichen Gerichte wäre nur auf Grund besonderer gesetzlicher Vorschriften möglich. An solchen fehlt es indessen. Die Arbeiter eines Betriebes haben zwar bei dem Vorliegen der gesetzlichen Voraussetzungen für die Wahl einer Betriebsvertretung und erst recht, wenn diese in einer Entscheidung des BezWR. oder des RWR. als gegeben anerkannt sind, einzeln und als Gesamtheit ein subjektives öffentliches Recht auf Vornahme der Wahl und auf Nichtbehinderung des gewählten Betriebsrats bei der Ausübung seiner öffentlichrechtlichen Aufgaben. Die Verletzung dieses Rechtes durch den Arbeitgeber kann ihn nach Maßgabe der §§ 95, 99 BRG. strafbar machen. Einen weiteren Rechtsschutz genießt es aber nicht. Namentlich haben die Arbeiter auch nach einem ihnen günstigen Spruche eines Wirtschaftsrates keinen privatrechtlichen Anspruch gegen den Arbeitgeber auf Duldung der Wahl und auf Anerkennung des Gewählten als Betriebsrat. Denn Streitigkeiten über die Ausübung eines subjektiven öffentlichen Rechts und über die Erfüllung der ihm entsprechenden öffentlichrechtlichen Pflichten fallen nicht unter § 13 GVG. Die hier vorhandene Organisations- und Gesetzeslücke kann von dem ordentlichen Richter nicht ausgefüllt werden.

Der gleichen Auffassung ist auch der Reichsarbeitsminister. Er hat nicht nur — ebenso wie auch der bayerische Minister für soziale Fürsorge — den Entscheidungen der Wirtschaftsräte aus den §§ 93, 94 BRG. jede bindende Kraft für den ordentlichen Richter selbst in Fällen abgesprochen, in denen aus ihnen rein privatrechtliche Ansprüche, wie Lohnforderungen, abgeleitet werden (vgl. RArbBl. 1921 Amtl. T. S. 97 Nr. 90, 1922 Amtl. T. S. 9 Nr. 6), sondern auch in dem Bescheide vom 15. November 1920 (RArbBl. 1921 Amtl. T. S. 447 Nr. 258) die Zuständigkeit der Gewerbegerichte zur Entscheidung über Ansprüche auf Erstattung der nach § 36 BRG. den Arbeitgeber treffenden Geschäftsführungskosten des BetrR. verneint, „weil diese Ansprüche nicht auf dem Arbeitsvertrage beruhen, sondern in dem Betriebsratsamte" — d. h. also im öffentlichen Rechte — „wurzeln".

---

72. Sind die tarifvertraglichen Schlichtungsstellen behördliche Einrichtungen?

III. Zivilsenat. Urt. v. 30. November 1923 i. S. Arbeitgeberverband der deutschen Straßen-, Klein- und Privateisen-Bahnen (Kl.) w. Deutschen Verkehrsbund (Bekl.). III 244/23.

I. Landgericht I Berlin. — II. Kammergericht daselbst.

In den Tarifverträgen, die auf Arbeitgeberseite vom Kläger, auf Arbeitnehmerseite vom Beklagten und vom Zentralverband der Gemeindearbeiter und Straßenbahner Deutschlands am 31. Dezember 1920 abgeschlossen wurden, sind als Schlichtungsstellen ausgestaltet: die aus je zwei Arbeitgeber- und Arbeitnehmervertretern und einem Obmann gebildeten Schlichtungsausschüsse für jede der Bezirksgruppen, und der aus drei Vertretern der Arbeitgeber und der Arbeitnehmer und einem Obmann bestehende Hauptausschuß; zwei Arbeitnehmervertreter hatte der Beklagte zu stellen, den dritten der Zentralverband. Die Schlichtungsstellen sind anzurufen bei Streitigkeiten zwischen Arbeitgebern und Arbeitnehmern, die „aus der vorliegenden Vereinbarung oder aus den in ihrer Durchführung aufgestellten Ausführungsbestimmungen und Arbeitsordnungen oder sonstwie aus dem Arbeitsverhältnis entstehen". Die Entscheidung des Schlichtungsausschusses ist endgültig und bindend, falls nicht binnen 14 Tagen nach Zustellung beim Hauptausschuß Berufung eingelegt wird; das Urteil des Hauptausschusses ist für beide Parteien endgültig und bindend. In allen Streitigkeiten grundsätzlicher Art ist der Hauptausschuß zuständig, und zwar entscheidet er, ob der Streitfall grundsätzlich ist. Diese Schlichtungsstellen haben auch am Abschluß der Bezirksgruppenverträge (Sonderabkommen für die Bezirksgruppen über Löhne, Urlaub, Dienstzeit, Überstunden usw.) auf Antrag beider Parteien mitzuwirken.

Auf Anrufen einer Untergruppe des klagenden Verbandes, nämlich „Untergruppe Hochbahngesellschaft" hatte der die Geschäfte des Hauptausschusses führende Kläger eine Sitzung des Hauptausschusses auf den 12. Dezember 1921 anberaumt und hierzu den Beklagten eingeladen mit der Bitte, „die Beisitzer und Parteien arbeitnehmerseits zu benachrichtigen". Der Beklagte lehnte dies durch Schreiben vom 12. Dezember 1921 ab, da mangels Antrags beider Parteien keine rechtliche Möglichkeit vorliege, die betreffende Streitsache vor dem tariflichen Hauptausschuß zur Entscheidung zu bringen.

Der absichtlich und ausdrücklich vom Einzelfall losgelöste Klagantrag fordert die Feststellung, daß der Beklagte verpflichtet sei, zu allen anberaumten Sitzungen des Hauptausschusses zwei der von ihm benannten Beisitzer einzuladen.

Das Landgericht gab der Klage statt, da die sachliche Zuständigkeit des Hauptausschusses erst von diesem selbst geprüft und entschieden werden könne und müsse, nicht schon vorher einseitig von einer der Tarifvertragsparteien. Der Berufungsrichter wies ab, da mangels einer bürgerlichrechtlichen Bindung zur Mitwirkung bei der Inbetriebhaltung des Hauptausschusses ein privatrechtlicher Anspruch überhaupt nicht in Frage stehe; übrigens würde auch die zivilprozessuale Durchführung eines Urteils auf unüberwindliche Hindernisse stoßen oder für die Beteiligten bedeutungslos sein. Die Revision des Klägers blieb erfolglos.

Gründe:

Die Revision führt aus: Für die Anschauung des Berufungsrichters spreche kein Wort der Gesetze. Der Tarifvertrag sei doch kein

Staatsvertrag, sondern bezwecke gerade die vertragliche Bindung, und die von der Klage geforderte Mitwirkung des Beklagten solle eben diesem Vertragszwecke dienen. Zu dieser Mitwirkung als zu einer ihnen selbst unmittelbar obliegenden Leistung seien nur die Vertragskontrahenten selbst verbunden, nicht die einzelnen, zu deren Gunsten der Tarifvertrag wirke. Die Vollstreckbarkeit eines der Klage entsprechenden Urteils ergebe sich aus der Zivilprozeßordnung.

Dieser Ausführung kann nicht beigepflichtet werden. Die Tarifverträge sind die Vorläufer und die charakteristischen Ausprägungen der für Arbeitsbedingungen und Produktionsentwicklung autonomen Selbstverwaltung durch soziale Selbstverwaltungskörper und der durch die Beteiligten selbst ein Arbeitsrecht schaffenden Berufsgesetzgebung, die durch das Gesetz über den vaterländischen Hilfsdienst vom 5. Dezember 1916 §§ 11, 12, 13 angebahnt, durch die Tarifvertragsverordnung vom 23. Dezember 1918 ausgebaut, durch die Reichsverfassung vom 11. August 1919 Art. 165 verfassungsmäßig bestätigt und durch das Betriebsrätegesetz vom 4. Februar 1920 in weitem Maße durchgeführt ist.

Ein Kernpunkt dieser Selbstverwaltung ist die Schlichtung von Arbeitsstreitigkeiten. Soweit die Gesetze selbst Schlichtungsstellen einsetzen, die Bestellung der Arbeitgeber- und der Arbeitnehmervertreter in ihnen regeln und das Verfahren vor ihnen ordnen, sind dies nicht Satzungen privatrechtlichen Inhalts, sondern öffentlichrechtliche Gestaltungen von rein öffentlichrechtlichem Charakter; vgl. Bekanntm. vom 21. Dezember 1916 zur Ausführung des Hilfsdienstgesetzes vom 5. Dezember 1916, § 3 Abs. 2 Nr. 1 (nicht bestellbar bei Verlust der Fähigkeit zur Bekleidung öffentlicher Ämter), § 5 (Strafe für grundlose Ablehnung der Übernahme des Amtes als Vertreter der Arbeitgeber oder Arbeitnehmer), § 6 (die Vertreter verwalten ihr Amt unentgeltlich als Ehrenamt), § 9 (Pflicht zur Amtsverschwiegenheit und Strafe bei Verletzung dieser Pflicht), § 10 (Befugnis zu Ersuchen an Behörden und behördliche Einrichtungen); VO. vom 23. Dezember 1918 §§ 15, 16 (Übernahme der Bestimmungen der Bekanntmachung vom 21. Dezember 1916), 17 bis 30; BetriebsRG. §§ 82, 83, 84 bis 90, 95 bis 97, 99, 100.

Von vornherein aber entsprach es der Absicht des Gesetzgebers, die Bestimmung der Schlichtungsstellen dem freien Willen der Beteiligten zu überlassen. So hieß es schon in § 13 des Hilfsdienstgesetzes vom 5. Dezember 1916 „der in § 9 Abs. 1 bezeichnete Ausschuß (ein Beauftragter des Kriegsamtes als Vorsitzender sowie je drei Vertreter der Arbeitgeber und der Arbeitnehmer) kann angerufen werden, wenn nicht beide Teile ein Gewerbegericht, ein Berggewerbegericht, ein Einigungsamt einer Innung oder ein Kaufmannsgericht als Einigungsamt anrufen" und eben dieser Vorbehalt ist wörtlich wiederholt im § 20 Abs. 1 der VO. vom 23. Dezember 1918; und so bestimmte hinsichtlich der Verkehrsanstalten des Reichs und der Bundesstaaten der durch § 104 II des BetriebsRG. aufgehobene (vgl. die VO. vom 14. April 1920 Art. 4) § 19 Abs. 2 der VO. vom 23. Dezember 1918 sogar „die Zusammensetzung dieses Ausschusses (besonderer Schlichtungsausschuß mit ausschließlicher Zuständigkeit für den ganzen Bereich jeder Verkehrsanstalt), und das Verfahren vor ihm kann durch Vereinbarung zwischen der zuständigen Verwaltung und Vereinigungen der von ihr beschäftigten Arbeitnehmer geregelt werden. Soweit das nicht geschehen ist, gelten die Vorschriften dieser Verordnung entsprechend". Nicht nur die so offen gelassenen anderweiten Stellen waren Gerichtsstellen, sondern auch der in § 19 Abs. 2 in Aussicht genommene kraft Vereinbarung zusammengesetzte und ein vereinbartes Verfahren handhabende besondere Schlichtungsausschuß sollte ein öffentlichrechtliches Organ, eine behördliche Einrichtung sein.

Eben dies sind die im Tarifvertrag vereinbarten Schiedsstellen; sie können gar nichts anderes sein, denn sie sind schon in § 20 Abs. 2 der VO. vom 23. Dezember 1918 und sodann im BetriebsRG. §§ 66 Nr. 3 u. 4, 78 Nr. 5, 81 Abs. 3, 82 Abs. 3 u. 4, 85 Abs. 2 Nr. 1, 96 Abs. 2 Nr. 1 den gesetzlichen Schlichtungsstellen nicht nur gleich-, sondern sogar vorangestellt, derart, daß erst, wenn sie nicht tätig werden, die gesetzlichen Schlichtungsstellen zum Zug zu kommen haben. Daraus folgt, daß die Gesetze selber die tarifvertraglichen Schiedsstellen als den gesetzlichen völlig gleichwertig erachten und erklären, sohin als durch den Tarifvertrag entstandene öffentlichrechtliche Gebilde. Demnach ist, soweit der Tarifvertrag Schiedsstellen einrichtet, die Vertragsform nur die Entstehungsform dieser autonomen Selbstverwaltungsschöpfung, die sich in ihrem ganzen Wesen und nach ihrem ganzen Inhalt, in ihrer Zusammensetzung und in ihrem Verfahren, in ihren Pflichten und in ihren Rechten, in ihrer Zuständigkeit und in der Wirkung ihrer Entscheidungen als eine selbst geschaffene, aber gesetzlich und verfassungsmäßig anerkannte Behörde auf dem Gebiete des Arbeits- und Produktionsrechts darstellt. In den vorliegenden Tarifverträgen kommt dies auch noch dadurch zum Ausdruck, daß der Obmann der Schlichtungsausschüsse und des Hauptausschusses mangels einer Einigung durch die zuständige Aufsichtsbehörde oder durch das Reichsarbeitsministerium zu bestellen ist.

Abzulehnen ist insbesondere eine Gleichstellung der tarifvertraglichen Schiedsstellen mit den Schiedsgerichten der Zivilprozeßordnung. Diese entstehen nur kraft Vereinbarung privater Parteien, jene aber sind durch Selbstverwaltungskörper geschaffene, durch die staatliche Gesetzgebung anerkannte ständige Organe der Rechtspflege auf dem

Gebiete des Arbeits- und Produktionsrechts (vgl. JW. 1895 S. 296 Nr. 17). Die Schiedsgerichte betreffen individuell bestimmte, rein bürgerliche, dem ordentlichen Rechtsweg unterliegende, außerhalb des Rahmens des öffentlichen Rechts stehende Rechtsstreitigkeiten und sind, soweit die Berechtigung der Parteien zum Vergleichsschluß reicht, zugelassen lediglich mit Rücksicht auf das — nach dem Zeugnis der Rechtsgeschichte unter allen Prozeßsystemen ständige — private Bedürfnis nach schiedsrichterlicher Entscheidung. Die Schiedsstellen aber haben die Aufgabe und das Ziel, die Arbeits- und Dienstordnung der Betriebe und die Richtlinien für Einstellung und Entlassung der Arbeitnehmer zu sichern und zu fördern im staatlichen Interesse. Denn nunmehr ist die wirtschaftliche Entwicklung und um ihretwillen die Arbeitsgemeinschaft zwischen Arbeitgebern und Arbeitnehmern als gemeinsamen beiderseits verantwortungs- und arbeitsfreudigen Mithelfern der Produktion in die Staatszwecke eingereiht; schon die Mitglieder der Betriebsräte verwalten — wie § 35 des BetriebsRG. sagt — ein Amt und zwar unentgeltlich als Ehrenamt.

Das Dargelegte ergibt, daß die von der Klage geltend gemachte Verpflichtung des Beklagten zur Mitwirkung im Verfahren, nämlich zur Entsendung der Arbeitnehmervertreter in die Hauptausschußsitzungen, keinenfalls eine privatrechtliche und der Streit darüber kein bürgerlicher ist.

Soweit die in den Gesetzen, insbesondere im BetriebsRG. vorgesehenen Mittel nicht ausreichen, um ein tarifvertragswidriges Verhalten des Beklagten zu verhindern, ist zur Ausfüllung dieser Lücke keinenfalls der Zivilrichter berufen.

---

73. **1. Hat das Benutzungsrecht aus § 7 des Gesetzes, betr. eine verlängerte Schutzdauer bei Patenten usw., vom 27. April 1920 (RGBl. S. 675) zur Voraussetzung, daß das Patent eine Zeitlang erloschen war?**

2. Wird das Benutzungsrecht dadurch ausgeschlossen, daß derjenige, der die Veranstaltungen zur Benutzung getroffen hat, das Patent bereits vor Ablauf der ursprünglichen Schutzdauer rechtswidrig benutzt hat?

3. Zur Frage der Erschleichung der Patentverlängerung und zum Umfange der Beweislast für den Rechnunglegungsanspruch.

I. Zivilsenat. Urt. v. 13. Oktober 1923 i. S. F. (Kl.) w. W. (Bekl.). I 877/22.

I. Landgericht Karlsruhe, Kammer für Handelssachen. — II. Oberlandesgericht das.

Der Kläger ist Inhaber des ihm mit Wirkung vom 15. Juli 1906 ab erteilten Patents 218034, das ein Verfahren und eine Vorrichtung zur fortlaufenden Einzelverlötung von aus Lötdraht hergestellten Schmuck- oder ähnlichen Ketten schützt. Durch Beschluß des Reichspatentamts vom 16. Juni 1921 ist die Schutzdauer des Patents gemäß dem Gesetze vom 27. April 1920 verlängert worden. Der Kläger hat behauptet, daß der Beklagte seit November 1920 das Patent verletzt habe, indem er Ketten nach dem geschützten Verfahren gelötet habe. Er hat deshalb auf Unterlassung, Rechnunglegung und Schadensersatz Klage erhoben. Der Beklagte hat um Klagabweisung gebeten. Er hat zugegeben, daß er das Patent schon seit dem 18. Juni 1921 benutzt hat, weil er geglaubt habe, daß die Schutzfrist bereits am 15. Juni 1921 abgelaufen sei. Im übrigen hat er eingewendet, daß der Kläger sich ihm gegenüber auf die Verlängerung der Schutzdauer nicht berufen könne. Denn einerseits habe der Kläger die Verlängerung durch absichtliche Täuschung des Patentamts erschlichen; anderseits habe der Beklagte bereits vor dem 1. April 1920 durch Anschaffung von Kettenmaschinen und einer Lötmaschine Veranstaltungen getroffen, um das Patent nach Ablauf der Schutzfrist benutzen zu können.

Das Landgericht verurteilte durch Teilurteil den Beklagten zur Rechnunglegung für die Zeit seit dem 18. Juni 1921 und wies die Klage insoweit ab, als sie auf Rechnunglegung und Schadensersatz für einen früheren Zeitraum und auf Unterlassung gerichtet ist. Das Oberlandesgericht wies die Berufung des Klägers zurück. Die Revision des Klägers hatte Erfolg.

Gründe:

Soweit die Vorderrichter die Klage auf Unterlassung der Anwendung des geschützten Lötverfahrens abgewiesen haben, beruht ihre Entscheidung auf der Erwägung, daß der Beklagte auf Grund des § 7 des Gesetzes vom 27. April 1920 berechtigt sei, die Erfindung des Patents 218034 im eigenen Betriebe zu benutzen, weil er bereits vor dem 1. April 1920 im Inlande die zur Benutzung erforderlichen Veranstaltungen getroffen habe.

Diese Auffassung kann rechtlich nicht gebilligt werden.

In tatsächlicher Beziehung liegt nach den Feststellungen des Berufungsgerichts die Sache so, daß das Patent bereits vor Ablauf seiner ursprünglichen Schutzdauer verlängert wurde, und daß der Beklagte, nachdem er zur späteren Anwendung des geschützten Verfahrens für seinen Betrieb 5 Kettenmaschinen und eine Lötmaschine angeschafft hatte, mindestens seit dem 18. Juni 1921 Lötdrahtketten nach dem geschützten Verfahren gelötet hat. Dieser Sachverhalt schließt die Heranziehung des § 7 Ges. vom 27. April 1920 aus.

Wie die Revision mit Recht hervorhebt, hat der § 7 unter allen

Umständen zur Voraussetzung, daß das Patent, das in Gemäßheit des Gesetzes verlängert wurde, eine Zeitlang erloschen war. Dies ergibt sich deutlich aus der Fassung des Gesetzes. Im Abs. 1 des § 7 wird für den Erwerb des Benutzungsrechts demjenigen, der vor dem 1. April 1920 nach Erlöschen des Schutzrechts die Erfindung in Benutzung genommen hat, gleichgestellt derjenige, der vor dem 1. April die zur Benutzung erforderlichen Veranstaltungen getroffen hat. Hinsichtlich des letzteren wird noch ein Unterschied gemacht, je nachdem er die Veranstaltungen vor oder nach dem Erlöschen des Schutzrechts vorgenommen hat. War das Schutzrecht zur Zeit der Veranstaltungen bereits erloschen, so wird der Veranstalter mit demjenigen, der die Erfindung nach Erlöschen des Schutzrechts bereits tatsächlich benutzt hatte, auf die völlig gleiche Stufe gestellt; wie dieser, darf er die Erfindung auch nach der Verlängerung des Patents weiter benutzen. Falls dagegen die Veranstaltungen erfolgten, bevor das Schutzrecht erloschen war, ist der Veranstalter dem Patentinhaber zur Gewährung einer angemessenen Vergütung verpflichtet (Abs. 2). Wenn im ersteren Falle von einer „weiteren Benutzung“ des Erfindungsgegenstandes „auch nach der Patentverlängerung“ gesprochen wird, so kann dies nur auf einen Sachverhalt abzielen, bei dem vor der Verlängerung die Benutzung zulässigerweise erfolgen durfte; das Patent muß also bereits seines Schutzes zeitweilig verlustig gewesen sein, ehe seine Verlängerung erfolgte. Noch deutlicher ergibt sich dies für den zweiten Fall aus dem Abs. 2 des § 7, wo ausdrücklich von den Veranstaltungen die Rede ist, die vor dem Erlöschen der Schutzrechte getroffen wurden. Zu dieser Bestimmung hat der erkennende Senat bereits im Urteil vom 17. März 1923 I 151/22 (RGZ. Bd. 106 S. 376) Stellung genommen und ausgesprochen, daß sie dreierlei voraussetzt: 1. das Schutzrecht muß erloschen gewesen sein, 2. jemand muß, bevor dies eintrat, Veranstaltungen zur Benutzung der Erfindung getroffen haben, 3. er muß nach dem Erlöschen des Schutzrechts die Veranstaltungen fortgesetzt oder die Erfindung im Inland in Benutzung genommen haben. Bei dem engen Zusammenhang, der zwischen den Vorschriften in Abs. 1 und 2 besteht, kann es keinem Zweifel unterliegen, daß die ganze Regelung, die der § 7 trifft, nur den Fall der Weiterbenutzung eines durch Zeitablauf bereits erloschenen und später verlängerten Patents ins Auge faßt, daß aber ein Tatbestand, wie der vorliegende, bei dem die Verlängerung des Patents vor Ablauf der ursprünglichen Schutzfrist erfolgte, also ein zeitweiliges Erlöschen des Schutzes überhaupt nicht eingetreten ist, gar nicht unter den § 7 fällt, mögen auch im Hinblick auf die voraussichtliche frühere Endigung des Schutzes bereits Veranstaltungen zur späteren Benutzung getroffen sein. Auf einen derartigen Sachverhalt läßt sich auch nicht der § 7 entsprechend anwenden, da das Gesetz vom 27. April 1920 sich als eine

Ausnahmevorschrift darstellt, die nicht auf andere als die darin geregelten Sondertatbestände ausgedehnt werden darf. Dafür aber, daß auch der Gesetzgeber nur die Fälle hat regeln wollen, bei denen das Wiederaufleben eines bereits erloschenen Patents in Frage kam, spricht der bei der zweiten Beratung des Gesetzes erstattete Bericht des Abgeordneten Grünewald, in dem nur von erloschenen und durch die Verlängerung wieder auflebenden Patenten und von Zwischenbenutzern die Rede ist (Drucks. d. NatVers. Bd. 333 S. 5268).

Der Revision ist ferner auch darin Recht zu geben, daß der Beklagte sich auf den § 7 schon deshalb nicht berufen kann, weil er bereits vor Ablauf der ursprünglichen Schutzdauer rechtswidrig das geschützte Verfahren benutzt hat. Dies ist nach den Feststellungen des Berufungsgerichts unzweifelhaft in der Zeit vom 18. Juni bis 14. Juli 1921 geschehen. Wie in dem oben erwähnten Urteil RGZ. Bd. 106 S. 378 ausführlich dargelegt worden ist, kann des Benutzungsrechts aus § 7 derjenige nicht teilhaftig werden, der die Erfindung vor dem Erlöschen des Schutzrechts benutzt hat und die Benutzung später fortsetzt, und zwar macht es dabei keinen Unterschied, ob die rechtswidrige Benutzung in grob fahrlässiger oder wissentlicher Weise stattgefunden hat oder ob sie gutgläubig geschehen ist. Von dieser Auffassung, wegen deren näherer Begründung auf das genannte Urteil verwiesen wird, vermag der Senat auch im vorliegenden Falle nicht abzugehen. Hier handelt es sich sogar, insbesondere soweit die Zeit vom 18. Juni bis 14. Juli 1921 in Betracht kommt, unzweifelhaft um eine grob fahrlässige Handlungsweise, denn es war auf seiten des Beklagten eine besonders schwere Vernachlässigung der im Verkehr erforderlichen Sorgfalt, wenn er das Verfahren, von dem er wußte, daß der Kläger ein Patent darauf besaß, in Benutzung nahm, ohne sich durch Einsicht der Patentschrift, durch Nachfrage beim Kläger oder in sonst geeigneter Weise darüber zu vergewissern, an welchem Tage die Schutzdauer tatsächlich ablief. Seine Behauptung, daß er gutgläubig den 15. Juni (statt 15. Juli) als den Tag angesehen habe, an dem die Schutzfrist ihr Ende erreicht habe, kann ihm nicht im geringsten zur Entschuldigung gereichen.

Hiernach steht dem Beklagten ein Recht zur Benutzung des Patents, das infolge seiner Verlängerung noch bis zum 15. Juli 1926 läuft, nicht zu. Auf Erschleichung der Patentverlängerung durch den Kläger kann sich der Beklagte, wie schon die Vorinstanzen mit Recht angenommen haben, nicht berufen. Selbst wenn man die Einrede der Erschleichung aus dem Gesichtspunkte der Arglist (§§ 826, 249 BGB.) hier in gleichem Umfang anerkennen wollte, wie sie in der Rechtsprechung des Reichsgerichts gegenüber Ansprüchen aus erteilten Patenten zugelassen wird (RGZ. Bd. 76 S. 67, Urt. v. 7. März 1914 I 265/13), so reichen doch, wie die Vorinstanzen zutreffend hervorheben, die tatsächlichen Anführungen des Beklagten keineswegs zu dem Nachweis aus, daß der Kläger den beim Reichspatentamt gebildeten sachkundigen Ausschuß in sittenwidriger Weise durch betrügliche Angaben zur Gewährung der Verlängerung bestimmt hat.

Nicht gerechtfertigt ist sodann die Entscheidung der Vorinstanzen insoweit, als sie die Klage auf Rechnunglegung und Schadensersatz für die Zeit vor dem 18. Juni 1921 abweist, weil der Kläger nicht den Beweis erbracht habe, daß der Beklagte schon damals das geschützte Verfahren angewandt habe. Hier liegt eine Überspannung der dem Kläger zuzumutenden Beweislast vor. Den Nachweis, an welchem Tage ein Patentverletzer mit Verletzungen, die längere Zeit hindurch fortgesetzt worden sind, den Anfang gemacht hat, wird der Patentinhaber in der überwiegenden Mehrzahl der Fälle überhaupt nicht führen können, da es sich dabei um innere Betriebsvorgänge handelt, in welche außenstehende Personen keinen Einblick gewinnen können. Deshalb muß sich das Gericht damit begnügen, daß ihm überhaupt der Nachweis einer wissentlichen oder grobfahrlässigen Patentverletzung aus nicht rechtsverjährter Zeit erbracht wird, sofern zur Vorbereitung des Schadensersatzanspruchs die Klage zugleich auf Rechnunglegung gerichtet wird. Der Zweck der Rechnunglegungspflicht, die in der Rechtsprechung des Reichsgerichts sowohl bei wissentlicher als auch bei grob fahrlässiger Patentverletzung anerkannt wird (RGZ. Bd. 46 S. 17, Bd. 70 S. 249), besteht gerade darin, daß der Verletzer angehalten werden soll, über den von ihm erzielten Gewinn in vollem Umfange dem geschädigten Patentinhaber Auskunft zu erteilen. Dieser Zweck würde erheblich beeinträchtigt werden, wenn der Patentinhaber in jedem Falle zunächst nachzuweisen hätte, wann die schädigenden Handlungen des Verletzers begonnen haben. Als Unterlage für die Pflicht zur Rechnunglegung genügt es vollkommen, daß der Geschädigte die Begehung von Patentverletzungen im Sinne des § 35 PatG. nachweist Den genauen Umfang, insbesondere ihren Anfang, braucht er nicht sogleich im einzelnen dazutun, sondern er kann zunächst das Ergebnis der Rechnunglegung abwarten.

---

74. Sind durch den Ersatzanspruch, der den Gemeinden durch § 15 Abs. 2 des Reichstumultschadengesetzes vom 12. Mai 1920 gegen Reich und Land gewährt ist, die weitergehenden Ansprüche beseitigt, die ihnen nach älterem Rechte gegen den Staat zustanden?

VI. Zivilsenat. Urt. v. 15. Oktober 1923 i. S. Stadt Z. (Kl.) w. Gebiet S.-G. (Bekl.). VI 796/22.

I. Landgericht Gotha. — II. Oberlandesgericht Jena.

Im März 1920 fanden in G. Unruhen statt, die zu Sachschäden aller Art geführt haben. Für die Schäden ist nach Art. 21 § 2 des AG. zum BGB. für Koburg-Gotha vom 20. November 1899 die Stadtgemeinde verantwortlich, sie kann aber nach § 4 das. den Ersatz der von ihr gezahlten Beträge aus der Staatskasse verlangen, wenn sie nachweist, alles ihr mögliche zur Abwendung des Schadens getan zu haben. Der Schaden ist nach § 6 beim Gemeindevorstand in einer Ausschlußfrist von 2 Wochen anzumelden und wird dann vom Landratsamte vorläufig festgesetzt. Innerhalb einer Ausschlußfrist von einem Monat steht beiden Teilen das Recht der Klagerhebung zu. Die Klägerin behauptet, die Schäden seien rechtskräftig von dem Landratsamt auf 533435 ℳ festgesetzt worden. Zur Bezahlung dieser Beträge seien ihr vom Reiche 200000 ℳ und vom Freistaat Gotha 100000 ℳ vorschußweise zur Verfügung gestellt, den Ersatz des darüber hinausgehenden Betrags von 233435 ℳ fordere sie aber auf Grund des erwähnten Art. 21 § 4 vom Beklagten. Eingeklagt wurden zwei Posten von 6170 ℳ und 3212 ℳ für Schäden, die durch gewaltsame Plünderungen entstanden seien. Das Landgericht wies die Klage ab, weil der Rechtsweg nicht zugelassen sei; insoweit sie aber auf ein Verschulden der damaligen gothaischen Landesregierung gestützt werde, sei sie nicht schlüssig begründet. Dieses Urteil wurde vom Oberlandesgericht bestätigt. Die Revision der Klägerin hatte keinen Erfolg.

Gründe:

... Die Schäden, um deren Vergütung es sich handelt, sind im März 1920, also in der Zeit zwischen dem 1. November 1918 und dem 14. Mai 1920, dem Tage des Inkrafttretens des Reichsgesetzes über die durch innere Unruhen verursachten Schäden vom 12. Mai 1920, verursacht worden. Für solche im Zusammenhang mit inneren Unruhen oder durch ihre Abwehr herbeigeführte Vermögensschäden bestimmt der § 15 Abs. 1 des Gesetzes, daß die bisherigen Gesetze mit einigen die Schadenshöhe betreffenden Einschränkungen maßgebend bleiben. Daraus nun, daß im Absatz 1 schlechthin von Vermögensschäden gesprochen wird, nicht aber von Geschädigten als Anspruchsberechtigten oder von Gemeinden als Ersatzpflichtigen, will die Revision schließen, daß durch den § 15 Abs. 1 auch der bereits erwähnte Art. 21 § 4 des gothaischen Ausführungsgesetzes aufrecht erhalten sei, und die Klägerin daher den ihr dort gegebenen Anspruch jetzt noch geltend machen könne. Ob diese Auslegung rein sprachlich möglich wäre, mag dahingestellt bleiben, sie scheitert jedenfalls an dem Zusammenhang und Zweck der gesetzlichen Bestimmungen. Wie der Senat aus anderem Anlaß bereits früher ausgeführt hat (RGZ. Bd. 102 S. 153), handelt es sich in den §§ 14 und 15 des Reichsgesetzes um die Regelung der Verhältnisse in Gebieten, in denen landesrechtliche Vorschriften über den Ersatz von Aufruhrschäden bestanden. Auf Grund solcher Vorschriften sollen Ansprüche wegen Schäden an Leib und Leben, falls diese in der Zeit vom 1. November 1918 bis zum 14. Mai 1920 entstanden sind, nicht mehr geltend gemacht oder weiter verfolgt werden dürfen, für Vermögensschäden sollen die im Gesetz angeordneten Beschränkungen gelten. Daß hierbei an die Ansprüche der bei einem Tumulte geschädigten Personen gedacht wurde, unterliegt keinem Bedenken und wird durch den Bericht des 21. Aussch. der Nationalvers., Nr. 2752 der Drucks., S. 9, 10, bestätigt, wo gesagt wird, daß der Abs. 1 des damaligen § 13c den Ersatzanspruch des Geschädigten gegenüber der Gemeinde, Abs. 2 aber den Erstattungsanspruch der Gemeinde gegen Land und Reich regele. Dem entspricht die Fassung des Abs. 2. Wenn dort gesagt wird, daß die „hiernach“, also nach Abs. 1, erforderlichen Mittel von den ersatzpflichtigen Gemeinden zunächst zu verauslagen sind, daß die Gemeinden aber dann den Ersatz ihrer Aufwendungen nach den hierüber weiter getroffenen Bestimmungen beanspruchen können, so ist damit deutlich zum Ausdruck gebracht, daß der Abs. 2 Ersatzansprüche der Gemeinden wegen der unter Abs. 1 fallenden Schäden regeln will. Das ist in der Weise geschehen, daß den Gemeinden die Befugnis eingeräumt wird, $^{8}/_{12}$ ihrer Aufwendungen vom Reiche und $^{4}/_{12}$ vom Lande insoweit zu beanspruchen, als die Entschädigung geboten war, um unter Berücksichtigung der gesamten Vermögens- und Erwerbsverhältnisse des Betroffenen eine nach den Umständen unbillige Erschwerung seines Fortkommens zu verhüten. Über diesen Anspruch wird, wie der Abs. 3 des § 15 vorschreibt, nach Maßgabe des § 6 entschieden, d. h. es entscheidet ein Ausschuß, gegen dessen Entscheidung die Beschwerde an das Reichswirtschaftsgericht stattfindet. Der Rechtsweg ist hierfür nicht gegeben. Daß neben diesem durch das Reichsrecht geschaffenen Anspruche noch ein anderer Ersatzanspruch der Gemeinden gegen das Land bestehen könnte, der sich auf das alte Landesrecht gründet und den Gemeinden vollen Ersatz der von ihnen geleisteten Zahlungen verschaffen würde, ist ausgeschlossen. Mit Recht hat das Berufungsgericht daher angenommen, daß für ein Nebeneinanderbestehen der reichsrechtlichen Vorschriften und der des Art. 21 § 4 kein Raum ist.

Inwieweit den Ausführungen, beizutreten wäre, mit denen das Berufungsgericht noch weiter seine Entscheidung über den auf das Ausführungsgesetz gestützten Anspruch zu begründen sucht, kann dahin gestellt bleiben. Bemerkt möge nur noch werden, daß der erkennende Senat in einem am 20. November 1922 verkündeten Urteile, VI 142/22, ausgesprochen hat, daß ein Nachteil, der im Verhältnis zu dem Erstbetroffenen unmittelbarer Schaden ist, dadurch kein mittelbarer wird, daß der Ersatzanspruch auf eine andere Person übergeht.

Die Klägerin hat ihren Anspruch auch noch auf Verschulden der damaligen Landesregierung von Gotha gestützt, was an sich keinem Bedenken unterliegt (RGZ. Bd. 102 S. 151). Das Verschulden soll darin bestehen, daß die Landesregierung die Bevölkerung zum Kampfe aufgerufen habe. Wie das Berufungsgericht sagt, haftet nach Art. 18 des Gothaischen AG. z. BGB. für Amtspflichtverletzung eines Beamten im Sinne des § 839 BGB. grundsätzlich der Staat; es sei aber nicht ersichtlich, inwiefern vorliegend ein Beamter eine ihm gegen einen Dritten obliegende Amtspflicht verletzt haben könnte. Die Landesregierung, ein Kollegium, könne als solche nicht in Anspruch genommen werden. Dagegen hält die Revision die Voraussetzungen des § 839 für gegeben und für ausreichend unter Beweis gestellt, erforderlichenfalls hätte das Fragerecht nach ZPO. § 139 ausgeübt werden müssen. Wenn das Berufungsgericht aber sage, der Aufruf sei zur Abwehr eines hochverräterischen Unternehmens erfolgt, so stehe das mit den Parteibehauptungen in Widerspruch. Auch insoweit ist das Rechtsmittel zwar zulässig, ZPO. § 547 Nr. 2 in Verbindung mit GVG. § 70 Abs. 3 und § 22 des Ausführungsgesetzes zum GVG. für Koburg-Gotha vom 7. April 1879, aber nicht begründet. Die Ausführungen, mit denen die Klägerin ein Verschulden der Landesregierung zu begründen versucht hat, sind so unzureichend, daß auch kein Anlaß vorlag, auf ihre Ergänzung durch Ausübung des richterlichen Fragerechts hinzuwirken.

---

75. Kann sich gegenüber dem Anspruch auf Wiedereinräumung des entzogenen Besitzes der Beklagte auf ein Urteil, vermöge dessen er die Herstellung eines seiner Handlungsweise entsprechenden Zustandes verlangen darf, auch dann berufen, wenn dieses Urteil schon vor der Begehung der Eigenmacht rechtskräftig geworden war (§ 864 Abs. 2 BGB.)?

VII. Zivilsenat. Urt. v. 16. Oktober 1923 i. S. K. (Bekl.) w. F. (Kl.). VII 569/22.

I. Landgericht Kiel. — II. Oberlandesgericht daselbst.

Die Frage ist bejaht worden, aus folgenden, den Sachverhalt ergebenden

Gründen:

Nach den Feststellungen des Berufungsrichters hat der Beklagte am 29. Juni 1921 dem Kläger den Besitz des Fischerboots ohne den

Willen des Klägers entzogen. Diese Besitzentsetzung stellte nach der, auch von der Revision nicht angegriffenen, Annahme des Berufungsrichters verbotene Eigenmacht dar. Der Anspruch des Klägers auf Wiedereinräumung des ihm gegenüber fehlerhaften Besitzes ist mithin an sich begründet, § 861 Abs. 1 BGB. Da der Beklagte diesem Anspruch gegenüber ein Recht zum Besitz grundsätzlich nicht geltend machen kann, § 863 BGB., so hat es der Berufungsrichter zutreffend für gleichgültig erachtet, ob dem Beklagten, sei es als Rechtsnachfolger des Kr., sei es auf Grund seines eigenen Vertrags mit dem Kläger vom 3. März 1921, ein schuldrechtlicher Anspruch auf Übertragung des Eigentums oder des Besitzes an dem Boot gegen den Kläger zur Seite stand.

Zur Verteidigung gegen den Klaganspruch beruft sich der Beklagte vornehmlich darauf, daß er ein rechtskräftiges Urteil gegen den Kläger in Händen hat, vermöge dessen der Kläger das Boot an ihn herauszugeben hat. Dieser Gesichtspunkt rechtfertigt eine dem Beklagten günstige Entscheidung.

Die Vorschrift des § 864 Abs. 2 BGB. läßt den aus verbotener Eigenmacht entspringenden Anspruch auf Wiedereinräumung des entzogenen Besitzes allerdings nur dann erlöschen, wenn nach verübter Eigenmacht durch rechtskräftiges Urteil festgestellt wird, daß dem Täter das Recht zum Besitz zustehe. Dieser Tatbestand ist, wenn man sich lediglich an den Wortlaut des Gesetzes hält, nicht gegeben. Das dem Beklagten zur Seite stehende Urteil ist schon vor Verübung der Eigenmacht ergangen und rechtskräftig geworden. Der hier gegebene Fall muß aber ebenso behandelt werden, wie der im Gesetz ausdrücklich vorgesehene Fall, und zwar auf Grund folgender Erwägungen. Ergibt sich, daß dem Täter schon bei Begehung der Eigenmacht ein rechtskräftiges Urteil zur Seite stand, vermöge dessen er dem Gegner den Besitz, dessen Wiedereinräumung der letztere auf Grund der Eigenmacht verlangen könnte, alsbald mit Hilfe des Gerichtsvollziehers seinerseits wieder entziehen kann, so besteht kein Grund, dem Täter die Berufung auf dieses Urteil zu versagen. Der Grundsatz des Ausschlusses der sogenannten petitorischen Einreden gegenüber dem Besitzanspruch steht dem nicht im Wege. Der Grundsatz soll verhindern, daß dem von der Rechtsordnung anerkannten Anspruch aus Besitzverletzung Einreden aus dem Recht entgegengehalten werden, welche die ungesäumte Erledigung des Besitzanspruchs hinhalten würden, nur auf solche Einreden ist er berechnet, nicht auch auf Einreden, denen schon ein mit Vollstreckbarkeit ausgestatteter Richterspruch zur Seite steht.

Dieses Ergebnis findet in der Entstehungsgeschichte des § 864 BGB. eine Stütze. Die im ersten Entwurf des Bürgerlichen Gesetzbuchs vorgesehene Regelung hatte ihren Ausgangspunkt von dem Satze genommen, daß die Besitzklage und die Klage aus dem Recht nebeneinander erhoben werden können, § 823 Abs. 1 des 1. Entw.; hieran anschließend war bestimmt: „wird in dem über das Recht anhängig gewordenen Prozesse früher rechtskräftig entschieden als im Besitzprozeß, so ist, wenn und soweit die im Besitzprozesse als verbotene Eigenmacht gerügte Handlung dem durch die Entscheidung in dem ersteren Prozeß festgestellten Recht entspricht, die Besitzklage ... als erledigt anzusehen". Die Motive Bd. 3 S. 131 bemerken, daß in diesem Umfange der gemeinrechtliche Satz in der Praxis insbesondere auch des Preußischen Rechts anerkannt sei; seine Rechtfertigung finde er darin, „daß eine possessorische Restitution mit einer ihr folgenden, dem materiellen Rechte entsprechenden Restitution ein unnötiger Umweg sein würde". Die II. Kommission hat den § 823 Abs. 1 Entw. als selbstverständlich gestrichen. Der Gedanke des Abs. 2 wurde nicht angefochten; man beschloß jedoch, ihm die Form einer materiellrechtlichen Vorschrift dahin zu geben, daß der (possessorische) Anspruch erlösche, wenn nach der als verbotene Eigenmacht gerügten Handlung der durch sie hergestellte Besitzstand als dem Rechte entsprechend rechtskräftig anerkannt ist. Bemerkt wurde, daß dieser Antrag insofern eine Erweiterung des Abs. 2 enthalte, als er die Vorschrift nicht auf den Fall beschränke, wenn zur Zeit der rechtskräftigen Feststellung des Rechts die Besitzklage bereits anhängig ist. Die Denkschrift S. 109 bemerkt zusammenfassend: „Wird nach der Verübung der verbotenen Eigenmacht durch rechtskräftiges Urteil festgestellt, daß dem Täter ein Recht an der Sache zusteht, vermöge dessen er die Herstellung eines seiner Handlungsweise entsprechenden Besitzstandes verlangen kann, so wäre es eine zwecklose Weiterung, dem andern Teil die Verfolgung seines Besitzanspruchs noch ferner zu ermöglichen; denn der Täter würde auf Grund seines rechtskräftig festgestellten Rechts in der Lage sein, das Ergebnis jener Verfolgung sofort wieder rückgängig zu machen."

Wie hieraus ersichtlich, ist bei der Beratung des Gesetzes der Fall anscheinend nicht weiter in das Auge gefaßt worden, daß jemand eine Sache, auf deren Herausgabe er bereits ein rechtskräftiges Urteil gegen den Besitzer in Händen hat, eigenmächtig dem Gegner entzieht. Mutmaßlich ist diese Frage als wenig praktisch angesehen worden; denn wer zur Herausgabe einer Sache rechtskräftig verurteilt ist, wird sie in der Regel entweder gutwillig herausgeben oder mit Hilfe der Obrigkeit, des Gerichtsvollziehers, dazu gezwungen werden. Immerhin kommen, wie die gegenwärtige Sache lehrt, auch diese Fälle vor. Für ihre rechtliche Beurteilung ist der Entstehungsgeschichte des jetzigen § 864 Abs. 2 BGB. zu entnehmen, daß man sich bei der Schaffung des Gesetzes sehr wohl bewußt war, wie die folgerichtige Durchführung des Grundsatzes, daß gegenüber Besitzansprüchen Einwendungen aus dem Recht unstatthaft seien, zu unnützen Umwegen und zur Häufung zweckloser Prozesse führen kann, und daß man bestrebt war, dem vorzubeugen. Diesem Vorbeugungszweck dient die Vorschrift des § 864 Abs. 2 BGB. Daß diese Vorschrift sich auf den Fall einer erst nach Verübung der Eigenmacht getroffenen, urteilsmäßigen Feststellung des Rechts beschränkt, ist nicht auf rechtsgrundsätzliche Erwägungen des Gesetzgebers zurückzuführen, sondern aus dem Verlauf der gesetzgeberischen Verhandlungen zu erklären. Dem Sinn des Gesetzes entspricht es, den Zweck der Vermeidung nutzloser Prozesse auch in dem in Rede stehenden, vom Gesetz nicht besonders geregelten Fall durchgreifen zu lassen. Es wäre unverständlich, wenn das Gesetz dem Eigentümer die Berufung auf das zu seinen Gunsten ergangene Urteil zwar gestatten wollte, wenn er sich den Besitz der Sache vorher eigenmächtig verschafft hat, aber diese Berufung versagen wollte, falls die Eigenmacht dem Urteil nachfolgt.

Diese Erwägungen rechtfertigen das Ergebnis, daß der Anspruch auf Wiedereinräumung entzogenen Besitzes demjenigen gegenüber versagen muß, dem schon zur Zeit der als Besitzentziehung anzusehenden Handlung ein rechtskräftiges Urteil auf Herausgabe der Sache gegen den Besitzer zustand. Dadurch werden auch nicht etwa die Regeln des Gesetzes über die verbotene Eigenmacht aller und jeder Bedeutung für diesen Fall entkleidet: dem Besitzer verbleibt die Befugnis, sich der verbotenen Eigenmacht mit Gewalt zu erwehren und die Sache dem auf frischer Tat betroffenen oder verfolgten Täter mit Gewalt wieder abzunehmen, § 859 BGB.

Für den gegenwärtigen Fall sind diese Erwägungen um so unbedenklicher anzuerkennen, als der Beklagte, dem als Rechtsnachfolger des Kr. das von letzterem erwirkte Urteil schon zur Zeit der Begehung der Eigenmacht zur Seite stand, erst nach der Begehung der Eigenmacht die Vollstreckungsklausel zu diesem Urteil auf seinen Namen umschreiben ließ, und damit erst nach Begehung der Eigenmacht die Rechtsstellung des urteilsmäßigen Gläubigers gegen den Kläger formell erlangt hat.

---

76. 1. Ist das durch das sächsische Gesetz über den Verkehr mit Grundstücken vom 20. November 1920 eingeführte gesetzliche Vorkaufsrecht als eine Beschränkung des Eigentums im Sinne des Art. 109 EG. BGB. zu erachten und deshalb rechtswirksam?

2. Stellt sich die Einführung eines gesetzlichen Vorkaufsrechts durch Gesetz als eine Enteignung im Sinne des Art. 153 Abs. 2 der Reichsverfassung dar?

V. Zivilsenat. Urt. v. 17. Oktober 1923 i. S. R. (Bekl.) w. Gemeinde H. (Kl.). V 795/22.

I. Landgericht Chemnitz. — II. Oberlandesgericht Dresden.

Durch Vertrag vom 10. Oktober 1921 verkaufte der Beklagte sein in H. gelegenes Gasthofgrundstück für 220000 *M*. Auf Ansuchen der klagenden Gemeinde H. wurde dieser durch Beschluß der zuständigen Amtshauptmannschaft vom 14. November 1921 das Vorkaufsrecht an dem Grundstück nach § 11 des sächsischen Gesetzes über den Verkehr mit Grundstücken vom 20. November 1920 übertragen. Mit Schreiben vom 21. November 1921 erklärte die Klägerin unter Bezugnahme auf diesen Beschluß dem Beklagten, daß sie das Vorkaufsrecht ausübe und in den Kaufvertrag eintrete; gleichzeitig verlangte sie Mitteilung des Inhalts des Kaufvertrags und lud den Beklagten zur Auflassung des Grundstücks am 29. November 1921 vor das Amtsgericht. Der Beklagte kam dieser Aufforderung nicht nach.

Mit der im Dezember 1921 erhobenen Klage beantragte die Klägerin, den Beklagten zu verurteilen, ihr das Grundstück gegen Zahlung eines Kaufpreises von 220000 *M* zu übergeben, in die Übertragung des Eigentums auf sie einzuwilligen und die Eintragungsbewilligung zu erteilen. Der Beklagte erhob den Einwand, das sächsische Gesetz vom 20. November 1920 entbehre, soweit darin die Übertragung eines Vorkaufsrechts vorgesehen sei, der Rechtswirksamkeit, weil es insoweit gegen Reichsgesetze verstoße, insbesondere werde es auch nicht durch Art. 109, 119 Nr. 1 EG. BGB. gedeckt.

Das Landgericht gab der Klage statt, das Oberlandesgericht wies die Berufung des Beklagten zurück. Auch die Revision des Beklagten hatte keinen Erfolg.

Gründe:

Nach dem sächsischen Gesetz über den Verkehr mit Grundstücken vom 20. November 1920 bedarf die Veräußerung eines Grundstücks zu ihrer Wirksamkeit der Genehmigung der Amtshauptmannschaft, in deren Bezirk das Grundstück gelegen ist, in Städten mit revidierter Städteordnung des Stadtrats (§ 1). Die Genehmigung, die in bestimmten Fällen nicht erforderlich ist (§ 4), darf nur versagt werden, wenn gewichtige öffentliche Interessen entgegenstehen, insbesondere, wenn ein unangemessener Kaufpreis vereinbart ist oder wenn die begründete Vermutung besteht, daß das Grundstück in einer dem Gemeinwohl schädlichen Weise verwertet werden soll; sie soll aber nicht versagt werden, wenn durch die Versagung dem Veräußerer schwerer wirtschaftlicher Schaden zugefügt wird (§ 5). Bei freiwilligen Veräußerungen ist die Genehmigung vom Grundbuchamt vor der Eintragung der Rechtsänderung unter Mitteilung der Eintragungsunterlagen einzuholen

(§ 2). Binnen 6 Wochen vom Eingang der Anfrage des Grundbuchamts bei der zuständigen Behörde hat diese zu erklären, ob die Veräußerung genehmigt oder versagt wird, ferner im Falle einer Veräußerung, die nicht im Wege der Zwangsversteigerung erfolgt, ob von dem Vorkaufsrecht (§§ 11 flg.) Gebrauch gemacht wird; die zuständige Stelle hat von dem Vorkaufsberechtigten die erforderlichen Erklärungen innerhalb dieser Frist herbeizuführen (§ 8 Abs. 3). In dem dem Abschnitt I „Genehmigung zum Eigentumsübergang", der diese Vorschriften enthält, folgenden Abschnitt II „Gesetzliches Vorkaufsrecht" bestimmen:

§ 11. Bei genehmigungspflichtigen Veräußerungen, die nicht im Wege der Zwangsversteigerung erfolgen, steht in Städten mit revidierter Städteordnung der Stadtgemeinde, im übrigen dem Bezirksverband, in dessen Bereich das Grundstück gelegen ist, ein gesetzliches Vorkaufsrecht zu.... Dieses Vorkaufsrecht hat den Vorrang vor allen anderen eingetragenen oder gesetzlichen Vorkaufsrechten, soweit nicht das Reichsrecht etwas anderes bestimmt.

Das Vorkaufsrecht kann allgemein oder im Einzelfalle an gemeinnützige Siedlungsgesellschaften und vom Bezirksverband an seine Gemeinden übertragen werden.

§ 12. Das Vorkaufsrecht kann ausgeübt werden, sobald der Verpflichtete mit einem Dritten einen gemäß § 1 Abs. 1 genehmigungspflichtigen Veräußerungsvertrag abgeschlossen hat.

§ 14. Auf das Vorkaufsrecht sind die §§ 505 bis 509, 510 Abs. 1 § 1098 Abs. 2 und die §§ 1099 bis 1102 BGB. entsprechend anzuwenden....

Der Berufungsrichter verwirft den Einwand des Beklagten, daß dieses Gesetz, soweit darin die Übertragung eines Vorkaufsrechts vorgesehen sei, der Rechtswirksamkeit deswegen entbehre, weil es insoweit gegen Reichsgesetze verstoße. Findet der Prozeßrichter, daß landesrechtliche Vorschriften, deren Anwendbarkeit in Frage kommt, mit reichsrechtlichen Vorschriften im Widerspruch stehen, so hat er gemäß Art. 13 Abs. 1 und 102 RVerf. das Recht und auch die Pflicht, das betreffende Landesgesetz für nicht geltend zu erklären und außer Anwendung zu lassen (RGZ. Bd. 103 S. 201). Das in Rede stehende Landesgesetz hat bei der Einführung des Genehmigungszwanges und auch des gesetzlichen Vorkaufsrechts für juristische Personen des öffentlichen Rechts zum Zwecke, die wucherische Steigerung der Bodenpreise und den ungesunden Verkehr auf dem Grundstücksmarkte zu bekämpfen (Begründung des Entwurfs in den Volkskammerakten von 1919, Vorlage Nr. 38, Verhandlungen der Volkskammer 1919/20 Bd. 3 S. 2709, Bd. 5 S. 4680, 4683), und bewegt sich auf dem Gebiete des Bodenrechts.

Nach Art. 10 Nr. 4 RVerf. kann das Reich im Wege der Gesetzgebung Grundsätze für das Bodenrecht aufstellen. Jedoch nach Art. 12 Abs. 1 behalten die Länder, solange und soweit das Reich von seinem Gesetzgebungsrecht keinen Gebrauch macht, das Recht der Gesetzgebung. Durch die auf Grund der Ermächtigung in Art. 10 Nr. 4 bisher erlassenen reichsgesetzlichen Vorschriften, nämlich das Reichssiedlungsgesetz vom 11. August 1919 und das Reichsheimstättengesetz vom 10. Mai 1920, sowie durch die Bekanntmachung (Verordnung des Bundesrats) über den Verkehr mit landwirtschaftlichen Grundstücken vom 15. März 1918 ist das Bodenrecht nicht erschöpfend geregelt; das sächsische Gesetz vom 20. November 1920 läßt, wie der Berufungsrichter unter Bezugnahme auf den Beschluß des Oberlandesgerichts Dresden vom 3. Januar 1922 VI 187/21 zutreffend ausführt und wie sich unmittelbar aus den §§ 18, 4 Nr. 1 des Gesetzes ergibt, diese reichsgesetzlichen Vorschriften unberührt. Beizutreten ist dem Berufungsrichter auch darin, daß der Einführung des gesetzlichen Vorkaufsrechts durch das Landesgesetz nicht § 1 des Freizügigkeitsgesetzes vom 1. November 1867 und Art. 111 RVerf. entgegenstehen, wonach allen Reichsangehörigen das Recht gewährleistet ist, an einem beliebigen Orte des Reichs Grundstücke zu erwerben, und Einschränkungen dieses Rechtes eines Reichsgesetzes bedürfen. Allerdings ergibt sich aus einem das Grundeigentum belastenden gesetzlichen Vorkaufsrecht mittelbar eine Erwerbsbeschränkung insofern, als derjenige, der ein mit dem Vorkaufsrecht belastetes Grundstück vom Grundstückseigentümer kauft, durch Ausübung des Vorkaufsrechtes verhindert wird, das Eigentum an dem Grundstück zu erwerben. Wie jedoch der Berufungsrichter zutreffend ausführt, bezwecken jene Vorschriften nur, alle Reichsangehörigen in Beziehung auf die Niederlassungs- und Grunderwerbsfreiheit einander gleichzustellen und zu verhüten, daß dieses Recht, ohne Erlaß eines besonderen Reichsgesetzes, aus Gründen, die nur in der Person des einzelnen liegen, beeinträchtigt werde; sie schließen aber nicht aus, daß allgemeine, alle Reichsangehörigen gleichmäßig treffende Erwerbsbeschränkungen im Verkehr mit Grundstücken aus Gründen, die mit dem Staatswohl im Zusammenhang stehen, insbesondere, wie vorliegend, zum Zwecke volkswirtschaftlich angemessener Verteilung und Ausnutzung des Grund und Bodens, also zu rein sachlichem Zwecke, durch Landesgesetz eingeführt werden (vgl. RGZ. Bd. 73 S. 20, Bd. 84 S. 105). Weiter nimmt der Berufungsrichter auch mit Recht an, daß für die Frage der Rechtswirksamkeit des Vorkaufsrechtes Art. 155 RVerf. von keiner Bedeutung ist, da hier nur für das Verhältnis der Staatsgewalt zum Grundeigentum allgemeine Richtlinien gegeben werden. Gleiches gilt von den Art. 151, 152, welche die Freiheit des Wirtschaftslebens und die Vertragsfreiheit betreffen.

Nach allen diesen Richtungen hat die Revision auch Angriffe nicht erhoben.

Art. 7 Nr. 1 RVerf. weist die Gesetzgebung über das bürgerliche Recht dem Reiche zu. Das Bürgerliche Gesetzbuch trifft in den §§ 504 flg. und den §§ 1094 flg. Bestimmungen über persönliche und dingliche Vorkaufsrechte, die durch Vertrag begründet werden; ein gesetzliches Vorkaufsrecht gewährt es nur den Miterben nach Maßgabe der §§ 2034 flg. Indessen nach Art. 3 EG. können, soweit im BGB. oder im EG. die Regelung den Landesgesetzen vorbehalten oder bestimmt ist, daß landesrechtliche Vorschriften unberührt bleiben, neue landesgesetzliche Vorschriften erlassen werden. Der Berufungsrichter erachtet nun zwar nicht schon auf Grund des Art. 119 Nr. 1 EG. (wonach die die Veräußerung eines Grundstücks beschränkenden landesgesetzlichen Vorschriften unberührt bleiben), wohl aber auf Grund des Art. 109, wonach die landesgesetzlichen Vorschriften über die im öffentlichen Interesse erfolgende Beschränkung des Eigentums und Entziehung oder Beschränkung von Rechten unberührt bleiben, die landesgesetzliche Einführung des in Rede stehenden gesetzlichen Vorkaufsrechts für zulässig. In dieser Hinsicht führt der Berufungsrichter aus, als Veräußerungsbeschränkung im Sinne des Art. 119 Nr. 1 stelle sich auch der Zwang dar, ein Grundstück, das der Eigentümer veräußern wolle, an einen bestimmten Dritten zu den Bedingungen des mit dem Käufer auf Grund der gesetzlichen Vertragsfreiheit vereinbarten Veräußerungsvertrags überlassen zu müssen. Freilich sei die in der Einführung des gesetzlichen Vorkaufsrechtes enthaltene Veräußerungsbeschränkung nur eine Folge der Vorkaufsverpflichtung; das Vorkaufsrecht selbst sei als eine Sachbelastung im Sinne von § 1094 BGB. eine Einschränkung des Eigentums an den gebundenen Grundstücken, die sich nicht in der Beschränkung der Verfügung, in der Untersagung der Veräußerung an jeden beliebigen Dritten ohne behördliche Genehmigung erschöpfe, sondern auch zu einem Handeln verpflichte, nämlich zur Überlassung des Grundstücks an den Vorkaufsberechtigten im Veräußerungsfalle. Deshalb sei die Landesgesetzgebung zufolge der Ermächtigung, die Veräußerung von Grundstücken zu beschränken, noch nicht zur Einführung von gesetzlichen Vorkaufsrechten zuständig geworden. Wohl aber sei sie nach Art. 109 EG. ermächtigt, das Eigentum, also auch das an Grundstücken, im öffentlichen Interesse zu beschränken, und in den Grenzen dieser Ermächtigung halte sich das fragliche sächsische Landesgesetz hinsichtlich der Einführung des in Rede stehenden gesetzlichen Vorkaufsrechtes. Der Grundstückseigentümer werde dadurch in der Verfügung über sein Eigentum wider seinen Willen insofern beschränkt, als er zwar das Grundstück frei zu den ihm genehmen Bedingungen verkaufen dürfe, aber nicht an die Person, an die er es verkaufen wolle, sondern nur an einen bestimmten Dritten, der ihm als Käufer durch das Gesetz aufgezwungen werde. Die Schranken, die einer solchen Belastung des Eigentums durch das Erfordernis gesetzt seien, daß sie im öffentlichen Interesse erfolgen müsse, also auch nur im öffentlichen Interesse erfolgen dürfe, seien durch die Einführung des Genehmigungszwanges für alle nicht davon befreiten Grundstücksveräußerungen in dem fraglichen Gesetz eingehalten. Das Vorkaufsrecht sei an sich zwar für alle Fälle genehmigungspflichtiger, d. h. der behördlichen Genehmigung unterliegender Veräußerungen verliehen, nicht nur für die Fälle, wo nach § 5 die Genehmigung versagt werden könne, denn genehmigungspflichtig seien auch Veräußerungsverträge, bei denen die Genehmigung erteilt werden solle; § 11 sage nach seinem klaren Wortlaut nichts davon, daß das Vorkaufsrecht nur für die Veräußerungsverträge erteilt sei, bei denen die an sich erforderliche Genehmigung versagt werden dürfe. Die Beschränkung auf diese Fälle entspreche aber dem Zweck des Gesetzes, das den Verkehr mit Grundstücken zur Verhinderung von Bodenwucher und der Verwertung von Grund und Boden in einer dem Gemeinwohl schädlichen Weise unter staatliche Aufsicht stelle und aus diesem Grunde auch das Vorkaufsrecht der juristischen Personen des öffentlichen Rechts eingeführt habe, und diesem Zweck entsprechend das Vorkaufsrecht für Veräußerungsverträge hätte ausschließen müssen, bei denen ein dem Gemeinwohl abträglicher Verkehr nicht in Frage komme. Diese Beschränkung werde aber dadurch erreicht, daß die Ausübung des Vorkaufsrechtes der behördlichen Genehmigung unterstellt werde, für deren Erteilung die Richtlinien des § 5 maßgebend seien. Wie aus § 8 Abs. 3 hervorgehe, habe die zuständige Behörde die Ausübung des Vorkaufsrechtes dem Grundbuchamt gegenüber zu erklären, also auch darüber zu befinden, ob von dem Vorkaufsrechte Gebrauch gemacht werde. Damit werde die für die Eigentumsänderung maßgebende Erklärung für den Berechtigten dem Grundbuchamt gegenüber abgegeben. Die von der Behörde herbeizuführende Erklärung des Berechtigten selbst, daß von diesem Rechte Gebrauch gemacht werde (§ 8 Abs. 3 Satz 2), sei also zunächst an die mit der Genehmigung des Veräußerungsvertrags befaßte zuständige Behörde zu richten und von dieser als ein Teil des Rechtsgeschäfts, das eine Veränderung des Besitzstandes im Gemeindegebiete bezwecke, nach den Richtlinien des § 5 zu prüfen. Sei demnach die Ausübung des Vorkaufsrechtes von der Prüfung der zuständigen Behörde abhängig und von dieser nur gemäß den Richtlinien des § 5 zu bewilligen, so fehle auch das gesetzliche Erfordernis des öffentlichen Interesses nicht, das eine Beschränkung des Eigentums durch ein Landesgesetz zulasse. Der Umstand, daß dieses Erfordernis im Gesetz nicht ausdrücklich als Bestandteil des gesetzlichen Vorkaufsrechtes erwähnt und seine Feststellung im einzelnen Falle dem pflichtmäßigen Ermessen einer Behörde überlassen sei, mache die Einführung des gesetzlichen Vorkaufsrechtes nicht unzulässig; es genüge, daß dieses Erfordernis nach dem gesamten Inhalt des Gesetzes durch die Art und Weise seiner Handhabung gewahrt sei.

Die Revision meint, die Annahme des Berufungsrichters, daß die Ausübung des Vorkaufsrechtes sich auf die Fälle beschränke, wo die Genehmigung versagt werden dürfe, enthalte eine unzulässige Einschränkung des Gesetzes, denn sie widerspreche dem klaren Wortlaut des § 11 des Gesetzes, durch den das Vorkaufsrecht ohne Beschränkung gegeben sei. Der Berufungsrichter sage auch nicht, das Gesetz sei dahin auszulegen, daß nur bei vorliegendem öffentlichen Interesse das Vorkaufsrecht ausgeübt werden dürfe. Er wolle anscheinend nur sagen, daß die Gemeinden sich auf die Fälle des öffentlichen Interesses beschränken würden. Das aber sei unerheblich, denn es komme nur darauf an, ob das Gesetz so, wie es erlassen sei, mit Art. 109 EG. BGB. in Einklang gebracht werden könne. Sei das Gesetz zu weit gefaßt, so könne der Richter nicht dem Gesetz einen anderen Inhalt geben und auf diese Weise den Einklang mit Art. 109 herstellen.

Jedoch erkennt der Berufungsrichter an, daß nach dem klaren Wortlaut des § 11 des Gesetzes an sich das gesetzliche Vorkaufsrecht für alle Fälle genehmigungspflichtiger Veräußerungen verliehen worden sei. Er entnimmt aber aus dem Zweck und dem gesamten Inhalt des Gesetzes, daß doch die Ausübung des Vorkaufsrechtes von der vorherigen Prüfung durch die zuständige Behörde abhängig sei und daß die Behörde bei ihrem Befinden über das Vorkaufsrecht die Richtlinien des § 5, nach denen die Genehmigung genehmigungspflichtiger Veräußerungen versagt werden darf, zu beachten habe. Dies enthält eine Auslegung des sächsischen Landesgesetzes, die nicht revisibel und an die deshalb gemäß § 562 ZPO. das Revisionsgericht gebunden ist. Ist aber danach die Ausübung des Vorkaufsrechtes an die Genehmigung der Behörde gebunden, die über die Genehmigung der Grundstücksveräußerung zu entscheiden hat, und berücksichtigt man weiterhin, daß das Gesetz durch den Genehmigungszwang den Schutz der Allgemeinheit gegen Bodenwucher und den ungesunden Verkehr auf dem Grundstücksmarkte bezweckt, und daß das Vorkaufsrecht nur juristischen Personen öffentlichen Rechts verliehen worden ist, bezüglich deren der Gesetzgeber voraussetzen durfte, daß sie nur im Interesse der Allgemeinheit von dem Vorkaufsrechte Gebrauch machen würden, so ist die Folgerung des Berufungsrichters nicht zu beanstanden, daß durch das fragliche Landesgesetz das gesetzliche Vorkaufsrecht im öffentlichen Interesse eingeführt worden ist und daß somit die Voraussetzung der Wahrnehmung des öffentlichen Interesses nach Art. 109 EG. BGB. gegeben ist.

Die Revision macht ferner geltend, der Berufungsrichter hätte, wenn er geglaubt habe, das sächsische Gesetz nur im Rahmen der Wahrung öffentlicher Interessen für gültig erklären zu können, prüfen müssen, ob im vorliegenden Falle die Ausübung des Vorkaufsrechtes durch öffentliche Interessen gefordert gewesen sei. Dies ist jedoch ebenfalls unzutreffend. Hat das sächsische Landesgesetz im Art. 109 EG. BGB. seine rechtliche Grundlage, sodaß es rechtsgültig ist, dann ist, wenn im Einzelfalle die zuständige Behörde die Ausübung des Vorkaufsrechtes genehmigt hat, das Vorkaufsrecht rechtswirksam begründet und der daraus Berechtigte ohne weiteres zu seiner Geltendmachung gegenüber dem betreffenden Grundstückseigentümer befugt. Daher braucht der Berechtigte, wenn er das so erlangte Vorkaufsrecht im Klagewege geltend macht, nicht noch darzutun, daß die Ausübung des Vorkaufsrechtes im öffentlichen Interesse liege. Ob die Voraussetzungen für die Genehmigung der Ausübung vorliegen, hat ausschließlich die Verwaltungsbehörde zu entscheiden. Deshalb hat der Berufungsrichter, der — von der Revision unangefochten und einwandfrei — feststellt, daß im gegebenen Falle die Ausübung des Vorkaufsrechtes von der zuständigen Behörde genehmigt worden ist, mit Recht abgelehnt, zu prüfen, ob die Ausübung des Vorkaufsrechts durch öffentliche Interessen gefordert werde.

Weiter bemerkt die Revision bezüglich des Art. 119 Nr. 1 EG. BGB., es sei in dieser Bestimmung die Beschränkung in der rechtlichen Verfügungsmacht, nicht in der tatsächlichen Verfügung gemeint, eine Beschränkung der Veräußerung im Sinne der Bestimmung habe einen rein negativen Inhalt, sie verbiete die Veräußerung, verleihe aber nicht positive Ansprüche an Dritte. Es bedarf jedoch eines Eingehens hierauf nicht. Die Entscheidung des Berufungsrichters ist nicht auf Art. 119 Nr. 1, sondern auf Art. 109 EG. BGB. gestützt; denn er führt zwar zunächst aus, daß sich der Zwang, ein Grundstück, das der Eigentümer veräußern wolle, an einen bestimmten Dritten zu den Bedingungen des mit dem Käufer vereinbarten Veräußerungsvertrags überlassen zu müssen, auch als eine Veräußerungsbeschränkung darstelle, aber weiterhin erklärt er, daß die Landesgesetzgebung zufolge der Ermächtigung im Art. 119 Nr. 1, die Veräußerung eines Grundstücks zu beschränken, noch nicht zur Einführung von gesetzlichen Vorkaufsrechten zuständig geworden sei. Es ist dem Berufungsrichter darin beizutreten, daß das in Rede stehende gesetzliche Vorkaufsrecht als Beschränkung des Eigentums im Sinne des Art. 109 zu erachten ist. Denn, wie aus § 14 des fraglichen Gesetzes in Verbindung mit § 505 Abs. 2 BGB. sich ergibt, wird durch das gesetzliche Vorkaufsrecht ebenso wie durch ein vertragsmäßiges dingliches Vorkaufsrecht (§ 1094 Abs. 1, § 1098 Abs. 1 BGB.) eine Belastung der betroffenen Grundstücke herbeigeführt, welche die jeweiligen Grundstückseigentümer nötigt, für den Fall einer Veräußerung der Grundstücke durch Kaufvertrag dem Vorkaufsberechtigten auf sein Verlangen die Grundstücke zu den mit den Käufern vereinbarten Bedingungen zu überlassen. Eine Grundstücksbelastung ist als eine Beschränkung des Eigentums im Sinne des Art. 109 EG. BGB. jedenfalls dann anzusehen, wenn sie den jeweiligen Grundstückseigentümer bedingt verpflichtet, das Eigentum am Grundstück auf den Inhaber des aus der Belastung hervorgehenden Rechts zu übertragen. Das Erfordernis des Art. 109 aber, daß die Beschränkung des Eigentums im öffentlichen Interesse erfolgt, ist, wie oben dargelegt worden ist, gegeben. Hiernach bedarf es keiner Erörterung, ob das gesetzliche Vorkaufsrecht als Veräußerungsbeschränkung im Sinne des Art. 119 Nr. 1 EG. BGB. angesehen werden könnte.

Von der Revision ist noch ausgeführt worden, es stehe, auch wenn die Einführung des gesetzlichen Vorkaufsrechtes als durch Art. 109 gedeckt angesehen werde, doch seiner Wirksamkeit entgegen, daß durch das fragliche Gesetz keine Entschädigung für die Beschränkung des Eigentums gewährt worden sei, daß aber nach Art. 153 Abs. 2 Satz 1 RVerf. eine Enteignung gegen angemessene Entschädigung erfolge, soweit nicht ein Reichsgesetz etwas anderes bestimme. Der Berufungsrichter hat in dieser Hinsicht bemerkt, die Entschädigung, auf die der Belastete Anspruch habe, erhalte er bei dem gesetzlichen Vorkaufsrecht in dem mit dem Käufer vereinbarten Kaufpreis, den der Berechtigte bei Ausübung des Vorkaufsrechtes an ihn zu zahlen habe. Es kann jedoch auf sich beruhen bleiben, ob, wenn die Einführung des gesetzlichen Vorkaufsrechtes als eine Enteignung anzusehen wäre, der vom Berechtigten zu zahlende Kaufpreis, welcher namentlich bei nahen persönlichen Beziehungen zwischen Verkäufer und Käufer niedriger als der wirkliche Wert des betreffenden Grundstücks sein könnte, als angemessene Entschädigung für die Enteignung im Sinne jener Vorschrift der Reichsverfassung zu erachten wäre. Denn als eine Enteignung im Sinne der RVerf. kann die Einführung des gesetzlichen Vorkaufsrechtes überhaupt nicht angesehen werden. Allerdings bestimmt § 1 des preuß. Enteignungsgesetzes vom 11. Juni 1874: „Das Grundeigentum kann nur aus Gründen des öffentlichen Wohles für ein Unternehmen, dessen Ausführung die Ausübung des Enteignungsrechtes erfordert, gegen vollständige Entschädigung entzogen oder beschränkt werden", und es ist nicht anzunehmen, daß die Reichsverfassung unter dem Begriff der Enteignung, ohne dies erkennbar zu machen, etwas anderes verstanden hätte, als das in dem größeren Teile von Deutschland geltende preußische Enteignungsgesetz. Danach ist freilich eine Enteignung auch im Sinne der Reichsverfassung nicht bloß dann für gegeben zu erachten, wenn das Eigentum zwangsweise auf einen anderen übertragen wird, sondern auch schon im Falle einer zwangsweisen Einschränkung des Eigentums zugunsten eines Dritten (Urteil des Reichsgerichts vom 29. Juni 1923 VII 465/22; vgl. auch RGZ. Bd. 105 S. 253). Dennoch ist es abzulehnen, die Einführung eines Vorkaufsrechtes durch Gesetz unter den Begriff der Enteignung zu bringen. Denn durch ein gesetzliches Vorkaufsrecht wird den Eigentümern der gebundenen Grundstücke weder das Eigentum im ganzen noch eines der daraus fließenden Rechte „enteignet", d. h. nach dem Sinne des Wortes Enteignung zwangsweise entzogen; sie behalten ihr Eigentum und werden nicht zu Verfügungen über ihr Grundeigentum veranlaßt, die ihrem Willen widersprechen. Nur wenn sie aus freier Entschließung ihr Grundstück durch einen Kaufvertrag veräußern, steht dem Vorkaufsberechtigten die Befugnis zu, in das Kaufgeschäft zu den Bedingungen, die sie selbst gesetzt haben, an Stelle der Käufer einzutreten. Diese Eintrittsbefugnis stellt sich aber nicht als eine zu dem Begriff der Enteignung gehörende Abnötigung dar, da es im Belieben der Grundeigentümer liegt, ob und zu welchen Bedingungen sie ihre Grundstücke verkaufen wollen. Hiermit steht es nicht im Widerspruch, wenn im Art. 109 EG. BGB. die Grundlage für die Gültigkeit des durch das fragliche Landesgesetz eingeführten gesetzlichen Vorkaufsrechtes erblickt wird. Art. 42 des Entwurfs zum EG. BGB. erster Lesung lautete im Abs. 1 allerdings dahin: „Unberührt bleiben die Vorschriften der Landesgesetze über die Zwangsenteignung." Art. 109 EG. BGB. aber, der mit dem Art. 108 des dem Reichstag vorgelegten Entwurfs übereinstimmt, enthält das Wort „Enteignung" nicht. Das Gesetz hindert daher nicht, die für die Landesgesetzgebung zugelassene Beschränkung des Eigentums dahin zu verstehen, daß sie auch eine solche Eigentumsbeschränkung umfaßt, die, wie vorliegend das durch Landesgesetz eingeführte gesetzliche Vorkaufsrecht, sich nicht als Enteignung in dem vorbezeichneten Sinne darstellt. Art. 109 EG. BGB. schreibt aber nicht vor, daß eine Entschädigung gewährt werden müsse, sondern trifft im Satz 2 nur Bestimmung über Anwendung der Art. 52, 53 EG. für den Fall, daß nach landesrechtlicher Vorschrift eine Entschädigung zu gewähren ist.

Hiernach ist in der Annahme des Berufungsrichters, daß das durch das sächsische Gesetz vom 20. November 1920 eingeführte gesetzliche Vorkaufsrecht rechtswirksam sei, eine Gesetzesverletzung nicht zu finden....

---

77. Verletzen die während ihres Dienstes plündernden Soldaten ihre Dienstpflicht in Ausübung der öffentlichen Gewalt?

III. Zivilsenat. Urt. v. 19. Oktober 1923 i. S. Deutsches Reich (Bekl.) w. L. (Kl.). III 72/23.

I. Landgericht Bartenstein. — II. Oberlandesgericht Königsberg.

Am 26. Mai 1919 wurden auf dem Bahnhof K. durch Mannschaften eines Militärtransports, der dort einen längeren Aufenthalt hatte, mehrere Güterwagen erbrochen und ihres Inhalts beraubt, darunter einer Anzahl Flaschen Wein, die für die Klägerin bestimmt waren.

Die Klägerin fordert Schadensersatz; die Instanzen haben zugesprochen. Die Revision blieb erfolglos.

Gründe:

Die Truppe war während des ganzen Transports ständig unter Befehl des führenden Offiziers im Dienst, sie war nur kraft dieses ihres Dienstes berechtigt und verpflichtet, sich auf dem Bahnhofe K. bis zum Weitergang des Transportzugs aufzuhalten. Im Dienst hat der Soldat die dienstliche Pflicht, sich und die ihm anvertrauten dienstlichen Machtmittel derart zu halten, daß kein Dritter durch ihn beschädigt wird, er hat insbesondere die dienstliche Pflicht, die ihm kraft des Dienstes zugänglich werdenden Gegenstände schonend und pfleglich zu behandeln, wenn er sie dienstlich irgendwie zu benutzen hat, sie aber unberührt und unbeschädigt zu lassen, wenn sie außerhalb seiner Dienstausführung stehen. Diese selbstverständliche, durch militärischen Befehl der Vorgesetzten zu erzwingende dienstliche Pflicht — im Dienst und durch den Dienst dritte Personen und fremde Sachen nicht zu schädigen —, haben die Plünderer der Eisenbahnwagen gröblichst verletzt. Sie haben während ihres dienstlichen Aufenthalts auf dem Bahnhofe unter militärischem Aufruhr gegen den ihnen vorgesetzten Transportführer, also unter Verletzung ihres militärischen Untergebenen- und Gehorsamsverhältnisses, aus den von ihnen erbrochenen Eisenbahnwagen verwahrte und verpackte Transportgegenstände mit Drohungen gegen Leib und Leben der die Wagen hütenden Eisenbahnbeamten weggenommen, und zwar in Masse zusammenwirkend und teilweise mit Gewehren bewaffnet. Sie haben also im Dienst an dienstlich zugänglich gewordenen Gegenständen unter Gehorsamsverweigerung und unter Mißbrauch ihres dienstlichen Beisammenseins und ihrer dienstlichen Bewaffnung erschwerten Raub verübt. Das war schwerste Verletzung der militärischen Dienstpflicht, die den Soldaten gegenüber der Eisenbahnverwaltung als Eigentümerin der Wagen und Besitzerin der Transportstücke, und gegenüber den Absendern und Adressaten der Transportstücke oblag, und zwar eine Verletzung in Ausübung der anvertrauten öffentlichen Gewalt. Denn — wie RGZ. Bd. 101 S. 355 ausführt — der Soldat befindet sich im Sinne des Reichshaftungsgesetzes in „Amtsausübung", wenn er Dienst tut, und jede Amtsausübung, die sich nicht als Wahrnehmung privatrechtlicher Interessen des Staates darstellt, ist eine Ausübung der öffentlichen Gewalt.

Der Beklagte wendet ein, die Soldaten hätten nicht zwecks Ausübung der öffentlichen Gewalt geplündert, sondern gerade unter Lossagung von ihrem Dienste, auf eigene Faust, aus eigenem privaten Unrecht. Dieser Einwand geht fehl. Die absichtliche, verbrecherische Verletzung der Amts- oder Dienstpflicht erfüllt den Tatbestand des § 1 des Reichshaftungsgesetzes gerade in erster Linie. Würde eine derartige Verletzung als eine wirksame Lossagung von Dienst und Dienstpflicht und darum als eine nur private Handlung auf eigene Faust angesehen, so wäre damit die Staatshaftung für die schwersten und folgenreichsten Amtspflichtverletzungen verneint und nur noch für fahrlässige Verfehlungen übrig gelassen. Der Beamte oder Soldat kann sich jedoch in Wahrheit im Dienst und während dienstlicher Tätigkeit nicht willkürlich seines Dienstcharakters entäußern und nicht die dienstliche Natur seiner Diensthandlungen dadurch abstreifen, daß er „auf eigene Faust" eine unerlaubte Handlung begeht und das Gegenteil dessen tut, was ihm durch seine Dienstpflicht geboten oder verboten ist. Solche „Lossagung" macht die betreffende Handlung nicht zu einem privaten, außerhalb der Amts- und Gewaltausübung stehenden Akt, sondern eben zu einer vorsätzlichen Amtsverletzung, zu einem vorsätzlichen Amtsdelikt.

Die Revision beruft sich auf die Entscheidungen des jetzt erkennenden Senats vom 7. Februar 1922 III 416/21 (erwähnt RGZ. Bd. 104 S. 289), und vom 17. Oktober 1922 III 10/22 (RGZ. Bd. 105 S. 230). Im ersten dieser Fälle war die Handlung (Abbrennen von Leuchtmunition zu spielerischer Belustigung) nicht im Dienste, sondern außerhalb des Dienstes begangen, und das im zweiten Falle — wie schon in RGZ. Bd. 104 S. 286 — betonte Erfordernis eines inneren Zusammenhanges mit dem Dienste ist hier, wie oben dargetan, erfüllt.

---

78. Begründet die Abstempelung eines Frachtbriefduplikats durch einen Beamten der Eisenbahnabfertigungsstelle die Haftung des Reichs, wenn das Duplikat in der Spalte „Art der Verpackung" eine unrichtige, von dem Frachtbrief abweichende Angabe enthält und der Empfänger sich durch diese Angabe zur Zahlung des Kaufpreises bestimmen läßt?

III. Zivilsenat. Urt. v. 23. Oktober 1923 i. S. Deutsches Reich (Bekl.) w. Fl. u. G. (Kl.). III 91/23.

I. Landgericht Elberfeld. — II. Oberlandesgericht Düsseldorf.

Die Klägerin hat im Juli 1920 von K. in E. zwei Waggons Eisenblech gekauft und mit ihm vereinbart, daß der Kaufpreis gegen Frachtbriefduplikat durch eine Bank in E. entrichtet werden solle. Am 20. Juli 1920 wurden der Bank vom Verkäufer zwei von der Güterabfertigungsstelle abgestempelte, je über einen Waggon Eisenblech lautende Frachtbriefduplikate vorgelegt, und die Bank leistete auf Rechnung der Käuferin Zahlung. Bei Ankunft der Sendung am Bestimmungsorte stellte die Klägerin fest, daß nicht 2 Waggons, sondern nur 2 Kisten von K. versendet worden waren, und daß diese nicht Eisenblech, sondern Steine und Holzwolle enthielten. Mit der Klage begehrte sie, da sie Ersatz von dem Vertragsgegner nicht erlangen kann, von dem Deutschen Reich Vergütung ihres Schadens. Sie macht geltend, daß die Spalte „Art der Verpackung" in den Duplikaten bei ihrer Vorlegung nicht in Übereinstimmung mit den Frachtbriefen ausgefüllt gewesen sei, daß den beiden Beamten, welche die Duplikate abgestempelt hätten, diese Abweichung infolge ihrer Unachtsamkeit entgangen und daß dadurch das Gelingen des Betrugs des Absenders ermöglicht worden sei. Das Landgericht wies die Klage ab. Das Oberlandesgericht gab ihr statt. Die Revision des Beklagten wurde zurückgewiesen.

Gründe:

Die Rechtsgrundlage für den Schadensersatzanspruch der Klägerin, der aus Pflichtwidrigkeiten von Eisenbahnbeamten in der Zeit nach dem Übergang der Bahnen an das Reich abgeleitet wird, bietet schon der § 1 des Reichshaftungsgesetzes vom 22. Mai 1910 dar, sodaß unerörtert bleiben kann, ob auch die dem Vertragsrecht entnommenen Erwägungen des Berufungsgerichts den Anspruch zu rechtfertigen vermögen.

Nach den Feststellungen des Vorderrichters war in den beiden Frachtbriefen, welche der Absender K. der Absendestation bei der Auflieferung der zwei Kisten übergab, die den Vordruck „Art der Verpackung" tragende Spalte entsprechend dem tatsächlichen Sachverhalt mit dem Worte „Kiste" ausgefüllt. Dagegen enthielt die gleiche Spalte in den der Abfertigungsstelle mitvorgelegten beiden Duplikaten einen Vermerk überhaupt nicht, und es wurde vom Absender erst nach dem Rückempfang der beiden Urkunden das Wort „Waggon" dort hineingeschrieben, oder es war dieses Wort von ihm schon bei der Herstellung der Urkunden in der bezeichneten Spalte eingetragen worden. Die Duplikate wichen sonach schon zur Zeit der Vorlegung in einem für die Kennzeichnung des Frachtguts wesentlichen Punkte von den Frachtbriefen ab. Die beiden Eisenbahnbediensteten, deren einer die zuerst und deren zweiter die zuletzt aufgegebene Kiste annahm und denen die Beamteneigenschaft im Sinne des Reichshaftungsgesetzes unbedenklich beizulegen ist (RGZ. Bd. 104 S. 261), stellten daher durch die Abstempelung der Duplikate inhaltlich falsche Urkunden her. Wenn es auch nicht unzweifelhaft sein mag, ob der Stempelaufdruck der Abfertigungsstelle unter dem Duplikat allein und ohne eine hinzutretende ausdrückliche Bestätigung die von der Eisenbahn nach § 455 Abs. 1 HGB., § 1 Abs. 5 Eisenbahnverkehrs-O. auszustellende Bescheinigung über den Empfang des Frachtguts darstellt (vgl. RGSt. Bd. 46 S. 296/297), so wohnt ihm doch jedenfalls die Bedeutung inne, daß damit die Übereinstimmung des Duplikats mit dem Frachtbrief bezeugt wird. Dieser Sinn muß mit dem Stempelzeichen sowohl im Hinblick auf das Wesen des Duplikats wie mit Rücksicht auf die Rechtswirkungen verknüpft werden, welche eine solche zweite Ausfertigung des Frachtbriefs nach sich zieht. Sie werden in § 455 Abs. 2 HGB. dahin geregelt, daß der Absender das Recht der Verfügung aus § 433 nur unter Vorlegung des Duplikats geltend machen und daß der Empfänger, dem der Absender die Urkunde übergeben hat, im Falle der Nichtbeachtung dieser Beschränkung von der Eisenbahn Ersatz des ihm hieraus entstehenden Schadens fordern kann. Sowohl die Ausübung jener Verfügungsbefugnis wie die Verfolgung dieses Ersatzanspruchs sind gefährdet, wenn das Duplikat sich in erheblichen Punkten mit dem Frachtbrief nicht deckt, insbesondere das Frachtgut in beiden Urkunden in wesentlich verschiedener Art gekennzeichnet ist. Die Beamten durften deshalb die Duplikate nicht abstempeln, ohne sich erst von deren Übereinstimmung mit dem Frachtbriefe gewissenhaft zu überzeugen, und sie verletzten fahrlässig ihre Amtspflicht, indem sie die ihnen durch die Natur der Sache und die Vorschriften in § 12 Nr. 5, 6 der allgemeinen Abfertigungsvorschriften nahegelegte Obliegenheit unbeachtet ließen. Die Pflicht bestand Dritten gegenüber: Die Klägerin gehörte zu dem Kreise von Personen, deren Interessen durch das pflichtwidrige Verhalten der Beamten berührt wurden und die deshalb ein Recht auf Erfüllung der Pflicht hatten (RGZ. Bd. 78 S. 241, Bd. 86 S. 105). Sie hatte Zahlung gegen Duplikatfrachtbrief mit K. vereinbart und mußte deshalb darauf bedacht sein, sich gegen die Nachteile zu sichern, die ihr im Falle der vertragsmäßigen Zahlung nach dem oben Dargelegten drohten, falls die Duplikate sich in ihrem Inhalt von den Frachtbriefen wesentlich unterschieden.

Die Abstempelung, welche die beiden Beamten unstreitig innerhalb des ihnen zugewiesenen Kreises von Geschäften bewirkten, ist ferner in Ausübung der ihnen anvertrauten öffentlichen Gewalt erfolgt. Es handelt sich dabei um eine öffentliche Beurkundung, und einer solchen unterzieht sich der dazu befugte Beamte als Träger öffentlicher Machtbefugnisse. Sie gehört mit Rücksicht auf ihren Zweck, ein mit erhöhter Beweiskraft ausgestattetes Beweismittel zu schaffen, dem Gebiet der öffentlichen Fürsorge an, in der sich die Ausübung staatlicher Hoheitsrechte ebenso äußern kann, wie in der Anwendung von Gewalt (vgl. das Urteil des erk. Senats vom 30. Mai 1922 III 513/21). Daß aber die Handlungen der Beamten in den staatlichen Anstaltsbetrieben, insbesondere im Post- und Eisenbahnbetrieb, nicht nur auf den privatrechtlichen Rechtsverkehr Bezug haben, sondern auch Betätigungen obrigkeitlicher Gewalt sein können, ist anerkannt (RGZ. Bd. 96 S. 275, Bd. 104 S. 143).

---

79. Bezieht sich die Ausschließung der Haftung in § 21 der Telegraphenordnung vom 16. Juni 1904 auch auf eine doppelte Zufertigung eines Telegramms?

III. Zivilsenat. Urt. v. 26. Oktober 1923 i. S. A.-Bank (Kl.) w. Deutsches Reich (Bekl.). III 115/23.

I. Landgericht Aachen. — II. Oberlandesgericht Köln.

Die Klägerin fordert von dem Beklagten Ersatz des Schadens, der ihr dadurch entstanden sei, daß ein von ihr am 6. November 1921 in Aachen an eine Bank in Berlin aufgegebenes Telegramm „5000 Deutsch-Ostafrika-Gesellschaft billigst kaufen" versehentlich zweimal abgefertigt wurde.

Das Landgericht erklärte den Klaganspruch als dem Grunde nach berechtigt; der Berufungsrichter wies auf Grund des § 21 der Telegraphenordnung vom 16. Juni 1904 die Klage ab. Beide Instanzen bejahen Fahrlässigkeit des betreffenden Telegraphenbeamten und verneinen höhere Gewalt. Die Revision der Klägerin blieb erfolglos.

Gründe:

Die Revision bekämpft unter Berufung auf den Aufsatz von Herold im Bank-Archiv, 22. Jahrg. S. 206, die dem § 21 vom Berufungsrichter gegebene Auslegung und führt aus: Die dem Beklagten kraft seiner Monopolstellung zustehende und in § 21 erfolgte Freizeichnung beschränke sich nach Wortlaut und Sinn auf Verlust, Entstellung und Verspätung; sie sei als Ausnahme von der nach allgemeinen Rechtsregeln bestehenden allgemeinen Haftung eng auszulegen, namentlich sei es unmöglich, sie auf den Fall der doppelten Abfertigung auszudehnen, an den die Verfasser der schon seit 1852 bestehenden Vorschrift (Preußisches Reglement vom 17. Februar 1852; Telegraphen-Ordnung des Norddeutschen Bundes vom 24. Dezember 1867) nicht entfernt gedacht hätten; wenn ein Telegramm drei- oder vier- oder fünfmal zugefertigt werde und trotzdem der Beklagte nicht haften würde, so könnte der Absender ruiniert werden. Der Beklagte führt aus: Die angebliche Notwendigkeit enger Auslegung sei nichts als ein gefährliches, schon durch das römische Recht widerlegtes Schlagwort; was die Verfasser des § 21 sich gedacht hätten, müsse belanglos bleiben; der § 21 gebe eine allgemeine Sicherung gegen die eigentümlichen Gefahren des Telegraphenbetriebs; zutreffend fasse der Berufungsrichter die beiden Abfertigungen als ein einheitliches Ganzes auf, das nicht auseinander gerissen werden dürfe, und so ergebe sich, daß das Telegramm eben nicht richtig überkommen sei; damit entfalle die Haftung des Beklagten, gleichviel, ob diese eine vertragliche oder eine außervertragliche, eine privatrechtliche oder eine öffentlichrechtliche genannt werde.

Der Auslegung des Berufungsrichters muß beigepflichtet werden. Es handelt sich nicht um Ausdehnung einer Ausnahmevorschrift auf rechtsähnliche Fälle (RGZ. Bd. 87 S. 286 und S. 373), und nicht um Ausdehnung einer kasuistischen Ausnahmebestimmung (RGZ Bd. 64 S. 351, Bd. 90 S. 266, Bd. 96 S. 307/308). Denn der erste Halbsatz des § 21: „Die Telegraphenverwaltung leistet für die richtige Überkunft der Telegramme oder deren Zustellung innerhalb bestimmter Frist keine Gewähr", begreift in seiner allgemeinen, gerade nicht kasuistischen Fassung unmittelbar auch den hier vorliegenden Fall der doppelten Abfertigung. Obwohl § 21 eine Haftungsbeschränkung festsetzt, entscheidet der klare Wortlaut und der darin ausgeprägte Sinn, und auf die Ansicht und Absicht der Personen, welche diesen Wortlaut seinerzeit geschaffen haben, kommt es nicht an; RGZ. Bd. 53 S. 302, Bd. 62 S. 291, Bd. 82 S. 357, Bd. 89 S. 187, Bd. 94 S. 242. Das Telegramm ist nicht richtig überkommen, wenn es zweimal zugefertigt wird — unter Umständen, aus denen nicht sofort zweifelsfrei erhellt, daß die zweite Zufertigung nur eine Wiederholung ist. Mit Recht erblickt diesfalls der Berufungsrichter in den beiden Zufertigungen einen einheitlichen Vorgang; dieser Vorgang macht die zweite Zufertigung zu einer unrichtigen, insofern sie sich als ein neues selbständiges Telegramm darstellt, während sie in Wahrheit nur eine Wiederholung ist, und er macht zugleich die erste Zufertigung zu einer unrichtigen, insofern sie als das erste von zwei gleichlautenden Telegrammen erscheint, während sie in Wahrheit das einzige, nur einmal aufgegebene Telegramm absetzen soll. Unrichtigkeit ist nicht nur eine Verstümmelung oder Änderung der im Telegramm enthaltenen Buchstaben und Zahlen, sondern jeder Fehler der Überkunft, der das richtige Verständnis der Zufertigung unmöglich macht. Die Klägerin behauptet denn auch gerade, daß die empfangende Bank die zweite Zufertigung unrichtig verstanden hat und unrichtig verstehen mußte. Der zweite Halbsatz des § 21 „und hat Nachteile, die durch Verlust, Entstellung oder Verspätung der Telegramme entstehen, nicht zu vertreten" ist lediglich ein erläuternder Zusatz, der die allgemeine Tragweite des ersten Halbsatzes keineswegs aufhebt.

Die von der Revision unterstellte Möglichkeit einer drei-, vier- oder fünfmaligen Zufertigung desselben nur einmal aufgegebenen Telegramms kann als über den Rahmen des hier gegebenen Falles hinausgehend dahinstehen: könnte sie sich verwirklichen, so würde sich die Frage erheben, ob nicht eine so gehäufte Zustellung genau desselben Wortlauts dem Empfänger offenbar machen mußte, daß ein Fehler unterlaufen war.

---

80. 1. Zum Begriff „Vervielfältigung" eines Werkes (§§ 11, 15 LitUrhG.) im Gegensatz zu Vorbereitungshandlungen für die geplante Vervielfältigung.

2. Verstößt es gegen das LitUrhG. oder gegen die guten Sitten oder gegen das UnlWG., wenn das für die Zeit nach Ablauf der Schutzdauer geplante Erscheinen eines Werkes von einem Verleger, dem urheberrechtliche Befugnisse nicht zustehen, bereits vier Monate vor Ende der Schutzfrist den Sortimentsbuchhändlern durch Rundschreiben bekannt gegeben wird?

I. Zivilsenat. Urt. v. 7. November 1923 i. S. Kl. (Kl.) w. R. & Co. (Bekl.). I 21/23.

I. Landgericht München I. — II. Oberlandesgericht daselbst.

Der C.-Verlag war im Deutschen Reiche alleiniger Inhaber des Verlagsrechts an den Werken des im Jahre 1890 verstorbenen Schweizer Dichters Gottfried Keller. Vor Ablauf der urheberrechtlichen Schutzfrist — 31. Dezember 1920 — übertrug er der Klägerin das Recht zur Herstellung bestimmter Ausgaben Kellerscher Werke. Anfang September 1920 teilte die Beklagte durch ein Rundschreiben den Sortimentsbuchhändlern mit, daß sie im Februar 1921 ein Buch „Gottfried Kellers sämtliche Erzählungen, Novellen und Legenden" zum Preise von 40 ℳ herausbringen werde. Sie ersuchte um Einsendung von Bestellungen. Die Klägerin behauptet, daß die Beklagte den Drucksatz des Werkes vor Ablauf der Schutzfrist vollständig hergestellt, mehrere Korrekturabzüge von ihrer Druckerei zur Durchsicht erhalten, auch nach dem Satze Papiermatern habe anfertigen lassen, um von vornherein den Druck weiterer Auflagen zu erleichtern. In diesem Verhalten erblickt sie eine unerlaubte Vervielfältigung der Kellerschen Werke, einen Verstoß gegen die guten Sitten, insbesondere gegen die in Verlegerkreisen herrschenden Anschauungen über den Vertrieb noch geschützter Werke, und unlauteren Wettbewerb. Sie hat deshalb, zugleich aus abgetretenen Rechten des C.-Verlags, auf Unterlassung der Verbreitung der nach dem Drucksatze hergestellten Abzüge und auf Schadensersatz Klage erhoben.

Die Klage wurde von beiden Vorinstanzen abgewiesen. Die Revision der Klägerin blieb erfolglos.

Gründe:

Die Klage ist auf drei Klagegründe gestützt: erstens auf Verletzung der §§ 11, 15 LitUG., zweitens auf Verstoß gegen die guten Sitten (§§ 138, 826 BGB.), drittens auf Zuwiderhandlung gegen § 1 UnlWG. Das Berufungsgericht hat das Vorliegen aller drei Klagegründe verneint. In tatsächlicher Beziehung ist es davon ausgegangen, daß die Beklagte den vollständigen Drucksatz ihrer im Jahre 1921 erschienenen Ausgabe Gottfried Kellerscher Werke schon im Herbst 1920 hergestellt, davon gebrauchsfertige Papiermatern angefertigt und mehrere Korrekturabzüge entnommen hat. In dieser vor Ablauf der Schutzfrist betätigten Handlungsweise findet der Vorderrichter nur eine weitgehende Vorbereitung des Drucks, nicht aber eine Vervielfältigung im Sinne der §§ 11, 15 LitUG. Ebensowenig hält er den Tatbestand einer Verbreitung im Sinne des ebengenannten § 11 deshalb für erfüllt, weil die Beklagte bereits im Jahre 1920 durch ihr Rundschreiben die Sortimentsbuchhändler auf die für Februar 1921 von ihr geplante Herausgabe Kellerscher Werke hingewiesen hat. Einen Verstoß gegen die guten Sitten und unlauteren Wettbewerb verneint er mit der Begründung, daß der Vorwurf eines Verstoßes gegen die guten Sitten demjenigen nicht gemacht werden könne, der nur das tue, was nach dem für sein Handeln maßgeblichen Spezialgesetz, hier also nach dem Urheberrechtsgesetz für Schriftwerke, erlaubt sei.

Diese Ausführungen sind rechtlich bedenkenfrei. Im § 11 LitUG. ist dem Urheber die ausschließliche Befugnis zugesprochen, das Werk zu vervielfältigen und gewerbsmäßig zu verbreiten. Hinsichtlich der Vervielfältigung wird im § 15 noch besonders hervorgehoben, daß sie ohne Einwilligung des Berechtigten unzulässig ist, gleichviel durch welches Verfahren sie bewirkt wird, und daß es auch keinen Unterschied begründet, ob das Werk in einem oder in mehreren Exemplaren vervielfältigt wird. Der Ausdruck „Vervielfältigung" ist, wie das Berufungsgericht unter Hinweis auf die Entstehungsgeschichte des § 15 zutreffend ausführt, vom Gesetzgeber zur Vermeidung der früher üblichen Bezeichnung „Nachdruck" gewählt worden, um jede Art der Wiedergabe des Werks, sie möge auf mechanischem Wege oder durch Handbetrieb bewirkt werden, unter das Verbot zu bringen; er umfaßt also auch solche Arten der Wiedergabe, die — wie Schrift, Stich, Lithographie usw. — streng wörtlich genommen nach dem Sprachempfinden nicht unter den Begriff „Nachdruck“ fallen würden. Eine sachliche Änderung gegenüber dem älteren Rechtszustande sollte damit aber nicht herbeigeführt werden, und es erfordert daher der Begriff „Vervielfältigung“, ebenso wie der Ausdruck „Nachdruck“, die Herstellung eines körperlichen Gegenstandes, der das Werk in sinnlich wahrnehmbarer Weise wiedergibt (Allfeld, Urheberrechtsgesetz § 15 Anm. 2a; Riezler, Deutsches Urheber- und Erfinderrecht § 55 S. 251, § 87 S. 432). Von einer derartigen Wiedergabe kann aber nur dann gesprochen werden, wenn die Beschaffenheit des hergestellten Gegenstandes es zuläßt und bezweckt, daß unbeteiligte Personen aus ihm den Inhalt des Werks zu erkennen vermögen. Hierzu erscheint es, wenn ein Schriftwerk im Druckverfahren wiedergegeben werden soll, erforderlich, daß mindestens ein Druckabzug in der für den Leserkreis bestimmten Ausführungsform hergestellt wird. Solange ein solcher Abzug nicht wenigstens teilweise vorliegt, werden dritte Personen durch den Drucksatz allein nicht in die Lage versetzt, den Inhalt des Werks kennen zu lernen. Ebensowenig aber, wie die bloße Herstellung des Drucksatzes, reicht dazu die Anfertigung der Papiermatern aus, die für späteren Plattenguß bestimmt sind. Auch diese Maßnahme liefert noch keine Darstellung des Werks, da sie nur zur Vorbereitung einer späteren Drucklegung dient und nicht den Zweck hat, Unbeteiligte in den Stand zu setzen, aus den Matern etwas über den Inhalt des Werks zu entnehmen. Die bezeichneten Handlungen sind also noch nicht als Vervielfältigung des Werks im Sinne der §§ 11, 15 LitUG., sondern lediglich als vorbereitende Maßnahmen für die geplante Vervielfältigung anzusehen. Auch das Gesetz selbst unterscheidet scharf zwischen der eigentlichen Vervielfältigung und den Maßnahmen, die erst der Vorbereitung der Vervielfältigung dienen. So werden beispielsweise in den §§ 42 und 63 der Vervielfältigung selbst gegenübergestellt die für sie bestimmten Vorrichtungen, wie Formen, Platten, Steine und Stereotypen. Die gleiche rechtliche Beurteilung, wie der Herstellung des Drucksatzes und der Papiermatern, muß billigerweise auch den Korrekturabzügen zuteil werden. Sie ermöglichen zwar an sich jedem Leser eine Kenntnisnahme des Werks. Da sie aber nur für den inneren Geschäftsbetrieb des Druckers und des Verlegers bestimmt sind und gemeinhin nicht in die Außenwelt gelangen, so erscheint es der Billigkeit entsprechend, ihre Anfertigung und Entnahme noch zu den erst die Vervielfältigung vorbereitenden Maßnahmen zu rechnen und die Korrekturbogen nicht als „Exemplare“ des vervielfältigten Werks im Sinne des § 15 LitUG. anzusehen (Allfeld § 36 Anm. 1a, Voigtländer-Fuchs, Urheberrechtsgesetz § 15 Anm. 2a 2. Aufl. S. 107).

Auch allgemeine rechtliche Erwägungen lassen es keineswegs als unerlaubt erscheinen, daß berens vor Ablauf der Schutzfrist die Vervielfältigung, insbesondere der Druck, eines Schriftwerks soweit vorbereitet wird, daß gleich beim Freiwerden des Werks die Vervielfältigung selbst in Angriff genommen werden kann. Das LitUG. schreibt im § 29 für den Regelfall vor, daß der Schutz des Urheberrechts endigt, wenn seit dem Tode des Urhebers dreißig Jahre und außerdem seit der ersten Veröffentlichung des Werks zehn Jahre abgelaufen sind. Es würde eine im Gesetz nicht begründete Ausdehnung der Schutzdauer bedeuten, falls vor Ablauf der Schutzfrist auch bloße vorbereitende Maßnahmen, die den Tatbestand der §§ 11, 15 nicht erfüllen, für unstatthaft erachtet würden. Denn da die Vorbereitungen für die Vervielfältigung regelmäßig eine gewisse Zeit erfordern, so würde die Untersagung vorbereitender Maßnahmen vor der Vervielfältigung zur Folge haben, daß die Rechtsnachfolger des Urhebers tatsächlich die Vorteile des urheberrechtlichen Schutzes noch über die gesetzliche Schutzdauer hinaus genössen und die Allgemeinheit noch eine Zeitlang gehindert würde, das Werk als gemeinfreies zu benutzen. So ist denn auch für das dem Urheberrecht an Schriftwerken nahe verwandte Gebiet des Patentrechts in der Rechtsprechung des Reichsgerichts anerkannt worden, daß schon während der Schutzdauer des Patents vorbereitende Handlungen, insbesondere bauliche Veranstaltungen und Maschinenanschaffungen, vorgenommen werden dürfen, um die patentierte Einrichtung sogleich nach Ablauf der Schutzfrist in Benutzung nehmen zu können (RGZ. Bd. 93 S. 174). Diese Auffassung hat für das Gebiet des Patent- und Gebrauchsmusterrechts auch gesetzgeberische Anerkennung gefunden, da im § 7 des Gesetzes, betr. eine verlängerte Schutzdauer bei Patenten und Gebrauchsmustern vom 27. April 1920 (RGBl. S. 675), demjenigen, der vor dem 1. April 1920 und vor Erlöschen des Schutzrechts im Inlande die zur Benutzung erforderlichen Veranstaltungen getroffen hat, das Recht zugesprochen worden ist, auch nach Verlängerung des Patents die Erfindung für die Zwecke seines Betriebs gegen eine angemessene Vergütung weiter zu benutzen. Wie hiernach gegenüber Patenten und Gebrauchsmustern bereits während der Schutzdauer Veranstaltungen getroffen werden dürfen, um die geschützte Einrichtung unmittelbar nach Ablauf der Schutzfrist in Benutzung zu nehmen, so muß es auch auf dem Gebiete des Urheberrechts an Schriftwerken als erlaubt und dem Sinne des Gesetzes entsprechend angesehen werden, daß schon vor Beendigung der Schutzfrist die Drucklegung des Werks bis zu einem Grade vorbereitet wird, der es ermöglicht, unmittelbar nach dem Ende der Schutzdauer mit der Vervielfältigung zu beginnen. Mit Recht hat daher das Berufungsgericht in dem Verhalten der Beklagten einen Verstoß gegen das alleinige Vervielfältigungsrecht des Urheberrechtsinhabers nicht erblickt.

Auch ein unerlaubter Eingriff in das Recht, das Werk gewerbsmäßig zu verbreiten (§ 11 LitUG.), kommt nicht in Betracht. Unter Verbreitung ist jede Handlung zu verstehen, durch die ein Exemplar des Werks anderen Personen, als den bei der Herstellung und Vervielfältigung des Werks beteiligten, zugänglich gemacht wird (Allfeld § 11 Anm. 5a; Riezler § 56 I S. 256). Die Verbreitung setzt also ein bereits vorhandenes, im Wege der Vervielfältigung hergestelltes Exemplar des Werks voraus. Im vorliegenden Falle handelt es sich aber nach dem eigenen Vorbringen der Klägerin nur um die Ankündigung und das Angebot von Exemplaren, die erst später durch Vervielfältigung des Werks hergestellt werden sollten. Dadurch konnte der Tatbestand der Verbreitung des Werks nicht erfüllt werden.

Ebensowenig kann der Beklagten ein Verstoß gegen die guten Sitten oder unlauterer Wettbewerb im Sinne des § 1 UnlWG. zum Vorwurf gemacht werden, wenngleich hinsichtlich der während der Schutzdauer erfolgten Ankündigung des späteren Erscheinens des Werks gewisse Zweifel obwalten können. Der Umfang des urheberrechtlichen Schutzes von Schriftwerken ist durch das LitUG. abschließend geregelt. Nur soweit dieses Gesetz dem Urheber oder seinen Rechtsnachfolgern bestimmte Ausschließungsrechte zuerkennt, ist die Allgemeinheit gehindert, das Werk in Benutzung zu nehmen. Soweit dagegen das Gesetz einen Schutz nicht als zu Recht bestehend anerkennt oder ein entstandenes Schutzrecht für erloschen erklärt, ist jeder Dritte befugt, sich des Werks zu bedienen, insbesondere auch es zu vervielfältigen und zu verbreiten. Diese gesetzliche Regelung des Schutzrechts ist erfolgt, einerseits um den berechtigten Belangen des Urhebers und seiner Rechtsnachfolger Rechnung zu tragen, anderseits um auf die Bedürfnisse der Allgemeinheit Rücksicht zu nehmen. Hiermit wäre es unvereinbar, wenn durch Gepflogenheiten und Anschauungen in den beteiligten Kreisen, besonders im Kreise der Verlagsbuchhändler, die gesetzliche Regelung durchbrochen und eine weitere Ausdehnung des Schutzumfangs in sachlicher oder zeitlicher Hinsicht begründet werden könnte. Deshalb steht derjenige, der sich des Werks nur in den vom LitUG. gesteckten Grenzen bedient, auf gesetzlichem Boden, und sein Handeln kann nicht als unerlaubt und gegen die guten Sitten verstoßend aufgefaßt werden, mögen seine Berufsgenossen auch von ihrem persönlichen Standpunkt aus sein Vorgehen mißbilligen. Da nun, wie oben ausgeführt worden ist, die Beklagte die Vervielfältigung des Werks erst für die Zeit nach Beendigung der Schutzdauer geplant hat, und weder die vor Ablauf der Schutzfrist von der Beklagten getroffenen Veranstaltungen noch die Ankündigung des bevorstehenden Erscheinens in den urheberrechtlichen

Schutzbereich eingegriffen haben, so kann auf seiten der Beklagten weder von Sittenwidrigkeit im Sinne des § 138 BGB. noch von unlauterem Wettbewerb nach § 1 UnlWG., der gleichfalls einen Verstoß gegen die guten Sitten voraussetzt, die Rede sein....

---

81. 1. Findet auf Eisenbahnfrachtsendungen, die während des Waffenstillstandes aus Elsaß-Lothringen nach dem übrigen Deutschland befördert worden sind, das Internationale Übereinkommen über den Eisenbahnfrachtverkehr oder die Eisenbahnverkehrsordnung Anwendung?

2. In welcher Währung kann in einem solchen Falle Entschädigung für den Verlust des Gutes verlangt werden, und wie hat der Inländer bei Verzug des Schuldners den Anspruch auf Ersatz des durch die Geldentwertung entstandenen Schadens zu begründen?

I. Zivilsenat. Urt. v. 14. November 1923 i. S. Gebr. J. (Kl.) w. Reichseisenbahnfiskus (Bekl.). I 78/23.

I. Landgericht Crefeld, Kammer f. Handelss. — II. Oberlandesgericht Düsseldorf.

Am 4. Juli 1919 sandte die Firma D. & Co. in Basel von der in Elsaß-Lothringen gelegenen Station St. Ludwig mit internationalem Frachtbrief zwei für die Klägerin bestimmte Ballen Seide als Eilgut an eine Speditionsfirma in Crefeld. Die Ballen wurden später von der Güterabfertigung der Staatsbahn Kapsweyer in der Pfalz übernommen, sind aber in Crefeld nicht angekommen. Die Absenderin trat ihre Ansprüche auf Entschädigung für das verloren gegangene Gut der Klägerin ab. Diese verlangte mit der Klage vom Reichseisenbahnfiskus in erster Reihe 31590,80 französische Franken, die unstreitig den Wert der Ballen zur Zeit der Absendung von St. Ludwig darstellten, in zweiter Reihe, nach Maßgabe des Umrechnungskurses vom Tage der Aufgabe 69499,76 ℳ. Der Beklagte bestritt das Recht der Klägerin, den Schadensersatz in Franken zu verlangen, und beantragte Abweisung der Klage. Das Landgericht gab dem Hilfsantrage statt und wies im übrigen die Klage ab. Die Klägerin legte Berufung ein und wiederholte den im ersten Rechtszuge gestellten Antrag; den Hilfsantrag erweiterte sie aber auf fernere Verurteilung des Beklagten zur Zahlung desjenigen von Sachverständigen zu ermittelnden Betrags, den 69499,76 ℳ am 16. Dezember 1919 mehr wert waren, als am wirklichen Zahlungstage. Das Oberlandesgericht wies die Berufung zurück. Die Revision der Klägerin hatte Erfolg.

Gründe:

Dem Berufungsgericht ist im Ergebnis darin beizutreten, daß die Klägerin nicht Erstattung des Wertes der verloren gegangenen Seide in französischen Franken verlangen kann, wenn auch die von ihm dafür gegebene Begründung nicht zutrifft. Es kann nämlich das Internationale Übereinkommen über den Eisenbahnfrachtverkehr der Entscheidung schon deshalb nicht zugrunde gelegt werden, weil es im Verhältnis zwischen Deutschland und Frankreich durch den Krieg außer Kraft gesetzt war und im Juli 1919 noch nicht wieder Geltung erlangt hatte. Der Anspruch kann seine Stütze vielmehr nur in einem mit der deutschen Bahnverwaltung abgeschlossenen Frachtvertrage finden. Ein solcher liegt hier vor, mag man davon ausgehen, daß dieser Vertrag damit abgeschlossen wurde, daß die deutsche Eisenbahnverwaltung Gut und Frachtbrief beim Übergang von Elsaß-Lothringen nach der Pfalz übernahm, oder annehmen, daß sie in den von der Eisenbahnverwaltung der Besatzungsmächte in St. Ludwig abgeschlossenen, nach der damals noch dort gültigen deutschen Eisenbahnverkehrsordnung zu beurteilenden Frachtvertrag gemäß § 100 dieser Ordnung eingetreten ist. Jedenfalls war das Verhältnis der Parteien nach der deutschen Eisenbahnverkehrsordnung zu beurteilen, und nach ihr kann der Wertersatz stets nur in deutscher Währung verlangt werden, mag man als Aufgabeort St. Ludwig oder Kapsweyer ansehen. Daran ändert auch der Umstand nichts, daß damals die Franzosen in Elsaß-Lothringen ihre Währung eingeführt hatten. Sie hatten dazu nach dem Waffenstillstandsvertrage kein Recht, da die deutsche Staatshoheit durch die Besetzung nicht beseitigt war; es galt also gesetzlich noch die deutsche Währung. Durch die Bestimmung des Artikels 51 des Versailler Vertrags konnte an den einmal geschaffenen privatrechtlichen Beziehungen der Parteien nichts geändert werden, der Ersatzanspruch der Klägerin keinen anderen Inhalt erhalten.

Dagegen hat das Berufungsgericht den erweiterten Hilfsantrag mit unzureichender Begründung abgewiesen. Die Klägerin verlangt damit den ihr durch Verzug des Beklagten entstandenen Schaden auf Grund der §§ 284, 288 BGB. Dieser Verzug ist, wie das Berufungsgericht zutreffend ausführt, erst mit der Klagerhebung eingetreten, da das vorher bei der Elsaß-Lothringischen Bahnverwaltung gestellte Entschädigungsbegehren in keinem Falle eine Mahnung des Beklagten enthielt. Es ist dem Berufungsgericht auch darin beizutreten, daß die Klägerin den Schaden nicht einfach mit dem Sinken der deutschen Währung begründen konnte. Dagegen kann von der Klägerin nicht verlangt werden, daß sie gerade darlegt, sie hätte das ihr gezahlte Geld in fremde Währung umgesetzt. Vielmehr kann sie ihren Schaden auch anders begründen, insbesondere damit, daß sie das Geld in Waren oder in anderen festen Werten angelegt hätte. Das aber liegt in der Prozeßbehauptung der Klägerin, daß sie bei früherer Zahlung viel mehr hätten kaufen können als bei der setzigen. Es wäre Sache des Berufungsgerichts gewesen, durch Fragen auf nähere Angaber der Klägerin hinzuwirken. Es hätte genügt, wenn diese dann dargelegt hätte, daß sie nach der Art ihres Geschäftsbetriebs in der Regel Beträge, die sie erhält, ganz oder zu einem gewissen Teil in Waren oder anderen beständigen Werten anlegt. Denn es ist dann ohne weiteres anzunehmen, daß sie es vorliegend ebenso gemacht hätte, und Sache des Beklagten, darzulegen, daß die Klägerin in diesem Falle eine andere Anlage gewählt hätte. Nicht kann von der Klägerin der Nachweis verlangt werden, daß sie gerade den gezahlten Betrag in bestimmter Weise angelegt hätte. Wenn in früheren Entscheidungen des Reichsgerichts etwas derartiges ausgesprochen ist, so bezog sich das nur auf den einzelnen Sachverhalt und enthielt keinen allgemeinen Rechtsgrundsatz. Hier ist zu berücksichtigen, daß die Klägerin mit Seide handelt und daß daher eine gewisse Vermutung für die Verwendung des Geldes zur Anschaffung von Seidenwaren spricht. Der enger begrenzte Antrag der Klägerin, den Beklagten zur Zahlung des durch Sachverständige zu ermittelnden Währungsunterschiedsbetrags zu verurteilen, wird das Berufungsgericht nicht hindern, auf einen ebenso hohen oder geringeren nach obigen Grundsätzen zu ermittelnden Schadensbetrag zu erkennen.

---

82. Ist ein Vergleich rechtswirksam, der im Verfahren über Erhöhung der Miete vor einem städtischen „Mieteinigungsamt geschlossen wurde und in dem eine Verpflichtung zur Übertragung des Eigentums an einem Grundstücke übernommen ist?

VII. Zivilsenat. Urt. v. 16. November 1923 i. S. H. (Kl.) w. G. u. Gen. (Bekl.). VII 840/22.

I. Landgericht Duisburg. — II. Oberlandesgericht Düsseldorf.

Die Beklagten sind Eigentümer eines Hauses in D., das sie dem Kläger vermietet hatten. Am 25. September 1919 haben vor dem Mieteinigungsamt zu D., in einem Verfahren über Erhöhung der Miete, einer der jetzt Beklagten und der jetzige Kläger einen zu Protokoll des Mieteinigungsamts festgestellten Vergleich geschlossen, worin der erstere dem letzteren das Vorkaufsrecht an dem vermieteten Grundstück bis zum 31. März 1921 zum Preise von 80000 ℳ einräumte. Der Kläger hat mit der Behauptung, mit dem Ausdruck „Vorkaufsrecht“ sei ein Ankaufsrecht gemeint und dieses habe er fristgemäß geltend gemacht, Klage auf Verurteilung der Beklagten erhoben, ihm das Haus gegen Zahlung von 80000 ℳ zu übereignen. Die Klage wurde abgewiesen und die Berufung des Klägers zurückgewiesen. Auch seine Revision blieb erfolglos.

Gründe:

Die Revision ist nicht begründet. Auch wenn zugunsten des Klägers unterstellt wird, daß ihm durch den vor dem Mieteinigungsamt (MEA.) geschlossenen Vergleich ein Recht zum Ankauf des Hauses eingeräumt worden sei, muß der auf dessen Übereignung gerichtete Klaganspruch im Einklang mit dem Berufungsurteil als unhaltbar beurteilt werden.

Der Vergleich ist vor einem auf Grund der Mieterschutzverordnung v. 23. September 1918/22. Juni 1919 errichteten ordnungsmäßig besetzten MEA. zum Abschluß gekommen. Inhaltlich wird zwischen dem Mietverhältnis, wodurch die Verhandlung vor dem städtischen MEA. veranlaßt wurde, und dem einen Bestandteil des Vergleichs bildenden Parteiabkommen über das Ankaufsrecht des Mieters ein enger wirtschaftlicher Zusammenhang erkennbar. Hieraus ließe sich, wenn von der Formvorschrift des § 313 BGB. abgesehen wird, in Verbindung mit dem § 13 MSchVO. und § 10 der Verfahrensverordnung vom 23. September 1918 folgern, daß sich die sachliche Zuständigkeit des MEA. auf die Beurkundung des letztbezeichneten Parteiabkommens mit erstreckte, und daß der von den Parteien abgeschlossene Vergleich seinem gesamten Inhalt nach einen wirksamen Rechtstitel für gerichtliche Zwangsvollstreckung und für den eingeklagten Übereignungsanspruch abgebe. Dem steht jedoch der § 313 im Wege, wonach ein Vertrag, durch den sich der eine Teil verpflichtet, das Eigentum an einem Grundstück zu übertragen — ein Tatbestand, der auch bei Einräumung des Rechts zum Ankauf eines Grundstücks vorliegt —, der gerichtlichen oder notariellen Beurkundung bedarf. Gerichtliche Beurkundung im Sinne dieses Gesetzes bedeutet eine Beurkundung durch den Richter der freiwilligen Gerichtsbarkeit. Indes steht in der reichsgerichtlichen Rechtsprechung der Grundsatz fest, daß die Vorschriften des Bürgerlichen Gesetzbuchs über die Form gewisser Verträge und insbesondere auch die Bestimmungen des § 313 für prozeßgerichtliche Vergleiche nicht anwendbar sind, solche prozessuale Rechtsgeschäfte vielmehr gültig und wirksam nach den Formen der Zivilprozeßordnung (vgl. deren §§ 159 flg., 794) beurkundet werden (RGZ Bd. 48 S. 183, Bd. 64 S. 82). An der Hand dieser Rechtsprechung will der Kläger die im § 313 vorgeschriebene Form auch im vorliegenden Fall dadurch für ersetzt halten, daß der klagebegründende Vergleich durch Aufnahme in das Protokoll des MEA. beurkundet worden ist. Hierbei geht der Kläger von der Auffassung aus, dem MEA. komme die Eigenschaft eines Sondergerichts auf dem Gebiete der streitigen Gerichtsbarkeit zu.

Wie zuzugeben ist, hat die Ansicht, daß die Mieteinigungsämter

Sondergerichte oder mindestens den Gerichten vergleichbare Behörden sind, zahlreiche Vertreter gefunden (vgl. Oertmann JW. 1917 S. 956, Anschütz JW. 1920 S. 340, Friedrichs ebenda S. 894, Bornhak Einigungsamt I S. 11, Meyerhoff Pr. VerwBl. Bd. 42 S. 598, Stern Mieterschutz S. 30, Brumby Einigungsamt I Nr. 11a, b, auch JW. 1921 S. 1351, Buchwald Einigungsamt II Nr. 1). Andere Schriftsteller sehen dagegen die Mieteinigungsämter als Verwaltungsbehörden oder als Verwaltungsstellen an. So Blume Bad. Rechtspraxis 1919 S. 70, Mittelstein JW. 1921 S. 1148, Holtz DJZ. 1921 S. 617, Damerow JW. 1922 S. 209, Beyer Pr. VerwBl. Bd. 43 S. 57, vgl. auch Stein Grundriß des Zivilprozeßrechts S. 60, Warneyer BGB. § 313 unter VI. In der Rechtsprechung ist der letztere Standpunkt namentlich vom Thüring. Oberverwaltungsgericht (JW. 1921 S. 1148) und wiederholt vom Preußischen Gerichtshof zur Entscheidung der Kompetenzkonflikte (Pr. VerwBl. Bd. 42 S. 368, 499, 511) vertreten worden, und die gleiche Anschauung kann man in einigen reichsgerichtlichen Urteilen (vgl. namentlich RGZ. Bd. 103 S. 317, Bd. 104 S. 154, 245, 246), wenn auch nicht ausgesprochen, so doch angedeutet finden.

Diese Rechtsauffassung teilt auch der erkennende Senat. Ursprünglich beschränkte sich die Wirksamkeit der kommunalen Mieteinigungsämter auf vermittelnde und gutachtliche Tätigkeit (VO. vom 15. Dezember 1914, RGBl. S. 511). Im Laufe der Zeit hat sich ihr Geschäftskreis erheblich erweitert. Insbesondere waren sie schon 1919 für Streitfälle zwischen den Mietern und Vermietern zu einer umfangreichen entscheidenden Tätigkeit, namentlich zu Beschlüssen über Fortsetzung des Mietverhältnisses, über öffentlichrechtliche Wirksamkeit und Unwirksamkeit von Kündigungen und über die Höhe des Mietzinses berufen. Ihre im Rahmen der Zuständigkeit getroffenen Entscheidungen waren für die Beteiligten bindend; erst das Mieterschutzgesetz v. 1. Juni 1923 (§ 41) hat ein Rechtsmittel eingeführt. Aber die Entscheidungen der Mieteinigungsämter sind nicht, wie dies im § 13 MSchVO. von 1918 und jetzt im § 45 MSchG. von 1923 für die vor dem MEA. geschlossenen Vergleiche vorgeschrieben ist, unmittelbar vollstreckbar. Die Entscheidungen ergehen nicht in Anwendung des geltenden materiellen Rechts, sondern nach billigem Ermessen. Das Verfahren des MEA. (Verf. Anordn. v. 23. September 1918, jetzt v. 19. September 1923) ist sehr frei gestaltet, aus der Zivilprozeßordnung finden nur einzelne Vorschriften Anwendung. Für den Vorsitzenden des MEA. ist wahlweise die Befähigung zum Richteramt oder zum höheren Verwaltungsdienst vorgeschrieben. Das MEA. hat nicht Rechtsfragen zu lösen, nicht Rechtsschutz zu gewähren, es hat vielmehr in Betätigung von sozialwirtschaftlichen Gesichtspunkten und von Erwägungen der Billigkeit und Zweckmäßigkeit rechtsgestaltend und rechtschaffend zu wirken. Es ist nach Art und Bedeutung seiner Aufgaben und Wirksamkeit im ganzen als ein Organ zur Ausübung sozialer Fürsorge, aber nicht als ein Rechtspflegeorgan zu betrachten und demgemäß nicht den Gerichten, sondern den Verwaltungsbehörden zuzuzählen. Nach diesem Ergebnis bleibt kein Raum dafür, den Grundsatz, wonach die in einem prozeßgerichtlichen Vergleich übernommene Verpflichtung zur Übereignung eines Grundstücks der Formvorschrift des § 313 BGB. nicht unterliegt, unmittelbar oder entsprechend auf die im klagebegründenden Vergleich übernommene Verpflichtung des Beklagten zum Verkauf eines Grundstücks anzuwenden. Durch die Aufnahme dieser Verpflichtung in den vom MEA., einer Verwaltungsbehörde, beurkundeten Vergleich wurde die im § 313 vorgeschriebene Form weder erfüllt noch auch wirksam ersetzt. Mit Recht hat daher der Berufungsrichter die aus dem Vergleich zu entnehmende Verpflichtung der Beklagten zur Grundstücksübereignung als unwirksam beurteilt. Dahingestellt bleibt, ob in gleicher Weise zu entscheiden wäre, wenn in einem Verfahren vor einem mit den Aufgaben des MEA. betrauten Gericht ein die Verpflichtung zur Übertragung von Grundeigentum enthaltender Vergleich zu Protokoll des Gerichts festgestellt ist (vgl. MSchVO. v. 23. September 1918 § 11, Verf. Anordn. v. 23. September 1918 § 15, MSchG. v. 1. Juni 1923 § 37 II, Verf. Anordn. v. 19. September 1923 § 29). Auf solche Fälle hier einzugehen, besteht kein Anlaß....

---

83. Sind die Vorschriften des sächsischen Gesetzes über eine Altersgrenze und die Pensionsdienstzeit der Beamten und Lehrer vom 29. Mai 1923 in ihrer Anwendung auf die ordentlichen Mitglieder des Landeskonsistoriums, insbesondere auf den Präsidenten dieser Behörde, mit Art. 137 Abs. 3 Satz 2 der Reichsverfassung vereinbar?

III. Zivilsenat. Beschl. v. 27. November 1923. III T.B. 71/23.

Die dem Reichsgericht vom Reichsminister des Innern gemäß Art. 13 Abs. 2 RVerf. vorgelegte Frage ist verneint worden.

Gründe:

Das vorbezeichnete sächsische Gesetz (AGrG.) bestimmt in § 1 Abs. 1 unter anderem, daß die Staatsdiener mit gewissen, hier nicht in Betracht kommenden Ausnahmen kraft Gesetzes mit dem Schluß des Kalendervierteljahrs, in dem sie das 65. Lebensjahr vollenden, mit Anspruch auf Ruhegehalt in den Ruhestand treten. Der § 8 Abs. 1 Satz 2 läßt bei den Beamten, die unter § 1 Abs. 1 fallen und beim

Inkrafttreten des Gesetzes bereits das 65. Lebensjahr vollendet haben, diesen Rechtszustand schon mit dem 1. Juli 1923 eintreten. Das sächsische Ministerium des Kultus und öffentlichen Unterrichts hat das Landeskonsistorium darauf aufmerksam gemacht, daß nach seiner Meinung die Mitglieder dieser Behörde den bezeichneten Vorschriften unterlägen. Das Konsistorium, das diese Rechtsanschauung ablehnt und hierbei insbesondere auf Art. 137 Abs. 3 Satz 2 RVerf. fußt, hat die Reichsaufsicht angerufen, und der Reichsminister des Innern hat die Entscheidung des Reichsgerichts darüber beantragt, ob das sächsische Gesetz insoweit mit Art. 137 RVerf. vereinbar sei, als es auf die bezeichneten Beamten angewendet werde.

Die sächsische Regierung vertritt in ihrem Schreiben an das Landeskonsistorium den Standpunkt, daß der Personenkreis, welcher von den erwähnten beiden Vorschriften des AGrG. ergriffen wird, die ordentlichen Mitglieder dieser Behörde mit umfasse. Wäre diese Ansicht zutreffend, so würden die beiden Bestimmungen in das den Religionsgesellschaften durch Art. 137 Abs. 3 RVerf. gewährleistete Recht eingreifen, ihre Angelegenheiten selbständig innerhalb der Schranken des für alle geltenden Gesetzes zu ordnen und zu verwalten, und sie würden deshalb mit dieser Verfassungsnorm unvereinbar sein. Den beiden Vorschriften wohnt jedoch nicht die Tragweite inne, die ihnen die Regierung beimißt.

Die ordentlichen Mitglieder des Landeskonsistoriums sind nicht Staats-, sondern Kirchenbeamte. Einen sicheren Anhalt hierfür gewährt der § 2 des Sächsischen Kirchengesetzes vom 15. April 1873 (GVBl. S. 376), wonach ihre Anstellung zum Machtbereich der in Evangelicis beauftragten Staatsminister, also der Ministerialbehörde gehören sollte, die nach § 57 Abs. 2, § 41 Abs. 3 der früheren sächsischen Verfassung vom 4. September 1831 zur Ausübung der landesherrlichen Kirchengewalt (jus episcopale) berufen war und deren Wirkungskreis die inneren kirchlichen Angelegenheiten umfaßte. Wenn demgegenüber die Rechtsstellung der ordentlichen Mitglieder des Konsistoriums in § 3 des Kirchengesetzes in der Weise gekennzeichnet wird, daß sie die Rechte und Pflichten der Staatsdiener haben, so kann dies nicht dahin verstanden werden, daß sie in einem öffentlichrechtlichen Dienstverhältnis zum Staat stehen sollen, sondern die Bestimmung muß in dem Sinne ausgelegt werden, daß die Mitglieder in ihren Rechten und Pflichten gegenüber der Kirche den Staatsdienern gleichstehen. Über diese Bedeutung der Vorschrift hat denn auch zwischen dem mit der Beratung des Kirchengesetzentwurfs befaßt gewesenen Synodalausschuß und den Kommissaren des Kirchenregiments Einverständnis geherrscht (Verhandl. der 1. ev.-luth. Landessynode im Kgr. Sachsen 1871, S. 284). An dieser Auffassung ändert der Umstand nichts, daß der Aufwand, den die Unterhaltung des Landeskonsistoriums erfordert, insbesondere die Besoldung der Beamten, aus der Staatskasse bestritten wird. Dabei handelt es sich um eine Unterstützung, welche der Staat der Kirche von alters her zuteil werden läßt, die sich aus der geschichtlichen Entwicklung des Verhältnisses der Kirche zum Staat erklärt, und deren Gewährung die Mitglieder des Konsistoriums noch nicht zu Staatsbeamten stempelt (vgl. Wäntig in Fischers Ztschr. Bd. 41 S. 116). Wenn es daher in der Begründung zum Entwurf des AGrG. heißt, daß dieses „selbstverständlich" auch für die Beamten maßgebend sei, denen durch besonderes Gesetz die Rechte und Pflichten der Staatsdiener zugesprochen seien, so kann eine solche Selbstverständlichkeit hinsichtlich der ordentlichen Mitglieder des Landeskonsistoriums nicht anerkannt werden. Sie sind auch unter den in der Begründung aufgeführten Beamtenkategorien nicht mitgenannt.

Ebensowenig wie sie hiernach der Herrschaft des AGrG. unmittelbar unterliegen, werden sie mittelbar von ihm dadurch erfaßt, daß die kirchliche Gesetzgebung in § 3 des Kirchengesetzes ihre Gleichstellung mit den Staatsbeamten, sowie die Anwendung der Gesetze vom 7. März 1835 und vom 24. April 1851 über die Verhältnisse der Zivilstaatsdiener angeordnet, und daß der Staat hierzu durch das Publikationsgesetz vom 16. April 1873 (GVBl. S. 374) seine Genehmigung erteilt hat. Zwar hat die Gleichstellung mit den Staatsdienern zur Folge, daß nicht nur die in § 3 in Bezug genommenen, zur Zeit der Erlassung des Kirchengesetzes in Geltung gewesenen Normen des Staatsbeamtenrechts, sondern auch später hinzugekommene, zu ihrer Abänderung oder Ergänzung dienende Vorschriften auf die Mitglieder des Konsistoriums sinngemäß anzuwenden sind. Allein ihre Heranziehung findet eine Grenze an dem in § 2 den Trägern der Kirchengewalt verliehenen Rechte der Ämterbesetzung, das außer dem Rechte der Ernennung jener Mitglieder auch die Befugnis in sich begreift, deren Versetzung in den Ruhestand auszusprechen und die gesetzlichen Voraussetzungen und, wo es das Gesetz zuläßt, auch die Zweckmäßigkeit dieser Maßregel in jedem einzelnen Falle zu prüfen. Diese Machtbefugnis würde durch ein Gesetz, das für die Kirchenbeamten den Übertritt in den Ruhestand ohne weiteres schon mit der Erreichung eines gewissen Lebensalters eintreten läßt, eine wesentliche Beschränkung erleiden. Mit dieser Ausgestaltung der kirchlichen Ämterhoheit ist eine Auslegung des § 3 unverträglich, die ihm die Tragweite beilegt, daß die Mitglieder des Konsistoriums durch die Vorschrift auch dem für die Staatsbeamten geltenden Altersgrenzengesetz unterworfen werden. Bei zutreffender Auslegung des AGrG. ergibt sich somit kein Widerspruch der in Betracht kommenden §§ 1 Abs. 1, 8 Abs. 1 Satz 2 mit Art. 137 Abs. 3 RVerf., insbesondere auch nicht mit dem zweiten

Satz dieser Vorschrift, der die Religionsgesellschaften in folgerichtiger Durchführung des ihnen in Satz 1 zuerkannten Selbstordnungs- und Selbstverwaltungsrechts mit der Rechtsmacht ausrüstet, ihre Ämter ohne Mitwirkung des Staates und der bürgerlichen Gemeinde zu verleihen.

Dem damit festgestellten objektiven Gesetzesinhalt läuft freilich die Anwendung der beiden Vorschriften des AGrG., welche die sächsische Regierung durch die Unterstellung der Mitglieder des Konsistoriums unter sie für gut befindet, zuwider. Nun ist die Vorschrift in Art. 13 Abs. 2 RVerf. der Absicht des Gesetzgebers entsprungen, durch die Entscheidung des obersten Gerichtshofs die Zweifel und Meinungsverschiedenheiten darüber aus dem Wege zu räumen, ob eine landesrechtliche Vorschrift neben dem Reichsrecht überhaupt anwendbar ist oder in einem gewissen Sinne gehandhabt werden darf. Dieser praktische Zweck wird in einem Falle der vorliegenden Art nur erreicht, wenn nach der zugunsten des Landesrechts ausgefallenen Prüfung seines Inhalts auf seine Verträglichkeit mit dem Reichsrecht auch die Art und Weise des Gebrauchs, der von der landesrechtlichen Norm gemacht wird, einer Untersuchung in der gleichen Richtung unterzogen wird, wie dies der Antragsteller auch begehrt. Die Anwendung des AGrG. auf die ordentlichen Mitglieder des Konsistoriums stellt sich hierbei als ein offensichtlicher Eingriff in die der Kirche für ihren Machtbereich nach der Verfassung zustehende Ämterhoheit dar. Wie oben bei der Auslegung von von § 2 des Kirchengesetzes ist davon auszugehen, daß das in Art. 137 RVerf. den Religionsgesellschaften eingeräumte Recht der Ämterbesetzung das Recht einschließt, über die Beendigung der Dienstverhältnisse ihrer Beamten zu befinden. Auch ist unzweifelhaft, daß diese Verfassungsnorm nicht nur eine Richtlinie für die Landesgesetzgebung aufstellt, sondern sofort und unmittelbar anwendbares Recht schafft. Da in Sachsen schon vor dem Inkrafttreten der Reichsverfassung die Besetzung der Mitgliederstellen im Konsistorium Sache der Kirchenregierung war, so bedurfte es dort zur Durchführung der Verfassungsbestimmung auch keiner weiteren Regelung im Sinne des Art. 137 Abs. 8. Für die Wahrnehmung der Geschäfte, die unter dem früheren Recht den mit der Ausübung der Kirchengewalt beauftragten Ministern anvertraut waren, und somit auch für die Handhabung der kirchlichen Ämtergewalt ist ein neues Organ durch das Gesetz vom 10. Juni 1919 geschaffen worden. Endlich lassen die Art. 138, 173 RVerf. auch deutlich erkennen, daß die Verwirklichung des Art. 137 Abs. 3 nicht an die vorherige Ablösung der für kirchliche Amtszwecke zu gewährenden staatlichen Leistungen gebunden sein soll.

84. 1. Über Jagdpachtverträge nach der preußischen Jagdordnung vom 15. Juli 1907.
2. Wann ist bei Verträgen die gesetzlich erforderte Schriftform erfüllt?

VII. Zivilsenat. Urt. v. 27. November 1923 i. S. K. (Bekl.) w. St. u. Gen. (Kl.). VII 419/22.

I. Landgericht Neuwied. — II. Oberlandesgericht Frankfurt a. M.

Im Sommer 1916 hat der Beklagte durch Vertrag mit dem Bürgermeister und Jagdvorsteher Dr. P. in L. einen Teil des L.'er Jagdbezirks gepachtet. Durch schriftlichen Jagdgesellschaftsvertrag vom 9. November 1916 nahm er den Kläger zu 2 und Th. M. zu gleichen Anteilen und Rechten, aber auch zu gleichen Pflichten als Mitpächter in das Pachtverhältnis auf. Am 27. Dezember 1918 suchte der Kläger zu 2 seine Eintragung als Mitpächter nach. Der Jagdvorsteher war einverstanden und holte die Zustimmung des Kreisausschusses ein; diese wurde am 5. Februar 1919 erteilt, unter dem 5. April 1919 benachrichtigte der Jagdvorsteher den Kläger zu 2 davon. Mit Schreiben vom 30. Juni 1919 legte der Beklagte Verwahrung gegen die Eintragung ein. Der Jagdvorsteher klärte den Beklagten durch Brief vom 1. August 1919 über das Geschehene auf und ersuchte ihn um eine weitere Äußerung, falls er eine solche noch abzugeben habe. Der Beklagte ist dann auf die Angelegenheit nicht mehr zurückgekommen. Ein Schreiben des Klägers zu 2 an den Jagdvorsteher, betreffend die Regelung von Wildschäden durch die Jagdpächter, hat der Beklagte mitunterzeichnet. Am 10. September 1919 richtete er an den Jagdvorsteher folgendes Schreiben: „Ich bitte Herrn W. St. in D. (Kl. zu 1) als Anpächter der L.'er Jagd eintragen zu lassen. Ich übertrage demselben alle Rechte und Pflichten. . . .“ Ein zweites Schreiben folgenden Inhalts: „Ich bitte Sie, mich aus meinem mit Ihnen geschlossenen Jagdpachtvertrag zu entbinden und an meiner Stelle Herrn W. St. (Kl. zu 1) einzutragen. Ich bitte Sie, für die Folge etwaige Briefe an Herrn M. in B. (Kl. zu 2), der von Obigem unterrichtet ist, zu richten“ sandte der Beklagte am 12. September 1919 durch den Kläger zu 2 an das Bürgermeisteramt in L. Dort erschienen am 13. September 1919 die beiden Kläger, der Kläger zu 2 überreichte den Brief des Beklagten vom 12. und erklärte: „Der bisherige Mitpächter der Jagd im Bezirk L., G. K. (Bekl.) will aus dem Jagdpachtvertrag ausscheiden. . . . Ich bin mit dem Austritt des K. aus dem Jagdpachtverhältnis einverstanden, ebenso damit, daß an die Stelle des K. der . . . Kunsthändler St. mit allen Rechten und Pflichten eintritt.“ St. seinerseits erklärte: „Ich beantrage, die bisher aus dem Jagdpachtvertrag dem Herrn K. zustehenden Rechte und Pflichten auf mich zu übertragen." Das Protokoll ist von den beiden Klägern und dem aufnehmenden Beamten unterzeichnet worden. Am Rande vermerkte der Jagdvorsteher unter dem 17. September 1919, daß er mit dem Eintritt St.'s als Mitpächter einverstanden sei. Ausfertigung des Protokolls und des Vermerks übersandte er dem Kreisausschuß mit der Bitte um Zustimmung. Diese wurde am 11. Oktober 1919 erteilt und an den Jagdvorsteher mit dem Ersuchen weitergegeben, die Beteiligten zu benachrichtigen. Das geschah am 17. Oktober durch Briefe an den Kläger zu 2 und den Beklagten. Bis zum Frühjahr 1920 haben dann die beiden Kläger allein die Jagd auf dem jetzt streitigen Teil des Jagdbezirks ungestört ausgeübt. Seitdem macht der Beklagte ihnen das Jagdrecht streitig. Die Kläger haben Klage erhoben mit dem Antrage, 1. den Beklagten zu verurteilen, Veröffentlichungen in den Zeitungen zu unterlassen, wonach er der alleinige Anpächter des L.'er Jagdbezirks — linker Teil — ist und infolgedessen unter Ausschluß aller übrigen Personen das alleinige Jagdrecht in diesem Bezirk hat; 2. festzustellen, daß die Kläger die alleinigen Jagdberechtigten sind, und daß der Beklagte kein Recht hat, zu Jagdzwecken den Jagdbezirk und die auf dem M.-Berg gelegene Jagdhütte zu betreten, daß er auch nicht berechtigt ist, von den Klägern die Einräumung des Jagdrechts sowie die Einräumung des Besitzes der Jagdhütte zu verlangen.

Der Beklagte hat beantragt, die Klage abzuweisen. Er hat Widerklage erhoben und verlangt, die Kläger sollten anerkennen, daß ihnen eine Jagdberechtigung in dem L.'er Jagdbezirk — linker Teil — nicht zusteht; die Kläger sollten ferner verurteilt werden, sich jeder Jagdausübung in dem Bezirk zu enthalten, den Bezirk zu Jagdzwecken nicht zu betreten, ihm — dem Beklagten — den Besitz des Bezirks und der Hütte einzuräumen, und zwar gegen Zahlung von 7000 *M*.

Das Angebot der Zahlung von 7000 *M* beruht darauf, daß der Kläger zu 1 seinerzeit das Jagdpachtrecht des Beklagten gegen die Verpflichtung erworben hat, 7000 *M* an den Beklagten zu zahlen und daß er diesen Betrag auch wirklich gezahlt hat. Ob der Kläger zu 1 damals noch weitere Verpflichtungen übernommen hat und ob die Erfüllung dieser Verpflichtungen zur Bedingung für das Bestehen des Abkommens gemacht worden ist, darüber herrscht unter den Parteien Streit. Das Abkommen selbst ist nicht schriftlich niedergelegt worden.

Die beiden Vorinstanzen haben der Klage stattgegeben und die Widerklage abgewiesen. Die Revision des Beklagten hatte Erfolg.

Gründe:

Die rechtlichen Gesichtspunkte, von denen der Berufungsrichter ausgeht, sind an sich zutreffend, rechtsirrig ist nur ihre Anwendung auf den gegenwärtigen Fall.

Die maßgebenden Rechtssätze lassen sich kurz dahin zusammenfassen: Jagdpachtverträge sind schriftlich abzuschließen, § 22 Nr. 1 der preuß. Jagdordn. v. 15. Juli 1907 (JO.); unter Jagdpachtverträgen sind die schuldrechtlichen Pachtverträge zu verstehen, nicht die dinglichen Verträge, durch welche das Jagdrecht tatsächlich übertragen wird. Zu den Jagdpachtverträgen gehören auch Verträge über „Weiterverpachtungen" im Sinne des § 22 Nr. 3 JO.; als Weiterverpachtungen sind nicht nur eigentliche Unter- oder Afterverpachtungen anzusehen, sondern alle Verträge, durch welche der Jagdpächter sich verpflichtet, den Gebrauch oder Genuß der Jagd ganz oder teilweise gegen Entgelt an einen Dritten zu überlassen, mag das durch den Abschluß eines Gesellschaftsvertrags geschehen oder durch die Abrede, daß der Jagdpächter die Rechte aus dem Pachtvertrag abzutreten, der Dritte die Pflichten aus dem Pachtvertrag zu übernehmen hat (vgl. RGZ. Bd. 63 S. 293). Solche Weiterverpachtungen sind nicht als Neuverpachtungen anzusehen. Zu ihnen ist die Zustimmung des Jagdpächters und die Genehmigung des Kreisausschusses, in Stadtkreisen des Bezirksausschusses, erforderlich, § 22 Nr. 3 JO.; auf die Zahl der beteiligten Personen (vgl. § 22 Nr. 2 JO.) kommt es bei den Weiterverpachtungen nicht an, die Zustimmung und die Genehmigung des § 22 Nr. 3 a. a. O. sind stets erforderlich. Alle Verträge über Jagdpachtungen — Haupt- oder Weiterverpachtungen —, welche den gesetzlichen Formvorschriften nicht entsprechen, sind nichtig, § 24 Abs. 1 JO. Gegenüber einem Berufen auf die gesetzlichen Formvorschriften versagt die Einrede der Arglist. Bis zur Genehmigung einer Weiterverpachtung durch den Kreis- oder Bezirksausschuß herrscht ein Schwebezustand; die Beteiligten sind gebunden, sie können nicht beliebig von dem geschlossenen Vertrag zurücktreten, aber jeder Teil kann die Entscheidung des zuständigen Ausschusses herbeiführen. Durch dessen Entscheidung wird der Schwebezustand endgültig beendet, die Entscheidung hat rechtsbegründende oder rechtszerstörende Wirkung, der Ausschuß ist nicht in der Lage, seine einmal getroffene und bekanntgegebene Entscheidung wieder abzuändern; die Bekanntgabe an eine der Parteien genügt dabei schon (vgl. für eine ähnliche Rechtslage RGZ. Bd 98 S. 245, Bd. 102 S. 1, Bd. 103 S. 104). Der Streit unter mehreren Personen, welche behaupten, das Jagdrecht gepachtet zu haben, ist im ordentlichen Rechtsweg auszutragen.

Beide Parteien, der Beklagte sowohl als auch die Kläger, leiten ihr Recht aus dem Vertrag ab, welchen der Beklagte am 5. August 1916 mit dem Jagdvorsteher abgeschlossen hat. Die Rechtsgültigkeit dieses Vertrags ist allerdings stillschweigend vorausgesetzt, es ergeben sich dagegen auch keine Bedenken. Eine notarielle Beurkundung des Pachtvertrags, welche nach § 126 Abs. 3 BGB. die schriftliche Form ersetzen würde, hat allerdings nicht stattgefunden. In dem notariellen Protokoll vom 5. August 1916 ist nur beurkundet, daß die Pachtbedingungen bekannt gegeben sind, daß der Pachtbezirk ganz und in Teilen ausgeboten ist, daß verschiedene Personen Gebote abgegeben haben, und daß gewisse Bürgschaften übernommen sind. Irgendeine Erklärung des Jagdvorstehers, also des Verpächters, ist in dem notariellen Protokoll selbst nicht beurkundet. Auf die dem Protokoll beigefügte und nach § 176 Abs. 2 FGG. einen Teil des Protokolls bildende Anlage ist im Protokoll nur hinsichtlich der darin enthaltenen Pachtbedingungen Bezug genommen. Was etwa weiter aus der Anlage noch entnommen werden kann, wird durch das notarielle Protokoll nicht gedeckt. Aber die am 5. August 1916 aufgenommene Urkunde genügt den Anforderungen, welche an einen der gesetzlichen Schriftform unterliegenden Vertrag zu stellen sind. Die Anlage ist ein Formular für einen Jagdpachtvertrag und der Eingang ist dahin ausgefüllt worden: „Zwischen dem Jagdvorsteher, Bürgermeister Dr. P. in L., als Vertreter der Jagdgenossenschaft von L., in folgendem als »Verpächter« bezeichnet und a) Herrn G. K. in B., b) Herrn H. B. in L., in folgendem als »Pächter« bezeichnet, wird nachstehender Jagdpachtvertrag geschlossen:". Daraus ergibt sich mit zweifelsfreier Sicherheit, daß dem Beklagten und dem H. B. diejenigen Teile des Jagdbezirks, auf welche sie nach dem notariellen Protokoll geboten haben, für die gebotenen Summen auch wirklich verpachtet worden sind. Nimmt man also zu dem notariellen Protokoll den gesamten Inhalt der Anlage hinzu, so liegt ein schriftlicher Pachtvertrag vor. Nun hat zwar der Senat (RGZ. Bd. 105 S. 292) ausgesprochen: „Wenn das Gesetz zur Gültigkeit einer rechtsgeschäftlichen Willenserklärung die schriftliche Erklärung vorschreibt, so muß die von dem Aussteller unterzeichnete Urkunde zum mindesten den wesentlichen rechtlichen Inhalt derjenigen Willenserklärung enthalten, deren schriftliche Niederlegung das Gesetz erfordert. Die Unterzeichnung eines Schriftstückes, aus dessen Inhalt für sich allein nicht ersichtlich ist, welche Erklärung abgegeben werden soll, das erst im Zusammenhalt mit anderen, darin in Bezug genommenen Schriftstücken die abgegebenen Erklärungen erkennen läßt, genügt nicht zur Wahrung der gesetzlich erforderten Schriftform", aber in dem damals entschiedenen Falle war das in Bezug genommene Schriftstück der unterzeichneten Urkunde nicht unmittelbar beigefügt gewesen. Hier ist das aber der Fall, und zwei so verbundene Schriftstücke bilden in der Tat eine Einheit, was ja auch der schon erwähnte § 176 Abs. 2 FGG. anerkennt. Die Unterschrift unter der Haupturkunde deckt auch den gesamten Inhalt der damit verbundenen Anlage. Der Pachtvertrag vom 5. August 1916 ist deshalb als in der gesetzlichen Schriftform abgeschlossen anzusehen. Damit steht fest, daß der Beklagte damals den jetzt von ihm im Rechtsstreit beanspruchten Teil des L.'er Jagdbezirks gültig angepachtet hat.

Der Kläger zu 2 leitet sein Recht von dem Beklagten ab. Er hat mit diesem und mit M. den Gesellschaftsvertrag vom 9. November 1916 abgeschlossen, der nach den oben entwickelten Grundsätzen eine Weiterverpachtung darstellt. Dieser Weiterverpachtung hat weder der Jagdvorsteher zugestimmt, noch hat der Kreisausschuß sie genehmigt. Der Vertrag vom 9. November 1916 hat beiden Stellen überhaupt nicht vorgelegen. Was geschehen ist, beschränkt sich auf folgendes: Der Kläger zu 2 hat gebeten, ihn als Mitpächter des Beklagten einzutragen, dem hat der Jagdpächter zugestimmt, das hat der Kreisausschuß genehmigt, darauf ist dann die — rechtlich ganz unerhebliche — Eintragung des Klägers zu 2 in die Pächterliste bewirkt worden. Mit diesen Maßnahmen sind die gesetzlichen Formvorschriften für eine Weiterverpachtung nicht erfüllt worden. Diese Vorschriften zielen darauf ab, daß die Nächstbeteiligten und die sachkundigen Stellen den Vertrag über die Weiterverpachtung prüfen und dabei feststellen, ob die getroffenen Abreden eine übermäßige Ausnützung der Jagd, eine zu große Belästigung der Jagdgenossen oder sonstige Unzuträglichkeiten befürchten lassen. Ein Vertrag, den die berufenen Stellen überhaupt nicht gesehen haben, kann von ihnen nicht in rechtsverbindlicher Weise mit Zustimmung oder Genehmigung versehen werden. Wollte man aber selbst anderer Meinung sein, so decken sich doch vorliegend die Zustimmung und die Genehmigung nicht mit den Abreden der Beteiligten. Nach dem Vertrage sollte der Kläger nur zu $^1/_3$ Mitpächter werden. Davon hat er in seinem Eintragungsantrag nichts erwähnt; dieser geht auf einfache Eintragung als Mitpächter, d. h. also auf Eintragung als Mitpächter zur Hälfte. Nur dieser Antrag hat die Zustimmung des Jagdvorstehers und die Genehmigung des Kreisausschusses gefunden, nicht das, was die Beteiligten wirklich vereinbart hatten. Dieser Unterschied ist im gegenwärtigen Falle um so erheblicher, als der wirklich am 9. November 1916 abgeschlossene Vertrag keine Aussicht hatte, vom Jagdvorsteher und vom Kreisausschuß gebilligt zu werden. M. war Ausländer, Holländer, und an Ausländer durfte nach den vom Jagdvorsteher aufgestellten, vom Landrat genehmigten Bedingungen, wie sie der Verpachtung vom 5. August 1916 zugrunde gelegt und in fortdauernder Geltung geblieben waren, überhaupt nicht verpachtet werden. Bei dieser Sachlage kann keinesfalls angenommen werden, daß die Weiterverpachtung auch an M. die Zustimmung und Genehmigung von Jagdvorsteher und Kreisausschuß gefunden hat. Wenn der Vertrag vom 9. November 1916 aber nicht in seinem vollen Umfang genehmigt worden ist, dann ist er gar nicht genehmigt worden. Für die Genehmigung eines Teils des Vertrags

— die übrigens nach § 4 Satz 2 des Vertrags auch den Absichten der Beteiligten nicht entsprochen hätte — sind zuverlässige Anhalts-haltspunkte nicht gegeben. Damit fallen die Ansprüche des Klägers zu 2.

Auch der Kläger zu 1 leitet seine Rechte von dem Beklagten her. Mit ihm ist aber ein schuldrechtlicher Vertrag über die Weiterverpachtung in schriftlicher Form niemals abgeschlossen worden. In der Verhandlung vor dem Bürgermeisteramt vom 13. September 1919, in welcher der Kläger zu 2 nach der Feststellung des Berufungsrichters als Bevollmächtigter des Beklagten aufgetreten ist, sind nur Erklärungen beurkundet worden, welche die dingliche Übertragung des Jagdrechts durch den Beklagten auf den Kläger zu 1 zum Gegenstand haben. Wenn man das Geschehene mit dem Verkauf und der Auflassung eines Grundstücks vergleicht — entsprechend den dafür geltenden, für die Jagdpacht aber nicht in Frage kommenden, Vorschriften scheint die Übertragung der Jagdrechte tatsächlich gehandhabt worden zu sein —, so ist am 13. September 1919 die Auflassung, aber nicht der Kaufvertrag beurkundet worden. Wie zu einem Kaufvertrag der Verkäufer, der Käufer, der Kaufgegenstand und der Kaufpreis gehören, so gehören zu einem Pachtvertrag, auch zu einem Weiterpachtvertrag, der Verpächter, der Pächter, der Pachtgegenstand und das Entgelt. Als Entgelt für die Übertragung der Pachtrechte vom Beklagten an den Kläger zu 1 sind unstreitig 7000 *M* vereinbart worden. Über diese wesentliche Abrede schweigt das Protokoll vom 13. September 1919 vollständig. Schon deshalb ist darin der schuldrechtliche Weiterpachtvertrag nicht beurkundet worden, es kommt nicht darauf an, ob der Kläger zu 1 damals noch weitere Verpflichtungen übernommen hat, wie der Beklagte behauptet. Es fehlt also an der Schriftlichkeit des vom Beklagten mit dem Kläger zu 1 vereinbarten Weiterpachtvertrags und damit fallen auch die Ansprüche des Klägers zu 1.

Das Ergebnis ist, daß der Beklagte wohl Pächter des streitigen Jagdrechts geworden ist, die Kläger aber keinerlei Rechte daran erworben haben. Danach ist die Klage abzuweisen und der Widerklage stattzugeben. Das allerdings kann der Beklagte nicht verlangen, daß die Kläger ihm den Besitz des Jagdbezirks einräumen. Nach der feststehenden Rechtsprechung des Reichsgerichts ist Gegenstand der Jagdpacht das Jagdrecht, nicht das Grundstück oder der Jagdbezirk. Eine Übergabe der Ländereien wird nicht vorgenommen, der Pächter „besitzt“ sie nicht, RGZ. Bd. 70 S. 72, Bd. 98 S. 102. Auch die Kläger haben also nicht den Besitz an dem streitigen Jagdbezirk, sie können ihn dem Beklagten deshalb auch nicht einräumen. Einer besonderen Abweisung des Beklagten bedurfte es insoweit aber nicht. Sachlich unterliegt er auch nicht teilweise. Seine übrigen Widerklaganträge bringen seine Ansprüche schon in genügender und klarer Weise zum

Ausdruck. Zur Zahlung von 7000 ℳ hat sich der Beklagte selbst erboten. Insofern hat er seine Anträge freiwillig eingeschränkt. Diesen eingeschränkten Anträgen war ohne weiteres zu entsprechen. Ein Zurückbehaltungsrecht war von den Klägern nicht geltend gemacht worden.

---

85. Hat die Option gemäß Art. 91 Abs. 3 des Versailler Vertrags rückwirkende Kraft?

III. Zivilsenat. Urt. v. 30. November 1923 i. S. Deutsches Reich (Bekl.) w. Sch. (Kl.). III 313/23.

I. Landgericht III Berlin. — II. Kammergericht daselbst.

Der Kläger, ein früherer preußischer Lokomotivführer, der seit 1894 in Thorn wohnte und dort stationiert war, wurde am 1. Juli 1917 in den Ruhestand versetzt. Nachdem er am 22. November 1920 für Deutschland optiert hatte, verlegte er am 15. Dezember 1920 seinen Wohnsitz nach Köslin, wo er am 6. Januar 1922 eine nochmalige Optionserklärung in dem erwähnten Sinne abgab. Er erhielt sein Ruhegehalt auf die Zeit vom 1. April bis Ende 1920 in polnischer Währung ausgezahlt. Mit der Klage forderte er Nachzahlung des Unterschieds, der sich bei Berechnung der Ruhegehaltsbezüge in deutscher Währung ergibt. Das Landgericht erklärte den Anspruch dem Grunde nach für gerechtfertigt. Die Berufung des Beklagten blieb erfolglos. Auf seine Revision wurde das Berufungsurteil aufgehoben und die Klage abgewiesen.

Gründe:

Das Oberlandesgericht gelangt zur Zurückweisung der Berufung des Beklagten aus folgenden Erwägungen: Zwar habe der Kläger gemäß Art. 91 Abs. 1 des Versailler Vertrags mit dem Tage des Inkrafttretens, dem 10. Januar 1920, von Rechtswegen die polnische Staatsangehörigkeit unter Verlust der deutschen erworben. Diese Rechtsfolge sei jedoch durch die Optionserklärung mit rückwirkender Kraft, also dergestalt wieder aufgehoben worden, daß der Kläger so behandelt werden müsse, als sei er in der Zwischenzeit Deutscher geblieben. Es sei demnach auch das Ruhen des Pensionsanspruchs, welches mit dem Verlust der Reichsangehörigkeit nach § 27 Nr. 1 des preußischen Pensionsgesetzes vom 27. März 1872 in seiner jetzt geltenden Gestalt zunächst verbunden gewesen sei, für die Zeit vom 1. April bis Ende 1920 hinfällig geworden, und dem Kläger stehe deshalb für diese Zeit das Recht auf Gewährung von Ruhegehalt in deutscher Währung zu.

Die Revision greift die den Kernpunkt dieser Ausführungen bildende Annahme, daß durch die Option der Wechsel der Staatsangehörigkeit nach rückwärts aufgehoben worden sei, mit gutem Grund an. Die Option stellt sich in ihrer ursprünglichen Gestalt lediglich als ein Mittel zum Ausgleich der Härten dar, welche sich daraus ergeben, daß bei Abtretung der Gebietshoheit über Teile eines Staatsgebiets die dort wohnhaften Angehörigen des abtretenden Staates ohne weiteres solche des erwerbenden werden. Gegenüber dieser ohne die Willensentschließung der Bewohner sich vollziehenden Veränderung wurde mit der auch im Völkerrecht fortschreitenden Anerkennung des Rechts der Persönlichkeit das Bedürfnis empfunden, dem Recht der Selbstbestimmung über den Staatsverband, dem der einzelne angehören will, zur Geltung zu verhelfen. Unter der Einwirkung dieses Grundgedankens der Option bildete sich die Rechtsansicht heraus, die Änderung der Staatsangehörigkeit sei mit der auflösenden Bedingung behaftet zu denken, daß die von ihr ergriffenen Personen sich für das Verbleiben im alten Staatsverband entscheiden würden. Dies war die Bedeutung der Rückwirkung der Option. Die neuere Entwicklung hat indessen dazu geführt, daß das Rechtsinstitut noch einem anderen Zwecke dienstbar gemacht wurde. Namentlich ist dies in den zum Abschluß des Weltkriegs errichteten Friedensverträgen und der aus diesem Anlaß entstandenen Gesetzgebung geschehen. So ist in Art. 80 des mit Österreich geschlossenen Friedens von St. Germain Personen, welche das Heimatsrecht in einem früheren zur österreich-ungarischen Monarchie gehörenden Gebiet besitzen und dort nach Sprache und Rasse von der Mehrheit der Bevölkerung verschieden sind, das Recht verliehen, für einen der dort bezeichneten Staaten zu optieren, wenn die Mehrheit der Bevölkerung des betreffenden Staates der gleichen Rasse angehört und die nämliche Sprache spricht wie die optierende Person. Ferner ist in Art. 91 Abs. 4 und Art. 85 Abs. 1 Satz 2 des Versailler Vertrags deutschen Staatsangehörigen polnischer und tschechoslowakischer Nationalität, in Art. 40 des Friedens von Neuilly bulgarischen Staatsangehörigen serbischer Nationalität ein Optionsrecht für den Staat ihrer Nationalität eingeräumt. Diese Erweiterung des Anwendungsgebiets der Option nötigt bei der Einheitlichkeit ihrer rechtlichen Natur dazu, auch in den Fällen, in welchen der Staatsangehörigkeitswechsel neben einem Gebietswechsel einhergeht, die Wirkungen der Optionserklärung unter Ausschluß ihrer Rückbeziehung erst mit dem Tage eintreten zu lassen, an dem sie vollzogen wird. In § 4 Abs. 2 der Minoritätsverträge zwischen den Ententehauptmächten und Polen sowie der Tschechoslowakei vom 28. Juni und 10. September 1919, in § 6 des tschechoslowakischen Staatsangehörigkeitsgesetzes vom 9. April 1920 und in Art. 9 der polnischen Optionsordnung vom 13. Juli 1920 ist diese Rechtsanschauung zu unzweideutigem Ausdruck gelangt. Der Wortlaut der Art. 36 Abs. 1, 37 Abs. 1, 84, 85 Abs. 1, 91 Abs. 1 und 2, 112, 113 Abs. 1 des Versailler Vertrags gewährt für sie mindestens insofern eine erhebliche Unterstützung, als die in früheren Staatsverträgen — s. den Wiener Vertrag vom 30. Oktober 1864 Art. 19 und den Frankfurter Vertrag vom 10. Mai 1871 Art. 2 — übliche, auf die Rückwirkung hinweisende Fassung der Optionsklausel, daß den Optanten ihre Staatsangehörigkeit „erhalten" (maintenue oder conservée) bleibe, aufgegeben worden ist. An ihrer Stelle ist eine Ausdrucksweise gewählt worden, welche die Annahme rechtfertigt, daß der mit der Abtretung der Gebietshoheit verbundene Verlust der bisherigen Staatsangehörigkeit als endgültig und die Folge der Option als deren Wiedererwerbung gedacht ist. Es darf hinzugefügt werden, daß diese Art der Regelung den Vorzug der Einfachheit für sich hat. Denn die folgerichtige Durchführung der Rückwirkung muß dazu führen, daß die während des vorübergehenden Erwerbs der neuen Staatsangehörigkeit vollzogenen Rechtsakte, soweit nicht die Grundsätze über den gutgläubigen Erwerb usw. entgegenstehen, ihrer Wirkung wieder beraubt und daß verwickelte, schwer zu entwirrende Rechtslagen geschaffen werden. Aus alledem ergibt sich zugleich, daß den Umständen, auf welche der Berufungsrichter bei seiner gegenteiligen Ansicht Wert legt, nämlich der Rücksicht auf das Selbstbestimmungsrecht der im abgetretenen Gebiet wohnenden Bevölkerung und dem Inhalt von Art. 2 des Frankfurter Friedens, keine durchschlagende Bedeutung für die Beantwortung der zu entscheidenden Frage beizumessen ist. Der § 25 des Reichs- und Staatsangehörigkeitsgesetzes vom 22. Juli 1913 aber, wonach ein Deutscher, der im Inland weder seinen Wohnsitz noch seinen dauernden Aufenthalt hat, seine Staatsangehörigkeit mit dem Erwerb einer ausländischen nur verliert, wenn dieser auf Antrag erfolgt ist, bietet für die Rechtsmeinung des Vorderrichters keinen Stützpunkt dar, weil der Versailler Vertrag durch das Reichsgesetz vom 16. Juli 1919 Bestandteil der innerstaatlichen Rechtsordnung geworden ist und als jüngeres Reichsgesetz dem Staatsangehörigkeitsgesetz vorgeht.

Die hieraus folgende Berechtigung des Beklagten zur Einziehung des Ruhegehalts würde gemäß § 29 Abs. 2 des Pensionsgesetzes vom 27. März 1872 nur bis Ende November 1920 gedauert haben, wenn schon die erste Betätigung des Optionsrechts durch den Kläger am 22. November 1920, der die zweite Ausübung unstreitig erst am 6. Januar 1922 folgte, wirksam gewesen wäre. Es muß ihr jedoch der rechtliche Erfolg abgesprochen werden. Die polnische Regierung hat ihre Mitwirkung zu der von der deutschen Regierung in Vorschlag gebrachten Regelung der Option versagt und einseitig die Optionsordnung vom 13. Juli 1920 erlassen. Die deutsche Regierung hat sich dadurch genötigt gesehen, ebenfalls einseitig die Angelegenheit zu regeln, und zu diesem Zwecke die Optionsordnung vom 3. Dezember 1921 (RGBl. S. 1491) aufgestellt. Am 22. November 1920 war hiernach die Möglichkeit einer Optionserklärung gegenüber den deutschen Behörden noch nicht gegeben. Sollte der Kläger aber die damalige Erklärung an eine nach der polnischen Optionsordnung zuständige Behörde gerichtet haben, so wäre sie wirkungslos geblieben, da die Formen, deren Beobachtung für den Wiedererwerb der deutschen Reichsangehörigkeit zu beobachten waren, von der polnischen Regierung mit verbindender Kraft auch für das deutsche Rechtsgebiet nicht einseitig, sondern nur im Wege des Übereinkommens mit der deutschen Regierung geordnet werden konnten.

---

86. Wird bei Verlängerung des Mietverhältnisses durch Anordnung des Mieteinigungsamts zugleich ein im Mietvertrage festgesetzter Zeitraum für die Ausübung eines darin bestellten Ankaufsrechts verlängert?

V. Zivilsenat. Urt. v. 1. Dezember 1923 i. S. Frankfurter Mutterschutz E. V. (Kl.) w. R. u. Gen. (Bekl.). V 216/23.

I. Landgericht Frankfurt a. M. — II. Oberlandesgericht daselbst.

Die Beklagten haben durch einen notariellen Vertrag vom 21. Februar 1914 dem klagenden Verein ein Hausgrundstück für die Zeit vom 1. April 1914 bis zum 31. März 1919 vermietet; in § 3 des Vertrags war eine einjährige Kündigungsfrist vereinbart und ferner bestimmt, daß der Vertrag, falls er von keiner Seite gekündigt werde, unter den gleichen Bedingungen jeweils auf ein Jahr fortgesetzt werde. In § 7 räumten die Beklagten dem Kläger für die Dauer des Mietvertrags ein Ankaufsrecht ein. Durch Schreiben vom 9. März 1920 kündigten sie den Vertrag unter Beifügung einer vorläufigen Genehmigung des Mieteinigungsamtes zum 31. März 1921. Am 20. Dezember 1920 erklärte der Kläger zu notariellem Protokoll, daß er von dem Ankaufsrechte Gebrauch mache und das Kaufangebot vom 21. Februar 1914 annehme. Durch einen Beschluß vom 4. Januar 1921 versagte das Mieteinigungsamt die Genehmigung der Kündigung.

Der Kläger verlangt nunmehr klagend die Auflassung des Grundstücks. Das Landgericht gab der Klage statt. Das Oberlandesgericht wies sie ab. Die Revision des Klägers blieb ohne Erfolg.

Gründe:

Der Mietvertrag der Parteien begann nach § 3 das. am 1. April 1914 und dauerte bis zum 31. März 1919. Nach § 564 Abs. 1 BGB.

endigt das Mietverhältnis mit dem Ablauf der Zeit, für die es eingegangen ist. Zur Herbeiführung dieser Endigung bedarf es somit nicht einer Kündigung im Sinne des Gesetzes, wie sie in Abs. 2 a. a. O. für den Fall vorgesehen ist, daß die Mietzeit nicht bestimmt ist. In Mietverträgen, die auf bestimmte Zeit geschlossen sind, findet sich zwar häufig (so auch im vorliegenden Fall) die Bestimmung, daß der Vertrag, wenn er nicht bestimmte Zeit vor seinem Ablaufe „gekündigt" werde, sich auf gewisse Zeit fortsetze. Diese „Kündigung" stellt aber nicht eine solche im Sinne des Gesetzes dar, die ein Vertragsverhältnis beendigen soll, weil der Ablauf hier ohnehin schon im Vertrag festgesetzt ist und ohne Kündigung von selbst eintritt; sie ist vielmehr als die Erklärung zu verstehen, daß die Fortsetzung des Vertragsverhältnisses, der Abschluß eines bereits in Aussicht genommenen dahin gehenden weiteren Vertrags abgelehnt werde (RGZ. Bd. 86 S. 62; Bd. 97 S. 81). Eine solche Erklärung der Verlängerungsverweigerung bedarf zu ihrer Verbindlichkeit keiner Mitwirkung oder Genehmigung des Mieteinigungsamtes (Warn. 1922 Nr. 117).

Im vorliegenden Falle haben die Beklagten unstreitig durch ein Schreiben vom 9. März 1920 den Mietvertrag zum 31. März 1921 „gekündigt" und damit nach den vorstehenden Erörterungen die Fortsetzung des Vertragsverhältnisses über den 31. März 1921 rechtswirksam abgelehnt. Damit erlangten sie allerdings noch nicht die Befugnis, vom 1. April 1921 ab über die Mieträume frei anderweitig zu verfügen. Dem stand die MieterSchutzVO. vom 23. September 1918 mit ihren Nachträgen vom 22. Juni 1919 und 11. Mai 1920 entgegen (das Reichsgesetz über Mieterschutz usw. vom 1. Juni 1923 kommt vorliegend noch nicht in Betracht). In dieser VO. war nicht nur bei Kündigungen im Sinne des Gesetzes eine Mitwirkung des Mieteinigungsamts vorgesehen. Letzteres war vielmehr nach § 2 Abs. 1 Nr. 1b das. befugt, auf Anrufen des Mieters auch ein ohne Kündigung ablaufendes Mietverhältnis jeweils bis zur Dauer eines Jahres zu verlängern. Weiter konnte nach § 6 das. die Landeszentralbehörde (deren Befugnisse in Preußen auf Grund des § 12 der Bekanntmachung durch Nr. 7 des Erlasses des Staatskommissars für das Wohnungswesen vom 24. September 1918 auf die Regierungspräsidenten und für Berlin auf den Oberpräsidenten übertragen sind) anordnen, daß ein ohne Kündigung ablaufendes Mietverhältnis als auf unbestimmte Zeit verlängert galt, wenn der Vermieter nicht vorher die Zustimmung des Einigungsamtes zu dem Ablauf erwirkt hatte; in diesem Falle konnte nach Abs. 2 das. das Einigungsamt bei seiner Entscheidung die Fortsetzung oder die Verlängerung des Mietverhältnisses gleichfalls jeweils bis zur Dauer eines Jahres bestimmen. Die von ihm dabei getroffenen Bestimmungen gelten als vereinbarte Bestimmungen des Mietvertrags.

Für den vorliegenden Fall hat das Oberlandesgericht angenommen, daß der Beschluß des Mieteinigungsamtes vom 4. Januar 1921 wohl als die Anordnung einer Verlängerung des Mietverhältnisses bis zur Dauer eines Jahres im Sinne des § 2 Abs. 1 Nr. 1b der Bekanntmachung aufzufassen sei. Es mag zweifelhaft sein, ob eine solche Auffassung wirklich geboten war oder ob nicht vielmehr bei der rein negativen Fassung des Beschlusses, durch den das Einigungsamt die Zustimmung zur Kündigung versagte, die Annahme näher liegt, daß darin die Verweigerung der in § 6 Abs. 1 Nr. 2 bezeichneten Zustimmung zu erblicken ist. Eine Stellungnahme dazu ist dem Reichsgericht um so weniger möglich, als bisher weder von den Parteien behauptet noch vom Berufungsgericht festgestellt ist, daß für Frankfurt a. M. eine Anordnung gemäß § 6 ergangen ist. Für die hier zu treffende Entscheidung kommt es darauf jedoch nicht maßgebend an. Denn diese Anordnung des Mieteinigungsamtes konnte in jedem Falle nur eine Verlängerung des Mietverhältnisses herbeiführen, d. h. der Verpflichtungen einerseits des Vermieters, dem Mieter den Gebrauch der vermieteteten Räume auf gewisse Zeit zu gewähren, anderseits des Mieters, den Vermietern den bestimmten Mietzins zu entrichten (§ 535 BGB.). Die MieterschutzVO. sollte dem starken Wohnungsbedürfnis und der Wohnungsnot, wie sie seit der Kriegszeit sich entwickelt hatte, steuern, den Mieter vor Obdachlosigkeit und vor Ausbeutung seiner Zwangslage durch den Vermieter schützen. Sie diente dem Schutze der Wohnstätte, des Heims des einzelnen und sollte diesen gegen Entziehung oder ungerechtfertigte Verteuerung seiner Wohnung sichern (RGZ. Bd. 103 S. 272). Das Mieteinigungsamt war im Rahmen dieser Aufgabe zu jeder mit ihrer Lösung im inneren ursächlichen Zusammenhang stehenden Regelung befugt (RGZ. Bd. 101 S. 116); es konnte somit durch seine Entscheidung eine Rechtslage herbeiführen, die die gleiche war, als wenn die Parteien freiwillig einen neuen Mietvertrag mit dem Inhalte des früheren vereinbart hätten (Warn. 1922 Nr. 117). Aber das alles betrifft, dem Ziele und der Absicht der Mieterschutzverordnung entsprechend, nur das Mietverhältnis selbst, nicht auch andere rechtliche Verpflichtungen, namentlich solche hinsichtlich der Übereignung des Grundstücks, die in dem früheren Vertrage ferner noch begründet waren. Eine Verlängerung des Mietverhältnisses durch das Mieteinigungsamt führt nicht zugleich, wider den Willen des Eigentümers, die Verlängerung des für die Ausübung eines Ankaufsrechts festgesetzten Zeitraumes herbei. Eine Verlängerung auch dieses Zeitraumes gegen den Willen des Eigentümers würde nicht nur weit über die Zwecke und Ziele der Mieterschutzbestimmung hinausgehen, sondern sogar auf eine Enteignung des Grundstückseigentümers hinauslaufen. Daß der Gesetzgeber auch eine solche beabsichtigt hätte, ist aus den nur dem Schutz des Mieters als solchen dienenden Vorschriften der Bek. vom 23. September 1918 nicht zu entnehmen.

Es fehlt weiter jeder Anhalt dafür, daß die Parteien das in § 7 ihres Vertrags vom 21. Februar 1914 bestellte Ankaufsrecht für den Kläger beim Vertragsschluß auch für den, damals gar nicht voraussehbaren, Fall hätten begründen wollen, daß die Beklagten einmal durch gesetzliche Maßregeln genötigt sein würden, dem Kläger die Mieträume über die damals geregelte Vertragszeit hinaus zu belassen. Sinn und Zweck der Vereinbarung des Ankaufsrechts in diesem Vertrag war vielmehr, wie das Berufungsgericht rechtlich bedenkenfrei feststellt, der, dem Kläger die Möglichkeit zu verschaffen, sich den Besitz der Mietsache für die Dauer durch Erwerb des Eigentums zu erhalten, wenn die Beklagten einmal zur Fortsetzung des Mietverhältnisses unter den Bedingungen des Vertrags von 1914 nicht mehr bereit sein sollten. Für diesen Fall war dadurch, daß die Kündigungsfrist im § 3 auf 1 Jahr festgesetzt, anderseits dem Kläger im § 7 das Recht gegeben war, noch spätestens bis 6 Monate vor dem Ablauf der Vertragszeit die Rechte aus dem Ankaufsrecht geltend zu machen, dem letzteren die Möglichkeit gewährt, sich noch während eines halben Jahres nach der Kündigung über die Ausübung dieses Rechtes schlüssig zu machen. Spätestens 6 Monate vor dem Zeitpunkt, zu welchem die Beklagten die Fortsetzung des Mietverhältnisses verweigerten, mußte aber das im § 7 bestellte Ankaufsrecht in notarieller Form geltend gemacht werden. Diese Frist hat der Kläger nicht gewahrt.

Sein Versuch, aus dem Verhalten der Beklagten vor dem Mieteinigungsamt ihre stillschweigende Zustimmung zur Fortsetzung des alten Vertrags zu folgern, geht fehl. Das Berufungsgericht hat rechtlich bedenkenfrei die Möglichkeit abgelehnt, das Verhalten der Beklagten in diesem Sinne zu deuten; im übrigen würde eine solche stillschweigende Vereinbaruug schon mangels Beobachtung der in § 313 BGB. vorgeschriebenen Form nicht ausreichen, um eine Verpflichtung der Beklagten zur Übereignung des Grundstücks, wie sie das Ankaufsrecht darstellt, zu begründen.

---

87. Zum Begriff Rechtsverhältnis im Sinne des § 256 ZPO.

I. Zivilsenat. Urt. v. 5. Dezember 1923 i. S. M. W. (Kl.) w. Reichseisenbahnfiskus (Bekl.). I 842/22.

I. Landgericht Verden. — II. Oberlandesgericht Celle.

Die Klägerin versandte regelmäßig mit der Eisenbahn Tabakwaren und benutzte zur Verpackung doppelwandige Pappkartons mit plombierter Verschnürung. Als sie im Jahre 1921 solche wieder auf der Güterabfertigungsstelle in B. aufliefern wollte, machte diese die Annahme davon abhängig, daß auf den Frachtbrief der Vermerk gesetzt wurde: „In Pappkartons verpackt, mangelhaft". Eine Beschwerde der Klägerin hiergegen wurde von der Eisenbahndirektion zurückgewiesen. Mit der Klage beantragt die Klägerin, festzustellen, daß der Reichseisenbahnfiskus nicht berechtigt sei, die von ihr in der bezeichneten Weise verpackten Tabaksendungen bei Auflieferung abzulehnen oder zu verlangen, daß sie den obengenannten Vermerk auf den Frachtbrief setze, wofern das von der Klägerin angewandte Packmaterial an sich mangelfrei sei; hilfsweise, den Beklagten zu verurteilen, derartige Sendungen unbeanstandet zu befördern. Später stellte sie noch den weiteren Hilfsantrag, festzustellen, daß der Beklagte nicht berechtigt gewesen sei, bei der Annahme bestimmter, in den Jahren 1920 und 1921 von der Klägerin aufgegebener Sendungen mit Rücksicht auf ihre Kartonverpackung das Anerkenntnis mangelhafter Verpackung zu verlangen. Beide Vorinstanzen wiesen die Klage ab. Die Revision der Klägerin blieb erfolglos.

Gründe:

Das Landgericht hatte die Klagabweisung auf § 62 EVO. gestützt; das Oberlandesgericht dagegen hat, ohne auf die materielle Prüfung des Sachverhalts einzugehen, die gestellten Anträge für verfahrensrechtlich unzulässig erklärt.

Letzterer Anschauung ist beizutreten. Der Rechtsschutz, der auf dem Wege der Feststellungsklage gewährt wird, ist kein beliebiger, sondern im § 256 ZPO. genau umschrieben. Voraussetzung ist hiernach das Bestehen eines Rechtsverhältnisses, das den Gegenstand des Streits der Parteien abgibt. Unter Rechtsverhältnis im Sinne der genannten Gesetzesvorschrift sind die Beziehungen einer Person zu einer anderen zu verstehen, die als Rechtsfolge aus einem konkreten Tatbestand erfließen. Die allgemeine Verpflichtung der Eisenbahn, Güter anzunehmen und zu befördern, stellt kein solches konkretes Rechtsverhältnis zwischen ihr und denjenigen Personen dar, welche in Zukunft einmal der Bahn Güter zu übergeben beabsichtigen. Diese Verpflichtung bildet vielmehr nur die Grundlage zu künftigen Rechtsverhältnissen und ist rein abstrakter Natur. Erst wenn es zu einer bestimmten Güterauflieferung kommt, erhält die abstrakte Verpflichtung der Bahn eine konkrete Gestaltung. Je nachdem sich diese anläßt, kann und muß sich die Bahn schlüssig machen, ob und unter welchen Voraussetzungen sie ihren in § 453 HGB. festgesetzten Verpflichtungen nachzukommen hat. Wenn es hierzu im Einzelfall gekommen ist, kann von einem konkreten Rechtsverhältnis gesprochen werden. Es ist demnach zutreffend, wenn das Oberlandesgericht das Begehren der Klägerin als ein Verlangen nach einer allgemeinen Entscheidung einer Rechtsfrage auffaßt. Ob für ein solches Begehren ein rechtliches Interesse besteht, ist gleichgültig. Soweit also der Hauptklagantrag in Frage steht, ist, ebenso wie für den dazu gehörigen Hilfsantrag, die Zulässigkeit mangels Bestehens eines Rechtsverhältnisses zu verneinen.

Insoweit der weitere Hilfsantrag sich auf bestimmte Auflieferungen aus den Jahren 1920 uud 1921 stützt, würde es sich um konkrete Rechtsverhältnisse handeln. Hier mangelt es aber an dem Erfordernis des rechtlichen Interesses an alsbaldiger Feststellung. Die rechtlichen Beziehungen gehören in diesen Fällen der Vergangenheit an. Nun kann zwar ein der Vergangenheit angehöriges Rechtsverhältnis Gegenstand einer Feststellung sein, aber nur dann, wenn es als Element eines darauf gestützten Anspruchs in Betracht kommt, oder der Anspruch darauf gestützt werden könnte (RG.Urteile I 16/00, I 92/04, I 10/04).

Das ist hier wiederum nicht der Fall. Die Klägerin hat nicht dargelegt, inwiefern aus der Ablehnung der Annahme in den Jahren 1920 und 1921 ihr noch Rechte zustehen sollen. Die mögliche Gefahr, bei künftigen ähnlichen Auflieferungen wieder Zurückweisung gewärtigen zu müssen, kann nicht dazu dienen, das frühere Rechtsverhältnis als Element eines darauf gestützten Anspruchs erscheinen zu lassen oder den Anspruch darauf zu stützen. Denn in Wirklichkeit handelt es sich um zwei verschiedene Rechtsverhältnisse, von denen das eine, konkrete, der Vergangenheit angehört, und das andere erst in Zukunft entstehen soll, ohne daß innere rechtliche Beziehungen zwischen beiden obwalten.

---

88. 1. Kann die Unzulässigkeit des Rechtswegs im Laufe des Rechtsstreits geheilt werden?
2. Kann eine beschränkt persönliche Haftung des Schiffseigners nach § 114 des Binnenschiffahrtsgesetzes für einen späteren Erwerber des Schiffes entstehen?

I. Zivilsenat. Urt. v. 12. Dezember 1923 i. S. Gebr. K. (Bekl.) w. die Tyne-Tees Steam Shipping Co. Ltd. (Kl.). I 108/23.

I. Landgericht Hamburg, Kammer f. Handelssachen. — II. Oberlandesgericht das.

Die Klägerin verlangt von der Beklagten Schadensersatz aus einem Schiffszusammenstoß, welcher sich am 26. Mai 1913 im Hamburger Hafen ereignete und bei welchem der der Klägerin gehörende Dampfer „New Londoner“ beschädigt wurde. Die Beklagte ist Eigentümerin des Schleppdampfers „Walther“, welcher zur Zeit des Zusammenstoßes der Firma Gebr. K., einer offenen Handelsgesellschaft, gehörte. Nach der Behauptung der Klägerin hat dieser Schlepper den Zusammenstoß schuldhaft verursacht. Die Beklagte wird als Eigentümerin des Schleppers sowohl dinglich als auch beschränkt persönlich gemäß §§ 3, 4 Nr. 3, 102, 103, 114 BinnSchG. in Anspruch genommen. Sie erhebt den Einwand der Unzulässigkeit des Rechtswegs, weil den Vorschriften in Abschnitt III Art. 296 Anl. § 25 des Versailler Vertrags nicht genügt sei.

Die Vorinstanzen erklärten den Klaganspruch dem Grunde nach für berechtigt. Die Revision hatte keinen Erfolg.

Aus den Gründen:

... Dem Berufungsgericht ist darin zuzustimmen, daß in Fällen der fraglichen Art der ordentliche Rechtsweg für zulässig zu erachten ist, wenn nur die nach § 25 der Anlage zu Abschnitt III Artikel 296 des Versailler Vertrags erforderliche Bescheinigung des Gläubigeramts vor Schluß der maßgeblichen mündlichen Verhandlung vor dem Prozeßgericht vorliegt. Denn damit ist allem Genüge getan, was dem Sinn und Zweck der genannten Vorschrift entspricht. Anderseits zwingt der Umstand, daß nach der Zivilprozeßordnung die Zulässigkeit des Rechtswegs die begriffsnotwendige und von Amts wegen zu prüfende Voraussetzung für ein Tätigwerden der Gerichte überhaupt ist, keineswegs zu der Annahme, daß das Fehlen dieser Voraussetzung zur Zeit der Klagerhebung unter keinen Umständen im Laufe des Rechtsstreits geheilt werden könnte. Denn der Zeitpunkt der Klagerhebung ist von keiner unbedingt entscheidenden Bedeutung für die Frage, ob der Rechtsweg zulässig ist oder nicht. Dies ergibt sich schon daraus, daß eine im Laufe des Rechtsstreits eintretende, und zur Zeit der Schlußverhandlung noch bestehende Unzulässigkeit des Rechtswegs auch dann zu beachten ist, wenn zur Zeit der Klagerhebung der Rechtsweg statthaft war. Die Zulässigkeit des Rechtswegs ist eine rein prozessuale Voraussetzung, welche das Wesen des Klaganspruchs als solchen, wie er mit der Klagerhebung rechtshängig wird, nicht berührt. Liegt diese prozessuale Voraussetzung am Schluß der maßgeblichen mündlichen Verhandlung vor, so ist es unerheblich, ob sie zeitweise während des Rechtsstreits, sei es nach der Klagerhebung oder schon bei der Klagerhebung, nicht vorhanden gewesen ist. Dafür spricht auch der Umstand, daß die Mängel einer an der Unzulässigkeit des Rechtswegs gescheiterten Klage selbst nach der wegen dieser Unzulässigkeit erfolgten Klagabweisung noch geheilt werden können. Denn nach § 212 BGB. gilt die Unterbrechung der Verjährung durch Klagerhebung auch dann als erfolgt, wenn diese Klage wegen Unzulässigkeit des Rechtswegs rechtskräftig abgewiesen ist, falls nur binnen 6 Monaten nach dieser Klagabweisung eine zulässige Klage erhoben wird. Nach alledem ist die nach der Klagerhebung ausgestellte Bescheinigung des englischen

Gläubigeramtes vom 20. Februar 1920 für sich allein als genügend zu erachten.

Die Klage richtet sich 1. auf Verurteilung der Beklagten persönlich gemäß § 114 BinnSchG. zur Zahlung des Schadensbetrags, 2. auf Verurteilung der Beklagten als Eigentümerin des Schleppers gemäß §§ 103, 102 Nr. 5 BinnSchG. zur Duldung der Zwangsvollstreckung in dieses Schiff. Beide Klagansprüche sind von den Vorinstanzen dem Grunde nach für berechtigt erklärt worden. Das Berufungsgericht erörtert, daß die Firma Gebr. K., d. h. die frühere Eigentümerin des Schleppers, diesen nach dem Zusammenstoß auf neue Reisen geschickt habe. Hierauf kommt es aber für den gegenwärtigen Rechtsstreit nicht an, da die Klägerin die beschränkt persönliche Haftung der Beklagten ausschließlich darauf stützt, daß diese selbst den Schlepper mit Kenntnis der klägerischen Schiffsgläubigerforderung zu neuen Reisen ausgesandt habe, welch letzteres vom Berufungsgericht festgestellt worden ist. Die Frage, ob im Falle der Veräußerung des mit einem Schiffsgläubigerrecht belasteten Schiffes für den Erwerber, der in Kenntnis dieser Schiffsschuld das Schiff im Sinne von § 114 BinnSchG. zu einer neuen Reise ausgesandt hat, eine beschränkt persönliche Verpflichtung gemäß jener Vorschrift entstehen kann, ist zu bejahen und zwar auch dann, wenn für den früheren Schiffseigner bereits in gleicher Weise eine beschränkt persönliche Verbindlichkeit entstanden ist (Mittelstein Binnenschiffahrtsrecht I § 114 Anm. 2d; Mittelstein in Ehrenbergs Handbuch des Handelsrechtes Bd. 7, Abteilung 1 S. 60 § 11 Nr. 8; Schaps Seerecht, 2. Aufl. § 774 Anm. 2, 8, 11 Fußnote 1; a. M. Pappenheim, Handb. des Seerechts II § 24 S. 279 Anm. 1; Oberlandesgericht Hamburg in Hans. GZ. 1903 S. 293 Nr. 128). Denn die beschränkt persönliche Haftung des Schiffseigners nach § 114 gründet sich auf die mit dem Handeln des Schiffseigners verbundene Gefährdung des diesem Schiffseigner bekannten Schiffsgläubigerrechts, und diese Gefährdung entsteht, auch wenn sie schon bei dem früheren Schiffseigner eingetreten war, aufs neue und unter Umständen — bei inzwischen eingetretener Veränderung des Schiffswertes, der Zahl der Schiffsgläubiger usw. — in anderem Umfange bei dem seinerseits das Schiff in Kenntnis des Schiffspfandrechts auf neue Reisen sendenden späteren Schiffseigner.

Im landgerichtlichen Urteil ist auf den Einwand der Beklagten, daß den übrigen für den Schlepper in Betracht kommenden Schiffsgläubigern der volle Wert des Schiffes bezahlt sei, nicht weiter eingegangen, weil die Beklagte diesen Einwand gemäß § 114 Abs. 2 im Verfahren über die Höhe des Klaganspruchs beweisen müßte. Dieses Verhalten der Vorinstanz würde nicht für zulässig erachtet werden können, wenn den zweitinstanzlichen Ausführungen der Beklagten die

Behauptung zu entnehmen wäre: Der Wert, den der Schlepper hatte, als die Beklagte ihn in Kenntnis der Klagforderung auf eine neue Reise im Sinne von § 114 schickte, sei derart gewesen, daß bei einer Verteilung dieses Wertes unter die Schiffsgläubiger nach der gesetzlichen Rangordnung für die Klägerin nichts übrig geblieben wäre. Denn solchenfalls würde vor Klarstellung der Unbegründetheit dieses Einwandes trotz der Vorschrift in § 114 Abs. 2 für eine Zuerkennung des beschränkt persönlichen Klaganspruchs dem Grunde nach kein Raum sein. Die einschlägigen Angaben der Beklagten besagen aber nur, daß vor der hier maßgeblichen Zeit die Rechtsvorgängerin der Beklagten, die Firma Gebr. K., den damaligen Wert des Schleppers erschöpfende Zahlungen an andere Schiffsgläubiger geleistet habe. Damit ist aber eine genügende Unterlage für eine Behauptung der hier in Betracht kommenden Art nicht gegeben. Daß die angebliche Bezahlung der übrigen Schiffsgläubiger den Anspruch der Klägerin auf Duldung der Zwangsvollstreckung in das Schiff an sich nicht berührt, hat das Berufungsgericht zutreffend angenommen, und das ist von der Revision nicht beanstandet worden.

---

89. Ist für die Vollstreckung von Urteilen in der Schweiz und besonders im Kanton Zürich die Gegenseitigkeit verbürgt?

VI. Zivilsenat. Urt v. 8. Februar 1924 i. S. G. (Kl.) w. Faßindustrie-Ges. (Bekl.). VI 332/23.

I. Landgericht Hamburg. — II. Oberlandesgericht daselbst.

Der Kläger hat gegen die inzwischen im Handelsregister gelöschte Firma L. & K. in Hamburg, deren Geschäft mit Aktiven und Passiven von der jetzt Beklagten übernommen worden ist, vor dem Bezirksgericht in Zürich aus einem Kaufvertrag auf Zahlung von 7605,25 Schweizer Franken geklagt, nachdem er wegen dieses Betrags vorher einen Arrest in Waren der Schuldnerin erwirkt hatte, die auf dem Güterbahnhof in Zürich lagerten. Das Bezirksgericht hat durch Urteil vom 25. März 1920 der Klage stattgegeben. Dieses Urteil ist von dem Obergericht des Kantons Zürich und dem schweizerischen Bundesgericht bestätigt und damit rechtskräftig geworden.

Der Kläger hat nunmehr in Hamburg auf Vollstreckbarkeitserklärung des Züricher Urteils Klage erhoben. Das Landgericht erkannte nach dem Klagantrage, das Berufungsgericht wies die Klage ab, weil die Gegenseitigkeit nicht verbürgt sei.

Die Revision blieb ohne Erfolg.

Gründe:

Daß ein deutsches Gericht für eine Klage gegen einen Schweizer vom Standpunkte des schweizerischen Rechts unzuständig ist, wenn die Voraussetzungen des Art. 59 Abs. 1 schweiz. Bundesverf. v. 29. Mai 1874 vorliegen, es sich also um einen persönlichen Anspruch gegen einen zahlungsfähigen, in der Schweiz wohnhaften schweizerischen Schuldner handelt, zieht die Revision nicht in Zweifel und kann sie auch nicht in Zweifel ziehen. Denn wenn die Bundesverfassung einen schweizerischen Schuldner davor schützt, daß er in einem anderen Kanton als demjenigen seines Wohnsitzes belangt wird, so muß sie erst recht verbieten, daß ein solcher Schuldner vor einem ausländischen Gericht verklagt werden kann (Burckhardt, Komm. z. schweiz. Bundesverf. 2. Aufl. S. 559).

Die Revision will jedoch die Tragweite des Art. 59 auf die Frage der Zuständigkeit beschränken und hält es für verfehlt, aus ihm einen dem Kläger nachteiligen Schluß auf die Frage der Gegenseitigkeit zu ziehen. Ihre Rüge ist aber unbegründet.

Soweit sie den Art. 59 auf die Vollstreckung von Urteilen überhaupt nicht von Einfluß sein lassen will, kann sie damit nicht gehört werden, da das Berufungsgericht auf Grund der Auskunft des schweiz. Bundesgerichts vom 27. November 1922 ausdrücklich davon ausgeht, daß durch diese Vorschrift auch die Vollstreckung von Urteilen, besonders auch von deutschen Urteilen, betroffen wird, und diese Auslegung ausländischen Rechts der Nachprüfung des Revisionsgerichts entzogen ist (vgl. auch Burckhardt a. a. O. S. 559, 596, Haeger, Die Vollstreckung von Urteilen usw. im internat. Verkehr S. 89, Zeitschr. f. internat. Priv.- und öffentl. Recht Bd. 11 S. 137, Bd. 15 S. 449).

Im übrigen erkennt die Revision den Zusammenhang der Zuständigkeitsfrage mit der Urteilsvollstreckung tatsächlich auch selber an. Sie will nur aus Art. 59 gegen die Verbürgung der Gegenseitigkeit deshalb nichts entnehmen, weil durch ihn für die Vollstreckung deutscher Urteile keine anderen Voraussetzungen aufgestellt sind, als sie der § 328 Nr. 1 der deutsch. ZPO. für die Vollstreckung schweizerischer Urteile enthält. Dies aber ist unrichtig.

Der § 328 Nr. 1 schreibt vor, daß die Anerkennung eines ausländischen Urteils ausgeschlossen ist, wenn die Gerichte des Staates, dem das ausländische Gericht angehört, nach dem deutschen Gesetz nicht zuständig sind. Es kann also die Vollstreckung eines ausländischen Urteils in Deutschland nicht erfolgen, wenn nach deutschem Gesetz weder das erkennende noch irgendein anderes Gericht des ausländischen Staates zuständig war (RGZ. Bd. 70 S. 436, Bd. 75 S. 148). Die Einschränkung des schweizerischen Rechts in der Vollstreckung ausländischer Urteile geht aber weiter. Allerdings versagt es ausländischen und damit auch deutschen Urteilen, die persönliche Ansprüche betreffen, auch nur deshalb die Anerkennung, weil nach Art. 59 Bundesverf. wegen dieser Ansprüche kein ausländisches Gericht zuständig ist. Doch legt es durch den Art. 59 zugleich auch fest, daß die Zuständigkeit ausländischer Gerichte für persönliche Ansprüche gegen einen schweizerischen, in der Schweiz wohnhaften Schuldner im Ausland nicht begründet ist. Einen so weitgehenden Schutz der heimischen Gerichtsbarkeit kennt aber das deutsche Gesetz nicht. Zum mindesten ist den deutschen Staatsangehörigen nicht verfassungsmäßig gewährleistet, daß sie in dem angegebenen Umfange gegen die fremde Gerichtsbarkeit soweit geschützt sind, wie es die schweizerische Bundesverfassung durch Art. 59 für ihre Staatsangehörigen vorsieht. Dem kann auch nicht entgegengehalten werden, daß die Verschiedenartigkeit der Gesetzgebung zweier Länder in der Regelung der Gerichtszuständigkeit die Frage der Gegenseitigkeit nicht berührt, weil es für diese nicht darauf ankommt, ob die Zuständigkeitsnormen der beiden Länder sich im Einzelfalle decken. Denn nicht darum handelt es sich, daß gegen einen in der Schweiz wohnhaften schweizerischen Staatsangehörigen nach deutschem Recht die Zuständigkeit eines deutschen Gerichts begründet wäre, während unter den gleichen Umständen gegen einen auswärtigen Deutschen die Zuständigkeit eines schweizerischen Gerichts nach schweizerischem Recht fehlt, sondern das Entscheidende ist, daß durch den Art. 59 Bundesverf. die Anerkennung der ausländischen Gerichtsbarkeit gegenüber schweizerischen Staatsangehörigen wesentlich eingeschränkt ist und damit auch die Vollstreckung deutscher Urteile zum Nachteile deutscher Gläubiger ungünstig betroffen wird. Denn wenn Urteile wegen persönlicher Ansprüche in der Schweiz nur vollstreckt werden können, wenn sie im allgemeinen Gerichtsstande, d. h. vom Gericht des schweizerischen Wohnorts, erlassen sind, so ist damit die Vollstreckung deutscher Urteile in der Schweiz so gut wie ausgeschaltet. Es nützt dem deutschen Gläubiger namentlich auch nichts, daß er den in der Schweiz wohnhaften Schuldner wegen persönlicher Ansprüche in den Sondergerichtsständen der deutschen Zivilprozeßordnung verklagen kann, da die Urteile von den schweizerischen Gerichten doch nicht anerkannt werden.

Aus alledem ergibt sich, daß das schweizerische Recht, wenn es auch für die Anerkennung ausländischer Urteile abstrakt nicht schwerere Bedingungen aufstellt, als die deutsche Zivilprozeßordnung, auf Grund des Art. 59 Bundesverf. die Vollstreckbarkeit deutscher Urteile in erheblich geringerem Umfange ermöglicht, als das deutsche Recht die Vollstreckung schweizerischer Urteile. Unter solchen Umständen kann aber auch die Gegenseitigkeit nicht als verbürgt gelten, denn deren

Voraussetzung ist es gerade, daß die Prozeßlage für die deutschen Gläubiger in der Schweiz im allgemeinen d. h. grundsätzlich nicht ungünstiger ist, als für die schweizerischen Gläubiger in Deutschland (Haeger a. a. O. S. 137). Daß sich die Versagung der Vollstreckung nur auf Urteile wegen persönlicher Ansprüche bezieht, ändert an dem Ergebnis nichts. Denn wenn die Vollstreckung für einen so weiten Kreis deutscher Urteile in der Schweiz nicht erreicht werden kann, ist die Gleichmäßigkeit der Behandlung im eigenen und ausländischen Staat schon dadurch ausgeschlossen. Es kommt darum auch nicht darauf an, ob im gegebenen Falle nur ein persönlicher Anspruch geltend gemacht worden ist oder ein durch Pfand oder Zurückbehaltungsrecht gesicherter Anspruch vorgelegen hat.

Die Gegenseitigkeit ist aber nicht bloß durch den Art. 59 schweiz. Bundesverf., sondern für den Kanton Zürich besonders auch noch durch die zürcherische Zivilprozeßordnung vom 13. April 1913 ausgeschlossen. Denn diese enthält Vorschriften, welche die Vollstreckung ausländischer Urteile auf ganz andere Grundlage stellen als der § 328 der deutschen ZPO. Es ist zwar nichts abweichendes von § 328, wenn der § 377 der zürch. Prozeßordnung bestimmt, daß Urteile ausländischer Gerichte im Kanton Zürich vollstreckt werden können, wenn sie rechtskräftig sind und der auswärtige Staat Gegenrecht hält. Da aber zur Anerkennung der Rechtskraft nach § 107 der zürch. ZPO. nicht schon genügt, daß sie nach dem Recht des Heimatlandes rechtskräftig sind, sondern sie auch den für die Anerkennung der Rechtskraft vom zürcherischen Recht aufgestellten Bedingungen entsprechen müssen (Sträuli, Zürch. ZPO. zu § 377 S. 281), so besteht gegenüber dem deutschen Recht eine wesentliche Verschiedenheit in den Voraussetzungen der Vollstreckung. Schon daß für die Frage der formalen Rechtskraft des ausländischen Urteils nicht bloß das ausländische, sondern auch das zürcherische Recht maßgebend ist, bedeutet an sich eine wesentliche Abweichung vom deutschen Recht, da es nach diesem nur darauf ankommt, ob das zu vollstreckende Urteil nach dem Gesetz seines Landes, d. h. nach dem ausländischen Recht, rechtskräftig ist (§ 723 Abs. 2 der deutsch. ZPO.). Aber der Unterschied wird noch dadurch wesentlich verschärft, daß nach § 107 der zürch. ZPO. Entscheidungen ausländischer Gerichte hinsichtlich der Rechtskraft den zürcherischen nur dann gleichstehen, wenn die Zuständigkeit des erkennenden Richters sowohl nach dem ausländischen wie nach dem zürcherischen Recht vorhanden gewesen ist (Sträuli a. a. O. Note 2 zu § 107 S. 93). Denn hiernach hat das Züricher Gericht bei der Entscheidung über die Vollstreckung deutscher Urteile nicht bloß die Zuständigkeit des erkennenden Gerichts nach dem Rechte seines Landes zu prüfen, sondern auch zu entscheiden, ob der deutsche Richter nach deutschem Recht örtlich und sachlich zuständig gewesen ist. Damit aber weicht das zürcherische Recht erheblich von dem Standpunkt des deutschen Rechts ab, denn nach diesem hat sich das Gericht einer Prüfung des fremden Urteils schlechthin zu enthalten und darum auch nicht nachzuprüfen, ob die prozessualen Voraussetzungen der Klage nach dem ausländischen Recht gegeben gewesen sind (§ 723 Abs. 1 ZPO., Stein, Komm. I zu § 328). Aus beiden Gründen kann die Gegenseitigkeit im Kanton Zürich keinesfalls als verbürgt gelten (Haeger a. a. O. S. 17, Leske-Loewenfeld, Rechtsverfolgung im intern. Verkehr Bd. 1 S. 817, RGZ. Bd. 7 S. 409, Bd. 70 S. 436). Die tatsächliche Anerkennung deutscher Urteile durch die zürcherischen Gerichte über den Art. 59 Bundesverf. und die §§ 377, 107 der zürch. ZPO. hinaus vermag daran nichts zu ändern. Denn eine solche Übung kann die Gegenseitigkeit nicht herstellen, weil sie mit dem Gesetz in Widerspruch steht. Damit verliert auch die Entscheidung in der JW. 1906 S. 600 ihre Bedeutung.

---

90. Zum Begriff der „Veränderung der versicherten Reise“ im Sinne des § 60 Abs. 2 der Allg. Seeversicherungsbedingungen von 1867 und des § 813 Abs. 2 HGB.

I. Zivilsenat. Urt. v. 28. März 1923 i. S. Baltic-Versich.-A.-G. (Bekl.) w. S. (Kl.). I 646/22.

I. Landgericht Hamburg, Kammer f. Handelssachen. — II. Oberlandesgericht daselbst.

Laut Police vom 12. April 1920 hat die Beklagte für Rechnung, wen es angeht, 481 Ballen Flachs im Dampfer „Irmgard“ für die Reise von Memel nach Dünkirchen mit Umladung in Hamburg auf direktes Durchgangskonnossement nach den Allg. Seeversicherungsbedingungen v. 1867 (ASVB.) mit den auf der Police angegebenen Abänderungen und Zusätzen in Versicherung genommen. Die versicherte Ware wurde auf Grund des Durchgangskonnossements der Reederei M. & Co. vom 14. April 1920 mit dem Dampfer „Irmgard“ verschifft. In Hamburg wurden die Güter von der Reederei M. & Co. dem der Reederei W. & Co. gehörigen Dampfer „Margaux“ laut Konnossement vom 23. April 1920 übergeben. Dies Konnossement enthält die Klausel „Goods to be delivered against through-bill of lading per S/S Irmgard dated Memel 14./4. 1920“. Beide Konnossemente lauten an Order. Der Dampfer „Margaux“ kam am 30. April 1920 in Dünkirchen an. Nachdem er dort von den versicherten Ballen 59 Stück an Land gesetzt hatte, wurde eine weitere Löschung der Ladung durch den Ausbruch eines Hafenarbeiterausstandes verhindert.

Der Dampfer nahm daher die an Land gebrachten Ballen wieder an Bord und verließ am 12. Mai 1920 zwecks Vermeidung einer weiteren Verzögerung der Löschung auf Anordnung seiner Reederei den Hafen von Dünkirchen. Er fuhr nach Havre und löschte dort die Ladung in einen von der Reederei W. & Co. gepachteten Kaischuppen. Dort wurden am 23. Mai 1920 die versicherten Güter durch ein ausgebrochenes Feuer teils vernichtet teils beschädigt. Der Kläger ist im Besitze der Versicherungspolice sowie der Konnossemente vom 14. und 23. April 1920 und verlangt auf Grund dieser Urkunden von der Beklagten den Ersatz des Schadens. Die Beklagte behauptet, daß die Versicherung den hier fraglichen Unfall nicht mitumfasse.

Die Vorinstanzen erklärten den Klaganspruch dem Grunde nach für berechtigt. Die Revision der Beklagten hatte Erfolg.

Gründe:

Der Dampfer Margaux hat nach dem oben bezeichneten Löschungsversuch in Dünkirchen die ganze hier fragliche Ladung in dem ihm von seiner Reederei angewiesenen neuen Bestimmungshafen Havre gelöscht. Daß die fraglichen Güter im Sinne des Zusatzes zu § 73 ASVB. von dem Destinatär entgegenzunehmen waren, ist von keiner Seite bestritten. Bei dieser Sachlage hat das Berufungsgericht mit Recht angenommen, daß der Vorgang in Dünkirchen nicht als eine Löschung oder Lagerung der 59 Ballen im Sinne des maßgeblichen Versicherungsvertrags zu erachten ist, und daß auch hinsichtlich dieser Ballen für die im Zusatz zu § 73 vorgesehene zehntägige Frist nur die Löschung und Lagerung der ganzen Ladung in Havre in Betracht kommt.

Des weiteren hat das Berufungsgericht ausgeführt, daß die Reederei des Dampfers Margaux, als sie die Güter in dem von ihr gemieteten Kaischuppen in Havre einlagerte, nicht als Vertreterin des Klägers für die Entgegennahme der Güter im Sinne des Zusatzes zu § 73 gehandelt hat, und daß daher die 10 Tage, um welche die Versicherungsdauer nach der oben genannten Vorschrift über den Zeitpunkt des Anlandgelangens der Güter hinaus bis zu ihrer Empfangnahme durch den Destinatär erstreckt wird, beim Eintritt des Unfalls noch nicht abgelaufen waren. . .

Laut Versicherungspolice vom 12. April 1920 war die Ladung versichert für eine Reise von „Memel nach Dünkirchen mit Umladung in Hamburg auf direktes Durchgangskonnossement". Danach war im Verhältnis zwischen dem Versicherer und dem Versicherten die Versicherungsreise grundsätzlich in Dünkirchen beendet. Wenn nach dem Durchgangskonnossement und dem dort in Bezug genommenen Lokalkonnossement ein anderer Bestimmungshafen in Frage kommen konnte, so war dies an sich im Verhältnis des Versicherers zum Versicherten ohne Bedeutung, da die bloße Erwähnung des direkten Durchgangskonnossements in der Versicherungspolice seinen Inhalt und den des Lokalkonnossements nicht in einer die Beklagte belastenden Weise zum Bestandteil des Versicherungsvertrags gemacht hat. Unter diesen Umständen liegt die Annahme nahe, daß die versicherte Reise ihr Ende erreicht hatte, als das Schiff nach Ankunft in dem in der Versicherungspolice angegebenen Bestimmungshafen Dünkirchen diesen Hafen wieder verließ, um nach Havre zu fahren und dort die versicherte Ladung zu löschen. Indessen kann dies dahingestellt bleiben. Denn auch wenn mit dem Berufungsgericht davon ausgegangen wird, daß ein Fall des § 60 Abs. 2 ASVB. vorliegt, daß nämlich, bevor die Reisegefahr ihr Ende erreicht hat, die versicherte Reise durch die Wahl eines anderen als des im Versicherungsvertrag vereinbarten Bestimmungshafens verändert worden ist, wird der streitige Unfall von der durch die Beklagte übernommenen Versicherung nicht gedeckt.

Die Annahme des Berufungsgerichts, daß ein Notfall im Sinne § 60 Abs. 2 nicht vorliegt, ist in der Revisionsinstanz nicht bemängelt und gibt zu rechtlichen Bedenken keinen Anlaß. Dagegen kann sich die Beklagte mit Erfolg darauf berufen, daß die Veränderung der Reise durch die Beförderung der Ware von Dünkirchen nach Havre vom Kläger im Sinne des § 60 Abs. 2 genehmigt ist.

Der Kläger erhebt Ansprüche aus der Police vom 12. April 1920, nach welcher die Versicherung genommen ist für Rechnung, wen es angeht. Daß er der so durch die Police gedeckte Versicherte sei, begründet der Kläger ausschließlich mit dem Besitze der an Order lautenden Konnossemente des Dampfers Irmgard vom 14. und des Dampfers Margaux vom 23. April 1920. Der Kläger muß also auch in seinen rechtlichen Beziehungen zu der Beklagten den Inhalt dieser Konnossemente gegen sich gelten lassen, einerlei, ob er, wie die Revision behauptet, den die Konnossementsladung betreffenden Frachtvertrag mit der Reederei des Dampfers Irmgard, der Firma M. & Co., geschlossen hat oder nicht. Nun ist nach dem Konnossement des Dampfers Irmgard (wie auch in der Police vom 12. April 1920) die Umladung der versicherten Güter in Hamburg vorgesehen und das genannte Konnossement enthält in der Regel IV die Vorschrift, daß die betreffende Weiterbeförderung der Güter den Bedingungen des Lokalkonnossements der mit der Weiterbeförderung seitens der ersten Reederei, der Firma M. & Co., betrauten zweiten Reederei, der Firma W. & Co., unterworfen ist. Das danach maßgebliche Lokalkonnossement der Firma W. & Co. vom 23. April 1920 ermächtigte laut Regel X den Schiffer, wenn er glaubte, durch Streik an einer ordnungsmäßigen Löschung der Ware im Bestimmungshafen verhindert zu sein, einen anderen ihm geeignet erscheinenden Hafen aufzusuchen und dort zu löschen. War aber der Schiffer oder die Reederei des Dampfers Margaux zu einer solchen Veränderung der Reise dem Kläger gegenüber berechtigt, der seine Ansprüche auf Empfangnahme der Ware aus dem Schiff ausschließlich auf die fraglichen Konnossemente stützt, so ist diese Reiseveränderung auch mit seiner Genehmigung im Sinne des § 60 Abs. 2 erfolgt.

Zu Unrecht beruft sich demgegenüber der Kläger auf die Zusatzbestimmungen zu § 27 ASVB. Die dort erwähnten Freizeichnungen der Reeder sollen, auch wenn dadurch die nach § 27 dem Versicherer zustehenden Rechte beeinflußt werden, das Verhältnis zwischen Versicherer und Versicherten grundsätzlich nicht berühren. Damit soll aber, wie aus Satz 2 des Zusatzes zu § 27 ebenda erhellt, in keiner Weise der Gefahrenkreis vergrößert werden, den der Versicherer auf Grund der Versicherungspolice übernommen hat. Innerhalb dieses Gefahrenkreises bleibt der Versicherer aus der Police verhaftet, wenn er auch durch die Freizeichnungsklausel im Konnossement seinen Anspruch gegen den Versicherten auf Abtretung der Forderung gegen den Reeder verliert. Gestattet aber das Konnossement dem Reeder eine neue oder veränderte, von der Police nicht gedeckte Reise, so ist der Gefahrenkreis überschritten, und die Konnossementsklausel greift gegenüber der Police nicht durch. Wenn danach, wie hier, der Versicherer für einen Unfall nicht einzustehen hat, der nach einer vom Versicherten genehmigten Veränderung der Reise eingetreten ist, so kann diese Genehmigung sehr wohl aus dem Inhalte der für die Legitimation des Versicherten maßgeblichen Konnossemente entnommen werden. Denn die für die erwähnte Genehmigung in Betracht kommenden Konnossementsbestimmungen fallen nicht unter die im Satz 1 des Zusatzes zu § 27 behandelten Freizeichnungen, durch welche die dem Versicherer nach § 27 zustehenden Rechte berührt werden.

---

91. Sind die §§ 1 und 2 der Verordnung über die Erweiterung des Abgeltungsverfahrens für Ansprüche gegen das Reich vom 24. Oktober 1923 — AbgErweitVO. — rechtsgültig?

A.

III. Zivilsenat. Beschl. v. 25. Januar 1924 i. S. Neue Dampfer-Compagnie A.-G. u. Gen. (Kl.) w. Deutsches Reich (Bekl.). III 882/22.

Das Revisionsverfahren war auf Antrag des Beklagten durch Beschluß des Reichsgerichts vom 20. November 1923 auf Grund der in der Überschrift bezeichneten Verordnung ausgesetzt worden. Ein Antrag der Kläger, diesen Beschluß wieder aufzuheben, weil die Verordnung ungültig sei, wurde zurückgewiesen.

Gründe:

§ 1 Abs. 1 Satz 1 AbgErweitVO. bestimmt, daß die dort näher bezeichneten Ansprüche gegen das Reich oder gegen eine andere Stelle, die für Rechnung des Reichs handelt, unter Ausschluß der Zuständigkeit der ordentlichen Gerichte, des Reichswirtschaftsgerichts, einer Sonderspruchbehörde oder eines Schiedsgerichts in einem besonderen Verfahren abgegolten werden. Diese Vorschrift ist nicht bloß prozessualer Natur, insofern sie die Zuständigkeit der Gerichte ausschließt und die fraglichen Ansprüche einem besonderen Verfahren überweist. Sie hat vielmehr außerdem noch materielle Bedeutung. Daß die genannten Ansprüche abgegolten werden, heißt, daß sie beschränkt werden auf einen nach billigem Ermessen unter Berücksichtigung insbesondere der Finanzlage des Reichs festzusetzenden Betrag. Diese Bedeutung des Wortes „abgelten" steht seit Erlaß der AbgVO. vom 4. Dezember 1919 (RGBl. S. 2146) im Sprachgebrauch der Gesetze und der Gerichte fest. So aufgefaßt, stellt sich die grundlegende Bestimmung der AbgErweitVO. als eine Maßnahme dar, die auf finanziellem Gebiete liegt. Die finanzielle Lage des Reichs soll erleichtert werden, unmittelbar dadurch, daß gewisse Verbindlichkeiten des Reichs herabgemindert werden, mittelbar dadurch, daß die Bestimmung des Maßes dieser Herabsetzung unter Ausschaltung der ordentlichen Gerichte in einem besonderen Verfahren zu erfolgen hat. Der Eingriff in die ordentliche Rechtspflege, den die AbgErweitVO. vornimmt, hängt mit der erstrebten finanziellen Entlastung des Reichs, der er die Wege ebnen soll, auf das engste zusammen. Er wird daher durch § 1 Abs. 1 Satz 1 des ErmächtigungsG. vom 13. Oktober 1923 (RGBl. I S. 943) gedeckt.

Gegen die Gültigkeit des § 1 Abs. 1 Satz 1 AbgErweitVO. sind aus der Reichsverfassung Bedenken nicht herzuleiten. § 1 Abs. 1 Satz 2 ErmächtigungsG. gab der Reichsregierung die Befugnis, mit ihren Anordnungen von den Grundrechten der Reichsverfassung abzuweichen, sodaß es keiner Prüfung bedarf, ob die Unterwerfung von Ansprüchen gegen das Reich unter die Abgeltung dem Art. 153 RVerf. widerspricht. Die Vorschrift des § 1 Abs. 1 Satz 2 kann freilich nicht ausdehnend ausgelegt werden. Gebunden blieb die Reichsregierung deshalb an die Vorschriften des ersten Hauptteils der RVerf. (Aufbau und Aufgaben des Reichs), insbesondere an die dort im 7. Abschnitte gegebenen Vorschriften über die Rechtspflege. Indessen stehen sie dem Ausschlusse des Rechtswegs für die in der AbgErweitVO. genannten Ansprüche gegen das Reich nicht entgegen. Wenn Art. 103 RVerf. bestimmt, daß die ordentliche Gerichtsbarkeit durch das Reichsgericht und die Gerichte der Länder ausgeübt wird, so ist damit über den Umfang dieser Gerichtsbarkeit noch nichts gesagt. Ihre Abgrenzung hat die RVerf. der Gesetzgebung des Reichs und der Länder überlassen. Nur ihr kann, von einigen Sonderbestimmungen der RVerf. (z. B. Art. 129 Abs. 1 Satz 4, Art. 131 Abs. 1 Satz 3) abgesehen, entnommen werden, wer der gesetzliche Richter ist, dem nach Art. 105 Satz 2 RVerf. niemand entzogen werden darf. Eine Einschränkung der Zuständigkeit der ordentlichen Gerichte bedarf keines verfassungsändernden Reichsgesetzes. Zu ihr war daher die Reichsregierung auf Grund des Ermächtigungsgesetzes befugt. Daß der Ausschluß des Rechtswegs auch bereits anhängige Prozesse ergreifen kann, hat das Reichsgericht in ständiger Rechtsprechung — z. B. für die AbgVO. in RGZ. Bd. 101 S. 426 und Bd. 102 S. 202, für die RAbgO. das. Bd. 103 S. 305 — angenommen.

Unabhängig vom positiven Recht hat man der AbgErweitVO. die Gültigkeit deshalb absprechen wollen, weil sie mit den guten Sitten unvereinbar sei, da sich der Schuldner nicht zum Richter in eigener Sache bestellen könne, oder weil sie, soweit es sich um Vertragsverpflichtungen des Reichs handle, gegen die Grundsätze von Treu und Glauben im Verkehr verstoße, denen es widerspreche, wenn der Schuldner von seinem billigen Ermessen abhängig mache, ob und wieviel er leisten wolle. Einer Darlegung der Einseitigkeit der dieser Beurteilung der AbgErweitVO. zugrunde liegenden Betrachtungsweise bedarf es nicht, da grundsätzlich der Richter überhaupt nicht befugt ist, einem ordnungsmäßig erlassenen Gesetze seines Inhalts wegen die Anwendbarkeit abzusprechen.

Die Gründe, aus denen das Kammergericht in seinem Beschlusse vom 7. Januar 1924 (17 U 4616/21) die AbgErweitVO. für ungültig erklärt hat, können gleichfalls nicht als durchgreifend anerkannt werden. Das Kammergericht geht aus von der in § 1 Abs. 1 Satz 2 gegebenen Bestimmung, daß der Reichsminister der Finanzen die Art der Abgeltung und das Verfahren zu regeln habe. Es hält diese Vorschrift für unvereinbar mit dem ErmächtigungsG. und zieht daraus die weitere Schlußfolgerung, daß die ganze AbgErweitVO. der Wirksamkeit entbehre. Ob diese letzte Erwägung zu billigen wäre, ob die bei Unwirksamkeit des § 1 Abs. 1 Satz 2 AbgErweitVO. vorhandene Lücke nicht anderweit ausgefüllt werden könnte, kann dahingestellt bleiben. Denn schon die grundlegende Annahme des Kammergerichts, dem Reichsminister der Finanzen habe nicht das Recht erteilt werden können, die Art der Abgeltung und das Verfahren zu regeln, ist unzutreffend.

Wie nach früherem Recht, so ist es auch nach der Reichsverfassung zulässig, daß die Gesetzgebung die Befugnis zur Erlassung von Rechtsvorschriften in sachlicher Beschränkung einer anderen Stelle überträgt (RGSt. Bd. 55 S. 246). Es ist auch nicht grundsätzlich ausgeschlossen, daß diese Befugnis, wiederum mit solcher Beschränkung, weiterübertragen wird. Zugegeben kann werden, daß diese Übertragbarkeit für das Gebiet des ErmächtigungsG. gewissen Einschränkungen unterliegt, da es nur die damalige Regierung in ihrer damaligen parteipolitischen Zusammensetzung mit besonderen Vollmachten hat ausstatten wollen. Keinesfalls ist aber dem ErmächtigungsG. ein völliger Ausschluß solcher Übertragung zu entnehmen. Die Entstehungsgeschichte und der Zweck des ErmächtigungsG. ergeben vielmehr, daß die Reichsregierung befugt sein sollte, die Ausführung der von ihr auf Grund jenes Gesetzes getroffenen Maßnahmen dem zuständigen Ressortminister auch insoweit zu übertragen, als dazu der Erlaß von Rechtsvorschriften erforderlich war. Die Reichsregierung als Ganzes war gar nicht in der Lage, die dringend erforderlichen, umfassenden Anordnungen zur Behebung der auf das äußerste gestiegenen Not des Reiches in allen rechtlichen Einzelheiten selbst zu geben. Sie hätte von dem ErmächtigungsG. überhaupt nicht den auch vom Reichstage gewollten Gebrauch machen können, wenn sie nicht wenigstens den Erlaß von Ausführungsbestimmungen den einzelnen Ministern hätte übertragen dürfen. Nur um Ausführungsbestimmungen handelt es sich aber bei den Anordnungen, mit denen die beanstandete Vorschrift den Reichsminister der Finanzen betraut.

Der Inhalt des § 1 Abs. 1 Satz 1 AbgErweitVO. ist oben erörtert worden. Er gibt bereits nach der materiellen wie nach der prozessualen Seite durchaus klare Grundsätze: die von ihm bezeichneten Ansprüche gegen das Reich werden auf ein der Billigkeit entsprechendes Maß beschränkt; dieses Maß wird nicht von den Gerichten festgesetzt, sondern in einem besonderen Verfahren bestimmt. Hiermit war das ausgesprochen, worauf es zur Entlastung des Reichs in finanzieller Hinsicht ankam. Die weitere Ausgestaltung dieser Grundsätze war nur noch von verhältnismäßig untergeordneter Bedeutung und durfte als eine bloße Ausführung der von der Reichsregierung selbst getroffenen Maßnahme angesehen werden. Die Tragweite des § 1 Abs. 1 Satz 2 AbgErweitVO. beschränkt sich also darauf, daß er einen Fall hervorhebt, in dem die durch § 6 das. dem Reichsminister der Finanzen gegebene Ermächtigung, Ausführungsbestimmungen zu erlassen, zur Anwendung zu gelangen hat. Die erstgenannte Vorschrift war in der letzteren sachlich schon enthalten und ist ebenso rechtsgültig wie diese. Mit dieser Rechtslage völlig in Übereinstimmung hat übrigens der Reichsminister der Finanzen in seinen Ausführungsbestimmungen vom 6. November 1923 (Reichsanzeiger vom 9. November 1923 Nr. 261) auch die Art der Abgeltung und das Verfahren geregelt, also selbst keinen Unterschied gemacht zwischen den ihm durch § 1 Abs. 1 Satz 2 und durch § 6 AbgErweitVO. übertragenen Befugnissen.

Als das ErmächtigungsG. infolge eines Wechsels der parteipolitischen Zusammensetzung der Reichsregierung außer Kraft trat, blieben die auf seiner Grundlage getroffenen Maßnahmen bestehen. Zu ihnen gehörte auch die Übertragung des Erlasses von Ausführungsbestimmungen zur AbgErweitVO. an den Reichsminister der Finanzen. Die Ausführungsbestimmungen konnten also auch noch ergehen, als das ErmächtigungsG. schon nicht mehr galt.

Die Rechtsbeständigkeit des sonstigen Inhalts der AbgErweitVO. wird endlich auch dadurch nicht berührt, daß § 2 wenigstens teilweise der Gültigkeit entbehrt, insoweit nämlich, als er bestimmt, daß die Entscheidungen des Reichsministers der Finanzen darüber, ob ein Anspruch nach § 1 Abs. 1 abzugelten ist, endgültig und für die Gerichte bindend sind. Diese Vorschrift ist unvereinbar mit Art. 103 und mit Art. 105 Satz 2 RVerf. Daß die Reichsregierung nicht ermächtigt war, von ihnen abzuweichen, ist bereits oben dargelegt worden. Art. 103 überträgt dem Reichsgericht und den Gerichten der Länder die ordentliche Gerichtsbarkeit. Ihr Umfang bestimmt sich, wie gleichfalls schon bemerkt, nach den Gesetzen. Innerhalb des gesetzlich gezogenen Rahmens haben die Gerichte aber nicht bloß das Recht, sondern auch die Pflicht, die Gerichtsbarkeit auszuüben. Sie müssen in allen Sachen Recht sprechen, die ihrer Gerichtsbarkeit gesetzlich unterworfen sind. Ob das der Fall ist, haben sie selbst zu prüfen. Die Entscheidung über die Zulässigkeit des Rechtswegs kann den Gerichten nicht entzogen, kann nicht für den einzelnen Fall einer Verwaltungsbehörde endgültig übertragen werden. Nähme diese zu Unrecht die Unzulässigkeit des Rechtswegs an, so würde, falls sich die Gerichte dem unterwerfen müßten, die davon betroffene Person in Wirklichkeit ihrem gesetzlichen Richter entzogen werden. Damit würde Art. 105 Satz 2 RVerf., der auch für bürgerlichrechtliche Streitigkeiten Bedeutung hat, verletzt werden. Der in ihm ausgesprochene Grundsatz erschöpft sich nicht in einer Anweisung an Gesetzgebung oder Verwaltung. In Verbindung mit Art. 103 belastet er vielmehr die Gerichte mit der Verantwortlichkeit, darüber zu wachen, daß die Gerichtsbarkeit in allen den Fällen ausgeübt wird, in denen sie nach den Gesetzen Platz greifen soll. Die Übertragung der Entscheidung über die Zulässigkeit des Rechtswegs an besondere gerichtliche Behörden (Kompetenzgerichtshöfe) mag mit der Reichsverfassung vereinbar sein, ihre Übertragung an eine Verwaltungsbehörde ist es nicht. Nur als solche trifft der Reichsminister der Finanzen die Entscheidungen nach § 2 Abs. 1 AbgErweitVO. Die Gerichte können durch sie nicht gebunden werden.

Die Ungültigkeit dieser einzelnen Bestimmung der AbgErweitVO.

beeinträchtigt sie im übrigen nicht. Insbesondere behält es bei dem in § 1 Abs. 1 Satz 1 AbgErweitVO. ausgesprochenen Ausschluß des Rechtswegs sein Bewenden. Auch die Gerichte sind, wie zur Vermeidung von Mißverständnissen besonders hervorgehoben werden mag, zur Anwendung der genannten Vorschrift verpflichtet.

B.

Vereinigte Zivilsenate. Beschl. v. 22. Februar 1924 i. S. I. Reichseisenbahnfiskus (Bekl.) w. Sch. (Kl.) I 548/23; II. J. (Kl.) w. 1. Deutsche Maschinenfabrik A.-G. u. Gen. (Bekl.), 2. Reichsmilitärfiskus (Streithelfer). IV 779/23.

Gründe:

I. Der III. Zivilsenat hat in seinem vorstehend abgedruckten Beschlusse vom 25. Januar 1924 die Rechtsgültigkeit der AbgErweitVO. grundsätzlich anerkannt. Für rechtsunwirksam hält er mit Rücksicht auf Art. 105 RVerf. lediglich die Bestimmung des § 2 Abs. 1 Satz 2 Halbsatz 2, nach der die Entscheidung des Reichsministers der Finanzen darüber, ob ein Anspruch abzugelten sei, endgültig und für die Gerichte bindend sein soll. Von dieser Entscheidung des III. Zivilsenats wollen sowohl der I. wie der IV. Zivilsenat abweichen.

In der zu I des Rubrums bezeichneten Sache hat der beklagte Reichseisenbahnfiskus auf Grund der AbgErweitVO. beantragt, die Aussetzung des Verfahrens anzuordnen und die Prozeßakten dem Reichsminister der Finanzen vorzulegen. Der I. Zivilsenat hält diesen Antrag für unbegründet, weil § 1 AbgErweitVO. im Hinblick auf Art. 105 RVerf. der Rechtsgültigkeit entbehre. An einer Entscheidung in diesem Sinne sieht er sich jedoch durch den Beschluß des III. Zivilsenats behindert. Er hat daher beschlossen, die Entscheidung der Vereinigten Zivilsenate über die Rechtsfrage einzuholen,

ob und inwieweit § 1 AbgErweitVO. im Hinblick auf den durch das Ermächtigungsgesetz vom 13. Oktober 1923 unberührt gebliebenen Art. 105 RVerf. rechtsgültig ist?

Der IV. Zivilsenat will in einer anderen Richtung von dem III. Zivilsenat abweichen. Er hält auch den § 2 AbgErweitVO. vollinhaltlich für rechtsgültig, da Art. 105 RVerf. zu den Bestimmungen über die Grundrechte gehöre, von denen die Reichsregierung nach § 1 Abs. 1 Satz 2 ErmächtigungsG. habe abweichen dürfen. In der unter II des Rubrums bezeichneten Sache hat der Reichminister der Finanzen bereits entschieden, daß der Klaganspruch unter die AbgErweitVO. falle. Der IV. Zivilsenat beabsichtigt deshalb, ohne mündliche Verhandlung anzuberaumen, die Sache an den Reichsminister der Finanzen, seinem Antrag entsprechend, zur Abgeltung abzugeben, sieht sich daran aber durch den Beschluß des III. Zivilsenats gehindert, der der Entscheidung des Reichsministers der Finanzen die Verbindlichkeit für die Gerichte abspricht. Der IV. Zivilsenat hat deshalb beschlossen, die Entscheidung der Vereinigten Zivilsenate über die Rechtsfrage einzuholen:

Ist § 2 AbgErweitVO. gültig?

Die Vereinigten Zivilsenate haben über die beiden ihnen vorgelegten Fragen gemeinschaftlich beraten. Zunächst ist beschlossen worden, die Fragestellung zu ändern. Die Fragen sind dahin gefaßt worden:

1. Ist § 1 AbgErweitVO. rechtsgültig?
2. Ist § 2 AbgErweitVO. im ganzen rechtsgültig?

Beide Fragen sind bejaht worden.

II. Der I. Zivilsenat leitet die von ihm vertretene Ungültigkeit des § 1 AbgErweitVO. aus Art. 105 RVerf. her, während der III. Zivilsenat zwar den § 1, nicht aber den § 2 Abs. 1 Satz 2 Halbsatz 2 mit dieser Verfassungsvorschrift für vereinbar hält. Beide Senate gehen also davon aus, daß Art. 105 durch das ErmächtigungsG. unberührt geblieben sei. Hiergegen wendet sich der IV. Zivilsenat mit folgenden Ausführungen:

Das Ermächtigungsgesetz gestatte der Reichsregierung, von den Grundrechten der Reichsverfassung abzuweichen. Als Grundrechte seien aber auch die den einzelnen Staatsbürgern aus den Art. 103, 105 RVerf. erwachsenen Rechte anzusehen. Sie im 2. Hauptteile der RVerf., der von den Grundrechten und Grundpflichten handle, nochmals aufzuführen, sei kein Anlaß gewesen, nachdem sie bereits im 1. Hauptteil im Abschnitt über die Rechtspflege geregelt worden seien. Art. 105 entstamme dem § 16 GVG., der dem Art. 7 der Preußischen Verfassungsurkunde nachgebildet sei, der seinerseits dem Art. 8 der Belgischen Verfassung entnommen sei. Art. 8 der Belgischen Verfassung stehe im Titel 2 „des Belges et de leurs droits", Art. 7 der Preußischen Verfassung im Titel 2 „Von den Rechten der Preußen". Diese Rechte deckten sich mit den Grundrechten. Es sei zudem nicht abzusehen, weshalb die Regierung, wenn sie sogar in die persönliche Freiheit (Art. 114 RVerf.) und in das Eigentum (Art. 153) einzugreifen befugt sei, nicht auch das Recht auf unbeschränktes richterliches Gehör solle einschränken dürfen.

Dieser Auffassung des IV. Zivilsenats ist nicht beizupflichten. Vielmehr muß Art. 105 RVerf. als eine Schranke für die durch das ErmächtigungsG. der Reichsregierung übertragene Verordnungsgewalt anerkannt werden. § 1 Abs. 1 Satz 2 ErmächtigungsG. gestattet ihr, von den Grundrechten der Reichsverfassung abzuweichen. Es kommt also lediglich darauf an, was die RVerf. unter Grundrechten versteht. Hierüber gibt ihre Einteilung den bündigsten Aufschluß. Der

1. Hauptteil, die Art. 1 bis 108 umfassend, ist überschrieben „Aufbau und Aufgaben des Reichs“, der 2. Hauptteil, die Art. 109 bis 165 umfassend, „Grundrechte und Grundpflichten der Deutschen“. Aus diesem Gegensatz geht klar hervor, daß die Grundrechte in dem 2. Hauptteil der RVerf. geregelt sind, daß der 1. Hauptteil solche nicht gewährt. Die RVerf. spricht sich so unzweideutig aus, daß auf die Rechtsentwicklung kein Gewicht gelegt werden kann. Ältere Verfassungen mögen durch das Verbot der Ausnahmegerichte und durch die Bestimmung, daß niemand seinem gesetzlichen Richter entzogen werden solle, in erster Linie dem einzelnen Staatsbürger das Recht auf unbeschränktes richterliches Gehör haben geben wollen. Den in Art. 105 RVerf. enthaltenen Vorschriften fehlt diese subjektive Betonung. Sie sollen im allgemeinen Staatsinteresse die Rechtspflege vor unzulässigen Eingriffen schützen. Angesichts dieser positiven Regelung muß es auch als unerheblich bezeichnet werden, daß das ErmächtigungsG. vor anderen Bestimmungen der RVerf., die dem Art. 105 an Bedeutung vielleicht gleichkommen, nicht halt gemacht hat. Art. 105 enthält nun einmal keine Grundrechte im Sinne der RVerf. Deshalb bleibt ein Abweichen von ihm verboten.

III. Die vom I. Zivilsenat im Hinblick auf Art. 105 RVerf. bestrittene Wirksamkeit des § 1 AbgErweitVO. folgt schon aus seinem materiellen Inhalt. Auf ihn hat bereits der Beschluß des III. Zivilsenats vom 25. Januar 1924 hingewiesen. Er ist aber in noch stärkerem Maße zu betonen, er bildet den wesentlichen Kern der ganzen Verordnung. Daß die in § 1 genannten Ansprüche abgegolten werden sollen, heißt, daß sie ihrer Natur als Rechtsansprüche entkleidet werden. Sie erlöschen in ihrer bisherigen Gestalt; an ihre Stelle tritt ein nicht klagbarer Anspruch auf eine nach billigem Ermessen unter Berücksichtigung insbesondere der Finanzlage des Reichs festzusetzende Entschädigung. Der Vorgang kann mit der Enteignung verglichen werden. Wie diese dem einzelnen sein Eigentum entzieht, wofür ihm dann eine angemessene Entschädigung gewährt wird, so nimmt die Anordnung der Abgeltung dem Gläubiger seine Forderung. Freilich bekommt er nicht, wie das bei der Enteignung übrigens auch nur die Regel ist (vgl. Art. 153 Abs. 2 Satz 2 RVerf.), einen Rechtsanspruch auf Entschädigung für den ihm zugefügten Vermögensnachteil. Immerhin soll ihm im Verwaltungsweg ein billiger Ausgleich gewährt werden. Dieser Eingriff in die Privatrechte der Gläubiger des Reichs wird durch das ErmächtigungsG. gedeckt. Sollte er Verfassungsvorschriften widersprechen, so doch nur solchen über Grundrechte, von denen das ErmächtigungsG. eine Abweichung gestattet.

Verlieren die Ansprüche gegen das Reich dadurch, daß sie der Abgeltung unterworfen werden, ihren Charakter als Rechtsansprüche, so ergibt sich daraus in prozessualer Hinsicht ohne weiteres, daß der Rechtsweg für sie nicht mehr gegeben ist. Vor den Gerichten können nur klagbare Ansprüche geltend gemacht werden. Ansprüche, die rechtlich nicht erzwingbar sind, die erst nach Grund und Betrag von einer Verwaltungsbehörde billigem Ermessen entsprechend festgesetzt werden, sind ihrer Natur nach schon der Zuständigkeit der ordentlichen Gerichte entzogen. Wenn § 1 AbgErweitVO. diese noch ausdrücklich ausschließt, so bestimmt er damit nichts selbständiges mehr, sondern spricht nur eine Folge aus, die mit der erfolgten materiellen Rechtsänderung notwendig verknüpft ist. Ein Widerspruch mit Art. 105 RVerf. kann, da die abzugeltenden Ansprüche der richterlichen Gewalt nicht mehr unterliegen, überhaupt nicht in Frage kommen.

Aber auch wenn man dem durch § 1 verordneten Ausschluß der Zuständigkeit der ordentlichen Gerichte eigene Bedeutung beimessen wollte, so würde Art. 105 seiner Rechtsgültigkeit nicht im Wege stehen. Denn dem III. Zivilsenat ist darin beizupflichten, daß die RVerf. die Abgrenzung der Gerichtsbarkeit der ordentlichen Gerichte der Gesetzgebung des Reichs und der Länder überlassen hat. Die Art. 103 und 105 RVerf. entstammen den §§ 12 und 16 GVG. Unstreitig hatten diese keine weitergehende Bedeutung, sondern sagten nur: gesetzlicher Richter ist der jeweils gesetzlich bestimmte. Sie sind im wesentlichen wörtlich in die RVerf. übernommen worden. Die Verhandlungen der Verfassunggebenden Nationalversammlung, insbesondere auch ihres Verfassungsausschusses, geben keinen Anhalt dafür, daß man in der hier fraglichen Hinsicht sachlich etwas hat ändern wollen. Schon nach dieser Entstehungsgeschichte muß also angenommen werden, daß die Art. 103 und 105 sich in ihrer Bedeutung mit den angeführten Vorschriften des GVG. decken, daß sie, ebenso wie diese, über den Umfang der von den Gerichten auszuübenden Gerichtsbarkeit nichts sagen. Ihre Wiederholung in der RVerf. findet seine hinreichende Erklärung darin, daß man diesen als besonders wichtig anerkannten Rechtssätzen den erhöhten Schutz des Art. 76 RVerf. gegen Änderungen hat zuteil werden lassen wollen.

Die Ansicht des I. Zivilsenats, daß die bürgerlichen Rechtsstreitigkeiten durch die RVerf. selbst den Gerichten übertragen seien und daß sie ihnen daher nur durch ein Verfassungsgesetz genommen werden könnten, würde nur dann haltbar sein, wenn sich der Umkreis der richterlichen Geschäfte aus den Art. 103 und 105 RVerf. unmittelbar bestimmen ließe. Das ist indessen nicht der Fall. Das von dem I. Zivilsenat besonders betonte Wort „Richter" in Art. 105 Satz 2 reicht ebensowenig wie das Wort „Gerichtsbarkeit" in Art. 103 aus, um den richterlichen Machtbereich mit genügender Sicherheit abzugrenzen. Das gilt zunächst für den Zivilprozeß.

Zu den bürgerlichen Rechtsstreitigkeiten gehören nach dem geltenden Recht nicht bloß solche Rechtsstreitigkeiten, die aus einem Verhältnis des bürgerlichen Rechts hervorgehen, sondern in weitem Umfang auch solche, die einem Verhältnis des öffentlichen Rechts entspringen, wie umgekehrt Streitigkeiten des Privatrechts mehrfach den Gerichten entzogen und Verwaltungsinstanzen zugewiesen sind. Da die RVerf. an das geltende Recht anknüpft, so kann man, wenn man dem Art. 105 einen positiven Inhalt geben will, doch nur sagen, daß die Gewalt des Zivilrichters sich auf alle die Angelegenheiten erstreckt, die ihr nach dem gegenwärtigen Stande der Gesetzgebung unterworfen sind. Jede Änderung hierin bedürfte dann eines verfassungsändernden Reichsgesetzes. Diese Konsequenz erweist die Unhaltbarkeit des Ausgangspunktes. Es muß als ausgeschlossen bezeichnet werden, daß die gesamte Gesetzgebung über die Abgrenzung zwischen Justiz und Verwaltung unter verfassungsrechtlichen Schutz hat gestellt werden sollen. Unmöglich ist es anderseits aber auch, die bürgerlichen Rechtsstreitigkeiten, die nach Auffassung des I. Zivilsenats durch die RVerf. den Gerichten überwiesen sein sollen, unabhängig vom geltenden Recht rein begrifflich zu bestimmen.

In ähnliche Schwierigkeiten gelangt man hinsichtlich der Strafgerichtsbarkeit, wenn man die Meinung des I. Zivilsenats durchzuführen versucht. Das geltende Recht kennt neben dem gerichtlichen auch ein Verwaltungsstrafverfahren. Es könnte, wenn die Art. 103 und 105 die gesamte Gerichtsbarkeit den Gerichten übertrügen, nur durch verfassungsänderndes Reichsgesetz geschaffen werden. Endlich bezieht sich Art. 103, wie die Weglassung des in § 12 GVG. gebrauchten Wortes „streitige" beweist, auch auf die freiwillige Gerichtsbarkeit. Wie sie nach der RVerf. umgrenzt werden sollte, ist nicht ersichtlich.

Die allgemeine Fassung der Art. 103 und 105 schließt es somit aus, schon aus ihnen die Gerichtsbarkeit der ordentlichen Gerichte inhaltlich zu bestimmen. Die RVerf. bedarf in diesem Punkte mit Notwendigkeit der Ergänzung durch die ordentliche Gesetzgebung. Erst sie besagt wer gesetzlicher Richter im Sinne des Art. 105 Satz 2 ist.

Auch zu Art. 105 Satz 1 steht § 1 AbgErweitVO. nicht in Widerspruch. Die mit der Abgeltung betraute Kommission ist schon deshalb kein nach der RVerf. unzulässiges Ausnahmegericht, weil sie keine richterlichen Aufgaben zu erfüllen hat. Sie setzt nur Entschädigungen für die von der AbgErweitVO. vorgenommenen Eingriffe in Privatrechte fest, auf welche Entschädigungen, wie oben dargelegt, kein Rechtsanspruch mehr besteht.

Bemerkt mag schließlich noch werden, daß von dem Standpunkte des I. Zivilsenats aus auch dem allgemein als gültig anerkannten § 1 der Abgeltungsverordnung vom 4. Dezember 1919 die Anwendbarkeit hätte versagt werden müssen. Er schließt für die von ihm betroffenen Ansprüche gleichfalls den Rechtsweg aus, ohne, wie das § 2 nur für die Ansprüche der Unterlieferer gegen die Lieferer tut, eine Klage bei dem Reichswirtschaftsgericht zu gewähren.

Aus Art. 105 RVerf. sind demnach keine Bedenken gegen § 1 AbgErweitVO. herzuleiten. Die sonst gegen seine Rechtsgültigkeit erhobenen Einwendungen sind bereits in dem Beschlusse des III. Zivilsenats vom 25. Januar 1924 zutreffend widerlegt worden. Die den Vereinigten Zivilsenaten vorgelegte erste Rechtsfrage war also zu bejahen.

IV. Den § 2 AbgErweitVO. beanstandet der III. Zivilsenat nur insoweit, als er bestimmt, daß die Entscheidungen des Reichsministers der Finanzen darüber, ob ein Anspruch nach § 1 Abs. 1 abzugelten sei, endgültig und für die Gerichte bindend seien. Er hält es nach Art. 105 RVerf. für unstatthaft, daß die Entscheidung über die Zulässigkeit des Rechtswegs einer Verwaltungsbehörde übertragen wird. Diese Beurteilung des § 2 wird jedoch der bereits bei der Erörterung des § 1 betonten materiellrechtlichen Bedeutung der AbgErweitVO. nicht gerecht. Die Anordnung der Abgeltung ist ein Eingriff in Privatrechte, in die Forderungen gegen das Reich. Wieweit sie der Abgeltung unterliegen, bestimmt zunächst die Verordnung selbst. Die genauere Abgrenzung hat sie aber dem Reichsminister der Finanzen überlassen. Seine in Streitfällen ergehende Entscheidung, daß ein Anspruch abzugelten sei, ist keine prozessuale, sondern eine materielle. Sie besagt, daß der Anspruch als Rechtsanspruch nicht mehr besteht. Mit dem der Enteignung ähnlichen Charakter der ganzen Maßregel ist es durchaus vereinbar, daß ihre Tragweite im einzelnen durch den Reichsminister der Finanzen bestimmt wird. Materiellrechtliche Bedenken sind dagegen nicht zu erheben. Ist aber durch die Entscheidung des Reichsministers der Finanzen festgestellt, daß ein Anspruch abzugelten sei, so ist damit einer Klage die sachliche Grundlage entzogen. Ein Anspruch, der vor Gericht geltend gemacht werden könnte, besteht nicht mehr. Für eine Entscheidung über die Zulässigkeit des Rechtswegs ist kein Raum.

Aber auch als Entscheidung in dem letztgedachten Sinne aufgefaßt, würde der Ausspruch des Reichsministers der Finanzen, daß ein Anspruch abzugelten sei, von den Gerichten als bindend anerkannt werden müssen. Wie im Gegensatz zum III. Zivilsenat anzunehmen ist, verbietet Art. 105 RVerf. nicht, die Entscheidung über die Zulässigkeit des Rechtswegs einer Verwaltungsbehörde zu übertragen. Daß Art. 105 dem § 16 GVG. entstammt, ist bereits hervorgehoben. § 16 besagt aber nicht schon, daß die Gerichte über die Zulässigkeit des Rechtswegs zu befinden hätten. Das ist erst in § 17 Abs. 1 GVG. bestimmt worden. Diese Vorschrift ist nicht in die Verfassung aufgenommen worden, sondern einfaches Gesetz geblieben, von dem die auf Grund des ErmächtigungsG. ergehenden Verordnungen der Reichsregierung abweichen durften.

Das Wesen der Gerichtsbarkeit erfordert es nicht etwa mit Notwendigkeit, die Entscheidung über die Zulässigkeit des Rechtswegs in die Hand der Gerichte zu legen. Justiz und Verwaltung sind gleichgeordnete Zweige staatlicher Tätigkeit. Die Grenzziehung zwischen ihnen in Zweifelsfällen kann sowohl den Gerichten wie den Verwaltungsbehörden oder auch besonderen Behörden (den sog. Kompetenzgerichtshöfen) übertragen werden. Es ist Sache der Gesetzgebung, eine dieser Möglichkeit zu wählen, damit ein reibungsloses Zusammenwirken der verschiedenen staatlichen Organe sichergestellt wird. Daß es nach der RVerf. unzulässig wäre, die Gerichte in dieser Hinsicht an die Entscheidungen anderer Behörden zu binden, kann nicht zugegeben werden. Die Entscheidung der gesetzlich bestimmten Stelle besagt erst, ob ein gesetzlicher Richter im Sinne des Art. 105 vorhanden ist. Verneint sie die Zuständigkeit der Gerichte, so ist bindend festgestellt, daß es an einem solchen Richter in diesem Falle fehlt. Ihre Entscheidung kann einen Verstoß gegen Art. 105 Satz 2 RVerf. niemals enthalten.

§ 2 AbgErweitVO. ist demnach in vollem Umfange rechtsgültig. Auch die zweite den Vereinigten Zivilsenaten vorgelegte Rechtsfrage war also zu bejahen.

---

92. Steht in Preußen den Beamten der Gemeindeverbände ein im Rechtsweg verfolgbarer Anspruch auf Änderung oder Ergänzung der Eingliederung der Beamtenschaft in die Besoldungsklassen zu?

III. Zivilsenat. Urt. v. 5. Februar 1924 i. S. Kreis Prenzlau (Bekl.) w. L. (Kl.). III 197/23.

I. Landgericht Prenzlau. — II. Kammergericht Berlin.

Der Kläger war durch Beschluß des Kreisausschusses des Kreises Prenzlau vom 21. April 1900 zum Kreisbaubeamten auf Lebenszeit ernannt und wurde am 1. April 1919 in den Ruhestand versetzt. Zu seinen dienstlichen Obliegenheiten gehörte neben der Aufsicht über das Wegebauwesen usw. der Betrieb der Kreiskleinbahnen, wie er denn auch zuletzt die amtliche Bezeichnung eines Kreis-Eisenbahndirektors führte. Diese Dienststelle ist vom Kreise mit Wirkung vom 1. April 1920 an in die Gruppe 10 der Besoldungsordnung für die Staatsbeamten eingereiht worden. Die Ruhegehaltsbezüge des Klägers wurden auf der damit gegebenen Grundlage festgesetzt. Er glaubt auf das

Ruhegehalt eines Beamten der Gruppe 12 Anspruch zu haben und begehrt mit der Klage, nach erfolgloser Anrufung des Bezirksausschusses, die Verurteilung des Kreises zur Bezahlung des Mehrbetrags an Ruhegehalt, der ihm bei Zugrundelegung seiner Rechtsauffassung auf die Zeit vom 1. April 1920 bis 30. September 1921 zukommt. Die Vorinstanzen gaben der Klage statt. Das Reichsgericht wies sie wegen Unzulässigkeit des Rechtsweges ab.

Gründe:

Die von Amts wegen zu prüfende Zulässigkeit des Rechtswegs ist vom Berufungsgericht zu Unrecht bejaht worden.

Das streitige Ruhegehalt war nach § 1 des preußischen Gesetzes, betreffend die vorläufige Regelung verschiedener Punkte des Gemeindebeamtenrechts, vom 8. Juli 1920 verb. mit § 1 des Beamten-Altruhegehaltsgesetzes vom 17. Dezember 1920 auf den Betrag festzusetzen, der sich ergeben würde, wenn der Kläger bei seinem Ausscheiden aus der zuletzt von ihm bekleideten Stelle nach den am 1. April 1920 in Kraft getretenen Vorschriften besoldet gewesen und in den Ruhestand versetzt worden wäre. Der Kreis hat diesen Bestimmungen dadurch Rechnung zu tragen gemeint, daß er der Berechnung des Ruhegehalts das seit dem 1. April 1920 bestehende Diensteinkommen eines Eisenbahndirektors und demnach die Bezüge der Besoldungsgruppe 10 zugrunde gelegt hat. Der Kläger fordert dagegen die Berechnung auf der Grundlage der Diensteinkünfte eines Beamten der Gruppe 12 und führt zur Begründung des Verlangens aus, ihm habe nicht nur die Oberleitung der Kreis-Eisenbahnen, sondern auch die Oberaufsicht über sämtliche Chausseen obgelegen. Seine Dienststellung habe sich also mit der eines Eisenbahndirektors nicht gedeckt; vielmehr sei sie im Besoldungsplan des Kreises nicht vorgesehen. Ihre Bedeutung komme in dem von ihm bezogenen Endgehalt zum Ausdruck, der auf die Zugehörigkeit zur Gruppe 12 hinweise. Der Kläger nimmt hiernach das Ruhegehalt einer Beamtenklasse für sich in Anspruch, deren — nach seiner Ansicht — noch fehlende Einreihung in die Gruppen der neuen Besoldungsordnung er der richterlichen Entscheidung überläßt. Damit wird dem Gericht die Lösung einer Aufgabe zugemutet, für die es nicht zuständig ist. Nach § 2 des Gesetzes vom 8. Juli 1920 ist es Sache der Gemeindeverbände, die Bezüge ihrer Beamten und Altruhegehaltsempfänger mit Wirkung vom 1. April 1920 an nach Maßgabe des § 1 neu zu regeln. Damit ist auch die Eingliederung der Beamtenschaft in die Besoldungsklassen zu einer Angelegenheit der Verbände gemacht worden. Sie kann infolgedessen, soweit nicht die Aufsichtsbehörde eingreift, nur durch die Gemeindeverbände selbst ergänzt und abgeändert werden. Es verhält sich in dieser Hinsicht mit deren Besoldungsvorschriften nicht anders als mit den Besoldungsordnungen für die Beamten des Staates. Ihre Einreihung in die Besoldungsgruppen ist durch Gesetz erfolgt und kann daher nur durch Gesetz oder durch ein vom Gesetzgeber dazu ermächtigtes Organ geändert werden. Den Gerichten ist eine solche Ermächtigung nicht erteilt worden. Den Beamten steht deshalb ein klagbares Recht auf die Änderung oder Vervollständigung der Einstufungsvorschriften nicht zu. Die in Betracht kommenden Gesetze verleihen den planmäßigen Beamten einen im Rechtsweg verfolgbaren Anspruch nur in der Richtung, daß sie auf die Alterszulagen klagen können, nach denen sich die Grundgehälter — soweit sie nicht Einzelgehälter sind — in den einzelnen Besoldungsgruppen abstufen (§ 11 Abs. 3 des Reichsbesoldungsgesetzes vom 30. April 1920/26. Oktober 1922 und § 2 Abs. 2 des preuß. Beamten-Diensteinkommensgesetzes vom 17. Dezember 1920). Nun ist zwar der Klagantrag auf die Zahlung des Mehrbetrags gerichtet, den der Kläger bei Zugrundelegung der Bezüge der Gruppe 12 statt Gruppe 10 in einem gewissen Zeitraum erhalten hätte. Es gewinnt daher den Anschein, als wenn ihm der Art. 129 Abs. 1 Satz 4 der Reichsverfassung zur Seite stünde, der für vermögensrechtliche Ansprüche der Beamten den Rechtsweg eröffnet. Allein der Streit der Parteien bezieht sich in erster Linie darauf, ob eine öffentlichrechtliche Verpflichtung des Kreises bestanden habe, die Stelle des Klägers in die 12. Gehaltsgruppe einzureihen, und die Klage stellt sich als der unzulässige Versuch dar, diese dem Rechtsweg entzogene Frage der gerichtlichen Entscheidung zu unterstellen, als ob sie nur eine Vorfrage für einen vor den Richter gehörigen Anspruch sei (RGZ. Bd. 89 S. 421, 429, Bd. 94 S. 160, Bd. 97 S. 180).

---

93. Was bedeutet die Verweisung auf den Rechtsweg in der Ausführungsanweisung vom 2. August/8. Oktober 1920 zu § 2 des preußischen Gesetzes, betreffend vorläufige Regelung verschiedener Punkte des Gemeindebeamtenrechts, vom 8. Juli 1920?

III. Zivilsenat. Urt. v. 14. Dezember 1923 i. S. B. (Kl.) w. Kommunalverband Lauenburg (Bekl.). III 833/22.

I. Landgericht Altona. — II. Oberlandesgericht Kiel.

Der Kläger war Obersekretär im Dienst des Beklagten und wurde auf seinen Antrag in den Ruhestand versetzt. Er erhielt Gehalt und Ruhegehalt nach Gruppe 8 der Besoldungsordnung des Beklagten, während er die Bemessung nach Gruppe 9 getroffen wissen will. Mit der Behauptung, bei seinem Ausscheiden eine Stelle bekleidet zu haben, die der damals neu geschaffenen, ihm allerdings nicht verliehenen, in

Gruppe 9 eingestuften Stelle eines Bureaudirektors durchaus entsprochen habe, verlangte er klagend die Feststellung, daß der Beklagte verpflichtet sei, ihm Ruhegehalt nach Gruppe 9 zu zahlen. Mit diesem Begehren wurde er abgewiesen, in der Berufungsinstanz wegen Unzulässigkeit des Rechtswegs. Seine Revision blieb erfolglos.

Gründe:

Das Berufungsgericht geht davon aus, daß der Kläger zwar einen Gehalts- und Ruhegehaltsanspruch verfolge, diesen aber dadurch zu begründen suche, daß er dem Beklagten vorwerfe, die Besoldungsordnung unrichtig aufgestellt zu haben, indem er seine — des Klägers — Dienststellung in die Gruppe 8 verwiesen habe, während sie in Gruppe 9 gehöre; er wolle somit im Ergebnis einen Verwaltungsakt durch das Prozeßgericht berichtigen lassen, was unstatthaft sei.

Dieser Würdigung ist im wesentlichen beizupflichten. Gehalt and Ruhegehalt kann ein Beamter grundsätzlich nur nach Maßgabe derjenigen Stelle verlangen, die ihm übertragen worden ist, nicht aber entsprechend einer solchen, die ihm vermeintlich hätte verliehen werden sollen, oder der er seine eigene Dienststellung gleichwertig erachtet. Nur die aus einer ihm verliehenen Stelle erwachsenen vermögensrechtlichen Ansprüche kann er im Rechtswege verfolgen (RGZ. Bd. 103 S. 430), nicht aber weitergehende Ansprüche aus einer Stelle, in die er überhaupt nicht gelangt ist. Die Zulassung des Rechtswegs in solch erweitertem Umfange würde dahin führen, daß im Prozeßwege zu erörtern wäre, ob eine, wie hier, bis dahin einheitliche Einstufung bei einer Neuregelung aus gerechtfertigten Gründen aufgegeben und eine Verteilung der Beamtenstellen in verschiedene Gruppen mit Recht erfolgt ist. Hierüber zu befinden ist nicht Sache der Gerichte. Inwieweit eine solche Nachprüfung gemäß der hier in Betracht kommenden preußischen Gesetzgebung, namentlich nach dem Gesetz vom 8. Juli 1920 (preuß. GesS. S. 383) den Verwaltungsbehörden obliegt, ist hier nicht zu erörtern.

Diese Rechtslage ist auch durch Art. 129 Abs. 1 Satz 3 der Reichsverfassung nicht geändert worden, wie der Senat bereits in RGZ. Bd. 104 S. 253 dargelegt hat.

Demgegenüber nimmt der Kläger auf die Ausführungsanweisung Bezug, die der preußische Minister des Innern zu dem ebengenannten Gesetz vom 8. Juli 1920 unter dem 2. August/8. Oktober 1920 hat ergehen lassen (MinBl. f. d. inn. Verw. S. 320/359). Dort verweist der Minister im letzten Absatz der Bemerkungen zu § 2 des Gesetzes die Kommunalbeamten, die durch ihre Einstufung in wohlerworbenen Rechten geschädigt zu sein glauben, auf § 7 des preuß. Kommunalbeamtengesetzes, gibt ihnen also letzten Endes die Beschreitung des Rechtswegs anheim. Der Rechtsweg, auf den dort hingewiesen wird, ist aber der nach Lage der Gesetzgebung gewährte, nicht ein neu zu schaffender. Eine andere Rechtsauffassung ist auch weder aus dem obengenannten preußischen Gesetz, noch aus seiner Entstehungsgeschichte zu entnehmen. Nichts spricht dafür, daß von dem oben angeführten allgemeinen Grundsatz des Beamtenrechtes, wonach im Rechtswege verfolgbar nur Bezüge aus einer dem Beamten verliehenen Stelle sind, hier hätte abgewichen werden sollen.

---

94. Darf zu einem für vorläufig vollstreckbar erklärten Endurteil über den Betrag eines nach Grund und Betrag streitigen Anspruchs die Vollstreckungsklausel erteilt werden, bevor das mit einem Rechtsmittel angegriffene Zwischenurteil über den Grund des Anspruchs rechtskräftig geworden ist?

I. Zivilsenat. Beschl. v. 26. Mai 1923 i. S. Sch. & Cie. (Bekl.) w. St. & Cie. (Kl.). I 455/22.

Die Frage wurde bejaht aus folgenden

Gründen:

Nachdem das Oberlandesgericht in Köln durch Urteil vom 3. Mai 1922 das am 28. Februar 1922 verkündete, die Klage abweisende Urteil erster Instanz abgeändert und den Klaganspruch dem Grunde nach für gerechtfertigt erklärt hatte, hat das Landgericht in Köln durch ein am 11. Juli 1922 verkündetes, gegen Sicherheitsleistung vorläufig vollstreckbares Urteil die Beklagten als Gesamtschuldner zur Zahlung von 947413,60 ℳ nebst Zinsen verurteilt. Die Berufung der Beklagten hiergegen ist durch Urteil des Oberlandesgerichts vom 14. Februar 1923 zurückgewiesen worden. Gegen beide oberlandesgerichtliche Urteile ist rechtzeitig Revision eingelegt worden, gegen das Urteil vom 3. Mai 1922 von beiden Beklagten, gegen das Urteil vom 14. Februar 1923 von der Erstbeklagten. Am 24. August 1922 hat der Gerichtsschreiber des Reichsgerichts zu dem landgerichtlichen Urteil vom 11. Juli 1922 die Vollstreckungsklausel erteilt. Die Erstbeklagte hat unter dem 11. Mai 1923 beantragt, die Erteilung der Vollstreckungsklausel für unzulässig zu erklären.

Der Antrag mußte zurückgewiesen werden. Im Schrifttum und in der Rechtsprechung geht die herrschende Ansicht allerdings dahin, daß in einem Falle wie dem vorliegenden die Zwangsvollstreckung aus dem Endurteil und demgemäß auch die Erteilung der Vollstreckungsklausel nicht zulässig ist, solange nicht das Zwischenurteil rechtskräftig geworden ist, weil die Entscheidung über den Betrag des Anspruchs durch den Rechtsbestand des Zwischenurteils inhaltlich bedingt sei (vgl. Stein ZPO. § 304 III, § 275 III, IV, § 732 II, § 724 II, 3; Skonietzki § 304 A. 8; Förster-Kann § 304 A. 5; ferner Oberlandesgericht Colmar in OLG. Bd. 7 S. 303). Die Frage ist auch schon vom Reichsgericht in RGZ. Bd. 5 S. 422 und Bd. 15 S. 355 berührt, aber nicht entschieden worden. Der Senat tritt der gegenteiligen, vom Kammergericht in OLG. Bd. 18 S. 387 vertretenen Ansicht bei. Es ist zwar richtig, daß ein Endurteil über den Betrag des Anspruchs, auch wenn es rechtskräftig geworden ist, seine Bedeutung dadurch verliert, daß das Zwischenurteil über seinen Grund in der höheren Instanz aufgehoben wird. Daraus folgt aber nichts für die Frage der Vollstreckbarkeit des Urteils über den Betrag. Diese muß sich vielmehr mangels abweichender Vorschriften nach den allgemeinen Regeln richten, solange die Aufhebung des Zwischenurteils nicht erfolgt ist. Zutreffend weist das Kammergericht für den gleichliegenden Fall eines Zwischenurteils nach § 275 Abs. 2 ZPO. darauf hin, daß es der Beklagte anderenfalls in der Hand hätte, sich durch Erhebung unbegründeter prozeßhindernder Einreden der Vollstreckung bis zur rechtskräftigen Entscheidung über das Zwischenurteil zu entziehen, was mit der Regelung, welche die vorläufige Vollstreckbarkeit in der Zivilprozeßordnung erfahren hat, nicht vereinbar ist.

---

95. Ist einem auf Herstellung der häuslichen Gemeinschaft lautenden Urteil im Sinne von § 1567 Abs. 2 Nr. 1 BGB. Folge geleistet, wenn der verurteilte Ehegatte nach Erlaß, aber vor Eintritt der Rechtskraft des Urteils zu dem anderen Ehegatten zurückkehrt, ihn aber auch noch innerhalb dieses Zeitraums wieder verläßt? Beweislast für den Ungehorsam gegenüber dem Urteile.

V. Zivilsenat. Urt. v. 2. Juni 1923 i. S. Ehem. P. (Kl) w. Ehefr. P. (Bekl.). V 567/22.

I. Landgericht Halle. — II. Oberlandesgericht Naumburg.

Die Parteien, die 1909 die Ehe miteinander geschlossen haben, lebten seit 1912 getrennt. Der Kläger hat mit der Behauptung, daß die Beklagte ihn grundlos verlassen habe, auf Wiederherstellung der häuslichen Gemeinschaft geklagt und ein mit dem Ablaufe des 9. November 1918 rechtskräftig gewordenes, die Beklagte verurteilendes Urteil erlangt. Da sie innerhalb der gesetzlichen Zeit von einem Jahre die häusliche Gemeinschaft mit ihm nicht wieder hergestellt habe, sondern nach wie vor in Hamburg lebe, klagte er aus § 1567 Nr. 1 BGB.

auf Scheidung der Ehe. Die Beklagte wandte ein, sie sei, um dem Urteile zu genügen, Ende Oktober 1918 zu dem Kläger, der damals in Aschersleben lebte, zurückgekehrt, sei aber, da sie aus seinem Verhalten die Überzeugung gewonnen habe, daß sein Herstellungsverlangen nicht ernstlich gemeint gewesen sei, nach drei Tagen wieder fortgegangen. Der Kläger behauptete dagegen, die Beklagte sei nur zu ihm gekommen, um eine Geldabfindung von ihm zu erlangen, und sei, obwohl er sie gut behandelt habe, als er die Gewährung einer Abfindung abgelehnt habe, nach drei Tagen unter dem Vorwand, ihre Sachen zu holen, fortgegangen ohne wiederzukommen.

Der Kläger wurde mit seinem Anspruch auf Scheidung der Ehe in beiden Rechtszügen abgewiesen, auf seine Revision aber das Berufungsurteil aufgehoben und die Sache an das Berufungsgericht zurückverwiesen.

Aus den Gründen:

Das Berufungsgericht hat das die Klage abweisende Urteil des Landgerichts aus zwei selbständigen Gründen bestätigt, die aber beide von der Revision erfolgreich angegriffen werden.

Der erste Grund geht dahin, es fehle der Klage schon an der ersten Voraussetzung, daß die Beklagte dem Herstellungsurteil nicht rechtzeitig Folge geleistet habe. Denn wenn sie auch diesem Urteil ein Jahr nach der Rechtskraft keine Folge geleistet habe, so habe sie ihm doch durch ihre Rückkehr Ende Oktober 1918 — die Rechtskraft trat mit dem Ablaufe des 9. November 1918 ein — gehorcht, denn sie sei, wie sie versichert und wie demgegenüber der Kläger hätte widerlegen müssen, aber nicht habe widerlegen können, zurückgekehrt mit dem ernsthaften Willen, die Ehe mit ihm fortzusetzen. Die Wirkung dieses Folgeleistens könne aber nicht deshalb anders beurteilt werden, weil die Rückkehr vor der Rechtskraft des Urteils erfolgt sei, da dann der Gatte, der die Rechtskraft des Urteils abwarte und ihm dann folge (um später die häusliche Gemeinschaft doch wieder aufzuheben), dem Gegner das Recht auf die Scheidungsklage entziehen, der dem Urteile sofort nach dessen Erlaß Gehorchende diese Wirkung nicht erreichen würde. Diese Auffassung kann nicht gebilligt werden. Daß die in ernsthafter Absicht vor Eintritt der Rechtskraft erfolgte Rückkehr, falls sie über den Eintritt der Rechtskraft hinaus andauert, genügt, um die Klage aus § 1567 BGB. auszuschließen, unterliegt allerdings keinem Zweifel. Nicht das gleiche kann aber gelten, wenn der vor Eintritt der Rechtskraft zurückgekehrte Ehegatte ebenfalls vor diesem Eintritt den anderen wieder verläßt. Wie die Motive (Bd. 4 S. 590/91) klar erkennen lassen, verfolgt die dem württemberg. Gesetz vom 8. August 1875 Art. 7 entnommene Fassung den Zweck, dem beklagten Ehegatten die Widerrechtlichkeit seiner fortgesetzten Weigerung zum Bewußtsein zu bringen. Diese Widerrechtlichkeit steht bei einer vorzeitig erfolgten und ebenso vorzeitig wieder aufgehobenen Rückkehr noch gar nicht fest, da es dann noch ungewiß ist, ob es dem noch nicht rechtskräftig verurteilten Ehegatten nicht etwa gelingt, auf dem Rechtsmittelweg die Verurteilung zu beseitigen. Auch befindet sich während dieser Zeit der Ungewißheit der andere Ehegatte dem Zurückgekehrten gegenüber insofern in einer unklaren, schwierigen Lage, als er zu besorgen hat, daß, wenn er den anderen in dieser Zwischenzeit ehemäßig behandelt, dies von letzterem bei der Fortsetzung des Rechtsstreits nachteilig gegen ihn ausgelegt werden könnte. Rechtlich kann daher die vorzeitige Rückkehr dem Folgeleisten nach Eintritt der Rechtskraft des Urteils nicht gleichgestellt werden. Dem Gesetze wird auch nicht allein durch die Rückkehr genügt, sondern nur durch die Herstellung der ehelichen Gemeinschaft. Ob eine Rückkehr mit dieser Absicht anzunehmen ist, wird Tatfrage des einzelnen Falles sein, die, wenn der zurückgekehrte Gatte wie hier nach wenigen Tagen wieder fortgeht, kaum bejahend zu beantworten sein wird, wenn nicht eine ganz besonders triftige Veranlassung zu diesem baldigen Fortgehen vorliegt. Denn dem verurteilten Ehegatten soll nicht die Möglichkeit gegeben sein, durch ein rein äußerliches Befolgen des Urteils ohne ernstliche Herstellungsabsicht dem anderen die diesem im § 1567 BGB. gewährte Waffe aus der Hand zu schlagen. Es kann daher dem Berufungsgericht nicht zugegeben werden, daß die Beklagte dem Urteile rechtzeitig Folge geleistet hat, wie auch die Annahme rechtsirrig ist, daß die — vorzeitige — Rückkehr allein genüge, um dem anderen Ehegatten die Beweispflicht dafür aufzubürden, daß die Rückkehr nicht in ernstlicher Absicht erfolgt sei.

Trotzdem würde das Urteil aufrecht zu erhalten sein, wenn es von seinem zweiten Grunde getragen würde. Dies ist aber nicht der Fall.

Das Urteil sagt, wenn man auch die Voraussetzung der Klage, dem Urteile sei nicht rechtzeitig Folge geleistet worden, für gegeben erachten wolle, so mangele es doch an dem Nachweise, daß dies in böslicher Absicht gegen den Willen des Klägers geschehen sei. Die hiermit zum Ausdruck gebrachte Regelung der Beweislast ist rechtsirrig. Wie das Urteil des VI. Zivilsenats vom 13. März 1922 (Warn. 1922 Nr. 72) zutreffend ausführt, genügt der an sich beweispflichtige Kläger regelmäßig seiner Beweispflicht durch den Nachweis, daß der Beklagte dem Urteil ungehorsam war, dessen Sache es dann aber sei, die Gründe für seinen Ungehorsam darzulegen. Danach wäre es Sache der Beklagten gewesen nachzuweisen, daß sie nicht gegen den Willen des Klägers in böslicher Absicht fern geblieben ist, wobei es ausreichen würde, wenn sie auf Grund ausreichender tatsächlicher Anhaltspunkte des guten Glaubens gewesen wäre, zur Verweigerung der Gemeinschaft berechtigt zu sein (Warn. 1912 Nr. 263). Wenn das Berufungsgericht für den Mangel der Ernstlichkeit des Herstellungswillens des Klägers dessen Verhalten anläßlich der vorzeitigen Rückkehr der Beklagten verwertet, so kann dies an sich nicht, wie die Revision meint, als ein Verstoß gegen die sachliche Rechtskraft beanstandet werden. Denn wenn auch der zur Herstellung rechtskräftig Verurteilte zur Begründung der Weigerung, dem Urteile zu gehorchen, nicht auf Vorgänge zurückgreifen darf, die, weil sie sich vor Schluß der letzten mündlichen Verhandlung vor dem Urteil ereignet haben, von der sachlichen Rechtskraft des Urteils miterfaßt werden, so trifft diese Wirkung doch nicht Vorfälle, die sich nach diesem Zeitpunkte ereignet haben (Urt. d. IV. ZS. vom 25. September 1902 bei Gruchot Bd. 47 S. 115). So aber liegt die Sache hier.

---

96. 1. Wann vollzieht sich der Eigentumsübergang an Kuxen, die zum Zwecke der Sicherheitsleistung durch Blankoabtretung übertragen werden, und auf welche Weise kann sich der Gläubiger aus den ihm zur Sicherheit übereigneten Kuxen befriedigen?

2. Welche Rechtsfolgen hat eine vom Gläubiger ohne Beobachtung der notwendigen Förmlichkeiten bewirkte Veräußerung der Kuxe?

I. Zivilsenat. Urt. v. 20. Juni 1923 i. S. St. (Kl.) w. B. Bankverein (Bekl.). I 831/22.

I. Landgericht Elberfeld, Kammer f. Handelss. — II. Oberlandesgericht Düsseldorf.

Der Kläger stand seit Dezember 1917 mit zwei Filialen des beklagten Bankvereins derart in Geschäftsverbindung, daß dieser für ihn Wertpapiere kaufte, in Depot nahm und verkaufte. Als die Börsenlage sich Ende 1918 verschlechterte, forderte der Beklagte einen Einschuß von 30000 *M*. Diesen leistete der Kläger nicht. Der Beklagte verkaufte darauf die in seinem Depot befindlichen Wertpapiere des Klägers, darunter Kuxe, wobei ein Schuldsaldo des Klägers von 33350 *M* verblieb. Der Kläger behauptet, daß der Verkauf den getroffenen Abmachungen widersprochen habe und in unzulässiger Form vorgenommen sei. Er fordert mit der Klage Herausgabe der Wertpapiere, hilfsweise Ersatz eines Teiles des ihm erwachsenen Schadens. Der Beklagte erachtet die Einwendungen gegen die Rechtsmäßigkeit des Verkaufs für unbegründet und fordert widerklagend Zahlung des Schuldsaldos von 33350 *M*. Das Landgericht und das Oberlandesgericht wiesen die Klage ab und gaben der Widerklage statt. Die Revision des Klägers hatte Erfolg.

Gründe:

Das Berufungsgericht hat angenommen, die Veräußerung der dem beklagten Bankverein zur Sicherheit (in Depot) gegebenen, in blanko abgetretenen Kuxe sei formell in zulässiger Weise — obgleich nicht durch einen öffentlich ermächtigten Handelsmakler — erfolgt. Die Kuxe seien nicht als Pfand bestellt; denn dazu hätte nach § 108 des Preußischen Allgemeinen Berggesetzes eine schriftliche Verpfändungserklärung gehört, die nicht abgegeben sei. Es liege vielmehr eine fiduziarische Eigentumsübertragung zu Sicherungszwecken vor, und eine solche Sicherheit habe ohne Förmlichkeiten durch freihändigen Verkauf realisiert werden können.

Diese Ausführungen werden von der Revision nicht ohne Grund angegriffen.

Die im Schrifttum angestellten vielfachen Erörterungen haben ergeben, daß — außer durch Pfandbestellung — Kuxe, die in blanko abgetreten sind, auf mehrfache, rechtlich verschiedene Weise zur Leistung von Sicherheit verwendet werden können. Entweder werden sie derart übertragen, daß sie in das Eigentum des Gläubigers übergehen sollen. Der Gläubiger kann berechtigt werden, sofort mit Erhalt der Stücke die Blankoabtretung auf seinen Namen auszufüllen und sich zum Eigentümer zu machen (eigentliche fiducia), oder ihm kann in weniger weitgehender Weise nur das Recht gegeben werden, die Blankoabtretung bei Verzug des Schuldners auszufüllen, sogenannte bedingte Eigentumsübertragung. Im letzteren Falle wird er erst bei Eintreten des Verzugs Eigentümer, und wenn er die Ausfüllung ganz unterläßt und die Kuxe auf Grund der Blankoabtretung zum Verkauf bringt, wird er überhaupt niemals Eigentümer. Endlich kann auch ein bloßes Zurückbehaltungsrecht als Sicherung eingeräumt werden mit der Gewährung eines Befriedigungsrechts aus der Sicherheit. Das Berufungsgericht hat nun zunächst angenommen, eine Pfandbestellung könne nicht gewollt sein, weil die Parteien die nach § 108 a. a. O. erforderliche schriftliche Verpfändungserklärung nicht abgegeben hätten. In diesem Punkte ist ihm zuzustimmen; die Revision hat insoweit auch keine Bedenken geltend gemacht. Es hat daraus dann weiter geschlossen, daß eine fiduziarische Eigentumsübertragung mit der Berechtigung sofortiger Ausfüllung der Blankoabtretungen im Sinne der Parteien gelegen habe. Dieser Schluß erscheint jedoch nicht zwingend. Es ist nicht beachtet, daß bei Ausschließung einer Verpfändungsabsicht noch die mehreren angeführten, rechtlich unter sich verschiedenen Arten der Sicherheitsbestellung offen blieben. Nun hat sich im Schrifttum und in der Rechtsprechung mehr und mehr die Anschauung zur Geltung gebracht, daß, wenn Pfandbestellung nicht gewollt ist, im Zweifel eine bedingte Eigentumsübertragung anzunehmen ist. Diese Anschauung ist berechtigt; denn den Interessen des Gläubigers wird in vollem Maße Genüge getan, wenn er das Recht hat, bei Eintreten des Verzugs seines Schuldners die Blankoabtretung auszufüllen oder den Kux auf Grund der Blankoabtretung in ordnungsmäßiger Weise zu verkaufen. Eine weitere Einschränkung der Rechte des Schuldners ist zur Wahrung der berechtigten Interessen des Gläubigers nicht erforderlich und deshalb im Zweifel nicht anzunehmen. Das ist bereits vom Reichsgericht anerkannt (RGSt. Bd. 46 S. 146).

Es fragt sich nun, wie eine derartige Sicherheit realisiert werden muß. Wollte man zulassen, daß das durch beliebigen freihändigen Verkauf geschehen könne, so würden die berechtigten Interessen des Schuldners ohne Not — und zwar unter Umständen in erheblichem Maße — gefährdet. Er wäre bei solcher Annahme, wenn er den Realisierungsverkauf angreifen zu können glaubt, darauf beschränkt, seinerseits den Beweis einer Fahrlässigkeit des Gläubigers bei Vornahme des Verkaufs zu erbringen, ein Beweis, der bei den in Zeiten wirtschaftlicher Spannung stark schwankenden Kursen der Kuxe, besonders wenn diese überhaupt nicht oder in der Zeit des Verkaufs nicht notiert sind, kaum zu erbringen ist. Es ist deshalb geboten, daß der Realisationsverkauf von Kuxen, die mit Blankoabtretung in Depot gegeben sind, nach den Vorschriften des §§ 1234 flg. BGB. oder § 368 HGB. stattfinde. Die Interessen des Gläubigers werden dadurch nicht beeinträchtigt, da die vorgeschriebenen Formen ohne Schwierigkeiten eingehalten werden können. Diese Anschauung über die einzuhaltenden Förmlichkeiten wird jetzt auch überwiegend im Schrifttum vertreten, vgl. Isay, Allg. Berggesetz Bd. 1 S. 562; Haußmann, Zeitschr. f. d. ges. Handelsrecht Bd. 73 S. 229, zustimmend angeführt von Werneburg, Holdheims Monatsschr. Bd. 26 S. 61.

Da vorliegendenfalls jene Vorschriften nicht eingehalten sind, ist der Realisierungsverkauf nicht ordnungsmäßig vorgenommen. Daraus folgt aber nicht, daß nun der Klaganspruch auf Rücklieferung der verkauften Kuxe ohne weiteres berechtigt ist. Vielmehr ist zu berücksichtigen, daß nach den bisherigen Feststellungen des Berufungsgerichts der Kläger im Verzug und der Verkauf an sich berechtigt war, wobei nur in der Form gefehlt ist. In solchem Falle kann der begangene Formfehler nicht die Wirkung haben, daß dem Kläger die Kuxe wiederverschafft werden müssen, auf deren Behalten er wegen des vom Berufungsgericht angenommenen Verzugs kein Recht hatte. Vielmehr hat der Beklagte nunmehr den Nachweis zu führen, daß der von ihm erzielte Erlös der damaligen Preis- und Marktlage entsprach, und daß auch bei Einhaltung der notwendigen Förmlichkeiten das Ergebnis nicht besser gewesen wäre. Eine gänzliche Nichtigkeit der vorgenommenen Verkäufe folgt auch nicht aus dem weiteren Formfehler, daß der Beklagte anscheinend in seinen Abrechnungen über die Realisierung die Sache so dargestellt hat, als ob er die Kuxe zum Teil seinerseits vom Kläger übernommen (gekauft) habe oder als ob er sie an seine eigene Düsseldorfer Filiale verkauft habe. Auch hier ist, wie das Berufungsgericht zutreffend dargelegt hat, nur in der äußeren Form gefehlt; in Wahrheit sind die Kuxe an dritte Personen verkauft und der von diesen erzielte Erlös ist dem Kläger in der Abrechnung gutgebracht.

Aus diesen Gründen unterlag das Berufungsurteil in seinem ganzen Umfange der Aufhebung.

---

97. Was ist unter dem Teil eines Gebäudes im Sinne des § 836 BGB. zu verstehen?

IV. Zivilsenat. Urt. v. 25. Juni 1923 i. S. Stadtgemeinde K. (Bekl.) w. E. (Kl.). IV 478/22.

I. Landgericht Köln. — II. Oberlandesgericht daselbst.

Der Kläger ist am 27. Juli 1919 im Gürzenichrestaurant in Köln durch einen von der Wand fallenden großen Spiegel verletzt worden. Die beklagte Stadtgemeinde ist Eigentümerin des Restaurants, das sie mit Inventar an den Mitbeklagten B. verpachtet hat. Der Kläger hat Feststellung begehrt, daß beide, Eigentümer und Pächter, als Gesamtschuldner zum Ersatz des ihm durch den Unfall erwachsenen Schadens verpflichtet seien. Das Landgericht wies die Klage gegen beide Beklagte ab, das Oberlandesgericht gab ihr statt. Die Revision der beklagten Stadtgemeinde hatte Erfolg.

Gründe:

Nach den Feststellungen des Berufungsrichters war der Spiegel, durch dessen Absturz der Kläger verletzt worden ist, dergestalt an der Wand des Restaurants angebracht, daß er mit der unteren Kante auf drei in das Mauerwerk eingelassenen Stahlklammern ruhte und in geneigter Lage oben mit zwei starken Drahtseilschlaufen an zwei ebensolchen Stahlklammern hing. Er hatte ein Gewicht von 70 kg und war mit Rahmen 1,34 m breit, 2,12 m hoch. Der Berufungsrichter sieht den Spiegel im Sinne des § 836 BGB. als Teil des Gebäudes an, weil er dergestalt mit der Wand verbunden gewesen sei, daß nach der Art seiner Befestigung in Verbindung mit seiner Größe, Schwere und Bestimmung dem Grundstückseigentümer die Pflicht obgelegen habe, unter Beobachtung der im Verkehr erforderlichen Sorgfalt jede fehlerhafte Einrichtung bei der Anbringung und jede mangelhafte Unterhaltung der Befestigungsanlage zu vermeiden.

Die Revision hält demgegenüber eine baumäßige Verbindung des Spiegels mit dem Gebäude für erforderlich, wie sie hier nicht vorgelegen habe. Der Angriff ist begründet. Das Gesetz selbst sagt nicht, was unter dem Teil eines Gebäudes im Sinne des § 836 BGB. zu verstehen ist. Auch die Entstehungsgeschichte der Vorschrift (Protokolle der zweiten Lesung Bd. 2 S. 653) bietet keine Handhabe für eine genaue und einwandfreie Begriffsbestimmung. Die bisherige Rechtsprechung des Reichsgerichts scheint geneigt, vielleicht nach dem Vorgang von Dernburg, Bürg. Recht Bd. II, 2 § 398 Anm. 6, den Begriff des Gebäudeteils in einem weiteren als dem Wortsinn zu fassen, indem sie auf den Zweck des Gesetzes (Vermeidung jeder Gefährdung durch eine fehlerhafte Einrichtung des Hauses) besonderes Gewicht legt. So hat der VI. Zivilsenat in seinem Urteil vom 8. Mai 1905 (RGZ. Bd. 60 S. 421) erwogen, ob nicht schon eine bloß tatsächliche Verbindung eine Sache zu einem Teil des Gebäudes machen könne, wenn sie nur derartig sei, daß die dem Hausbesitzer obliegende Sorgfaltspflicht die Vermeidung einer fehlerhaften Einrichtung bei der Herstellung der Verbindung oder einer mangelhaften Unterhaltung mitumfasse. Einer grundsätzlichen Entscheidung der Frage bedurfte es nach der Lage des damaligen Streitfalls nicht. Von dem jetzt erkennenden Senat ferner ist in dem Urteil vom 21. Januar 1907 IV 258/06 unter Berufung auf das vorerwähnte Erkenntnis der gleiche Standpunkt in bezug auf herabgefallene Jalousiestäbe eingenommen worden (vgl. auch das Urteil desselben Senats vom 23. Mai 1906 in JW. 1906 S. 423 Nr. 8). Der Berufungsrichter hat sich diese, übrigens im Komm. v. RGR. Anm. 3 zu § 836 BGB. gebilligte Auffassung zu eigen gemacht. Sie kann indes nicht für zutreffend erachtet werden.

Es muß zunächst zweifelhaft erscheinen, ob sich überhaupt im vorliegenden Fall mit dem Gesetzeszweck eine ausdehnende Auslegung des § 836 BGB. im Sinne des Berufungsurteils rechtfertigen läßt. § 836 stellt eine Sondervorschrift dar. Eine besondere Regelung der Schadenshaftung in bezug auf solche Sachen, die ohne gehörige Befestigung an oder auch in einem Gebäude aufgehängt oder angebracht sind, hat der Gesetzgeber abgelehnt. Der in § 733 des ersten Entwurfs eines BGB. enthaltene Vorschlag, eine den Grundsätzen der römischen actio de dejectis et effusis entsprechende Vorschrift aufzunehmen und in einem solchen Fall den Hausbesitzer haften zu lassen, ist in der zweiten Lesung und auch späterhin mißbilligt worden. Man hat vielmehr hier die allgemeinen Vorschriften über die Schadensersatzpflicht bei unerlaubten Handlungen für anwendbar und ausreichend erklärt (Protokolle Bd. 2 S. 645 flg., Mugdan, Materialien zum BGB. Bd. 2 S. 1303 flg.). Schon dieser Standpunkt des Gesetzgebers ist mit der vom Berufungsrichter versuchten Anwendung der Ausnahmevorschrift des § 836 BGB. auf Fälle der vorliegenden Art nicht vereinbar.

Die Auffassung des Berufungsrichters steht aber auch, was vor allem ins Gewicht fällt, mit dem Sprachgebrauch und der Verkehrsauffassung in offenbarem Widerspruch. Das Bürgerliche Gesetzbuch setzt die Bedeutung des im § 836 gebrauchten Ausdrucks: Teil des Gebäudes als bekannt voraus. Für die Begriffsbestimmung ist somit maßgebend, was nach dem allgemeinen Sprachgebrauch und der Anschauung des Verkehrs unter einem Gebäudeteil verstanden wird. Von diesem Gesichtspunkt aus kann es aber nicht zweifelhaft sein, daß, soweit einzelne Sachen als Gebäudeteile in Frage kommen, eine baumäßige, nicht bloß äußerliche, sondern der Bildung und dem Zweck des Ganzen dienende und in diesem Sinn organische Verbindung der Sache mit dem Gebäude vorliegen muß. Baumäßig ist die Verbindung dann, wenn die Sache zur Herstellung des Gebäudes eingefügt oder sonstwie aus baulichen Gründen oder zu baulichen Zwecken an ihm angebracht ist. Eine mechanische Verbindung, z. B. die Befestigung durch Klammern, genügt allein nicht, vielmehr muß das Verbundene in einem festen, dem Wesen eines Bauwerks entsprechenden Zusammenhang mit dem Gebäude stehen, so daß sich daraus ohne weiteres seine Zugehörigkeit zu dem Bauganzen ergibt. Legt man diese Erfordernisse zugrunde, so wird ein schwerer Spiegel, der an einer angepaßten Stelle in die Wand eingelassen ist, als Gebäudeteil selbst dann betrachtet werden können, wenn ihm die Bestandteilseigenschaft nach §§ 94 Abs. 2, 95 Abs. 2 BGB. fehlt. Wird dagegen, wie im Streitfall, der Spiegel oder ein Bild von ähnlicher Größe und Schwere nur an der Wand aufgehängt und am unteren Rand durch eiserne Klammern gestützt, so fehlt es an einer baumäßigen und organischen Verbindung mit dem Gebäudeganzen, wie sie die Anwendung des § 836 BGB. voraussetzt. Die Möglichkeit, daß durch das Herabstürzen des schweren Spiegels infolge mangelhafter Sorgfalt des Hausbesitzers bei der Anbringung oder Unterhaltung eine Gefährdung nach Art der durch Herabstürzen eines Gebäudeteils, z. B. eines Stückes der Zimmerdecke, verursachten eintritt, kann für die Frage, ob auch der Spiegel ein Gebäudeteil ist, nicht entscheidend sein.

---

98. 1. Unter welchen Voraussetzungen ist nach § 633 Abs. 2 BGB. der Besteller darauf beschränkt, statt Neuherstellung eines mangelfreien Werkes die Beseitigung des Mangels zu verlangen?
2. Was ist in § 640 BGB. unter Abnahme des Werkes zu verstehen?

3. Ist der Anspruch auf Beseitigung des Mangels gegenüber dem auf Neuherstellung im Sinne der §§ 527, 268, 529 Abs. 2 ZPO. als ein rechtlich anders gearteter Anspruch oder als eine bloße Beschränkung des Klaganspruchs anzusehen?

VI. Zivilsenat. Urt. v. 9. Juli 1923 i. S. Pr. (Kl.) w. P. (Bekl.). VI 1324/22.

I. Landgericht I Berlin. — II. Kammergericht daselbst.

Mit der Klage wird die Lieferung eines am 2. Oktober 1919 bestellten kunstgeschnitzten Bücherschranks verlangt. Die Klage wurde in den Vorinstanzen abgewiesen, die Revision des Klägers führte zur Aufhebung des Berufungsurteils.

Gründe:

Der Klagantrag geht dahin, zu liefern sei ein kunstgeschnitzter Bücherschrank, Nußbaumholz, Türen innen mahagonipoliert mit Intarsien, sonst innen Eiche, genau entsprechend dem von der Beklagten dem E. B. gelieferten, antike Beizung genau der B.'schen Lieferung entsprechend.

Das Berufungsgericht geht davon aus, daß ein Werklieferungsvertrag im Sinne des § 651 BGB. vorliege, und zwar über eine nicht vertretbare Sache (§ 91 BGB.). Zutreffend stellt das Berufungsgericht hierbei darauf ab, daß die Beklagte vertraglich die Verpflichtung zur Herstellung und zur Lieferung eines von ihr hergestellten Stückes übernommen habe. Im übrigen liegt eine Auslegung vor, die keinen Verstoß gegen die gesetzlichen Auslegungsregeln erkennen läßt. Auch die Anwendung des § 91 BGB. ergibt keinen solchen.

Die Beklagte hat einen Schrank hergestellt und geliefert; nach Ansicht des Klägers ist er aber nicht vertragsgemäß ausgeführt. Den Klagantrag legt das Berufungsgericht dahin aus, daß damit die Lieferung eines neuen Schrankes begehrt sei. Dieser Anspruch wäre nach Ansicht des Berufungsgerichts rechtsgrundsätzlich zweifellos dann zuzulassen, wenn der im Streit stehende Schrank nach seiner Ausführung gegenüber den darüber getroffenen Vertragsfestsetzungen eine völlig andere Sache (aliud) darstellen würde. Auf Grund der gepflogenen Beweisaufnahme nimmt das Berufungsgericht an, daß dem nicht so sei. Insoweit bewegt sich das Berufungsgericht auf dem Gebiet rein tatsächlicher Erwägungen, die keinen Rechtsverstoß erkennen lassen; auch die Revision hat keinen solchen darzutun vermocht. Das Berufungsgericht hat die Klage abgewiesen, weil der Kläger gemäß §§ 651, 633 Abs. 2 BGB. nur die Beseitigung der vorhandenen Mängel, nicht aber die Neuherstellung der Werkes verlangen könne.

1. Was zunächst die hierüber ausgeführten rechtsgrundsätzlichen

Erwägungen des Berufungsgerichts anlangt, so sind sie für zutreffend zu erachten. Kein Bedenken gegen ihr Ergebnis ergibt der Umstand, daß unter den in § 651 Abs. 1 Satz 2 Halbsatz 2 angeführten Vorschriften aus dem Rechte des Kaufes der § 480 nicht aufgeführt ist, die Aufzählung vielmehr mit § 479 endet. Dies erklärt sich daraus, daß gerade im Zusammenhang mit dieser Aufzählung von der Herstellung einer nicht vertretbaren Sache die Rede ist: damit schied § 480, der vom Kaufe einer der Gattung nach bestimmten Sache und nur hiervon handelt, von selbst aus. Bezüglich tatsächlicher Mängel der hergestellten Sache greifen die §§ 633 bis 635, 637 bis 640 ein; es handelt sich insgesamt um das Fehlen zugesicherter Eigenschaften. In tatsächlicher Beziehung hat das Berufungsgericht auf Grund des Gutachtens des Sachverständigen J. festgestellt, daß der Schrank eine Reihe von Abweichungen gegenüber dem an B. gelieferten Schrank aufweise, daß diese aber sich bequem beseitigen lassen mit Ausnahme des einen Umstandes, daß der dem Kläger gelieferte, 1,70 cm breite Schrank etwa 6 cm weniger breit ist als der an B. gelieferte, was sich nach dem Gutachten überhaupt nicht beseitigen lasse. In rechtlicher Hinsicht ist zu bemerken:

Nach § 633 BGB. ist der Unternehmer verpflichtet, das Werk so herzustellen, daß es die zugesicherten Eigenschaften hat und nicht mit Fehlern behaftet ist, die den Wert oder die Tauglichkeit zu dem gewöhnlichen oder dem nach dem Vertrag vorausgesetzten Gebrauch aufheben oder mindern. Gegenüber der Lieferung eines dem nicht genügenden Werkes macht der Besteller den Anspruch auf Vertragserfüllung geltend, wenn er die Unzulänglichkeit des Werkes beanstandet und vertragsmäßige Beschaffenheit verlangt. Die Bestimmung des § 633 Abs. 2: „Ist das Werk nicht von dieser Beschaffenheit, so kann der Besteller die Beseitigung des Mangels verlangen", ist rechtsgrundsätzlich zunächst lediglich auf diese Vertragserfüllung gerichtet. Praktisch selbstverständlich ist es, daß diese Beseitigung von Mängeln durch Neuherstellung eines nunmehr mangelfreien Werkes bewirkt wird. Rechtlich an und für sich zweifelhaft aber kann erscheinen, ob die Mängelbeseitigung durch Neuherstellung des Werkes erfolgen muß, wenn der Besteller solches verlangt, also nur ein niemals ausgebessertes Werk haben und gelten lassen will. Nach einer bereits mehrfach in der Rechtsprechung des Reichsgerichts zum grundsätzlichen Ausdruck gelangten, auch im Schrifttum[1] nahezu einhellig geteilten Rechtsansicht ist nun der Vorschrift des § 633 Abs. 2 Satz 1 die Einschränkung zu entnehmen, es könne danach im Falle der Lieferung eines mangelhaften Werkes nur die

[1] Außer den Komm. zu § 633 s. bes. Lotmar, Arbeitsvertrag II S. 670 zu und in Anm. 1—3; Emerich, Kauf- u. Werkvertrag S. 73. D. E.

Mängelbeseitigung, nicht die Neuherstellung des Werkes verlangt werden, gegebenenfalls mit den weiteren in §§ 634, 635 bezeichneten und geregelten Rechtsfolgen. Soweit die Beschränkung des § 633 Abs. 2 Satz 1 reicht, soll die Neuherstellung des Werkes nur ein Recht, nicht eine Pflicht des Unternehmers sein (vgl. bes. RGZ. Bd. 57 S. 275, Bd. 95 S. 329, Warn. 1916 Nr. 305). Diese Einschränkung ist einerseits auf eine gewisse Schonung des Unternehmers, namentlich des verschuldenfreien, gerichtet und entspricht anderseits der Erfahrung, daß der Besteller vielfach kein Interesse hat, mehr als Beseitigung des Mangels zu verlangen, und daß nicht selten ein Vertragswille dahin wird unterstellt werden können, die Lieferungspflicht solle im gegebenen Falle auf die erste fertige Sache beschränkt sein. Daß jene Einschränkung vom Gesetz gewollt ist, wird auch durch den Zusammenhang der übrigen Vorschriften bestätigt, wofür besonders § 633 Abs. 2 Satz 2 und § 634 Abs. 2 hervorgehoben seien. Wenn der Unternehmer nach der ersten dieser beiden Vorschriften die Mängelbeseitigung wegen unverhältnismäßigen Aufwands verweigern darf, dann muß er erst recht die Neuherstellung verweigern dürfen, die bei vorhandener Möglichkeit, die Mängel zu beseitigen, zumeist als unverhältnismäßiger Aufwand erscheinen wird. Und wenn in § 634 Abs. 2 aus der Unmöglichkeit, die Mängel zu beseitigen, nur soviel gefolgert wird, daß keine Frist zur Mängelbeseitigung gesetzt zu werden braucht, so bestätigt dies, daß auch im Falle der Unmöglichkeit der Mängelbeseitigung nicht ohne weiteres Neuherstellung verlangt werden kann. Wozu endlich noch darauf hingewiesen sei, daß in allen weiteren in diesem Zusammenhang stehenden Vorschriften des Gesetzes von der Neuherstellung des Werkes keine Rede ist. Daß namentlich die Unmöglichkeit der Mängelbeseitigung gegebenenfalls kein Recht auf Neuherstellung ergibt, ist auch schon in der Rechtsprechung des Reichsgerichts (Urt. v. 17. März 1908 VII 288/07) ausgesprochen worden.[1] Endlich kann die Neuherstellung auch nicht etwa im Wege des Schadensersatzes wegen Nichterfüllung (§ 249 BGB.) verlangt werden; dieser kann, wo er zu fordern ist, in aller Regel nicht zur Erfüllung führen

Es ist nun aber, wie auch das Berufungsgericht nicht verkennt, ein Erfüllungsanspruch auf Neuherstellung nur dem mit Mängeln behafteten Werke gegenüber, dagegen nicht schlechthin ausgeschlossen. So ist er grundsätzlich gegeben, wenn das vom Unternehmer gelieferte Werk sich gegenüber den Vertragsfestsetzungen als etwas völlig anderes (aliud) darstellt; ob dies auch (mit dem Urt. v. 22. Mai 1917 VII 68/17) auf alle Fälle auszudehnen ist, wo ein durch Schuld des

---

[1] A. A. Rümelin, Dienstvertrag u. Werkvertrag S. 78 flg.; vgl. auch Oertmann BGB. § 633 Erl. 2h. D. E.

Unternehmers unbrauchbares und nicht betriebsfähiges Werk geliefert ist, kann hier dahinstehen, da ein derartiger Fall nicht in Rede steht. Es bedarf mithin der näheren Bestimmung, von wann ab an Stelle eines auf Neuherstellung erstreckbaren vollen Erfüllungsanspruchs der nur noch auf Mängelbeseitigung, eventuell Minderung, Wandelung, Schadensersatz beschränkte Anspruch tritt.[1] Nach dem Sinn und Zweck der Vorschrift ist anzunehmen, daß die Beschränkung auf die Mängelbeseitigung nicht eintritt, solange die Erfüllungspflicht nicht wenigstens in der Hauptsache erfüllt ist, also feststeht, daß die Arbeitstätigkeit in der Richtung auf das Endziel der Vertragserfüllung entfaltet ist und zu einem dem Vertragswillen entsprechenden Erfolg geführt hat. Es ist daher grundsätzlich zu fordern, daß die Leistung tatsächlich hingegeben und hingenommen ist, außerdem aber der Besteller zu erkennen gegeben hat, daß er die Leistung als eine in der Hauptsache dem Vertrag entsprechende Erfüllung anerkenne (K. v. RGR. § 640 Erl. 1). Damit tritt eine konkrete Erfüllungsleistung in die Erscheinung und an Stelle des darauf gerichteten Erfüllungsanspruchs der dem Werk- und dem Werklieferungsvertrag eigentümliche Anspruch auf Beseitigung von Mängeln.

Dieser Zeitpunkt wird in § 640 BGB. als Abnahme bezeichnet. Daß die Abnahme keine Anerkennung der Leistung als Erfüllung schlechthin bedeutet, hat das Reichsgericht bereits in dem Urteil vom 17. Dezember 1909 III 590/08 mit Recht ausgesprochen[2], sonst würden ja die Ansprüche des Bestellers auf Beseitigung eines Mangels des Werkes, auf Wandelung, Minderung oder Schadensersatz, falls nicht die Anerkennung wegen Irrtums angefochten werden kann, ausgeschlossen sein, während sie zweifellos trotz der Abnahme zulässig sind und der mit der Abnahme des Werkes beginnenden Verjährung unterliegen (§ 638 BGB., JW. 1907 S. 331). Die Abnahme kann mithin auch mit einer Mängelrüge verbunden sein, wie es hier nach der Darstellung des Beklagten geschehen zu sein scheint. Nach dem bisherigen Sach- und Streitstand darf als unstreitig angesehen werden, daß der streitige Schrank als die Leistung aus dem zwischen den Parteien geschlossenen Werklieferungsvertrag gegeben und genommen worden ist; nur seine Ausführung war wegen Fehlens zugesicherter Eigenschaften beanstandet. Damit war die Einschränkung der Bestelleransprüche auf die Mängelbeseitigung gegeben; das konkrete Werk als Vertragsleistung war hergestellt, geliefert und hingenommen, seine Neuherstellung war nach Sachlage nicht mehr Pflicht, sondern höchstens Recht des Unternehmers.

---

[1] Hierüber bes. Petri, ArchZivPr. Bd. 109 S. 203. D. E.

[2] Vgl. auch Adler, ArchZivPr. Bd. 109 S. 341 flg., 346. D. E.

Diese Beurteilung steht im Einklang mit der bisherigen Rechtsprechung des Reichsgerichts, insbesondere auch schon mit der Entsch. RGZ. Bd. 57 S. 275, VII 507/03, woselbst in dem nicht abgedruckten Teile der Begründung ausgeführt und darauf abgestellt wird, daß die Beklagte (Unternehmer) geliefert gehabt habe, wenn auch mangelhaft, während der Tatbestand der Abnahme im Sinne des § 640 BGB. dahingestellt bleibt. Nach dem Sinne, in dem die Rechtsprechung späterhin den Begriff der Abnahme entwickelt hat (K. v. RGR. § 640 Erl. 2), ergibt sich auch für die Entscheidung VII 507/03 der leitende Gedanke, daß von geschehener Abnahme an der Unternehmer wegen Fehlens zugesicherter Eigenschaften oder wegen Fehler im Sinne des § 633 Abs. 1 zur Neuherstellung des Werkes nicht mehr genötigt werden kann, sondern nur Beseitigung der Mängel, eventuell Preisminderung, Wandelung oder Schadensersatz schuldet.

2. War hiernach zu diesem rechtsgrundsätzlichen Teile der Urteilsbegründung dem Berufungsgericht beizutreten, so war das Urteil doch aufzuheben wegen der vom Berufungsgericht gegebenen Erledigung der Frage, ob in dem Klagbegehren auf Lieferung des in der Klage näher bezeichneten Schrankes auch die Erhebung des Mängelbeseitigungsanspruchs oder aber nur das Verlangen der Neuherstellung gefunden werden könne.

Der erste Richter hatte die Klage mit der Begründung abgewiesen, daß damit die Herstellung eines neuen mangelfreien Werkes verlangt sei, worauf gesetzlich kein Anspruch bestehe. Darauf hatte der Kläger mit der vorgetragenen Berufungsbegründung geantwortet: Es sei gar nicht auf Herstellung eines neuen Werkes, sondern lediglich auf Lieferung geklagt, was der Vorderrichter übersehen habe. Es sei Tatfrage und bleibe der Beurteilung des Sachverständigen überlassen, ob die angebotenen Möbel nicht geändert werden könnten, um die vertragsmäßige Beschaffenheit zu erlangen; seien Änderungen möglich, so würde sich der Anspruch des Klägers nur als ein Mängelbeseitigungsanspruch darstellen, der schon nach den Vorschriften über Gewährleistung begründet wäre. Hierauf hatte die Beklagte erwidert, Klagantrag und Begründung zeigten klar, daß es dem Kläger nur um Lieferung neuer Stücke zu tun sei; der Neueinführung eines Mängelbeseitigungsanspruchs werde widersprochen und unzulässige Klagänderung gerügt. Das Berufungsgericht hat über diesen prozessualen Einwand nach § 527 oder § 529 Abs. 2 ZPO. nicht befunden, sondern nur ausgesprochen, die Klage ergebe unzweifelhaft, daß der Kläger die Lieferung eines neuen Schrankes begehre. Dem kann nicht beigetreten werden. Die Auslegung der Klage ist als Auslegung einer Prozeßerklärung in der Revisionsinstanz frei nachprüfbar. Die bereits wiedergegebene Erklärung der Berufungsbegründung stellt sich als eine authentische Erläuterung des Klaganspruchs dar, aus der mindestens soviel zu entnehmen ist, daß der Kläger, wenn und soweit die Mängel nach dem Urteil des Sachverständigen durch Nachbesserung zu beseitigen sind, hiermit zufrieden ist. Es ist nicht abzusehen, warum trotz dieser Erklärung die Klage ausschließlich auf Neuherstellung des Schrankes gerichtet sein soll, zumal das Klagbegehren, wie es gefaßt ist, auch nach der verkehrsgewöhnlichen Ausdrucksweise ein Mängelbeseitigungsverlangen mit umfassen kann. Dessen Geltendmachung stehen die Vorschriften der §§ 527 und 529 Abs. 2 ZPO. dann nicht entgegen, wenn es sich bei dem Mängelbeseitigungsanspruch gegenüber dem Neulieferungsbegehren nur um ein weniger, nicht um einen seinem rechtlichen Wesen nach anders gearteten Anspruch handelt. Mit Recht hat die Revision diese Auffassung vertreten. Es besteht kein durchgreifendes Bedenken dagegen, insoweit eine Beschränkung des Klagantrags im Sinne des § 268 Nr. 2 ZPO. anzunehmen. Das Mängelbeseitigungsbegehren bedeutet gegenüber einem solchen der Neuherstellung ein teilweises Nachgeben, beiden gemeinsam ist das Ziel, das Werk in vertragsmäßigem Zustand herzustellen. Nach alledem liegt weder eine Klagänderung noch ein neuer Anspruch vor, dessen Erhebung an die Einwilligung des Gegners gebunden wäre....

Das Urteil war hiernach aufzuheben und die Sache zur anderweiten Verhandlung und Entscheidung an das Berufungsgericht zurückzuverweisen. In der erneuten Berufungsverhandlung wird nunmehr zunächst zu dem Ergebnis der Begutachtung bezüglich des Schrankes sachlich Stellung zu nehmen sein. Dabei kann sich eine Änderung des Antrags als geboten erweisen, auf die das Berufungsgericht gemäß § 139 ZPO. hinzuweisen hätte. Ergibt sich nach dem Gutachten, wie das Berufungsgericht bisher anzunehmen scheint, daß die festgestellten Vertragswidrigkeiten mit Ausnahme der Schrankbreite durch Nachbesserungen zu beseitigen sind, so wird bezüglich dieses letzteren Mangels zu entscheiden sein, ob und welcher der Rechtsbehelfe der Preisminderung, der Wandelung und des Schadensersatzes sich nach Sachlage dem Kläger dienlich erweisen kann. Ein Anspruch auf Neuherstellung erscheint nach dem bisher festgestellten Sach- und Streitstand nicht gegeben.

---

99. Kann bei einem Grundstückskaufvertrage nach fruchtlosem Ablauf einer vom Verkäufer gemäß § 326 Abs. 1 BGB. gesetzten Nachfrist eine weitere Pflicht des Verkäufers zur Erfüllung des Vertrags daraus hergeleitet werden, daß er durch spätere Handlungen seinen Willen ausgedrückt hat, beim Vertrage stehen zu bleiben?

V. Zivilsenat. Urt. v. 14. Juli 1923 i. S. K. (Bekl.) w. H. (Kl.).
V 896/22.

I. Landgericht Stettin. — II. Oberlandesgericht daselbst.

Der Kläger kaufte im Jahre 1917 von der Beklagten als Bevollmächtigten und Miterbin ihres im Kriege verschollenen ersten Ehemanns ein diesem gehöriges Grundstück. Die Auflassung verzögerte sich u. a. durch die Herbeiführung der Todeserklärung des Ehemanns und die Einholung der Genehmigung des Vormundschaftsgerichts für seinen Sohn. Gegenüber der im Jahre 1920 erhobenen Klage auf Auflassung wendete die Beklagte ein, daß sie gemäß § 326 BGB. vom Vertrage zurückgetreten sei. Die Vorinstanzen gaben der Klage statt. Die Revision der Beklagten hatte Erfolg.

Gründe:

Das Oberlandesgericht nimmt, übereinstimmend mit der gefestigten Rechtsprechung des Reichsgerichts (RGRKomm. Anm. 1 zu § 326 BGB.) an, daß die Entgegennahme der Auflassung eine Hauptverpflichtung des Klägers war, zumal das Grundstück bereits übergeben war und die Fälligkeit des Kaufpreises von der Auflassung abhing. Weiter geht es, rechtlich unbedenklich, davon aus, daß die Beklagte die Voraussetzungen für die Auflassung durch ihren Sohn, wozu die vormundschaftsgerichtliche Genehmigung gehörte, herbeizuführen hatte, ehe die in der Entgegennahme der Auflassung bestehende Leistung des Klägers fällig werden konnte. Dies habe sie getan, als am 10. März 1919 der damalige Pfleger ihres Sohnes zur Erteilung der Auflassung ermächtigt wurde. Damals habe ein Verzug des Klägers mit seiner Leistung beginnen können. Er sei indessen spätestens Ende September 1919 beendet gewesen, weil damals die Beklagte sich bereit erklärt habe, den auf den 27. September 1919 in Aussicht genommenen Auflassungstermin um eine Woche zu verschieben, und der Vertreter des Klägers dementsprechend einen neuen Auflassungstermin beim Grundbuchrichter nachgesucht habe; es treffe ihn kein Verschulden daran, daß die Auflassung dann nicht mehr vor der Verheiratung der Beklagten zustande gekommen sei und hinterher infolge dieser Heirat dem Kind erst ein Vormund bestellt und diesem die vormundschaftsgerichtliche Genehmigung zur Auflassung habe erteilt werden müssen, die er erst am 21. Januar 1920 endgültig erhalten habe. Die Beklagte stütze ihren Rücktritt im wesentlichen auf eine in der ersten Hälfte des August 1919 von ihr dem Kläger gesetzte Nachfrist. Es könne aber dahingestellt bleiben, ob sie eine der Vorschrift des § 326 BGB. entsprechende Nachfrist gesetzt habe oder ob die Setzung einer solchen gemäß § 326 Abs. 2 oder aus sonstigen Gründen nicht notwendig gewesen sei. Denn wenngleich die Beklagte nach Ablauf der Frist keinen Anspruch mehr auf Entgegennahme der Auflassung gehabt habe, so sei doch der Vertrag mit dem Kläger keineswegs vor einer auf rechtswirksamen Gründen beruhenden Erklärung des Rücktritts aufgehoben gewesen. Die Rücktrittserklärung solle in dem Schreiben vom 18. Februar 1920 enthalten sein. Die Beklagte habe indessen noch nach dem Ablauf der Frist, der in die erste Hälfte des September 1919 falle, Handlungen vorgenommen, die vom Kläger als Ausdruck ihres Willens hätten aufgefaßt werden müssen, am Vertrage festzuhalten. Denn sie habe bis zum 18 Februar 1920 niemals bestimmt zum Ausdruck gebracht, daß sie die Auflassung nicht mehr bewirken wolle, vielmehr nach ihrer eigenen Darstellung den Kläger noch im Oktober 1919 zur Auflassung binnen bestimmter Frist gemahnt, weiter noch die Auseinandersetzung mit ihrem Sohne bis Ende Januar 1920 betrieben mit dem Ziele, daß dieser das Grundstück dem Kläger auflasse und von ihr mit einem Teil des Kaufpreises abgefunden werde. Damit sei die von ihr geltend gemachte Wirkung des Ablaufs der Nachfrist fortgefallen und ihre Rücktrittserklärung als wirkungslos anzusehen, ohne daß es einer Erörterung bedürfe, ob überhaupt alle Vorbedingungen für den Rücktritt gegeben gewesen seien.

Der Revision muß zugegeben werden, daß, da der Berufungsrichter die ordnungsmäßige Setzung einer dem § 326 BGB. entsprechenden Nachfrist dahingestellt sein läßt, sie also als möglich unterstellt, die von ihm gegebene Begründung seine Entscheidung nicht zu tragen vermag.

Nach § 326 BGB. ist, falls eine Frist unter den dort angegebenen Voraussetzungen bestimmt und abgelaufen, die Leistung aber nicht rechtzeitig erfolgt ist, der Anspruch auf Erfüllung ausgeschlossen. Schon mit dem fruchtlosen Ablauf der Nachfrist verliert danach der fristsetzende Gläubiger (hier die Beklagte) endgültig den Anspruch auf Erfüllung und ist nur noch berechtigt, Schadensersatz wegen Nichterfüllung zu verlangen oder vom Vertrag zurückzutreten (RGZ. Bd. 52 S. 94; auch Bd. 57 S. 106; Bd. 91 S. 31; Bd. 106 S. 90). Diese Vorschrift soll dem Interesse des die Frist setzenden Gläubigers dienen und klare Rechtsverhältnisse unter den Vertragsparteien schaffen. Nach dem fruchtlosen Ablauf der Frist darf daher der Schuldner (hier der Kläger) dem Gläubiger ein weiteres Abwarten nicht mehr zumuten (RGZ. Bd. 62 S. 68). Deshalb ist mit einem solchen Ablauf der Frist kraft rechtlicher Notwendigkeit auch der Anspruch des Schuldners (Käufers) auf Erfüllung ausgeschlossen, weil der Gläubiger (Verkäufer) nur zu erfüllen braucht, wenn jener seinerseits fristgerecht erfüllt (RGZ. Bd. 50 S. 263; RGRKomm. Anm. 1 Abs. 2 zu § 325 BGB.). Zur Herbeiführung dieser Wirkung bedarf es keiner besonderen weiteren

Maßnahmen des fristsetzenden Gläubigers, namentlich keiner sofortigen Rücktrittserklärung durch ihn. Der Zeitpunkt, wann er in solchem Falle etwa gegen den säumigen Schuldner (Käufer) zum Verlangen nach Schadensersatz wegen Nichterfüllung übergeht, bleibt vielmehr ebenso wie die Frage, ob dies überhaupt geschehen soll oder er auf Grund des fruchtlosen Ablaufs der Frist vom Vertrag zurücktritt, grundsätzlich seiner freien Entschließung überlassen (RGZ. Bd. 83 S. 178, Bd. 91 S. 101; Warn. 1909 Nr. 196). Darüber, welche Rechtsfolge er geltend machen will, braucht der Gläubiger sich weder bei der Fristsetzung auszusprechen, noch ist für die spätere Zeit eine bestimmte Frist hierfür vorgeschrieben; auch wenn er erklärt, Schadensersatz wegen Nichterfüllung zu verlangen, ist sein Recht zum Rücktritt nicht ausgeschlossen; er kann den Rücktritt sogar noch im Rechtsstreit bis zum Schluß der mündlichen Verhandlung erklären (RGZ. Bd. 85 S. 282; Warn. 1917 Nr. 13, 1919 Nr. 95). Durch einen solchen Rücktritt erlischt das durch den Vertrag begründete Rechtsverhältnis auch für die Vergangenheit und zwar für beide Teile (RGZ. Bd. 50 S. 266, Bd. 57 S. 106). Der Anspruch auf die Erfüllung selbst ist aber, wie vorstehend dargelegt, schon vorher, bereits mit dem Ablauf der Nachfrist erloschen.

Allerdings steht auch das Vorgehen des Gläubigers gegen den säumigen Schuldner auf Grund des § 326 BGB. unter der Herrschaft der durch § 242 BGB. gebotenen Vertragstreue, die es nicht zuläßt, daß der Gläubiger die ihm dort gewährten Rechtsbehelfe in rücksichtsloser Weise für sich ausbeutet (Warn. 1911 Nr. 66, 1915 Nr. 228; Urteil des erkennenden Senats vom 18. November 1922 V 73/22). In dieser Hinsicht hat das Oberlandesgericht das Verhalten der Beklagten nach dem Ablauf der (unterstellten) Frist dahin gewürdigt: sie habe durch dieses deutlich zum Ausdruck gebracht, daß sie den Vertrag noch erfüllt sehen wolle, und der Kläger habe ihre Handlungen als den Ausdruck des Willens, am Vertrage festzuhalten, auffassen müssen. Richtig ist, daß im allgemeinen durch eine neue, auch stillschweigende Vereinbarung eine an sich beseitigte Verpflichtung zur weiteren Vertragserfüllung wieder hergestellt werden kann (RGZ. Bd. 61 S. 89). Weiter hat das Reichsgericht wiederholt, so in dem vom Berufungsgericht angezogenen Erkenntnis bei Warn. 1917 Nr. 167, ferner in LeipzZ. 1911 Sp. 927 Nr. 17, 1912 Sp. 927 Nr. 4 für Fälle positiver Vertragsverletzungen bei Verträgen über bewegliche Gegenstände entschieden, daß es mit den Grundsätzen von Treu und Glauben unvereinbar sei, wenn der Berechtigte noch zurücktreten könnte, nachdem er Handlungen vorgenommen habe, die von dem anderen Teil als Ausdruck des Willens, am Vertrage festzuhalten, aufgefaßt werden müßten, weil in derartigen Handlungen nach Treu und Glauben ein Verzicht auf das Rücktrittsrecht zu finden sei. Aber ein solcher Schluß ist nur zulässig, soweit nicht besondere gesetzliche Bestimmungen, namentlich Formvorschriften, die rechtliche Möglichkeit ausschließen, daß der durch einen fruchtlosen Ablauf der Frist für beide Vertragsteile bereits erloschene Anspruch auf Erfüllung des Vertrags dennoch infolge des durch formlose Handlungen betätigten Willens der Beteiligten weiter in Kraft bleibt oder neu entsteht. Namentlich müssen die aus den allgemeinen Grundsätzen über Treu und Glauben im Verkehr an sich zulässigen Folgerungen eine Ausnahme erleiden für den Fall eines Grundstückskaufvertrags, weil bei diesem die Begründung einer Verpflichtung zur Eigentumsübertragung der im § 313 BGB. vorgeschriebenen Form bedarf; die in dem notariellen Vertrage vom 6. Oktober 1917 übernommene Verpflichtung der Beklagten zur Übereignung der hier streitigen Grundstücke war, wie oben dargelegt, mit dem fruchtlosen Ablauf der (unterstellten) Frist endgültig erloschen. Die Neubegründung einer solchen Pflicht konnte, wie schon in RGZ. Bd. 53 S. 72 angedeutet ist (vgl. auch RGZ. Bd. 66 S. 432), nach § 313 BGB. nicht durch Maßnahmen erfolgen, die bei nicht-formbedürftigen Verträgen nach Treu und Glauben als Wille, beim Vertrag stehen zu bleiben, und als stillschweigende Übernahme einer weiteren Vertragspflicht gedeutet werden könnten; hierfür hätte es vielmehr gemäß § 313 BGB. des formgerechten Abschlusses eines dahingehenden neuen Vertrags bedurft (Planck BGB. 4. Aufl. Anm. 2e zu § 326), an welchem es hier auch nach der Darstellung des Klägers fehlt. Demgemäß kann es auch rechtlich nicht von Bedeutung sein, ob das Verhalten der Beklagten in der Zeit vom Oktober 1919 ab ihren Willen, weiterhin zur Auflassung der Grundstücke verpflichtet zu sein, zu erkennen gegeben hat; denn dieser Wille und seine Betätigung allein konnten gegenüber der zwingenden Formvorschrift des § 313 BGB. eine weitere Verpflichtung zur Übereignung auf ihrer Seite nicht herbeiführen. In RGZ. Bd. 76 S. 33 ist sogar angenommen, daß die vertragliche Abmachung zwischen dem Verkäufer und dem Käufer, wonach die dem Käufer zur Entgegennahme der Auflassung gesetzte Frist auf bestimmte oder unbestimmte Zeit verlängert oder die Fristsetzung zurückgenommen wird, der gerichtlichen oder notariellen Beurkundung bedarf. Ob die hiergegen (z. B. in RGRKomm. Anm. 2 Abs. 3 zu § 313 BGB.) gerichteten, eine mildere Auffassung empfehlenden Ausführungen beachtlich sind, bedarf vorliegendenfalls keiner Erörterung, da in jenem Falle die Vereinbarung bereits vor dem Ablaufe der Frist getroffen war, hier aber bisher vom Berufungsgericht Handlungen der Beklagten, die auf ihre Absicht zur Weitererfüllung des Vertrags schließen ließen, nur für die Zeit nach dem Ablaufe der unterstellten Frist, also nachdem ihre Übereignungspflicht bereits erloschen war, festgestellt sind.

Dafür, daß sie die nach der Unterstellung des Vorderrichters gesetzte, in der ersten Hälfte des September 1919 endende Frist vor ihrem Ablauf verlängert oder damals die Fristsetzung zurückgenommen hätte, fehlt jeder Anhalt in dem angefochtenen Urteil.

Es bedarf somit zur Entscheidung des Rechtsstreits noch der Feststellung, ob tatsächlich vor dem Oktober 1919 die Voraussetzungen eines Rücktritts der Beklagten gemäß § 326 BGB. gegeben waren, namentlich eine dieser Vorschrift entsprechende Nachfrist bestimmt war.

---

100. Ist die Unzulässigkeit eines Teilurteils in Ehesachen auch ohne Revisionsrüge zu berücksichtigen?

IV. Zivilsenat. Urt. v. 24. September 1923 i. S. Ehemann K. (Bekl.) w. Ehefrau K. (Kl.). IV 179/23.

I. Landgericht Oldenburg. — II. Oberlandesgericht daselbst.

Die Ehefrau hat Scheidungsklage aus §§ 1565, 1568 BGB. erhoben. Der Ehemann hat widerklagend beantragt, die von ihm auf Grund der §§ 1333, 1334 BGB. angefochtene Ehe für nichtig zu erklären, hilfsweise, sie aus Schuld der Klägerin zu scheiden. Vom Landgericht ist, nachdem es zur Anfechtungswiderklage Beweis erhoben hatte, durch Teilurteil dem Beklagten der richterliche Eid darüber auferlegt worden, daß er von dem vorehelichen Geschlechtsverkehr der Klägerin mit zwei Männern keine Kenntnis erlangt habe. Im Leistungsfall soll die Ehe für nichtig erklärt, im Weigerungsfall die Klage (gemeint ist die Anfechtungswiderklage) abgewiesen werden. Auf die Berufung der Klägerin hat das Oberlandesgericht dieses Teilurteil aufgehoben und den Beklagten mit der Anfechtungswiderklage abgewiesen. Die Revision des Beklagten hatte die Aufhebung der vorinstanzlichen Urteile und die Zurückverweisung an das Landgericht zur einheitlichen Verhandlung und Entscheidung über den gesamten Streitstoff der Klage und Widerklage zur Folge.

Gründe:

(Zunächst wird die Unzulässigkeit eines Teilurteils dargelegt).

... Vom Beklagten ist die Unzulässigkeit des Teilurteils nicht, in der Revisionsinstanz jedenfalls nicht rechtzeitig, gerügt worden. Es fragt sich, ob der Revisionsrichter den Mangel von Amtswegen zu berücksichtigen hat. Das ist zu bejahen.

Bei dem Erlaß eines unzulässigen Teilurteils wird es sich in erster Linie regelmäßig um einen Mangel des Verfahrens handeln. Das trifft für Ehesachen schon deshalb zu, weil hier der aus verfahrensrechtlichen Vorschriften (§§ 614 bis 616 ZPO.) hergeleitete Grundsatz verletzt ist, daß nur einheitlich über den gesamten Streitstoff verhandelt und entschieden werden darf. Zwar kann die Nichtbeachtung dieses Grundsatzes zugleich einen materiellen Rechtsverstoß in sich bergen z. B. dann, wenn entgegen § 1574 BGB. über die Scheidungs- und die Schuldfrage getrennt entschieden wird. In solchen Fällen hat das Reichsgericht, ohne daß eine dahin zielende Rüge erhoben war, den Mangel von Amtswegen berücksichtigt (vgl. die Urteile des jetzt erkennenden Senats vom 20. Januar 1912 IV 298/11 und 25. Juni 1914 IV 168/14). Im Streitfall liegt ein unmittelbarer Verstoß gegen das materielle Recht nicht vor. Es erscheint aber fraglich, ob der Verfahrensmangel nach seiner Beschaffenheit und Tragweite nicht dergestalt in das materiellrechtliche Gebiet hinübergreift, daß sein Vorhandensein eine sichere und vollständige Nachprüfung, ob sachliche Rechtsnormen verletzt sind, ausschließt. Die materielle Rechtslage des Beklagten könnte sich dadurch ungünstiger gestalten, daß ihm durch die Rechtskraft des Teilurteils möglicherweise die Geltendmachung weiterer Anfechtungsgründe abgeschnitten wird. Wenn auch an der bloß verfahrensrechtlichen Natur eines Verstoßes dadurch noch nichts geändert wird, daß er eine Verschlechterung der materiellen Rechtsstellung der Partei zur Folge hat, so wird doch gerade in Fällen der vorliegenden Art die durch ihn hervorgerufene Unsicherheit der sachlichen Entscheidung immer zugleich das materiellrechtliche Gebiet berühren.

Aber auch beim Vorliegen eines reinen Verfahrensmangels war seine Berücksichtigung von Amtswegen geboten. Wird in Ehesachen ein unzulässiges Teilurteil erlassen, so wird gegen einen prozeßrechtlichen Grundsatz verstoßen, der im öffentlichen Interesse zu beachten und dessen Befolgung dem Belieben der Parteien entzogen ist. Das Teilurteil schafft für den Rechtsstreit als Ganzes eine prozessual unmögliche Lage, weil es zu einer widerspruchsvollen und deshalb unhaltbaren Schlußentscheidung führen kann. Es muß daher als unbedingt nichtig behandelt werden. Sein prozessualer Bestand darf nicht der Willkür der Parteien überlassen bleiben. In solchen Fällen das Verbot von Amtswegen zu beachten, widerstreitet nicht der Vorschrift des § 559 ZPO. (vgl. Förster-Kann, 5b Abs. 4 zu § 615 ZPO.; JW. 1913 S. 48 Nr. 18; RGZ. Bd. 64 S. 361). Daraus folgt weiter, daß auch § 558 ZPO. keine Anwendung findet.

101. 1. **Zur Abgrenzung der prozeßhindernden Einreden nach § 274 Abs. 2 Nr. 1, 2 und 3 ZPO.**

2. **Zuständigkeit der im § 2 der Verordnung über die schiedsgerichtliche Erhöhung von Preisen bei der Lieferung von elektrischer Arbeit, Gas und Leitungswasser vom 1. Februar 1919/11. März 1920 vorgesehenen Schiedsgerichte.**

VI. Zivilsenat. Urt. v. 1. November 1923 i. S. der Elektrizitätswerke-Betriebs-Aktien-Gesellschaft in R. (Bekl.) w. das Deutsche Reich (Kl.). VI 1343/22.

I. Landgericht Dresden. — II. Oberlandesgericht daselbst.

Der durch die Generaldirektion der Sächsischen Staatseisenbahnen in Dresden vertreten gewesene Sächsische Staatsfiskus, in dessen Rechte und Pflichten das klagende Deutsche Reich eingetreten ist, hatte unter dem 26. November/21. Dezember 1909 mit der verklagten Aktiengesellschaft einen allgemeinen Vertrag abgeschlossen, der ihre Rechtsbeziehungen nach verschiedenen Richtungen hin ordnete. Ein Nachtrag dazu wurde unter dem 28. Juni/6. Juli 1920 vereinbart.

Hierauf sich stützend verlangt der Kläger mit der im Dezember 1921 erhobenen Klage, die Beklagte zu verurteilen, ihm am 1. November 1922 die ihr gehörigen Anlagen, wie sie im § 16 des Hauptvertrags näher bezeichnet seien, nebst allen dann vorhandenen Erweiterungen und Verbesserungen gegen Gewährung des Buchwerts dieser Anlagen, wie sich dessen Berechnung nach den Bestimmungen im § 16 unter Nr. 2 ergebe, zu Eigentum zu überlassen.

Die Beklagte hat die prozeßhindernde Einrede vorgeschützt, daß die Entscheidung des Rechtsstreits durch Schiedsrichter zu erfolgen habe, und die Verhandlung zur Hauptsache verweigert.

Das Landgericht verwarf die Einrede durch Zwischenurteil; das Oberlandesgericht wies die Berufung der Beklagten zurück. Auch ihre Revision blieb im Ergebnis ohne Erfolg.

Gründe:

Die Beklagte leitet die von ihr vorgeschützte prozeßhindernde Einrede aus Vorschriften der Verordnung der Reichsregierung vom 1. Februar 1919 (RGBl. S. 135), teilweise neu gefaßt in der Verordnung vom 11. März 1920 (RGBl. S. 329), her, welche die Entscheidung gewisser Streitigkeiten einem Schiedsgericht zuweisen. Schon hieraus erhellt, daß es sich nicht um die Einrede nach § 274 Abs. 2 Nr. 3 ZPO. handeln kann. Denn diese steht mit den Vorschriften des zehnten Buches der Zivilprozeßordnung in engstem Zusammenhang und hat ein schiedsrichterliches Verfahren zur Voraussetzung, dem entweder ein Schiedsvertrag (§ 1025 ZPO.) oder eine letztwillige oder andere nicht auf Vereinbarung beruhende Verfügung (§ 1048 ZPO.) zugrunde liegt. Die Schaffung einer besonderen gerichtlichen Instanz durch Gesetz oder ihm gleichstehende Rechtsnorm (§ 12 EG. z. ZPO.) kann der Einrede niemals als Grundlage dienen; auch dann nicht, wenn diese Instanz als ein „Schiedsgericht" bezeichnet wird. Hierfür ist auch der Umstand bedeutungslos, daß im § 4 Abs. 1 der Verordnung vom 1. Februar 1919 den Parteien nachgelassen ist, über die Zusammensetzung des Schiedsgerichts Vereinbarungen zu treffen. Vielmehr ist der allein entscheidende Gesichtspunkt der, ob die Berufung der besonderen Instanz zur Schlichtung der Streitigkeit auf privatrechtlicher Abmachung (oder Verfügung gemäß § 1048 ZPO.) oder auf staatlichem Gesetzesbefehl beruht. Im letzteren Falle hat eine solche Berufung, wenn sie mit der Begründung ausschließlicher Zuständigkeit erfolgt, die Wirkung der Unzulässigkeit des Rechtswegs vor den ordentlichen Gerichten oder die ihrer sachlichen Unzuständigkeit.

Diese grundsätzliche Auffassung hat der erkennende Senat, im Anschluß an die ältere Rechtsprechung des Reichsgerichts, in seinem Urteil VI 434/22 vom 9. April 1923 erneut ausgesprochen.

Gesetzliche Vorschriften wie die in Rede stehenden hat der Richter von Amtswegen zu beachten, und es hätte der Geltendmachung einer prozeßhindernden Einrede nicht bedurft. Die von der Beklagten vorgeschützte Einrede ist nach dem eingangs Ausgeführten als die im § 274 Abs. 2 Nr. 1 ZPO. bezeichnete anzusehen. Denn die durch die Verordnung vom 1. Februar 1919 eingesetzten „Schiedsgerichte" tragen den Charakter von Sondergerichten, da sie Streitigkeiten schlichten sollen, deren Entscheidung sonst Sache der ordentlichen Gerichte sein würde; der Gesetzesbefehl berührt also deren sachliche Zuständigkeit. Von der Unzulässigkeit des Rechtswegs wäre nur dann zu sprechen, wenn das Verhältnis als ein solches zwischen Gericht und Verwaltungsbehörde oder Verwaltungsgericht zu gelten hätte, was hier zu verneinen ist (vgl. über die Unterscheidung RGZ. Bd. 76 S. 176).

Bedürfen hiernach in der soeben erörterten Beziehung die Urteile der Vorinstanzen der Richtigstellung, so kann anderseits den Angriffen der Revision Erfolg nicht zuteil werden.

Das Berufungsgericht verneint in Übereinstimmung mit dem ersten Richter, daß sich die Zuständigkeit der durch die mehrerwähnte Verordnung eingesetzten Schiedsgerichte auf den mit der Klage verfolgten Anspruch erstrecke. Es entnimmt aus dem Wortlaut, dem Sinne und dem Zwecke der Verordnung, sowie aus den nach § 3 das. vom Reichskommissar für die Kohlenverteilung erlassenen Leitsätzen für die Entscheidungen der Schiedsgerichte, daß sich deren Zuständigkeit nur im Rahmen von Elektrizitätslieferungsverträgen bewege, die als Werkverträge anzusehen seien. Die Klage habe aber einen Feststellungsanspruch auf Erfüllung eines Kaufvertrags zum Gegenstande. An dem Ergebnis könne der Umstand nichts ändern, daß der Kaufvertrag den Elektrizitätslieferungsvertrag zur Voraussetzung habe, und daß beide Verträge in einem gewissen wirtschaftlichen — nicht auch rechtlichen — Zusammenhange ständen und äußerlich in derselben Urkunde niedergelegt worden seien. Die hier streitige Frage sei nicht untrennbar mit den innerhalb der Zuständigkeit des Schiedsgerichts liegenden Fragen, namentlich über die Höhe der Strompreise, verbunden oder davon abhängig, und es sei nicht anzunehmen, daß über die sich einerseits aus dem — die Grundlage der Klage bildenden — § 16 und anderseits aus dem übrigen Teile des Vertrags ergebenden Ansprüche nur einheitlich entschieden werden könnte. Indem die Verordnung im § 6 bestimme, daß das Gericht die Aussetzung der Verhandlung anzuordnen habe, wenn die Entscheidung des Rechtsstreits ganz oder zum Teil von derjenigen des Schiedsgerichts abhänge und eine Partei die Aussetzung beantrage, erkenne sie an, daß über verschiedene Teile eines Vertrags, ja über die verschiedenen Elemente der darin festgelegten Rechtsverhältnisse, je nach der Zuständigkeit teils das ordentliche Gericht, teils das Schiedsgericht zu befinden habe. Aus dem angeführten § 6 ergebe sich weiter, daß — während das Schiedsgericht lediglich über die seiner Zuständigkeit nach § 1 Abs. 1, § 2 der Verordnung vom 1. Februar 1919/11. März 1920 zugewiesenen Fragen befinden dürfe — das ordentliche Gericht beim Zusammentreffen von Fragen, ohne deren Beantwortung es die ihm zukommende Entscheidung nicht erlassen könne, die aber teils seiner Zuständigkeit, teils der des Schiedsgerichts unterlägen, über alle diese Fragen zu entscheiden habe, und daß in solchen Fällen der Partei lediglich die Befugnis gegeben sei, durch Stellung eines Antrags die Aussetzung der Verhandlung herbeizuführen. Selbst wenn also, wie die Beklagte meine, der Vertrag in seiner Gesamtheit untrennbar, und wenn einheitlich über alle sich daraus ergebenden Rechtsverhältnisse nur durch ein und dasselbe Gericht zu entscheiden wäre, sei das dazu berufene Gericht jedenfalls nicht das in seiner Zuständigkeit beschränkte Schiedsgericht, sondern das für alle Fragen zuständige ordentliche Gericht.

Die Revision bekämpft diese Auffassung. Neben den vom Oberlandesgericht beschiedenen Anführungen macht sie geltend, die im Rechtsstreit zu entscheidende Frage, ob der Kläger das Recht auf Übernahme der Anlagen zum Buchwerte habe, gehöre recht eigentlich zur Prüfung und Entscheidung des Schiedsgerichts, weil sie mit den festzusetzenden Strompreisen im allerengsten Zusammenhange stehe, und weil bei ihrer Beantwortung lauter wirtschaftliche und technische Gesichtspunkte zu berücksichtigen seien.

Jedoch ist die Auffassung des Berufungsgerichts zu billigen. Schon die Überschrift „Verordnung über die schiedsgerichtliche Erhöhung von Preisen bei der Lieferung von elektrischer Arbeit, Gas und Leitungswasser" umschreibt deutlich den Kreis der Aufgaben, mit deren Erledigung die Schiedsgerichte betraut werden sollten. Es handelte sich, wie auch die der ergänzenden Verordnung vom 11. März 1920 beigegebene Begründung (abgedruckt bei Schlegelberger, Deutsches Übergangsrecht Bd. 2 S. 393) klar erkennen läßt, im wesentlichen darum, der Notlage, in welche die öffentlichen Versorgungsunternehmen für Lieferung von Elektrizität, Gas und Leitungswasser — die Verordnung von 1920 fügte noch die Lieferer von mechanischer Arbeit und von Dampf hinzu — infolge starker Erhöhung ihrer Selbstkosten, vor allem der Kohlenkosten, geraten waren, durch Erhöhung der unter günstigeren Wirtschaftsverhältnissen vereinbarten Preise Rechnung zu tragen. Dem entspricht die Fassung des grundlegenden § 1 Abs. 1 der Verordnung; sie lautet nach der Änderung durch die Nachtragsverordnung:

„Wer auf Grund von Abmachungen, die vor dem 4. Februar 1919 abgeschlossen sind, zur Lieferung von elektrischer oder mechanischer Arbeit, Dampf, Gas oder Leitungswasser verpflichtet ist, kann Abänderung dieser Abmachungen, insbesondere Erhöhung der Lieferpreise verlangen, wenn und insoweit infolge der Kriegsverhältnisse die Höhe der Selbstkosten seit der Zeit der letzten Preisvereinbarung so gewachsen ist, daß das Anwachsen bei Anwendung der Sorgfalt eines ordentlichen Kaufmanns nicht vorauszusehen war, und daß billigerweise die Tragung der Mehrkosten dem Lieferer allein nicht zugemutet werden kann."

Im § 2 ist dann für den Fall, daß eine Einigung über die Ansprüche des § 1 nicht zustande kommt, das Schiedsgericht vorgesehen; dieses soll „im Rahmen der Anträge der Parteien unter Abwägung der Interessen aller Beteiligten" entscheiden, „ob und auf welche Zeit nach Maßgabe des § 1 eine Vertragsänderung, insbesondere eine Preiserhöhung, eintritt"; die von dem Schiedsgerichte hiernach getroffenen Feststellungen sollen als Bestandteile der Abmachungen gelten.

Die Bedeutung der Vorschriften ist sonach die, daß die sonst unzweifelhaft den ordentlichen Gerichten gebührende Entscheidung darüber, ob und inwieweit wegen der Einwirkung der Kriegsverhältnisse — und sinngemäß wohl auch der Verhältnisse der Nachkriegszeit — eine Bindung der Parteien an früher abgeschlossene Verträge noch stattfindet, ihnen für einen bestimmten Kreis des Wirtschaftslebens entzogen und Sondergerichten zugewiesen worden ist. Diese Entziehung kann nur in den von den Verordnungen bestimmten Grenzen anerkannt werden; eine die Zuständigkeit jener Sondergerichte ausdehnende Gesetzesauslegung muß nach allgemeinen Grundsätzen für ausgeschlossen gelten. Die Voraussetzung für deren Zuständigkeit ist aber, daß der Verpflichtete die Abänderung einer Abmachung verlangt, deren Inhalt nur die Lieferung der bezeichneten Kräfte oder Stoffe — für den Rechtsstreit kommt nur elektrische Arbeit in Betracht — sein kann. Hier ist zunächst nicht ersichtlich, welche Abänderung des Vertrags der Parteien die Beklagte begehrt, da es an einem Antrag in dieser Richtung fehlt. Ein etwaiger Abänderungsantrag müßte sich aber, um der Zuständigkeit des Schiedsgerichts zu unterfallen, auf die in dem Vertrag enthaltenen Lieferungsbedingungen beziehen. Davon kann indes nicht die Rede sein, denn die Klage hat es mit den Bedingungen, unter denen die Beklagte dem Kläger zur Lieferung elektrischer Arbeit verpflichtet ist, nicht zu tun, sondern verfolgt den Anspruch auf Übertragung des Eigentums an gewissen, der Beklagten gehörigen elektrischen Anlagen (Leitungsnetzen) gegen Gewährung ihres Buchwertes. Der dem Anspruch als Grundlage dienende § 16 des Hauptvertrags von 1909 trägt die besondere Überschrift: „Übernahme der Anlagen durch die Staatseisenbahnverwaltung" und steht mit den Lieferungsbedingungen nur insofern in Beziehung, als seine Nr. 5 (in der Fassung des Nachtrags von 1920) bestimmt, daß vom Tage der Übernahme an die Grundpreise für Beleuchtungs- und Kraftzwecke niedriger als vorher bemessen werden sollen. Würde über diese spätere Preisbemessung unter den Parteien Streit entstehen, so käme die Zuständigkeit des Schiedsgerichts in Betracht. Im Rechtsstreit ist jedoch davon nicht die Rede, vielmehr handelt es sich lediglich um die Frage, ob der Kläger das Recht hat, die Anlagen zum Buchwerte zu übernehmen, also um eine Rechtsfrage, die ganz außerhalb des Kreises derjenigen wirtschaftlichen Verhältnisse steht, deren Würdigung Aufgabe des Schiedsgerichts sein soll.

Die Annahme der Revision, die zu entscheidende Frage stehe mit den festzusetzenden Strompreisen im engsten Zusammenhange, trifft nicht zu. Nach Nr. 2 des § 16 des Hauptvertrags soll sich vielmehr der Buchwert aus dem mit einer bestimmten Summe festgestellten Zeitwerte der Anlagen am 1. Januar 1909 unter Berücksichtigung gewisser Abschreibungen und Zuschläge ergeben; eine Einwirkung der der Beklagten zu zahlenden Strompreise auf die Berechnung des Buchwertes ist nicht ersichtlich. Einwendungen in Ansehung des ihr zukommenden Kaufpreises könnte die Beklagte zwar aus der inzwischen eingetretenen Entwertung des deutschen Geldes, nicht aber aus dem Anwachsen ihrer Selbstkosten bei der Lieferung elektrischer Arbeit herleiten. Dem Wortlaut und Sinne des angeführten § 1 Abs. 1 der Verordnung vom 1. Februar 1919/11. März 1920 entsprechend, sollen aber die Schiedsgerichte nur mit den in letzterer Hinsicht auftretenden Fragen befaßt werden. Es fehlt sonach auch an jedem inneren Grunde, eine Zuständigkeit des Schiedsgerichts für die Rechtsstreitigkeit der Parteien anzunehmen. Der Umstand allein, daß für sie vielleicht auch wirtschaftliche und technische Gesichtspunkte in Betracht kommen werden, vermag die Entscheidung über die Zuständigkeitsfrage nicht zu beeinflussen.

Diese Erwägungen, im Zusammenhalt mit den vom Berufungsrichter angestellten, die durchweg Billigung verdienen, müssen zur Annahme der Zuständigkeit der ordentlichen Gerichte und somit zur Verwerfung der prozeßhindernden Einrede führen. Da die Entscheidung des Rechtsstreits in keiner Weise von der des Schiedsgerichts abhängt, kommt auch eine Aussetzung der Verhandlung nach § 6 der Verordnung vom 1. Februar 1919/11. März 1920 nicht in Frage.

---

102. 1. Erfordert § 313 BGB. auch die Beurkundung von bereits vor der Aufnahme der notariellen Urkunde erfüllten Gegenleistungen des Käufers?

2. Einrede der allgemeinen Arglist gegenüber der Berufung auf die Nichtigkeit von Verträgen. Culpa in contrahendo. Kann sich derjenige auf die Nichtigkeit berufen, welcher sie, wenn auch nicht arglistigerweise, dadurch herbeigeführt hat, daß er den anderen Teil in den Irrtum versetzte, die Beobachtung der Form sei nicht erforderlich?

3. Wird die Einrede der allgemeinen Arglist dadurch ausgeschlossen, daß derjenige, welcher sie erhebt, sich an dem durch zu niedrige Angabe des Kaufpreises verübten Steuerbetrug beteiligt hat?

4. Kann sie dazu führen, daß derjenige, dem sie entgegengesetzt wird, zur Erfüllung des nichtigen Vertrags verurteilt wird?

V. Zivilsenat. Urt. v. 28. November 1923 i. S. H. (Bekl.) w. W. (Kl.). V 802/22.

I. Landgericht Kiel. — II. Oberlandesgericht daselbst.

Durch notariell beurkundeten Vertrag vom 29. Juni 1919 hat der Kläger seinen gesamten, im Grundbuch von N. eingetragenen Grundbesitz an den Beklagten verkauft. In der notariellen Vertragsurkunde ist der Kaufpreis auf 200000 *M* angegeben, wovon (wie im Stempelinteresse bemerkt wird) 60000 *M* auf das mitverkaufte Inventar entfallen. Der Kaufpreis sollte danach in der Weise belegt werden, daß der Käufer in Anrechnung auf ihn Hypotheken im Betrage von 112650 *M* übernehme und den Rest von 87350 *M* spätestens am 10. Juli 1919 bar an den Verkäufer auszahle. Die Übergabe sollte Zug um Zug „gegen Leistung der Anzahlung", die Auflassung alsbald nach der Übergabe erfolgen. Die sämtlichen Kosten, Stempel und Besitzsteuer sollten die Parteien halbschiedlich, nur die

Wertzuwachssteuer der Verkäufer allein tragen. Die Übergabe des Grundbesitzes an den Beklagten ist erfolgt, die Auflassung bisher aber nicht. Der Kläger hat im Mai 1921 Klage erhoben auf Feststellung der Nichtigkeit des notariellen Kaufvertrages, Herausgabe des Grundbesitzes und Rückgabe von Inventargegenständen. Er stützt die Behauptung, daß der Vertrag nichtig sei, darauf, daß der in der notariellen Urkunde angegebene Kaufpreis nicht der richtige gewesen sei.

Das Landgericht wies die Klage ab, das Oberlandesgericht stellte fest, daß der Kaufvertrag nichtig sei. Die Revision des Beklagten führte zur Aufhebung des Berufungsurteils.

Gründe:

Es ist unter den Parteien unstreitig, daß für den Verkauf des Grundstücks mündlich ein Preis von 227500 *M* vereinbart war, daß auf diesen Kaufpreis vor der notariellen Beurkundung vom Käufer eine Anzahlung von 27500 *M* geleistet und sodann in der notariellen Urkunde als Kaufpreis ein Betrag von 200000 *M* angegeben worden ist. Die auf diesen Tatbestand gegründete Annahme des Berufungsrichters, daß der Kaufvertrag wegen unrichtiger Angabe des Kaufpreises in Ermangelung der in § 313 BGB. vorgeschriebenen Beurkundungsform nichtig sei, entspricht, wie die Revision anerkennt, der bisherigen Rechtsprechung des Reichsgerichts. Die von der Revision erbetene Nachprüfung dieser Rechtsauffassung kann zu keinem anderen Ergebnis führen. Auch die bereits vor der Beurkundung gemachte Anzahlung bildet einen Teil der vom Käufer für die Verpflichtung des Verkäufers zur Übertragung des Eigentums an ihn übernommenen Gegenleistung und gehört deshalb zum Inhalt des Vertrags. Den Gegenstand der in § 313 vorgeschriebenen urkundlichen Form bildet aber der gesamte Vertrag, der sich aus Leistung u. Gegenleistung zusammensetzt. Keineswegs ist eine Beurkundung nur für die vom Verkäufer übernommene Verpflichtung zur Übertragung des Eigentums an dem Grundstücke vorgeschrieben, wenn auch, wie die Materialien zum BGB. (Motive Bd. 2 S. 189; Prot. d. 2. Komm. Bd. 1 S. 460) erkennen lassen, der eigentliche Zweck der Bestimmung war, den Verkäufer vor Übereilung bei der Hingabe seines Grundeigentums zu schützen. Die über diesen Zweck hinausgehende Fassung ist daraus zu erklären, daß der Gesetzgeber die aus einer verschiedenartigen Behandlung der vom einen und vom anderen Teile übernommenen Verpflichtungen sich ergebenden Schwierigkeiten vermeiden wollte (vgl. Komm. v. RG-Räten zu § 313 BGB. A. 1 Schlußabsatz S. 447). Eine den Wortlaut einschränkende Auslegung erscheint deshalb nicht zulässig. Von diesem Gesichtspunkt aus kann auch der Umstand, daß ein Teil der vom Käufer übernommenen Gegenleistung zur Zeit der Beurkundung schon erfüllt ist, die Parteien nicht von der Verpflichtung entheben, auch diesen Teil beurkunden zu lassen, da gerade durch solche Unterlassung Zweifel und Schwierigkeiten hinsichtlich der Höhe und der Zahlungsweise der dem Verkäufer zu gewährenen Vergütung sich leicht ergeben können.

Der Beklagte hatte aber der Berufung des Klägers auf die Nichtigkeit des Vertrags die Einrede der Arglist entgegengesetzt, die er damit begründete, daß der Kläger es gewesen sei, der die unrichtige Angabe des Kaufpreises in der Urkunde veranlaßt habe. Der Berufungsrichter nimmt an, daß dieser, der exceptio doli generalis des gemeinen Rechts entsprechende Rechtsbehelf, wie durch die ständige Rechtsprechung des Reichsgerichts festgestellt worden, auch für das Gebiet des Bürgerlichen Gesetzbuchs gegeben sei, und zwar wenn entweder ein Verstoß gegen Treu und Glauben nach Maßgabe der §§ 133, 157, 242 oder ein sittenwidriges Verhalten auf Seite desjenigen vorliege, gegen den die Einrede sich richte. Er meint aber, im vorliegenden Falle könne die Einrede aus der zuerst erwähnten Gruppe von Vorschriften nicht hergeleitet werden, weil der notarielle Vertrag nichtig sei und eine rechtsverbindliche Verpflichtung der Parteien nicht habe bewirken können, es sich somit weder um die Auslegung eines Vertrags noch um ein Schuldverhältnis handle. Die Einrede könne aber auch um deswillen hier nicht geltend gemacht werden, weil nach der ständigen Rechtsprechung des Reichsgerichts gegenüber Formvorschriften eine Berufung auf Treu und Glauben nicht möglich sei. Den, wie er meint, zu dieser Rechtsprechung in Gegensatz tretenden Entscheidungen des Reichsgerichts bei Warn. 1908 Nr. 38 (III. Zivilsenat vom 15. November 1907) und RGZ. Bd. 96 S. 315 erklärt der Berufungsrichter nicht beitreten zu können, weil sonst auf einem Umwege das gesetzgeberische Gebot der Beobachtung einer bestimmten Form vielfach bedeutungslos gemacht werden könnte. Denn die Berufung auf Treu und Glauben würde dazu führen, in Fällen, in denen ein Vertrag wegen Formmangels nichtig sei, eine Untersuchung darüber anzustellen, welche Partei die Anregung zum Verstoß gegen die Formvorschrift gegeben habe, und in zahllosen Fällen die Wirkung haben, die Anwendung der Formvorschriften völlig auszuschalten. Der bei Warn. 1908 Nr. 38 behandelte Fall habe auch insofern anders gelegen, als in ihm eine schuldrechtliche Bindung zwischen den Parteien gegeben gewesen sei. Der Berufungsrichter nimmt Bezug auf das Schrifttum, in welchem die Auffassung der genannten reichsgerichtlichen Urteile mit überzeugenden Gründen bekämpft worden sei. Aber auch einen Verstoß gegen die guten Sitten (§ 826 BGB.) erachtet der Berufungsrichter im vorliegenden Falle nicht für gegeben. Ein solcher Verstoß könne nicht schon darin gefunden werden, daß eine Partei einen Vertrag nicht erfüllen wolle, der mangels der vorgeschriebenen Form nichtig sei und deshalb eine Verbindlichkeit nicht erzeugt habe. Die Berufung auf die Formwidrigkeit würde allerdings dann arglistig sein, wenn eine Partei einen der gesetzlichen Form entbehrenden Vertrag von vornherein in der Absicht eingegangen wäre, ihn keinesfalls zu erfüllen, sich vielmehr auf den Formmangel zu berufen, und wenn sie zu diesem Zwecke den Gegner von der Einhaltung der Form abgehalten hätte. Diese Voraussetzungen lägen aber hier nicht vor, da der Kläger den Vertrag in der Absicht geschlossen habe, ihn zu erfüllen, und diese Absicht auch durch Übergabe des Grundstücks und Forderung der Zahlung des Restkaufgeldes zunächst betätigt habe. Der Berufungsrichter führt ferner noch einen anderen Grund für die Unmöglichkeit an, die Einrede der Arglist im vorliegenden Falle zuzulassen. Der Beklagte habe nämlich (einerlei durch welche eigene Erwägungen oder Erklärungen des Klägers bewogen) sich als Mittäter an einer Steuerhinterziehung beteiligt und damit bewußt eine strafbare Handlung begangen; ein solches Verhalten könne aber gegenüber dem Anstifter zu der strafbaren Handlung weder die Einrede der allgemeinen Arglist noch Schadensersatzansprüche aus der gelungenen Anstiftung begründen. Aus dem eigenen Vorbringen des Beklagten hinsichtlich der Möglichkeit, sich einen andern Hof zu verschaffen, entnimmt der Berufungsrichter, daß eine Notwendigkeit, sich an dem Steuerbetrug des Klägers zu beteiligen, für den Beklagten nicht vorgelegen habe. Schließlich könne auch das Ergebnis, daß der Kläger jetzt einen Hof wiedererhalte, der zur Zeit des Berufungsurteils 6—7 Millionen wert gewesen sei, während der Beklagte nur den jetzt entwerteten Betrag des bezahlten Kaufpreises zurückerhalte, nicht zur Annahme einer Sittenwidrigkeit führen, da der Kläger das Eigentum an dem Grundstück niemals verloren und der Beklagte keinen Anspruch auf dessen Übertragung erworben habe.

Diese Ausführungen sind, wie die Revision mit Grund rügt, nicht durchweg frei von Rechtsirrtum und prozessualen Verstößen. Zunächst macht der Berufungsrichter den beiden von ihm angeführten Entscheidungen des Reichsgerichts zu Unrecht den Vorwurf, daß sie sich in Widerspruch setzten zu dem in der sonstigen Rechtsprechung des Reichsgerichts anerkannten Satze, daß gegenüber Formvorschriften eine Berufung auf Treu und Glauben nicht möglich sei. Die Urteile verkennen diesen Rechtssatz keineswegs, stellen ihn vielmehr an die Spitze ihrer Ausführungen und gehen von ihm aus. Sie meinen aber, daß es sich darum allein nicht handle, wenn gegenüber der Bereitwilligkeit einer Partei, die vorgeschriebene Form zu erfüllen, die andere Partei erklärt habe, das sei unnötig, und wenn sie dadurch jene in den Irrtum versetzt habe, die Form sei zur Gültigkeit des Vertrags nicht erforderlich, und daß ein gegen die Grundsätze von Treu und Glauben verstoßendes Verhalten vorliege, wenn diese Partei aus ihrem eigenen damaligen Verhalten, welches allein die Ursache für die Nichterfüllung der Form gewesen sei, jetzt zum Nachteil der anderen einen Vorteil für sich herleiten wolle, und zwar auch dann, wenn die Absicht, sich auf den Mangel zu berufen, um den Vertrag nicht zu erfüllen, nicht von vornherein bestanden habe. Eine bloße Anregung, die Form nicht zu beobachten, die von einer Partei ausgegangen und auf welche die andere eingegangen ist, namentlich, wenn die Nichtbeobachtung auch im Interesse der letzteren wegen Steuerersparnis oder dergl. lag, hindert die erstere nicht, den Formmangel geltend zu machen: dazu ist vielmehr erforderlich, daß die andere Partei durch sie in den Irrtum versetzt worden ist, die Form sei nicht nötig; das hat der erkennende Senat bereits in dem Urteil vom 14. Oktober 1922 V 647/21 ausgesprochen. Im vorliegenden Falle hatte aber der Beklagte vorgebracht und unter Beweis gestellt, daß der Kläger nach Leistung der Anzahlung durch den Beklagten erklärt habe, er werde den Vertrag nur beurkunden lassen, wenn diese Anzahlung im notariellen Vertrag nicht beurkundet werde, und ferner, daß auf der Fahrt zum Notar der Beklagte den Kläger mit Rücksicht auf dessen Erklärung gefragt habe, ob ihm auch nichts passieren könne, da er sonst mit seiner Familie aus der Straße liegen würde, und hinzugefügt habe, der Kläger müsse dafür garantieren, daß ihm nichts dabei passiere, und daß der Kläger darauf geantwortet habe, er garantiere dafür, mit dem Hinzufügen, da 27500 *M* gezahlt seien, sei jetzt der „richtige" Kaufpreis 200000 *M*; ferner auch noch, daß der Kläger als Grundstückhändler genau gewußt habe, daß die Beurkundung des vorausbezahlten Kaufpreises nötig war, während der Beklagte davon keine Ahnung gehabt habe. Dieses Vorbringen hat der Berufungsrichter, wie die Revision zutreffend rügt, nicht gewürdigt. Muß es sonach für die Revisionsinstanz als richtig unterstellt werden, so liegt in der Tat ein Fall vor, der denjenigen Fällen mindestens gleichgelagert ist, in welchen die obengenannten reichsgerichtlichen Urteile einer Partei die Berufung auf die Nichtigkeit eines Vertrags als arglistig versagen. Es hat dann der Kläger in dem Beklagten den Irrtum hervorgerufen, daß auch bei Nichtbeobachtung der Form (Nichtbeurkundung des vollen Kaufpreises) diesem „nichts passieren", d. h. der Vertrag nicht nichtig sein und er nicht etwa dadurch ohne Haus dastehen werde, daß also die Beobachtung der Form nicht nötig sei. Er hat sogar weitergehend dafür ausdrücklich die Garantie übernommen. Für einen solchen Fall aber liegt kein Anlaß vor, von der in den genannten Urteilen des Reichsgerichts vertretenen Rechtsauffassung abzuweichen. Es würde in der Tat dem das Bürgerliche Gesetzbuch durchweg und auf allen Rechtsgebieten als maßgebend (vgl. RGZ. Bd. 85 S. 117) beherrschenden Grundsatze von Treu und Glauben widersprechen, wenn man zuließe, daß eine Partei sich auf eine Nichtigkeit beruft, die sie selbst durch eine — wenn auch nicht gegen besseres Wissen erfolgte, also nicht arglistige — Täuschung der anderen Partei herbeigeführt hat. Der Berufungsrichter irrt, wenn er meint, aus den §§ 133, 157, 242 BGB. könne die auf ein solches Verhalten sich gründende Einrede der Arglist nicht hergeleitet werden, weil der Vertrag nichtig, also ein Schuldverhältnis zwischen den Parteien nicht zustande gekommen sei. Es ist ein seit Jhering's Schrift über die culpa in contrahendo in der Rechtslehre vertretener Satz, daß auch schon vor Abschluß eines Vertrags zwischen den über einen solchen verhandelnden Parteien gewisse auf Treu und Glauben beruhende Sorgfaltspflichten, insbesondere zur Mitteilung und Offenbarung von Umständen, die auf die Entschließung des anderen Teils über den Abschluß und die Gestaltung des Vertrags von Einfluß sein können, begründet sind, und daß deren Nichterfüllung sowohl beim Zustandekommen des Vertrags wie auch bei Nichtzustandekommen eines solchen, namentlich im Falle einer dadurch verursachten Nichtigkeit, Schadensersatzverpflichtungen erzeugt (vgl. darüber neuerdings Stoll in LZ. 1923 Sp. 532). Dieser Rechtssatz liegt einer Anzahl von Vorschriften des Bürgerlichen Gesetzbuchs zugrunde: namentlich beruhen auf ihm die §§ 179 (Haftung des falsus procurator auf Erfüllung oder Schadensersatz), 307, 309 (Haftung im Falle der Nichtigkeit eines Vertrags wegen Unmöglichkeit der Leistung und wegen Verstoßes gegen ein gesetzliches Verbot), ferner auch § 694 und die Gewährleistungsvorschriften für Mängel der Kaufsache. Daß der diesen Vorschriften zugrunde liegende Rechtsgedanke, weil er für den redlichen Geschäftsverkehr unentbehrlich ist, auch auf andere, den ausdrücklich geordneten rechtsähnliche Fälle Anwendung zu finden hat, ist, unter Aufgabe früher (RGZ. Bd. 88 S. 105; JW. 1916 S. 116 Nr. 3) gemachter Einschränkungen auch vom Reichsgericht bereits mehrfach anerkannt (RGZ. Bd. 95 S. 58, Bd. 97 S. 327, Bd. 103 S. 49; Urteil vom 20. Oktober 1922 V 261/22; Komm. v. RGR A. 1 zu § 276). Eine Verletzung der hier in Frage kommenden Pflichten liegt aber nicht nur dann vor, wenn eine Partei bei den Verhandlungen über den Vertragsschluß durch Aufstellung wissentlich wahrheitswidriger Behauptungen, also arglistig, das Nichtzustandekommen eines wirksamen Vertrags oder eine Schädigung des Vertragsgegners durch das Zustandekommen verursacht hat; vielmehr genügt dazu jedes nach § 276 zu vertretende schuldhafte Verhalten, also Vorsatz oder Fahrlässigkeit. Hat (wie hier zu unterstellen) eine Partei dem Gegner versprochen, für eine bestimmte Tatsache einzustehen, so wird überdies ein schuldhaftes Verhalten schon dann anzunehmen sein, wenn sie nicht Umstände anführt, aus denen zu entnehmen ist, daß sie dazu ohne Verschulden nicht in der Lage war (Exkulpationsbeweis). Es ist deshalb rechtsirrig, wenn der Berufungsrichter im Widerspruch zu den von ihm angeführten Entscheidungen des Reichsgerichts die Anwendung der für das Recht der Schuldverhältnisse geltenden Bestimmungen über die Wahrung von Treu und Glauben, namentlich des § 242, um deswillen ausschließen will, weil der Kläger bei Abschluß des Vertrags nicht arglistig in der Richtung gehandelt habe, daß er damals bereits beabsichtigte, sich auf die von ihm selbst herbeigeführte Nichtigkeit des Vertrags zu berufen. Daß ein der Einrede der allgemeinen (richtiger: gegenwärtigen) Arglist entsprechender Rechtsbehelf auch den Vorschriften des Bürgerlichen Gesetzbuchs zu entnehmen ist und gerade in den Vorschriften der §§ 242, 826 seine Grundlage findet, und daß eine solche Einrede auch gegenüber der Berufung auf die Nichtigkeit eines Vertrags erhoben werden kann, hat das Reichsgericht in feststehender Rechtsprechung angenommen (vgl. besonders RGZ. Bd. 76 S. 355, Bd. 96 S. 192). Die für diese Einrede, die auch als Replik auftreten kann, erforderliche Arglist besteht eben darin, daß sich derjenige, dem sie entgegengesetzt wird, durch sein angriffs- oder verteidigungsmäßiges Verhalten im Prozeß mit einem früheren, von ihm zu vertretenden Verhalten in Widerspruch setzt (RGZ. Bd. 20 S. 94, Bd. 58 S. 428, Bd. 71 S. 435, Bd. 76 S. 355, Bd. 87 S. 283). Eine Arglist in einem früheren Zeitpunkte, namentlich beim Vertragsabschluß, ist dazu nicht erforderlich. Die in einem vereinzelten Urteil des II. Zivilsenats (RGZ. Bd. 64 S. 220) ausgesprochene abweichende Ansicht ist von ihm in Bd. 78 S. 134 aufgegeben und in Bd. 87 S. 283 ausdrücklich zurückgewiesen worden. Auf der Verkennung dieser Natur der Einrede beruhen auch hauptsächlich die im Schrifttum namentlich gegen das Urteil des III. Zivilsenats vom 15. November 1907 erhobenen Einwendungen (vgl. Weißler Z. d. d. Notarvereins 1909 S. 75; Hoeniger ebenda S 673 und 1910 S. 907; Oertmann im Recht 1914 S. 8; Josef im Archiv f. b. R. Bd. 36 S. 60; Planck BGB. § 125 Erl. 3b; kritisch auch Lobe in Zentralbl. f. freiw. Gerichtsbark. Jahrg. 11 S. 636; dagegen zustimmend Staudinger § 826 Erl. 3c (α) Abs. 3). Oertmann a. a. O. unterstellt zudem einen wesentlich anderen Tatbestand als denjenigen, der dem genannten Urteil zugrunde lag.

Auch der weitere Grund des Berufungsrichters, der dem Beklagten die Einrede der allgemeinen Arglist gegenüber der Berufung des Klägers auf die Nichtigkeit des Vertrags um deswillen versagen will, weil er sich an dem vom Kläger verübten Steuerbetrug beteiligt habe, ist nicht geeignet, die Entscheidung zu tragen. Zunächst sind auch hierbei die Behauptungen des Beklagten, deren Übergehung die Revision rügt, unberücksichtigt gelassen. Unterstellt man sie als wahr, besonders auch in der Richtung, daß der Kläger dem Beklagten versichert hat, nachdem die Vorauszahlung geleistet sei, sei der in der notariellen

Urkunde angegebene Kaufpreis der „richtige", so wird man nicht ohne weiteres eine bewußte Teilnahme des Beklagten an dem vom Kläger verübten Steuerbetrug annehmen können. Aber auch wenn der Beklagte gewußt haben sollte, daß die Angabe des Kaufpreises in der notariellen Urkunde eine Steuerhinterziehung darstellte, so würde er dadurch des Rechtes, der Berufung des Klägers auf die Nichtigkeit des Vertrags die Einrede der allgemeinen Arglist entgegenzusetzen, nicht verlustig sein. Das Reichsgericht steht auf dem Standpunkt, daß ein Grundstücksveräußerungsvertrag nicht um deswillen allein gegen die guten Sitten verstößt, weil in der notariellen Urkunde ein unrichtiger Kaufpreis zu dem Zweck angegeben ist, dadurch Steuern zum Nachteil des Fiskus zu hinterziehen (Warn. 1921 Nr. 89). Diesem Standpunkt hat sich auch der erkennende Senat bereits in mehreren Urteilen angeschlossen; vgl. insbesondere das neuerdings ergangene Urteil vom 28. November 1923 V 230/22. Von diesem Standpunkt abzuweichen, besteht keine Veranlassung. Legt man ihn aber zugrunde, so kann noch weniger darin eine Sittenwidrigkeit gefunden werden, daß gegenüber der Berufung einer Partei auf die zu diesem Zwecke erfolgte unrichtige Beurkundung des Kaufpreises und die daraus gemäß § 313 BGB. sich ergebende Nichtigkeit die andere Partei den Einwand erhebt, daß jene sich mit Rücksicht auf ihr früheres Verhalten durch die Berufung auf die Nichtigkeit einer Arglist schuldig mache. Dieser Einwand steht mit der (wie zu unterstellen) beiderseits dem Fiskus gegenüber verübten Täuschung in keinem inneren Zusammenhang.

Der Berufungsrichter meint schließlich noch, auch wenn dem Beklagten die Einrede der allgemeinen Arglist zustände, so würde er doch nach den Grundsätzen der §§ 826, 249 BGB. nicht verlangen können, daß ein formungültiger Vertrag erfüllt werde, vielmehr würde er nur zu dem Verlangen berechtigt sein, so gestellt zu werden, wie er stehen würde, wenn er nicht „zur Begehung der Steuerhinterziehung angestiftet worden wäre". Es sei aber mindestens zweifelhaft, ob es in diesem Falle zum Abschluß eines formgültigen Vertrags gekommen wäre, da zum mindesten nicht erwiesen sei, daß der Kläger den Vertrag geschlossen hätte, wenn der richtige Kaufpreis hätte angegeben werden müssen. Der Beklagte würde sonach aus dem Gesichtspunkte des Schadensersatzes keinesfalls einen Anspruch darauf haben, daß die Rechtsfolgen der Nichtigkeit des Vertrags nicht geltend gemacht würden. Auch in diesem Punkte erscheint aber die Auffassung des Berufungsrichters als rechtsirrig. Das Reichsgericht hat bereits in dem oben erwähnten Urteil vom 15. November 1907 ausgesprochen, die Einrede der Arglist gegenüber der Berufung auf ein wegen Formmangels nichtiges Rechtsgeschäft müsse nach den aus §§ 826, 249 BGB. herzuleitenden Grundsätzen die Wirkung haben, daß der andere Teil das

Sachverhältnis so gelten lassen müsse, wie es sich gestaltet hätte, wenn er bei Abschluß des Vertrags dem Verlangen jenes nach Erfüllung der Form nachgekommen wäre. Dieser Auffassung ist beizutreten. Der Herstellungsanspruch des § 249 geht dahin, daß derjenige Zustand herzustellen ist, der bestehen würde, wenn der zum Ersatz verpflichtende Umstand nicht eingetreten wäre. Das ist aber nach dem oben Gesagten bei der Einrede der allgemeinen Arglist die Berufung auf die Nichtigkeit des Vertrags. Der herzustellende Zustand ist also derjenige, der bestehen würde, wenn der Kläger sich auf die Nichtigkeit nicht berufen hätte. Alsdann müßte er aber zur Erfüllung des Vertrags verurteilt werden. Denn eine Nichtigkeit, die auch dann sich ohne weiteres aus dem Vorbringen der Parteien ergeben hätte und die deshalb das Gericht von Amtswegen hätte berücksichtigen müssen, steht nicht in Frage, vielmehr ist die Tatsache der unrichtigen Beurkundung des Kaufpreises nur dadurch zur Kenntnis des Gerichts gelangt, daß der Kläger sich auf sie berief.

---

103. 1. Können kirchliche Gerätschaften Gegenstand von Privatrechten sein?
2. Zur Frage der Zulässigkeit des Rechtswegs.
3. Über die Bedeutung eines Antrags nach Art. 13 Abs. 2 der Reichsverfassung.

VII. Zivilsenat. Urt. v. 4. Dezember 1923 i. S. Altkatholische Kirchengemeinde Schw. (Bekl.) w. Römisch-katholischen Kirchenfond in Schw. (Kl.). VII 854/22.

I. Landgericht Waldshut. — II. Oberlandesgericht Karlsruhe.

Die Beschlüsse des Vatikanischen Konzils, namentlich die Lehrsätze von der „höchsten ordentlichen und unmittelbaren Jurisdiktion und von dem unfehlbaren Lehramt" des römischen Papstes, wurden von einem Teil der Katholiken, den sog. Altkatholiken, nicht anerkannt. Deren Rechtsverhältnisse hat das damalige Großherzogtum Baden durch das Gesetz vom 15. Juni 1874, die Rechtsverhältnisse der Altkatholiken betreffend, geordnet. Art. 1 erkennt sie auch ferner als Katholiken im Sinne der Staatsgesetze an und gewährleistet ihnen die Rechte, welche ihnen als Katholiken zustehen. Art. 2 setzt die Jurisdiktionsgewalt der bisherigen kirchlichen Oberen den Altkatholiken gegenüber außer Wirksamkeit und billigt den Altkatholiken das Recht zu, „innerhalb der Kirchspiele beziehungsweise der Gemeinden eigene kirchliche Gemeinschaften zu bilden". Dazu ist nach Art. 3 die Genehmigung der Regierung erforderlich. In Art. 4 heißt es sodann: „Nach der staatlichen Anerkennung einer solchen kirchlich konstituierten Gemeinschaft werden die Verhältnisse derselben im Verwaltungswege bis auf weiteres, wie folgt, geordnet: 1. Der Gemeinschaft wird die Mitbenutzung der Kirche und der kirchlichen Gerätschaften eingeräumt. Über die Art und Weise der Ausübung und den Umfang der Mitbenutzung trifft die Regierung die nötigen Bestimmungen. Bestehen in einem Kirchspiel beziehungsweise einer Gemeinde mehrere Kirchen, Kapellen usw., so kann eine Gebrauchsteilung nach bestimmten Objekten mit Rücksicht auf das Zahlenverhältnis beider Teile vorgenommen werden. 2. (betr. die Pfründen usw.). 3. Hinsichtlich des übrigen örtlichen Kirchenvermögens kann je nach den tatsächlichen Verhältnissen eine Teilung des Genusses angeordnet oder der überwiegenden Mehrheit der volle Genuß zugewiesen werden. In letzterem Falle steht auch die Verwaltung des Vermögens dem ausschließlich genußberechtigten Teile zu." Art. 6 endlich beauftragt das Ministerium des Innern mit dem weiteren Vollzuge des Gesetzes. Durch Erlaß dieses Ministeriums vom 10. September 1874 ist der Beklagten als einer kirchlich konstituierten Gemeinschaft von Altkatholiken die staatliche Genehmigung erteilt, ihr auch die Mitbenutzung der Pfarrkirche und der dazu gehörigen kirchlichen Gerätschaften eingeräumt worden. Die Regelung im einzelnen blieb vorbehalten. Sie ist durch Entschließung des Ministeriums der Justiz, des Kultus und des Unterrichts vom 25. Februar 1895 dahin vorgenommen worden, daß die Pfarrkirche dem römisch-katholischen Gemeindeteil, die sog. Notkirche aber den Altkatholiken zum ausschließlichen Gebrauch zugeschieden wurde. Mit der Notkirche sollten deren Geläute, Hochaltar, Kanzel, Beichtstuhl, Paramentenkasten, Sakristeischrank und Harmonium in den Gebrauch der Altkatholiken übergehen; sie sollten auch berechtigt sein, aus der seither von ihnen benutzten Pfarrkirche die erforderlichen Paramente, Bücher und Musikalien in die Notkirche hinüberzunehmen. Entsprechend ist verfahren worden. Mit der Klage begehrt der Kläger die Herausgabe einer Anzahl von kirchlichen Gerätschaften, welche die Beklagte auf Grund der oben dargestellten Entwicklung in Besitz und Benutzung hat. Er nimmt die Sachen als sein durch Schenkung, Kauf und Ersitzung erworbenes Eigentum in Anspruch; Rechte der Beklagten daran beständen nicht mehr, weil das Altkatholikengesetz durch die Reichsverfassung aufgehoben worden sei, und weil die Beklagte schlimmstenfalls auch als Altkatholikengemeinschaft im Sinne des Altkatholikengesetzes nicht mehr angesehen werden könne; sie habe sich über die Nichtanerkennung des Vatikanums hinaus immer weiter von den Lehren der katholischen Kirche entfernt. Die Beklagte hat eingewendet, daß der Rechtsweg unzulässig sei. Die Einlassung zur Hauptsache hat sie verweigert.

Beide Vorinstanzen haben den Rechtsweg für zulässig erachtet. Die Revision der Beklagten blieb erfolglos.

Aus den Gründen:

... Die Klage stützt sich nicht nur auf das Eigentum, sondern auch auf die jetzt eingetretene Freiheit des Eigentums von einem früher begründeten Gebrauchsrecht der Beklagten. Dieses Gebrauchsrecht hat das Landgericht in einer von seinem Standpunkt aus mehr beiläufigen Bemerkung als öffentlichrechtlich gewertet. Das Oberlandesgericht dagegen, das hilfsweise auch bereits das Bestreiten des Gebrauchsrechts als Klagegrund ansieht, hält dafür, daß jenes Recht zwar durch einen öffentlichrechtlichen Akt begründet worden sei, daß es aber, solange es bestehe, ein dem bürgerlichen Recht angehörendes Rechtsverhältnis sei. Dem ist beizutreten. Die Art der Entstehung von Rechtsverhältnissen ist nicht entscheidend. Jede Enteignung, jede Zwangsversteigerung, ja jede auf Grund einer Auflassung bewirkte Eintragung des neuen Eigentümers in das Grundbuch schafft durch öffentlichrechtlichen Akt das privatrechtliche Eigentumsverhältnis. Ebenso ist hier durch das Gesetz selbst und die in seinem Rahmen ergangene Ministerialverfügung ein Rechtsverhältnis geschaffen worden, kraft dessen — wenn die Klagebehauptungen zugrunde gelegt werden — dem einen Rechtssubjekt ein Gebrauchsrecht an dem Eigentum des anderen zusteht. Es ist nicht abzusehen, was das für ein anderes Recht sein sollte, als ein bürgerlichrechtlicher Nießbrauch. Wollte man das leugnen, so wäre der Beklagten auch der Schutz abgesprochen, auf den nach bürgerlichem Recht der Nießbraucher und Besitzer Anspruch hat. Mit einem solchen Ergebnis würde die Beklagte wohl kaum einverstanden sein. Daran endlich, daß kirchliche Gerätschaften überhaupt Gegenstand von Privatrechten sein können, ist nicht zu zweifeln. Es ist das bürgerlichrechtliche Eigentum, welches der einzelnen Kirchengemeinde an ihren kirchlichen Gerätschaften zusteht; sie kann diese Sachen in Verwahrung geben, sie kann sie einem Werkmeister zur Ausbesserung übergeben, sie kann sie einer anderen Kirchengemeinde verkaufen und übereignen, sie kann sie ihr leihen, sie kann ihr einen Nießbrauch daran bestellen. Solche und ähnliche Rechtsgeschäfte werden täglich unbeanstandet vorgenommen, sie bewegen sich durchaus auf privatrechtlichem Boden.

Trotz dieses Ergebnisses, daß es sich in der Klage um das Bejahen bürgerlichrechtlichen Eigentums und das Verneinen eines bürgerlichrechtlichen Nießbrauchs handelt, würde der Rechtsweg unzulässig sein, wenn die Klage — offen oder verschleiert — darauf abzielte, der Richter solle durch seinen Spruch einen öffentlichrechtlichen Staatsakt aufheben oder sonst irgendwie beseitigen. Das geschieht, wenn in der Form der Bereicherungsklage gegen einen Steuerbescheid des Staates angekämpft wird, wenn in der Form der Eigentumsfreiheitsklage die

Zweckmäßigkeit von Maßnahmen bemängelt wird, welche der Staat kraft seiner Militärhoheit oder kraft seiner Polizeigewalt getroffen hat. Insoweit hat die Revision gewiß Recht. Aber darum handelt es sich gegenwärtig nicht. Die Klage verlangt nicht vom Richter die Aufhebung eines badischen Gesetzes, sie beruft sich nur darauf, daß dieses Gesetz im Jahre 1919 durch die Verkündung der Reichsverfassung aufgehoben worden sei. Der Richter soll also nicht in die badische Gesetzgebung eingreifen, er soll nur die rechtlichen Folgerungen ziehen aus dem gegenwärtigen Stande der Reichs- und Landesg setzgebung. Die dabei zu entscheidende Frage liegt in der Tat auf öffentlichrechtlichem Gebiet, aber auch solche Fragen ist der ordentliche Richter zu entscheiden berufen, wenn sie in einem vor ihn gehörigen Verfahren aufgeworfen werden (RGZ. Bd. 102 S. 250). Der dort vom Senat entschiedene Fall lag übrigens ähnlich wie der jetzige. Damals war der Staat Sachsen-Weimar-Eisenach mit einer Vermögensbeschlagnahme gegen den früheren Großherzog vorgegangen. Der Großherzog wollte sie vor Gericht als unrechtmäßig bekämpfen. Das wurde nicht zugelassen, aber er behauptete auch, die Beschlagnahmeverfügung sei später durch ein Gesetz wieder aufgehoben worden. Mit diesem Vorbringen wurde der Kläger zugelassen.

Insoweit weicht allerdings der jetzt zu entscheidende Fall von dem früher entschiedenen Fall ab, als dem klagenden Kirchenfond an sich nicht nur das AKG., sondern auch die Ministerialerlasse vom 10. September 1874 und vom 25. Februar 1895 entgegenstehen. Aber wenn das AKG. durch die Reichsverfassung wirklich aufgehoben sein sollte, dann fallen mit dem Gesetz ohne weiteres auch die daraufhin ergangenen Ministerialerlasse fort. Es gibt dann keine Instanz mehr, welche sie aufheben könnte. Die nur durch das AKG. begründete Zuständigkeit besteht dann nicht mehr.

Gewissermaßen um die Richtigkeit der von ihr vertretenen Rechtsansicht noch auf einem zweiten Wege zu erweisen, hat die Revision die Frage aufgeworfen, ob denn die Klage zugelassen werden könnte, wenn sie nicht auf Herausgabe der Sachen gerichtet wäre, vielmehr die Feststellung begehrte, daß das Nutzungsrecht der Beklagten nicht mehr bestehe; und sie hat gemeint, daß diese Frage selbstverständlich zu verneinen sei. Das ist aber nicht richtig. Auch jene Feststellungsklage würde sich auf rein privatrechtlichem Gebiet bewegen, auch für sie würde der Rechtsweg gegeben sein. Die Revision will dieser Auffassung mit dem Hinweis auf Art. 4 AKG. und die dort begründete Zuständigkeit der Verwaltungsbehörden entgegentreten. Dabei übersieht sie, daß die Klage gerade auf die Behauptung gegründet ist, der Art. 4 sei inzwischen durch die Reichsverfassung aufgehoben worden. Die Revision sucht das Gegenteil darzutun uud bezieht sich auf ihre

Darlegungen in den Vorinstanzen, indessen vergeblich. Ob Art. 4 AKG. noch weitergilt, ist die sachlich zu entscheidende Frage. Sie schon im Verfahren über die Zulässigkeit des Rechtswegs zu entscheiden, ist nicht möglich. Die sachliche Entscheidung darf nicht vorweggenommen und zur Unterstützung der Prozeßeinrede benutzt werden.

Versagen muß endlich auch der Hinweis der Revision auf Art. 13 Abs. 2 RVerf. und das dort geordnete Verfahren zur Entscheidung von Zweifeln über die Vereinbarkeit von Landesrecht mit Reichsrecht. Die zuständige Reichs- oder Landeszentralbehörde kann die Entscheidung „eines obersten Gerichtshofs des Reichs" — als solcher ist inzwischen das Reichsgericht bestimmt — anrufen, aber keine von jenen Behörden ist dazu gezwungen. Wird trotz aufgetauchter Zweifel oder Meinungsverschiedenheiten das Anrufen des Reichsgerichts unterlassen, so sind daraus keinerlei Schlüsse zu ziehen, und das um so weniger, als der Antrag auf höchstrichterliche Entscheidung eine Maßnahme von hervorragend politischer Bedeutung ist und deshalb auch von politischen Erwägungen beeinflußt wird.

Das Ergebnis der vorstehenden Erörterungen ist also, daß der Rechtsweg für die Klage mit der ihr in erster Reihe gegebenen Begründung zulässig ist. Im Hinblick auf die Möglichkeit, daß er mit der so begründeten Klage unterliegt, hat der Kläger ihr noch eine Hilfsbegründung gegeben und behauptet, daß die Beklagte keine Altkatholikengemeinschaft im Sinne des AKG. mehr sei. Auch insoweit bestreitet die Beklagte die Zulässigkeit des Rechtswegs, auch insoweit zu Unrecht. Ebensowenig wie die Hauptbegründung wendet sich die Hilfsbegründung gegen das AKG. und die daraufhin ergangenen Ministerialerlasse als solche. Die Hilfsbegründung erkennt vielmehr die fortdauernde Geltung des Gesetzes und der Erlasse ausdrücklich an, sie meint nur, daß sie durch die spätere Entwicklung überholt und auf den jetzt vorliegenden Sachverhalt nicht mehr anwendbar seien. Hier handelt es sich also um eine Frage der Anwendbarkeit von Gesetzen und Verfügungen. Sie wird aufgeworfen im Rahmen eines vor den ordentlichen Richter gehörenden bürgerlichen Rechtsstreits um Eigentum und Nießbrauch an gewissen Sachen und ist daher auch vom ordentlichen Richter zu entscheiden. Erweist sich die Hilfsbegründung als unrichtig, so folgt daraus immer nur, daß die Klage unbegründet, nicht daß sie unzulässig ist. Auf diesem Standpunkt scheint auch die Revision zu stehen, wenn sie ausführt, daß in dem Verfahren über die Zulässigkeit des Rechtswegs nicht einzugehen sei auf die Frage, ob die Beklagte noch „altkatholisch" sei, daß die Entscheidung über dieses Vorbringen lediglich zur sachlichen Beurteilung gehöre.

---

104. 1. Zur Anwendung des § 245 BGB.
2. Zur Frage der Rechtsgültigkeit der Regelung der Hypothekenaufwertung in Art. I der dritten Steuernotverordnung vom 14. Februar 1924 (RGBl. I S. 74).

V. Zivilsenat. Urt. v. 1. März 1924 i. S. Sch. u. G. (Kl.) w. Baseler Vers.-Ges. g. Feuerschäden (Bekl.). V 129/23.

I. Landgericht Hannover. — II. Oberlandesgericht Celle.

Im Grundbuch von Hannover-List ist für die Beklagte im November 1915 eine Darlehnshypothek von 62000 ℳ eingetragen worden. Dabei ist u. a. bestimmt, daß alle Zahlungen an Kapital und Zinsen in deutscher Reichswährung in Gold an der Kasse der Gläubigerin in Basel zu leisten seien. Im Februar 1921 erwarben die Kläger das belastete Grundstück ohne Übernahme der persönlichen Haftung für die Hypothekenforderung. Sie haben die Zinsen seit dem 1. Januar 1921 regelmäßig in Papiermark gezahlt. Mit der Klage verlangten sie u. a. die Feststellung, daß der Beklagten kein Anspruch auf Zahlung weiterer Zinsen für die Zeit vom 1. Januar 1921 ab aus dem Grundstück zustehe, sowie daß sie selbst lediglich verpflichtet seien, 62000 ℳ nebst den eingetragenen Zinsen in Papiergeld aus dem Grundstück an die Beklagte zu zahlen. In den Vorinstanzen wurden sie abgewiesen. Ihre Revision hatte zum Teil Erfolg.

Gründe:

... Die Parteien sind sich darüber einig, daß das deutsch-schweizerische Abkommen betr. schweizerische Goldhypotheken vom 6. Dezember 1920 (RGBl. S. 2024) im vorliegenden Falle nicht in Betracht kommt, da es sich hier um eine erst im Jahre 1915 begründete Forderung handelt.

Die Annahme der Vorinstanzen, daß die streitige Zahlungsvereinbarung eine Goldmünzklausel, nicht aber eine Goldwertklausel enthält, ist von der Revision nicht angegriffen, auch rechtlich bedenkenfrei.

Auf das frühere Vorbringen, daß die eingetragene Forderung wegen Unmöglichkeit der übernommenen Leistung oder wegen Verstoßes gegen ein Verbotsgesetz nach §§ 134, 306 BGB. nichtig oder die Kläger gemäß § 275 BGB. von ihrer Verpflichtung zur Leistung frei geworden seien, ist die Revision nicht zurückgekommen. Diese Ausführungen sind vom Landgericht unter Billigung des Oberlandesgerichts durch die Feststellung erledigt worden, daß die Beschaffung deutschen Goldgeldes, jedenfalls in den hier fraglichen Beträgen, im Ausland, z. B. an der Züricher Börse, und seine Abführung an die in Basel ansässige Beklagte möglich und gestattet, sowie durch das Verbot der Ausfuhr und Durchfuhr von Gold (BRVO. vom 13. November 1915,

RGBl. S. 763) nicht gehindert war und ist. Zur Zeit der Bestellung der Hypothek war weiter der Kursstand des deutschen Geldes, wie gerichtsbekannt, kein derartiger, daß damals die Tilgung der Schuld durch (im Ausland zu beschaffende) deutsche Goldmünzen Aufwendungen erfordert hätte, die den Schuldnern nach Treu und Glauben nicht zuzumuten gewesen wären. Die Berufung auf nachträglich eingetretene Unmöglichkeit der Leistung (§ 275 BGB.) entfällt auch aus dem Grunde, weil das Gesetz für den Fall, daß bei einer Geldsortenschuld (wie sie hier in Frage steht) die bestimmte Münzsorte zur Zeit der Zahlung nicht mehr im Umlauf ist, in § 245 BGB. eine besondere Regelung dahin getroffen hat, daß die Geldschuld bestehen bleibt, die Zahlung aber so zu leisten ist, wie wenn die Münzsorte nicht bestimmt wäre (Staudinger Anm. 1 zu § 245 BGB.). So lange diese andere Erfüllungsart möglich ist, sind die Grundsätze von der Unmöglichkeit der Leistung durch § 245 a. a. O. ausgeschlossen (RGRKomm. 5. Aufl. Anm. 1 zu § 245 BGB.).

Der Revision muß zugegeben werden, daß die Begründung des Berufungsurteils, soweit sie die Anwendbarkeit des § 245 BGB. auf den vorliegenden Fall verneint, rechtlichen Bedenken unterliegt. Das Oberlandesgericht stützt diese Ausführungen im wesentlichen auf die Motive zum BGB. (Bd. 2 S. 14). Diese sahen allerdings die Voraussetzung des jetzigen § 245, daß die bestimmte Münzsorte zur Zeit der Zahlung nicht mehr im Umlauf ist, regelmäßig nur dann als gegeben an, wenn sie außer Kurs gesetzt oder verrufen wurde; der Schuldner sollte dadurch, daß die Geldsorte nur mit unverhältnismäßigen Kosten zu beschaffen ist, von der Zahlung der noch im Umlaufe befindlichen Münzsorte nicht entbunden sein. Indessen die Motive haben ersichtlich den bei der damaligen Münzverfassung und der damaligen gesunden wirtschaftlichen Lage Deutschlands ganz unwahrscheinlichen Fall, daß die Goldmünzen auch ohne gesetzliche Außerkurssetzung aus dem deutschen Verkehr entschwinden würden, nicht vor Augen gehabt. Jedenfalls liegt kein Anlaß vor, entgegen der natürlichen Auslegung des Wortlauts eine Münzsorte im Sinne des § 245 BGB. auch dann noch als im Umlaufe befindlich anzusehen, wenn sie aus dem Verkehr verschwunden und nur noch mit ganz außergewöhnlichen Schwierigkeiten und Opfern zu beschaffen ist. So liegen die Verhältnisse derzeit hinsichtlich der deutschen Goldmünzen. Diese sind zwar noch gesetzliches Zahlungsmittel. Seitdem aber durch das Ges. vom 4. August 1914 die Reichshauptkasse zur Einlösung der Reichskassenscheine und die Reichsbank zur Einlösung ihrer Noten bis auf weiteres nicht mehr verpflichtet sind, und nach dem Ges. betr. Änderung des Münzges. vom gleichen Tage an Stelle der Goldmünzen Reichskassenscheine und Reichsbanknoten verabfolgt werden können, sind die

Reichsgoldmünzen tatsächlich als Zahlungsmittel völlig aus dem deutschen Verkehr verschwunden und infolge des Verfalls des deutschen Papiergeldes nur mit ganz unverhältnismäßig hohen Preisen zu erlangen. Demgemäß hat das Reichsgericht bereits in RGZ. Bd. 103 S. 384, 387, 388 ausgesprochen, daß die deutschen Goldmünzen aus dem Verkehr verschwunden, nicht mehr im Umlaufe sind und daher auf eine Verpflichtung zur Leistung in ihnen der § 245 BGB. anzuwenden ist (ebenso RGRKomm. 5. Aufl. Anm. 1 zu § 245; Wolff in Ehrenbergs Handbuch des gesamten Handelsrechts Bd. 4, 1. Abteilung, S. 647).

Daraus folgt jedoch noch nicht die Befugnis der Kläger, die Darlehensforderung der Beklagten mit Papiergeld zum Nennbetrage von 62000 *M* abzufinden. Vielmehr treffen für den Umfang dieser Verpflichtung dieselben Grundsätze zu, welche der jetzt erkennende Senat in dem Urteile vom 16. Januar ds. Js., S. 400 dieses Bandes, für den Fall einer vor dem 31. Juli 1914 vereinbarten Goldklausel dargelegt hat, bei der gemäß der BRVO. vom 28. September 1914 (RGBl. S. 417) der Anspruch des Gläubigers gleichfalls auf diejenige Leistung beschränkt ist, die er in Ermanglung der Klausel zu beanspruchen hätte. Dort ist ausgeführt, daß seit dem Erlasse des Urteils RGZ. Bd. 101 S. 141 mit dem immer stärker zutage tretenden Verfalle der deutschen Währung sich auch immer mehr die Notwendigkeit und Richtigkeit derjenigen Rechtsauffassung herausgestellt hat, welche die Aufwertung der persönlichen Forderung zuläßt, infolge deren der Schuldner also nicht mehr berechtigt ist, die Hypothek in Papiergeld zum Nennbetrag abzudecken, der Gläubiger vielmehr nach § 242 BGB. Entrichtung eines nach den in RGZ. Bd. 107 S. 78flg. erörterten Grundsätzen aufgewerteten Geldbetrags in Papiergeld fordern darf. Daselbst ist weiter dargelegt, daß die Vereinbarung einer Gold(münz)-klausel, mindestens in einer großen Anzahl von Fällen, wirtschaftlich dem Zwecke dienen sollte, den Gläubiger gegen eine mögliche Entwertung des sonstigen Währungsgeldes zu schützen, sowie daß dieser Umstand jedenfalls bei der tatsächlichen Bemessung der Aufwertung nicht außer Betracht bleiben darf, daß er es vielmehr rechtfertigen kann und in vielen Fällen rechtfertigen wird, dem Schuldner gegenüber einem Gläubiger, der sich Zahlung in Gold ausbedungen hat, beim billigen Ausgleich der beiderseitigen Interessen eine höhere Zahlung zuzumuten, als sie ihm einem anderen Gläubiger gegenüber obliegen würde.

Diese Grundsätze sind in den vorerwähnten Entscheidungen allerdings nur für die persönliche Schuldverbindlichkeit entwickelt worden, während hier lediglich die dingliche Haftung der Kläger mit dem Grundstück in Frage steht; die Beklagte hat selbst erklärt, daß eine Übernahme der persönlichen Schuldverbindlichkeit durch die Kläger nicht stattgefunden habe. Es wäre daher beim Erlasse des Berufungsurteils zu untersuchen gewesen, ob nicht in gleicher oder in entsprechender Weise eine Aufwertung auch des dinglichen Anspruchs der Beklagten zu erfolgen hatte. Da das Oberlandesgericht den Sachverhalt nach dieser Richtung nicht geprüft hat, so könnte in Betracht kommen, sein Urteil aus diesem Grunde aufzuheben und zur Nachholung dieser Prüfung sowie zur Untersuchung, ob auch die tatsächlichen Voraussetzungen einer Aufwertung nach dem zur Zeit seines Erlasses geltenden Rechte (RGZ. Bd. 107 S. 87) als vorhanden anzusehen waren, die Sache an die Vorinstanz zurückzuverweisen. Eine solche Aufhebung und Zurückverweisung hat sich indessen dadurch erledigt, daß inzwischen die dritte Steuernotverordnung vom 14. Februar 1924 ergangen und mit dem Tage ihrer Verkündung in Kraft getreten ist. Diese hat sich bezüglich der Aufwertungsvorschriften grundsätzlich rückwirkende Kraft beigelegt, wie verschiedene ihrer Bestimmungen unbedenklich ergeben, z. B. die Regelung hinsichtlich der rückständigen Zinsen in § 5 Abs. 2, die Bestimmungen über die bereits früher erfolgten Löschungsbewilligungen und Zahlungsannahmen in § 11 und besonders die Vorschrift des § 14, wonach die Verordnung auf Aufwertungen, die durch ein bei ihrem Inkrafttreten rechtskräftiges Urteil geregelt sind, keine Anwendung findet (also auf noch schwebende Prozesse in Anwendung zu bringen ist). Ihr Inhalt muß daher aus den gleichen Erwägungen, wie sie in RGZ. Bd. 101 S. 141, 147, 148 hinsichtlich des deutsch-schweizerischen Goldhypothekenabkommens für maßgebend erachtet sind, auch noch in der Revisionsinstanz Beachtung finden.

Die Rechtsgültigkeit der dritten Steuernotverordnung ist allerdings von mehreren Seiten bestritten und insbesondere angeführt worden, daß sie mit grundlegenden Bestimmungen der Reichsverfassung nicht vereinbar sei. Diese Bedenken gegen ihre Gültigkeit können jedoch grundsätzlich nicht als berechtigt anerkannt werden, jedenfalls nicht hinsichtlich der hier allein in Frage stehenden Vorschriften über die Aufwertung von Hypotheken. Die Bestimmungen hierüber gehen, wie der Reichsjustizminister in der Reichstagssitzung vom 27. Februar 1924 (Reichsanz. 1924 Nr. 51) ausdrücklich hervorgehoben hat, aus von dem in RGZ. Bd. 107 S. 78 ausgesprochenen und dort näher entwickelten Grundgedanken, daß die Aufwertung hypothekarisch gesicherter Forderungen rechtlich, besonders gemäß § 242 und auch § 157 BGB., zulässig ist; sie wollen auf dieser Grundlage die Aufwertungsfrage „auf eine dem allgemeinen Volksempfinden, der Ethik und Sittlichkeit entsprechende Weise" gesetzgeberisch lösen. Diese Lösung weicht allerdings nicht unwesentlich von dem Ergebnis ab, zu dem der jetzt erkennende Senat in dem vorerwähnten Urteile — für die Frage der Aufwertung der hypothekarisch gesicherten Forderungen, noch nicht für die Frage der Aufwertung der dinglichen Belastung — gelangt war. Er hatte dort aus der damaligen Gesetzeslage entnommen, daß für die Zulässigkeit der Aufwertung der Hypothekenforderungen maßgebend sein müsse, was Treu und Glauben mit Rücksicht auf die Verkehrssitte im einzelnen Falle fordern, und daß auf Grund der Gesetzesbestimmungen nicht schlechthin der Grundsatz aufgestellt werden könne, daß allgemein jede Hypothekenforderung ohne weiteres aufgewertet werden müsse oder daß bei allen die Aufwertung in gleichem Maße, etwa gar im Wertverhältnis der Papiermark zur Goldmark, stattzufinden habe (a. a. O. S. 87). Eine solche Prüfung jedes einzelnen Falles, ob und in welcher Höhe eine Aufwertung geboten ist, konnte indessen, wie nicht verkannt werden kann und auch vom Senate nicht verkannt war, ohne gesetzgeberisches Eingreifen, insbesondere ohne ein vereinfachtes Verfahren vor besonderen Stellen, zu einer großen Zahl von Rechtsstreitigkeiten führen, die nicht nur einen erheblichen Kostenaufwand verursachen, deren Durchführung vielmehr auch eine geraume Zeit in Anspruch nehmen würde. Diese Schwierigkeiten mußten bei der Frage der dinglichen Seite der Aufwertung noch wachsen. Die Reichsregierung hatte das Bedenken, daß eine kaum zu bewältigende Menge von Rechtsstreitigkeiten entstehen würde, die auf lange Zeit hinaus Unsicherheit mit sich bringen und, auch abgesehen von den Kosten, den Realkredit wegen des zweifelhaften Bestands der Grundstücksbelastung gefährden würden. Sie hat weiter (vgl. die Reichstagsverhandlungen vom 26. und 27. Februar 1924, Reichsanz. 1924 Nr. 49 und 51) erwogen, daß das deutsche Wirtschaftsleben zu seiner Gesundung vor allem ruhiger und gesicherter wirtschaftlicher Verhältnisse bedürfe, daß solche die erste Voraussetzung für ausreichenden Kredit darstelle, der ein Lebensbedürfnis unseres Volkes sei, sowie daß die Beschaffung dieses Kredits nicht nur für die Industrie, sondern auch für den Hausbesitz und die Landwirtschaft ohne baldige Klarheit über die Aufwertung und damit über die Höhe der Belastung der Grundstücke nicht möglich sei; die Erhaltung der deutschen Wirtschaft verlange daher eine rasche und somit eine möglichst einfache, eine Durchschnittslösung. Infolgedessen sei es keine unzulässige Entrechtung, vielmehr eine der Gerechtigkeit und wirtschaftlichen Notwendigkeit entsprechende Maßnahme, wenn darauf verzichtet werde, in jedem einzelnen Falle zu prüfen, was billig sei, wenn vielmehr durch Festsetzung von Durchschnittssätzen der Aufwertung eine schädliche Ungewißheit in praktischer Weise beseitigt werde.

Demnach handelt es sich bei der in der 3. StNVO. getroffenen Regelung der Hypothekenaufwertung um eine Maßnahme, welche die Reichsregierung „im Hinblick auf die Not von Volk und Reich für erforderlich und dringend erachtet" hat. Zu einer solchen Maßnahme war sie nach § 1 Satz 1 des Ermächtigungsges. vom 8. Dezember 1923 (RGBl. I S. 1179) befugt. Ob die getroffene Regelung zweckentsprechend und zur Erreichung des erstrebten Zieles tatsächlich geeignet ist, kann vom Gericht bei der Prüfung ihrer Rechtsgültigkeit nicht untersucht werden.

Nach Satz 2 a. a. O. war eine Abweichung von den Vorschriften der Reichsverfassung nicht zulässig. Von den Gegnern der Rechtsgültigkeit der Verordnung wird behauptet, daß sie gegen Verfassungsvorschriften verstoße. Einer der hauptsächlichsten Angriffe geht dahin, daß sie eine unzulässige Enteignung enthalte, also mit Art. 153 RVerf. in Widerspruch stehe. Dem kann nicht beigetreten werden. Es kann schon zweifelhaft sein, ob die Regelung der Hypothekenaufwertung überhaupt eine Enteignung, d. h. eine zwangsweise Entziehung von Rechten darstellt, oder nicht vielmehr auf die gesetzliche Normierung des streitig gewordenen zivilrechtlichen Rechtsverhältnisses zwischen Hypothekengläubiger und Hypothekenschuldner sich beschränkt. Doch kann dieser Zweifel dahinstehen, da in keinem Falle eine verfassungsmäßig unzulässige Entziehung von Gläubigerrechten in Frage steht. Art. 153 Abs. 1 RVerf. stellt allerdings den Grundsatz auf, daß das Eigentum von der Verfassung gewährleistet werde, und es mag zutreffen, daß der Begriff „Eigentum" im Sinne dieses Artikels auch dingliche wie persönliche Ansprüche mitumfaßt. In Satz 2 das. wird aber sogleich hinzugefügt, daß sich der Inhalt und die Schranken des Eigentums „aus den Gesetzen" ergeben, und im Abs. 2 wird dann eine Enteignung für zulässig erklärt, die somit durch den Schutz, den die Verfassung dem Eigentum zusichert, nicht ausgeschlossen wird. Die im Abs. 2 aufgestellten Voraussetzungen für die Zulässigkeit einer Enteignung sind hier erfüllt. Die Regelung der Hypothekenaufwertung in der 3. StNVO. soll, wie die oben mitgeteilten Ausführungen der Reichsregierung ergeben, zur Erhaltung und baldigen Gesundung der deutschen Volkswirtschaft dienen, also „zum Wohle der Allgemeinheit" erfolgen. Auch hierbei muß es genügen, daß die Maßnahme dem Wohle der Allgemeinheit zu dienen bestimmt ist; nicht dagegen kann ihre Gültigkeit davon abhängen, inwieweit dieses Ergebnis tatsächlich erreicht wird. Die Anordnung erfolgte weiter „auf gesetzlicher Grundlage", nämlich durch die 3. StNVO., die wieder auf dem Ermächtigungsges. vom 8. Dezember 1923 beruht. Ihrer Zulässigkeit steht auch nicht entgegen, daß eine angemessene Entschädigung der Hypothekengläubiger dabei nicht vorgesehen ist, da „ein Reichsgesetz etwas anderes bestimmt". Als ein solches Reichsgesetz hat auch eine reichsrechtliche Rechtsverordnung, als welche Art. I der 3. StNVO. sich darstellt, zu gelten (RGSt. Bd. 55 S. 88, 91; RGZ. Bd. 102 S. 161, 165 und Urteil des jetzt erkennenden Senats vom 8. Dezember 1923, S. 377 dieses Bandes).

In Art. 153 Abs. 2 Satz 2 RVerf. wird nicht vorgeschrieben, daß die „andere Bestimmung" nur durch ein verfassungsänderndes Gesetz (Art. 76 das.) erfolgen dürfe; es genügt hiernach auch ein einfaches Reichsgesetz, dem eine reichsrechtliche Rechtsverordnung gleichsteht. Daß das Ermächtigungsges. vom 8. Dezember 1923 in § 1 Abs. 2 in dieser Hinsicht etwas abweichendes hätte anordnen wollen, ist nicht ersichtlich.

Im Zusammenhang damit ist weiter der Zweifel angeregt worden, ob nicht die Art der Beschränkung der Rechte der Hypothekengläubiger durch die 3. StNVO. als Verstoß gegen Treu und Glauben oder, weil sie zu Ergebnissen führe, die dem Anstandsgefühl aller billig und gerecht Denkenden widersprächen, als Verstoß gegen die guten Sitten rechtsunwirksam wäre. Zur Widerlegung dieses Angriffs bedarf es keiner Erörterung der strittigen Frage, ob und wieweit überhaupt Fälle denkbar sind, in denen ein Gesetz wegen eines solchen Verstoßes einer den Richter bindenden Kraft entbehren könnte. Denn bei der Regelung der Hypothekenaufwertung in der 3. StNVO. kann von einem solchen Verstoß füglich nicht die Rede sein. Es handelt sich um die Lösung einer schwierigen rechtlichen und wirtschaftlichen Aufgabe, die, gleichviel wie der einzelne sie beurteilen mag, keinesfalls den Gerichten einen Anlaß bieten kann, sie aus allgemeinen Erwägungen für rechtsunwirksam zu erklären.

Die Regelung der Hypothekenaufwertung enthält ferner keinen Verstoß gegen Art. 105 RVerf, nach welchem niemand seinem gesetzlichen Richter entzogen werden darf. Wenn nach Maßgabe von §§ 9, 10 der Verordnung über die Höhe der Aufwertung ausschließlich die Aufwertungsstelle zu entscheiden hat und in bürgerlichen Rechtsstreitigkeiten auf Antrag das Verfahren auszusetzen ist, soweit die Entscheidung von der Höhe der Aufwertung abhängt, so wird damit allerdings ein einzelner Streitpunkt zur schnelleren Erledigung einem besonderen Verfahren vor einer besonderen Stelle zugewiesen. Das kann aber ohne verfassungsänderndes Gesetz, also auch durch eine reichsrechtlich zugelassene Verordnung geschehen. Denn die Abgrenzung der ordentlichen Gerichtsbarkeit und der Tätigkeit anderer Behörden ist nicht in der Verfassung selbst erfolgt, sondern Aufgabe der Gesetzgebung.

Endlich muß auch die Behauptung zurückgewiesen werden, daß die Bestimmungen über die Hypothekenaufwertung eine nach Art. 134 RVerf. unzulässige Sonderbesteuerung darstellen. Der Art. I der 3. StNVO., der die rechtlichen Beziehungen zwischen Gläubiger und Schuldner wegen der Aufwertung regelt, enthält überhaupt keine Bestimmung über Besteuerung. Steuervorschriften finden sich erst in den späteren Art. III flg. Aber auch dort wird den Hypothekengläubigern als solchen keine Abgabe auferlegt; die Steuer ist insbesondere in

Art. III B dem Eigentümer oder dem Mieter auferlegt. Und selbst wenn man aus dem Zusammenhange der Vorschriften den Schluß ziehen wollte, daß es sich bei der Begrenzung der Aufwertung im Ergebnis teilweise um eine Heranziehung der Hypothekengläubiger zur Tragung öffentlicher Lasten handle, so bedeutet doch „ohne Unterschied" in Art. 134 RVerf. nur, daß die bisherigen Ausnahmen von der Beitragspflicht zu den allgemeinen Lasten (z. B. die Steuerprivilegien der fürstlichen Häuser) beseitigt sind und neue Unterschiede dieser Art nicht eingeführt werden dürfen; keinesfalls folgt daraus, daß alle Staatsbürger notwendig in gleichem Maße zu allen Steuern heranzuziehen sind. Ihre Beitragspflicht bestimmt sich vielmehr „im Verhältnis ihrer Mittel" und „nach Maßgabe der Gesetze". Der Gesetzgeber ist somit befugt (wie er es auch schon vorher getan hat), bestimmte Vermögensteile mit besonderen Abgaben zu belegen.

Nach der somit rechtsgültigen 3. StNVO. erweist sich das Verlangen der Kläger auf Feststellung, daß sie nur zur Entrichtung von 62000 *M* nebst den eingetragenen Zinsen in Papiergeld aus dem Grundstück verpflichtet seien, als unbegründet. Ihr Antrag muß aber dahin verstanden werden, daß sie eine Feststellung darüber fordern, in welchem Umfange das von der Beklagten beanspruchte Recht auf Entrichtung des Hypothekenkapitals nebst Zinsen überhaupt begründet ist (RGZ. Bd. 77 S. 132, 136, 137; Warn. 1913 Nr. 70). Er kann sonach nicht gänzlich abgewiesen werden. Vielmehr war auszusprechen, daß sie (vorbehaltlich ihrer Befugnis, nach § 2 Abs. 1 Satz 2 der 3. StNVO. eine Herabsetzung der Aufwertung zu verlangen) höchstens verpflichtet sind, aus dem Grundstück einen Goldmarkbetrag von 15% des eingetragenen Kapitals, also in Höhe von 9300 *M* (die nach § 2 Abs. 3 das. den dinglichen Rang des aufgewerteten Rechts haben) nach Maßgabe des § 5 Abs. 1 a. a. O. zu zahlen und gemäß § 5 Abs. 2 das. zu verzinsen. Im übrigen war ihre Revision hinsichtlich dieses Feststellungsantrags zurückzuweisen. ...

Das weitere Feststellungsverlangen der Kläger wegen der von ihnen seit dem 1. Februar 1921 gezahlten Zinsen ist gleichfalls gerechtfertigt. Denn nach § 5 Abs. 2 Satz 2 der 3. StNVO. gelten rückständige Zinsen als mit dem Inkrafttreten dieser Verordnung erlassen. Ein Anspruch auf Zahlung weiterer Zinsen für die Zeit vom 1. Januar 1921 bis zum 14. Februar 1924 steht demnach der Beklagten nicht zu....

---

105. Ist die Verordnung, betr. Vergütung für die an Abdeckereien abzuliefernden Tiere, Tierkörper und Tierkörperteile, vom 4. Mai 1920 (RGBl. S. 891) rechtsgültig?

V. Zivilsenat. Urt. v. 8. Dezember 1923 i. S. Sch. (Bekl.) w. K. (Kl.). V 110/23.

I. Landgericht Frankfurt a. O. — II. Kammergericht Berlin.

Der Kläger ist Inhaber der privilegierten Abdeckerei in S., in deren Bannbezirk zwei dem Beklagten gehörige Rittergüter liegen. Er verlangt von diesem den Ersatz des Wertes der Haut einiger Pferde und erwirkte beim Landgericht ein diesem Verlangen stattgebendes Urteil. Im zweiten Rechtszuge führte der Beklagte aus, daß der Kläger auf Grund der Verordnung der Reichsregierung vom 4. Mai 1920 ihm eine Entschädigung zu gewähren habe; er begehrte hilfsweise die Feststellung, daß der Kläger von ihm die Ablieferung der verendeten, beim Schlachten unrein befundenen und abgestandenen Pferde nur verlangen dürfe Zug um Zug gegen Zahlung der in der Verordnung des Regierungspräsidenten zu F. vom 17. Oktober 1922 normierten Entschädigungen. Vom Kammergericht wurde er damit abgewiesen. Seine Revision hatte Erfolg.

Gründe:

Der Streit betrifft nur noch den im zweiten Rechtszuge hilfsweise gestellten Widerklagantrag. Diesen hat das Kammergericht abgewiesen, weil die Verordnung der Reichsregierung, betr. Vergütung für die an Abdeckereien abzuliefernden Tiere usw., vom 4. Mai 1920 und damit die auf sie gestützte Anordnung des Regierungspräsidenten zu F. nicht rechtsgültig seien. Es legt (und zwar, soweit eine Nachprüfung überhaupt zulässig ist, rechtlich bedenkenfrei) die über das Privileg des Klägers erteilten Urkunden in Verbindung mit dem „auf Sr. Königl. Majestät allergnädigsten Spezialbefehl", also mit Gesetzeskraft ergangenen (RGZ. Bd. 13 S. 218, 220, Bd. 28 S. 300, 303, Bd. 45 S. 267, 272) Publikandum vom 29. April 1772 „wie es mit dem umgefallenen ... Vieh zu halten" ... dahin aus, daß danach der Abdecker das Recht hat, in einem bestimmten Bezirk von dessen Einwohnern die Ablieferung des abgestandenen oder beim Schlachten unrein befundenen Viehes, ebenso die Ablieferung der erweislich rotzigen, ganz inkurablen und zu fernerer Arbeit gänzlich untauglich gewordenen Pferde zu verlangen derart, daß er, mit Ausnahme einer billigen Entschädigung für die nur untauglich gewordenen Pferde, lediglich für Ansagung und Ablieferung der Tiere oder Tierkadaver ein geringfügiges „Trinkgeld" als Botenlohn zu zahlen habe. Dieses Recht auf die im wesentlichen unentgeltliche Ablieferung der Tierkadaver, ein privates Vermögensrecht, sei durch die Verordnung vom 4. Mai 1920 in Verbindung mit den zu ihrer Ausführung ergangenen Anordnungen in ein nur gegen Entgelt ausübbares Ablieferungsrecht umgewandelt. Das stelle die Vornahme bzw. Gestattung einer Enteignung, nämlich einer Minderung des Vermögensrechts in seinem wirtschaftlichen Werte ohne Entschädigung dar (Art. 153 Reichsverf.). Diese sei zwar durch eine reichsrechtliche Rechtsverordnung erfolgt; es fehle aber an dem Erfordernis, daß der Reichsgesetzgeber sie ausdrücklich und in bewußter Abweichung von den Grundsätzen der Verfassung, insbesondere hinsichtlich der Gewährleistung des Eigentums, erlassen hätte. Sie bestimme ausdrücklich weder, daß sie auch auf die privilegierten Abdecker Anwendung finden solle, noch auch, daß diese nicht entschädigt werden sollten. Soweit sie sich auf die privilegierten Abdecker beziehe, genüge sie also dem Art. 153 Abs. 2 der Reichsverf. nicht und sei demgemäß rechtsungültig.

Diese Auffassung kann nicht für zutreffend erachtet werden.

Es ist zwar anerkannten Rechts, daß die Gerichte grundsätzlich befugt sind, die formelle wie die materielle Rechtmäßigkeit von Gesetzen und Verordnungen nachzuprüfen (RGZ. Bd. 102 S. 161, 164). Die Gründe aber, mit denen das Kammergericht die Rechtmäßigkeit hier verneint hat, sind nicht billigenswert, stimmen auch mit den vom Reichsgericht a. a. O. S. 165 aufgestellten Grundsätzen nicht durchaus überein.

Nach § 1 des Gesetzes über eine vereinfachte Form der Gesetzgebung für die Zwecke der Übergangswirtschaft vom 17. April 1919 (RGBl. S. 394) konnte während der Dauer der Nationalversammlung die Reichsregierung mit Zustimmung des Staatenausschusses und eines von der Nationalversammlung gewählten Ausschusses von 28 Mitgliedern diejenigen gesetzlichen Maßnahmen anordnen, welche sich zur Regelung des Übergangs von der Kriegswirtschaft in die Friedenswirtschaft als notwendig und dringend erwiesen. Ob die letztere Voraussetzung zutrifft, ob also die Maßnahmen notwendig und dringend waren, haben die Gerichte nicht nachzuprüfen (RGSt. Bd. 55 S. 88, 90). Den anderen Voraussetzungen des § 1 a. a. O. genügt die Verordnung vom 4. Mai 1920. Sie ist während der Dauer der Nationalversammlung erlassen (die Wahlen zum ersten neuen Reichstag fanden erst am 6. Juni 1920 statt — vgl. RGBl. 1920 S. 695 —, und bis zum Zusammentritt des ersten Reichstags galt die Nationalversammlung als Reichstag, Art. 180 der Reichsverf.) und sie bezeugt in ihrem Eingange, daß sie mit Zustimmung des Reichsrats und des von der Nationalversammlung gewählten Ausschusses ergangen ist.

Sie bestimmt im Art. 1, daß die Landeszentralbehörden oder die von ihnen bestimmten Behörden ermächtigt werden, u. a. die Zahlung von Vergütungen für die „an Abdeckereien“ zur Ablieferung gelangenden Tiere, Tierkörper und Tierkörperteile vorzuschreiben und die Höhe dieser Vergütungen festzusetzen. Sie spricht ganz uneingeschränkt von „Abdeckereien“, ohne zwischen privilegierten und anderen zu unterscheiden. Ihr Wortlaut kann somit nur dahin verstanden werden, daß sie sich auch auf die privilegierten Abdeckereien erstreckte. Daß sie auch in diesem Sinne zu verstehen ist, ergibt zweifellos ihre Vorgeschichte:

Schon anfangs 1920 war bei der Verfassunggebenden Preußischen Landesversammlung ein Antrag der Abgeordneten Hammer, Witt und Genossen gestellt auf baldmögliche Vorlage eines Gesetzentwurfs, durch den die Abdeckereibesitzer, auch die, welche sich auf Privilegien stützen, angehalten werden sollten, den Tierhaltern für gefallene und unheilbare, den Abdeckereien zur Verwendung zu überlassende Tiere eine angemessene Entschädigung zu gewähren. Die Landesversammlung überwies den Antrag dem Landwirtschaftsausschuß, der unter dem 28. April 1920 die Annahme des Antrags beantragte, nachdem von einem Regierungsvertreter darauf hingewiesen worden war, die Staatsregierung sei bereits an die Reichsregierung herangetreten, um eine gesetzliche Regelung zu treffen, wodurch die Landeszentralbehörden oder die von ihnen bestimmten Behörden ermächtigt würden, Vergütungen für die Ablieferung der Tierkadaver „auch bei den privilegierten Abdeckereien" festzusetzen. Bei den Verhandlungen des Ausschusses war auch die schleunige Aufhebung der Privilegien der Abdeckereien angeregt, dieser Vorschlag aber abgelehnt worden, nachdem auf die Schwierigkeiten einer solchen Aufhebung und die Zweifelhaftigkeit der Frage, wer die etwaige Ablösungssumme für die aufzuhebenden Privilegien bezahlen sollte, hingewiesen worden war (Drucks. der Verfassunggebenden Preußischen Landesversammlung Nr. 2443).

Inzwischen war vom Ausschuß für Volkswirtschaft der Verfassunggebenden Deutschen Nationalversammlung der Entwurf der sodann am 4. Mai 1920 erlassenen Verordnung ohne Aussprache unverändert angenommen worden (Drucks. dieser Nationalversammlung Nr. 2564), in deren Begründung u. a. folgendes ausgeführt ist: Die infolge der Freigabe der Häutebewirtschaftung eingetretene Preissteigerung der Häute habe auf dem Gebiete des Abdeckereiwesens zu großen Mißständen geführt. Da in Bezirken mit privilegierten Abdeckereien eine Vergütung für die abgelieferten Tiere überhaupt gar nicht oder nur im Betrage der im Privileg vorgesehenen, äußerst niedrigen Sätze gezahlt würde und die Tierbesitzer darin eine angemessene Entschädigung nicht mehr erblicken könnten, so suchten diese sich der Verpflichtung zur Ablieferung der Kadaver zu entziehen. Es sei auch unbillig, den privilegierten Abdeckereibesitzern durch kostenlose Übereignung der Häute Gewinne zuzuwenden, auf die sie nach dem Zwecke ihres Privilegs einen moralischen Anspruch kaum geltend machen könnten. Da die privilegierten Abdeckereibesitzer ein Entgegenkommen abgelehnt hätten, und da der bisherige Zustand im allgemeinen Interesse, insbesondere im Interesse einer möglichst umfassenden unschädlichen Beseitigung der Kadaver nicht weiter geduldet werden könne, lasse sich eine Regelung der Angelegenheit nicht umgehen, die zweckmäßig in der vorgeschlagenen (später in der Verordnung wiedergegebenen) Weise erfolge.

Hiernach kann dem Kammergericht darin nicht beigetreten werden, daß die Tragweite der Verordnung, wonach diese sich auch auf die privilegierten Abdeckereien erstreckt, erst im Wege der Auslegung zu entnehmen sei. Sie ergibt sich vielmehr zweifelsfrei schon aus dem uneingeschränkten Wortlaut, der durch die Entstehungsgeschichte bestätigt wird, aber auch ohne deren Zuhilfenahme einen anderen Schluß nicht zuläßt, als daß auch die privilegierten Abdeckereien von der Verordnung betroffen werden sollten.

Ob die weitere Annahme des Kammergerichts zutrifft, daß eine wenigstens teilweise Enteignung dieser Abdeckereibesitzer in Frage steht, braucht nicht entschieden zu werden. Die Auffassung der Revision, es handle sich nur um eine Anpassung der den Abdeckern früher obliegenden Verpflichtungen an die heutige Zeit, ist allerdings mit dem Inhalte der vorstehend wiedergegebenen Begründung der Verordnung nicht vereinbar. Diese ergibt vielmehr, daß den Mißständen abgeholfen werden sollte, welche sich u. a. daraus ergeben hatten, daß den privilegierten Abdeckereibesitzern Häute kostenlos übereignet werden mußten. Es war also nicht nur eine Anpassung oder Umwandlung der den Abdeckern bereits obliegenden Leistungen, sondern die Neubegründung einer Verpflichtung zur Zahlung von Vergütungen durch diese beabsichtigt. Ebenso ergibt weder der Wortlaut noch die Begründung der Verordnung einen Anhalt dafür, daß die darin den Abdeckern auferlegte Vergütungspflicht eine Umgestaltung ihrer in früherer Zeit bestandenen längst veralteten Verpflichtung zur Lieferung von Luder für Wolfsgruben usw. (Haecke, Die preußischen Abdeckerei-Privilegien S. 6, 7) darstellen sollte. Eines weiteren Eingehens hierauf bedarf es indessen nicht, da auch vom Standpunkte des Kammergerichts aus, wonach es sich um eine Enteignung handelt, die Verordnung für rechtsgültig erachtet werden muß.

Daß die Enteignung zum Wohle der Allgemeinheit geschah, ist bereits in der oben wiedergegebenen Begründung der Verordnung („im allgemeinen Interesse und insbesondere im Interesse einer möglichst umfassenden unschädlichen Beseitigung der Kadaver", d. h. zur Vermeidung von Seuchengefahr im allgemeinen gesundheitlichen Interesse) dargelegt. Sie geschah auf gesetzlicher Grundlage, nämlich durch diese Verordnung die wieder auf dem Gesetze vom 17. April 1919 beruht. Eine Entschädigung der Abdecker ist dabei nicht vorgesehen. Das steht aber ihrer Zulässigkeit nicht entgegen, da „ein Reichsgesetz etwas anderes bestimmt" (Art. 153 Abs. 2 Satz 2 der Reichsverf.). Als ein solches „Reichsgesetz" hat auch eine reichsrechtliche Rechtsverordnung zu gelten, als welche sich hier die Verordnung vom 4. Mai 1920 darstellt (RGSt. Bd. 55 S. 88, 91; RGZ. Bd. 102 S. 161, 165). Daß sie nicht ausdrücklich betont, eine Entschädigung werde den Abdeckern nicht bezahlt, steht dem nicht entgegen. Es ergab sich dies bei der Natur der Regelung — Aufhebung oder doch Beschränkung des bisherigen Rechts auf unentgeltliche Übereignung und Begründung der Pflicht zur Gewährung einer Vergütung — schon ohne weiteres aus der „entgegengesetzten Vorschrift" (RGZ. a. a. O.), die ihnen die Vergütungspflicht auferlegte, ohne von einer Entschädigung etwa durch das Reich oder den Staat etwas zu sagen. Das Kammergericht hat denn auch an einer früheren Stelle seiner Urteilsgründe es als „zweifellos" erklärt, daß diese Enteignung der privilegierten Abdecker ohne Entschädigung erfolgt sei, da von einer Entschädigung für sie nirgends die Rede sei. Die Verordnung bekennt sich also ganz deutlich dazu, daß die zwangsweise Entziehung des bisherigen Rechts der privilegierten Abdecker ohne Entschädigung erfolge. Damit ist den Anforderungen des Art. 153 der Reichsverf. genügt (RGZ. a. a. O.).

Hiernach muß die Rechtsgültigkeit der Verordnung vom 4. Mai 1920 bejaht werden....

---

106. 1. Ist mit dem Erlöschen der deutschen Gerichtsbarkeit über die im Versailler Vertrag an Polen oder an die Freie Stadt Danzig abgetretenen Gebiete auch die Spruchbefugnis der höheren Instanzen in den bei ihnen anhängigen Sachen ohne weiteres untergegangen?

2. Ist der preußische Staat noch passiv legitimiert in Rechtsstreitigkeiten über Schadensersatzansprüche aus früheren Stromregulierungsarbeiten in Gebieten, die durch den Versailler Vertrag an Polen gefallen sind?

V. Zivilsenat. Urt. v. 19. Dezember 1923 i. S. Graf v. A. u. Gen. (Kl.) w. preuß. Staat (Bekl.). V 390/20.

I. Landgericht Danzig. — II. Oberlandesgericht Marienwerder.

Die Erblasserin der Kläger, Gräfin v. A., war eingetragene Eigentümerin des Rittergutes Ostrometzko und einiger Grundstücke in der Feldmark Striesau. Die zu diesem Grundbesitz gehörigen, am rechten Weichselufer gegenüber Fordon gelegenen Wiesen wurden früher durch die sog. Neptowka, einen teils natürlichen, teils künstlichen Wasserlauf, entwässert. Dieser stand mit dem Weichselstrom durch den etwa 5 bis 600 m langen Neptowkagraben in Verbindung. Durch Versandung dieses Grabens wurde im Jahre 1890 die Verbindung zwischen der Neptowka und der Weichsel völlig unterbrochen. Infolgedessen konnte das Wasser aus der Neptowka nicht mehr in die Weichsel abfließen, sodaß die Wiesen versumpften, die bisher durch die Reptowka entwässert worden waren. Die Eigentümerin der Wiesen führte die Versandung des Reptowkagrabens auf die vom Beklagten vorgenommenen Stromregulierungsarbeiten, namentlich auf die Anlegung von Buhnen, zurück und verlangte von ihm Schadensersatz. Durch rechtskräftig gewordenes Zwischenurteil des Landgerichts in Danzig vom 8. Juli 1899 ist über den Grund des Anspruchs dahin entschieden worden, daß der Anspruch der Klägerin auf Ersatz desjenigen Schadens gerechtfertigt sei, den sie durch Behinderung der Vorflut an ihren in der Reptowkaniederung belegenen Wiesen erlitten habe. Im Verfahren über den Betrag beantragte sie alsdann, den Beklagten zur Zahlung von 224181,25 ℳ zu verurteilen. Durch Urteil des Landgerichts Danzig vom 7. Mai 1913 wurde der Beklagte verurteilt, an die Klägerin einen Teil des verlangten Betrags zu zahlen; mit ihrer Mehrforderung wurde die Klägerin abgewiesen. Gegen dieses Urteil legten beide Parteien Berufung ein. Im Lauf der Berufungsinstanz verstarb die Erblasserin der Kläger; der Rechtsstreit wurde von den jetzigen Klägern fortgesetzt. Durch Urteil des Oberlandesgerichts in Marienwerder vom 22. Juni 1920 wurden die Berufungen beider Parteien zurückgewiesen. Beide Parteien haben Revision eingelegt.

Die Weiterverfolgung der Revision der Kläger wurde gemäß Art. V Abs. 4 des Entlastungsgesetzes vom 27. März 1923 für unzulässig erklärt; die Revision der Beklagten wurde zurückgewiesen.

Gründe:

... Der Beklagte erhob den Einwand der Unzulässigkeit des Rechtswegs und der Unzulässigkeit der Berufung. Er machte geltend, das Landgericht Danzig liege im Abtretungsgebiet, das Berufungsgericht hätte deshalb über die Berufung überhaupt nicht entscheiden dürfen. Er führte aus, es sei ein Grundsatz des bis zum Kriegsausbruch geltenden Völkerrechts gewesen, daß kein Staat gezwungen werden könne, vor Gerichten fremder Staaten Recht zu nehmen, es sei denn, daß es sich um Klagen in ausschließlichem Gerichtsstande handle oder der Staat selbst durch Erhebung der Klage sich der fremden Gerichtsbarkeit unterworfen habe. Ferner machte die Revision des Beklagten geltend, er sei passiv nicht mehr legitimiert, da die Reptowkawiesen, auf die sich der Klaganspruch beziehe, in dem an Polen abgetretenen Gebiet lägen. Diese Angriffe führen zu der auch von Amts wegen zunächst zu prüfenden Frage, ob die deutsche Gerichtsbarkeit infolge der Abtretung der hier in Betracht kommenden Gebiete erloschen ist. Denn es handelt sich bei den Einwendungen des Beklagten nach der Begründung, die er ihnen selbst gibt, weniger um die Zulässigkeit des Rechtswegs und der Berufung, als um die Frage der Fortdauer der deutschen Gerichtsbarkeit. Diese Frage ist aber für den vorliegenden Fall zu bejahen. Mit dem Zeitpunkt des Inkrafttretens des Versailler Vertrags, dem 10. Januar 1920, war allerdings die deutsche Gerichtsbarkeit für das Gebiet der jetzigen Freien Stadt Danzig untergegangen; das Landgericht Danzig war seitdem zur Ausübung deutscher Gerichtsbarkeit nicht mehr berufen. In jenem Zeitpunkte schwebte aber der vorliegende Rechtsstreit bereits in der Berufungsinstanz beim Oberlandesgericht Marienwerder. Das Berufungsgericht war schon im Jahre 1913 mit der Sache befaßt worden. Wegen der Abtrennung der Gebietsteile, die den Sitz des erstinstanzlichen Gerichts umfaßten, von Deutschland erlosch die Spruchbefugnis des Berufungsgerichts nicht ohne weiteres. Irgendwelche Abmachungen zwischen dem Deutschen Reich und der Freien Stadt Danzig über den Übergang der Rechtspflege sind bisher noch nicht bindend getroffen. Es war zwar ein Rechtspflegeabkommen zwischen den beiden Staaten am 27. August 1920 getroffen worden, dem der deutsche Reichstag auch zugestimmt hat (Stenogr. Berichte des Reichstags, Sitzung vom 1. Dezember 1920 S. 1409, Drucksache Nr. 994/20). Zur Ratifikation des Staatsvertrags und zu seiner die Gesetzeskraft begründenden Veröffentlichung ist es aber nicht gekommen. Übrigens sollte eine Abgabe der am 10. Januar 1920 bei einem Oberlandesgericht oder dem Reichsgericht bereits anhängigen Rechtsstreitigkeiten an das vorläufige Obergericht der Freien Stadt Danzig auch nach diesem Abkommen nicht stattfinden. Beziehungen zu dem nach Art. 100 des Versailler Vertrags von Deutschland getrennten und nach Art. 102 als Freie Stadt Danzig begründeten Gebiete hatte der vorliegende Rechtsstreit auch nur insofern gehabt, als die Behörde, welche den beklagten Fiskus im Rechtsstreit zu vertreten hatte, ihren Sitz in Danzig hatte (§ 18 ZPO.). Es handelte sich nicht etwa um einen dinglichen Anspruch oder um einen Anspruch, für den ein ausschließlicher Gerichtsstand in jenem abgetretenen Gebiet begründet war, vielmehr nur um einen auf eine Geldzahlung gerichteten Schadensersatzanspruch. Aus der Regelung der völkerrechtlichen Beziehungen zwischen dem Deutschen Reich und der Freien Stadt Danzig ergeben sich daher keine Bedenken gegen die Entscheidungsgewalt des Oberlandesgerichts Marienwerder und jetzt des Reichsgerichts in dieser Sache (RGZ. Bd. 102 S. 304).

Das Gebiet, auf dem sich die dem Schadensersatzanspruch zugrunde liegenden Vorgänge abspielten, ist durch den Versailler Vertrag an Polen gelangt. Das deutsch-polnische Abkommen, betreffend die Überleitung der Rechtspflege vom 20. September 1920 (Bek. vom 8. Dezember 1920 RGBl. S. 2043), greift aber hier nicht Platz. Nach § 1 des Abkommens soll der Rechtsstreit beim Wegfall des Gerichts, bei dem er anhängig war, von demjenigen deutschen oder polnischen Gericht gleicher Ordnung fortgeführt werden, zu dessen Bezirk der

Amtssitz des bisherigen Prozeßgerichts gehört. Es erscheint überhaupt schon fraglich, ob die Voraussetzungen dieses Abkommens hier gegeben sind und deshalb die Bestimmungen der §§ 1 bis 5 gemäß § 6 des Abkommens hier entsprechende Anwendung finden. Jedenfalls ist aber weder ein ausschließlicher Gerichtsstand (§ 2) hier begründet, noch ein Antrag auf Abgabe des Rechtsstreits von einer Partei (§ 3) gestellt. Auch die Voraussetzungen des § 4 des Abkommens liegen nicht vor. Es ist nicht ersichtlich, daß hier, wo der preußische Staat Partei ist, nach den getroffenen deutsch-polnischen Vereinbarungen in Ansehung des streitigen Anspruchs Polen an die Stelle Preußens träte und deshalb die Behörden des polnischen Staates in den Rechtsstreit einzutreten hätten.

Aus Art. 256 des Vertrags von Versailles, wonach die Mächte, in deren Besitz deutsches Gebiet übergeht, gleichzeitig alles Gut und Eigentum des Deutschen Reichs oder der deutschen Staaten erwerben, das in diesen Gebieten liegt, ist nichts dafür zu entnehmen, ob die hier in Rede stehende Schadensersatzforderung etwa von dem polnischen Staat zu berichtigen wäre. Irgendwelche besonderen Vereinbarungen, aus denen der Übergang dieser Schuld auf den polnischen Staat herzuleiten wäre, hat der Beklagte nicht anzugeben vermocht. Die Haftung des polnischen Staates für die streitige Verbindlichkeit wäre aber auch dann nicht gegeben, wenn man sie als eine aus der staatlichen Strombauverwaltung hervorgegangene Verbindlichkeit ansehen wollte, die unter diejenigen in der deutsch-polnischen Vereinbarung vom 9. Januar 1920 über die Inkraftsetzung des Versailler Vertrags (Schücking Kommentar zum Friedensvertrag, Urkunden II. Teil S. 885; RGZ. Bd. 105 S. 156) behandelten Staatsausgaben zu zählen wäre, welche gemäß den deutschen Gesetzen und Verordnungen nach den Budgets und Wirtschaftsplänen der verschiedenen Verwaltungen zu leisten sind. Denn nach dieser Vereinbarung ist für die finanzielle Abrechnung bezüglich der Einnahmen und Ausgaben, welche sich auf das von Polen in den abgetretenen Gebieten erworbene Eigentum und Vermögen beziehen, der 1. Oktober 1919 der Stichtag in dem Sinne, daß alle Einnahmen und Ausgaben bis zu diesem Termin auf Rechnung des Deutschen Reichs oder Preußens, alle Einnahmen und Ausgaben nach diesem Termin auf Rechnung Polens gehen. Dabei soll es nicht auf den Zeitpunkt der Leistung der Ausgabe oder des Eingangs der Einnahme, sondern auf den Zeitpunkt der Fälligkeit ankommen. Da die eingeklagte Forderung schon vor dem Kriege fällig war, käme eine Verpflichtung Polens zur Berichtigung der eingeklagten Summe auch nach diesem Abkommen nicht in Betracht. Hiernach kann die Abgabe des Rechtsstreits an ein polnisches Gericht nicht stattfinden. Damit erledigt sich auch das vom Beklagten geltend gemachte Bedenken, daß ein Staat vor den Gerichten eines fremden Staates nicht belangt werden kann. Demnach ist das Reichsgericht zur Entscheidung über die Revision zuständig....

---

107. 1. Unter welchen Umständen unterliegt der Beschluß eines Vereins auf Ausschließung eines Mitgliedes der sachlichen Nachprüfung durch die Gerichte?

2. Wann kann in einem solchen Beschluß ein Verstoß gegen § 826 BGB. erblickt werden?

IV. Zivilsenat. Urt. v. 20. Dezember 1923 i. S. Dr. B. (Kl.) w. Kassenarztverein O. (Bekl.). IV 836/22.

I. Landgericht Würzburg. — II. Oberlandesgericht Bamberg.

Der Kläger, der sich im Februar 1920 als Arzt in O. niedergelassen hat, ist seit 8. Februar 1920 Mitglied des dort bestehenden eingetragenen Vereins Kassenarztverein O.; die Zugehörigkeit zu diesem Verein ist nach den mit der Ortskrankenkasse bestehenden Vereinbarungen die notwendige Voraussetzung für die Zulassung eines Arztes zur Ausübung kassenärztlicher Praxis für die genannte Krankenkasse. Der Kläger geriet schon bald in Meinungsverschiedenheiten einerseits mit der Ortskrankenkasse, anderseits mit dem gleichfalls in O. wohnenden Vereinsvorsitzenden Dr. S. und anderen Vereinsmitgliedern; es fanden hierwegen wiederholt Vereinsversammlungen statt, und in der Versammlung vom 24. April 1921 wurde der Beschluß gefaßt, daß der Kläger aus dem Verein ausgeschlossen werde. Er hat deswegen Klage gegen den Verein erhoben mit dem Antrag, den bezeichneten Beschluß aufzuheben und festzustellen, daß er noch Mitglied des Vereins sei. Das Landgericht wies die Klage ab, das Oberlandesgericht wies die Berufung des Klägers zurück. Die Revision des Klägers hatte Erfolg.

Gründe:

Der Beschluß über die Ausschließung des Klägers aus dem Verein stützt sich auf die §§ 7 und 3 der Satzung. In § 7 heißt es: „Der Ausschluß muß erfolgen, wenn die Bedingungen für die Mitgliedschaft in § 3 nicht mehr zutreffen"; in § 3 sind zunächst die allgemeinen Voraussetzungen für die Erlangung der Mitgliedschaft aufgezählt und sodann in Abs. 2 bestimmt: „Ärzte, welche zu begründeten Bedenken Anlaß geben, daß ein kollegiales Zusammenwirken mit ihnen unmöglich ist, und solche, welche aus auf gleicher Grundlage errichteten Vereinen ausgeschlossen sind, haben keinen Rechtsanspruch auf die Mitgliedschaft".

Der Kläger bestreitet, daß in seiner Person Gründe vorlägen, die nach der angeführten Bestimmung der Satzung seine Ausschließung mit der sich daraus ergebenden schwerwiegenden Folge seiner Ausschließung von der Ausübung der Praxis bei den Angehörigen der Ortskrankenkasse rechtfertigen könnten. Über diese Folge hat er folgendes vorgetragen: Wie sich die Verhältnisse in neuerer Zeit entwickelt hätten, könne ein Arzt nur mit Hilfe der Kassenpraxis soviel erwerben, daß er zu leben vermöge; die freie Praxis sei außerordentlich zurückgegangen. Von seinem vor der Ausschließung erzielten Jahresverdienst von 12000 ℳ träfen nur 2000 ℳ auf die freie Praxis. Es sei ihm deshalb durch den Verlust der Kassenpraxis die Existenzmöglichkeit genommen. Zum Ergreifen eines anderen Berufs, wie auch zur Verlegung seiner Tätigkeit an einen anderen Ort fehlten ihm die Mittel; übrigens würde auch eine solche Verlegung ihm keine Hilfe bringen, weil er an jedem anderen Orte die gleichen Vereins- und Kassenverhältnisse antreffen und nach Ausschließung aus einem Verein bestimmt keine Aufnahme in einen anderen finden würde. Er behauptet, was ihm vom Beklagten vorgeworfen werde, bilde keinen Verstoß gegen die Vereinssatzung; es handle sich hauptsächlich darum, daß der Vereinsvorsitzende Dr. S. die Konkurrenz des Klägers in O. unangenehm empfunden und sie zu beseitigen gestrebt habe. Dr. S. habe ganz offensichtlich auf die Schädigung des Klägers und die Vernichtung seiner Existenz hingearbeitet und dabei die Unterstützung der übrigen Vereinsmitglieder und des Krankenkassenvorstands gefunden.

Das Berufungsgericht ist nicht auf eine Prüfung dieser Behauptungen des Klägers eingegangen, sondern hat nur geprüft, ob das in der Satzung für die Ausschließung eines Mitglieds vorgeschriebene Verfahren eingehalten sei, und hat diese Frage bejaht. Zu einer Prüfung des Ausschließungsbeschlusses auf seine sachliche Berechtigung erachtet es sich nicht für befugt angesichts der ständigen Rechtsprechung, wonach in der Frage der Ausschließung von Mitgliedern in die Selbständigkeit der Vereinsverwaltung nicht eingegriffen werden und deshalb die sachliche Richtigkeit des Vereinsbeschlusses vom Gericht nicht nachgeprüft werden dürfe.

Es ist richtig, daß eine ständige Rechtsprechung in diesem Sinne vorliegt; an ihr ist auch im allgemeinen festzuhalten, soweit nicht aus der Entwicklung des Vereinswesens in neuerer Zeit, namentlich auch bezüglich solcher ärztlicher Vereine und ihrer Beziehungen zum Krankenkassenwesen, sich die Notwendigkeit einer Einschränkung ergibt. Nach der Behauptung des Klägers sind die nämlichen Ärzte, die die Mitglieder des beklagten Vereins sind, außerdem noch in dem O.'er ärztlichen Bezirksverein zusammengeschlossen und pflegen dort ihre persönlichen und allgemeinen beruflichen Interessen, während der Kassenarztverein ausschließlich geschäftlichen Zwecken, dem Verkehr mit der Ortskrankenkasse und der Regelung der Kassenpraxis, diene; ist das richtig, so nähert sich der beklagte Verein, wenn auch nicht seiner rechtlichen Gestaltung nach, so doch in seiner Wirksamkeit den Erwerbsgenossenschaften, die unter besonderer Gesetzgebung stehen und bei denen namentlich die Nachprüfung der Vereinsbeschlüsse über Ausschließung von Mitgliedern durch das Gericht erfolgt. Wenn ferner, wie der Kläger vorträgt und das Berufungsgericht als richtig unterstellt, die Zugehörigkeit zum Kassenarztverein eine notwendige Voraussetzung für die Gewinnung des Lebensunterhalts für einen Arzt ist, dann versagt für solche Fälle die Erwägung, mit welcher in der erwähnten Rechtsprechung das Nachprüfungsrecht der Gerichte verneint wird, die Erwägung nämlich, daß das Mitglied durch den in seinem freien Belieben stehenden Eintritt sich der Vereinsgewalt freiwillig vorbehaltlos unterworfen habe und deshalb gegen die darauf gestützten Maßnahmen kein gerichtliches Einschreiten verlangen könne.

In Fällen wie hier, wo die Zugehörigkeit zum Verein geradezu eine Lebensfrage für die Mitglieder bildet, muß dem Gericht eine sachliche Nachprüfung des Ausschließungsbeschlusses nach der Richtung gestattet sein, ob nicht in dem Vorgehen des Vereins gegen das Mitglied eine offenbare Unbilligkeit zu finden ist; insoweit ist den in der Rechtslehre vielfach hervorgetretenen Anschauungen, auf die auch die Vorinstanzen hinweisen, beizupflichten. Die Notwendigkeit einer solchen Einschränkung der bisherigen Rechtsprechung hat der Senat auch schon im Schlußsatze des Urteils RGZ. Bd. 106 S. 120 angedeutet.

Zur Prüfung der Frage der Unbilligkeit bedarf es einer gegenseitigen Abwägung des der Ausschließung zugrunde gelegten satzungswidrigen Verhaltens und der aus der Ausschließung für den Kläger sich ergebenden Folgen; nach beiden Richtungen liegen aber noch keine Feststellungen vor, sodaß hierwegen die Zurückverweisung der Sache vor den Tatrichter erfolgen muß. Von Belang für die Billigkeitsfrage kann auch noch sein, ob die anderen Vereinsmitglieder ihrerseits dem Kläger das entsprechende Maß kollegialen Entgegenkommens gezeigt haben, und ob nicht eine Einwirkung auf ihn auch durch weniger strenge Mittel zu erreichen gewesen wäre; insoweit liegen zwar Parteibehauptungen, aber keine Feststellungen vor. Weiter kann für diese Frage von Bedeutung sein die wenig bestimmte Fassung der einschlägigen Satzungsbestimmung, nach der sich der Kläger keineswegs ohne weiteres über einen von ihm begangenen Verstoß gegen die Satzung klar zu sein brauchte.

Eine sachliche Prüfung des Vorgehens des Beklagten gegen den Kläger hätte aber das Berufungsgericht auch schon aus einem anderen Grunde vornehmen sollen. Der Kläger hatte nicht nur geltend gemacht, daß der Ausschließungsbeschluß keine genügende Stütze in der Satzung finde, sondern auch, daß er gegen die guten Sitten verstoße und den Beklagten nach § 826 BGB. schadensersatzpflichtig mache. Wenn das zutrifft, so kann dadurch das Verlangen des Klägers nach Beseitigung des Ausschließungsbeschlusses unter dem Gesichtspunkt des § 249 BGB. — Herstellung des Zustandes, wie er ohne die schadenstiftende Handlung bestehen würde — gerechtfertigt werden. Der Antrag, der unrichtigerweise dahin gefaßt ist, daß das Gericht den Beschluß des Vereins aufheben solle (JW. 1905 S. 315 Nr. 1 a. E.), kann in der künftigen Verhandlung berichtigt werden.

Die Behauptungen des Klägers über ein gegen die guten Sitten verstoßendes, auf seine Schädigung abzielendes Verhalten des beklagten Vereins sind oben angeführt. Das Berufungsgericht lehnt, ohne auf Einzelheiten einzugehen, die Berücksichtigung jener Behauptung auch unter dem Gesichtspunkt des § 826 ab; es begründet dies einerseits durch Hinweis auf das Protokoll über die Versammlung vom 24. April 1921, aus dem zu ersehen sei, daß der Ausschließungsbeschluß nicht auf Willkür, Gehässigkeit oder gar Schikane zurückzuführen sei, daß vielmehr die Vereinsmitglieder aus sachlichen Gründen für den Ausschluß des Klägers gestimmt hätten; anderseits durch Hinweis auf das Urteil des RG. in JW. 1903 Beil. S. 40 Nr. 83. Die Berufung auf dieses Urteil geht aber schon deshalb fehl, weil der Sachverhalt ein anderer ist; dort ist ausdrücklich hervorgehoben, der Kläger habe selbst nicht behauptet, daß der Verein den Willen gehabt habe, ihn zu schädigen, während im vorliegenden Falle diese Behauptung von vornherein aufgestellt war. Daß Maßnahmen eines Vereins, durch welche die Existenz des Betroffenen völlig oder nahezu untergraben wird, unter § 826 BGB. fallen können, ist wiederholt ausgesprochen worden (RGZ. Bd. 64 S. 158, Bd. 93 S. 302; JW. 1914 S. 460 Nr. 2), und die Anwendung des § 826 wird auch nicht, wie das Berufungsgericht anzunehmen scheint, ohne weiteres dadurch ausgeschlossen, daß die die Maßnahme beschließenden Vereinsmitglieder ihr Vorgehen als berechtigt ansehen; vielmehr genügt ein objektiver Verstoß gegen die guten Sitten (RGZ. Bd. 79 S. 23). Das landgerichtliche Urteil, das vom Berufungsurteil allgemein in Bezug genommen wird, hatte die Anwendbarkeit der in den Urteilen RGZ. Bd. 64 S. 158, Bd. 93 S. 304 ausgesprochenen Grundsätze über die Wirkung des § 826 deshalb verneint, weil es sich in jenen Fällen um Maßregeln gegen Außenstehende, hier um solche gegen ein Vereinsmitglied handle. Eine derartige Unterscheidung ist nicht berechtigt; wenn eine Maßnahme des Vereins ihrem Inhalt und ihrer Wirkung nach gegen § 826 verstößt, so kann es keinen Unterschied machen, ob sie sich gegen einen Außenstehenden oder gegen ein Mitglied richtet; der Gesichtspunkt, daß sich das Mitglied freiwillig der Vereinsgewalt unterworfen habe, würde gegenüber Maßnahmen von einer unter § 826 fallenden Art überhaupt nicht wohl durchgreifen können, versagt aber jedenfalls bei einem Verein, wo, wie oben schon erwähnt, der Eintritt gar nicht auf freier Entschließung beruhte.

Zu einer Erörterung der Frage, ob das Recht des Vereins zur Ausschließung von Mitgliedern eine Einschränkung erleidet durch den „kassenärztlichen Mantelvertrag" zwischen den Krankenkassen- und Ärzte-Verbänden (vgl. RGZ. Bd. 106 S. 120), gibt die Prozeßlage keinen Anlaß.

---

108. Kann der Lizenznehmer ein Zwischenbenutzungsrecht nach § 7 des Gesetzes vom 27. April 1920, betr. eine verlängerte Schutzdauer bei Patenten usw., in Anspruch nehmen?

I. Zivilsenat. Urt. v. 5. Januar 1924 i. S. P. (Bekl.) w. A. (Kl.). I 189/23.

I. Landgericht I Berlin. — II. Kammergericht daselbst.

Die Klägerin ist Inhaberin der beiden Patente Nr. 158487 und Nr. 172661, die am 14. August 1918 abgelaufen, aber durch Beschluß des Patentamts vom 11. November 1920 verlängert worden sind. Die Beklagte hatte von der Rechtsvorgängerin der Klägerin durch Vertrag vom 5. November 1912 ein Mitbenutzungsrecht an den Patenten erworben. Wie die Klägerin behauptet, stellt die Beklagte seit Ablauf der ursprünglichen Schutzdauer der Patente nach wie vor Glühlichtbrenner mit den geschützten Einrichtungen her, auch nach Bekanntgabe der Schutzdauerverlängerung, ohne eine Lizenzverlängerung nachgesucht zu haben. Die Klägerin hält die weitere Benutzung ihrer Patente durch die Beklagte seit der Bekanntgabe der Verlängerung für widerrechtlich, die Verletzung für vorsätzlich oder grob fahrlässig, und hat auf Unterlassung, Rechnungslegung für die Zeit seit der Bekanntgabe der Schutzdauerverlängerung und auf Schadensersatz geklagt. Die Beklagte hat u. a. eingewendet, daß ihr ein Weiterbenutzungsrecht nach § 7 des Patentverlängerungsgesetzes zustehe. Das Landgericht verurteilte die Beklagte zur Unterlassung, Rechnungslegung und zum Schadensersatz. Die Berufung der Beklagten wurde zurückgewiesen. Auch ihre Revision hatte keinen Erfolg.

Aus den Gründen:

... Die Revision wendet sich gegen die Ansicht des Kammergerichts, wonach die Beklagte daraus, daß sie in der Zeit zwischen dem Erlöschen der Patente, dem 14. August 1918, und dem 1. April 1920 die klägerischen Erfindungen benutzt habe, ein Weiterbenutzungsrecht gemäß § 7 PatVerlG. vom 27. April 1920 (RGBl. S. 675) nicht herleiten könne; hierin kann ihr jedoch nicht gefolgt werden. Die Frage, ob § 7 des PatVerlG. auf den Lizenznehmer anwendbar ist, ist im Schrifttum bestritten. Sie bedarf hier keiner grundsätzlichen Entscheidung, weil im vorliegenden Falle nach dem feststehenden Sachverhalt die Erfordernisse des § 7 jedenfalls nicht erfüllt sind. Der Senat hat bereits in zwei Urteilen (RGZ. Bd. 106 S. 375 und vom 13. Oktober 1923, S. 251 dieses Bandes) zu der ebenfalls lebhaft umstrittenen Frage Stellung genommen, ob das Zwischenbenutzungsrecht des § 7 Abs. 1 nur demjenigen zusteht, der die Erfindung vor dem Erlöschen des Schutzrechtes noch nicht benutzt hat. Das ist mit eingehender Begründung, auf die verwiesen wird, für alle Regel bejaht worden. Davon abzugehen, geben die Ausführungen der Revision keinen Anlaß. Einen Ausnahmefall wie der, an den in RGZ. Bd. 106 S. 380 gedacht ist, bildet der hier zur Entscheidung stehende Fall nicht; denn die Benutzung der Erfindungen in der schutzfreien Zwischenzeit stellt sich nicht als eine neue, sondern offenbar als eine Fortsetzung der früheren Benutzung dar. Es ist festgestellt, daß die Beklagte die schon mehrere Jahre vor dem 14. August 1918 betriebene Herstellung von Glühbrennern nach den Patenten der Klägerin ohne Unterbrechung bis in die schutzfreie Zwischenzeit und darüber hinaus weiter betrieben hat. Danach ist die Benutzung der Erfindungen durch die Beklagte seit der Schutzfristverlängerung zutreffend als eine widerrechtliche angesehen worden.

Der Senat tritt aber dem Kammergericht auch darin bei, daß dem Lizenznehmer unter keinen Umständen ein Zwischenbenutzungsrecht nach § 7 des PatVerlG. zusteht. Zusammenhang und Wortlaut der Vorschriften dieses Gesetzes lassen mit hinreichender Deutlichkeit erkennen, daß die Rechte des Lizenznehmers in § 8 vollständig und abschließend geregelt worden sind. Die eigenartigen in § 7 behandelten Tatbestände würden auf Lizenznehmer kaum jemals zutreffen, da diese in aller Regel die Erfindung schon vor Ablauf des Schutzrechts in Benutzung genommen und die Benutzung nachher fortgesetzt haben werden. Soweit dies ausnahmsweise nicht der Fall sein sollte, reichen die Vorschriften des § 8 zu ihrem Schutze vollkommen aus. Die von der Revision vertretene Ansicht, daß sie danach schlechter stehen würden als Zwischenbenutzer, kann nicht als richtig anerkannt werden. Es ist dabei, worauf schon in RGZ. Bd. 106 S. 379 hingewiesen wurde, zu berücksichtigen, daß die von ihnen nach § 8 Abs. 2 zu zahlende Gegenleistung unter Berücksichtigung der Rechte etwaiger Zwischenbenutzer festzusetzen ist, daß diese Rechte nach Inhalt und Umfang auf die Bedürfnisse des eigenen Betriebes beschränkt sind, und daß die Lizenznehmer durch die in der Schutzzeit mit Unterstützung des Patentinhabers betriebene Ausbeutung der Erfindung im gewerblichen Kampf Zwischenbenutzern gegenüber meist in erheblichem Vorteil sind.

---

109. 1. Inwieweit muß eine Bank, die sich ihren Kunden gegenüber erboten hat, für sie auf Grund eines Bezugsrechts neue Aktien zu besorgen, sich um die Erledigung eines Auftrags hierzu trotz auftretender Schwierigkeiten bemühen?

2. Ist bei der Bemessung von Schadensersatz die Geldentwertung zu berücksichtigen?

III. Zivilsenat. Urt. v. 8. Januar 1924 i. S. Fr. Bank (Bekl.) w. Cl. (Kl.). III 128/23.

I. Landgericht Frankfurt a. M., Kammer für Handelss. — II. Oberlandesgericht das.

Die Klägerin besaß im März 1920 3000 *M* Ilse-Bergbau-Stamm-Aktien, die bei der Beklagten im Depot lagen. Am 18. Februar 1920 hatte die Ilse-Bergbau-A.-G. eine Erhöhung ihres Grundkapitals um 15 Millionen Mark durch Ausgabe von 15000 neuen Stammaktien zu je 1000 *M* beschlossen. Die Aktien sollten den Aktionären bis zum 24. März 1920 zum Bezug angeboten werden; auf eine alte Stammaktie sollte eine neue zum Kurse von 110 bezogen werden können. Durch Rundschreiben vom 12. März 1920 gab die Beklagte der Klägerin hiervon Kenntnis mit dem Bemerken, daß, wenn sie neue Aktien durch die Beklagte zu beziehen wünsche, ein Auftrag bis zum 18. März erbeten werde; andernfalls werde das Bezugsrecht von der Beklagten für die Klägerin bestens verkauft werden. Am 14. März schrieb die Klägerin an die Beklagte, sie wolle das Bezugsrecht ausüben und bitte das Erforderliche zu veranlassen. Dieser Brief kam infolge der durch den sog. Kapp-Putsch hervorgerufenen Verkehrshindernisse erst am 27. März bei der Beklagten an. Diese hatte inzwischen mit Schreiben vom 22. März der Mitteldeutschen Creditbank (MCrBank) in Frankfurt a. M. als der örtlichen Anmeldestelle die Mäntel der drei Aktien der Klägerin zur Verwertung des Bezugsrechts übersandt. Nach Empfang des Briefes der Klägerin fragte sie telephonisch bei der MCrBank an, ob der Verkauf des Bezugsrechts noch rückgängig gemacht werden könne, erhielt aber von ihr eine verneinende Antwort. Hierbei beruhigte sich die Beklagte, obgleich ihr spätestens am 29. März bekannt wurde, daß die Ilse-Bergbau-A.-G. die Frist zur Ausübung des Bezugsrechts bis zum 6. April 1920 verlängert hatte. Am 9. April teilte ihr die MCrBank mit, daß sie die 3000 *M* Ilse-Bergbau-Bezugsrechte als

Selbstkontrahentin übernommen habe. Die Klägerin führte die Nichtausübung des Bezugsrechts auf eine schuldhafte Vertragsverletzung der Beklagten zurück und verlangte Schadensersatz durch Lieferung von drei Ilse-Bergbau-Aktien gegen Zahlung von 3000 *M*, indem sie geltend machte: Sie, Klägerin, habe bis dahin stets ihr Bezugsrecht auf neue Ilse-Aktien ausgeübt. Als ein Auftrag, diesmal in gleicher Weise zu verfahren, bei der Beklagten innerhalb der von ihr gestellten Frist nicht eingegangen sei, habe sie damit rechnen müssen, daß er nach Rückkehr geordneter Verkehrsverhältnisse noch eintreffen werde. Daß die Ilse-Bergbau-A.-G. die Frist zur Ausübung des Bezugsrechts mit Rücksicht auf die Kapp-Unruhen verlängern werde, sei in Bankkreisen allgemein bekannt gewesen. Die Beklagte habe daher fahrlässig gehandelt, als sie schon am 22. März den Auftrag zur Verwertung des Bezugsrechts erteilt habe. Zum mindesten habe sie nach Eintreffen des Briefes der Klägerin am 27. März diesen Auftrag rückgängig machen müssen, wozu sie rechtlich und tatsächlich durchaus in der Lage gewesen sei. Als Schadensersatz wird mit der Klage die Lieferung von drei Ilse-Bergbau-Aktien gegen Zahlung von 3300 *M* verlangt.

Die Beklagte bestritt jedes eigene Verschulden und beantragte Abweisung der Klage. Das Landgericht wies die Klage ab, das Oberlandesgericht gab ihr statt. Die Revision der Beklagten hatte Erfolg nur in bezug auf die Berechnung des Schadens.

Gründe:

Der Berufungsrichter sieht ein Verschulden der Beklagten nicht darin, daß sie bereits am 22. März 1920 der MCrBank den Auftrag erteilte, das der Klägerin zustehende Bezugsrecht zu verwerten, sondern hält sie deshalb für schadensersatzpflichtig, weil sie es nach dem am 27. März erfolgten Eintreffen des Briefes der Klägerin vom 14. März verabsäumt habe, jenen Auftrag zu widerrufen und statt dessen den Auftrag zur Ausübung des Bezugsrechts zu erteilen. Die Revision wendet dagegen ein, daß die Beklagte der MCrBank gegenüber zu solchem Widerruf nicht berechtigt gewesen sei; als diese nicht freiwillig zur Rückgängigmachung des Geschäfts bereit gewesen sei, habe die Beklagte sie nicht zur Freigabe des Bezugsrechts zwingen können. Dieser Revisionsangriff ist unbegründet. Die Beklagte hatte das Bezugsrecht am 22. März nicht schon an die MCrBank fest verkauft, sondern diese nur mit seiner Verwertung beauftragt. Diesen Auftrag konnte die Beklagte widerrufen, bis das Geschäft ausgeführt war. Nach der Feststellung des Oberlandesgerichts hat die MCrBank das Bezugsrecht nicht an einen Dritten veräußert, sondern selbst übernommen. Das Geschäft kam daher erst zur Erledigung, als die MCrBank hiervon der Beklagten Anzeige erstattete. Diese ist nach der eigenen Angabe der Beklagten am 9. April erfolgt, nachdem die zur Ausübung des Bezugsrechts gesetzte Frist mit dem 6. April bereits abgelaufen war. Die Beklagte konnte also noch innerhalb der vollen Frist durch Widerruf des ursprünglichen Auftrags die Ausübung des Bezugsrechts ermöglichen.

Hierzu war sie der Klägerin gegenüber verpflichtet, zwar nicht auf Grund ihrer allgemeinen Geschäftsbedingungen, wohl aber nach ihrem Rundschreiben vom 12. März, in dem sie sich erboten hatte, die neuen Aktien zu besorgen. Freilich erwartete sie solchen Auftrag längstens bis zum 18. März und war daher berechtigt, nach diesem Tage den Auftrag zur Verwertung des Bezugsrechts zu erteilen. Nach Treu und Glauben mit Rücksicht auf die Verkehrssitte muß sie aber als verpflichtet erachtet werden, auch noch nach Ablauf der von ihr gesetzten Frist für die Klägerin tätig zu werden und die Ausführung des von ihr zunächst erteilten Veräußerungsauftrags nach Möglichkeit zu verhindern, als sie am 27. März erfuhr, daß dieser Auftrag dem Willen der Klägerin nicht entsprach, diese vielmehr das Bezugsrecht ausüben wolle. Es lag keine einfache Säumnis der Klägerin vor; diese hatte schon am 14. März, also an sich durchaus rechtzeitig, geschrieben. Nur durch die politischen Wirren jener Tage war der Brief verspätet in die Hände der Beklagten gelangt; dies ersah die Beklagte aus dem Datum des Briefes ohne weiteres. Bei solcher Sachlage mußte sie sich nach Kräften bemühen, den Auftrag ihrer Kundin noch zu verwirklichen.

Diese Verpflichtung hat die Beklagte in den Vorinstanzen auch nicht eigentlich bestritten. Sie will ihr aber dadurch gerecht geworden sein, daß der Leiter ihrer Bezugsrechtsabteilung, der Zeuge B., noch am 27. März bei der MErBank telephonisch angefragt hat, ob der Verkauf rückgängig gemacht werden könne. Sie glaubt, bei dem diesem von der MErBank gewordenen ablehnenden Bescheid habe sie sich beruhigen dürfen. Sie rechtfertigt diese Auffassung jetzt nicht mehr damit, daß weitere Schritte wegen Ablaufs der Frist zur Ausübung des Bezugsrechts nutzlos gewesen seien. Dies ist freilich seinerzeit der Standpunkt des Zeugen B. gewesen, der bei seinem Gespräch mit der MErBank von der inzwischen bereits erfolgten Verlängerung der ursprünglich am 24. März ablaufenden Frist bis zum 6. April nichts gewußt haben will. Ob diese Unkenntnis der Beklagten als Verschulden zuzurechnen ist, kann dahingestellt bleiben. B. sagt, daß er jedenfalls am 29. März von der Fristerstreckung Kenntnis erhalten hat. Eine Erklärung dafür, weshalb er nicht nun noch im Interesse der Klägerin tätig geworden ist, gibt er nicht. Daß die Beklagte hierzu aber verpflichtet war, folgt aus dem schon Gesagten. Wenn sie jetzt das Unterlassen weiterer Versuche, den Auftrag der Klägerin doch noch durchzuführen, damit rechtfertigt, daß sie auf das Entgegenkommen der

MCrBank angewiesen gewesen sei und kein Mittel besessen habe, gegen deren Willen die Veräußerung des Bezugsrechts rückgängig zu machen, so ist diese Ansicht bereits oben zurückgewiesen worden. Die Beklagte war zum Widerruf des der MCrBank erteilten Auftrags berechtigt. Wenn sie sich über diese Befugnis im Rechtsirrtum befand, so entschuldigt sie das nicht. Ein Institut von der Bedeutung der Beklagten muß sich darüber klar sein oder Klarheit verschaffen, welche Rechte sie im Interesse ihrer Kundschaft ausüben kann. Tatsächliche Schwierigkeiten, welche dem Widerruf des Verkaufsauftrags entgegengestanden hätten, hat die Beklagte in den Vorinstanzen nicht vorgetragen. Ein Anlaß, in dieser Hinsicht das richterliche Fragerecht auszuüben, war nicht gegeben. Auch sonst sind weitere Entschuldigungsgründe zugunsten der Beklagten nicht ersichtlich. Sie muß also dafür aufkommen, daß sie die Frist bis zum 6. April hat verstreichen lassen, ohne das Bezugsrecht der Klägerin für diese auszuüben.

Ein Verschulden der Klägerin hat das Oberlandesgericht mit Recht verneint. Sie hatte keinen Anlaß, von sich aus weitere Schritte zu tun, als sie den Brief der Beklagten vom 27. März erhielt. Darin wurde ihr — unzutreffenderweise — mitgeteilt, das Bezugsrecht sei verkauft. Sie konnte danach nur annehmen, daß sie ihres Bezugsrechts bereits endgültig verlustig gegangen sei.

Ist insoweit dem Berufungsrichter beizupflichten, so hat er doch bei Festsetzung der Höhe des der Klägerin zustehenden Schadensersatzes rechtlich geirrt. Der Klägerin sind durch Verschulden der Beklagten drei Ilse-Bergbau-Aktien entzogen, die ihr die Beklagte deshalb verschaffen muß. Die Klägerin hätte aber auch bei Ausübung ihres Bezugsrechts die Aktien nicht umsonst erhalten, sondern für sie nach dem Kurse von 110 3300 *M* zahlen müssen. Eine gleiche Vermögensminderung muß sie sich auch jetzt gefallen lassen. Das Oberlandesgericht bemißt diese wiederum auf 3300 *M* und macht von Zahlung dieses Betrags die Lieferung der drei Aktien durch die Klägerin abhängig. Dabei hat es jedoch nicht beachtet, daß der Wert dieser 3300 *M* gegenüber der Zeit der Bezugsrechtsausübung erheblich geringer geworden ist. Zwar kommt die in den letzten Monaten eingetretene Markverschlechterung nicht mehr in Betracht. Maßgebend ist vielmehr die Sachlage, die der Berufungsrichter zu beurteilen hatte. Auszugehen ist also von den Verhältnissen zur Zeit der letzten mündlichen Verhandlung vor ihm, die am 29. November 1922 stattgefunden hat. Aber auch damals war die Mark im Vergleich zu ihrem Werte Ende März und Anfang April 1920 schon so erheblich gesunken, daß eine Markleistung nicht mehr die nämliche war wie $2^1/_2$ Jahre vorher, daß also die Klägerin, wenn sie die Aktien gegen Zahlung von 3300 *M* erhielte, für sie erheblich weniger aus ihrem Vermögen herzugeben hätte, als wenn sie ihr Bezugsrecht seinerzeit zu den mit ihm verknüpften Bedingungen tatsächlich ausgeübt hätte. Wer Schadensersatz zu fordern hat, kann nur verlangen, daß er wirtschaftlich so gestellt wird, wie er ohne Eintritt des schadenbringenden Ereignisses stehen würde. Diesen Rechtsbegriff des Schadensersatzes hat der Vorderrichter verkannt, als er, ohne in eine wirtschaftliche Abwägung einzutreten, formell Mark gleich Mark bewertete. Das war bei der Bemessung von Schadensersatz — die Erfüllung von Geldschulden steht hier nicht zur Erörterung — auch schon im November 1922 nicht mehr angängig.

Ein zweckentsprechender Ausgleich wird sich etwa auf dem Wege finden lassen, daß die Zahlung, die für die Klägerin mit der Ausübung des Bezugsrechts verbunden gewesen wäre, nach dem damaligen Stande der Mark auf Goldmark zurückgeführt und von der Zahlung dieses Goldmarkbetrags die Lieferung der Aktien abhängig gemacht wird. Es ist indessen nicht ausgeschlossen, daß die Parteien für die Bemessung der Gegenleistung der Klägerin noch besondere Umstände anzuführen in der Lage sind. Ein Versuch, eine gütliche Einigung über die Höhe dieser Gegenleistung herbeizuführen, ist erfolglos geblieben. Das angefochtene Urteil muß daher aufgehoben und die Sache an das Berufungsgericht zurückverwiesen werden, damit dieses die noch erforderlichen Feststellungen trifft.

---

110. 1. Inwieweit unterliegt die Rechtmäßigkeit der Verhängung des Kriegszustandes nach Art. 68 der früheren Reichsverfassung der richterlichen Nachprüfung?

2. War die Wirksamkeit dieser Maßnahme von der Beobachtung des § 3 des preußischen Gesetzes über den Belagerungszustand vom 4. Juni 1851 abhängig?

3. Zum Begriff der einem Dritten gegenüber bestehenden Amtspflicht im Sinne von § 839 BGB.

III. Zivilsenat. Urt. v. 8. Januar 1924 i. S. Braunschweig. Staat (Bekl.) w. Geschw. K. (Kl.). III 137/23.

I. Landgericht Braunschweig. — II. Oberlandesgericht daselbst.

Durch Erlaß vom 13. April 1919 verhängte der Reichspräsident zur Aufrechterhaltung der öffentlichen Sicherheit über das Gebiet des Freistaats Braunschweig den Belagerungszustand; mit seiner Durchführung wurde der Kommandeur des freiwilligen Landesjägerkorps, der Generalmajor M., beauftragt. Am 15. April 1919 rückte eine seinem Befehl unterstehende Truppenabteilung in H. ein. Hierbei wurde der Hauptmann K., welcher der Abteilung in Zivil als Führer diente, von einem Angehörigen der braunschweigischen Volksmarinedivision oder der braunschweigischen Volkswehr, der die braunschweigische Regierung den Befehl erteilt hatte, dem Einrücken der Truppen Widerstand zu leisten, erschossen. Die hinterbliebenen minderjährigen Kinder begehrten Schadensersatz vom braunschweigischen Staat. Das Landgericht erklärte den Klaganspruch dem Grunde nach für gerechtfertigt; die Berufung des Beklagten wurde zurückgewiesen. Auch seine Revision blieb erfolglos.

Gründe:

Die Revision wirft dem Berufungsgericht vor, daß es den Art. 19 der früheren Reichsverfassung unbeachtet gelassen, überdies den Art. 68 das., verbunden mit § 3 des preuß. Gesetzes über den Belagerungszustand vom 4. Juni 1851, falsch angewendet habe, und von diesen fehlsamen Grundlagen aus zu der rechtsirrigen Annahme einer Amtspflichtverletzung der Mitglieder der braunschweigischen Regierung gelangt sei. Die Angriffe halten sich demnach innerhalb der dem Rechtsmittel der Revision in § 549 ZPO. gezogenen Grenzen. Sie erweisen sich jedoch als unbegründet.

Die Verletzung des Art. 19 wird mit folgenden Erwägungen nachzuweisen versucht: Den Anlaß zu den vom Reichspräsidenten ergriffenen Maßnahmen habe ein Streit zwischen dem Reich und dem Gliedstaat Braunschweig gebildet, sodaß ein Tatbestand vorgelegen habe, der unter die bezeichnete Verfassungsbestimmung falle. Indem die Reichsregierung das braunschweigische Staatsgebiet durch eine Truppenmacht habe einkreisen und diese sodann in das Gebiet habe einrücken lassen, sei sie denn auch in einer Weise vorgegangen, die als Exekution im Sinne des Art. 19 gekennzeichnet werden müsse. Bei der Erklärung des Belagerungszustandes nach Art. 68 habe es sich nur um die Dämpfung örtlicher Unruhen handeln können, die an dem unter Ausnahmezustand gestellten Ort mit den hierzu erforderlichen und ausreichenden Mitteln zu bekämpfen gewesen seien. Dies erhelle daraus, daß nach § 3 des preuß. Ges. vom 4. Juni 1851 mit der Verhängung des Ausnahmezustands die vollziehende Gewalt „an die Militärbefehlshaber" übergehe, worunter regelmäßig die örtlichen Befehlshaber zu verstehen gewesen seien. Da nun die Exekution gegen einen Bundesstaat nach Art. 19, verbunden mit § 3 des Übergangsgesetzes vom 4. März 1919, nicht ohne einen Beschluß des Staatenausschusses habe ins Werk gesetzt werden dürfen, ein solcher von der Regierung aber nicht herbeigeführt worden sei, so habe die Anwendung militärischer Gewalt gegen den braunschweigischen Staat der Rechtsgrundlage entbehrt, und es habe deshalb die braunschweigische Regierung die gegen sie ergriffenen Maßnahmen mit Gewalt zurückweisen dürfen.

Dieser Rechtsstandpunkt kann nicht gebilligt werden. Der Art. 68 der früheren Reichsverfassung machte die Verhängung des Kriegszustandes davon abhängig, daß die öffentliche Sicherheit im Bundesgebiet bedroht war. Über das Vorhandensein dieser Voraussetzung hatte zu der hier in Frage kommenden Zeit der Reichspräsident, auf den gemäß § 4 des Übergangsgesetzes die Machtbefugnisse des Kaisers übergegangen waren und dem also die Anordnung der Maßnahme zustand, nach pflichtmäßigem Ermessen zu befinden. Diese Vorbedingung entzieht sich daher der richterlichen Nachprüfung mindestens so lange, als nicht behauptet wird, daß die Ausübung des Ermessens in bare Willkür ausgeartet sei. Eine derartige Behauptung, für die es an jeglichem Anhalt fehlen würde, ist nicht aufgestellt worden. Im übrigen läßt die Feststellung des Berufungsrichters, daß im braunschweigischen Lande ein durch Generalstreik eingeleiteter Aufruhr herrschte, keinen Zweifel darüber aufkommen, daß die Voraussetzung des Art. 68 tatsächlich erfüllt war. Die Verfassungsbestimmung stellte die Kriegszustandserklärung auch keineswegs nur in den Dienst der Bekämpfung örtlicher Unruhen. Sie ermächtigte vielmehr den Kaiser und später den Reichspräsidenten, einen jeden Teil des Bundesgebiets mit dem Ausnahmezustand zu überziehen. Es war daher das militärische Vorgehen gegen das gesamte braunschweigische Gebiet ohne einen zustimmenden Beschluß des Staatenausschusses durchaus zulässig. Die Revision glaubt sich zur Unterstützung ihrer abweichenden Ansicht darauf beziehen zu können, daß der § 4 des preuß. Ges. über den Belagerungszustand bei dem dort geregelten Übergang der vollziehenden Gewalt an die Militärbefehlshaber für den Regelfall die örtlichen Befehlshaber im Auge habe. Die Ansicht ist jedoch unannehmbar und auch vom Reichsgericht wiederholt mißbilligt worden. Die außergewöhnliche Machtfülle, mit welcher der § 4 den Militärbefehlshaber umkleidet, sowie auch Zweckmäßigkeitsgründe sprechen dafür, daß der Gesetzgeber in der Regel nicht die untergeordneten, sondern die obersten Befehlshaber — die kommandierenden Generäle für den Bezirk eines Armeekorps oder die Festungskommandanten für den Bereich der Festung — mit den in der Vorschrift vorgesehenen Machtbefugnissen hat ausstatten und Ausnahmen hiervon nur für Fälle, in denen dies geboten war, hat gelten lassen wollen (RGSt. Bd. 49 S. 6, 282, 315; JW. 1916 S. 278 Nr. 2). Ob bei der gegebenen Sachlage für ein Vorgehen nach Art. 19 überhaupt Raum war, bedarf hiernach nicht der Entscheidung. Jedenfalls kann der Revision nicht zugegeben werden, daß der dort eröffnete Weg der einzige gewesen wäre, welcher der Reichsregierung offen gestanden habe.

Der Verstoß gegen Art. 68 und gegen § 3 des preuß. Ges. über den Belagerungszustand soll darin zu erblicken sein, daß vom Berufungsgericht angenommen wird, der Ausnahmezustand sei am 15. April 1919 bereits ausreichend bekannt gemacht und in Wirksamkeit gesetzt gewesen. Auch in dieser Hinsicht ist jedoch das Berufungsurteil frei von Rechtsirrtum. Bedeutungslos ist der Umstand, daß der Erlaß des Reichspräsidenten erst in der am 17. April 1919 zu Berlin ausgegebenen Nummer des Reichsgesetzblatts veröffentlicht worden ist. Der Vorderrichter weist zutreffend darauf hin, daß Art. 12 Satz 2 der früheren Reichsverf., der bestimmte, daß die Reichsgesetze ihre verbindliche Kraft durch eine Verkündung vermittelst eines Reichsgesetzblatts erhalten, sich nur auf Reichsgesetze bezog, die auf dem in Art. 5 geregelten Wege zustande gekommen waren (RGZ. Bd. 40 S. 68, Bd. 48 S. 84). Nun war allerdings nach Art. 68 in bezug auf die Form der Verkündung der Kriegszustandserklärung der § 3 des preuß. Ges. maßgebend, der vorschreibt, daß die Erklärung bei Trommelschlag oder Trompetenschall zu verkünden und außerdem durch Mitteilungen an die Gemeindebehörde, durch Anschlag an öffentlichen Plätzen und durch öffentliche Blätter ohne Verzug zur allgemeinen Kenntnis zu bringen sei. Bei der außerordentlichen Eile des Handelns, die in Fällen der Bedrohung der öffentlichen Sicherheit durch Unruhen usw. nach Befinden geboten ist, kann es indessen nicht in der Absicht des Gesetzgebers gelegen haben, die Wirksamkeit der Erklärung von der Einhaltung der in § 3 erwähnten Verkündungsweisen oder auch nur einer der dort angegebenen Bekanntmachungsarten abhängig zu machen. Der Vorderrichter nimmt daher mit Recht an, daß auch jede andere Art der Bekanntmachung ausreichte, um die Erklärung in Kraft zu setzen. Diese Auslegung hat auch die Entstehungsgeschichte der Vorschrift für sich. Bei der Beratung der dem preußischen Landtag zur Beschlußfassung vorgelegten, dem Gesetz vom 4. Juni 1851 zugrunde liegenden VO. vom 10. Mai 1849 in der ersten Kammer wurde vom Berichterstatter der mit der Vorberatung betrauten Kommission ausgeführt, die Fassung des § 3 lasse es ungewiß, ob der Belagerungszustand mit seinen Folgen bloß nach Verkündung bei Trommelschlag oder Trompetenschall eintreten könne, oder ob hierzu auch die Beobachtung der anderen Bestimmungen, die Mitteilung an die Gemeindebehörde usw., erforderlich sei. Die Kommission habe sich dahin geeinigt, daß es nur darauf ankomme, daß die Erklärung des Belagerungszustandes den Beteiligten bekannt werde, und die Art und Weise der Bekanntmachung ganz unerheblich sei, daß diese durch die Umstände bedingt werde und daher der betreffenden Behörde zu überlassen sei (Stenogr. Bericht der 1. Kammer 1850/51 Bd. 1 S. 173). Gegen diese Auffassung wurde kein Widerspruch erhoben. Auch bei der Beratung in der 2. Kammer wurde ihr nicht entgegengetreten (Stenogr. Bericht der 2. Kammer 1850/51 Bd. 2 S. 860). Die Verhängung des Ausnahmezustandes ist nun, wie der

Berufungsrichter feststellt, durch das mehrere Tage vor dem 15. April 1919 begonnene Eingreifen der Truppen des Generals M. im braunschweigischen Staatsgebiet allgemein bekannt geworden. Es ist deshalb unbedenklich anzunehmen, daß sie an dem bezeichneten Tage bereits rechtswirksam geworden war.

Auch in den sonstigen Ausführungen des Vorderrichters tritt eine Verletzung revisibler Vorschriften des materiellen Rechtes, insbesondere auch des mit dem § 1 des braunschweigischen Staatshaftungsgesetzes vom 28. Juli 1910 als reichsrechtliche Norm angewendeten § 839 BGB. (vgl. LZ. 1922 S. 162 Nr. 4), zum Nachteil des Beklagten nicht zutage. Für die Mitglieder der braunschweigischen Regierung ergab sich aus der Erklärung des Belagerungszustandes nicht nur die Pflicht dem Reich gegenüber, ihm bei der Erfüllung der mit dem Zustand verbundenen Aufgaben keine Hemmnisse zu bereiten. Da die Durchführung der diesem Zwecke dienenden militärischen Maßnahmen erforderte, daß die hierbei verwendeten Truppen an der Ausführung der ihnen erteilten Befehle nicht gehindert wurden, so bestand neben jener staatsrechtlichen Pflicht zugleich die amtliche Obliegenheit der Regierung gegenüber den Offizieren und Mannschaften dieser Truppenteile, ihre Tätigkeit nicht zu gefährden oder gar unmöglich zu machen. Dieser Pflicht handelte die Regierung zuwider, indem sie den Truppen, deren sie sich bediente, den Widerstand gegen die M.'schen Truppen anbefahl. Die Ausübung dieses Widerstands führte nach der Feststellung der Vorinstanz dazu, daß der Vater der Kläger erschossen wurde....

Hiernach bedarf es nicht noch der Beantwortung der von den Vorinstanzen bejahten Frage, ob auch der Angehörige der braunschweigischen Truppe, welcher den verhängnisvollen Schuß abgegeben hat, sich durch die damit erfolgte Ausführung eines Befehls seiner Vorgesetzten einer pflichtwidrigen Amtshandlung schuldig machen konnte und schuldig gemacht hat.

---

111. Welche Bedeutung hat eine vor dem 31. Juli 1914 eingetragene Goldklausel für die Bemessung der infolge der Entwertung des deutschen Papiergeldes notwendig gewordenen Aufwertung einer Hypothekenforderung?

V. Zivilsenat. Urt. v. 16. Januar 1924 i. S. U. (Bekl.) w. H. (Kl.).
V 750/23.

I. Landgericht Düsseldorf. — II. Oberlandesgericht daselbst.

Auf einem dem Kläger gehörigen Hausgrundstück ist auf Grund notarieller Schuldurkunde vom 11. Juli 1910 zugunsten des Beklagten eine Darlehenshypothek von 13000 ℳ eingetragen. Der Kläger hat sie gekündigt und sich bereit erklärt, den Darlehensbetrag nebst Zinsen in Papiergeld dem Beklagten zu zahlen. Dieser hat das Angebot abgelehnt und sich zur Rechtfertigung seines Standpunktes auf Nr. 3 der Darlehensbedingungen berufen, wonach alle Zahlungen in deutschen Reichsgoldmünzen in der jedesmaligen Wohnung des Gläubigers zu leisten sind. Der Kläger hat sodann auf Erteilung der Löschungsbewilligung und Herausgabe des Hypothekenbriefs gegen Zahlung des Darlehensbetrags nebst Zinsen geklagt; der Beklagte hat im Wege der Widerklage beantragt, festzustellen, daß der Kläger verpflichtet sei, das Darlehen mit dem dem früheren Goldwerte der Mark entsprechenden Betrage zurückzuzahlen, sofern nicht zur Zeit der Rückzahlung gesetzliche Bestimmungen beständen, welche den Schuldner zur Rückzahlung des Darlehens zu einem geringeren Betrag ermächtigten. Die Vorinstanzen gaben der Klage statt und wiesen die Widerklage ab. Die Revision des Beklagten führte zur Aufhebung und Zurückverweisung.

Aus den Gründen:

Die Vorentscheidung kann weder zur Klage noch zur Widerklage aufrecht erhalten werden.

Für die Entscheidung zur Klage bedarf es nicht einmal einer Stellungnahme zu der unter den Parteien streitigen Frage, ob in der Schuldurkunde vom 11. Juli 1910 eine Goldklausel (Goldmünzklausel) oder aber eine Goldwertklausel vereinbart ist. Die Aufhebung und Zurückverweisung hinsichtlich der Klage ist bereits deshalb notwendig, weil das Oberlandesgericht nicht geprüft hat, ob nicht in jedem Falle schon wegen der starken Entwertung des deutschen Papiergeldes der Beklagte eine Aufwertung seiner hypothekarisch gesicherten Forderung beanspruchen kann. (Die rechtliche Zulässigkeit einer solchen Aufwertung wird in Übereinstimmung mit RGZ. Bd. 107 S. 78 flg. dargelegt.)

Hinsichtlich der Widerklage streiten die Parteien darüber, ob die unter Nr. 3 der Schuldurkunde vom 11. Juli 1910 getroffene Vertragsbestimmung eine Goldmünzklausel enthält (die den Geldbetrag der Forderung in seiner Höhe nicht berührt und nur bestimmt, daß die Zahlung in Goldmünzen deutscher Währung zu erfolgen hat, also eine Zahlung in etwaigen anderen gesetzlich an sich zulässigen Zahlungsmitteln ausgeschlossen sein soll) oder eine Goldwertklausel (Vereinbarung, daß ein Geldbetrag geschuldet wird, dessen Höhe, in Währung ausgedrückt, sich nach dem jeweiligen Kurse des vom Schuldner anzuschaffenden Goldes richtet); vgl. zu diesem Unterschiede RGZ. Bd. 50 S. 145, Bd. 101 S. 141, Bd. 103 S. 384, Bd. 104 S. 352; KGJ. Bd. 21 A S. 322, Bd. 48 S. 219. Von diesen Entscheidungen beschäftigen die älteren sich vorwiegend damit, daß die Goldwertklausel im Grundbuch nicht eingetragen werden kann. Das ist hier für die Entscheidung selbst nicht von Bedeutung, da hier Gläubiger und Schuldner noch dieselben Personen sind, die das persönliche Schuldverhältnis im Jahre 1910 begründet haben; für die Höhe des nach diesem dem Gläubiger zustehenden Zahlungsanspruchs kommt es nicht darauf an, inwieweit er dessen dingliche Sicherung durch hypothekarische Eintragung verlangen könnte. Wesentlich kann die Frage der Eintragbarkeit aber sein für die Auslegung der Urkunde vom 11. Juli 1910; denn da diese von einem deutschen Notar zur Eintragung auch dieser Nebenbestimmungen in das Grundbuch aufgenommen ist, so läßt sich aus ihr sehr wohl der Schluß rechtfertigen, daß die Vereinbarung so getroffen ist, daß sie eintragungsfähig war, also im Sinne einer Goldmünzklausel, nicht einer Goldwertklausel.

So hat sie auch das Oberlandesgericht ausgelegt. Seine Auslegung begegnet keinem rechtlichen Bedenken. Dafür, daß die Parteien die in einem vorgedruckten Schuldurkundenformular enthaltene Klausel anders als in ihrem gewöhnlichen Wortsinne verstanden hätten, fehlt es an genügendem Anhalt; gegen eine solche Annahme spricht namentlich der schon hervorgehobene Umstand, daß sie in demselben Vertragsvordrucke die Eintragung der Bestimmung in das Grundbuch beantragt haben, die bei einer Goldwertklausel unzulässig gewesen wäre...

Bei dieser Sachwürdigung des Berufungsurteils bedarf es keiner Erörterung, wie die Rechtslage wäre, wenn lediglich eine Goldwertklausel vereinbart wäre, ob namentlich auch eine solche Klausel von der BRVO. vom 28. September 1914 (RGBl. S. 417) betroffen wird. Vorliegendenfalls handelt es sich, wie schon nach dem Wortlaute der Urkunde („Alle Zahlungen ... sind ... in deutschen Reichsgoldmünzen ... zu leisten ...") außer Zweifel steht, um eine vor dem 31. Juli 1914 getroffene Vereinbarung, nach der eine Zahlung „in Gold" zu erfolgen hat. Es könnte sich sonach höchstens fragen, ob diese Klausel, selbst wenn sie als sog. Goldwertklausel zu verstehen wäre, nicht dennoch nach Wortlaut und Sinn jener BRVO. unter sie fallen müßte. Nach der Auslegung, die das Oberlandesgericht ihr in rechtlich nicht anfechtbarer Weise gegeben hat, kann keinesfalls ein Zweifel daran bestehen, daß die Vereinbarung auf Grund der erwähnten BRVO. bis auf weiteres und daher noch jetzt nicht verbindlich, somit der Anspruch des Beklagten auf Befriedigung auf diejenige Leistung beschränkt ist, die er in Ermanglung der Klausel zu beanspruchen hätte. Seit dem Erlasse des Urteils RGZ. Bd. 101 S. 141 hat sich aber mit dem immer stärker zutage tretenden Verfall der deutschen Währung auch immer mehr die Notwendigkeit und Richtigkeit derjenigen Rechtsauffassung herausgestellt, welche die Aufwertung der persönlichen Forderung zuläßt, infolge deren der Schuldner also nicht mehr berechtigt ist, die Hypothek bei Fälligkeit in Papiergeld zum Nennbetrage abzudecken. Bei der Bemessung der Aufwertung ist gemäß § 242 BGB. zu berücksichtigen, was Treu und Glauben mit Rücksicht auf die Verkehrssitte im einzelnen Falle erfordern; es sind also, wie die Revision insoweit mit Recht hervorhebt, auch die wirtschaftlichen Gesichtspunkte zu beachten, welche die Parteien bei der Begründung des Schuldverhältnisses verfolgt haben. In dieser Hinsicht kommt in Betracht, daß die Vereinbarung auch einer Goldmünzklausel, mindestens in einer großen Anzahl von Fällen, wirtschaftlich dem Zwecke dienen sollte, den Gläubiger gegen eine mögliche Entwertung des sonstigen Währungsgeldes zu schützen, daß somit der Schuldner bei ihr eine weitergehende, strengere Verpflichtung eingegangen ist als bei einem gewöhnlichen, dieser Vereinbarung entbehrenden Schuldverhältnis. Dieser Umstand darf jedenfalls bei der tatsächlichen Bemessung der Aufwertung nicht außer Betracht bleiben; er kann, und wird sogar in vielen Fällen, es rechtfertigen, dem Schuldner gegenüber einem Gläubiger, der sich Zahlung in Gold ausbedungen hat, nach Lage des Falls beim billigen Ausgleiche der beiderseitigen Interessen eine höhere Zahlung zuzumuten, als sie ihm einem anderen Gläubiger gegenüber obliegen würde.

In Höhe desjenigen Betrags, um welchen die Forderung des Beklagten nach den vorstehenden Grundsätzen aufzuwerten ist, wird der Widerklage stattzugeben sein, nicht aber darüber hinaus in voller Höhe des dem früheren Goldwerte der Mark entsprechenden Betrags. Zur Feststellung des ersteren Betrags ist daher die Aufhebung des Berufungsurteils und die Zurückverweisung der Sache erforderlich....

---

112. Handelt es sich um eine bürgerliche Rechtsstreitigkeit im Sinne des § 13 GVG., wenn über die Herausgabe ungarischer Vorkriegs-Staatsschuldverschreibungen gestritten wird, welche auf Grund der Bek. vom 25. Januar 1922 (DRAnz. Nr. 22 vom 26. Januar 1922) angemeldet und zur Abstempelung und zum Umtausch eingereicht worden sind?

I. Zivilsenat. Urt. v. 16. Januar 1924 i. S. Reichsfiskus (Bekl.) w. L. (Kl.). I 218/23.

I. Landgericht I Berlin. — II. Kammergericht daselbst.

Der Kläger ist Eigentümer mehrerer Stücke der vierprozentigen ungarischen Goldanleihe. Er hat sie auf die Bekanntmachung des Reichswirtschaftsministers vom 25. Januar 1922 der Zweigniederlassung

E. der Württembergischen Vereinsbank zur Abstempelung und zum Umtausch eingereicht, verlangt jetzt aber mit der Klage, daß der Beklagte verurteilt werde, ihm ein Stück der Rente über 1000 Fl. herauszugeben oder in seine Freigabe aus dem Sperrdepot der Bank zu willigen. Er stützt die Klage auf sein Eigentum an dem Wertpapier und behauptet, er habe irrtümlich angenommen, zur Anmeldung und Einreichung verpflichtet zu sein, und habe seine Erklärungen nach Behebung des Irrtums angefochten. Der Beklagte hat die Einrede der Unzulässigkeit des Rechtswegs erhoben. Das Landgericht verwarf die Einrede, das Kammergericht wies die Berufung des Beklagten zurück. Seine Revision hatte Erfolg.

Gründe:

Das Kammergericht begründet seine Ansicht von der Zulässigkeit des Rechtswegs im wesentlichen mit der Erwägung, daß die Deutsche Regierung die Ablieferung der Wertpapiere nur vermittelt habe und daß die Ablieferung eine vollkommen freiwillige gewesen sei und habe sein sollen. Die Deutsche Regierung habe damit eine Tätigkeit entfaltet, die nicht in den Rahmen staatlicher Hoheitsrechte falle, sich vielmehr, namentlich im Verhältnis der Parteien zueinander, als eine Maßnahme auf privatrechtlicher Grundlage darstelle im Gegensatz zu einer Beschlagnahme die vielleicht auch möglich gewesen wäre, aber nicht erfolgt sei. Das ist unzutreffend. Nach Anhang Abs. 9 zu Art. 186 des Vertrags von Trianon, den Deutschland anzuerkennen gezwungen worden ist, erfolgt der dort vorgesehene Umtausch von Schuldverschreibungen der nicht sichergestellten ehemaligen ungarischen Staatsschuld gegen neue Schuldverschreibungen Ungarns und seiner Nachfolgestaaten bei solchen Gläubigern, die sich außerhalb Ungarns und der Nachfolgestaaten der ehemaligen österreichisch-ungarischen Monarchie befinden, durch Vermittlung ihrer Regierungen; ein anderer Weg besteht nicht. Der ihr so aus öffentlichem Recht erwachsenen Aufgabe hat sich die Deutsche Regierung im Interesse der deutschen Staatsangehörigen unterzogen. Um ihr nachzukommen, ist die Bek. des Reichswirtschaftsministers vom 25. Januar 1922 erlassen worden, in der zur Anmeldung und Einlieferung der in Betracht kommenden Wertpapiere aufgefordert worden ist. Die Erfüllung der Aufgabe nötigte die Deutsche Regierung zur Eingehung gewisser Verpflichtungen gegenüber dem Wiedergutmachungsausschuß, so auch dazu, ihm ein Nummernverzeichnis und die darin aufgeführten Wertpapiere auszuhändigen. Das konnte sie nur, wenn sie bis zur Durchführung des Umtauschs die Möglichkeit der Verfügung über die Papiere hatte. Um das zu erreichen, bestimmte sie in der Bekanntmachung, daß die angemeldeten Stücke nach der Einlieferung von den Banken zur ausschließlichen Verfügung des Reichsfinanzministeriums in Sperrdepot zu nehmen und ihm auf Abruf zwecks Abstempelung einzusenden seien. Damit übte sie ein staatliches Hoheitsrecht aus, wie auch das ganze übrige Verfahren sich als die Ausübung eines solchen darstellt, wenngleich behördlicher Zwang nicht angewendet, sondern die Ablieferung freigestellt wurde. Das Rechtsverhältnis, aus dem der Klaganspruch hergeleitet wird, ist danach ein öffentlichrechtliches. Die Klage kann nur Erfolg haben, wenn die von der Regierung angeordnete Sperre der eingelieferten Wertpapiere aufgehoben wird. Darüber, ob das zu geschehen hat, haben aber nicht die ordentlichen Gerichte zu entscheiden. Der Rechtsweg ist daher unzulässig.

---

113. Wen trifft die Beweislast für die Vereinbarung eines Wiederkaufs, wenn der Käufer auf Lieferung der gekauften Sache klagt und der Beklagte einwendet, ihm sei das Wiederkaufsrecht eingeräumt?

I. Zivilsenat. Urt. v. 30. Januar 1924 i. S. G. (Bekl.) w. D. (Kl.). I 930/23.

I. Landgericht München-Gladbach. — II. Oberlandesgericht Düsseldorf.

Der Kläger kaufte im Jahre 1919 von dem Beklagten eine Saloneinrichtung für 2100 *M*; der Kaufpreis ist bezahlt. Mit der Klage wird Herausgabe der Einrichtung gefordert. Der Beklagte wendet ein, gleichzeitig mit dem Kaufvertrage sei vereinbart worden, daß er das Recht habe, die Einrichtung für denselben Preis zurückzukaufen. Er habe von diesem Rechte Gebrauch gemacht; der Betrag von 2100 *M* stehe dem Kläger zur Verfügung. Der Kläger bestreitet die Vereinbarung des Wiederkaufrechts.

Das Landgericht erkannte auf einen vom Beklagten zu leistenden Eid über die Vereinbarung. Das Oberlandesgericht verlangte den Eid vom Kläger. Die Revision des Beklagten hatte keinen Erfolg.

Gründe:

Das Berufungsgericht hat angenommen, daß die vom Beklagten behauptete Vereinbarung eines Rückkaufsrechts weder durch die Beweiserhebung noch durch die begleitenden Umstände des Kaufabschlusses dargetan sei. Es komme deshalb darauf an, wer beweispflichtig sei. Das sei diejenige Partei, die sich auf die Vereinbarung des Rückkaufs berufe. Demgemäß ist auf den dem Kläger vom Beklagten zugeschobenen Eid erkannt worden.

Die Revision rügt die Verteilung der Beweislast; der Beklagte leugne durch die Behauptung, es sei ein Rückkauf vereinbart, den Klagegrund, der somit vom Kläger zu beweisen sei.

Die Rüge ist nicht begründet. Zwar kann dem Berufungsgericht nicht zugestimmt werden, wenn es als Grund für die Beweispflicht des Beklagten anführt, der Fall, wo Kauf und Rückkaufsberechtigung einheitlich und gleichzeitig vereinbart seien, könne hinsichtlich der Verteilung der Beweislast nicht anders behandelt werden, als der Fall, wo der Rückkauf nachträglich vereinbart sei; im letzteren Falle liege aber die Beweispflicht unbestrittenermaßen demjenigen ob, der das Rückkaufsrecht in Anspruch nehme. Dieser Grund trifft um deswillen nicht zu, weil die verschiedene Behandlung derartiger Fälle nichts ungewöhnliches oder unzulässiges ist. Auch wenn der Beklagte einwendet, der Vertrag sei von vornherein unter einer Bedingung geschlossen worden, muß der Kläger den unbedingten Abschluß nachweisen, während der Beklagte beweispflichtig ist, wenn er behauptet, dem Vertrage sei nachträglich eine Bedingung angefügt worden. Aber im Ergebnis ist die angegriffene Entscheidung nicht zu beanstanden. Es könnte zwar in Frage kommen, ob die entgegengesetzte Anschauung sich nicht aus denjenigen Grundsätzen ergebe, die für den Fall der Behauptung einer Bedingung, Befristung oder Stundung aufgestellt sind. Das Reichsgericht hat RGZ. Bd. 68 S. 305 entschieden: wenn der Beklagte behaupte, daß der Kaufpreis schon im Kaufvertrage selbst gestundet worden sei, so müsse der Kläger das Gegenteil beweisen, denn die Einwendung des Beklagten gehe dahin, daß der Kläger den Sachverhalt nicht vollständig und also nicht richtig angegeben habe; es liege mithin ein begründetes Leugnen vor, das den Kläger zum Beweise nötige. Allein beim Wiederkauf ist die Rechtslage eine andere. Bei der Bedingung, Befristung, Stundung ist die Prozeßlage so, daß der Beklagte behauptet, das in Anspruch genommene Recht sei überhaupt niemals zustande gekommen. Es wird also eine Nebenberedung geltend gemacht, die unmittelbar in den Kern des Vertrags eingreift und von der das Bestehen der Vertragsrechte abhängig ist. Bei der Beredung des Wiederkaufs dagegen entstehen die Vertragsrechte bei fertigem Abschluß des Vertrags ohne weiteres. Nur nebenher läuft die dem Verkäufer eingeräumte Möglichkeit, die rechtlichen und wirtschaftlichen Folgen des Vertragsschlusses wieder rückgängig zu machen. Der innere Zusammenhang zwischen Kauf und Abrede des Wiederkaufs ist also ein rechtlich ganz anderer, als bei der Bedingung und Befristung. Dadurch ist es gerechtfertigt, auch die Beweislast anders zu behandeln, und die Abrede des Wiederkaufs als eine wirkliche Nebenabrede zu betrachten, die von demjenigen zu beweisen ist, der aus ihr Rechte herleiten will.

114. Zur Frage des Ausschlusses der deutschen Gerichtsbarkeit gemäß Art. 304b des Versailler Vertrags.

I. Zivilsenat. Urt. v. 6. Februar 1924 i. S. Gebr. K. (Kl.) w. die Worthy Trading Co. (Bekl.). I 302/22.

I. Landgericht Hamburg, Kammer f. Handelssachen. — II. Oberlandesgericht daselbst.

Die Klägerin behauptet, sie sei längere Zeit hindurch für die Beklagte als Kommissionärin tätig gewesen und habe aus diesem Vertragsverhältnis Forderungen gegen die Beklagte. Sie hat dieserhalb gegen die Beklagte zwei Klagen auf Zahlung angestrengt. Die Beklagte hat unter Berufung auf Art. 304b Abs. 2 des Versailler Vertrags die Einrede der Unzuständigkeit des Gerichts erhoben und die Einlassung zur Hauptsache verweigert. Die Einrede wurde vom Landgericht für unbegründet, vom Oberlandesgericht für begründet erklärt. Die Revisionsinstanz hat die Einrede der Unzuständigkeit des Gerichts verworfen.

Aus den Gründen:

... Der vom Berufungsgericht hervorgehobene diktatorische Charakter der Versailler Vertrags nötigt nicht zu der Annahme, daß im Rahmen des Art. 304b Abs. 2 die Zuständigkeit des auswärtigen Gerichts unter Ausschluß der deutschen Gerichtsbarkeit auch dann angeordnet ist, wenn oder solange für das betreffende fremde Land ein Gemischter Schiedsgerichtshof nicht errichtet ist. Vielmehr rechtfertigt gerade Art und Inhalt des genannten Vertrags die Auffassung, daß der Art. 304 als eine Deutschland aufgedrungene Ausnahmeregelung gerichtlicher Zuständigkeit nicht erweiternd, sondern einschränkend auszulegen ist. Demnach ist anzunehmen, daß der im Art. 304 vorgesehene Ausschluß der deutschen Gerichtsbarkeit nur zugunsten des Gemischten Schiedsgerichtshofs und der neben ihm bestehenden ausländischen Gerichtsbarkeit, nicht aber zugunsten der letzteren allein erfolgt ist. Somit ist die in Art. 304b Abs. 2 als Ausnahme von der Zuständigeit des Gemischten Schiedsgerichtshofs bezeichnete Zuständigkeit der auswärtigen Landesgerichte nur für den Fall vorbehalten, daß tatsächlich ein solcher Gemischter Schiedsgerichtshof eingerichtet ist. Fehlt es an einer solchen Einrichtung, so steht der Art. 304 der Zuständigkeit der deutschen Gerichte nicht im Wege. Dieser Fall liegt hier vor. Zwar ist auf Grund des zwischen Deutschland und den Vereinigten Staaten von Amerika getroffenen Abkommens vom 10. August 1922 (vgl. auch Reichsgesetz vom 31. Januar 1923, RGBl. II S. 113) eine gemischte Kommission eingesetzt zur

Entscheidung der dort aufgeführten Ansprüche der Vereinigten Staaten oder ihrer Staatsangehörigen gegen Deutschland oder deutsche Staatsangehörige. Die Zuständigkeit dieser deutsch-amerikanischen gemischten Kommission ist aber eine andere als die eines Gemischten Schiedsgerichtshofs im Sinne von Art. 304 und umfaßt namentlich nicht Ansprüche der hier fraglichen Art, die von einer deutschen gegen eine in den Vereinigten Staaten von Amerika ansässige Firma erhoben sind. Es fehlt daher im Verhältnis zwischen Deutschland und den Vereinigten Staaten von Amerika an einem Gemischten Schiedsgerichtshof im Sinne von Art. 304, und damit im vorliegenden Falle an einer wesentlichen Voraussetzung für einen aus Art. 304b Abs. 2 herzuleitenden Ausschluß der deutschen Gerichtszuständigkeit.

Register.

Die Zahlen bedeuten die Seiten.

A. Sachregister.

H

J

K

L

M

N

B. Gesetzesregister.

1. Reichsgesetze.

a. Bürgerliches Gesetzbuch.

b. Einführungsgesetz z. Bürgerlichen Gesetzbuche.

c. Allg. Deutsches Handelsgesetzbuch (a. F.).

d. Handelsgesetzbuch von 1897.

k. Einzelne Gesetze und Verordnungen.

2. Landesrecht.

Baden.

Braunschweig

Bremen.

Koburg-Gotha.

Preußen.

Thüringen.

Württemberg.

3. Ausländisches Recht.

Belgien.

Bulgarien.

Österreich.

Polen.

Schweiz.

Tschechoslowakei.

Ungarn.

C. Zusammenstellung der Entscheidungen nach der Zeitfolge.

Entscheidungen des Staatsgerichtshofs.

Zusammenstellung

der

im 107. Bande

mitgeteilten Entscheidungen

nach

Oberlandesgerichtsbezirken.

(Die Zahlen bezeichnen die Nummern der Entscheidungen.)

Berichtigungen.

Hundertundfünfter Band.

S. 308 Z. 2 v. u. statt „S. 412" lies „S. 142".

Hundertundsiebenter Band.

S. 236 Z. 8 v. o. statt „IV 660/23" lies „IV 660/22".
„ 238 „ 9 v. o. statt „5. Juli" lies „9. Juli".
„ 308 „ 17 v. u. statt „VI 332/23" lies „VII 332/23".

Anhang:

Entscheidungen des Staatsgerichtshofs.

1.

In der verfassungsrechtlichen Streitigkeit zwischen

dem Reichsverkehrsministerium

Antragsteller,

und

der preußischen Regierung

Antragsgegnerin,

betreffend die Zuständigkeit bei Entscheidungen über Beschwerden infolge Enteignungen für Zwecke der Reichseisenbahnen in Preußen hat der Staatsgerichtshof des Deutschen Reiches in der Sitzung vom 30. Juni 1923 für Recht erkannt:

Unter Abweisung des Antrags des Landes Preußen wird festgestellt,

1. daß bei Enteignungen für Zwecke der Reichseisenbahnen in Preußen die endgültige Entscheidung über die Art der Durchführung und den Umfang der Enteignung, insbesondere die Entscheidung über Beschwerden gegen den Planfeststellungsbeschluß, dem Reich zusteht,
2. daß bei Enteignungen für Zwecke der Reichseisenbahnen in Preußen auch die endgültige Entscheidung über die Zulässigkeit von Vorarbeiten dem Reiche zusteht,
3. daß die Zuständigkeit zur Entscheidung über die Art der Durchführung des Verfahrens namentlich auch die Anordnung der vereinfachten Enteignung umfaßt,

4. daß § 17 des Reichshaushaltsgesetzes vom 26. März 1921 und die späteren entsprechenden reichsgesetzlichen Bestimmungen von 1922 und 1923 (Gesetz vom 30. März 1922 § 7, vom 9. Juni 1922 § 14, vom 22. März 1923 § 8 und vom 4. Juni 1923 § 14) rechtsgültig sind.

Gründe:

In dem Enteignungsverfahren, betreffend den schon vor dem Haushaltungsjahr 1921 genehmigten Bau des dritten und vierten Geleises der zu den Reichseisenbahnen gehörenden Moselbahn hatte ein in der Gemeinde Quint Enteigneter gegen den Planfeststellungsbeschluß des Bezirksausschusses Beschwerde beim preußischen Minister der öffentlichen Arbeiten erhoben. Den Entwurf einer Entscheidung über die Beschwerde hatte der preußische Minister dem Reichsverkehrsminister zur Mitzeichnung vorgelegt. Dieser aber nahm das ausschließliche Recht für sich in Anspruch, gemäß § 22 des preußischen Enteignungsgesetzes vom 11. Juni 1874 (preuß. GS. S. 221) über die Beschwerde zu entscheiden. Er berief sich dafür auf die Artikel 90 bis 94 der Reichsverfassung vom 11. August 1919 in Verbindung mit § 12 des Staatsvertrags, betreffend den Übergang der Staatseisenbahnen auf das Reich, vom 31. März 1920, genehmigt durch das Reichsgesetz vom 30. April 1920 (Reichsgesetzbl. S. 773) und das preußische Gesetz vom 29. April 1920 (preuß. GS. S. 97). Zum Vergleiche zog der Reichsverkehrsminister auch den § 17 des Reichshaushaltsgesetzes vom 26. März 1921 (Reichsgesetzbl. S. 405) heran. Der preußische Minister der öffentlichen Arbeiten hat dieser Auffassung widersprochen; der Minister für Handel und Gewerbe, der gemäß dem preußischen Gesetze vom 15. August 1921 (preuß. GS. S. 487) in Eisenbahnenteignungssachen an die Stelle des Ministers der öffentlichen Arbeiten getreten war, hat dessen Widerspruch aufrecht erhalten und in einem erläuternden Erlasse zu dem bezeichneten Gesetze die Regierungspräsidenten angewiesen, alle Berichte in Enteignungssachen an ihn zu richten, damit er sie von sich aus entscheide.

Deswegen hat sich das Reich an den Staatsgerichtshof gewendet und zunächst beantragt,

festzustellen, daß bei Enteignungen für Zwecke der Reichseisenbahnen in Preußen die endgültige Entscheidung über die Art der Durchführung und den Umfang der Enteignung, insbesondere die Entscheidung über Beschwerden gegen den Planfeststellungsbeschluß, dem Reiche zusteht.

In der mündlichen Verhandlung hat der Vertreter des Reichs weiter beantragt,

festzustellen, daß:

1. bei Enteignungen für Zwecke der Reichseisenbahnen in Preußen

auch die endgültige Entscheidung über die Zulässigkeit der Vorarbeiten dem Reiche zusteht;

2. die Zuständigkeit zur Entscheidung über die Art der Durchführung des Verfahrens namentlich auch die Anordnung der vereinfachten Enteignung umfaßt;

3. § 17 des Reichshaushaltsgesetzes vom 26. März 1921 und die entsprechenden späteren reichsgesetzlichen Bestimmungen von 1922 und 1923 (Reichsgesetze vom 30. März 1922 § 7, vom 9. Juni 1922 § 14, vom 22. März 1923 § 8 und vom 4. Juni 1923 § 14) rechtsgültig sind.

Preußen dagegen hat beantragt,

festzustellen, daß bei solchen Enteignungen an der durch das preußische Enteignungsgesetz vom 11. Juni 1874 geregelten Zuständigkeit der Landesbehörden mit Ausnahme der Befugnis, das Enteignungsrecht zu verleihen, durch die bisherige Reichsgesetzgebung nichts geändert worden ist.

In der mündlichen Verhandlung hat ferner der Vertreter Preußens beantragt,

sämtliche Anträge des Reichs zurückzuweisen.

Gegen die Zulässigkeit der nachträglich vorgebrachten Anträge des Reichs hat der Vertreter Preußens keine Einwendungen zu erheben erklärt; er hat sie aber sachlich mit denselben Gründen bekämpft, die gegen den Hauptantrag geltend gemacht sind.

Maßgebend für die Entscheidung der zahlreichen aufgeworfenen Streitfragen ist zunächst eine doppelte Feststellung: über den staatsrechtlichen Charakter der letztinstanzlichen Entscheidung, betreffend die Beschwerde gegen den Planfeststellungsbeschluß in preußischen Eisenbahnenteignungssachen, und über die Tragweite des Artikel 90 der Reichsverfassung, nach welchem neben den Eisenbahnhoheitsrechten die Enteignungsbefugnis in Eisenbahnsachen auf das Reich übergeht. Erst wenn die Frage geklärt ist, inwieweit jene Entscheidung unter den Artikel 90 fällt, kann geprüft werden, ob der Staatsvertrag vom 31. März 1920 oder die Reichshaushaltsgesetze von 1921, 1922 und 1923 eine Beschränkung oder Erweiterung der verfassungsmäßigen Zuständigkeit des Reichs in Eisenbahnenteignungssachen enthalten. Auf der so gewonnenen Grundlage ist dann die Entscheidung über die nachträglich eingebrachten Anträge des Reichs zu gewinnen,

I.

Zwischen dem Reiche und Preußen ist unstreitig, daß die Zuständigkeiten, die nach §§ 1, 14 des preußischen Gesetzes über die

Eisenbahnunternehmungen vom 3. November 1838 (preuß. GS. S. 505) der preußischen Ministerialinstanz zufielen, insbesondere die sogen. vorläufige Planfeststellung, auf den Reichsverkehrsminister übergegangen sind. Auch darüber herrscht kein Streit, daß der Bezirksausschuß bei endgültiger Feststellung des Plans von dem vorläufigen Plan des Reichsverkehrsministers insoweit nicht abweichen darf, als es sich um die Gestaltung der Bahnlinie und ihre vollständige Durchführung durch alle Zwischenpunkte handelt, und daß in diesem Umfang auch die Entscheidung auf die Beschwerde gegen die endgültige Planfeststellung des Bezirksausschusses eine gebundene ist. Aber schon darüber herrscht Meinungsverschiedenheit, ob es sich mit der Entscheidung über die sogen. Nebenanlagen ebenso verhält. Preußen weist darauf hin, daß bei solchen Nebenanlagen, die die eigentliche Bahnanlage nicht berühren, wie z. B. bei Parallelwegen, Bewässerungs- und Entwässerungsanlagen außerhalb des Bahnkörpers (vgl. Drucks. des preuß. Abgeordnetenhauses 1911 Nr. 205 S. 20) die Entscheidungsbefugnis des Bezirksausschusses trotz ihrer allgemeinen Einschränkung durch § 4 des Eisenbahngesetzes eine selbständige sei; es nimmt demnach insofern auch für die preußische Ministerialinstanz das selbständige Entscheidungsrecht in Anspruch und folgert schon daraus, daß die Beschwerde gegen den Bezirksausschuß in Eisenbahnenteignungssachen vor die Landesinstanz gehöre.

Dem gegenüber entwickelt das Reich die Ansicht, daß die Verwaltungsakte der Staatsgewalt aus Anlaß der Enteignung von dreierlei Art sind:

a) Akte des selbständigen Ermessens der Staatsgewalt, namentlich die Feststellung der Zulässigkeit der Enteignung und die Feststellung des Enteignungsgegenstandes, wobei zu der zweiten Kategorie auch die Bestimmung über die Art der Durchführung, die Bestimmung des Umfangs der Enteignung und unter Umständen auch die Zulassung von Vorarbeiten im Gelände gerechnet werden;

b) Akte, durch welche die Enteignung im Rahmen jener Akte des selbständigen Ermessens praktisch durchgeführt wird, wie z. B. der Ausspruch der Enteignung selbst;

c) Hilfsakte, namentlich die rein geschäftsleitenden Verfügungen, wie Anberaumung von Terminen, Veröffentlichungen und dgl.

Alle Akte der ersten Art hält das Reich für wesentlich gleichartig, für Ausflüsse des Hoheitsrechts im Gegensatz zu den Akten der zweiten und dritten Art, bei denen die Verwaltungsbehörden sachlich gebunden sind. Dabei bestreitet das Reich, daß zwischen Hauptanlage und Nebenanlagen ein Unterschied in der staatsrechtlichen Bedeutung ihrer endgültigen Feststellung liege; der Bezirksausschuß treffe auch in bezug auf Nebenanlagen keine selbständige Entscheidung, er sei vielmehr auf die Beschwerde hin der Nachprüfung durch die gleiche Ministerialinstanz unterworfen, der auch sonst die maßgebliche Bestimmung der Baupläne zukomme.

Dieser letzteren Auffassung des Reichs stimmt der Staatsgerichtshof im Hinblick auf das bis 1921 in Geltung gewesene preußische Eisenbahnenteignungsrecht zu. Sie stimmt mit der bis dahin ständigen preußischen Praxis überein. Mit Recht weist das Reich auf das Zirkularreskript des preußischen Ministers der öffentlichen Arbeiten vom 12. Oktober 1892 hin, das bei Gleim, Eisenbahnbaurecht, S. 467 abgedruckt ist:

„Der Umstand, daß diese Anlagen" (die sog. Nebenanlagen) „räumlich mit dem eigentlichen Bahnkörper und sonstigen Einrichtungen der Bahn eng zusammenhängen, daß die Gestaltung der Bahnanlage und die der Nebenanlage sich wechselseitig bedingen, macht es zur Notwendigkeit, daß die maßgebende Entscheidung auch über die Herstellung und Beschaffenheit der Nebenanlagen demselben staatlichen Organ wie die Feststellung der Bahnanlage selbst ... zusteht."

Eine verschiedenartige Behandlung der Beschwerde gegen den Planfeststellungsbeschluß des Bezirksausschusses, je nachdem es sich um die Bahnlinie selbst oder um Nebenanlagen handelt, wäre auch praktisch kaum durchführbar, weil sich eine klare Grenze nur schwer ziehen läßt. Das ergab sich schon im Laufe der Verhandlung, in der der Vertreter Preußens eine Wegunterführung als Nebenanlage bezeichnete, während der Vertreter des Reichs in ihr einen Bestandteil der Hauptanlage selbst sah.

Dagegen ist der Staatsgerichtshof dem Reiche darin nicht beigetreten, daß es das Unterscheidungsmerkmal der eigentlichen Hoheitsakte in Eisenbahnenteignungssachen in dem freien Ermessen des zuständigen Staatsorgans findet. Ganz frei ist auch der Minister nicht, der den Enteignungsfall für Eisenbahnzwecke feststellt und die Führung der Bahnlinie bestimmt; er ist, wie jedes Staatsorgan in Enteignungsfällen, an die gesetzlich genehmigten Zwecke und den Umfang des für ihre Verwirklichung Erforderlichen gebunden. Vielmehr besteht der entscheidende Unterschied darin, ob der in Eisenbahnenteignungssachen ergehende Staatsakt ein rechtsgestaltender oder ein lediglich durchführender Verwaltungsakt ist. Im ersteren Falle handelt es sich um Hoheitsakte im engeren Sinn; unter diese Kategorie fällt aber auch die Entscheidung auf die Beschwerde gegen den Planfeststellungsbeschluß, gleichgültig auf welcherlei Anlagen sie sich bezieht, weil durch diese Entscheidung der Gegenstand der Enteignung erst seine endgültige Gestalt erhält.

II.

Gerade die rechtsgestaltenden Staatsakte sind es aber, die nach Ansicht des Staatsgerichtshofs die Reichsverfassung in Eisenbahnenteignungssachen den Ländern hat entziehen und dem Reiche für die Zwecke des Reichseisenbahnwesens hat zuweisen wollen. In diesem Punkte stehen sich die Anschauungen der beiden Streitteile am schroffsten gegenüber.

Preußen sieht in der Enteignungsbefugnis, die der Art. 90 der Reichsverfassung dem Reiche neben den Eisenbahnhoheitsrechten gewährt, nichts weiter als das Vermögen, sich selbst für bestimmte Reichseisenbahnen das Enteignungsrecht im subjektiven Sinne zu gewähren, nämlich das Recht, die Enteignung, soweit sie für eine bestimmte Strecke erforderlich ist, zu betreiben. In Verbindung mit den Rechten aus §§ 4, 14 des preußischen Eisenbahngesetzes, deren Übergang auf das Reich unstreitig ist, würde das bedeuten, daß das Reich das seinem zuständigen Verwaltungsressort verliehene Enteignungsrecht vor den Landesbehörden in dem landesgesetzlich geregelten Verfahren zu betreiben habe. Dabei vergleicht Preußen das verliehene Enteignungsrecht einem Klageanspruch des bürgerlichen Rechts und das Verfahren einem Zivilprozeß, wie ihn der Staat als Fiskus oft vor dem Staat als Inhaber der Justizhoheit führen müsse.

Das Reich lehnt diesen Vergleich ab und sucht unter Berufung auf die ehemalige Verfassung des Reichslandes Elsaß-Lothringen vom 31. Mai 1911 darzutun, daß die „Enteignungsbefugnis" des Art. 90 der Reichsverfassung eine viel weitergreifende Bedeutung habe. Es bestreitet nicht, daß bis zum Erlasse eines Reichsenteignungsgesetzes gemäß Art. 7 Nr. 12 der Reichsverfassung das Enteignungsverfahren sich auch in Reichseisenbahnsachen nach dem Landesenteignungsgesetz zu richten hat; aber es nimmt in den Schranken dieses Verfahrens die rechtsgestaltenden Verwaltungsakte für seine eigenen Behörden in Anspruch. Auch hierin ist der Staatsgerichtshof dem Reiche beigetreten.

Der Ausdruck „Enteignungsbefugnis", den der Art. 90 der Reichsverfassung verwendet, ist dem bisherigen Rechte Preußens sowohl als dem eigentlichen Reichsrecht fremd. Die Gesetzesmaterialien geben keinen Aufschluß darüber, warum er gewählt worden ist und was er bedeuten soll. Es mag sein, daß er aus der Verfassung Elsaß-Lothringens herübergenommen wurde; das könnte aber für sich allein nicht zur Klärung führen, da diese Verfassung in eisenbahnrechtlichen Dingen zu eng mit dem elsaß-lothringischen, auf französischer Grundlage beruhenden Landesverwaltungsrecht zusammenhängt, als daß es für das Verhältnis des Reichs zu den Ländern maßgeblich verwendet werden könnte. Der Ausdruck muß daher aus dem natürlichen Sprachgebrauch, aus dem Zwecke des Artikels und aus seinem Zusammenhang mit anderen Verfassungsbestimmungen erklärt werden.

Enteignungsbefugnis ist etwas anderes, als Enteignungsrecht; sie ist weder das objektive Enteignungsrecht, dessen Regelung dem Reiche durch Art. 7 Nr. 12 der Verfassung vorbehalten ist, noch das subjektive Enteignungsrecht, das vom Reiche gemäß Art. 94 der Verfassung an dritte Unternehmer zu Eisenbahnzwecken verliehen werden kann. Sie ist auch nicht etwa nur die Befugnis, sich selbst oder andern bestimmte subjektive Enteignungsrechte als Unterlage für Ansprüche gegen die Länder, in deren Gebiet die Enteignungsobjekte liegen, zu erteilen; hiergegen spricht schon die verschiedenartige Ausdrucksweise in den Art. 90 und 94. Enteignungsbefugnis ist vielmehr schon dem Wortsinne nach die Befugnis zu enteignen, d. h. hier die rechtliche Macht des Reichs, für seine Eisenbahnzwecke gewisse dafür erforderliche Gegenstände dem widerstrebenden Eigentümer wegzunehmen und das Eigentum auf sich übertragen zu lassen. Die Befugnis greift also an sich über die bisherigen Zuständigkeiten der Landesbehörden hinweg bis in die Privatrechtssphäre des einzelnen Eigentümers hinein.

Wenn das Reich zur praktischen Verwirklichung dieser Befugnis, bevor es ein eigenes objektives Enteignungsrecht sei es allgemein, sei es für seine Eisenbahnzwecke geschaffen hat, auf die Beobachtung des Verfahrens angewiesen ist, das in den von der Enteignung betroffenen Ländern gilt, so kann diese Bindung doch verfassungsmäßig nicht dazu führen, daß die Entscheidung über die Frage, ob und was enteignet werden soll, auf dem Umweg über das Verfahren wieder in die Hand von Landesbehörden gelegt wird. Vielmehr ergibt sowohl der Wortlaut wie der Zweck des Art. 90, daß diese Entscheidungen, die eigentlich rechtsgestaltenden Staatsakte, ausschließlich Reichssache sind. Preußen erkennt dies insoweit an, als es auch seine Ministerialinstanz an die vorläufige Planfeststellung des Reichsverkehrsministers gebunden sein läßt, wenn die Beschwerde gegen den endgültigen Planfeststellungsbeschluß des Bezirksausschusses sich auf die Bahnlinie selbst und deren Durchführung durch alle Zwischenpunkte bezieht. Es ist schon darauf hingewiesen, wie schwierig es ist, die begriffliche Grenze zwischen solchen Beschwerden und den Beschwerden wegen sog. Nebenanlagen zu ziehen. Nach der Auffassung Preußens wäre dies jedesmal dem Ermessen seines Ministers für Handel und Gewerbe anheimgestellt. Ist der Reichsverkehrsminister anderer Ansicht, so bleibt nichts übrig, als jeden streitigen Beschwerdefall dem Staatsgerichtshof zu unterbreiten. Wäre also die von Preußen gemachte Unterscheidung richtig, so würde eine äußerst unerwünschte Quelle an sich vielleicht geringfügiger, aber das Verhältnis zwischen Reich und Land trübender

„Durch den in dem gegenwärtigen Gesetz vorgeschriebenen Beschwerdezug an einen bestimmten Minister wird die in den bestehenden Vorschriften begründete Mitwirkung anderer Minister bei Erledigung der Beschwerde nicht berührt."

Der Minister der öffentlichen Arbeiten erscheint also für die Beschwerden in anderen Enteignungssachen mehr als Verteilungsstelle, während in Eisenbahnenteignungssachen keine Mitwirkung anderer Minister in Frage kommt. Demgemäß wurden auch die Beschwerden in Eisenbahnenteignungssachen nach wie vor der organisatorischen Änderung von 1876/83 in der Eisenbahnabteilung des Ministeriums der öffentlichen Arbeiten behandelt, während die übrigen Beschwerdefälle einer anderen Abteilung zugewiesen wurden.

Preußen hat in der Tat bis in die neueste Zeit gerade auf die ressortmäßige Einheit in der vorläufigen Planfeststellung einerseits, der endgültigen Entscheidung über die Beschwerden im Planfeststellungsverfahren anderseits ausschlaggebenden Wert gelegt. Das geht bereits aus dem vorher angeführten Erlaß hervor, den der preußische Minister der öffentlichen Arbeiten am 12. Oktober 1892, also lange nach jener organisatorischen Änderung, herausgegeben hat und in dem das Übergewicht der eisenbahnpolitischen und der eisenbahntechnischen Interessen über die Interessen der Landespolizei und der Bahnanlieger deutlich zur Wirkung kommt. Selbst im gegenwärtigen Rechtsstreit hat Preußen diesem alten, seit dem Eisenbahngesetz vom 3. November 1838 festgehaltenen Grundsatz dadurch Rechnung getragen, daß es in dem Schriftsatz vom 5. Dezember 1922 (S. 3) mit Beziehung auf den § 157 des Gesetzes von 1883 sagt:

„wenn also statt des Ministers der öffentlichen Arbeiten der Minister des Innern als Beschwerdeinstanz in Enteignungsangelegenheiten bestimmt worden wäre, so würde dieser Minister seine Entscheidung im Hinblick auf § 4 des preußischen Eisenbahngesetzes nicht ohne den Minister der öffentlichen Arbeiten gefällt haben."

Daraus folgt, daß der letztgenannte Minister als Fachminister bei der Entscheidung zum mindesten mitbeteiligt war.

Aber wie man auch die Stellung des preußischen Ministers der öffentlichen Arbeiten als der Beschwerdeinstanz in Eisenbahnenteignungssachen auffassen mag — auf einen Verzicht des Reichs in Hinsicht auf seine verfassungsmäßige Zuständigkeit zur endgültigen Entscheidung derartiger Beschwerden kann man aus § 12 des Staatsvertrags schon deshalb nicht schließen, weil dieser Paragraph lediglich die Funktionen der bisherigen Landeseisenbahnbehörden auf die Reichseisenbahnbehörden überträgt, aber keineswegs besagt, daß dem Reiche in Eisenbahnenteignungssachen nur solche Befugnisse zustehen sollen, die bisher von Landeseisenbahnbehörden wahrgenommen worden sind. Ein solches argumentum e contrario wäre hier verfehlt; denn der § 12 dient zunächst der Durchführung derjenigen Bestimmung des Art. 90, nach welcher die Eisenbahnhoheitsrechte auf das Reich übergehen. Der Begriff dieser Hoheitsrechte ist nicht zweifelsfrei, seine Anwendung auf die Praxis des Eisenbahnwesens in den einzelnen Ländern verschieden; dadurch, daß man die verschiedenen Funktionen der Landeseisenbahnen gebietsweise sämtlich auf das Reichsverkehrsministerium übertrug, beugte man Differenzen über den Umfang der Hoheitsrechte vor. Daß die staatliche Enteignungshoheit in Eisenbahnsachen unmittelbar zur Eisenbahnhoheit gehört, ist bestritten; jedenfalls geht die Enteignungsbefugnis, die der Art. 90 dem Reiche verleiht, in ihrem Umfang über den Kreis der allgemein anerkannten Eisenbahnhoheitsrechte hinaus, so daß die besondere Erwähnung der Enteignung in den Art. 90, 94 der Reichsverfassung ihren guten Grund hat. Die aus der Enteignungsbefugnis herzuleitende Zuständigkeit des Reichs bleibt also neben der aus § 12 des Staatsvertrags herzuleitenden Zuständigkeit der Reichseisenbahnbehörden bestehen.

Daß dem so ist und daß dem Reiche nichts ferner gelegen hat, als auf diese Zuständigkeit in Enteignungssachen zu verzichten, ergibt sich auch aus der Vorgeschichte des Staatsvertrags, die Preußen ohne Grund für seine Rechtsauffassung ins Feld führt. Die maßgebenden Verhandlungen in dem Unterausschuß für Vertragsfragen, der beim Reichsverkehrsministerium zur Vorbereitung des Staatsvertrags im Jahre 1919 gebildet worden war, und die darauf bezüglichen Schreiben des preußischen Ministers der öffentlichen Arbeiten an den Reichsverkehrsminister sind in dem Schriftsatze Preußens vom 9. März 1922, erstere jedoch nur teilweise, wiedergegeben. Danach hat in der Besprechung des Unterausschusses vom 21. Februar 1920, die zur Schlußredaktion des Vertragsentwurfs und des Schlußprotokolls bestimmt war, die Vertretung Preußens erklärt, „sie werde sich im Enteignungsverfahren die Planfeststellung in erster und zweiter Instanz und die Entscheidung über die Dringlichkeit des Verfahrens in erster und zweiter Instanz vorbehalten müssen. Sie werde dabei im Benehmen mit dem Reichsverkehrsministerium Sicherheiten dafür schaffen, daß die Anforderungen der Landespolizei- und Enteignungsbehörden mit denjenigen in Einklang gebracht werden, welche die Technik des Eisenbahnbaues und Betriebes zu erheben hat." Der Vertreter des Reichsverkehrsministeriums bemerkte hierzu, „daß es sich jetzt nur um die Redaktion handele und daher die Frage in materieller Hinsicht der weiteren Vereinbarung, wie vorgeschlagen, vorzubehalten sei." Zum Verständnis dieser Bemerkung sei darauf verwiesen, daß bereits in der Besprechung vom 16. Januar 1920 die Aufnahme folgender Bestimmung in den Staatsvertrag vorgesehen worden war:

„Die beteiligten Regierungen können zur Auslegung und Ergänzung dieses Vertrags Fragen, die sich bei seiner Ausführung ergeben sollten, durch weitere Vereinbarung regeln. Soweit eine Einigung nicht erfolgt, entscheidet der Staatsgerichtshof."

Nun waren bei Besprechung des § 6 des ursprünglichen Vertragsentwurfs, der die Bestimmungen des Art. 90 der Reichsverfassung in den Staatsvertrag hinübernehmen wollte, am 26. und 27. Januar 1920, wie sich aus den betreffenden Niederschriften ergibt, zwischen den Vertretern der Länder und des Reichs Meinungsverschiedenheiten sowohl über den Begriff der Hoheitsrechte als über den der Enteignungsbefugnis entstanden. Dabei vertraten die Länder die Auffassung, daß unter Enteignungsbefugnis lediglich die Feststellung des Enteignungsfalles zu verstehen sei, daß dagegen das Enteignungsverfahren vor den Landesbehörden nach den Landesgesetzen durchgeführt werden müsse, so lange kein Reichsgesetz hierüber erlassen sei. Von der Aufnahme einer derartigen Auslegungsbestimmung in den Vertrag wurde schließlich abgesehen und der § 6 des Vertragsentwurfs somit gestrichen.

In dem Schreiben vom 22. März 1920 wandte sich jetzt der preußische Minister der öffentlichen Arbeiten gegen die in der Niederschrift vom 21. Februar wiedergegebene Bemerkung des Reichsvertreters, daß die vorbehaltenen materiellen Fragen späterer Vereinbarung überlassen werden müßten. Der Minister will solche Vereinbarungen nur für betriebstechnische Fragen im Einzelfall, nicht aber für seine grundsätzlichen Vorbehalte in Aussicht stellen; über letztere müsse eine Verständigung vor Unterzeichnung des Vertrags erfolgt sein. Da der Reichsverkehrsminister auf dieses Schreiben sowie auf wiederholte Erinnerungsschreiben keine Antwort erteilte, erklärte ihm der preußische Minister mit Schreiben vom 23. April 1920, er nehme nunmehr an, daß die Ausführungen seines Schreibens vom 22. März von dem Reichsverkehrsminister anerkannt seien und den Voraussetzungen und Vorbehalten Preußens zugestimmt sei.

Diesen Standpunkt nimmt Preußen auch in dem gegenwärtigen Verfassungsstreit ein. Es hält ein weiteres Bestreiten der preußischen Auffassung nach den geschilderten Vorgängen für unvereinbar mit Treu und Glauben im Verkehr. Das Schweigen des Reichs unter solchen Umständen müsse als Zustimmung behandelt werden. Das Reich widerspricht dem und weist darauf hin, daß sein Verkehrsministerium in den Monaten März und April 1920 mit den Vorbereitungen zur Übernahme der sämtlichen Landeseisenbahnen bis an die Grenze seiner Leistungsfähigkeit belastet gewesen sei, so daß es die offen gebliebene Frage späterer Verständigung oder der Entscheidung des Staatsgerichtshofs habe überlassen müssen.

Hätte das Reich den preußischen Vorbehalten stillschweigend zugestimmt, so läge darin in der Tat der vertragsmäßige Verzicht auf einen Teil der ihm durch den Art. 90 der Reichsverfassung gewährten Enteignungsbefugnis. Das ist aber nicht anzunehmen. Nach allgemeiner Rechtsregel, die ganz besonders für das öffentliche Recht und für den Staatenverkehr gilt, sind Verzichte nicht zu vermuten; hier spricht überdies die Sachlage durchaus gegen eine Verzichtsabsicht des Reichs. Für sich allein waren anderseits die Vorbehalte Preußens wirkungslos, da sie weder in den Staatsvertrag oder das Schlußprotokoll aufgenommen, noch bei Unterzeichnung dieser Urkunden in der nach öffentlichem Vertragsrecht zulässigen Weise, d. h. mit Zustimmung des Vertragsgegners, der Unterschrift zugesetzt wurden.

Aus alledem folgt, daß der Staatsvertrag die verfassungsmäßige Stellung des Reichs in Eisenbahnenteignungssachen nicht verändert hat.

IV.

Dagegen ist ein gewisser Verzicht des Reichs und damit eine Änderung seiner verfassungsmäßigen Stellung in Eisenbahnenteignungssachen durch die hierauf bezüglichen Reichshaushaltsgesetze für 1921, 1922 und 1923 herbeigeführt worden; nur bezieht sich dieser Verzicht weder auf den besonderen Enteignungsfall, der Anlaß zu dem vorliegenden Verfassungsstreit wurde — denn der Fall gehört in ein früheres Haushaltsjahr, für das keine gleichartigen Bestimmungen erlassen sind —, noch überhaupt auf das Verhältnis des Reichs zu Preußen — denn in diesem Lande liegen die Voraussetzungen des Verzichts nicht vor.

Der § 17 des Gesetzes vom 26. März 1921, betr. die Feststellung des Reichshaushaltplans für das Rechnungsjahr 1921, lautet:

> „Für Zwecke, für die im Reichshaushaltsplane der Verwaltungen der Reichseisenbahnen und der Reichswasserstraßen für 1921 Mittel vorgesehen sind, stellt der Reichspräsident die Zulässigkeit der Enteignung fest. Die endgültige Entscheidung über die Art der Durchführung und den Umfang der Enteignung, soweit sie nicht in einem Verwaltungsstreitverfahren ergeht, sowie über die Zulässigkeit der Inanspruchnahme von Grundstücken zur Ausführung von Vorarbeiten trifft der Reichsverkehrsminister. Im übrigen gelten die Landesenteignungsgesetze."

Wie sich aus der Begründung zu § 17 ergibt (Reichstagsdrucksache 1921 Nr. 1563 S. 9), hat diese Bestimmung nicht den Zweck gehabt, dem Reiche in Eisenbahnenteignungssachen neue Rechte zu gewähren, sondern nur den, für die bereits durch die Verfassung in Sachen der

Reichseisenbahnen (und Reichswasserstraßen) dem Reiche gewährte Enteignungsbefugnis die zuständigen Reichsorgane zu bestimmen. Die Reichsregierung hat in dem Entwurf des Reichshaushaltsgesetzes für 1921 diese Materie ein für allemal regeln wollen; der Reichsrat hat jedoch die Bestimmung auf das einzelne Etatsjahr beschränkt (vgl. Niederschrift über die dreizehnte Sitzung der Tagung 1921 vom 3. März, § 206 S. 124). Infolgedessen ist die Bestimmung in den folgenden vorläufigen und endgültigen Haushaltsgesetzen gleichlautend wiederholt worden mit der einzigen Abweichung, daß der Haushaltsausschuß des Reichstags in dem Gesetzentwurf über den Haushaltplan von 1923 hinter die Worte: „trifft der Reichsverkehrsminister" die Worte hinzugefügt hat: „nach Anhörung der zuständigen Landespolizeibehörden" (vgl. Reichstagsdrucksache 1923 Nr. 5818 S. 5flg. zu § 11 des Entwurfs = § 17 des Gesetzes von 1921, § 14 des Gesetzes von 1923).

Preußen zieht die Rechtsgültigkeit dieser Bestimmung in Zweifel. Soweit sie als deklaratorisch gewollt sei, beruhe sie auf einer Verkennung der Bestimmungen der Reichsverfassung; soweit sie über die Verfassung hinaus dem Reiche neue Kompetenzen zuweise, sei sie als lex fugitiva verdächtig und zum mindesten eng auszulegen. Diese Stellung hat der preußische Minister für öffentliche Arbeiten bereits in seinem Schreiben vom 22. November 1921 dahin modifiziert, daß der § 17 des Reichshaushaltsgesetzes von 1921 im Hinblick auf Art. 7 Nr. 12 der Reichsverfassung nicht zu beanstanden sei (vgl. den Aktenauszug bei dem Schriftsatz des Reichs vom 13. Januar 1922). Preußen hat denn auch, wie sein Vertreter in der mündlichen Verhandlung auf Befragen erklärte, gegen keines der Haushaltsgesetze wegen der hier in Frage stehenden Bestimmung Widerspruch erhoben. Seine jetzige Stellung ist in der Tat unhaltbar.

Nach der gegenwärtigen wie nach der früheren Reichsverfassung ist der Gesetzgeber bei dem Erlaß von Bestimmungen, die innerhalb seiner legislativen Befugnisse liegen, nicht an eine bestimmte Gesetzesform gebunden; insbesondere kann er Gesetze allgemeineren Charakters mit den jährlichen Haushaltsgesetzen verbinden. Dies ist im alten Reich wiederholt geschehen und als zulässig anerkannt worden; es kann im neuen Reich, wo die Stellung des Gesetzgebers eine noch stärkere ist, nicht verfassungswidrig sein. Beruhte daher die Bestimmung des § 17 des Haushaltsgesetzes von 1921 und seiner Nachfolger wirklich nur auf dem Art. 7 Nr. 12 der Reichsverfassung, der dem Reiche die Gesetzgebung in Enteignungssachen vorbehält, so wäre sie gültig; das Reich konnte die vorbehaltene Materie auch gelegentlich in Einzelpunkten regeln und brauchte sie nicht durch ein Sondergesetz zu erschöpfen. Ob ein solches Vorgehen legislatorisch zu empfehlen ist, steht hier nicht zur Erörterung.

In Wirklichkeit ist aber jene Bestimmung, wie unter II ausgeführt wurde, nichts weiter als eine Ausführungsbestimmung zu den Artikeln der Reichsverfassung über Reichseisenbahnen und Reichswasserstraßen; sie war als solche erforderlich und gibt dem Reiche keine Zuständigkeit, die es nicht schon kraft der Verfassung besaß.

Rechtsändernd ist nur der Vorbehalt, den der § 17 für Entscheidungen über die Art der Durchführung und den Umfang der Enteignung macht, soweit sie in einem Verwaltungsstreitverfahren ergehen. Hier schaltet die Bestimmung die Zuständigkeit der Reichsinstanzen zugunsten der landesrechtlichen Verwaltungsgerichtsbarkeit ausdrücklich aus. Für Preußen kommt dieser Verzicht nicht in Betracht, da es den Widerstreit zwischen eisenbahntechnischen und landespolizeilichen oder Anliegerinteressen der Entscheidung seiner Verwaltungsgerichtsbarkeit niemals hat unterbreiten wollen; für andere Länder ist er aber von großer Bedeutung. Mit Recht hat der Vertreter Preußens in der mündlichen Verhandlung darauf hingewiesen, daß logisch in der Auffassung des Reichs von der Tragweite des Art. 90 der Verfassung und in seiner Anerkennung der verwaltungsgerichtlichen Zuständigkeit der Länder für Eisenbahnenteignungssachen ein Widerspruch liege. Dieser Widerspruch ist nicht mit logischen, sondern mit rechtspolitischen Gründen zu heben. Es wäre ein Rückschritt, wollte das Reich die der Bevölkerung im Verwaltungsstreitverfahren der Länder gebotenen Garantien beseitigen, ehe es eine Reichs-Verwaltungsgerichtsbarkeit geschaffen hat..

V.

Aus der Stellungnahme Preußens zu der Frage der Gültigkeit des § 17 des Haushaltsgesetzes von 1921 ergibt sich die Zulässigkeit der in der mündlichen Verhandlung gestellten weiteren Anträge des Reichs; es sind Inzidentfeststellungsanträge, die durch die Haltung des Gegners nach der Stellung des Hauptantrags gerechtfertigt werden. Mit dem § 17 ist auch die Zuständigkeit des Reichs zur Vornahme der darin erwähnten rechtsgestaltenden Staatsakte in Eisenbahnenteignungssachen, insbesondere zur endgültigen Entscheidung über die Zulässigkeit von Vorarbeiten und über die Art der Durchführung des Verfahrens, namentlich zur Anordnung der vereinfachten Enteignung, angefochten.

Die Anträge sind aber auch begründet. Alle jene Staatsakte fallen, wie unter II festgestellt ist, unter den Begriff der Enteignungsbefugnis im Sinne des Art. 90 der Reichsverfassung, und daß der § 17 des Haushaltsgesetzes von 1921 und seine Nachfolger verfassungsmäßig gültig sind, ist unter IV dargetan. Demnach war den Anträgen des Reichs in vollem Umfang zu entsprechen, während der Antrag Preußens zurückgewiesen werden mußte.

VI.

Die vorstehende Entscheidung hat eine große, über den anlaßgebenden Enteignungsstreit weit hinaus gehende Bedeutung. Der Staatsgerichtshof legt indes Wert darauf, festzustellen, daß sie an sich nur das Verhältnis des Reichs zu Preußen berührt. Wenn auch die Auslegung des Art. 90 der Reichsverfassung und des Staatsvertrags vom 31. März 1920 für alle beteiligten Länder nur einheitlich erfolgen kann, so bedarf es nach § 17 des Haushaltsgesetzes von 1921 und seinen Nachfolgern für jedes Land einer besonderen Prüfung, inwieweit rechtsgestaltende Staatsakte in Eisenbahnenteignungssachen seiner Verwaltungsgerichtsbarkeit zur endgültigen Entscheidung zu unterbreiten sind und sich daher der letzten Entscheidung des Reichsverkehrsministers entziehen; vgl. z. B. für das Land Sachsen den in Fischer's Zeitschrift Bd. 55 auf S. 188flg. abgedruckten Schriftwechsel zwischen dem sächsischen Ministerium der auswärtigen Angelegenheiten, dem sächsischen Ministerium des Innern und dem sächsischen Oberverwaltungsgericht.

Die vorstehende Entscheidung gibt in die Hand des Reichsverkehrsministers eine gewaltige Macht, die leicht zu einer einseitigen Betonung der Reichseisenbahninteressen benutzt werden könnte. Die Besorgnis vor einer solchen Gefahr hat offenbar den Haushaltsausschuß des Reichs zum Einschub der Bestimmung geführt, wonach — übrigens ganz im Sinne der Reichsverfassung — der Reichsverkehrsminister vor seinen Entscheidungen in Eisenbahnenteignungssachen die Landespolizeibehörden anhören soll. Wenn sich jetzt der preußische Minister für Handel und Gewerbe zum Wortführer der landespolizeilichen und Anliegerinteressen gegenüber der Eisenbahnverwaltung macht, so verläßt er damit den Standpunkt, den die preußische Eisenbahnpolitik seit 1838 unentwegt eingehalten hat und der auf ein Übergewicht der Eisenbahninteressen und eine Konzentrierung der endgültigen Enteignungsentscheidungen in der Hand des Fachministers hinzielte. Es mag sein, daß jetzt ein solches Übergewicht und eine solche Konzentrierung nicht mehr so nötig ist wie damals, als das preußische Eisenbahnsystem geschaffen wurde; jedenfalls hat Preußen es, soweit nicht der Staatsvertrag vom 31. März 1920 entgegenstehen sollte, immer noch in der Hand, durch Einführung des Verwaltungsstreitverfahrens in Enteignungssachen jene anderen Interessen zur Geltung zu bringen.

In letzter Linie aber ist es Sache des Reichs, einen gerechten Ausgleich der eisenbahnpolitischen und eisenbahntechnischen Interessen einerseits, der landespolizeilichen und der Anliegerinteressen anderseits gesetzgeberisch und verfahrensmäßig herbeizuführen. Das ist eine Teilaufgabe der ihm durch Art. 90flg. der Verfassung gegebenen Zuständigkeit.

2.

In Sachen der deutschnationalen Fraktion des sächsischen Landtags

gegen

die Regierung des Freistaats Sachsen

betr.

die Verfassungswidrigkeit der §§ 6 und 11 des sächsischen Gesetzes über den Staatsrechnungshof vom 4. Juli 1922

hat

der Staatsgerichtshof in der Sitzung vom 29. September 1923 für Recht erkannt:

Es wird festgestellt, daß die §§ 6 und 11 des sächsischen Gesetzes über den Staatsrechnungshof vom 4. Juli 1922 mit Art. 48 der sächsischen Verfassung in Widerspruch stehen.

Gründe:

I.

Die deutschnationale Fraktion des früheren sächsischen Landtags hat durch Schriftsatz vom 12. Juli 1922 eine Entscheidung des Staatsgerichtshofs für das Deutsche Reich über die Streitfrage beantragt, ob die Paragraphen 6 und 11 des sächsischen Gesetzes über den Staatsrechnungshof vom 4. Juli 1922 mit Artikel 48 der sächsischen Verfassung in Widerspruch stehen. Nach Auflösung des Landtags hat die deutschnationale Fraktion des am 5. November 1922 gewählten neuen Landtags das Verfahren fortgesetzt.

Die in Betracht kommenden Vorschriften haben folgenden Wortlaut:

Art. 48 der Verfassung des Freistaats Sachsen vom 1. November 1920.

„Über die Einnahmen und Ausgaben des Staates ist dem Landtage im folgenden Rechnungsjahre zur Entlastung der Regierung Rechnung zu legen.

Die Rechnungen werden durch eine unabhängige, nur dem Gesetz unterworfene Behörde geprüft, die ihre Prüfungsbemerkungen und Vorschläge unmittelbar dem Landtag vorlegt und bei den Beratungen des Ausschusses durch eines ihrer Mitglieder erläutern lassen kann.

Näheres wird durch Gesetz geregelt."

§ 6 des Gesetzes über den Staatsrechnungshof vom 4. Juli 1922.

„Auf das Dienstverhältnis der Mitglieder sind die gesetzlichen Vorschriften über die Verhältnisse der Staatsbeamten anzuwenden."

§ 11 des Gesetzes über den Staatsrechnungshof vom 4. Juli 1922.

„Bei Prüfung des Rechnungswerks der nach kaufmännischen Grundsätzen geführten Betriebsunternehmungen des Staates (§ 33 des Staatswirtschaftsgesetzes) können kaufmännische Beamte staatlicher Unternehmungen nach näherer Vereinbarung mit dem zuständigen Ministerium zugezogen werden. Die Prüfung hat sich auf die Ordnungsmäßigkeit sowie die ursächliche und ziffermäßige Begründung der Rechnungseinträge zu beschränken."

Die Antragsteller behaupten:

1. durch die Worte „eine unabhängige, nur dem Gesetz unterworfene Behörde" in Artikel 48 sei nicht bloß die sachliche, sondern auch die persönliche Unabhängigkeit der Mitglieder des Staatsrechnungshofs verfassungsmäßig geschützt. Dieser Schutz könne nicht durch ein mit einfacher Mehrheit zustande gekommenes Gesetz, sondern nur durch ein verfassungsänderndes Gesetz, das mit zwei Drittel Mehrheit angenommen sei, beseitigt werden;

2. die Vorschrift des Artikels 48 „Die Rechnungen werden geprüft" begründe die Befugnis des Staatsrechnungshofs, die Rechnungen in vollem Umfange — also nicht bloß ziffermäßig (kalkulatorisch), sondern auch sachlich d. h. in bezug auf die Beobachtung der bestehenden Gesetze und Verwaltungsgrundsätze — zu prüfen. Diese in der Verfassung verliehene Befugnis dürfe nicht durch ein einfaches Landesgesetz eingeschränkt werden.

Die sächsische Regierung bestreitet die Verfassungswidrigkeit der angeführten Bestimmungen des Gesetzes über den Staatsrechnungshof. Sie behauptet in ihrem Schriftsatz vom 19. August 1922:

„Im demokratisch-parlamentarischen Staate, der der Öffentlichkeit vollen Einblick in den Gang der Regierungsgeschäfte gewährleiste, sei die sachliche Unabhängigkeit der Beamten auch ohne die Garantien der persönlichen Unabhängigkeit sichergestellt. Wesentlich sei nur, daß der Staatsrechnungshof bei seiner sachlichen Tätigkeit von jeder Gebundenheit durch andere Behörden frei sei. Die Beschränkung des Staatsrechnungshofs auf die rechnerische Tätigkeit der Staatsbetriebe sei durch den letzten Absatz des Artikel 48 gerechtfertigt, in dem ausdrücklich der Vorbehalt gemacht worden sei, daß Näheres durch Gesetz geregelt werde."

Beide Parteien berufen sich auf die parlamentarischen Verhandlungen im Verfassungsausschuß der Volkskammer, im Rechtsausschuß des Landtags und in der Vollversammlung des letzteren, deren wesentlicher Inhalt in der mündlichen Verhandlung vor dem Staatsgerichtshof vorgetragen wurde.

II.

Der Streit, ob ein Landesgesetz mit der Landesverfassung in Widerspruch stehe, ist eine Verfassungsstreitigkeit im Sinne des Art. 19 der Reichsverfassung, da er die Auslegung der Landesverfassung betrifft. Eine Landtagsfraktion kann auch streitender Teil im Sinne des genannten Artikels sein, vgl. die im Anhang zu RGZ. Bd. 102 S. 415, Bd. 104 S. 423 abgedruckten Entscheidungen. Ein Gericht zur Erledigung von Verfassungsstreitigkeiten besteht in Sachsen nicht. Der Umstand, daß nach Stellung des Antrags der sächsische Landtag aufgelöst und neu gewählt worden ist, steht dem Verfahren nicht entgegen, da die deutschnationale Fraktion des neuen Landtags nur die Fortsetzung der deutschnationalen Fraktion des alten Landtags ist.

III.

Der Ausdruck „unabhängige, nur dem Gesetz unterworfene Behörde" in Artikel 48 Abs. 2 der sächsischen Verfassung ist mehrdeutig. Er hat zunächst den Sinn, daß die Behörde bei der sachlichen Erledigung ihrer Amtsgeschäfte vollkommen selbständig ist. Er kann aber auch die weitergehende Bedeutung haben, daß zur Sicherung der sachlichen Unabhängigkeit die Mitglieder der Behörde die üblichen Privilegien der persönlichen Unabhängigkeit — Unabsetzbarkeit und Unversetzbarkeit — genießen. Überwiegende Gründe sprechen für die zweite Auslegung. Als die Verfassung für den Freistaat Sachsen in der sächsischen Volkskammer beraten wurde, galt in Sachsen noch das Landesgesetz über die Oberrechnungskammer vom 30. Juni 1904. Dasselbe enthielt in §§ 4 und 6 die Bestimmungen, daß die Mitglieder der Oberrechnungskammer auf Lebenszeit ernannt werden, daß die unfreiwillige Versetzung der Mitglieder in ein anderes Amt ausgeschlossen ist, daß auf die Dienstentlassung der Mitglieder, ihre vorläufige Enthebung vom Amte und ihre Versetzung in den zeitweiligen oder dauernden Ruhestand die Vorschriften des Gesetzes vom 20. März 1880 über die Dienstverhältnisse der Richter entsprechend anzuwenden sind. Die Verhandlungen im Verfassungsausschuß der Volkskammer und in ihrer Vollversammlung bieten keinen Anhaltspunkt für die Annahme, daß die Stellung der Oberrechnungskammer in irgendeiner Weise gemindert werden sollte. Vielmehr ergibt sich aus den Ausschußverhandlungen, daß verschiedene Mitglieder des Ausschusses sogar geneigt waren, die Stellung der Oberrechnungskammer durch Zulassung eines unmittelbaren Geschäftsverkehrs zwischen Oberrechnungskammer und Landtag zu stärken. Der Mitberichterstatter Beutler machte im

Ausschuß ausdrücklich darauf aufmerksam, daß der Begriff der Unabhängigkeit auch die Unabsetzbarkeit und Unversetzbarkeit umfasse. Er erklärte, daß auch diese Seite der Unabhängigkeit in dem kommenden Spezialgesetz festgelegt werden müsse. Ein Widerspruch gegen seine Auffassung wurde nicht erhoben. Die Regierung hat gleichfalls nicht im Entferntesten daran gedacht, an der persönlichen Unabhängigkeit der Mitglieder der Oberrechnungskammer zu rütteln. In dem Entwurf eines Gesetzes über den Staatsrechnungshof, den sie am 6. Juni 1921 dem Landtag vorlegte (Vorlage Nr. 56) war ausdrücklich bestimmt:

§ 4 Abs. 1. Der Präsident des Staatsrechnungshofs wird auf Vorschlag des Ministerpräsidenten, die übrigen Mitglieder werden auf Grund der vom Präsidenten des Staatsrechnungshofs einzureichenden Vorschläge vom Gesamtministerium auf Lebenszeit ernannt.

§ 6 Abs. 1. Die unfreiwillige Versetzung eines Mitglieds in ein anderes Amt ist ausgeschlossen.

§ 7 Abs. 1. Auf die Dienstentlassung der Mitglieder, ihre vorläufige Enthebung vom Amte und ihre Versetzung in den zeitweiligen oder dauernden Ruhestand sind die jeweiligen Vorschriften über die Dienstverhältnisse der Richter innerhalb der sächsischen Justizverwaltung entsprechend anzuwenden.

Als im Rechtsausschuß des sächsischen Landtags der sozialdemokratische Abgeordnete Bethke die Gleichstellung der Mitglieder des Staatsrechnungshofs mit den Richtern beseitigen wollte, trat der Vertreter der sächsischen Regierung — Ministerialrat Dr. Wölker — auf das wärmste für diese Gleichstellung ein. Er führte in der Sitzung des Rechtsausschusses vom 2. Februar 1922 aus:

„In Art. 48 war das Wort „unabhängig“ ursprünglich nicht enthalten, weil die Regierung davon ausgegangen war, daß die Unabhängigkeit der Oberrechnungskammer ganz selbstverständlich sei. Es wurde aber im Verfassungsausschuß der größte Wert darauf gelegt, daß in der Verfassung ausdrücklich hervorgehoben wurde, daß die Unabhängigkeit der Oberrechnungskammer zu gewährleisten sei. Wie sie zu gewährleisten sei, ist nach Abs. 3 des Art. 48 einem besonderen Gesetz überlassen worden. Dieses besondere Gesetz ist das vorliegende, welches die Unabhängigkeit nun auch garantieren muß. Der Entwurf tut das in Anlehnung an die bisherigen Bestimmungen und an die Reichsverfassung dadurch, daß er die Mitglieder der Oberrechnungskammer den Richtern gleichstellt ... Die Gleichstellung der Mitglieder der Oberrechnungskammer mit den Richtern hat eine gute innere

Begründung, denn die Tätigkeit beider ist ziemlich gleich. Auch die Mitglieder der Oberrechnungskammer haben im wesentlichen eine richterliche Tätigkeit auszuüben. Andere Garantien für die Unabhängigkeit, als wie die Reichsverfassung für die Richter vorsieht, lassen sich nach Ansicht der Regierung nicht schaffen. Wenn die Unabhängigkeit dieser Beamten nicht nach jeder Richtung hin gewährleistet ist, wenn sie also wegen ihrer Tätigkeit versetzt werden können oder gar abgesetzt werden können, so kann es vorkommen, daß sich ein solcher Beamter doch in seiner Tätigkeit beeinflussen läßt, daß er sich sagt „Du mußt vorsichtig sein; du darfst dir keine Feinde schaffen; du darfst bei niemand anstoßen usw." und sie werden sich doch — die Möglichkeit ist wenigstens gegeben — einmal beeinflussen lassen können und gegenüber einem höheren Beamten Dinge verschweigen, die sie nicht verschweigen dürfen. Es wird von diesen Beamten verlangt und muß von ihnen verlangt werden, daß sie vor keinem Vorgesetzten Halt machen. Ihre Tätigkeit muß sich auch gegen den höchsten Beamten des Staats richten. Und ihre Tätigkeit kann sehr leicht dazu führen, Verstimmungen bei den höchsten Stellen auszulösen. Und auch an diesen höchsten Stellen sitzen nur Menschen, und es kann vorkommen, daß ein empfindlicher höherer Vorgesetzter die Tätigkeit eines solchen Mitglieds der Oberrechnungskammer anders beurteilt. Aus diesen Gründen ist es unbedingt nötig, eine Gewähr zu schaffen für den Beamten, daß er in jeder Lebenslage weder nach rechts noch nach links zu blicken braucht, weder nach oben noch nach unten, sondern nur seine Pflicht nach seinem Gewissen tut, und die Regierung kann sich keine andere Gewähr denken als wie sie für die Unabhängigkeit des Richters geschaffen ist."

Aus den angeführten Landtagsverhandlungen geht mit Sicherheit hervor, daß bei Schaffung der sächsischen Verfassung Volkskammer und Regierung einig waren, die durch Art. 48 gewährleistete Unabhängigkeit der Rechnungsbehörde solle auch die persönliche Unabhängigkeit ihrer Mitglieder umfassen.

Der Antrag Bethke, welcher die Mitglieder des Staatsrechnungshofs nicht den Richtern, sondern den übrigen Staatsbeamten gleichstellen wollte, ist im Rechtsausschuß angenommen worden. Die Schlußabstimmung über den ganzen Entwurf fand am 30. Mai 1922 im Landtage statt. Hierbei wurde der Entwurf nebst den vom Rechtsausschuß beschlossenen Änderungen mit 48 gegen 43 Stimmen angenommen (S. 4082). Die durch Art. 41 der sächsischen Verfassung für Verfassungsänderungen vorgeschriebene Zweidrittelmehrheit ist also nicht erreicht worden. Durch ein einfaches Landesgesetz konnte der in Art. 48 Abs. 2 der Verfassung aufgestellte Grundsatz der Unabhängigkeit des Staatsrechnungshofs nicht eingeschränkt werden.

IV.

Der Wortlaut des Art. 48 Abs. 2 und 3 der sächsischen Verfassung läßt die von der Landesregierung vertretene Auffassung zu, daß Art und Umfang der Rechnungsprüfung erst durch das in Abs. 3 vorgesehene Gesetz näher bestimmt werden soll. Allein auch hier ergibt sich aus der Entstehungsgeschichte, daß der Wille des Gesetzgebers ein anderer gewesen ist.

In dem früheren sächsischen Gesetz am 30. Juni 1904 war ausdrücklich bestimmt, daß die Prüfung der Rechnungen nicht eine bloß ziffermäßige sein sollte, sondern sich auch auf die Beobachtung der bestehenden Gesetze und Verwaltungsgrundsätze erstrecken sollte (§ 13). Bei Beratung der neuen Verfassung wurde der Versuch gemacht, der Oberrechnungskammer die sachliche Prüfung der Staatsbetriebe zu entziehen. Der demokratische Abg. Schiersand beantragte in der Sitzung der sächsischen Volkskammer vom 26. Oktober 1920, den Art. 48 Abs. 2 folgendermaßen zu fassen: „Die Rechnungen werden, soweit nicht durch ein Gesetz Ausnahmen zugelassen sind, durch eine unabhängige nur dem Gesetz unterworfene Behörde geprüft" (S. 4826).

Dieser Antrag, der von den Abgg. Beutler und Blüher scharf bekämpft wurde (S. 4849, 4851), ist von der Volkskammer abgelehnt worden (S. 4857). Welchen Sinn die Ablehnung hatte, ergibt sich aus zwei Erklärungen, die ein Vertreter der sächsischen Regierung — Finanzminister Heldt — nachträglich im Landtage und im Rechtsausschuß des Landtags abgegeben hat. In der Landtagssitzung vom 22. November 1921 führte Minister Heldt aus: Eine frühere Vorlage habe die Rechnungsprüfung staatlicher Betriebe besonderen Verwaltungsräten übertragen, welche die Prüfung durch die Oberrechnungskammer entbehrlich machen sollten.

„Vor der Verabschiedung des Gesetzes im Plenum der Volkskammer hatte aber der Verfassungsausschuß seinen Bericht über die neue sächsische Landesverfassung fertig gestellt und in dieser — der Landesverfassung — war die Prüfung der Staatshaushaltsrechnungen durch die Oberrechnungskammer ohne alle Ausnahme vorgeschrieben. Die Regierung versuchte nun, eine Einschränkung dieser Verfassungsbestimmungen zugunsten der Staatsbetriebe zu erreichen, um Übereinstimmung zwischen der Verfassung und dem Gesetzentwurf über den Haushalt der Staatsbetriebe herbeizuführen. Dieser Versuch mißlang aber. Es blieb bei dem Widerspruch zwischen der Verfassung und dem genannten Gesetzentwurf und dieser konnte infolgedessen nicht verabschiedet werden."

Als der Entwurf eines Staatswirtschaftsgesetzes im Rechtsausschuß des Landtags beraten wurde, erinnerte Finanzminister Heldt daran, daß in der Vorlage 87/1920 eine Bestimmung (§ 5) enthalten gewesen sei, die die kaufmännischen Abschlüsse der staatlichen Unternehmungen und deren Unterlagen von der Prüfung durch die Oberrechnungskammer zugunsten der Verwaltungsräte ausnahm. Der Umstand, daß diese Ausnahmebestimmung in der damaligen Ausschußberatung mit dem inzwischen angenommenen Art. 48 Abs. 2 der Verfassung als nicht vereinbar erachtet wurde, habe gerade zur Zurückziehung der Vorlage 87 geführt.... Die Annahme, daß etwa die Beiräte dazu beitragen könnten, einen Ausgleich zwischen den verschiedenen nebeneinander arbeitenden Instanzen zu schaffen, sei nicht richtig. Insbesondere würden sie den Rechnungshof nicht hindern können, sich in die sachliche Prüfung der Verwaltung der Betriebe zu vertiefen, denn die Aufgaben des Rechnungshofs seien gesetzlich festgelegt (Bericht Nr. 681 S. 14).

Ein Mitglied der sächsischen Regierung hat also wiederholt anerkannt, daß Gesetzentwürfe, welche das Prüfungsrecht des Rechnungshofs einschränken, mit Art. 48 Abs. 2 der sächsischen Verfassung in Widerspruch stehen. Gleichwohl hat dasselbe Mitglied später — bei Beratung des Gesetzentwurfs über den Staatsrechnungshof — den Antrag Graupe-Müller befürwortet, der die nach kaufmännischen Grundsätzen geführten, in § 33 des Staatswirtschaftsgesetzes näher bezeichneten Betriebsunternehmungen des sächsischen Staats von der sachlichen Prüfung durch den Staatsrechnungshof ausnahm (Bericht Nr. 699 S. 8).

Ein anderer Vertreter der sächsischen Regierung — Ministerialrat Dr. Wölker — hat bei Beratung des Antrags Graupe-Müller im Rechtsausschuß des Landtags gleichfalls zugegeben, daß dieser Antrag mit dem Geiste, in dem Art. 48 der Verfassung seinerzeit gemacht wurde, nicht vereinbar sei (Anlage zur Niederschrift der 65. Sitzung des Rechtsausschusses, gemeinsam mit den Haushaltsausschüssen A und B, vom 2. Februar 1922).

In dem Entwurf eines Gesetzes über den Staatsrechnungshof vom 6. Juni 1921, den die Regierung vorgelegt hatte (Vorlage Nr. 56), war eine Einschränkung der Prüfungsbefugnis des Staatsrechnungshofs nicht vorgesehen. In der Begründung zum allgemeinen Teil (C S. 8) ist sogar die Notwendigkeit hervorgehoben, die Prüfungen grundsätzlich in einer Hand, und zwar in derjenigen des Staatsrechnungshofs, zu vereinigen. In der Begründung zum besonderen Teil (§ 15 S. 14) ist ebenfalls gesagt:

„Grundsätzlich wird davon auszugehen sein, daß die Rechnungsprüfung in vollem Umfange dem Staatsrechnungshof obliegt."

Der Antrag Graupe-Müller wurde im Rechtsausschuß angenommen. Die Annahme des ganzen Gesetzentwurfs in der vom Rechtsausschuß beschlossenen Fassung erfolgte — wie bereits erwähnt — mit 48 gegen 43 Stimmen (110. Sitzung vom 31. Mai 1922 S. 4082 4083).

Aus der Ablehnung des Antrags Schiersand in Verbindung mit den angeführten Erklärungen der sächsischen Regierungsvertreter muß gefolgert werden, daß die sächsische Volkskammer bei der Beschlußfassung über Art. 48 dem Staatsrechnungshof die uneingeschränkte Befugnis der Prüfung aller Staatsrechnungen hat übertragen und dem Ausführungsgesetz zwar die Regelung der Art und Weise der Prüfung, nicht aber eine Einschränkung der Prüfung bezüglich ganzer Kategorien von Rechnungen hat vorbehalten wollen.

Hiernach steht nicht bloß § 6, sondern auch § 11 des sächsischen Gesetzes über den Staatsrechnungshof vom 4. Juli 1922 mit Art. 48 der sächsischen Verfassung in Widerspruch.

Kolibri 360 GmbH
Ferdinand-Jühlke-Straße 7
99095 Erfurt, Deutschland
produktsicherheit@kolibri360.de